PUBLIÉ SOUS LA DIRECTION
DE LA
SECTION HISTORIQUE DE L'ÉTAT-MAJOR DE L'ARMÉE

LA
CAMPAGNE DE 1805
EN ALLEMAGNE

PAR

P.-C. ALOMBERT
CONTRÔLEUR DE L'ADMINISTRATION
DE L'ARMÉE

J. COLIN
CHEF D'ESCADRON D'ARTILLERIE
à la Section historique de l'État-Major de l'Armée

TOME QUATRIÈME

Ve Partie. — SAINT-POELTEN et KREMS

PARIS
LIBRAIRIE MILITAIRE R. CHAPELOT ET Cie
IMPRIMEURS-ÉDITEURS
30, Rue et Passage Dauphine, 30

1908
Tous droits réservés.

LA CAMPAGNE DE 1805

EN ALLEMAGNE

PARIS. — IMPRIMERIE R. CHAPELOT ET Cⁱᵉ, RUE CHRISTINE, 2.

PUBLIÉ SOUS LA DIRECTION
DE LA
SECTION HISTORIQUE DE L'ÉTAT-MAJOR DE L'ARMÉE

LA
CAMPAGNE DE 1805
EN ALLEMAGNE

PAR

P.-C. ALOMBERT
CONTRÔLEUR DE L'ADMINISTRATION
DE L'ARMÉE

J. COLIN
CHEF D'ESCADRON D'ARTILLERIE
à la Section historique de l'État-Major de l'Armée

TOME QUATRIÈME

Vᵉ Partie. — SAINT-PŒLTEN et KREMS

PARIS
LIBRAIRIE MILITAIRE R. CHAPELOT ET Cⁱᵉ
IMPRIMEURS-ÉDITEURS
30, Rue et Passage Dauphine, 30

1908
Tous droits réservés.

sur la discipline et l'administration des troupes. Les documents n'étaient ni assez nombreux ni assez intéressants pour fournir une matière suffisante à une pareille étude. Nous la remettons à la fin de la VIIe partie, où elle embrassera la situation matérielle et morale de l'armée pendant toute la campagne d'Autriche et de Moravie.

Nous adressons, pour ce volume comme pour les précédents, nos plus vifs remerciements à M. le prince de Wagram et à M. le comte Gudin, pour l'extrême obligeance avec laquelle ils ont bien voulu nous communiquer leurs archives. Nous remercions aussi chaleureusement M. le général Woinovich von Belobreska et les officiers des *Kriegsarchiv de Vienne* pour les documents essentiels qui nous ont permis de compléter l'histoire de Dürrenstein.

PRÉFACE

Cette cinquième partie de la *Campagne de 1805* comprend la première manœuvre tentée par Napoléon contre Koutousow, manœuvre qui devait aboutir aux environs de Saint-Pœlten, et à laquelle le général russe s'est dérobé par Krems.

Une grande partie des documents relatifs à cette période ont été publiés par notre collaborateur Alombert dans son livre sur le combat de Dürrenstein[1]. Le nombre en est si considérable que nous n'avons pas cru devoir les reproduire ici. Le recueil de documents publié par le capitaine Alombert est donc le complément nécessaire du présent volume. Nous y avons renvoyé, pour chaque journée, avec la référence ALOMBERT et l'indication des pages correspondantes.

Nous n'avons pu terminer l'introduction de ce volume, comme celle des précédents, par une étude

---

[1] *Campagne de l'an XIV (1805). — Le corps d'armée aux ordres du maréchal Mortier. — Combat de Dürrenstein*, par le capitaine Alombert. Paris, 1897, Berger-Levrault.

CINQUIÈME PARTIE

SAINT-PŒLTEN ET KREMS

INTRODUCTION

I

SITUATION GÉNÉRALE APRÈS LA CAPITULATION D'ULM.

Lorsqu'au mois d'août 1805, les préparatifs de la coalition avaient déterminé l'Empereur à marcher vers l'Est, il s'était d'abord illusionné sur le temps nécessaire à la mobilisation de ses ennemis. Il croyait, avec son optimisme habituel, qu'il allait devancer les Autrichiens en Bavière et les Russes à Vienne (1).

Mais l'événement avait trompé ses prévisions : avant même d'être à Strasbourg, Napoléon avait appris la marche de Mack vers l'Iller et la prochaine arrivée de Kutusow sur l'Inn (2). Heureusement cette précipitation des ennemis n'avait fait que rendre la partie plus belle pour nous : grâce à la hâte avec laquelle les camps de

---

(1) « Je veux être à Vienne avant le mois de novembre prochain pour faire face aux Russes s'ils se présentent. » (13 août.) Cf. *Reconnaissances en Bavière*, t. I, p. 160.

(2) Voir t. II, p. 120 et suiv. L'entrée des Russes en Galicie le 19 août est annoncée le 26 par une lettre de Stuttgart, qui a dû parvenir le 28 ou le 29.—Voir p. 191, 197, 199, 210, 236, 254, etc. Les lettres du 2 et du 4 octobre annoncent la prochaine arrivée des Russes à Braunau ; une lettre du 4 fixe cette arrivée au 12 octobre. Voir p. 628, 634, 744, etc.

l'Océan avaient été levés (1), grâce surtout à notre supériorité numérique (2), nous avions pu prendre position entre les Autrichiens et les Russes, et écraser les premiers tout en opposant aux autres une force égale sinon supérieure (3). Aussi Napoléon n'avait-il pas eu à se soucier des Russes pendant les opérations autour d'Ulm, puisque Bernadotte et Davout tenaient Kutusow en échec.

Dès que la capitulation d'Ulm est assurée, l'Empereur se retourne contre Kutusow, qu'il pense battre séparément à son tour. Quelques semaines plus tôt, cette tâche lui paraissait facile : « Si je puis me défaire promptement de cette armée de l'Iller, écrivait-il le 29 septembre à Masséna, je tomberai sur les Russes, et je compte les joindre encore à leurs journées d'étapes. Après cela, je descendrai à votre secours pour couper les débouchés de la Styrie et de la Carinthie à l'armée autrichienne qui est devant vous, qui se retirerait. »

Certes, la victoire prompte et brillante remportée sur cette armée de l'Iller ne peut que confirmer toutes les espérances.

---

(1) L'Empereur ignorait, le 25 août, le degré d'avancement des préparatifs de l'Autriche ; mais il venait d'apprendre le rassemblement des armées russes à la frontière galicienne (voir t. I, p. 131 à 135) et, quoi que fissent les Autrichiens, il était urgent de les atteindre avant l'arrivée des Russes : « Le moment décisif est arrivé, disait l'Empereur le 25 août ; un moment de retard nous présentera de plus grands obstacles. » C'est que Boulogne et Vladimir-Volinski sont à la même distance de la frontière austro-bavaroise, et que, pour devancer les Russes en Autriche, il faut s'ébranler avant eux.

(2) Force de la Grande Armée : 180,000 Français et 20,000 Bavarois. Force des armées alliées de 1re ligne : 70,000 Autrichiens et 38,000 Russes.

(3) Napoléon oppose 55,000 hommes aux 55,000 de Kutusow et de Kienmayer ; il en emploie 90,000 contre Mack, et plus de 50,000 à des missions diverses.

provocations réitérées ; il était loin de croire qu'elle pouvait se retourner brusquement contre la France. Les lettres écrites le 9 octobre par Duroc et Laforêt avaient annoncé une rupture, mais d'autres survenues trois jours plus tard écartaient toute idée de guerre : « Il passe aujourd'hui pour constant, écrivait Laforêt le 12 octobre, que le roi de Prusse a cru devoir renoncer à interdire le Mecklembourg, d'après les instances des ministres d'Angleterre, de Russie et d'Autriche ; mais on prétend en même temps que le Roi veut, en occupant lui-même le Hanovre, mettre fin à ces discussions et paralyser les marches russes qu'il ne peut plus empêcher. Ce qui est positif, c'est que les régiments composant l'inspection de Magdebourg ont eu ordre de se porter vers le Hanovre..... Le prince Dolgorouki est reparti. Il a été suivi par le général de Kalckreuth qui, au lieu d'être à l'armée prussienne en Poméranie, est envoyé négocier avec l'empereur Alexandre. Il porte d'un côté les excuses du Roi, qui a décliné en définitif l'entrevue proposée. Il doit d'un autre côté céder, s'il est nécessaire, le passage par la Silésie, et lier la Russie à laisser à la Prusse le soin exclusif de garder le Hanovre.

« Il est certain que Sa Majesté prussienne a donné l'ordre aux régiments qui s'avançaient vers la ci-devant Pologne et la Poméranie de s'arrêter, quelques-uns disent même de rétrograder. On parle de porter les principales forces défensives vers l'Ouest et le Sud des États prussiens. On prétend que la Saxe et la Hesse, étant entrées dans les vues de Sa Majesté prussienne, ont reçu l'avis de préparer des troupes pour la défense de la neutralité commune (1). »

Cette lettre, à la date où elle était écrite, n'était pas

---

(1) Voir t. III, p. 678.

inquiétante. Après la violente colère signalée trois jours auparavant, elle marquait une tendance à l'apaisement plutôt qu'à la guerre. Du reste Laforêt écrivait encore le 14 octobre : « La garnison de Berlin recevra ordre de marcher mercredi ou jeudi prochain pour le pays de Hanovre.... Une partie des troupes de l'inspection de Magdebourg s'avance d'un autre côté. On ne sait pas encore quel est l'état des routes tracées, mais le mouvement semble dirigé vers l'Elbe, et les officiers disent, généralement, qu'il est question de prévenir les Russes. On croit que le duc de Brunswick commandera l'expédition. Et cependant, quoiqu'il saute aux yeux qu'en marchant pour gagner les devants sur les Russes, à ce qu'on dit, on entre dans un pays gouverné encore en ce moment au nom de la France, qui, à la vérité, n'y a plus que peu de troupes, *l'opinion publique est que le Roi ne veut point la guerre avec l'empereur Napoléon* (1). »

Et d'ailleurs pourquoi la guerre ? Napoléon ne l'imaginait pas. Il avait imité, disait-il, les précédents des dernières campagnes, et ce n'était pas là une mauvaise excuse, échafaudée après coup : les ministres prussiens, lorsqu'ils en délibéraient à huis clos et ne cherchaient plus à feindre un ressentiment qui servît leurs préférences, étaient du même avis : « On reconnut, dit Hardenberg dans ses « Mémoires », que dans les guerres précédentes et en vertu de négociations antérieures, le passage du territoire d'Anspach était permis à tous les belligérants (2) ». Cet usage, consacré en termes formels par la convention de Bâle en 1795, respecté en 1796-1797 et en 1800-1801, ne pouvait être considéré comme tombé en désuétude dans le court intervalle de 1801

---

(1) Voir t. III, p. 785.
(2) *Ranke, Hardenbergs eigenhändige Memoiren*, t. II, p. 272. Voir aussi A. Lévy, *Napoléon et la Paix*, p. 362 et suiv.

à 1805 plutôt que dans celui de 1797 à 1800. « Je suis bien loin, écrivait Napoléon au roi de Prusse, de vouloir refuser à Votre Majesté le droit de se comporter comme Elle le veut dans ses États ; mais Elle est trop juste pour ne pas convenir qu'il faut que j'en sois instruit lorsque cela déroge à l'usage des guerres passées (1). »

Ainsi Napoléon ne devait pas croire à une rupture avec la Prusse.

Cependant certains de ses agents, témoins des manifestations hostiles des Prussiens, et les jugeant tout à fait disproportionnées au prétexte invoqué, en concluaient par là même que cette feinte colère dissimulait une intention préconçue de se joindre aux coalisés : « Les troupes prussiennes, écrit le 17 octobre notre agent de Francfort au général Rapp, font des mouvements qui n'annoncent point qu'elles sont destinées au maintien de la neutralité qui avait été annoncé être l'objet de leur armement.....

« S'il est vrai, comme on le prétend, que lors de la coalition contre la France, le roi de Prusse a promis d'y prendre une part active du moment qu'il verrait les Russes agir efficacement, le mécontentement qu'il témoigne sur le passage de nos troupes dans ses États de Franconie est un vain prétexte qu'il met en avant pour remplir les engagements qu'il a pris contre nous (2). »

Cette lettre, placée sous les yeux de Napoléon le 19 ou le 20 octobre, donnait matière à réflexion. Avec d'autres, sans doute, qui nous ont échappé, elle devait faire considérer une agression de la Prusse comme possible, et Napoléon n'aura pas manqué d'en tenir compte dans ses calculs. Pourtant il ne croit pas devoir prendre de précautions contre la Prusse. Il se

---

(1) *Correspondance de Napoléon*, n° 9342.
(2) Voir t. III, p. 893.

borne à lui faire entendre, en rappelant Duroc, qu'il est peu disposé à subir un affront, et qu'il saurait, le cas échéant, obtenir satisfaction. Ceci, d'ailleurs, exprimé très doucement et par sous-entendus.

Ayant les Autrichiens devant lui et sur sa droite, la Prusse menaçante à sa gauche, tout autre que lui aurait été intimidé, serait devenu hésitant : un général ordinaire se fût peut-être arrêté ; cette attitude n'aurait pas manqué d'enhardir les Prussiens encore indécis, et bientôt les 200,000 hommes de la Grande Armée française auraient eu sur les bras 100,000 Russes, 150,000 Prussiens et 100,000 Autrichiens, le reste tenant tête à Masséna. C'eût été la catastrophe de 1813 et l'écrasement de la France révolutionnaire dès 1806.

Napoléon eut vite fait d'entrevoir toutes les conséquences d'un arrêt dans l'offensive ; d'autre part, il se trouvait à huit marches de Kutusow, et aucun rassemblement important de troupes prussiennes n'était encore à pareille distance d'Ulm ou de Munich. Pendant le temps nécessaire aux Prussiens pour prendre un parti et pour se porter au Sud du Danube, la Grande Armée pourrait probablement atteindre et battre Kutusow. Que celui-ci refusât indéfiniment le combat et parvînt à se retirer en Silésie tandis qu'une armée prussienne paraîtrait en Franconie, il resterait comme dernière ressource à Napoléon de se réunir à Masséna en écrasant l'archiduc Charles. Il aurait ainsi de nouvelles communications vers l'Italie et une liberté d'action complète pour reprendre l'offensive contre les ennemis venus du Nord. Mais ce serait un pis-aller déplorable !

Quelles que soient les réserves d'hommes et les projets de la Russie, quelle que soit l'attitude de la Prusse, l'essentiel est d'agir vite. L'armée de Mack n'a pas encore posé les armes, que déjà les premiers ordres sont donnés pour l'offensive contre Kutusow.

Avec une supériorité numérique énorme (150,000

hommes disponibles contre 55,000) Napoléon va essayer une manœuvre prompte et décisive contre son adversaire. Sans s'arrêter aux dangers qu'entraînera l'offensive, il faut que, par des coups vivement frappés, il mette hors de combat les armées ennemies qui tiennent la campagne, et ne laisse pas le temps à la coalition de grandir. L'Europe monarchique, il le sait, est toujours hostile à la France révolutionnaire, et il faut à tout prix empêcher la lutte de traîner et de s'étendre. Ainsi, poursuivre Kutusow l'épée dans les reins, s'efforcer de l'envelopper, de lui couper surtout la retraite vers le Nord, vers la Prusse et vers les plaines sans fin de la Pologne et de la Russie, tel est l'objet de Napoléon dans cette seconde partie de la campagne.

La Grande Armée comprend, en chiffres ronds, à la date du 25 octobre :

	Hommes.
1er corps (Bernadotte ; divisions Drouet et Rivaud, cavalerie Kellermann, Bavarois de Wrède et Deroy)	27,000
2e corps (Marmont ; divisions Boudet et Grouchy, cavalerie Lacoste)	13,000
3e corps (Davout ; divisions Bisson, Friant, Gudin, cavalerie Vialannes)	27,000
4e corps (Soult ; divisions Saint-Hilaire, Vandamme, Legrand, cavalerie Margaron)	28,000
5e corps (Lannes ; divisions Oudinot, Gazan, Suchet, brigades de cavalerie Fauconnet, Treilhard)	26,000
Division Dupont (détachée du 6e corps)	5,500
Division batave Dumonceau (détachée du 2e corps)	7,000
Garde impériale (Mortier, Bessières)	6,000
Brigade Milhaud (formée récemment par Murat avec les 16e et 22e chasseurs)	800
1re division de dragons (Klein)	2,000
2e — — (Walther)	1,500
3e — — (Beaumont)	2,000
1re division de grosse cavalerie (Nansouty)	3,000
2e — — (d'Hautpoul)	1,400
TOTAL approximatif	150,000

Tyrol. On ne laissa que des détachements insignifiants à la garde de la communication depuis le Rhin jusqu'à l'Isar, et plus de 150,000 hommes marchèrent contre Kutusow. Ce général était à Braunau depuis le 12 octobre ; ses dernières colonnes ne devaient arriver que le 22 octobre. Il y aurait là 35,000 Russes environ, auxquels se réuniraient 15,000 à 20,000 Autrichiens venus de l'armée de Mack avec Kienmayer, et 5,000 hommes envoyés de Vienne (1).

II

RÉUNION DE LA GRANDE ARMÉE SUR L'ISAR.

Depuis le 12 octobre, deux corps d'armée français occupaient Munich et les environs. Le 1er corps (Bernadotte) cantonnait dans la ville et dans les villages les plus voisins ; son avant-garde s'était portée sur la route de Mühldorf à la suite de Kienmayer, qui battait en retraite, et elle avait pris position, d'abord en avant de Riem, puis à Parsdorf. Elle envoyait chaque jour cinq ou six partis de 50 hommes pour battre tout le pays entre l'Isar et l'Inn. Les reconnaissances ayant signalé, ainsi que les agents de Bernadotte, la présence de cavalerie autrichienne au Nord à Vilsbiburg et jusqu'à Landshut, on détacha de ce côté, à Freising, un bataillon bavarois, puis le 20 octobre toute une brigade sous le commandement du général Deroy.

---

(1) Voir t. III, p. 666, 708, 718, 720. 837, 843, 845, 884, 890, 1063, 1068, 1070 et, en outre, *Bulletins* de Dresde du 15 septembre ; d'Augsbourg, du 23 ; de Dresde, du 2 octobre ; de Ratisbonne, du 5 (t. II, p. 254, 420, 484, 599, 808). La force de la 1re armée russe est évaluée avec précision à 31,000 hommes, et sa composition donnée très exactement, si on la compare avec Danilewski, p. 48 (de la traduction française).

Le 3ᵉ corps (Davout) s'établit d'abord en arrière de Dachau; le 13, il détacha son avant-garde à Germering, interceptant la route de Landsberg à Munich, par laquelle pouvaient survenir quelques troupes échappées de l'armée de Mack. Le lendemain, la 1ʳᵉ division du corps d'armée se porta aussi sur cette route, à Greifenberg, au Nord de l'Ammer-See, tandis que, sur l'ordre de l'Empereur, la brigade bavaroise Minucci était détachée par Bernadotte à Tölz, devant les débouchés du Tyrol.

Le 20 octobre, le petit corps du général Deroy étant établi à Freising. Davout, qui doit le soutenir en cas d'attaque, avance une brigade de sa 2ᵉ division sur la route de Munich à Freising, tandis qu'il dispose le reste de son corps d'armée en cantonnements très étendus aux environs immédiats de Munich et sur tout le pays compris entre l'Isar et l'Amper, couvrant un carré d'environ 20 kilomètres de côté.

La division de cuirassiers d'Hautpoul, mise le 12 à la disposition de Bernadotte, a été cantonnée au Nord de Munich, et assure la liaison avec Freising.

Le 24, en vue de la marche vers l'Est qui doit commencer le lendemain, et sur l'ordre de l'Empereur, Davout va s'établir à Freising; son avant-garde traverse Munich pour aller prendre position à Erding (route de Freising à Mühldorf), tandis que les divisions se rendent directement à Freising; la 1ʳᵉ s'arrête sur les hauteurs de Burghausen, en arrière de Freising, occupant cette ville par un régiment, et poussant un bataillon jusqu'à Attaching pour assurer la liaison avec l'avant-garde.

La 2ᵉ division cantonne au Nord de Freising, détachant un bataillon à Moosburg; la 3ᵉ division s'établit au Sud, vers Giggenhausen. Le 25, elle se rapprochera de Freising, à Gremmersthausen.

Les Bavarois ont évacué le même jour les positions

où Davout les relève, et se sont concentrés à Schwabing, en arrière de Munich.

Telle est la situation de nos troupes sur l'Isar, où elles forment un rideau continu depuis Tölz jusqu'à Freising, masquant le mouvement de la Grande Armée qui se porte à leur hauteur.

La force et les positions de l'ennemi sur l'Isar sont assez exactement connues : on a reçu divers renseignements qui ont permis d'évaluer avec certitude le corps de Kienmayer à 22,000 ou 23,000 hommes, dont 1,200 ont escorté les convois à Wasserburg, tandis que le reste demeurait à Mühldorf. Le pont de Mühldorf a été rompu. La première armée russe, commandée par Kutusow, et dont la force nominale était de 50,000 hommes, ne paraît pas en compter plus de 35,000 à 40,000. Ses premiers éléments sont arrivés à Braunau le 12 ; les derniers y parviennent le 22. Une partie de cette armée est rassemblée, dit-on, à Neu-Œtingen, entre Mühldorf et Braunau (1).

Des régiments de cavalerie avaient été signalés à Vilsbiburg, à Landshut.

Enfin, les agents de Davout avaient rapporté qu'une colonne de 1,200 hommes, arrivant de Landsberg, était passée du côté de Tölz vers le 11 octobre, mais ce renseignement n'avait pas été confirmé par les Bavarois établis à Tölz même pendant douze jours.

Telles étaient les données (2) sur lesquelles Napoléon devait régler ses premières opérations.

---

(1) Les Alliés ne firent pendant toute cette période que marches et contremarches, suivant les ordres contradictoires qu'ils recevaient successivement ; un jour franchissant l'Inn pour prendre l'offensive, le lendemain rentrant dans leurs positions. Mais le **24**, Mack ayant apporté lui-même la nouvelle du désastre d'Ulm, Kutusow décide définitivement la retraite, qui commence le **25**. (Voir Schönhals, p. 104 et suiv.)

(2) Voir t. III, p. 651, 658 à 660, 663 à 668, **711, 715, 720, 780, 781, 823, 824, 836, 842, 845,** 889, 999, 1000, 1019, 1045, 1089, 1160.

Dès le 17 octobre, avant même que l'armée de Mack eût posé les armes, Soult reçut l'ordre de rebrousser chemin vers Landsberg. Les jours suivants, et surtout le 20, quand la capitulation d'Ulm fut signée et exécutée, les troupes qui n'étaient pas à la poursuite de l'archiduc Ferdinand furent dirigées sur Munich. Le 24 octobre, le 4º corps est parvenu à Landsberg, où il fait séjour; Suchet, Beaumont, Walther, Gazan et la moitié de la Garde à cheval sont échelonnés depuis Munich jusqu'à Schwabhausen et Oberroth, sur la route d'Augsbourg; le 2º corps et la Garde à pied sont encore à Augsbourg.

Napoléon fait son entrée à Munich, le 24 octobre, à 9 heures du soir (1).

Les troupes qui avaient exécuté ou accompagné la poursuite de l'archiduc Ferdinand jusqu'aux frontières de Bohême se trouvaient alors aux environs d'Ingolstadt et de Beilngries ; dans cette dernière localité ou dans les villages voisins, la division Dupont, les carabiniers (2), les chasseurs de la Garde (3), la division Klein (4) ; près d'Eichstädt, la brigade provisoire de chasseurs à cheval (de Milhaud), formée quelques jours auparavant par Murat (5); à Ingolstadt la cavalerie légère du 5º corps, les divisions Oudinot et Dumonceau et le détachement mixte franco-bavarois du général Rivaud ; enfin, plus au Sud, à Reichertshofen, les cuirassiers de Nansouty.

D'après les ordres de Murat, les chasseurs de la Garde

---

(1) *Bulletin* nº 11.
(2) Dans les villages en avant de Beilngries. Voir t. III, p. 1279.
(3) A Paulushofen.
(4) A Ober-Emendorf.
(5) Voir t. III, p. 1241. Cette brigade provisoire continuera d'exister pendant toute la marche sur Vienne, et jusqu'en Moravie, et aura durant toute cette période un rôle des plus intéressants. Il existe malheureusement peu de pièces relatives à ses mouvements, et ses cantonnements ne peuvent pas toujours être déterminés avec exactitude.

devaient rejoindre l'Empereur à Munich ; les autres éléments devaient appuyer vers l'Est, Nansouty sur Geisenfeld ; Klein, Dupont et Oudinot vers Neustadt ; Dumonceau et Milhaud sur Ingolstadt. Des ordres de l'Empereur furent expédiés d'Augsbourg le 23 octobre à Nansouty et aux éléments du 5ᵉ corps, pour les diriger sur Landshut, où ils devaient se réunir le 25 octobre aux divisions Gazan et Suchet. Le détour fait par ces dernières en passant à Munich avait été imposé par le réseau routier : les chaussées d'Augsbourg à Munich, puis de Munich à Landshut étaient bonnes, tandis qu'entre Augsbourg et Landshut on n'aurait trouvé que des chemins de traverse.

Il résultait des ordres de l'Empereur que la Grande Armée allait franchir l'Isar sur trois points, Munich, Freising et Landshut ; son front était ainsi de 60 kilomètres, et pour utiliser les passages de Landau et Plattling, situés près du confluent de l'Isar et du Danube, il aurait fallu le porter jusqu'à 150 kilomètres.

Est-ce avec intention, est-ce par oubli que l'on n'envoie pas d'ordres à Klein, Milhaud, Dupont et Dumonceau avant le 25 ? A voir seulement les faits tels qu'ils se sont déroulés par la suite, ce retard n'a présenté que des inconvénients : il est la cause primitive et essentielle de l'échec subi à Dürrenstein ; c'est lui qui fera manquer la première manœuvre tentée pour l'enveloppement de Kutusow. Mais la présence d'un corps autrichien en Bohême, l'apparition possible d'une armée russe de ce côté ont pu décider Napoléon à se garder sur son flanc gauche et en arrière, afin d'empêcher les ennemis de retourner contre lui sa manœuvre favorite, l'occupation d'un cours d'eau important sur la ligne de retraite principale (1). Peut-être est-ce pour éviter qu'on se

---

(1) L'Alpone (Arcole), le Lech (Ulm), la Saale (Iéna), l'Isar (Eckmühl), le Dniéper (Smolensk), etc.

saisisse d'une barrière fluviale derrière lui, qu'il maintient Dupont et Dumonceau près du Danube tant qu'il n'a pas franchi l'Isar; qu'il les arrête sur l'Isar, tandis qu'il passe l'Inn, sur l'Inn lorsqu'il traverse l'Enns, et près de l'Enns quand il atteint Melk et Saint-Poelten. Il semble bien difficile de ne pas voir là une série de mesures voulues, systématiques ; et pourtant le danger qui pouvait menacer l'armée du côté de la Bohême était très lointain. Quelle que fût la destination des armées russes de seconde ligne, elles n'avaient pas encore pénétré en Silésie, et les Prussiens n'étaient pas près de nous attaquer. Les causes qui ont amené le fatal retard de Dupont et Dumonceau dans la journée du 11 novembre ne semblent donc pas élucidées.

Murat vient coucher le 24 à Ingolstadt. Le 25, il arrive à Munich pour prendre le commandement des divisions Walther, Beaumont et d'Hautpoul.

L'équipage de pont est à Munich.

Le général Rivaud, qui était à Ingolstadt, reçoit l'ordre de rejoindre son corps d'armée (le 1er) avec les éléments français de son détachement (le 54e de ligne); les troupes bavaroises qu'il avait avec lui vont occuper Ulm (1 brigade), Donauwœrth (1 régiment) et Rain (1 bataillon).

La brigade de dragons à pied demeurée avec Baraguey d'Hilliers s'établit à Ingolstadt; Baraguey d'Hilliers a sous ses ordres le dépôt de dragons montés, commandé à Neubourg par le général Milet.

On sait qu'Augsbourg est devenu le dépôt, le centre d'opérations de l'armée. Le grand parc d'artillerie s'y installe avec le 34e de ligne et le 21e dragons.

En exécution des ordres antérieurs, la Grande Armée se trouve déployée le 25 au soir suivant la ligne droite de Neustadt à Tölz :

1° Dupont dans les villages au Nord de Neustadt (1) ; une brigade des grenadiers Oudinot dans cette ville, avec les chasseurs de la Garde ; les carabiniers à Abensberg ; Klein au Sud-Ouest (2) ; à Ingolstadt, Dumonceau, Milhaud et Baraguey d'Hilliers ;

2° Deux brigades d'Oudinot à Mainburg et au Nord (3) ; la cavalerie du 5ᵉ corps à Mainburg et au Sud (4) ; Nansouty un peu à l'Ouest, à Geisenfeld ;

3° Suchet, Gazan et le gros du 3ᵉ corps à Freising et aux alentours (5) ; l'avant-garde du 3ᵉ corps à Erding ; se liant à droite avec celle de Bernadotte, qui occupe Anzing ;

4° Les Bavarois à Schwabing ; le 1ᵉʳ corps à Riem et Munich ; Beaumont et Walther dans les villages voisins, d'Hautpoul plus au Nord, et derrière l'Isar ; les 2ᵉ et 4ᵉ corps en seconde ligne, l'un sur la route d'Augsbourg, l'autre sur celle de Landsberg (6) ;

5° La brigade bavaroise Minucci à Tölz.

---

(1) Ettling, Prusing et Heiligenstadt (?) suivant le Journal de la réserve de cavalerie ; Pföring suivant le Journal de la division Dupont. Voir t. III, p. 1279.

(2) Munchmünster, Grieshaim et Mingelstein (Mindelstetten ?) suivant le Journal de la réserve de cavalerie ; Abensberg, suivant le Journal de la division Klein.

(3) Mainburg et Aigelsbach.

(4) Mainburg et Saint-Alban.

(5) Infanterie de l'avant-garde du 3ᵉ corps cantonnant derrière le ruisseau d'Erding, au Nord et au Sud de ce bourg, avant-postes sur les routes de Moosburg, Dorfen et Hohenlinden ; cavalerie en arrière, entre Eiting et la route de Freising à Erding. 1ʳᵉ division sur les hauteurs de Burghausen, avec un régiment dans Freising et un bataillon à Attaching pour se relier à l'avant-garde ; 2ᵉ division cantonnée au Nord de Freising, un bataillon à Moosburg ; 3ᵉ division à Gremmersthausen, au Sud-Ouest de Freising (Voir t. III, p. 1160). Gazan bivouaque au Sud de Freising, Suchet au Nord.

(6) 2ᵉ corps : cavalerie à Pruch (?) ; divisions à Dachau et Schwabhausen. 4ᵉ corps : cavalerie à Germering et Gröffling ; 3ᵉ division à

Telle est la formation d'où la Grande Armée part à la poursuite de Kutusow.

Sa marche va s'exécuter dans des conditions très particulières, qui ne permettront pas de donner souvent aux différents corps des routes distinctes, ni d'embrasser une zone aussi étendue que dans la première partie de la campagne.

On prendra le contact avec l'ennemi dès le passage de l'Inn, et on le conservera jusqu'au bout. On croira sans cesse à une bataille générale pour une date très rapprochée, de sorte qu'il faudra tenir les colonnes en état de se concentrer rapidement. Ce n'est pas cette considération, bien au contraire, mais l'état des chemins et le terrain qui obligent peu à peu à resserrer le front de l'armée, à allonger les colonnes en réduisant leur nombre.

La plaine du Danube, large de 140 kilomètres entre Ratisbonne et Tölz ou Rosenheim, se rétrécit vite; elle n'a plus que 40 kilomètres à hauteur de Linz, et une vingtaine seulement après le confluent de l'Enns. De là jusqu'à Vienne, elle n'est qu'un défilé perpétuel. Les montagnes qui la limitent au Sud atteignent du premier coup des hauteurs de 1,000 à 1,500 mètres, et forment, surtout en hiver, un obstacle infranchissable pour de grosses colonnes. De nos jours, cet espace, si étroit qu'il soit, pourrait du moins être complètement utilisé, grâce au grand nombre des chemins entretenus; mais en 1805, il y avait très peu de chaussées pavées ou ferrées : la carte des postes en indiquait cinq entre l'Isar et l'Inn; trois seulement poursuivaient en convergeant sur Lambach et Linz, et à partir de là, il n'y en avait plus qu'une

---

Pfaffenhofen, Geisenbrünn, Glesheim et Wandlheim; 2ᵉ division à Saint-Gilgen, Gelching et Argelsried; 1ʳᵉ division à Etterschagl, Schlinfeld et Wessling; artillerie et quartier général à Inning. Voir t. III, p. 1156.

seule jusqu'à Vienne. Si l'on voulait emprunter d'autres chemins, on se trouvait bientôt arrêté, comme le fut Davout entre Freising et Mühldorf, et obligé d'en revenir aux routes de poste pour ne pas rester embourbé.

Il ne faut jamais perdre de vue ces conditions de viabilité, qui ont imposé, à l'exclusion de toute théorie tactique, l'ordre de marche de l'armée et la situation respective des différents corps. Napoléon essayera d'utiliser sur sa droite quelques chemins de montagne, et même d'envoyer un corps d'armée sur la rive gauche du Danube, pour se procurer plus d'espace et de subsistances, mais ces détachements ne donneront pas toujours d'heureux résultats.

Le général Mathieu Dumas, témoin des travaux de l'Empereur sur la carte, et employé par lui à l'étude du réseau routier, était par conséquent très au courant du problème que Napoléon s'efforçait de résoudre et des difficultés, des impossibilités qu'il rencontrait chaque jour. Il les expose ainsi :

« La combinaison des marches était moins compliquée que celle de la première période ; il n'y avait plus de stratagème à dérober à l'ennemi, puisqu'on devait suivre nécessairement le grand défilé du Danube. Mais les affluents de ce fleuve, coulant également du Sud au Nord, offraient de bonnes lignes de défense, de grandes difficultés de terrain dans leur cours supérieur, au pied de la chaîne des Alpes, et des eaux torrentueuses et grossies par la saison, en s'approchant de leur embouchure dans le Danube. Pour franchir ces barrières successives, *maintenir les corps d'armée à peu près à même hauteur, et toujours en mesure de se mettre en ligne*, il fallait beaucoup d'accord et de précision dans les mouvements respectifs (1). »

---

(1) « Ceux qui voudraient faire une étude particulière de ces ordres de marche, bien dignes de servir de modèles, les trouveront détaillés

Le 25 octobre, l'Empereur lance des ordres pour la marche en avant. Il sait que la presque totalité des forces ennemies, soit 55,000 à 60,000 hommes, est échelonnée de Mühldorf à Braunau par Œtingen et Burghausen, ayant détaché un millier d'hommes à Wasserburg. Les ponts de Mühldorf et Wasserburg sont coupés.

Napoléon veut se présenter à Mühldorf avec deux ou trois corps d'armée pour y forcer le passage. Il réunit tous ses moyens dans cette direction, l'équipage de pont devant suivre de près la cavalerie de Murat.

Les renseignements sur l'ennemi sont assez précis et très sûrs, étant confirmés par plusieurs agents ; mais on remarquera qu'ils remontent à quelques jours au moment où il s'agit de passer l'Inn. On ne sait donc pas ce que les Alliés auront rassemblé à Mühldorf à notre approche, ni ce qu'ils auront retiré vers Braunau. De plus, on est sans renseignements sur les autres points de passage possibles, tels que Kraiburg.

Aucune reconnaissance de cavalerie n'a été prescrite : on ignore si l'ennemi garde d'autres points que Mühldorf et Wasserburg, et malgré les facilités qu'on aurait pour observer la route de Mühldorf à Braunau sans même quitter la rive gauche, rien n'est tenté dans ce sens.

Napoléon ordonne seulement à Murat, suivi de près par Soult, de se porter sur Hohenlinden, et de pousser des reconnaissances sur Mühldorf. Davout, partant

---

et parfaitement raisonnés dans la suite de la correspondance du major général de la Grande Armée avec les généraux en chef. Nous ne doutons pas que cette manière de suivre, pour ainsi dire, dans l'intérieur du cabinet de Napoléon toutes ses résolutions, toutes ses pensées, et pas à pas sur le terrain, selon la position de l'ennemi, la direction et les progrès des diverses colonnes, ne leur paraisse aussi intéressante qu'instructive. Cette considération nous a déterminés à publier presque entièrement le recueil que nous sommes assez heureux de pouvoir leur offrir ; et la crainte de le rendre trop volumineux n'a pas dû nous en détourner. » (Mathieu Dumas, t. III, p. 243.)

d'Erding et de Freising, doit se diriger aussi sur Mühldorf, par Dorfen; Lannes a reçu l'ordre d'aller à Vilsbiburg, d'où il pourra, s'il le faut, se rabattre sur Mühldorf dans la journée du 27. Ainsi Napoléon aura 3 divisions de cavalerie et 2 ou 3 corps d'armée le 27 à Mühldorf. Il juge cette accumulation de forces nécessaire, puisque l'ennemi peut réunir plus de 50,000 hommes sur ce point. L'Empereur est surtout préoccupé d'empêcher Murat ou Davout de s'engager isolément. Si l'ennemi ne défendait pas Mühldorf, le maréchal Davout pourrait le faire occuper par sa cavalerie; « si au contraire l'ennemi y était en force, ou derrière l'Inn, le maréchal Davout s'arrangerait de manière à ne rien compromettre, *l'intention de Sa Majesté n'étant pas de faire donner ses corps d'armée en détail* ».

En exécution de cet ordre, Davout arrête que son avant-garde se portera jusqu'à Ampfing le 26, poussant un parti de cavalerie à Mühldorf. Le corps d'armée doit bivouaquer à Ober-Taufkirchen, entre Dorfen et Mühldorf. Bien que le 3ᵉ corps soit cantonné à Freising et Erding depuis le 24, le chemin de Dorfen, que les cartes n'indiquent pas, n'a jamais été reconnu.

Tandis que le gros de l'armée est dirigé sur Mühldorf, Bernadotte se portera sur Wasserburg. On n'a signalé de ce côté qu'un détachement de 1,200 hommes venu de Munich, mais on est mal renseigné sur les mouvements qui ont pu se produire dans le Tyrol. On dit que l'archiduc Jean est venu à Scharnitz, que plusieurs bataillons se sont retirés de Landsberg vers Salzbourg, et que l'archiduc Charles tente de nous devancer dans cette dernière ville. Il y a donc beaucoup de chances pour que l'on passe l'Inn à Wasserbourg et la Salzach à Salzbourg sans difficultés, mais ce n'est pas certain; on peut encore y rencontrer des forces sérieuses, et surtout il faut s'y établir assez solidement pour arrêter l'armée autrichienne d'Italie si elle se porte de ce côté. Napoléon fait suivre Bernadotte à courte distance par Marmont, jusqu'à ce qu'on soit fixé sur ce qui se passe dans le le pays de Salzbourg. S'il le faut, Marmont soutiendra le 1er corps, à portée duquel il se trouvera pendant cinq jours, puisqu'à supposer sa marche continuée sans interruption vers l'Est, il ne sera pas à plus d'une journée de Salzbourg le 1er novembre. Si la situation de Bernadotte ne présente rien de dangereux, Marmont n'ira pas jusqu'à Salzbourg et se rapprochera du gros de l'armée.

Enfin les éléments laissés jusque-là en seconde ligne derrière le 5e corps, c'est-à-dire Klein, Milhaud, Dupont, Dumonceau, reçoivent l'ordre de gagner Landshut.

On a souvent reproché à Napoléon de ne pas avoir donné à ses maréchaux d'instructions générales, embrassant de longues périodes.

Ici, par exemple, ses ordres ne visent que les mouvements d'une ou deux journées : c'est qu'il ne s'agit pas d'un groupe d'armées, mais de trois ou quatre corps seulement ; que l'on a en vue une opération prochaine, le passage de l'Inn, où subsiste une grande part d'imprévu, et que l'on ne peut rien prescrire, non seulement pour les marches qui suivront, mais pour l'exécution même du passage. C'est sur place, à Mühldorf même, que Napoléon viendra donner de nouveaux ordres.

Le 25 octobre, l'Empereur fait écrire par Berthier au maréchal Ney de se porter sur Landsberg avec son corps d'armée, après avoir dirigé sur Augsbourg toutes les armes restées à Ulm, et donné des ordres pour le démantèlement de cette dernière place. La lettre de Berthier parviendra à destination dans la soirée du 26, et le 6e corps quittera le 27 les cantonnements étendus où il séjournait depuis le 22, au Sud-Ouest d'Ulm (1), pour se

---

(1) Cantonnements du 6e corps du 22 au 27 octobre :
2e division (Loison) à Donaustetten, Dellmensingen, Stetten,

porter à Memmingen. Il arrivera le 28 à Mindelheim, et le 29 à Landsberg, où il séjournera le 30 en attendant de nouvelles instructions. Les dragons laissés à sa disposition sont dirigés sur leurs divisions.

III

JOURNÉE DU 26 OCTOBRE. MARCHE SUR L'INN.

Le 26 octobre de très bonne heure, le 3e corps quitte ses cantonnements : l'avant-garde, qui était à Erding, commence la marche sans encombre ; mais bientôt elle est embourbée dans le mauvais chemin qui conduit à Mühldorf par Dorfen ; ne gardant avec lui qu'un ou deux escadrons, le général Heudelet, qui commande cette avant-garde, fait rebrousser chemin à sa cavalerie et la dirige sur Haag par la grande route d'Erding à Hohenlinden. L'infanterie poursuit péniblement par Dorfen, et s'arrête à Ober-Taufkirchen ; les cavaliers qui l'accompagnaient continuent jusqu'à Mühldorf, avec un détachement d'infanterie légère, et entrent dans la ville à 10 heures du soir. Les Autrichiens ont passé sur la rive opposée, où ils ont posté un bataillon pour défendre le passage (1).

Achstetten, Laupheim, Weiler, Gögglingen ; 3e division (Malher) à Ulm, Closter Wiblingen, Bellenberg, Tiefenbach, Vöhringen, Illerzell, Wullenstetten ; cavalerie légère (Tilly) à Illeraichheim ; dragons à pied à Donaurieden et Erbach ; parc d'artillerie, au Sud d'Ulm. Voir t. III, p. 1032.

(1) La première colonne russe a commencé sa retraite le 25 ; le reste part le 26 octobre pour se porter à l'Est de Braunau, sur la route de Lambach. Le mouvement ne sera continué que le 29. (Danilewski, p. 115.)

Le gros des forces autrichiennes a quitté aussi les environs de Mühldorf le 25 ; une partie (Kienmayer) se retirant sur Œting, pour conti-

Les divisions du corps d'armée sont retardées à la traversée de Freising par le défilé de la division Gazan, qui va rejoindre Lannes à Landshut. Avant d'arriver à Erding, elles reçoivent du maréchal Davout, qui les a devancées, de nouveaux ordres. Le chemin de Dorfen étant reconnu impraticable, il est prescrit aux trois divisions de suivre la cavalerie légère sur la route d'Hohenlinden et d'aller bivouaquer à hauteur de Haag. En réalité, les troupes s'arrêtent exténuées, les deux premières divisions un peu en arrière de Haag, la troisième derrière Hohenlinden, où s'est établie une division de dragons (Beaumont) venue de Munich.

L'avant-garde de Davout a fait, d'Erding à Ober-Taufkirchen, 30 kilomètres dans la boue ; sa pointe de cavalerie, arrivée jusqu'à Mühldorf, 45 kilomètres. Les deux premières divisions et la cavalerie ont fait, de Freising à Haag, 50 kilomètres ; la troisième en a fait 33.

La cavalerie de Murat ne déploya pas la même ardeur. Ses ordres portaient qu'elle devait avancer jusqu'à Hohenlinden, pousser des avant-postes au delà de Haag, et des coureurs jusque sur l'Inn, *si l'ennemi n'était pas en force*. Conformément aux prescriptions de l'Empereur, la division de dragons Beaumont vint à Hohenlinden (1), mais celles de Walther et d'Hautpoul cantonnèrent fort en arrière, à Anzing et Parsdorf. Le 4ᵉ corps, qui les suivait, s'établit largement dans les villages à l'Est de Munich, après avoir défilé devant l'Empereur.

---

nuer par Burghausen vers Lambach ; l'autre moitié (Hohenlohe), traversant aussi Burghausen, mais devant se porter ensuite sur Salzbourg et Steyer. Des détachements sont laissés aux passages de l'Inn. (Schönhals, p. 110.)

(1) Elle s'éclaire à 2 lieues en avant, notamment par un parti de 50 dragons du 5ᵉ, commandés par un capitaine. (*Journal* du 5ᵉ dragons, manuscrit déposé à la bibliothèque de Laval.)

Au Nord de cette masse centrale, le 5ᵉ corps rassemble à Landshut ses divisions, venues l'une de Mainburg, les autres de Freising. Il porte une brigade de cavalerie jusqu'à Vilsbiburg, à une marche de l'Inn. La division Nansouty, placée sous les ordres de Lannes, cantonne immédiatement derrière le 5ᵉ corps ; Klein est plus loin à Pfeffenhausen, Milhaud et Dupont à Mainburg ; la division batave Dumonceau cantonne au Sud de Neustadt.

A l'aile opposée de la Grande Armée, le 1ᵉʳ corps pousse son avant-garde jusqu'à l'Inn.

Dans son ordre du 25 octobre, Bernadotte avait fixé à ses divisions une sorte de point initial : chacune d'elles devait passer à Ebersberg à une heure déterminée, de Wrède à 10 heures, Kellermann à 11 heures, Drouet à midi, Pacthod (1) à midi et demi, et Deroy à 2 heures. Parvenus à Ebersberg, les généraux y reçurent de nouveaux ordres : pour Drouet, Pacthod et Deroy, il ne s'agit que de prendre position et bivouaquer à Sprengelbach, Steinhöring et Oberndorf ; pour de Wrède et Kellermann, venus seulement de Riem et Parsdorf, la marche sur Wasserburg continue :

« Le général Kellermann prendra position sur les hauteurs en arrière de Wasserburg ; il occupera de suite la ville et tâchera de réunir tous les moyens pour rétablir le pont qui a été détruit par l'ennemi. Il fera passer quelques détachements sur la rive droite de l'Inn. Ces postes auront la plus grande surveillance afin de ne point se laisser surprendre.

« M. le lieutenant général de Wrède partira également de suite de sa position pour se porter en arrière du général Kellermann, à une demi-lieue de Reitmehring, détachant un bataillon d'infanterie et un piquet de cavalerie pour occuper l'abbaye de Closter-Attel. »

---

(1) Remplaçant provisoirement Rivaud.

D'après le *Journal* de la division de Wrède, il semble que les Bavarois soient restés en tête de la colonne et soient entrés à Wasserburg les premiers : « Ayant reçu à son entrée dans Steinhœring le rapport que l'ennemi avait abandonné Wasserburg, il (de Wrède) y envoya aussitôt le lieutenant-colonel de Stengel avec deux compagnies et un escadron pour l'occuper et rétablir le pont. Avant d'arriver sur la hauteur de la ville, le lieutenant-colonel fut reçu par un feu de mousqueterie très vif de la part de l'ennemi ; mais il sut jeter si précipitamment son infanterie du côté de la ville, en la plaçant par parcelles sur les élévations en arrière, que l'ennemi, après une fusillade de plus d'une heure, fut réduit à se retirer, ayant 8 hommes tués et nombre de blessés. Les Bavarois n'eurent ni morts, ni blessés.

« Sur ces entrefaites arriva un ordre du maréchal de détacher 3 bataillons à Kloster-Attel, où la brigade Mezzanelli se rendit : le 2ᵉ bataillon léger y passa nuitamment l'Inn, comme fit le général Kellermann à Wasserburg ».

Bernadotte logea à Steinhöring.

La brigade Minucci, qui occupait Tölz, avait reçu l'ordre de se porter sur la route de Rosenheim, jusqu'à une lieue de cette ville (1).

Marmont fit traverser Munich à son infanterie pour la cantonner sur la rive droite de l'Isar, au Sud de la route ; il laissa la cavalerie sur la rive gauche (2).

Le grand quartier général resta à Munich, où la Garde se réunit (3) ; le grand parc (1,293 voitures) était

---

(1) Nous ne savons pas exactement où elle s'arrêta le 26.
(2) 1ʳᵉ division, Haidhausen ; 2ᵉ division, Ober-Giesing ; quartier général, Schwabing ; cavalerie, Mittel-Sendling ; parc d'artillerie, Schwabhausen.
(3) On se rappelle que la moitié de la cavalerie de la Garde revenait

échelonné ce jour-là entre Ellwangen et Augsbourg, qu'il ne devait pas dépasser jusqu'à nouvel ordre.

Dans la soirée du 26, les commandants des corps d'armée donnent les ordres de mouvement pour le lendemain : Lannes se portera au delà de Vilsbiburg sur la route de Mühldorf et d'Œtingen ; Davout, renonçant à forcer le passage de l'Inn à Mühldorf avec les seules ressources de l'avant-garde, que son canon n'a pas pu suivre, la dirige sur Œtingen par Erharding, espérant être plus heureux de ce côté : les trois divisions du corps d'armée s'arrêteront à Ampfing ; la 1re fera occuper Mühldorf par un régiment, la 3e détachera un bataillon à Kraiburg.

« Le général Andréossy, commandant l'arme du génie, fera rassembler à Mühldorf et Kraiburg tous les matériaux nécessaires pour la réparation et la reconstruction des ponts. Les officiers du génie et les détachements de sapeurs employés dans le corps d'armée seront mis à sa disposition pour la confection de ces travaux. Il est même autorisé à faire, s'il le juge nécessaire, la demande des sapeurs de régiment.

« Les généraux prescriront aux commandants des postes qu'ils établiront sur l'Inn de s'emparer de tous les bateaux qui existent sur la rive gauche de cette rivière et de les faire rassembler sur les points de Mühldorf et de Kraiburg. Si cette opération faisait éprouver de trop grands dangers pendant le jour, elle sera exécutée de nuit.

« Le général Andréossy fera reconnaître s'il n'existe pas sur l'Inn des gués pour la cavalerie et des points de passage depuis Kraiburg jusqu'à Œting. »

---

d'Ingolstadt, l'autre moitié avait accompagné l'Empereur, et l'infanterie, partie d'Augsbourg en même temps (le **24**), avait un jour de retard.

Murat, arrivé en poste à Hohenlinden avec son état-major, ordonne aux divisions de la Réserve de cavalerie de poursuivre le 27 sur Mühldorf.

Soult, Bernadotte et Marmont attendent le 27 pour donner de nouveaux ordres.

IV

PASSAGE DE L'INN, 27 ET 28 OCTOBRE.

Le 27, Bernadotte fait serrer son corps d'armée sur Wasserburg, sauf la division Deroy qui reste un peu en arrière à Wolfrain (?). La journée s'écoule, semble-t-il, à recueillir des matériaux pour réparer le pont, qui est rétabli dans la nuit du 27 au 28. La brigade Minucci, venue de Tölz, arrive le 27 à Rosenheim, et y trouve également le pont rompu. Le major de Sarni, qui commande l'avant-garde de cette brigade, fait déloger les tirailleurs autrichiens laissés sur la rive droite, en déployant ceux du 1er régiment bavarois sous le commandement du lieutenant de Grafenstein, qui montre beaucoup de bravoure et de fermeté. Les tirailleurs bavarois, ayant trouvé des barques, passent la rivière, et chassent l'ennemi. Le pont est réparé dans la soirée.

Marmont reçoit dans la matinée et exécute l'ordre de suivre Bernadotte ; il fait passer en première ligne à Oberndorf sa cavalerie, qui doit diriger des patrouilles sur Mühldorf et Kraiburg ; l'infanterie cantonne autour d'Ebersberg. L'instruction donnée à ce corps d'armée prescrit de continuer le lendemain sur Wasserburg et d'occuper cette ville, dès que Bernadotte aura passé l'Inn, pour se diriger sur Salzbourg. Dans la soirée, Berthier lui réitère l'ordre de marcher le lendemain matin sur Wasserburg.

Le 28, le 1er corps continue sa marche sur Salzbourg.

Il va s'établir à proximité d'Altenmarkt, sauf la division Deroy qui s'arrête à Frabertsheim, à une lieue seulement en avant de Wasserburg. La brigade Minucci se rapproche, et vient à Seebrück.

Dans la soirée, Bernadotte reçoit de Berthier des éclaircissements sur les corps ennemis qu'il peut rencontrer à Salzbourg : « Ce que je puis vous assurer relativement au prince Charles, c'est que le 26 vendémiaire (18 octobre) il était sur l'Adige ; dans ce moment le maréchal Masséna l'a passé à Vérone, où il a fait 1,500 prisonniers et pris 7 pièces de canon ; mais il est très possible qu'une division de 12,000 à 15,000 hommes, qui était dans le Tyrol, ait fait une contremarche par l'arrivée du maréchal Augereau, qui se porte sur Kempten ; ce corps ennemi aura vraisemblablement reçu l'ordre de se jeter sur Salzbourg ; alors, Monsieur le maréchal, vous serez à même de couper ce corps et de le faire prisonnier. Le maréchal Ney arrive demain soir à Landsberg, et le maréchal Augereau sera sous très peu de jours à Kempten. »

Le 2ᵉ corps relève le 1ᵉʳ à Wasserburg. Berthier promet de nouveaux ordres à Marmont pour le lendemain. En attendant, il l'invite à faire reconnaître soigneusement la route de Wasserburg à Ditmoning : « cela est très important pour l'Empereur ; ..... il faut nous créer des débouchés, parce qu'il y a peu de chaussées ». Le passage par Ditmoning permettrait de rapprocher davantage le 2ᵉ corps du rassemblement principal et de le lier plus étroitement aux opérations en avant de Braunau.

Le 27, la Réserve de cavalerie se met en mouvement à 5 heures du matin ; la division de dragons de Beaumont entre dans Mühldorf un peu avant midi, sans doute, sa marche étant de 45 kilomètres ; l'infanterie du général

Heudelet (avant-garde du 3ᵉ corps) y paraît quelques instants plus tard, mais est dirigée sur Erharding. Murat fait attaquer à coups de canon, par l'artillerie de la division de Beaumont, l'ennemi posté sur la rive droite, et l'on commence aussitôt, c'est-à-dire dans l'après-midi, les préparatifs du passage. Le 5ᵉ régiment de dragons reste dans Mühldorf avec l'avant-garde du 3ᵉ corps. Bientôt l'arrivée des divisions d'infanterie, leurs sapeurs réunis en avant, selon l'ordre du maréchal, procure des moyens plus sérieux. Davout appelle aussi à Mühldorf l'artillerie des divisions.

A 3 heures de l'après-midi, le général Sorbier, commandant l'artillerie du 3ᵉ corps, et le colonel Charbonnel, son chef d'état-major, font une reconnaissance sur la rive gauche, dans les environs, et déterminent l'emplacement de deux batteries de part et d'autre de la ville, à 500 mètres des retranchements autrichiens. Le feu ne commence qu'à 5 heures du soir, et c'est seulement à 7 heures que l'ennemi est assez ébranlé pour qu'on procède à la réfection du pont. Les batteries avaient tiré si précipitamment, dit un officier de la division Friant, qu'elles se tuèrent du monde réciproquement, à cause de l'énorme concavité du fleuve en ce point. Cependant le *Journal* de l'artillerie du corps d'armée n'évalue les pertes qu'à un homme blessé et un cheval tué.

Les Autrichiens faisaient une belle défense et ne se résignaient pas à abandonner leur poste. Vers 7 heures du soir, notre artillerie les avait obligés à se retirer, mais ils revenaient de temps en temps, à la faveur de l'obscurité, pour troubler nos travailleurs par des feux de salve. Il fut bientôt avéré qu'on ne pourrait poursuivre la construction du pont que si l'on prenait pied d'abord sur la rive droite. Pour en finir, Davout forma une compagnie de 30 nageurs sous le commandement du capitaine Galliardie, adjoint à l'état-major de la

INTRODUCTION. 33

1re division. Quoi qu'en dise le maréchal dans une note écrite de sa main, il est certain que ces nageurs ne purent réussir à traverser l'Inn : le courant très violent les emporta, en noya trois, et la plupart des autres revinrent à la rive gauche. Un seul, un sapeur de la 6e compagnie du 2e bataillon, parvint à passer.

Enfin on découvrit des bateaux, on établit un pont volant, et l'on commença le passage. Les 13e léger et 108e de ligne passèrent dans la nuit du 27 au 28 ; ils furent suivis par deux régiments de cavalerie.

Les maréchaux se montraient malheureusement trop impatients de voir terminer la réparation du pont, entreprise par la 7e compagnie de sapeurs, laquelle était attachée à la Réserve de cavalerie, et s'était trouvée à Mühldorf presque aussitôt que les dragons. L'Empereur avait envoyé le capitaine de frégate de Lostanges auprès de Murat, pour apprendre de lui l'instant précis où le passage sur le pont commencerait. Ce fut sans doute la présence de cet officier qui augmenta l'impatience ; toujours est-il que Murat donna l'ordre de ne pas rétablir complètement le tablier du pont, mais de faire une passerelle très légère pour un homme de front.

Le pont de Mühldorf, comme la plupart de ceux qu'on bâtissait alors, était en bois, et les Autrichiens avaient brûlé trois travées ; les piles subsistaient presque intégralement. « On se contenta, dit un officier du génie (1), témoin oculaire, d'arranger trois des travées avec quelques longerons, dont l'une des extrémités portait sur le chapeau et l'autre extrémité était dans l'eau au pied de la pile opposée. Ces longerons, deux à deux, formaient des croix de Saint-André qui portaient des pièces de bois beaucoup plus courtes, et placées *à peu près* horizontalement. » Cet *à peu près* ne fut pas suffi-

---

(1) Capitaine Ménissier (*Journal de la division Friant*).

IV.

sant pour assurer un passage facile : les têtes des piles à demi-consumées ne se trouvant pas à la même hauteur, le tablier improvisé présenta une descente et une montée assez rapides. « A l'endroit où la pile avait été brûlée, dit une note ajoutée à l'*État d'emplacements* du 3⁰ corps, on avait enté des pilotis beaucoup trop courts. On cloua sur les planches des tringles transversales pour empêcher les chevaux de glisser. »

Cette passerelle tremblait sous le poids d'un fantassin. Quand l'infanterie eut fini de passer, Davout ordonna de faire avancer la cavalerie, les cavaliers naturellement pied à terre et tenant leurs chevaux par la bride. « Ce fut un spectacle vraiment curieux et tenant du prodige de voir défiler cette cavalerie légère sur un pont où l'infanterie ne passait pas sans crainte. » Après la cavalerie légère du 3⁰ corps on fit passer le 5⁰ dragons, de la division Beaumont. La note ajoutée à l'*État d'emplacements*, qui est de source officielle, déclare que deux chevaux seulement tombèrent dans l'Inn, et qu'ils se sauvèrent à la nage; l'officier du génie, rédacteur du *Journal* de la division Friant, dit au contraire que plusieurs hommes et chevaux périrent. Tous sont d'accord pour affirmer que, moyennant trois ou quatre heures de travail, le pont aurait été complètement rétabli, et que les troupes, passant en colonne de route sans précaution spéciale, auraient largement regagné le temps perdu. En somme, la réparation du pont de Mühldorf, telle qu'on la fit, demeura illusoire, et cette passerelle eut un rendement moindre que les deux ponts volants installés à proximité : le passage de quelques escadrons sur les travées si pauvrement rétablies ne fut qu'un tour de force.

Quand la brigade de cavalerie et les deux premières divisions d'infanterie eurent passé, tant en bateau que sur le pont, leur artillerie fut transportée sur les ponts volants.

Ces deux divisions (Bisson et Friant) étaient restées au bivouac un peu en arrière et à droite de Mühldorf en attendant le moment de leur passage. La 3⁰ division, bivouaquant plus à droite encore et jusqu'à Kraiburg, avait trouvé le pont de cette ville rompu, impossible à rétablir et gardé sur la rive opposée par un petit détachement autrichien. Elle avait pu découvrir quelques barques et déloger l'ennemi. Le maréchal Davout avait ordonné d'abord qu'il ne fût fait là qu'un simulacre de passage ; mais dans la nuit du 27 au 28, considérant les difficultés qu'il rencontrait à Mühldorf et la faiblesse de l'ennemi, il permit au général Gudin d'utiliser les moyens qu'il avait réunis, et qui consistaient en deux petites barques, contenant chacune quatre hommes, et un grand bac vermoulu qu'on put réparer. Le général Gudin passa avec un bataillon et un demi-escadron. Le reste de la division revint à Mühldorf.

Tandis que le passage de l'Inn s'accomplissait si péniblement à Mühldorf, l'avant-garde du 3⁰ corps et les dragons, exécutant enfin la reconnaissance qui aurait dû précéder la marche des colonnes, constataient que le pont d'Œting était beaucoup moins endommagé que les autres.

Dans l'après-midi du 27, le maréchal Davout avait ordonné au général Heudelet, commandant l'avant-garde du 3⁰ corps, de s'avancer vers l'Est par la rive gauche de l'Inn jusqu'à Erharding. La brigade de cavalerie légère de cette avant-garde pousse jusqu'à Weinhöring et aperçoit les Autrichiens en train de démolir le pont d'Œting, dont une seule travée est déjà rompue. Nos cavaliers appellent en toute hâte des voltigeurs, dont le feu oblige les travailleurs autrichiens à s'éloigner. Bientôt, la nuit étant venue, l'approche des troupes passées à Mühldorf oblige le bataillon autrichien d'Œting à la retraite. L'avant-garde du 3⁰ corps est rappelé à Mühldorf pour y franchir l'Inn.

Le 28, à dix heures du matin, ce sont les troupes de Murat qui arrivent à Weinhöring. De la rive opposée, une compagnie de sapeurs du 3ᵉ corps vient rétablir le pont, sous la surveillance de l'adjudant-commandant Girard, envoyé par Murat. Ce travail est achevé avant la fin de la journée. La division Beaumont, qui avait cantonné en arrière et au Nord de Mühldorf, va passer à Œting ; Walther et d'Hautpoul, venus d'Ampfing et de Haag, suivent le mouvement ; mais la division Walther n'a pas le temps de passer dans la journée du 28, et demeure sur la rive gauche, à Weinhöring. Beaumont et d'Hautpoul cantonnent autour d'Œting, où le 3ᵉ corps est venu les rejoindre.

L'avant-garde du 3ᵉ corps, ainsi que le 5ᵉ dragons, qui forme l'avant-garde de la division Beaumont, finissent leur passage à Mühldorf avant 10 heures du matin, le 28 octobre, et poussent dans la journée jusqu'à Burghausen, que les Autrichiens ont abandonné en coupant le pont derrière eux. Le général Eppler, qui commande la cavalerie légère dans l'avant-garde du 3ᵉ corps, traverse la Salza en barque avec 20 carabiniers, et déloge l'ennemi de la rive droite. Les sapeurs le suivent de près et commencent à réparer le pont, dont cinq travées sont coupées. Le passage sera rétabli le 29 au matin.

Ainsi se termine la double opération du passage de l'Inn et de la Salza. On peut s'étonner de voir l'équipage de pont rester inutile en arrière des troupes, alors que la prompte arrivée de quelques bateaux aurait fait gagner une journée peut-être. L'ordre du 25 octobre le mettait cependant à la disposition de Murat.

Le 28, l'Empereur fait expédier au colonel Bouchu, commandant cet équipage de pont, l'ordre d'envoyer sur le champ trois pontons et une compagnie de pontonniers à Murat. Le reste de l'équipage s'arrête à Mühldorf, d'où il ne repartira que le 29. Il sera employé pendant ces vingt-quatre heures à achever le complet rétablissement du pont.

Les 27 et 28, Napoléon a prescrit à Murat et Davout de poursuivre leur route jusqu'à Burghausen. Il veut aussi qu'une tête de pont soit tracée devant le pont de Mühldorf par un officier du génie, et exécutée par des paysans et ouvriers réquisitionnés.

Le 28, le grand quartier général se transporte à Haag, où Napoléon arrive à 11 heures du soir ; le 4º corps, qui s'est arrêté le 27 à Hohenlinden, Anzing et Parsdorf, reçoit l'ordre de se porter sur Mühldorf, mais il trouve la route encombrée par les voitures du 3º corps et de la cavalerie, et il s'arrête entre Haag et Haun (à hauteur de Kraiburg). La colonne formée par les troupes de Murat, Davout et Soult a une longueur totale de 80 kilomètres (pour moins de 60,000 hommes).

Dès que l'Empereur avait connu la faiblesse des détachements ennemis laissés à Mühldorf, il avait jugé inutile d'amener le 5º corps sur ce point. Le 27 octobre, le maréchal Lannes avait atteint Vilsbiburg avec son infanterie, précédé de sa cavalerie à Ganghofen et Neumarkt, et suivi de Nansouty à Geisenhausen ; il avait déjà expédié les ordres pour marcher le lendemain sur Mühldorf, quand arriva une lettre de Berthier qui le dirigeait sur Braunau par Eggenfelden. Il alla donc établir ses bivouacs autour de cette dernière localité le 28, précédé de sa cavalerie légère à Wurmansquik (route de Braunau), et à Pfarrkirchen (route de Schärding). La division Nansouty resta un peu en arrière, à Ganghofen.

Le 27, la brigade Milhaud, les divisions Klein et Dupont cantonnent à Landshut et dans les villages voisins ; Dumonceau est à une demi-journée plus loin, à Pfaffenhausen. Milhaud seul, dans ce groupe, reçoit des ordres le 27 octobre ; ces ordres sont sans doute considérés comme très importants, car Berthier y revient à deux reprises : il s'agit de se porter à Eggenfelden pour couper la retraite de Straubing sur Braunau et observer les mouvements de l'ennemi sur notre flanc. Le général Milhaud étendra des partis aussi loin qu'il pourra dans cette direction. Il rendra compte, par triplicata, de toutes les nouvelles qu'il aura de l'ennemi : 1° au prince Murat; 2° au maréchal Lannes ; 3° au major général. La marche de flanc du général Milhaud est très importante par les nouvelles qu'il peut envoyer à l'Empereur. Il doit laisser à Landshut les chevaux éclopés et les gros embarras de ses bagages. Il vivra, dans le pays qu'il traverse, par des réquisitions.

Ce premier ordre est expédié le 27, à 3 h. 30 du matin. Un autre, envoyé à 1 heure après midi, renouvelle à peu près les mêmes prescriptions, si ce n'est que la destination indiquée est Pfarrkirchen au lieu d'Eggenfelden. Milhaud est averti qu'il doit faire connaître chaque jour l'endroit où il s'arrête, et qu'il peut envoyer des officiers en poste au major général.

Le 27 octobre, les Autrichiens occupaient les positions suivantes : Un parti de 200 hommes et 150 chevaux opérait entre Deggendorf et Straubing. Non loin de là, le corps volant du colonel Radivojevich était en retraite de Landau sur le bas Inn. Le général Crenneville, avec 2 bataillons de Peterwardein, était maître de Passau depuis le 25.

Le général Nostitz surveillait le cours de l'Inn, en aval d'Obernberg, avec 4 bataillons et 10 escadrons, dont la moitié en réserve à Raab.

Le général Schustek surveillait entre Obernberg et le confluent de la Salza, avec 2 bataillons et 10 escadrons, dont la moitié en réserve à Altheim.

Le colonel Graffen, entre le confluent de la Salza et

Neu-Œting, avec 2 bataillons et 6 escadrons, dont la moitié en réserve à Altheim.

En amont de Neu-Œting, jusqu'aux montagnes, le colonel Mesko, avec 8 bataillons et 8 escadrons, dont moitié en réserve à Trostberg.

Un bataillon de Valaques Illyriens était en route pour Salzbourg, où il devait arriver avant le 29, un autre était à Strasswalchen.

Le gros traverse Burghausen pour gagner Lambach avec Kienmayer (10 bataillons et 11 escadrons) ou se dirige sur Salzbourg par Altenmarkt avec Hohenlohe (7 bataillons et 16 escadrons).

Les Russes sont à l'Est de Braunau, prêts à se porter sur Wels par Lambach.

Un ordre du Conseil aulique, reçu le 27, prescrivait de tenir le plus longtemps possible sur l'Inn et la Salza, pour attendre l'arrivée des archiducs Charles et Jean, ainsi que de la 6ᵉ colonne de Kutusow.

Pour exécuter cet ordre, Kienmayer et Hohenlohe se concentrèrent le 28 à Friedburg et Strasswalchen (17 bataillons, 30 escadrons). De là, on envoya des détachements à Tittmoning et Laufen, tandis que le colonel Mesko se retirait de Trostberg sur Salzbourg. Les détachements autrichiens éparpillés en aval de Braunau y étaient toujours.

L'empereur d'Autriche, arrivé le 26 à Wels, ordonne la retraite sur Lambach, où les Russes seront rejoints par les Autrichiens ; mais cet ordre, complété par une foule de prescriptions de détails, n'arrivera que le 29 au soir, et les événements auront marché de telle sorte qu'il sera devenu inexécutable.

Il est intéressant de citer cet ordre du 26, bien qu'il soit resté lettre morte, parce que son étonnante complication fera sentir, même en éliminant les détails, ce qu'était le système de guerre des états-majors autrichiens à cette époque.

On devait diriger 7 bataillons et 8 escadrons par Mattighofen sur Lambach.

Le général Szenassy, avec 6 bataillons, se retirerait sur Hallein et Werfen pour aller couvrir à Rottenmann l'aile droite de l'armée du Tyrol. Il serait rejoint par le bataillon valaque envoyé à Salzbourg.

Le colonel Mesko resterait à Trostberg avec 3 bataillons et 8 escadrons ; les bataillons de Rosenheim, Wasserburg et Kraiburg se réuniraient à lui.

Un corps de 2 bataillons et 6 escadrons se retirerait par Tittmoning, Mattighofen, Friedburg, Vocklabrück, Weyer.

2 escadrons formeraient flanc-garde sur la route Ischl, Seeberg, Kuhdorf, Görzenburg.

L'arrière-garde de l'armée russe serait formée par les 4 bataillons et 12 escadrons du général Schustek sur la route d'Altheim à Enns.

Le général Nostitz se retirerait de Schärding sur Linz avec 3 bataillons et demi et 8 escadrons, et il se relierait à Schustek sur le chemin de Riedau par un détachement d'un demi-bataillon et 2 escadrons.

Un soutien de 4 bataillons et 10 escadrons serait posté à Ried ; une réserve de 6 bataillons de grenadiers à Haag.

Mais le 29 octobre, les Français occupaient Braunau et arrivaient devant Mattighofen et Salzbourg, de sorte que les mouvements ordonnés ne purent s'exécuter tels qu'ils étaient prescrits.

Les Russes s'éloignèrent de Braunau ; le colonel Mesko se retira sur Salzbourg ; le reste des troupes autrichiennes ne fit pas de mouvements importants (1).

---

(1) Voir Schönhals, p. 110 et suiv.

V

JOURNÉE DU 29 OCTOBRE, BRAUNAU.

L'Empereur avait ordonné le 27 octobre au maréchal Lannes de se porter par Eggenfelden sur Braunau.

En conséquence, la brigade de chasseurs du 5ᵉ corps, qui a cantonné le 28 à Wurmansquik, se dirige le 29 sur Braunau, où le colonel Kirgener, commandant le génie du corps d'armée, avait ordre de se rendre pour le rétablissement du pont. Ce vigoureux officier se jette dans une barque avec quelques chasseurs et, malgré le feu d'un détachement ennemi qui occupait la place, il parvient à l'escalader. Il disperse ce détachement et fait pointer l'artillerie des remparts, servie par des cavaliers, sur une petite troupe autrichienne qui voulait pénétrer dans la place, et qu'il tient à distance. Quelques instants plus tard, le maréchal Lannes entre lui-même dans Braunau, juste à temps pour y accueillir Murat et Davout, qui venaient de Burghausen. Ainsi se réalise avec précision la volonté de l'Empereur, de faire converger sur Braunau les forces de deux corps d'armée.

La journée du 28 et la nuit suivante s'étaient écoulées sans que Murat et Davout, logés à deux lieues de Burghausen, eussent aucune instruction pour leurs mouvements au delà de cette ville. Cependant Murat, désireux de continuer la poursuite à toute vitesse, avait mis ses divisions en mouvement dès 2 heures du matin; il était arrivé au pont de Burghausen vers 5 heures, l'avait trouvé presque entièrement rétabli, et au petit jour l'avait traversé avec le 5ᵉ dragons. Les renseignements signalaient l'ennemi en retraite par Mattighofen; comme c'était d'ailleurs la route la plus directe vers Linz, et qu'elle permettait de couper bientôt la communication de Salzbourg avec Vienne, Murat ordonna à ses dragons de se porter de ce côté : le 5ᵉ ouvrit la marche, suivi d'assez loin par la division Walther, qui était passée en tête de colonne, et de plus loin encore par Beaumont. D'Hautpoul ne devait pas quitter Burghausen jusqu'à nouvel ordre.

Des partis de 50 cavaliers étaient envoyés vers Laufen et vers Braunau, pour se relier avec Bernadotte et avec Lannes.

La pointe du 5ᵉ dragons, forte de 50 hommes, rencontra une grand'garde ennemie à 1 lieue de Mattighofen et la rejeta sur le village. Le colonel fit mettre pied à terre à 25 dragons qui, par leur feu, obligèrent les Autrichiens à se retirer dans le village même ; mais le régiment ne put y pénétrer à sa suite. L'ennemi était en force et son artillerie demeura en action jusqu'à la nuit. La division Walther, que son canon n'avait pu suivre au delà de Mühldorf, ne put fournir au 5ᵉ un appui efficace et prit position en vue de Mattighofen. Les Autrichiens firent leur retraite sur Salzbourg vers minuit, ce dont une reconnaissance informa le général Walther peu de temps après.

Davout, parvenu à son tour à Burghausen, fait suivre les divisions de dragons par son avant-garde, qui s'arrête le soir près de Gundertshausen, à moitié chemin de Mattighofen. En même temps, il fait traverser Burghausen par sa 1ʳᵉ division, laisse une brigade devant la ville et se porte avec l'autre, précédée du 1ᵉʳ régiment de chasseurs (colonel Montbrun), à 2 lieues en avant sur la route de Braunau.

A peine est-il parti que, vers 2 heures du soir, Murat reçoit enfin des ordres de Napoléon. L'Empereur prescrit de tâter Braunau (1). Le prince part aussitôt avec la

---

(1) Cet ordre, mentionné par le Journal de la Réserve de cavalerie, ne nous est pas parvenu.

division d'Hautpoul, qui était restée près de Burghausen, et rejoint Davout. Il envoie l'ordre à Beaumont, déjà très avancé sur la route de Mattighofen, de rebrousser chemin et de le suivre sur Braunau.

Les 2e et 3e divisions du 3e corps restent seules au bivouac derrière Burghausen, gardées par la 2e brigade de la 1re division, que Davout a postée sur la rive droite.

Parvenu au défilé formé par la Salza et la forêt de Lach, le 1er chasseurs y trouve le régiment autrichien des hussards de l'Empereur, soutenu par 2,000 hommes d'infanterie. Les deux régiments de cavalerie se chargent réciproquement et, après une échauffourée qui laisse une douzaine de prisonniers entre nos mains, l'ennemi bat en retraite. Ce mouvement précipité était dû à l'apparition des cavaliers du 5e corps dans Braunau. Se voyant menacés des deux côtés, les Autrichiens se dérobent en abandonnant la forteresse.

Murat fit poursuivre l'ennemi par le 1er chasseurs, qui ne s'arrêta qu'à Riedhain, à 2 lieues au delà de Braunau. Les cuirassiers d'Hautpoul bivouaquèrent devant cette place ; la brigade d'infanterie envoyée par le 3e corps et les dragons de Beaumont un peu en arrière, à Ranshofen.

Lannes ne put faire entrer dans Braunau que quatre compagnies de grenadiers, faute de moyens de passage ; le reste de la division Oudinot bivouaqua sur la rive gauche en face de la ville ; les divisions Gazan et Suchet à 1 lieue en arrière, et Nansouty plus loin encore, à Wurmansquik.

La brigade Milhaud, continuant à exécuter l'ordre du 27, qui la dirigeait sur Schärding, est à peu près à Pfarrkirchen. Le 4e corps cantonne sur la rive gauche de l'Inn, une division à Ampfing, en arrière de Mühldorf, le reste entre Mühldorf et le pont d'Œting. Napoléon atteint Mühldorf avec la Garde et le grand quartier général.

Dans la matinée du 29, l'Empereur a fait ordonner à la division Klein de se porter vers Schärding et Passau; à Dupont et Dumonceau d'aller à Eggenfelden, où ils recevront de nouveaux ordres.

Pendant que la gauche et le centre de la Grande Armée occupent Braunau, Bernadotte continue sa marche vers Salzbourg. Son corps d'armée cantonne sur la rive méridionale du petit lac de Waging, Kellermann au village de Petting, les trois divisions du gros à Waging. La division de Wrède a été dirigée sur le chemin qui passe un peu plus au Sud, à Traunstein, où elle retrouve la brigade Minucci, venue de Seebrück. Cette brigade s'établit à Teisendorf avec le gros de la division, tandis que la brigade Mezzanelli est laissée à Traunstein.

En passant dans cette localité, le général Minucci a envoyé vers les débouchés du Tyrol, par Inzell, un détachement mixte commandé par le lieutenant-colonel de Pompeï pour observer l'ennemi de ce côté et revenir le 30 par Reichenhall. La cavalerie de de Wrède (2ᵉ et 3ᵉ chevau-légers) avait déjà des avant-postes non loin de là le 27 ; une de ses patrouilles y enlève un courrier porteur de papiers importants. Un lieutenant envoyé en reconnaissance au pont de la Saalach, près de Weisbach, y est accueilli par des coups de fusil et constate la présence de cavaliers et de fantassins autrichiens sur la rive droite. Sur le compte qu'il en rend, le général de Wrède ordonne l'envoi d'un plus fort détachement sur ce point le lendemain.

Bernadotte donne pour le 30 octobre des ordres d'une extrême prudence : Kellermann s'avancera jusqu'aux portes de Salzbourg, et s'arrêtera, attendant de nouveaux ordres pour y entrer. Les quatre divisions de Wrède, Drouet, Pacthod et Deroy resteront massées à 1 lieue en arrière, couvertes par la Saalach.

Marmont suit Bernadotte de très près : cantonné

autour d'Altenmarkt le 29, il forme avec le 1er corps une colonne de 30 kilomètres seulement. Berthier lui a expédié, à 3 heures du matin, l'ordre de poursuivre, si possible, sur Dittmoning. S'il ne peut pas y parvenir, qu'il tâche au moins de passer à Laufen pour atteindre Friedburg. L'intention de l'Empereur, lui récrit-il un peu plus tard, est que le 2e corps passe à Strasswalchen, Vocklabrück, Gmunden et Steyer, de manière à tourner les positions de l'ennemi s'il veut tenir derrière l'Enns, comme des habitants l'ont dit au prince Murat. Telle est la mission assignée à Marmont ; il devra, en approchant de Steyer, reconnaître et bien étudier le cours de la rivière en amont de cette ville dans un rayon d'une marche, et se tenir à portée de prendre part à une bataille.

Marmont est averti qu'il recevra des ordres tous les jours. Le premier point dont l'occupation soit importante est Strasswalchen : il faudra en rendre compte à l'Empereur.

Cette lettre explique à Marmont que l'on est parvenu à fixer une route distincte à chaque corps : sans parler de Bernadotte, qui passe par Salzbourg, les 3e, 4e et 5e corps auront trois itinéraires indépendants : 1° Braunau, Ried, Lambach ; 2° Obernberg, Zell, Neumarkt et Wels ; 3° Schärding, Efferding et Linz. La marche peut donc s'exécuter avec la plus grande facilité en vue d'une concentration ; aucun des corps d'armée n'aurait à attendre, pour se porter en ligne, qu'un autre eût dégagé la route.

Napoléon songe à employer Bernadotte lui-même dans une bataille sur la Traun ou sur l'Enns : « Vous devez, autant que possible, tenir réunie votre colonne française pour que si, comme l'ennemi l'annonce, il effectue son projet de nous attendre à Wels ou à Steyer, vous soyez dans une position à pouvoir vous trouver à la bataille. »

Comme il y a plus de 100 kilomètres de Salzbourg à Linz, et 90 de Salzbourg à Wels, Bernadotte ne pourrait intervenir qu'après plusieurs jours de marche.

D'autres instructions lui sont envoyées : puisqu'on s'attend à voir les troupes d'Italie ou du Tyrol refluer vers Salzbourg ou Léoben, il faut surveiller les routes qui pénètrent dans les Alpes ; une division bavaroise devra être détachée vers Kufstein pour tenter d'enlever cette forteresse et se lier au 6ᵉ corps ; des partis seront envoyés sur Villach et Léoben ; il faut se renseigner sur les routes qui conduisent de Salzbourg à Vienne, savoir s'il y en a au Sud de la grande chaussée.

Napoléon avait attendu d'être éclairé sur la situation et sur les intentions de l'ennemi pour ordonner définitivement à Ney de pénétrer dans le Tyrol. Il lui fait écrire, le 29, de se porter sur Innsbrück, en l'informant de la marche de Bernadotte sur Salzbourg.

Ney sera le 31 octobre à Weissenbrünn avec la tête de son corps d'armée, le 1ᵉʳ novembre à Partenkirch ; il y fera serrer la 3ᵉ division le lendemain, chassant de Mittenwald un poste de 200 Autrichiens, et le 6ᵉ corps séjournera le 3 novembre dans ses cantonnements.

Des ordres ont été donnés pour que la plupart des bataillons bavarois laissés en arrière rejoignent le corps d'armée. Ils seront relevés sur l'Iller et le Lech par les troupes wurtembergeoises et par quelques compagnies de dragons à pied. Baraguey d'Hilliers reçoit le commandement du pays entre Donauwerth et Passau sur les deux rives du Danube ; il est chargé de reconnaître un détachement de 3,000 Autrichiens signalé à Waldmünchen.

L'Empereur s'occupe, pendant la journée du 29, d'organiser des magasins et des hôpitaux. Il ordonne à Petiet de former à Haag un dépôt intermédiaire, contenant des magasins de pain, de farine et d'avoine, et un hôpital pour 200 malades.

Il lui fait écrire : « Il faut que le médecin en chef et les hôpitaux se rendent à Passau aussitôt que nous en serons maîtres, ce qui ne sera pas long. Il faudra former des hôpitaux pour les malades et les blessés. » Par un singulier concours de circonstances, aucun corps de troupes n'étant encore à proximité de Passau, les médecins envoyés par Petiet vont y rencontrer des Autrichiens au lieu des Bavarois ou des Français qu'ils supposaient y trouver.

Napoléon a reçu vers cette époque de nouveaux renseignements sur les dispositions de la Prusse. Elles semblent de plus en plus hostiles, mais en même temps elles ne sont pas de nature à rendre la situation militaire inquiétante.

D'après des rapports datés du 23 octobre, la Prusse forme cinq armées :

1° Le duc de Brunswick commande une armée de Basse-Saxe, forte de 37 bataillons et 45 escadrons, qui va occuper le Hanovre ;

2° L'électeur de Cassel aura sous ses ordres 15 bataillons et 25 escadrons, formant l'armée de Westphalie ;

3° Une armée dite de Franconie sera constituée sous les ordres du prince de Hohenlohe, mais à part un petit nombre de bataillons et d'escadrons qui tiennent garnison à Anspach ou sur l'Elbe, les 31 bataillons et les 60 escadrons qui composeront cette armée en sont encore à se rassembler dans la Basse-Silésie ;

4° Le général Grawert commandera 15 bataillons et 15 escadrons dans la Haute-Silésie, et enfin,

5° Une armée de Réserve, sous le général Rüchel, est encore en voie d'organisation dans la province de Prusse.

Malgré l'importance de ces armements, il n'y a rien là qui puisse menacer avant longtemps les communications de la Grande Armée. Le prince de Hohenlohe déboucherait-il même de Franconie avec ses 31 bataillons et 60 escadrons, que les corps d'Augereau et de Ney, et les divisions Klein, Dupont et Dumonceau pourraient se concentrer à temps pour lui opposer des forces supérieures sur le Danube.

Napoléon peut donc marcher hardiment contre Kutusow, et peut-être même achever la manœuvre projetée contre l'archiduc Charles, avant d'avoir à se retourner contre les Prussiens. Il aurait alors sa retraite largement assurée vers le Sud, si par hasard sa communication directe avec la France était interrompue.

VI

30 OCTOBRE. — COMBAT DE RIED.
L'EMPEREUR A BRAUNAU.

Le 30 octobre, de grand matin, tout le 1er corps est rassemblé derrière la Saalach, en face de Salzbourg. Les deux avant-gardes sont lancées en avant et traversent la ville vers 7 heures.

Une partie de la cavalerie bavaroise galope sur la route de Vienne, y atteint une arrière-garde autrichienne (1), et lui fait 65 prisonniers. Elle s'arrête à 4 lieues de Salzbourg, ainsi que le général de Wrède qui a dirigé la poursuite lui-même sur la route de Grätz, où l'on avait signalé un détachement de 2,000 ennemis.

L'ordre donné par Bernadotte après l'occupation de Salzbourg fixe le cantonnement de la division de Wrède autour de Recht, sur la route de Vienne, un bataillon gardant la route de Grätz à la même hauteur. Kellermann va s'établir au Sud, sur la route de Carinthie, à mi-chemin d'Hallein. Drouet occupe la ville de Salzbourg ; Pacthod et Deroy cantonnent dans les quartiers de la rive gauche et en arrière de la Saalach ; le déta-

---

(1) Celle du colonel Mesko.

chement du lieutenant-colonel de Pompeï, envoyé la veille à Reichenhall par le général Minucci, y demeure comme avant-garde de la division.

Dans la journée arrive l'ordre de Berthier prescrivant d'envoyer une division bavaroise dans les montagnes pour s'emparer de Kufstein. En conséquence, la division Deroy partira le 31 ; son avant-garde, sous les ordres du lieutenant-colonel de Pompeï, enlèvera le 1er novembre la passe de Lofer et poursuivra les Autrichiens sur la route de Kufstein ; le 2 novembre, la division Deroy attaquera la passe de Strub.

Ce jour-là, Bernadotte, dont les troupes auront gardé les positions du 30 octobre autour de Salzbourg, sera rappelé par l'Empereur en vue d'une rencontre avec les Russes.

Toujours en prévision de cette bataille qu'il voudrait décider par une manœuvre rapide, Napoléon s'efforce de porter tous ses corps d'armée à même hauteur, par autant de routes distinctes qui abordent la Traun sur un front de 50 kilomètres, et l'Enns sur un front de 30 kilomètres.

Les divers itinéraires sont ceux qu'indiquaient les lettres du 29 à Marmont : Strasswalchen, Volklabrück pour le 2e corps ; Braunau, Ried, Haag, Lambach pour le 3e corps ; Obernberg, Neumarkt, Grieskirchen, Wels pour le 4e corps ; Schärding, Siegharting, Baierbach, Efferding, Ebersberg pour le 5e.

Marmont rencontre de sérieuses difficultés pour l'exécution de cet ordre : nous le trouvons, le 30 octobre, cherchant sur la Salza un passage vers Dittmoning, où son infanterie est réunie. Sa cavalerie est remontée jusqu'à Pietling.

Les ordres de l'Empereur aux autres corps d'armée ne sont expédiés que le 30, à 6 heures du matin. Il n'en résulte aucun retard pour Murat et Davout, qui se sont déjà lancés à la poursuite de l'ennemi sans plus attendre.

Le 1ᵉʳ chasseurs, parti d'Altheim, rencontre les avant-postes de la cavalerie ennemie à 2 lieues de là, vers Kirchheim, et s'arrête au contact. La division de Beaumont, partie de Ranshofen vers 5 ou 6 heures, stationne assez longuement aux portes de Braunau, puis prend le trot pour rejoindre les chasseurs. A partir d'Altheim, les sachant à proximité, elle ralentit l'allure, et Murat s'arrête pour transmettre à l'Empereur les nombreux renseignements recueillis. Les Russes sont partis depuis trois jours ; Merveldt et Kienmayer se sont retirés par Mattighofen et Altenmarkt ; il y a, dit-on, 4,000 à 5,000 Autrichiens à Ried. Passau a ouvert ses portes à l'ennemi, qui d'autre part a évacué Schärding, dont on croit le pont intact.

Dès qu'il se sent soutenu, le colonel Montbrun charge avec ses chasseurs, bousculant les postes de cavalerie ennemie jusque sur les hauteurs entre Atzing et Mehrenbach, et s'éclairant sur ses flancs. Cette cavalerie est accueillie (sans doute dans les petits bois au delà de Mehrenbach) par un poste d'infanterie dont les feux arrêtent nos chasseurs à la montée. Ce poste étant établi à gauche de la route, Montbrun appuie à droite et continue sa marche à travers champs. Il arrive ainsi, en bousculant encore quelques postes, jusque sur les hauteurs voisines de la route de Salzbourg, d'où l'on peut voir la petite ville de Ried au fond du vallon de l'Achen.

Le colonel Montbrun, puis un officier d'état-major de la division de dragons, et enfin le général de Beaumont examinent de là les positions de l'ennemi. Ils évaluent celui-ci à 3,000 hommes d'infanterie et 1,500 chevaux, chiffre un peu exagéré ; deux bataillons et un escadron sont placés en avant et à gauche du village, un bataillon et un escadron, en arrière et à droite. Le gros de la cavalerie s'est rallié sur la hauteur en avant.

La division de Beaumont prend alors une disposition

préparatoire de combat (sans doute sur les hauteurs près de Schwach) : le 12ᵉ se met en bataille à droite de la route, le 8ᵉ reste en colonne sur la chaussée; le 9ᵉ, qui vient ensuite, se déploie à gauche, laissant en colonne l'artillerie et le 16ᵉ régiment derrière le 8ᵉ.

Le général de Beaumont, s'étant porté sur la gauche pour achever d'examiner la position, ordonne au 8ᵉ de charger sur la route. Cet ordre était probablement motivé par l'impossibilité où se seraient trouvés les 9ᵉ et 12ᵉ de charger en bataille hors de la route, à cause des bois et du ruisseau marécageux qu'ils avaient devant eux. A peine le 8ᵉ dragons approchait-il de la crête opposée, qu'un feu de mousqueterie, partant d'un bois sur la gauche, vint l'arrêter. On fit mettre pied à terre à quelques dragons pour répondre à cette fusillade, et une menace de mouvement tournant fut faite sur les deux ailes pour provoquer la retraite de l'ennemi : un escadron du 12ᵉ dragons fut porté sur la gauche pour faire évacuer le bois au Nord de Ried, tandis que le 1ᵉʳ chasseurs reprenait sa marche offensive, se faisant précéder de nombreux tirailleurs. L'infanterie embusquée dans le bois se hâta de se retirer, et aussitôt le 8ᵉ dragons chargea sur la droite de la route, le 12ᵉ sur la gauche. Ils ne purent atteindre l'escadron de cavalerie ennemie, mais tombèrent sur l'infanterie à l'entrée de la ville de Ried, où il firent 400 prisonniers.

Le 8ᵉ se lance au galop dans la grande rue de Ried, y trouve un poste de hussards, le charge et fait prisonnier l'officier qui le commande, mais à la sortie de la ville, nos dragons sont repoussés par un poste d'infanterie; le général Beaumont les rallie sur la place centrale et conduit en personne la dernière charge, qui déloge enfin les ennemis. Notre artillerie a d'ailleurs mis en batterie, et ses premiers coups précipitent la retraite des Autrichiens.

La nuit tombante arrête la poursuite à proximité de

Ried. Les troupes bivouaquent sur place, les dragons en avant et au Nord de la route, les chasseurs au Sud. La division d'Hautpoul, arrivée trop tard pour prendre part au combat, reste en arrière de Ried.

Nos pertes s'élèvent à 54 blessés, 10 chevaux tués et 7 blessés. Nous avons recueilli plus de 600 prisonniers.

La 1re brigade du 3e corps avait fait les plus grands efforts pour rejoindre en temps utile ; elle ne put arriver qu'à la nuit, et prit position à Ried. Le reste du corps d'armée poussa aussi loin qu'il le put sur la route de Ried : la 2e brigade serra sur la 1re et bivouaqua en arrière de Ried ; la 2e division à une demi-lieue en avant d'Altheim, la 3e à une demi-lieue en arrière.

L'avant-garde, qui avait passé par Mattighofen, put rejoindre le gros et s'établit entre les deux premières divisions.

La division de dragons Walther fit suivre l'ennemi sur la route de Friedburg par le 3e régiment, et alla bivouaquer près d'Atzing. Le 5e dragons fut renvoyé sur Braunau ; arrivé à Uttendorf, il reçut l'ordre d'escorter une colonne d'artillerie, avec laquelle il alla cantonner près de Ried à 2 heures du matin.

Le 4e corps, ayant reçu d'assez bonne heure l'ordre de prendre la route d'Obernberg, Neumarkt et Wels, au Nord de celle que suivait Davout, se porte le 30 à Burghausen. La 3e division, qui est en tête de colonne, franchit l'Inn à Œting et va cantonner au delà de Burghausen ; les deux autres divisions passent l'Inn à Mühldorf et s'arrêtent en arrière de Burghausen, où est le quartier général de Soult.

Le 5e corps, n'ayant pas reçu d'ordres de l'Empereur, commence à franchir l'Inn à Braunau. Lannes ordonne à la division Oudinot d'aller jusqu'à Riedham, laissant à Suchet le soin de mettre trois compagnies à Braunau comme garnison.

La moitié de la division Oudinot est déjà sur la rive

droite quand arrive l'ordre de se porter sur Schärding par la rive gauche pour y prendre la route d'Ebersberg. Le colonel du génie Kirgener est envoyé en avant avec les sapeurs pour procéder, s'il y a lieu, à la réparation du pont. Les divisions suivent. Le maréchal Lannes, tombé malade à Braunau, laisse le commandement du corps d'armée à Oudinot. Les bataillons de grenadiers qui avaient déjà passé à Braunau se dirigent sur Schärding par la rive droite, et cantonnent le soir à Altheim.

Le gros de la division Oudinot et la brigade de hussards vont cantonner ce soir-là près de Malching, à 3 lieues seulement du pont de Braunau ; le reste du corps d'armée (la brigade de chasseurs, avec une brigade de la division Suchet, puis la division Gazan, et enfin le reste de la division Suchet) est échelonné depuis Malching jusqu'au pont de Braunau. Les cuirassiers Nansouty sont cantonnés largement entre les ponts de Marktl et de Braunau. Le retard apporté par l'Empereur à l'envoi des ordres pour le 30 a fait perdre une partie de la journée en haltes inutiles et en faux mouvements, et le 5ᵉ corps n'a avancé que de la moitié d'une étape ordinaire. Ce contretemps est d'autant plus fâcheux que ce corps doit passer par Schärding avant de se redresser dans la direction de Vienne, et qu'il aura plus de peine à se replacer à hauteur du 3ᵉ corps.

La brigade Milhaud se trouve ainsi le devancer aux portes de Schärding. Les divisions Klein, Dupont, Dumonceau, qui ont enfin quitté Landshut, très en retard aussi, arrivent respectivement à Dingolfing, Ganghofen et Vilsbiburg, à deux ou trois marches de Schärding ou Passau.

Par suite des mouvements de tiroir ordonnés le 30, et du retard primitif des 2ᵉ et 4ᵉ corps, Davout et Murat vont se trouver pendant quelque temps en tête de l'armée, comme une sorte d'avant-garde générale, sur la route même où la présence de l'ennemi est attendue et ne saurait causer aucune surprise. Cette situation peut subsister sans inconvénient tant qu'on suit seulement une faible arrière-garde ; mais lorsqu'on pensera s'approcher du gros des troupes alliées, Napoléon se hâtera de faire arrêter le mouvement trop rapide du 3ᵉ corps.

L'Empereur s'attend toujours à livrer bataille sur la Traun ou plutôt sur l'Enns, comme l'indiquaient déjà les lettres à Marmont du 29. « Dans cinq ou six jours, écrit Berthier à Petiet, on doit supposer qu'il y aura une grande bataille », et cette bataille devant occasionner une concentration générale de l'armée qui rendrait impossible de vivre sur le pays, il prescrit de rassembler à Braunau 50,000 à 60,000 rations de vivres et de fourrages.

Braunau, où l'Empereur est arrivé le 30, dans la soirée, après quelques heures passées à Burghausen, est aussitôt désigné pour être le second dépôt de l'armée. Il est à sept marches d'Augsbourg, c'est-à-dire à une distance un peu supérieure à celle que Napoléon conseille d'avoir entre deux dépôts successifs, dans ses *Notes* sur l'ouvrage de Rogniat, mais cet excès de distance ne pouvait avoir de fâcheuses conséquences que si l'on avait été engagé dans des opérations périlleuses au passage de l'Inn. Désormais, Braunau, étant entre nos mains, devient un solide point d'appui pour un nouveau bond en avant.

La place a été trouvée dans un excellent état de conservation. Elle aura une tout autre valeur qu'Augsbourg. Ce ne sera pas une place improvisée, capable de résister à un coup de main, et armée de canons de campagne, mais une véritable forteresse en état de soutenir un siège. Les magasins et les hôpitaux y seront donc en toute sûreté, ce qui donnera à l'armée une grande liberté pour ses manœuvres : « L'intention de l'Empereur, écrit Berthier à Petiet, est de faire de la place de Braunau le principal dépôt de son armée..... La place de Braunau est un point d'autant plus important qu'il est à l'abri de plus de deux mois de siège..... Sa Majesté pourra manœuvrer autour de cette place avec sécurité, puisqu'alors Elle sera certaine de pouvoir en tirer ce qui sera nécessaire pour pouvoir nourrir son armée. »

Le 14e *Bulletin* nous indique les ressources que l'on a trouvées dans Braunau, d'après la première estimation : c'est « une des plus belles et des plus utiles acquisitions de l'armée. Cette place est entourée d'une enceinte bastionnée avec pont-levis, demi-lunes et fossés pleins d'eau. Il y a de nombreux magasins d'artillerie, et tous en bon état ; mais ce qui paraîtra difficile à croire, c'est qu'elle est parfaitement approvisionnée. On a trouvé 40,000 rations de pain prêtes à être distribuées, plus de 1,000 sacs de farine. L'artillerie de la place consiste en 45 pièces de canon avec double affût de rechange, en mortiers approvisionnés ; de plus 40,000 boulets et obusiers. Les Russes y ont laissé une centaine de milliers de poudre, une grande quantité de cartouches, du plomb, un millier de fusils et tout l'approvisionnement nécessaire pour soutenir un grand siège.

« L'Empereur a nommé le général Lauriston, qui arrive de Cadix, gouverneur de cette place, où il a établi le dépôt et le quartier général de l'armée. »

Les ordres sont donnés dès le 30 pour l'organisation de ce dépôt de l'armée : le grand parc d'artillerie est appelé d'Augsbourg à Braunau ; les généraux Songis et Léry et l'intendant général Petiet vont passer une visite minutieuse des ressources de la place aux divers points de vue de l'artillerie, du génie, et des services administratifs. Il sera organisé deux hôpitaux, un de malades et un de blessés, et on fera affluer les vivres de toute espèce. Avec les 13 grands fours qui existent dans la place, on peut faire trois millions de rations.

Le grand quartier général va rester plusieurs jours à

Braunau pour achever cette organisation. La Garde, partie de Mühldorf en même temps que l'Empereur, s'arrête le 30 à Burghausen, et rejoindra le lendemain.

Les médecins envoyés à Passau (Coste et Brassier) y trouvent, non pas une garnison française ou bavaroise, mais 1,500 Autrichiens. Ils se dérobent adroitement aux poursuites dans la maison d'un fonctionnaire bavarois, et font circuler le bruit qu'ils sont chargés de préparer le logement pour 2,000 hommes qui les suivent de près.

Cette ruse a son effet : les Autrichiens s'enfuient à la hâte en brûlant le pont sur l'Inn, et nos deux médecins restent seuls maîtres de la place (1).

Dans la journée du 30 octobre, la répartition des troupes autrichiennes est très simplifiée : les petits détachements qui opéraient près du Danube se retirent sur Linz ; ils sont le 30 à Efferding ; celui de Schustek, qui a été assailli par Murat à Braunau et Ried, s'est replié sur Haag en assez mauvais état, formant l'arrière-garde des Russes, qui stationnent de part et d'autre de Wels. Les troupes réunies à Strasswalchen se divisent : Kienmayer conduit la cavalerie légère à Lambach pour recueillir Schustek ; Hohenlohe fait sa retraite sur Vocklabrück avec l'infanterie et la grosse cavalerie. Le colonel Meskó, venu de Trostberg par Salzbourg, est à Strasswalchen et suivra le même chemin.

Tous ces mouvements ont été assez exactement indiqués par nos reconnaissances et nos espions ; mais leur complication empêche peut-être les Français d'imaginer

---

(1) Cette histoire a été singulièrement transformée et amplifiée dans certains recueils anecdotiques, où on la met au compte d'un chirurgien parfaitement imaginaire, qui se serait appelé Garouil. Elle a fait le sujet d'un opéra joué en 1806 et intitulé la « Prise de Passau », qui eut quelques représentations, et dont le livret et la partition semblent perdus. Nous devons tous ces renseignements à l'extrême obligeance de M. l'Inspecteur général Dujardin-Beaumetz.

bien clairement la situation d'ensemble des Autrichiens. Le détachement de Mesko a été signalé à Trostberg le 28 ; mais Davout croit qu'il vient d'Italie. On a vu des Autrichiens se retirer sur Mattighofen ; c'était les troupes de Kienmayer se rendant au rassemblement de Strasswalchen, dont on n'a pas connaissance. Murat sait cependant, à son arrivée à Altheim, le 30, que plusieurs bataillons autrichiens devaient se porter vers le Sud. Le mouvement de retraite de Mesko sur Strasswalchen est indiqué par les Bavarois ; en réalité, on ne sait pas bien où se trouve le gros du corps autrichien, et on le supposerait plus volontiers avec les Russes que sur une route indépendante, voisine des montagnes. Les combats du 31 donneront des renseignements plus complets et plus exacts.

VII

31 OCTOBRE. — COMBAT DE LAMBACH.

Le 31 octobre, le maréchal Lannes laisse le commandement du 5ᵉ corps au général Oudinot, qui a l'ordre de presser la marche sur Efferding par Schärding ; mais en arrivant près de cette dernière ville, les chasseurs à cheval et les grenadiers trouvent le pont rompu et la brigade Milhaud en train d'exécuter son passage avec les quelques barques qu'elle a pu recueillir.

De là un nouveau retard pour le 5ᵉ corps ; il ne fait encore que 4 lieues dans sa journée.

Le soir, la brigade Milhaud est à Schärding, avec une partie des grenadiers ; un ou deux bataillons sont restés sur la rive gauche ; quant à ceux qui avaient passé l'Inn à Braunau, ils cantonnent le 31 à Saint-Lambrechten. Le gros du 5ᵉ corps d'armée demeure sur la rive gauche, échelonné sur une profondeur de 3 lieues le long de la route de Braunau à Schärding. Les cuirassiers de Nansouty cantonnent largement à Malching et plus en arrière.

Berthier, qui sait Dupont et Dumonceau à Eggenfelden, et leur ordonne de se rendre à Passau, prévient le 5° corps qu'il peut au besoin se faire soutenir par ces deux divisions, qui se trouvent à une forte marche en arrière de la division Gazan. Il semble que, si l'on s'était pressé davantage d'envoyer des ordres à Dupont et à Dumonceau, d'abord à Ingolstadt, puis à Landshut, ils seraient plus à portée d'intervenir utilement. D'autre part, la rapidité de Murat et de Davout fait désirer à l'Empereur que la route de Linz ne reste pas plus longtemps découverte, et il presse Lannes de pousser en avant sa cavalerie légère.

Cependant les renseignements recueillis dans la soirée du 30 et dans la nuit ne confirment pas la supposition d'une bataille sur la Traun : « Les Russes, écrit Murat à l'Empereur le 31 octobre, à 5 heures du matin, se retirent à Steyer et ne veulent livrer bataille qu'avec toutes leurs forces réunies. » Il semble pourtant, d'après de nouveaux avis reçus dans la matinée et transmis de Haag à 11 heures, qu'ils veuillent tenir à Lambach. Murat promet bien, en tout cas, de rallier toutes ses forces avant d'engager une affaire devant cette ville. Soucieux d'être éclairé sur ses flancs, il envoie le 7° hussards sur la route de Haag à Wels, et le 12° chasseurs sur Schwanenstadt. « Par cet ordre de marche, dit-il, j'étais parfaitement garanti sur mes flancs, je n'avais rien à craindre pour les derrières du corps d'armée de M. le maréchal Davout, et je donnais à l'ennemi les plus vives inquiétudes. » Davout, partageant les mêmes préoccupations, avait ordonné à la division Gudin de garder en

---

(1) Murat annonce que l'empereur d'Autriche était venu à Wels et qu'il en était reparti en apprenant le désastre d'Ulm.

force les routes de Ried à Salzbourg, puis de Haag à Schwanenstadt et à Wels.

La Réserve de cavalerie et le 3º corps partirent le 31 octobre à 7 heures du matin, dans une formation mixte très particulière.

Le 1er régiment de chasseurs marchait en tête avec le 17º de ligne, puis le reste de la brigade d'infanterie Demont; 4 kilomètres plus loin venait la division de dragons Beaumont, puis le reste de la division d'infanterie Bisson, les dragons de Walther et les cuirassiers d'Hautpoul. Cette disposition avait évidemment pour but de ne pas laisser la cavalerie arrêtée, dans ce pays accidenté et boisé, par un peloton d'infanterie. Les deux armes étaient étroitement mêlées :

« Les quatre compagnies de voltigeurs, dit l'ordre du maréchal Davout, marcheront en tête de la colonne et se tiendront toujours à hauteur de la cavalerie, qu'elles flanqueront. Ces compagnies seront en outre chargées de fouiller les bois sur les flancs de la colonne dès que l'on sera à portée de l'ennemi. »

L'union des deux armes a donné, dans ce cas particulier, des résultats très heureux, car le Rapport de la 3ᵉ division de dragons insiste longuement sur le rôle joué par le 17ᵉ de ligne : « L'infanterie fut d'une grande utilité et ne contribua pas peu aux succès de cette journée; la plus grande partie des prisonniers faits ce jour-là l'ont été par les chasseurs du 1er régiment, de concert avec les grenadiers du 17ᵉ de ligne », dit ce Rapport, et dans la suite il ne manque pas, avec un désintéressement admirable, de faire ressortir les actions d'éclat des chasseurs et grenadiers en se montrant beaucoup plus modeste pour ce qui concerne les dragons.

« A la pointe du jour, dit le Journal de la division de Beaumont, l'infanterie part et va fouiller les bois qui sont sur la gauche, les chasseurs à cheval suivent la grande route en éclairant sur la droite. » De ce côté, en effet, le terrain est découvert jusqu'à la crête boisée qui couvre Haag.

L'extrême arrière-garde ennemie fut rencontrée à 3 kilomètres au delà de Haag, sur le ruisseau qui coule vers Greiskirchen. Elle fut bousculée par le 1er chasseurs et les compagnies d'élite de la division Bisson sur un parcours de 4 kilomètres : ils durent s'arrêter en face de la position assez forte formée par les hauteurs de Gaspoltshofen et Ieding, où des coups de canon les accueillirent.

Le général de Beaumont et Murat lui-même parurent quelques temps après, et prirent leurs dispositions pour l'attaque. On voyait environ 2,000 Russes sur la position Ieding, Gaspoltshofen, et à droite la cavalerie autrichienne venue de Ried.

Deux bataillons, soutenus sur leur aile gauche par deux régiments de cavalerie légère, sont engagés contre le front de l'ennemi, tandis que deux autres bataillons sont portés à droite pour déborder Ieding. La brigade d'infanterie était accompagnée de deux pièces de 4 et une de 8, qui furent bientôt renforcées par l'artillerie légère de la division de Beaumont. Le 8e régiment de dragons fut déployé à gauche de la route, où le 12e resta en colonne, prêt à charger dans la poursuite.

Les deux bataillons destinés à tourner la gauche ennemie sont obligés par un bas-fond marécageux de se rabattre vers la route, et ils se portent directement sur Ieding. La cavalerie autrichienne se dispose à les charger, mais elle est prévenue par le 8e dragons et les chasseurs à cheval, qui la rejettent en désordre derrière l'infanterie russe. Celle-ci les arrête par des feux de salve qui arrêtent la charge, mais, à la faveur de cet engagement, qui absorbe l'attention de l'ennemi, notre infanterie se porte sans peine jusqu'à vingt-cinq pas des baïonnettes russes, et charge à son tour. Le combat est acharné dans le village d'Ieding ; enfin, après une opiniâtre résistance, l'ennemi se retire sur les hauteurs, où on le poursuit en lui prenant 500 prisonniers, un canon et un caisson. La compagnie de sapeurs attachée au 3e corps se distingue dans le combat à côté du 17e de ligne.

L'infanterie russe trouve alors un chemin creux derrière lequel, dégagée par une charge de la cavalerie autrichienne, elle parvient à se rallier. Elle continue ensuite sa retraite en bon ordre jusqu'au village de Schweig, où le combat recommence. Les Russes paraissent y recevoir des renforts, et, après une courte échauffourée entre les tirailleurs de cavalerie des deux partis, un feu violent d'artillerie arrête notre tête de colonne.

L'ennemi avait mis trois pièces en batterie sur la chaussée ; une ligne d'infanterie formait son centre, encadré entre deux régiments de cavalerie.

« Le général Beaumont ordonne à sa première brigade de se mettre en bataille, et à deux pièces d'artillerie de se porter en avant. Le capitaine d'artillerie, habile à choisir ses positions, profite d'une petite élévation à côté du chemin, où il place une pièce, et il profite d'un rideau pour y placer son obusier. Ces deux pièces fatiguent infiniment la batterie ennemie sans avoir rien à craindre ; après cinq ou six coups de canon, un détachement de cavalerie s'avance sur notre gauche pour enlever notre pièce d'artillerie ; une décharge à mitraille lui met hors de combat plusieurs chevaux et l'oblige de se retirer ; un instant après, un corps plus considérable paraît vouloir revenir à la charge ; le général Beaumont ordonne au 16e régiment de se porter légèrement sur la gauche, à la hauteur de notre batterie, pour le recevoir ; l'ennemi fait volte-face, le 16e envoie des tirailleurs pour engager un nouveau combat avec toute la cavalerie ennemie, qui faisait un mouvement sur la droite et paraissait vouloir attaquer notre ligne; mais ce fut un mouvement pour cacher la retraite de son artillerie et de son infanterie. »

Pendant ce temps, Murat avait ordonné à un régiment d'infanterie de gagner les hauteurs par notre gauche, de longer le bois pour inquiéter et menacer la droite de l'ennemi, et, comme il était déjà tard, les Russes, jugeant inutile de prolonger un combat dont la durée n'aurait profité qu'à nous, évacuèrent leur position et se retirèrent sur Lambach. Leur résistance avait sans doute été plus acharnée que ne le ferait penser le Rapport de Beaumont, car ils ne furent plus poursuivis, mais seulement suivis à distance par un régiment de dragons, et, quand ce régiment arriva devant Lambach, à 2 kilomètres du terrain où le combat avait eu lieu, cette ville était déjà évacuée par l'ennemi, qui avait rompu le pont en passant sur la rive droite de la Traun.

Les sapeurs furent envoyés presque aussitôt pour établir un pont, et l'artillerie de la division Bisson fut mise en position pour chasser l'ennemi de la rive droite et protéger la construction du pont.

Les troupes du 3ᵉ corps se trouvent entremêlées avec celles de la réserve de cavalerie : l'avant-garde, que son mouvement sur Mattighofen avait mise en retard sur la 1ʳᵉ division, la rejoint au bivouac de Schwaig, où se trouvent aussi la division de Beaumont et la cavalerie légère. Les cuirassiers d'Hautpoul bivouaquent à une demi-lieue en avant d'Ieding, où se trouvent les dragons de Walther (1), côte à côte avec la 2ᵉ division (Friant) du 3ᵉ corps. La 3ᵉ division (Gudin) bivouaque près de Haag.

L'Empereur n'a pas tardé à reconnaître que le mouvement ordonné à Soult pour gagner la route d'Obernberg

---

(1) Le 3ᵉ régiment de dragons, détaché la veille vers Friedburg, rejoint au bivouac d'Ieding, où arrive également le 5ᵉ dragons, resté en arrière depuis la veille, et qui ne retrouvera la division Beaumont que le lendemain.

à Wels accroîtrait encore son retard par rapport aux corps voisins ; il lui prescrit donc de prendre par Ried et Riedau pour abréger quelque peu le trajet de Braunau à Wels. En exécution de cet ordre, Soult porte sa cavalerie à Altheim, et ses divisions échelonnées depuis Ranshofen jusqu'à Riedham (1 lieue en arrière d'Altheim).

Marmont, également en retard, a fini par passer à Laufen ; mais il n'y a pas de route directe de ce point à Vocklabrück, et il faut appuyer encore au Sud pour trouver un chemin praticable. La cavalerie légère du 2º corps a été envoyée de ce côté, à Anthering, où elle passe à 2 lieues seulement de Salzbourg. L'avant-garde du 1er corps d'armée, sous les ordres des généraux Kellermann et Werlé, attaque les ouvrages du Pass-Lueg, sur la route de Rastadt. Le 27e léger s'en empare après des prodiges de valeur.

L'Empereur a reçu les rapports sur le combat de Ried. Il ne peut que louer l'ardeur de Murat, mais il n'entre pas dans ses projets d'avoir un corps d'armée à une marche en avant des autres et, tandis qu'il stimule Lannes, Soult et Marmont, il invite Murat et Davout à ralentir leur marche : dans une lettre écrite le 31, à 11 heures du matin, il explique à Murat (comme précédemment à Marmont) qu'il a destiné une route distincte à chaque corps d'armée, le 5e marchant sur Ebersberg, le 4e sur Wels, le 3e sur Lambach et le 2e sur Gmunden. Le 1er corps seul ne doit pas se trouver en ligne en même temps que les autres, et formera vraisemblablement la réserve en arrière de l'aile droite. « Mais, ajoute-t-il, il faut donner un peu le temps à tout le monde de faire son mouvement. Il ne faut donc point aller si vite », et comme Lannes n'est qu'à Schärding, et ne peut guère dépasser Efferding le 1er novembre, que Soult ne sera guère qu'à Ried ou Riedau, que Marmont n'arrivera qu'à Strasswalchen, Davout est invité à ne pas dépasser

Haag, à moins que, l'ennemi ayant évacué Wels, il soit indifférent de pousser d'abord à Lambach, et d'y attendre le mouvement des autres corps.

L'Empereur craint du reste que, même si l'ennemi évacue les positions de la Traun, il ne tente une attaque sur les flancs du 3º corps. Il faut donc garder soigneusement ceux-ci jusqu'à ce qu'ils se trouvent couverts par Marmont et par Soult.

Pendant que l'Empereur s'efforce de retenir Murat et Davout sur la Traun, il presse les corps voisins : « Je vous préviens, écrit Berthier à Marmont, que le prince Murat et le maréchal Davout sont déjà à Haag, à 4 lieues au delà de Ried, sur la route de Lambach, d'où ils ne sont plus qu'à 6 lieues. Vous devez donc *vous dépêcher* d'arriver à Strasswalchen, et *le plus rapidement que vous pourrez* à Vocklabrück. »

« L'intention de l'Empereur, écrit-il à Lannes, est que vous fassiez porter votre cavalerie légère *aussi loin que possible* sur la route de Linz. »

Dans cette journée, les troupes de Schustek, engagées contre Murat, ont été soutenues par la cavalerie légère de Kienmayer, puis par 2 bataillons et 2 escadrons envoyés du corps d'Hohenlohe, et enfin par 8 bataillons de chasseurs russes, que Merveldt obtient de Kutusow. Le reste du corps autrichien passe la Traun ; le colonel Mesko est à Gmunden (1).

VIII

JOURNÉE DU 1er NOVEMBRE.

Suivant les instructions de l'Empereur, la colonne de gauche de l'armée force la marche du 1er novembre : la

---

(1) Voir Schönhals, p. 116 et suiv.

INTRODUCTION. 65

brigade Milhaud, dirigée primitivement sur Wels, est détournée par Murat vers Efferding, où elle s'arrête le soir. Le 5ᵉ corps la suit de près : le gros de la division Oudinot et celle de Suchet ont franchi l'Inn en barques pendant qu'on achevait de rétablir le pont, et se sont portés en avant pour s'échelonner entre Waitzenkirchen et Taufkirchen. Le pont étant rétabli, les deux brigades de cavalerie légère vont rejoindre l'infanterie à Waitzenkirchen et Taufkirchen; la division Gazan, qui passe la dernière, s'arrête en avant de Schärding, et les cuirassiers de Nansouty restent cantonnés sur la rive gauche.

Les divisions Dupont et Dumonceau cantonnent de Griesbach à Pfarrkirchen; celle de Klein à Vilshofen. Toutes trois se dirigent vers Passau, où l'Empereur veut provisoirement leur faire tenir garnison.

Murat, voyant que Wels est l'objet des préoccupations de l'Empereur, a obliqué vers cette ville, et ce mouvement transversal contribue encore à lui faire perdre l'énorme avance qu'il possédait sur les 4ᵉ et 5ᵉ corps. Jugeant la division Beaumont fatiguée par la poursuite et les combats des deux derniers jours, il la laisse cantonnée près de Lambach entre l'avant-garde et la 1ʳᵉ division du 3ᵉ corps, et il se porte sur Wels avec les dragons de Walther. Le 1ᵉʳ chasseurs, qui a joué le rôle le plus actif dans les journées précédentes, mais qui paraît inaccessible à la fatigue, galope toujours en tête de la colonne, au delà de Wels, sur la route de Linz. Les cuirassiers d'Hautpoul cantonnent entre les deux divisions de dragons. Les 2ᵉ et 3ᵉ divisions du 3ᵉ corps sont arrêtées à Leding et Haag, se gardant soigneusement sur leurs flancs.

Wels a été trouvé abandonné ainsi que Lambach, mais ne paraît pas favorable au passage de la Traun, la rive droite dominant la rive gauche de beaucoup.

On se rappelle qu'un régiment de dragons était arrivé

à Lambach dans la nuit du 31 au 1er avec les sapeurs du 3e corps. On les avait bientôt fait soutenir par l'artillerie de la division Bisson, qui avait pris position au Nord-Ouest de Lambach pour battre la rive opposée. On n'avait pu cependant déloger les tirailleurs autrichiens du hameau d'Aichet, situé à l'extrémité du pont, ni du château de Stadt, qui couronne un roc escarpé, et pendant toute la nuit, nos sapeurs s'étaient bornés à faire le coup de feu avec l'ennemi. Le général Bisson avait été blessé au bras.

Dans la matinée, on calfate un bateau abandonné sous le feu du château de Stadt; on établit une cinquenelle et l'on passe environ 60 hommes, qui se divisent en deux pelotons : l'un attaque le château de Stadt sous la direction du capitaine du génie Henrat ; l'autre, conduit par le colonel Vatters du 30e, le capitaine Perrin, aide de camp de Davout, et les officiers du génie Prévot et Bontemps, et comprenant 15 sapeurs et une vingtaine de soldats du 30e, enlève Aichet au pas de charge et fait 125 prisonniers.

Le pont de Lambach était très endommagé ; six piles étaient complètement brûlées ; le colonel du génie Touzard jugea qu'il serait trop long de le rétablir, et s'occupa de jeter un pont de bateaux. Il en trouva les éléments au village de Stadt, à une demi-lieue en amont.

On abattit une maison pour faire une rampe d'accès, et on se servit des piles du pont pour amarrer les bateaux.

Le travail fut terminé le 2 novembre, à 6 heures du matin.

Ici encore l'absence de l'équipage de pont fut préjudiciable ; non seulement le matériel, mais le personnel même auraient rendu les plus grands services, et fait gagner sans doute une douzaine d'heures. « Les sapeurs, dit-on dans les notes topographiques et militaires jointes à l'état d'emplacement du 3e corps, ne s'entendent pas du tout à conduire et à amarrer un bateau. » Il aurait fallu des pontonniers. « Il est important d'avoir des rameurs dans chaque compagnie. »

Derrière le 3ᵉ corps, le maréchal Soult avait le choix entre deux chemins pour gagner Riedau ; mais de chaque côté, il fallait quitter les chaussées ferrées ou pavées pour emprunter la traverse, souvent défectueuse. Le 4ᵉ corps fut partagé en deux colonnes, deux divisions passant par Altheim et Ried ; la dernière, avec l'artillerie, prenant à gauche d'Altheim sur Obernberg et Saint-Martin. Le soir du 1ᵉʳ novembre, la cavalerie cantonne à Riedau, les divisions à Ried, Kirchham et Obernberg. Le maréchal Soult emploie les sapeurs de son corps d'armée à améliorer les chemins.

Le quartier général de l'Empereur et la Garde sont à Ried. Marmont a poussé sa cavalerie entre Strasswalchen et Frankenmarkt ; son infanterie est à Strasswalchen et en arrière.

A Salzbourg, Bernadotte garde encore les mêmes cantonnements. La division bavaroise Deroy a forcé les défilés fortifiés de Lofer et se porte contre les ouvrages de la passe Strub, devant lesquels elle bivouaque.

Murat, répondant à la lettre de l'Empereur, qui recommandait de ne pas dépasser Haag, et qui était parvenue trop tard pour être obéie, explique la rapidité de sa marche par la certitude que l'ennemi est en pleine retraite.

Il fournit des renseignements précieux et circonstanciés sur la suite de cette retraite : les Autrichiens, avec les généraux Merveldt et Kienmayer à leur tête, se sont retirés sur Steyer, les Russes sur Linz et Enns. On peut croire, d'après tous les rapports et d'après l'attitude qu'ils ont eue à Lambach et à Wels, qu'ils n'accepteront pas la bataille avant d'atteindre l'Enns.

Suivant les ordres de l'Empereur, Murat maintiendra

Davout à Lambach le 2 novembre, faisant seulement serrer toutes les divisions sur la tête. Quant à lui, il juge. de son devoir de ne pas perdre le contact avec les Russes, et il file sur Linz pour continuer la poursuite. Il désire cependant l'approbation de l'Empereur, et demande s'il faudra désormais marcher sur Enns ou sur Steyer.

Un rapport de Schulmeister annonce que deux colonnes russes, fortes chacune de 15,000 hommes, ont passé par Lambach et Wels le 29 et le 30 octobre, se dirigeant sur Ebelsberg. Elles étaient précédées de leurs bagages qu'escortaient 8,000 hommes. Pendant la journée du 31, c'est le corps autrichien qui a défilé, se portant à Steyer. Les troupes sont, paraît-il, dans un tel désordre qu'elles ne tiendront sans doute pas sur l'Enns. Les Russes attendent d'ailleurs des renforts par la Bohême et par la Moravie.

Un autre rapport, concordant avec les précédents, indique Saint-Pœlten comme point de concentration projeté des forces ennemies.

Tous ces renseignements sont exacts : le 1er novembre, les Autrichiens sont à Kremsmünster ; les Russes sont à Enns, et leur arrière-garde est formée par le détachement autrichien du général Nostitz, venu de Passau par Efferding. Le corps de Schustek a passé la Traun aussitôt après le combat de Lambach ; il est à Steinakirchen.

IX

JOURNÉE DU 2 NOVEMBRE.

Dans la journée du 2 novembre, le déploiement ordonné par l'Empereur se trouve à peu près accompli : Davout s'est arrêté à Lambach ; la réserve de cavalerie ne dépasse pas la Traun ; le 5ᵉ corps, précédé de la brigade Milhaud, s'échelonne entre Efferding et Linz, arrivant à hauteur du 3ᵉ ; Soult et Marmont ne sont guère qu'à 3 lieues en arrière de la première ligne.

Napoléon ne cesse pas de ralentir l'ardeur de Murat et de Davout, et de presser le mouvement de Marmont et de Soult.

Il juge impossible de faire passer le 2ᵉ corps par Gmunden, comme il l'avait ordonné d'abord, et il lui fait écrire par Berthier : « L'intention de l'Empereur est que vous arriviez *à Lambach le plus tôt qu'il vous sera possible.*

« Le prince Murat occupe Wels ; *il est nécessaire que vous arriviez promptement à Lambach.* »

Après une étape de 30 kilomètres, le 2ᵉ corps est ce jour-là à Vocklabrück, à une courte marche de Lambach.

Davout est *autorisé* à pousser son avant-garde à 2 ou 3 lieues au delà de Lambach, mais il ne doit pas dépasser cette ville avec le gros de son corps d'armée. Il se conforme à cet ordre, faisant bivouaquer une division en arrière, deux en avant de Lambach, et portant l'avant-garde à Steinakirchen. « Vous devez employer la journée à vous reposer et à rallier votre artillerie », lui écrit Berthier.

Les troupes ont en effet le plus grand besoin de repos, après les marches forcées des derniers jours. « Beaucoup des hommes restés en arrière, faute de souliers ou par fatigue, sont rentrés, dira le soir le général Gudin ; il en manque encore cependant un assez grand nombre. » La blessure du général Bisson l'obligeant à garder le repos pendant quelque temps, il est remplacé par le général Caffarelli, aide de camp de l'Empereur, qui commandera la division jusqu'à la fin de la campagne.

Tandis que Napoléon fait arrêter le 3ᵉ corps, il presse le 4ᵉ de même que le 2ᵉ : « Le prince Murat occupe Wels, écrit Berthier à Soult ; l'intention de l'Empereur est que vous preniez position à Wels *le plus tôt qu'il vous sera possible.* »

Par malheur, la marche est difficile sur le chemin de traverse assigné au 4ᵉ corps ; Soult, loin de pouvoir gagner du terrain selon le vœu de Napoléon, est obligé de fixer dans la journée des bivouacs moins avancés que ceux prescrits par son premier ordre de mouvement. Sa cavalerie dépasse à peine Grciskirchen ; deux divisions sont à Neumarkt et la dernière à 2 lieues en arrière. L'artillerie éprouve de grandes difficultés, perd des chevaux et ne peut suivre la colonne ; elle est dirigée sur Wels par la grande route de Lambach.

La brigade Milhaud est arrivée à Linz, évacué par l'ennemi. La division Walther est non loin de là, en face d'Ebelsberg, dont le pont est coupé, et que les Russes gardent en force. Les 6ᵉ et 13ᵉ dragons, soutenus par une pièce de canon, font d'admirables mais inutiles prouesses pour rétablir le pont sous le feu de l'ennemi.

Les cuirassiers d'Hautpoul sont cantonnés le long de la Traun, entre Ebelsberg et Wels, où la division de Beaumont se repose de ses derniers combats.

Pour rétablir le pont de Wels, Murat a fait descendre de Lambach des sapeurs et des barques. Ce détachement, rendu à Wels vers 3 heures, aura fini sa besogne dans la nuit et sera dirigé sur Ebelsberg, où le rétablissement du pont pourra commencer dans la matinée.

Le 5ᵉ corps a ses grenadiers et sa cavalerie échelonnés sur une profondeur d'une grande lieue en avant d'Efferding ; les deux autres divisions à Efferding et Baierbach. Les cuirassiers Nansouty cantonnent à Willibald, en arrière de Baierbach.

Désormais la brigade Milhaud et la division Nansouty rentrent sous le commandement de Murat, qui met les chasseurs de Milhaud à la disposition du général Walther, et presse Nansouty de rejoindre les autres divisions de cavalerie. Les dragons de Beaumont sont laissés à Wels et passent sous le commandement du maréchal Davout.

Klein, Dupont et Dumonceau sont à Passau et Schärding. Le grand quartier général vient à Haag avec la Garde. L'équipage de pont, qui aurait rendu de si grands services, mais qu'on avait retenu à Mühldorf, reçoit l'ordre de se porter sur Linz. Il ne pourra y être que six jours plus tard.

Murat est invité à se porter avec ses trois divisions de cavalerie sur Ebelsberg et de là sur la route d'Enns ; « mais si l'ennemi occupait en force Ebelsberg, l'ordre positif de l'Empereur est qu'on n'engage aucune affaire sérieuse sans que toutes ses forces se trouvent réunies ; dans ce cas, on se mettrait tout simplement en position ».

Le principe est toujours le même ; c'est celui que nous voyons suivre fidèlement depuis le départ de Munich : pas de corps d'avant-garde qui, sous prétexte d'assurer au général sa « liberté d'action », se fera battre par un adversaire dont nos forces réunies auraient facilement raison.

Le 2 novembre, les Russes s'arrêtent entre Enns et Strengberg, toujours suivis de Nostitz. Kienmayer s'est retiré sur Steyer, son arrière-garde à Kremsmunster ; il a détaché le colonel Mesko sur Kirchdorf pour couvrir la passe de Windischgersten et se replier enfin sur Rottenmann.

Les renseignements reçus par Davout feraient supposer que l'ennemi veut tenir sur l'Enns ; mais les correspondances saisies donnent plutôt à penser qu'il ne résistera nulle part ; les rapports résumés par Murat parlent d'une concentration projetée vers Amstetten ou Saint-Pœlten, où un corps commandé par le général Michelson rejoindra. Quoi qu'il en soit, l'Empereur juge la présence de Bernadotte inutile désormais à Salzbourg : les passages au Sud de cette ville sont en nos mains, et le maréchal Ney est entré dans le Tyrol. Berthier expédie donc au 1ᵉʳ corps l'ordre de rallier le gros de l'armée par Lambach, « à grandes marches, et le plus tôt qu'il pourra. » Par malheur, tandis que cet ordre est expédié, les Bavarois, malgré les plus vigoureux efforts, échouent contre le second ouvrage de la passe Strub, et il semble que l'ennemi arrive en force de ce côté.

X

JOURNÉE DU 3 NOVEMBRE.

Le 3 novembre, Bernadotte reçoit l'ordre de partir, et se met en route aussitôt. Son avant-garde pousse le jour même jusqu'à Vocklamarkt, et le corps d'armée s'échelonne en arrière, entre Neumarkt et Henndorf. La division Deroy évacue à ce moment les passes de Strub et se divise en deux parties : la brigade Minucci va tenir garnison à Salzbourg, gardant les abords de la ville à Reichenhall, Nieder Alm et sur la route d'Ischl; la brigade Mezzanelli, passant au Nord des montagnes, se porte sur Kufstein pour donner la main au 6e corps.

Le 2e corps ne peut guère avancer, car son avant-garde se trouve bientôt sur les talons du 3e corps. Il s'échelonne de Schwanenstadt à Steinakirchen. Le maréchal Davout a son avant-garde à Sirning et Hall, deux de ses divisions à Kremsmünster et Steinakirchen.

L'Empereur est à Lambach avec le grand quartier général et la Garde.

Soult porte sa cavalerie à Neuhofen, où elle rencontre quelques cavaliers ennemis; il met une division au bivouac en avant de Wels, les deux autres en cantonnements en arrière sur une profondeur de 3 lieues.

Les Alliés, en évacuant Ebelsberg, y avaient laissé trois ou quatre cents hommes pour gêner par leur feu le rétablissement du pont. Les sapeurs et le matériel qui avaient déjà servi à la réparation des ponts de Wels et de

Lambach étant arrivés, Murat fit procéder à l'attaque. Un bon nageur alla chercher des barques sur l'autre rive, tandis que notre artillerie battait la lisière de la ville où s'abritaient les tirailleurs ennemis ; puis cent dragons des 6ᵉ et 13ᵉ régiments passèrent et enlevèrent Ebelsberg, qu'à trois reprises l'ennemi tenta vainement de reprendre.

Murat fit aussitôt entreprendre le rétablissement du pont, tandis que la division Walther et la brigade Milhaud se rassemblaient. Le passage put commencer à 3 heures de l'après-midi.

La brigade Milhaud rencontra l'ennemi au village d'Asten, à mi-chemin entre la Traun et l'Enns. Il y avait là, semble-t-il, 300 hommes d'infanterie et 3 escadrons. Nos chasseurs chargèrent dans le village, firent prisonnier tout le détachement d'infanterie, et poursuivirent les cavaliers jusqu'à l'Enns. Le pont était en flammes et l'on apercevait sur la rive droite toute l'armée ennemie. Il fut impossible d'empêcher l'entière combustion du pont jusqu'au ras de l'eau.

La division Walther avait laissé une brigade à Asten et en avait détaché une vers la droite, pour communiquer avec Steyer et Kremsmünster. La dernière brigade, arrivée dans Enns à la nuit, plaça 100 dragons à pied au débouché du pont et s'établit dans la ville. Les chasseurs de Milhaud bivouaquèrent à sa gauche, au confluent de l'Enns et du Danube. Une compagnie de sapeurs vint à Enns.

Les cuirassiers d'Hautpoul cantonnèrent à Ebelsberg et dans les villages en avant, avec un régiment de grenadiers. La cavalerie légère du 5ᵉ corps bivouaqua sur la rive gauche de la Traun, en face d'Ebelsberg.

L'infanterie du 5ᵉ corps cantonna dans Linz (Oudinot et Suchet) et à Alkoven (Gazan) ; les cuirassiers de Nansouty à Efferding ; les dragons de Klein à Waitzenkirchen et Baierbach. Oudinot fit passer 100 grenadiers sur la rive gauche du Danube, en face de Linz.

Dupont, qui séjournait à Passau, rétablissait les passages sur le Danube et sur l'Inn, construisait une tête de pont, mettait la citadelle en état de défense. Des reconnaissances envoyées jusqu'en Bohême ne rencontraient pas l'ennemi, qu'on disait en retraite sur Linz.

Baraguey d'Hilliers, ayant reçu le 2 novembre l'ordre expédié par Berthier le 29 octobre, se mit en marche le 3 pour Straubing et poussa jusqu'à Neustadt; il sera le 4 à Schierling et le 6 à Straubing. Il a laissé un régiment à Ingolstadt et un à Neubourg.

Les Russes ont dépassé Strengberg et les Autrichiens ont franchi l'Enns, plaçant 3 compagnies pour défendre Steyer.

Après le combat, ces dernières doivent remonter l'Enns pour rejoindre Mesko.

XI

4 NOVEMBRE. — LA FLOTTILLE. — LES NÉGOCIATIONS.

Les chasseurs de Milhaud, la cavalerie légère du 5e corps, les grenadiers Oudinot et les dragons de Walther sont arrêtés à Enns pendant toute la journée du 4, qui est consacrée au rétablissement du pont. Les cuirassiers cantonnent entre Asten, Saint-Florian et Ebelsberg, la division Suchet à Ebelsberg, et Gazan à Linz, où viennent aussi Klein et la Garde.

Dans la soirée, le pont d'Enns est rétabli ; un bataillon de grenadiers le franchit aussitôt avec quelques chasseurs à cheval. Les avant-postes ennemis sont à une lieue de là, au pied des hauteurs. Le maréchal Lannes n'est pas encore en état d'exercer le commandement de son corps d'armée sur le terrain, mais il le suit et fait parvenir ses ordres à Oudinot par le chef d'état-major Compans. Berthier lui prescrit de porter Suchet et Gazan à Enns, puis de maintenir la division Gazan à Linz.

La cavalerie du 4ᵉ corps pousse jusqu'à Kronsdorf, où Soult pensait trouver un pont sur l'Enns; la division Legrand, renforcée de la compagnie d'artillerie légère, va bivouaquer à Neuhofen, et se tient prête à soutenir la cavalerie. Le reste du corps d'armée s'échelonne entre Neuhofen et Wels.

L'avant-garde du 3ᵉ corps paraît à 8 heures du matin devant Steyer, défendu par quatre bataillons autrichiens. On sait que cette ville est située entre deux rivières, la Steyer et l'Enns. La brigade Eppler passe sans difficulté le pont sur la Steyer, et pénètre dans la ville, mais il lui faut combattre plusieurs heures pour s'en emparer. Après avoir délogé et pris en grande partie une compagnie qui l'avait accueillie par des feux de salve sur la place qui occupe le milieu de la ville, notre infanterie arrive trop tard pour empêcher le gros du détachement ennemi de repasser l'Enns et de se retirer sur Ternberg. Nos tirailleurs s'établissent dans les maisons de la rive gauche et entretiennent la fusillade jusqu'au soir.

Enfin notre artillerie survient, prend position à gauche de la ville et finit par réduire au silence la batterie autrichienne. Ce résultat obtenu, plusieurs soldats du 13ᵉ passent l'Enns à la nage sous le feu de l'infanterie ennemie et ramènent des barques. Le passage commence ; on peut transporter 9 ou 10 hommes à la fois, et dès qu'il y a 30 hommes sur la rive droite, on bat la charge. L'ennemi se retire. On lui fait d'assez nombreux prisonniers.

Parmi les premiers soldats embarqués se trouvent des sapeurs, sous le commandement du capitaine Goll et du lieutenant Lambert. Un sapeur est tué ; plusieurs sont blessés.

La cavalerie légère vient à Steyer, et détache des

patrouilles au Nord et au Sud vers Kronsdorf et Ternberg. Les dragons de Beaumont y bivouaquent aussi. La 1re division du 3e corps prend position sur les hauteurs de Steyer, entre les deux rivières et sur la rive gauche de la Steyer, près de son confluent avec l'Enns. La 2e division bivouaque en arrière de Sierninghofen, qu'elle occupe par un régiment. La 3e est un peu en arrière, à Hall, et détache un régiment sur sa droite vers Steinbach et Grünberg.

Le 2e corps, qui suit le 3e d'aussi près que possible, s'établit à Kremsmünster et en avant de Lambach, ayant lancé sa cavalerie sur la route de Rottenmann.

Le 1er corps s'échelonne de Lambach à Vocklabrück.

La brigade bavaroise Mezzanelli, dirigée sur Kufstein, rencontre à Miesbach trois compagnies du 6e corps envoyées au-devant d'elle. Pendant que la liaison s'établit ainsi entre Ney et Bernadotte, la division Loison enlève les retranchements de Leutasch et, se portant sur Seefeld, détermine les Autrichiens à évacuer le fort de Scharnitz, contre lequel la division Malher a échoué. Le maréchal Ney entrera le 5 à Innsbrück.

Le même jour, Augereau quitte Fribourg, il sera le 7 à Donaueschingen, le 8 à Stokach, le 11 à Markdorf, et entrera en contact le 12 avec les Autrichiens au Sud-Est du lac de Constance.

Il ne sera pas inutile, avant d'aller plus loin, de résumer les événements des dix derniers jours : ne se groupant pas dans une grande manœuvre stratégique, ils n'offrent pas d'abord des lignes très nettes, et produisent une impression assez confuse dont il faut dégager l'essentiel.

Le 25 octobre, la Grande Armée est déployée entre Neustadt et Munich, sur un front de 75 kilomètres. Elle aborde l'Inn à Wasserbourg et Mühldorf, distants de 30 kilomètres ; le 1er corps opère à peu près isolément, marchant par Wasserbourg sur Salzbourg ; le 2ᵉ corps, qui le suit au début, le quittera dès qu'il sera certain de ne pas trouver l'ennemi en force de ce côté, et rentrera dans le système général de l'armée.

Le 3ᵉ corps (Davout), avec la cavalerie de Murat, prend la route centrale de Mühldorf et Burghausen. Le 5ᵉ corps (Lannes), au lieu de marcher parallèlement à lui, de Landshut sur Schärding, se rapproche d'abord de Mühldorf pour coopérer à l'attaque de cette position, s'il le faut, puis se dirige sur Braunau, où Murat et Davout se portent par l'autre rive. Le 4ᵉ corps suit le 3ᵉ à distance.

L'Inn et la Salza étant franchis, l'Empereur ne juge plus nécessaire de concentrer ses efforts sur un petit nombre de passages ; il cherche à attribuer une route spéciale à chaque corps d'armée, mais le réseau routier ne s'y prête pas. Lannes peut, déboîtant à gauche, se porter par Schärding vers Linz ; Murat et Davout continuent de Braunau sur Lambach, en bousculant l'arrière-garde autrichienne à partir de Ried ; mais Soult ne peut passer avec son artillerie entre les deux autres colonnes, et Marmont ne parvient à franchir la Salza qu'à proximité de Salzbourg. Les mouvements transversaux des 2ᵉ, 4ᵉ et 5ᵉ corps les ont mis en retard, et le 3ᵉ corps a pris une avance qui contrarie les projets de Napoléon. Aussi l'Empereur fait-il marquer le pas à Davout et à Murat jusqu'au 2 novembre. A cette date, les 5ᵉ, 3ᵉ et 2ᵉ corps sont alignés d'Efferding à Vocklabrück ; le 4ᵉ corps seul reste en retard. Le 4 novembre, la Traun a été franchie ; les 5ᵉ, 4ᵉ et 3ᵉ corps bordent le cours de l'Enns ; le 2ᵉ corps n'a pas trouvé de passage indépendant sur la Traun, et se replace en seconde ligne derrière le 3ᵉ. La cavalerie de Murat n'est plus au centre avec ce dernier corps, mais à la gauche, sur la grande route de Vienne, avec le 5ᵉ.

Les divisions Dupont et Dumonceau sont à trois

marches en arrière de Lannes, à Passau. Elles ne pourront plus regagner cette distance quand l'Empereur voudra les employer sur la rive gauche du Danube, à la hauteur du gros de l'armée.

Avec la journée du 4 novembre se termine la série des passages de rivières, rendus plus longs et plus pénibles par l'absence de l'équipage de pont. Le mouvement pourrait devenir plus rapide, si la rareté des chemins ne venait opposer de nouveaux obstacles.

La marche de la Grande Armée rencontre désormais de singulières difficultés, le nombre des routes utilisables ayant encore diminué. L'Empereur, qui vient à peine de réussir à porter en ligne quatre corps d'armée sur la Traun, a déjà été forcé de ramener le 2ᵉ derrière le 3ᵉ, faute de chemin direct entre Vocklabrück et Ternberg. Le même fait va se produire pour le 4ᵉ corps qui ne trouvera près de Kronsdorf aucun moyen de passage, et d'ailleurs n'aurait pas de route directe pour gagner Haag ; déjà son artillerie n'a pu le suivre entre l'Inn et la Traun, et a dû faire un grand détour par Lambach.

Il faut donc, si l'on ne veut pas former une colonne unique, incapable de se déployer en un jour en cas de rencontre, utiliser des chemins plus excentriques. Une colonne va s'engager dans les montagnes ; une autre sur la rive gauche du Danube.

Les renseignements sur l'ennemi obligent, d'ailleurs, à de pareilles dispositions. Il est avéré que les Alliés se retirent désormais par deux routes différentes : les Russes ont tous passé l'Enns à Enns même, et suivent la grande chaussée de Vienne ; la presque totalité des Autrichiens se retire par Steyer en appuyant au Sud vers Leoben, ou peut-être seulement par Waidhofen sur Lilienfeld. Il est donc nécessaire qu'une de nos colonnes se dirige de ce côté, tant pour continuer la poursuite du corps autrichien, que pour surveiller les routes par lesquelles peut intervenir l'archiduc Charles. Les ordres du 5 révéleront toute la pensée de Napoléon : prévoyant toujours le cas où l'ennemi résisterait sur une prétendue position de Saint-Pœlten, mentionnée dans plusieurs rapports, il tient à tourner cette position par un mouvement de grande envergure : tandis que Murat et Lannes l'aborderont de front par la chaussée de Vienne, que Soult débouchera un peu plus au Sud par le chemin de Mank et Gräfendorf, le 3ᵉ corps, et peut-être les 1ᵉʳ et 2ᵉ, doivent se présenter beaucoup plus en amont, vers Lilienfeld, pour se porter de là sur les derrières de l'ennemi.

La présence d'une troupe autrichienne à Lofer, que Bernadotte a signalée comme marchant vers le Nord, a fait penser à Napoléon que peut-être les troupes des archiducs étaient déjà en mouvement. Cependant l'ordre du 4 prescrit seulement à Davout de gagner Waidhofen, sans rien indiquer pour la suite de la marche.

L'attention de l'Empereur est attirée aussi sur les confins de la Bohême, où des détachements autrichiens paraissent fréquemment; les dragons à pied de Baraguey d'Hilliers ont reçu l'ordre de faire une grande reconnaissance sur Waldmünchen, mais ce n'est pas assez, et l'activité des ennemis en face de Linz va nous obliger à de nouvelles précautions.

Le maréchal Lannes avait proposé depuis deux jours de détacher les divisions Dupont et Dumonceau sur la rive droite du Danube : « Le général Milhaud pense qu'une colonne d'ennemis russes remonte le Danube sur la rive gauche, avait écrit le maréchal ; il m'assure qu'ils ont un équipage de pont de l'autre côté, et moi je pense, Sire, que l'ennemi se retire sur Vienne et ne veut pas se battre. Du moins, voilà mes craintes ; cependant, comme on ne peut calculer sur rien avec ces misérables, je prierais Votre Majesté de me faire connaître si son intention ne serait pas de faire descendre les divisions Dupont et Dumonceau sur Linz par la rive gauche du Danube. »

L'Empereur, parvenu à Linz dans la journée du 4, étudie la situation et, le soir même, ayant adopté et élargi le projet présenté par Lannes, il donne ses ordres à Berthier pour faire passer Dupont et Dumonceau sur la rive gauche du Danube, et pour constituer une flottille qui assure la liaison avec eux.

Dupont doit, au reçu de l'ordre, partir de Passau par le chemin de la rive gauche et arriver à Linz, autant que possible, dans la journée du 7 novembre (1). Il enverra des partis sur la gauche pour être instruit de tous les mouvements que fera l'ennemi en Bohême. Il laissera dans la citadelle de Passau un officier du génie et 500 hommes, qui attendront d'être relevés par les dragons à pied pour rejoindre l'armée. La division Dumonceau (2) suivra celle de Dupont. Ce général doit se procurer à Passau 50 bateaux, sur lesquels il embarquera les hommes les plus fatigués des deux divisions, sous le commandement d'un chef de bataillon; il y fera charger aussi les cartouches et le pain qu'il aura pu se procurer, et dirigera cette flottille sur Linz, en deux convois. Arrivée à Linz, elle passera sous les ordres du capitaine de frégate de Lostange ; on doit y embarquer à Linz 25,000 rations de pain et d'eau-de-vie.

M. de Lostange, qui est à Linz auprès de l'Empereur, reçoit l'ordre d'y constituer une flottille, en recueillant tous les bateaux qu'on trouvera sur le Danube, la Traun

---

(1) On peut prévoir, dès à présent, que cet ordre ne sera pas exécuté. Il est impossible d'aller de Passau à Linz en deux étapes.

(2) Cette division, ayant fourni plusieurs garnisons, ne compte plus que 3,500 hommes. (Alombert, p. 79.)

et l'Enns. « Ces bateaux sont destinés à porter rapidement d'une rive à l'autre un corps de troupe. » L'ordre estime à 150 le nombre de barques qu'on pourra requérir; M. de Lostange doit se faire fournir des mariniers par la régence de Linz.

Afin d'accroître la flottille le plus qu'on pourra, l'Empereur ordonne au général Lauriston, gouverneur de Braunau, de faire ramasser sur l'Inn et la Salza tous les bateaux qu'il trouvera; le général Songis a reçu l'ordre, antérieurement, de faire embarquer à Donauwœrth des munitions et du matériel, et tous ces bateaux doivent être dirigés sur Linz. Ceux qu'enverra Lauriston devront servir au transport des détachements et des isolés qui rejoignent l'armée. « En mettant l'activité convenable, l'Empereur compte qu'il aura assez de moyens pour faire descendre le Danube à tous les soldats qui arriveront à Passau. »

Les éclopés des divers corps d'armée formeront la garnison de la flottille : le maréchal Lannes en fournira 150, Marmont 100; Davout doit requérir les barques qu'il trouvera sur l'Enns, près de Steyer, et les envoyer à Enns avec 4 ou 5 hommes sur chacune (1). Enfin Murat doit fournir tous les dragons démontés de son corps d'armée.

« S'il était possible de faire ajuster une ou deux pièces de canon sur chaque bateau, cela pourrait être très utile. »

L'Empereur compte ainsi sur une flottille d'environ 300 bateaux, mais on ne peut pas se dissimuler que tous ces ordres sont bien tardifs; Dupont et Dumonceau ne peuvent plus se porter à hauteur du 5ᵉ corps; les bateaux requis sur l'Inn et sur le Danube en amont de

---

(1) Davout charge un officier d'état-major des mesures d'exécution dans son corps d'armée.

Passau n'arriveront pas; ceux de la Traun et de l'Enns seront bien peu de chose. Nous verrons, en étudiant la journée du 12 novembre, que cette flottille mit vingt heures à faire passer le Danube à la division Gazan, qui comptait environ 3,000 hommes. Il semble, d'après les lettres de Berthier du 7 novembre, et les rapports ultérieurs du commandant de Lostange, qu'il y avait là une trentaine de bateaux (1), contenant environ 10 hommes chacun, et mettant une heure pour traverser le Danube.

Napoléon n'attend pas l'arrivée de Dupont pour porter du monde sur la rive gauche du Danube en face de Linz. Le 4, la division Klein a envoyé 50 chevaux en reconnaissance; 25 d'entre eux ont pu passer le fleuve et s'établir à Urfahr avec 30 sapeurs; mais quelques heures plus tard, ce petit détachement a été enlevé par un parti d'Autrichiens.

Le général Bertrand, chargé de faire une enquête sur cet événement, le rapporte ainsi : « 30 sapeurs et 25 dragons étaient cantonnés dans le village vis-à-vis Linz. Les dragons avaient deux postes à droite et à gauche de la route de Freistadt, près de deux maisons où étaient leurs chevaux, et les sapeurs avaient aussi deux postes, l'un près du pont, l'autre au-dessous, près des bateaux et d'un magasin d'avoine. Ce poste est le premier qui ait tiré sur l'ennemi, qui paraît être venu du côté d'Ottenheim et s'être retiré sur Steyeregg. Excepté le poste du pont, tous les autres ont été pris. Les Autrichiens, qui avaient déjà été en garnison dans le village et bien informés, n'ont frappé qu'aux portes

---

(1) Voir Alombert, p. 303 et suiv., 55 et suiv.

« Une trentaine de bateaux aux ordres de M. de Lostange vont partir ce soir avec une compagnie de pontonniers, pour se tenir à 2 lieues en arrière de la position où sera le maréchal Lannes. » (Berthier à Soult, 7 novembre.) Cf. Berthier à Murat, même date.

où étaient nos soldats. Quelques-unes n'ont pu être enfoncées. Les habitants ont sauvé plusieurs sapeurs. Les Autrichiens ont pillé la maison du bourgmestre et plusieurs autres. 19 dragons, 24 sapeurs, 2 lieutenants ont été faits prisonniers; 1 sous-officier tué. Ces deux détachements étaient mal gardés et trop dispersés. »

Dans la soirée, Oudinot reçoit l'ordre de faire passer un régiment de hussards sur la rive gauche du Danube pour reconnaître l'ennemi, mais on ne peut exécuter cet ordre, faute de moyens de passage.

Tandis que la situation militaire éprouvait de si graves changements, il s'en manifestait de non moins sérieux dans l'ordre politique. Tous les rapports adressés à Napoléon, et qui plus est, toutes les correspondances interceptées depuis quinze jours exprimaient le désespoir des populations et des troupes autrichiennes, leur désir de voir la guerre terminée, leur peu de confiance dans l'armée russe. « Les habitants de la Moravie, de la Bohême et de l'Autriche, écrivait Bacher le 12 octobre, menacés de la faim, voient avec douleur ce surcroît de bouches étrangères. Jamais l'aspect de la guerre, dont ces provinces autrichiennes sont à la veille de devenir le théâtre, n'a été plus effrayant. A en juger par les dispositions des esprits, l'ancienne mésintelligence entre les Russes et les Autrichiens ne tardera pas d'éclater de nouveau. Il paraît aussi que les deux empereurs ne sont pas entièrement d'accord, et que l'invasion de la Bavière n'a pas été approuvée par la cour de Saint-Pétersbourg (1). »

« On espère et on désire la paix, disent nos agents ainsi que les prisonniers; ce désir est unanime (2). »

---

(1) Voir t. III, p. 675.
(2) Murat à l'Empereur, 3 novembre.

Cependant, l'empereur d'Autriche avait lancé, le 28 octobre, une proclamation rédigée dans les termes les plus violents. Il y accusait Napoléon de viser à la domination universelle, et d'y tendre par tous les moyens : « il ne respecte aucune des considérations qui dérivent du droit des nations, et des égards que les États indépendants se doivent mutuellement ». Pour lui, ainsi que ses alliés, il ne désire que la paix et l'indépendance de toutes les nations. « J'attends tout avec certitude et confiance, dit-il, de cet amour qui remplit le cœur de tous mes sujets. Avant tout, la concorde et une union courageuse et prompte pour exécuter tout ce qui sera ordonné, sont nécessaires pour tenir éloigné de nos frontières *cet ennemi furieux*, assez longtemps pour attendre l'arrivée des secours puissants que mon allié l'empereur de Russie et *les autres puissances offensées depuis longtemps, et maintenant d'une manière plus sensible encore*, ont destinés à combattre pour la liberté de l'Europe et la sûreté des rois et des peuples. »

L'*ennemi furieux* semblait pourtant animé de dispositions assez pacifiques pour qu'on essayât de lui faire commettre d'énormes fautes stratégiques dans le seul espoir de conclure la paix.

Ainsi que l'empereur d'Autriche le déclarait dans sa proclamation, et que plusieurs lettres particulières le révélaient ouvertement, on attendait d'un moment à l'autre l'intervention d'une armée prussienne qui se réunirait en Bohême à celle du général russe Michelson et aux troupes autrichiennes rassemblées par l'archiduc Ferdinand. Pour que cette réunion des Alliés eût lieu, et pour que ces armées venant du Nord pussent faire leur jonction avec celles de Kutusow et de l'archiduc Charles près de Vienne, il fallait que Napoléon cessât de poursuivre l'épée dans les reins l'ennemi qu'il talonnait depuis Mühldorf. Un seul moyen s'offrait pour y parvenir : spéculer sur les dispositions pacifiques très caractérisées que Napoléon avait exprimées le 17 et le 20 octobre, au moment même où il venait d'anéantir l'armée de Mack. Ce général, ainsi que le comte Gyulay et plusieurs autres, en avait rendu compte à son souverain. « Partez pour Vienne, avait dit Napoléon, et je vous autorise à dire à l'empereur François que je ne désire que la paix et que je suis très fâché qu'elle ait été interrompue. Je veux m'arranger avec lui, et même à des conditions très équitables. Je traiterai avec la Russie également puisque vous le désirez. Qu'on me dise les propositions des deux puissances. Je suis anxieux de les savoir. Je veux faire des sacrifices, même de grands sacrifices. Je vous déclare encore une fois et vous autorise à le dire à votre souverain, qu'il n'a qu'à m'envoyer vous ou le comte de Cobenzl, ou quelque autre, avec un plénipotentiaire russe pour traiter avec moi (1). »

C'était un fait assez extraordinaire qu'un vainqueur demandant la paix après un succès comme celui d'Ulm, et au lieu de manifester des exigences proportionnées à ses victoires, se déclarant prêt à de grands sacrifices pour assurer sa tranquillité. On pouvait espérer que, si l'Autriche semblait disposée à cette paix, Napoléon consentirait aisément à un armistice, et c'est tout ce qu'il fallait obtenir de lui pour le moment. Qu'il s'arrêtât dans sa marche sur Vienne, et les armées alliées auraient le temps de se réunir près de cette capitale ; la Prusse s'enhardirait et mettrait ses troupes en mouvement. Pour un observateur superficiel ou timoré, la situation de Napoléon, parmi tant d'adversaires, semblait loin d'être aussi brillante qu'à Ulm. Il serait certes

---

(1) *Staats Archiv.* de Vienne et Arch. nat., AF ɪv, p. 1690. Voir aussi t. III, p. 850, et A. Lévy, *Napoléon et la paix* p. 378.

plus accommodant que le jour où il venait de triompher de Mack.

A vrai dire, l'empereur d'Autriche n'était pas absolument opposé à la conclusion de la paix ; il l'aurait acceptée pour peu qu'on lui eût offert, après la catastrophe d'Ulm, les mêmes avantages qu'auraient pu lui procurer des victoires décisives. A ce prix, il aurait fait bon marché de l'alliance russe, contre laquelle il nourrissait, lui aussi, une secrète méfiance. Il avait donc entamé les négociations à l'insu de Kutusow et du Tzar en écrivant le 30 octobre, à l'adresse de Napoléon, une lettre qu'il chargeait Merveldt de faire parvenir à destination. Le 2 novembre, dans la soirée, le capitaine d'état-major autrichien Moriès se présentait aux avant-postes de Murat, porteur de cette lettre, « sous l'enveloppe du Ministre de la guerre ». Murat avait retenu l'officier, ouvert l'enveloppe et envoyé la lettre à Napoléon. Malgré le ton d'ironie hautaine qui y régnait, cette lettre n'en était pas moins un premier acte diplomatique entamant les négociations.

« Monsieur mon frère, disait l'empereur d'Autriche, Votre Majesté Impériale a chargé le général Mack de me témoigner ses bons sentiments pour le rétablissement de la paix avec moi et avec S. M. l'Empereur de Russie sur des principes équitables et compatibles avec le repos général. *Établir ce repos d'une manière stable a été l'unique but de nos armements* et je ne tarde pas à vous assurer, Monsieur mon frère, que *c'est encore le seul objet de nos intentions modérées et conciliantes*, à la réalisation desquelles nous ne connaîtrions d'autres obstacles invincibles que ceux qui proviendraient des motifs sacrés de l'honneur ou des intérêts les plus urgents de nos empires. Si, comme je m'en flatte, les intentions de Votre Majesté Impériale coïncident avec les nôtres, *la proximité de l'empereur Alexandre ne manquera pas de me fournir l'occasion de me concerter avec lui sur les moyens propres à en accélérer l'accomplissement* (1). »

Ignorant l'art des sous-entendus impertinents, Napoléon a répondu aussitôt (3 novembre) par une lettre non moins vague au point de vue des propositions, et qui, dans sa franchise un peu brutale, rend coup pour coup.

« Monsieur mon frère, l'entrée des Russes dans les États de Votre Majesté Impériale, l'entrée de son armée en Bavière, la lettre de M. de Cobenzl, par laquelle il était constant qu'on voulait m'obliger à recevoir la loi de l'Angleterre, ne m'ont pas laissé le choix sur le parti à prendre. Il m'a fallu, d'ailleurs, passer le Rhin pour repousser son armée déjà arrivée sur mes frontières.... Mais, quoi qu'il en soit, je suis prêt à oublier l'injustice de cette troisième agression, et à essayer encore si ce troisième traité tiendra davantage contre les intrigues et les efforts de l'Angleterre que les deux premiers. Par sa lettre, il paraît que Votre Majesté fait dépendre la paix d'une autre puissance. C'est à elle à voir si cette intervention étrangère est la plus propre à satisfaire ce que semble exiger le besoin de ses peuples, qui souffrent moins de la présence de mes armées que de celles des Russes.

« Quel que soit le parti que prenne Votre Majesté, soit qu'elle négocie directement pour arriver à une prompte paix, soit qu'elle veuille attendre l'intervention d'autres puissances, ce qui retardera de beaucoup la conclusion, elle sentira qu'il est juste que je profite des chances qui m'ont été si favorables, et que les conditions de la paix m'offrent une garantie contre une quatrième coalition avec l'Angleterre. Il faut qu'il n'y ait plus entre nous aucun sujet de division, aucune chose qu'on puisse lui faire accroire que je désire avoir. »

---

(1) Beer, *Zehn jahre Œsterreichischer Politik*, p. 454.

Napoléon était bien éloigné, en tout cas, d'arrêter son offensive pour négocier. Plus une intervention hostile de la Prusse paraissait probable, plus il était urgent d'en finir avec Kutusow, et de rendre impossible la réunion des autres armées russes avec l'archiduc Charles. Nous n'étions plus qu'à six ou sept journées de marche de Vienne et le résultat qu'il aurait été audacieux de se promettre quinze jours plus tôt, se trouvait maintenant à portée de la main.

Les dispositions malveillantes de la Prusse ne pouvaient pas faire de doute : les lettres de Duroc et de Laforêt, comme les bulletins envoyés de Dresde et de Ratisbonne, et les courriers interceptés en Autriche, tout concourait à les déconcerter ; mais en même temps on avait des preuves certaines de la lenteur avec laquelle le roi Frédéric-Guillaume se déciderait à entamer des opérations militaires.

Le rapport de Bacher, du 1er novembre, indique pour la seconde fois la composition des armées qui pourraient marcher contre les communications de l'Empereur ; leurs quartiers généraux se sont rapprochés et se trouvent à Erfurt et Hildesheim, mais les troupes en sont seulement à se rassembler et trois armées se forment dans les régions les plus lointaines du royaume, à Berlin, en Silésie et en Pologne.

« C'est dans cette attitude semi-hostile, conclut Bacher, que la cour de Berlin se propose d'établir sa médiation armée, et de faire à l'Empereur des Français les mêmes propositions dont devait être chargé M. de Novossilzof. »

Bien informé, comme toujours, Bacher a mis les choses au point, et ses renseignements sont confirmés par Duroc : « Les rapides et étonnants succès que Votre Majesté a remportés avaient pu faire faire de sérieuses réflexions au cabinet de Berlin, écrit celui-ci le 27 octobre ;..... nous croyons entrevoir que l'empereur de Russie, en laissant le Roi dans son système de médiation, ne semble y consentir qu'autant qu'elle sera éventuelle, c'est-à-dire qu'il joindra ses armes à celles des puissances coalisées, si Votre Majesté n'accepte pas les conditions qu'on lui proposera. »

Duroc ajoute le 30 octobre : « Nous nous sommes aperçus que le Cabinet avait entièrement tourné et qu'il cédait à toutes les insinuations du prince Czartoryski. On veut nous flatter qu'il n'en est pas de même du Roi, qu'il résiste à l'empereur Alexandre et que, dans un conseil tenu hier, il a été unanimement décidé qu'il ne fallait pas se brouiller avec la France, et que l'on devait plutôt chercher à renouer avec elle les liaisons intimes qui ont subsisté entre les deux puissances (1). »

En résumé, les intentions hostiles de la Prusse ne doivent pas faire de doute, et il ne faut pas croire plus longtemps à sa neutralité; mais, comme la Russie en 1804, c'est par une prétendue médiation qu'elle va manifester d'abord sa malveillance; et avant que cette médiation se produise et soit accueillie ou rejetée, de nouvelles victoires auront pu mettre fin aux opérations contre Kutusow, isoler l'archiduc Charles, et assurer des communications à la Grande Armée.

XII

5 NOVEMBRE. — COMBAT D'AMSTETTEN.

Le 5 novembre, les troupes placées sous les ordres de Murat se forment en bataille dans la plaine en avant de l'Enns pour y être passées en revue. Milhaud et Walther ont reçu l'ordre de défiler sur le pont entre 5 heures et

---

(1) Bailleu, t. II, p. 401 et 402.

6 heures; les troupes du 5ᵉ corps (cavalerie légère et grenadiers), entre 6 et 7 heures; les cuirassiers à 7 heures.

La revue passée, Murat détache le 1ᵉʳ chasseurs (qu'il n'a pas rendu à Davout depuis ses prouesses de Braunau, Ried et Lambach) de Grollersdorf vers Haag, pour chercher la liaison avec les 4ᵉ et 3ᵉ corps. Le reste de ses troupes se met en mouvement, vers 9 heures, dans l'ordre suivant :

Brigade de hussards du 5ᵉ corps (Treilhard, 9ᵉ et 10ᵉ).

Brigades de chasseurs Milhaud (16ᵉ et 22ᵉ), et Fauconnet (13ᵉ et 21ᵉ); cette dernière appartenant au 5ᵉ corps.

Brigade de dragons Sébastiani, de la division Walther.

Grenadiers Oudinot.

Gros de la division Walther.

Cuirassiers de Nansouty et d'Hautpoul.

L'ennemi fut rencontré dès les premiers pas : les deux pelotons d'avant-garde de nos hussards trouvèrent ses postes à Altenhofen; ils les chargèrent et les poursuivirent jusqu'à l'entrée du village de Strengberg. Là se trouvaient dans les vergers en avant du village 3 bataillons d'infanterie autrichienne, avec 300 à 400 cavaliers. Nos hussards durent s'arrêter et faire appel aux grenadiers; 300 hommes de la brigade Dupas gagnèrent la tête de la colonne, et s'avancèrent au pas de charge, l'arme au bras; ils chassèrent les tirailleurs dans le village, dont ils s'emparèrent, tandis qu'un régiment de chasseurs appuyait à droite pour tourner l'ennemi. Les hussards s'élancent alors au galop sur la grande route, et traversent le village, culbutant tout ce qu'ils rencontrent, mais ils sont arrêtés au débouché; un bataillon qui s'y trouvait en réserve les accueille par un feu assez vif qui tue plusieurs cavaliers et plusieurs chevaux. L'ennemi, adossé à un bois sur une hauteur, occupe une bonne position, et il faut faire avancer le canon pour l'en déloger. Ébranlé par les premières décharges, il se met en retraite et les hussards se lancent à sa poursuite. Murat veut encore détacher un régiment de chasseurs vers la droite pour tourner l'ennemi, mais les difficultés du terrain lui font perdre tant de temps qu'il est obligé d'y renoncer. Nous avons fait plus de 300 prisonniers dans ce combat.

Inquiet de rester sans nouvelles du 1er chasseurs, Murat envoie le général Fauconnet avec un second régiment sur Haag, avec mission de rejoindre le premier, de se porter avec lui jusqu'à Wolfsbach, et de pousser des reconnaissances vers l'Ips. En même temps, un parti de 50 chevaux allait éclairer le pays sur la gauche jusqu'au Danube.

L'ennemi, poursuivi toujours très vivement, se rallie près d'Œd. Notre avant-garde le charge, mais un soutien de 4 bataillons arrête la poursuite; il fait sa retraite en bon ordre. On jette sur sa gauche de l'infanterie, sur sa droite de la cavalerie, tandis que les généraux et les officiers des états-majors, avec quelques pelotons de chasseurs, chargent sur la route et à proximité; on traverse ainsi un court défilé, au débouché duquel l'ennemi s'arrête et fait un retour offensif sur le 9e hussards, qui est obligé de plier. L'infanterie ennemie s'est jetée dans les bois, et la cavalerie russe s'est formée en bataille en avant pour couvrir un convoi considérable de farine, de cartouches et de bagages.

Nous portons en ligne deux pièces d'artillerie, qui obligent l'ennemi à se déplacer. Profitant de ce mouvement, nos hussards s'ébranlent, chargent la cavalerie russe et lui font encore une trentaine de prisonniers.

Les brigades Treilhard et Milhaud, ayant à leur tête les généraux Oudinot et Walther, continuent la poursuite sans discontinuer dans un défilé long et étroit, où la route traverse des bois ; cette poursuite dure trois quarts d'heure sans relâche ; mais à la sortie des bois, vers

3 heures, nos cavaliers trouvent l'ennemi en force, et sont obligés de s'arrêter devant une ligne d'infanterie russe formée sur les hauteurs voisines de Zeillern.

Après avoir infligé des pertes sérieuses à notre cavalerie par son feu, cette infanterie reprend l'offensive, et nos hussards battent en retraite. Les tirailleurs ennemis, pénétrant sous bois, les poursuivent en leur tuant et blessant encore quelques hommes. La cavalerie russe chargeait à son tour, quand une pièce de 8, sous le commandement du lieutenant Le Vavasseur, arrivant à propos, met vivement en batterie, et accueille la charge à bout portant par une volée de mitraille, qui renverse tout le premier rang. La cavalerie russe est arrêtée ; la tête de notre infanterie débouche à ce moment et, longeant le bois, elle balaye les tirailleurs ennemis et oblige leur cavalerie à un mouvement rétrograde ; 2 bataillons de la brigade Dupas s'avancent en colonnes sur la chaussée, refoulent tout ce qui s'était porté dans le défilé, mais lorsqu'ils en viennent au débouché, ils se heurtent à leur tour à une résistance sérieuse. Deux pièces d'artillerie russe enfilent la chaussée et obligent nos grenadiers à se jeter sous bois pour répondre au feu de l'infanterie ennemie. Mais bientôt le reste de la brigade Dupas arrive ; on forme les colonnes d'attaque, la charge bat, et la première position des Russes est enlevée.

Derrière celle-là on en découvre une seconde, appuyée sur un groupe de maisons. Le général Oudinot se met à la tête des grenadiers et s'en empare.

Les Russes font avancer alors leur troisième ligne (1), soutenue par 4 pièces, pour reprendre la position ;

---

(1) Nous conservons ici le texte des rapports français ; en réalité, nos troupes ont combattu jusque-là l'arrière-garde ennemie, et maintenant une division de 8 bataillons envoyée du gros vient relever cette arrière-garde.

leur première attaque a échoué, quand apparaissent les deux dernières brigades de grenadiers, Ruffin et Laplanche-Mortières, qui contribuent à repousser deux ou trois charges successives et achèvent de chasser l'ennemi du plateau. Il se retire dans les petits bois voisins d'Amstetten, et le feu cesse vers 9 heures du soir.

Nos grenadiers bivouaquent sur place, c'est-à-dire à hauteur du village de Zeillern. Un régiment de cavalerie légère a été poussé vers Ardagger pour éclairer cette partie et présenter une tête de colonne à l'ennemi, qui paraissait porter des forces de ce côté. Murat fait reporter en arrière un régiment de grenadiers et 4 pièces pour former un repli. La cavalerie légère et les dragons bivouaquent derrière la division Oudinot; les cuirassiers à Œd. La division Suchet arrive le soir à Strengberg avec le maréchal Lannes.

D'après la relation russe, les troupes de Murat auraient bousculé d'abord les 13 bataillons de l'arrière-garde commandée par Bagration, mais leurs efforts auraient été vains contre ce que Belliard appelle, dans son rapport, la 3e ligne russe, c'est-à-dire 8 bataillons de troupes fraîches amenées par Miloradovitch. Ces derniers, suivant Danilewski, auraient chargé et définitivement refoulé les grenadiers d'Oudinot. Il sera sans doute impossible d'être fixé sur le succès final de ce combat, puisque les Russes étaient obligés de continuer leur retraite quoi qu'il arrivât; qu'elle ne peut être invoquée comme un argument contre eux, et qu'elle les empêcherait, s'ils avaient été vainqueurs, d'avoir une preuve matérielle de leur succès dans l'occupation du champ de bataille.

Au total, ce qui est positif, c'est que deux brigades de cavalerie légère et une brigade de dragons, soutenues par 5,000 grenadiers, ont combattu pendant douze heures contre 21 bataillons austro-russes et 4,000 cavaliers, en parcourant 32 kilomètres, ont fait 1,800 prisonniers, et n'ont cessé le combat qu'à 9 heures du soir, en bivouaquant sur le terrain du dernier engagement. Ce qui ressort également des états de pertes, c'est que le combat ne fut pas aussi acharné qu'on l'a prétendu ; nous eûmes 65 morts et 157 blessés sur 7,000 combattants.

Cependant les incidents survenus sur la rive gauche du Danube avaient inquiété Napoléon ; ne voulant pas attendre l'arrivée de Dupont et Dumonceau pour être garanti et éclairé de ce côté, il ordonne à Lannes, le 5 novembre, à 8 heures du matin, de faire franchir le Danube à la division Gazan, qui « manœuvrera sur la rive gauche jusqu'à ce que la division Dupont et celle du général Dumonceau arrivent pour le remplacer ». Le 20ᵉ régiment de dragons, de la division Klein, doit accompagner cette division pour l'éclairer et « pousser des reconnaissances très loin ». Dupont et Dumonceau ne recevront l'ordre de gagner Linz que dans la soirée ; ils ne se mettront en marche que le lendemain 6.

Suivant les prévisions de l'Empereur, le 4ᵉ corps devait s'avancer le 5 sur la rive droite de l'Enns, et se rapprocher de Murat dans cette journée ; mais le maréchal Soult ne parvient pas à organiser le passage. Il a appris des habitants ce que les cartes devaient faire prévoir, qu'aucune route n'aboutit à l'Enns en face de Kronsdorf, mais qu'en passant un peu plus au Sud, entre Pühring et Dorf, on trouve un chemin carrossable vers Haag, d'où l'on peut gagner, soit Strenberg, soit Saint-Peter et Seitenstetten ; il n'est pas renseigné sur la route de Haag à Wolfsbach et Asbach, mais il en soupçonne l'existence.

Il a détaché en conséquence sa compagnie de sapeurs à Pühring afin de préparer des radeaux et matériaux pour l'établissement d'un pont, mais il ne croit pas à la possibilité d'y réussir en moins de trois jours, bien que l'Enns ait seulement 30 mètres de largeur. Pour passer en tout cas sans faire usage de ponts, il a ordonné au commandant du génie de son corps d'armée de faire construire pendant la nuit le plus de bacs et de radeaux qu'il pourrait, afin de porter des troupes sur la rive droite. Il compte avoir, le 6 au matin, trois grands radeaux, et continuera jusqu'à nouvel ordre.

En attendant, il n'a qu'une division à Kronsdorf, une à Neuhofen et une à Wels.

Davout a pu commencer le passage de l'Enns vers midi et demi sur le pont de Steyer. Son avant-garde se porte aussitôt sur Saint-Peter et bivouaque dans les vergers sur la rive gauche du ruisseau, en arrière du village. Elle détache un parti de cavalerie vers Asbach pour se renseigner sur la canonnade entendue près d'Amstetten. La 1re division traverse l'Enns et va bivouaquer à une lieue au delà, à cheval sur la route, dans un bois. La 2e division et les dragons de Beaumont sont à Steyer, la 3e à Sierning.

Des renseignements précis font connaître que les Autrichiens, commandés par le général Merveldt, se sont retirés du côté de Weyer (1). Le 3e corps n'en

---

(1) Ce renseignement est exact, sauf que Kienmayer se retire avec 4 régiments de cavalerie vers Haag, pour rejoindre les Russes.

Merveldt marcha toute la nuit du 4 au 5 novembre. Au point du jour, ayant laissé une arrière-garde de 2 bataillons et 2 escadrons à Artzberg, il fit halte, et ne repartit que dans la soirée pour aller s'établir à Weyer. Il avait détaché un escadron par Saint-Peter pour assurer la liaison avec les Russes, et il envoya dans la journée un parti sur Waidhofen.

Les Autrichiens ne trouvèrent à Weyer qu'un jour de pain.

Merveldt, qui s'était éloigné des Russes après le passage de la Traun sans que rien l'y obligeât, prit alors la résolution d'aller les rejoindre vers Saint-Pœlten. Il laissa le colonel Mariassy à Weyer avec 6 bataillons et 6 escadrons pour garder la route d'Altenmarkt.

Cette position, ainsi que celles de Windischgarsten et Ischl, couvraient la retraite de l'archiduc Jean à travers le Tyrol ; le général Rosehowsky avait le commandement supérieur des trois détachements.

La réserve d'artillerie fut dirigée sur Gratz, les bagages sur Leoben.

continue pas moins sur Waidhofen, d'après l'ordre de l'Empereur. Marmont suit d'aussi près que possible, son infanterie à Kremsmünster et Hall, sa cavalerie sur le flanc droit, à Waldneukirchen. Bernadotte est à Lambach. La longueur totale de la colonne formée par les trois corps est de 60 kilomètres (pour 69,000 hommes), et elle pourrait être fort diminuée si le 1er corps pressait sa marche.

Davout s'est renseigné sur les routes au delà de Waidhofen, comme il en avait reçu l'ordre. « Le chemin de Waidhofen à Annaberg, dit-il, est impraticable pour toute espèce de voiture »; le général Mathieu Dumas, euvoyé spécialement par l'Empereur pour élucider ce point, rapporte que de Waidhofen à Annaberg, par Gaming, « le chemin est dur, difficile; qu'il faut se munir d'attelages de bœufs pour passer le col d'Ipsitz, mais que le fond du chemin est ferme et praticable ».

L'ordre que Napoléon fait expédier à Davout, et les instructions qu'il a dictées au général Mathieu Dumas avant de l'envoyer en mission au 3e corps, font bien connaître le rôle destiné à Davout et les motifs qui faisaient adopter un chemin aussi défectueux :

« Si l'ennemi tient dans la position de Saint-Pœlten, écrit Berthier à Davout, vous vous trouveriez avoir débordé sa gauche, et vous seriez en mesure de marcher sur lui dans le temps que M. le maréchal Lannes et M. le maréchal Soult marcheraient par le grand chemin de Vienne, pour tâcher de déborder sa droite........

« Si le chemin que je vous indique ci-dessus n'était pas praticable pour vous rendre à Lilienfeld, vous m'en avertiriez promptement, et je vous enverrais de nouveaux ordres. » A en juger par les recommandations si précises faites directement au général Mathieu Dumas, il faut croire que l'Empereur attache une grande importance à ce que Davout suive bien la route d'Annaberg et Lilienfeld pour tourner Saint-Pœlten à grande distance :

« Le but du voyage du général Dumas est de bien établir l'itinéraire, bien connaître les difficultés de cette route. Le maréchal Davout doit même y faire travailler, s'il est nécessaire, et si un pareil travail peut l'améliorer.

« Arrivé à Lilienfeld, le maréchal se trouvera avoir débordé toute la gauche de la position de Saint-Hippolyte (Saint-Pœlten). Si l'ennemi y tient, il doit appuyer sur l'ennemi pour le jeter dans le Danube, lui rendre impossible la retraite par Lilienfeld, et prendre enfin conseil des circonstances et de la force numérique de l'ennemi : si la 2ᵉ armée russe l'avait joint, déborder de peu ; si, au contraire, la 2ᵉ armée n'avait pas rejoint, se concerter avec les maréchaux Bernadotte et Marmont, qui doivent suivre ; et pendant que le maréchal Marmont, sur la gauche de l'ennemi et le maréchal Bernadotte de front, le maréchal Davout sur les derrières, en observant de ne pas se laisser couper d'avec Marmont. Bien entendu que, pendant ce temps, le prince Murat, qui ne perd pas de vue l'ennemi et qui le poursuit, s'arrêtera : si en position, cherchera à manœuvrer sur sa droite (1). »

Napoléon se berçait toujours de l'espérance que l'ennemi accepterait la bataille à Saint-Pœlten, et il prenait ses dispositions pour tirer le plus grand parti de cette circonstance si éminemment favorable. On peut concevoir, d'après la situation générale, tant militaire que politique, quel intérêt décisif il y avait à en finir le plus tôt possible avec l'armée de Kutusow. C'était la jonction des archiducs et des Russes indéfiniment ajournée ; c'était l'intervention de la Prusse devenue téméraire et non menaçante ; enfin tous les résultats d'Austerlitz obtenus avec moins de risques et de pertes. Mais pour

---

(1) Cette note, écrite hâtivement par M. Dumas sous la dictée de l'Empereur, ne contient que les mots indispensables, et souvent en abrégé.

cela il fallait que la victoire remportée à Saint-Pœlten fût absolue ; que les Alliés, irrémédiablement séparés de la Prusse, ou acculés au Danube, fussent aussi complètement annihilés que l'avait été l'armée d'Ulm. Or, dans ce coup de filet projeté sur la position de Saint-Pœlten, le rôle essentiel revenait à Davout. Dans le rayon de 50 kilomètres où il opérait, le 3ᵉ corps allait peut-être décider du sort de l'Europe. De là l'importance que l'Empereur attachait à ce que l'itinéraire de ce corps d'armée l'amenât franchement au Sud de Saint-Pœlten, afin que le mouvement tournant ne rencontrât pas de résistance avant que l'ennemi fût pris à revers.

Tout en préparant une manœuvre d'aussi large envergure, Napoléon demeurait plus prudent que jamais, et les instructions transmises par Mathieu Dumas précisaient à Davout la conduite à suivre d'après les circonstances. Le véritable coup de filet, l'enveloppement complet de l'ennemi, ne devait être tenté que s'il ne faisait courir aucun danger au 3ᵉ corps : dans ce cas, Davout prenait l'ennemi à revers, Marmont le prenait en flanc ; Bernadotte débouchait devant son aile gauche, le reste de l'armée retenait son centre et sa droite. Si au contraire la deuxième armée russe, dont la force et la position étaient presque inconnues, avait rejoint Kutusow et lui avait fourni un gros appoint, il ne fallait pas compromettre le 3ᵉ corps pour chercher de plus grands résultats : Davout agirait en liaison étroite avec les troupes voisines, et attaquerait simplement le flanc gauche de l'ennemi, sans le prendre tout à fait à revers.

Il fallait encore songer au cas où il serait décidément impossible de suivre la route de Waidhofen à Lilienfeld par Annaberg : si, en approchant de Lilienfeld, on trouvait une meilleure route, il fallait la prendre, et exécuter la manœuvre selon les instructions précédentes, en laissant Lilienfeld derrière soi.

Enfin, s'il ne se trouvait pas d'autre route praticable

que la grande chaussée de Steyer à Vienne, les différents corps la prendraient tous, aussi près que possible de Saint-Pœlten ; puis le 3ᵉ corps déboîterait vers Lilienfeld et suivrait le chemin de Lilienfeld à Vienne, pour que l'armée formât au moins deux colonnes.

XIII

JOURNÉE DU 6 NOVEMBRE. — LE CORPS DE MORTIER.

Le 6, dans la matinée, le maréchal Davout avait ordonné à son avant-garde de se porter à Waidhofen, aux deux premières divisions de gagner Seitenstetten, et à la troisième de s'arrêter en arrière de Saint-Peter. Dans la journée, apprenant par ses reconnaissances que l'ennemi est en retraite au delà de Weyer, il presse la marche des divisions. La 1ʳᵉ bivouaque près de Gleiss, à 6 kilomètres de Waidhofen ; la 2ᵉ un peu plus loin, à Bieberbach ; la 3ᵉ à Saint-Peter, où elle est rejointe par la cavalerie du 2ᵉ corps. L'infanterie de Marmont est à Steyer ; celle de Bernadotte est échelonnée entre Steyer et Kremsmünster. Les trois corps forment ainsi une colonne de 60 kilomètres.

La cavalerie du 3ᵉ corps découvre en avant de Waidhofen quelques uhlans autrichiens et les poursuit sans pouvoir les atteindre (1).

La visite de Mathieu Dumas au 3ᵉ corps a visiblement contrarié Davout, qui n'aime pas ce général, et qui se fait réitérer l'ordre de suivre une route qu'il a déclarée impraticable. Il écrit à Berthier, avec une certaine

---

(1) Le corps de Merveldt, réduit à 13 bataillons et 6 escadrons, parvint le 6 à Saint-Georges-sur-Reith, et y apprit que les Français marchaient de Waidhofen sur Gaming.

mauvaise humeur, cette lettre d'une amusante concision :

« J'ai l'honneur de rendre compte à Votre Excellence que les renseignements que je me suis procurés sur la nature des chemins ne présentent que des obstacles et l'impossibilité de suivre la route indiquée par Sa Majesté. Le 3ᵉ corps d'armée se mettra en marche demain matin pour se rendre à Gaming. »

Davout adresse à ses troupes, le soir même, cette fière déclaration, qui en dit long sur leur valeur morale :
« Le 3ᵉ corps d'armée est prévenu que cette marche lui occasionnera beaucoup de peines et de privations ; mais le résultat sera de lui faire faire l'avant-garde de deux autres corps d'armée, et de faciliter la victoire en épargnant le sang des braves et fidèles soldats de notre illustre souverain. Si les obstacles qu'offrira cette marche nous rebutaient, nous nous trouverions en troisième ligne. »

Pour la marche du 7, les divisions se porteront sur Gaming, chacune par le chemin le plus court, conduites par des guides du pays et tous les sapeurs des régiments en tête. Chacune d'elles laissera son artillerie, escortée par un régiment d'infanterie, et sous le commandement d'un général, suivre la route charretière. Chacun des régiments d'escorte fournira 200 travailleurs, auxquels on donnera tous les outils dont disposera la division. Ces travailleurs précéderont la colonne en piquant ou réparant le chemin. Si par hasard des caissons de cartouches étaient brisés ou encombraient la colonne, on répartirait les cartouches entre les soldats d'infanterie jusqu'à concurrence de 20 livres par homme. L'avoine sera prise pour deux jours, car on n'en trouvera sans doute pas en route.

Les troupes de Murat se remirent en marche le 6 novembre vers 5 heures du matin, mais sans se hâter de reprendre le contact avec l'ennemi; car les derniers éléments de la colonne austro-russe ne franchirent l'Ips près de Neumarkt que vers 10 heures, et on ne put pas les rejoindre. Ils brûlèrent le pont derrière eux.

Les régiments que Murat avait envoyés la veille par Wolfsbach sur Assbach rapportèrent que le général Kienmayer avait passé l'Ips à Ulmerfeld et détruit le pont derrière lui. Désireux de se porter à Wieselburg et de couper Kienmayer de l'armée russe, Murat y renonce bientôt, faute de pouvoir passer l'Ips. Il ignore que Milhaud a trouvé un gué en aval de Neumarkt et s'est établi à Kemmelbach, d'où ses reconnaissances poussent jusqu'à l'Erlaf, et au Sud jusqu'à Steinakirchen. Le prince ne s'aperçoit que dans la soirée que la carte indique un pont à Freydegg; il le fait reconnaître, apprend qu'il est intact, mais trop tard pour en profiter. Il ne semble pas qu'on ait utilisé ce passage.

La cavalerie légère cantonne à Ips et dans les villages au Sud jusqu'à Neumarkt; les dragons de Walter à Neumarkt et Blindenmarkt, et les grenadiers entre ces deux villages (1). La division Suchet, serrant sur la tête de la colonne, bivouaque en avant d'Amstetten; Lannes a repris possession de son commandement. Les cuirassiers, d'abord laissés près d'Œd, sont allés cantonner au bord du Danube, ceux de Nansouty à Ardagger, ceux de d'Hautpoul à Wallsee.

Jusque vers le milieu de cette journée, Napoléon persiste de plus en plus à espérer une bataille dans un délai très rapproché. « L'obstination des Russes à défendre la position d'Amstetten, dit Mathieu Dumas, affermit l'Empereur dans l'opinion que le général Kutusow était

---

(1) « Dans une petite plaine où le prince Murat fit brûler un village à qui on avait confié la garde d'une ambulance française, et qui assassinait les blessés ». (*Journal du Voltigeur Asseré, Carnet de la Sabretache*, novembre 1905).

décidé à recevoir la bataille à Saint-Pœlten. » Par malheur, plus on approchait de l'instant critique, plus il devenait difficile de tenir les corps d'armée à portée de s'engager promptement ensemble. Au lieu de les faire marcher à la même hauteur, sur des routes relativement voisines, n'ayant que trois ou quatre lieues à faire pour atteindre l'ennemi simultanément, il fallait accumuler les corps d'armée sur une seule route, formant une colonne de 60 à 80 kilomètres, et ne pouvant se déployer en un jour.

Après les incidents survenus tour à tour au 3e, au 2e, au 4e corps, l'Empereur renonce à attribuer une route distincte à chaque corps d'armée, solution qu'il recherchait depuis qu'il prévoyait une bataille générale. Il se décide à faire venir Soult sur la grande chaussée ; mais il faut alors diminuer la longueur des colonnes par tous les moyens, pour que la queue soit en état d'intervenir utilement dans le combat engagé par l'avant-garde.

« Il n'y a point de chemin, écrit l'Empereur. Le maréchal Soult est obligé de venir sur la grande chaussée. Il faut donc se serrer, afin que la queue puisse venir au secours de la tête. »

En même temps (9 heures du matin), Berthier expédie au 4e corps l'ordre de se porter le plus vite possible sur Enns pour suivre la chaussée de Vienne derrière le 5e corps.

L'ordre prescrit de réunir le jour même tout le 4e corps à Enns ; mais cet ordre ne parvient que vers 2 heures de l'après-midi à Soult ; les divisions ne peuvent s'ébranler qu'entre 3 et 4 heures. Chacune d'elles s'achemine sur Enns par le chemin le plus court. La cavalerie pousse le soir même sur Strengberg, se trouvant ainsi à proximité des troupes de Murat ; la division Legrand peut, elle aussi, dépasser Enns et bivouaquer au delà du pont ; mais Vandamme et Saint-Hilaire s'arrêtent à Neukirchen et Nestelbach, à plus de 70 kilomètres de la division

Oudinot. Tout le corps d'armée reprendra la marche à 3 heures du matin.

Plus les difficultés se multiplient, et plus l'Empereur est soucieux d'assurer la coopération de ses corps d'armée à une action commune. Cette préoccupation le portait à presser la marche de Soult, mais aussi et surtout à contenir l'ardeur de Murat. Il semble qu'en cela il ait dépassé le but, et fait perdre à sa cavalerie l'esprit offensif, le *mordant* dont elle avait donné les plus belles preuves durant toute cette campagne.

Murat espérait être complimenté pour sa brillante poursuite d'Enns à Amstetten. Les lettres qu'il reçoit de l'Empereur et de Berthier, dans cette journée du 6, lui causent une amère déception. Comme il l'a fait après chaque bond en avant de la cavalerie, et à chaque retard des autres colonnes, Napoléon s'inquiète de voir se former une avant-garde trop éloignée de l'armée. Si louable que soit l'ardeur de cette cavalerie, il prévoit le moment où elle se jettera tête baissée sur un ennemi très supérieur et tombera dans quelque embuscade avec la division de grenadiers qu'elle entraîne. Ses craintes sont d'autant plus vives qu'il sait maintenant l'avant-garde de Murat en contact avec le gros de l'armée russe, tandis que les colonnes autrichiennes sillonnent le pays au Sud. Il n'a même pas été informé de l'affaire d'Amstetten pendant la journée du 5, en sorte qu'il n'y avait en arrière de Murat, depuis Strengberg jusqu'à Enns, que la seule division Suchet; encore suivait-elle Oudinot de très loin. Le corps d'armée le plus voisin, celui de Soult, arrêté au passage de l'Enns, a 80 et 100 kilomètres à faire, suivant les divisions, pour rattraper le 5ᵉ corps. Averti à temps, l'Empereur aurait pu, du moins, appeler Soult sur Enns et le rapprocher de Murat :

« Vous m'avez laissé toute la journée d'hier sans nouvelles, et je n'apprends qu'à 8 heures du matin l'engagement que vous avez eu hier. Il faut m'écrire deux et trois fois par jour. Si j'avais su que l'ennemi était là, j'aurais fait mes dispositions sur-le-champ. Serrez la division Suchet aux grenadiers, et faites que ces divisions se touchent et marchent toujours ensemble. »

Murat est extrêmement ému par les reproches de l'Empereur, plus même, semble-t-il, que les termes employés par celui-ci ne pouvaient le faire supposer. Il se persuade qu'il remplira mieux les vues de son souverain en restant à distance de l'ennemi qu'en se précipitant sans répit sur son arrière-garde, comme il l'a fait jusqu'à présent. Il faudrait que Napoléon fût là pour lui indiquer à chaque instant la juste mesure à garder entre l'audace et la prudence; mais resté à Linz, il ne peut recevoir les lettres de Murat qu'après plusieurs heures.

Tandis que l'Empereur songe à une prochaine bataille, Murat, qui est mieux à portée de juger la situation, annonce que l'ennemi n'acceptera pas la lutte. Son rapport, parti d'Amstetten à 10 heures, arrive à Linz dans la soirée :

« Tous les généraux russes, écrit-il, disent hautement qu'ils ne sont pas assez forts pour tenter le sort d'une bataille, et on ne devrait pas s'étonner de les voir se déterminer à se jeter sur la rive gauche du Danube à Krems. Alors je ne vois plus ce qui pourrait arrêter une minute la marche de Votre Majesté sur Vienne. Ce ne serait certainement pas le général Kienmayer qui, suivant ce qu'on me rapporte, n'a pas plus de 12,000 hommes. »

Le *Journal de marche* de la Réserve de cavalerie rapporte que, dès le 6 novembre, Murat a prévenu Mortier de la retraite des Alliés sur Krems, et l'a invité à presser sa marche. Sous cette forme, cette allégation est évidemment erronée, puisque Mortier n'a reçu le commandement d'un corps d'armée que dans la nuit du 6 au 7, et que Murat n'a pu en être informé que le 8, par la lettre de Napoléon citée plus haut. Le général Belliard, en rédigeant ce journal, a dû se rappeler la lettre écrite le 8 par Murat à Mortier. Ce qu'il y a de vrai, néanmoins, c'est que Murat prédit le 6 dans sa lettre à Napoléon (et non pas à Mortier) la prochaine retraite des Russes par Krems.

Napoléon, en tout cas, est averti dès le 6 (dans la soirée) que l'intention des Russes est très probablement de se dérober par Krems. Il ne s'agit donc plus pour lui d'assurer la convergence de ses colonnes sur le champ de bataille de Saint-Pœlten, mais d'empêcher l'ennemi de se dérober au delà du Danube.

Cette préoccupation, de ne pas voir les Russes s'échapper vers le Nord, est celle qui domine dans l'esprit de Napoléon pendant toute cette guerre. Les ressources presque inépuisables du Nord, de la Moscovie et de la Prusse, lui présentent le danger le plus grave. Toute sa campagne de Moravie, et la bataille d'Austerlitz, seront conçues dans cet ordre d'idées. Le 6 novembre, dès qu'il entrevoit la possibilité d'un mouvement de Kutusow par Krems, il s'efforce de l'empêcher. Il organise un corps d'armée, composé des divisions Gazan, Dupont et Dumonceau, sous le commandement du maréchal Mortier, pour gagner promptement Krems par la rive gauche du Danube et interdire aux Russes le passage du fleuve.

« L'intention de l'Empereur, écrit Berthier à ce maréchal, est que vous vous mettiez en marche demain dans la matinée pour vous porter à la hauteur du corps du maréchal Lannes, qui est au delà d'Enns, ayant soin de vous tenir toujours en arrière de la position qu'il occupera sur la rive droite. Vous enverrez des ordres au général Dupont et au général Dumonceau, afin qu'ils forcent la marche pour vous rejoindre.....

« L'adjudant-commandant Lecamus, avec le 20° de dragons, sera en observation sur Haslach et Freistadt (1);

---

(1) La mission de l'adjudant-commandant Lecamus consistait essen-

il doit correspondre avec vous sur tout ce qui se passera sur votre flanc gauche. Indépendamment de la cavalerie du général Dupont et de celle du général Dumonceau, *Sa Majesté vous fera connaître celle que, suivant les circonstances, Elle mettra à votre disposition.*

« Faites-vous éclairer par des partis de cavalerie à 5 et 6 lieues sur votre gauche; éclairez-vous également par de la cavalerie à une grande distance par devant vous, afin de ne pas vous laisser surprendre. »

Nous connaissons aujourd'hui dans leur entier les intentions de l'Empereur; mais il faut avouer qu'elles n'étaient pas assez nettement exprimées, ni leur exécution assurée par ses ordres.

D'abord le retard imposé jusqu'alors aux divisions Dupont et Dumonceau (1) les mettait hors d'état de devancer l'ennemi à Krems, ou seulement de se porter à hauteur de notre avant-garde. Puis les instructions mêmes données à Mortier n'étaient pas explicites ; sa mission n'y était pas définie avec précision. Nous sommes obligés, aujourd'hui encore, de recourir à d'autres documents pour découvrir toute la pensée de Napoléon. Il écrit à Murat, le 7 : « Le maréchal Mortier, qui est sur la rive gauche, va s'élever à votre hauteur avec *les divisions Klein et Gazan*, et sera joint demain par la division Dupont et la division batave. Il a emmené 14 bateaux avec lui, mais il en faut 300 à 400 pour qu'il n'y ait point de Danube et que je puisse le passer promp-

---

tiellement à rechercher les magasins de vivres et les caisses publiques sur la rive gauche du Danube. Il devait en outre envoyer des reconnaissances sur Budweis et en général dans la partie de la Bohême située à proximité. Le 20ᵉ dragons restait à sa disposition. Aucune de ces reconnaissances ne rencontra l'ennemi et ne put en avoir de nouvelles.

(1) Ils arrivent le 6 à Hofkirchen, à plus d'une marche en arrière de Linz.

tement. Les Russes, qui ne s'attendent pas à *cette manœuvre*, pourront en être les victimes, puisqu'ils croient n'avoir affaire qu'au maréchal Mortier, et que je pourrai leur en mettre un plus considérable sur le corps. »

Rien de tout cela, on peut le remarquer, n'est dans l'ordre adressé à Mortier, ni l'indication de la manœuvre possible sur les Russes, ni la réunion de la division Klein à celle de Gazan.

L'Empereur prépare une manœuvre sur la ligne de retraite des Russes, et il ne combine pas les mouvements de Murat avec ceux de Mortier. Il ne prescrit pas de suivre les ennemis pied à pied, de les ralentir, d'être toujours au contact, prêt à s'engager, et d'assurer le concert entre les opérations sur les deux rives. Il laisse Murat sans instructions, et cependant la lettre écrite par celui-ci dans la matinée du 6 faisait présager ses erreurs des jours suivants :

« On ne devrait pas s'étonner, disait Murat en parlant des Russes, de les voir se déterminer à se jeter sur la rive gauche du Danube à Krems. *Alors je ne vois plus ce qui pourrait arrêter une minute la marche de Votre Majesté sur Vienne.* »

N'était-ce pas l'occasion, pour l'Empereur, de prévenir toute erreur de son lieutenant, de lui écrire : « Ce n'est pas à Vienne que nous marchons, mais à l'ennemi ! Si les Russes passent à Krems et découvrent Vienne, il faut vous jeter sur la route de Krems et ne plus penser à Vienne. » Cette observation, Napoléon ne la fera ni le 7, ni le 8, ni le 9 ; il attendra que la faute soit commise, que Murat ait pris la fausse piste, pour lui en faire un reproche.

Enfin, cette flottille qui doit pour Napoléon supprimer le Danube, éviter que Mortier reste isolé sur la rive gauche, qui doit permettre de jeter au Nord du fleuve une partie de l'armée si les Russes passent à Krems, cette flottille n'existe pas. Elle devrait, selon l'Empereur même, compter 300 bateaux ; elle en a 14, et n'en comprendra jamais plus de 30.

Ordres incomplets, moyens insuffisants, voilà ce que nous trouvons à l'origine de cette manœuvre, d'une si audacieuse conception, qui aboutira au sanglant échec de Dürrenstein.

XIV

JOURNÉE DU 7 NOVEMBRE.

Le 7 novembre, la cavalerie légère part à 8 heures, franchit l'Erlaf, et dépasse Melk abandonné dans l'après-midi par la cavalerie ennemie, avec laquelle nos chasseurs échangent quelques coups de carabine.

« Il est malheureux, écrit Lannes à l'Empereur, que nos troupes soient si harassées ; sans cela nous eussions pu tomber aujourd'hui sur la queue de leur armée..... Nous ne faisons pas un pas sans trouver de l'infanterie russe par cinquantaine ; tout annonce qu'ils sont encore effrayés de l'affaire d'avant-hier. »

La brigade Milhaud s'établit à Losdorf ; le reste de la cavalerie et des dragons bivouaque à Melk et au Sud, sauf une brigade de dragons et un régiment de chasseurs détachés sur la droite aux ordres du général Sébastiani, pour couper la retraite au corps de Kienmayer, que l'on croit en route d'Ulmerfeld sur Saint-Pœlten.

La division Oudinot bivouaque à Melk, Suchet sur l'Erlaf. Les cuirassiers Nansouty cantonnent à Pechlarn, d'Hautpoul à Blindenmarkt.

Tout paraît confirmer que les Russes n'accepteront pas la bataille et se retireront sur la rive gauche du Danube.

« Les généraux russes disent qu'ils veulent recevoir la bataille à Saint-Pœlten, écrit Lannes à l'Empereur ;

je n'en crois rien. Ils abandonnent sans tirer un coup de fusil les plus belles positions qu'il soit possible de voir..... Nous saurons dans la journée de demain si l'ennemi veut réellement recevoir la bataille à Saint-Pœlten. »

Murat écrit de son côté : « La plus grande mésintelligence règne entre les Russes et les Autrichiens ; ils s'accusent mutuellement de lâcheté. Les officiers autrichiens qui ont dîné ici ce matin ont prié les moines de ne pas les faire manger avec les Russes, en leur disant : Ce sont des lâches, ils nous abandonnent sans combattre. Les Russes ont dit qu'ils se retiraient parce qu'ils n'étaient pas assez forts. Je les ai trouvés réunis ici, comme ils pourront l'être à Saint-Pœlten, et je doute que cette dernière position vaille celle qu'ils viennent d'abandonner, ce qui m'autorise à croire qu'ils n'y tiendront pas.

« Le domestique du comte Gyulay, qui a été retenu ici, a raconté ce soir, en soupant avec les miens et en buvant un peu largement, que l'empereur d'Allemagne avait voulu quitter Vienne..... Il a ajouté n'avoir presque pas vu, sur la route de Vienne ici, d'autres troupes que celles qui fuient devant l'armée de Votre Majesté ; que les bagages des Russes prennent la route de Krems, et qu'il croit qu'ils se retirent en Bohême. J'ai cru devoir faire part de ces détails à Votre Majesté ; ils viennent d'un homme qui paraît avoir dit naïvement ce qu'il a vu, sans en connaître toute l'importance.....

« Un rapport qui m'est fait à l'instant confirme que les Russes se dirigent sur Krems. »

Ces renseignements ne paraissent plus laisser de doutes : il est bien établi que nulle armée russe n'est à portée de rejoindre Kutusow sur la position de Saint-Pœlten, et que ce général n'a plus aucune raison d'accepter ici la bataille qu'il a refusée sur des positions plus favorables. La retraite de ses bagages sur Krems est d'ailleurs un fait bien avéré.

Néanmoins, Murat s'empresse d'assurer Napoléon qu'il se conforme à ses instructions en prévision du cas où l'ennemi voudrait tenir. Désormais plus d'audace, de la prudence jusqu'à l'excès :

« Comme le pays que nous avons à parcourir d'ici à Saint-Pœlten offre une plaine immense, j'établirai toute la cavalerie que j'ai l'honneur de commander dans les villages en avant de Melk, pour être à portée d'éclaircir la marche de l'armée, lorsque Votre Majesté ordonnera un mouvement général, si l'ennemi se décide à tenter le hasard d'une bataille, ce que je saurai certainement demain. » Il ajoute que Suchet et les cuirassiers seront à Melk, de sorte qu'il aura sous la main toutes les troupes dont il a le commandement.

« *Je ne me porterai en force contre eux que sur des ordres de Votre Majesté*, à moins que je ne sois bien certain qu'ils aient abandonné Saint-Pœlten. Dans ce cas, j'y marcherai avec tout le corps du maréchal Lannes et le mien. »

L'Empereur, de son côté, informe Murat de la constitution du corps détaché sur la rive gauche, qui va s'élever à la hauteur du 5ᵉ corps. Il l'avertit aussi que Soult le suit avec son corps d'armée.

Berthier écrit au maréchal Soult : « L'intention de l'Empereur est que vous serriez vos colonnes le plus possible sur M. le maréchal Lannes, de manière à pouvoir être assez près de la tête de l'armée pour arriver à son secours si cela était nécessaire..... Il est nécessaire que vous ayez un grand nombre de bateaux pour communiquer de la rive droite à la rive gauche, car si, comme le donneraient à croire des lettres interceptées, les Russes se retiraient à Krems sur la rive gauche, M. le maréchal Mortier se mettrait à leur poursuite, et on pourrait avoir besoin de faire passer rapidement des renforts pour les soutenir. Il faut donc qu'une centaine d'hommes, choisis parmi les plus fatigués de votre armée, ramassent ce qu'ils pourront de bateaux pour se joindre à la flottille du capitaine Lostange, qui part aujourd'hui de Linz. »

L'Empereur écrit lui-même à Soult pour lui faire sentir toute l'importance de la cohésion dans les circonstances présentes : « Serrez-vous le plus que vous pourrez au maréchal Lannes, puisque la fatalité du pays veut que nous ne fassions qu'une seule colonne; au moins serrez-vous le plus possible, afin que, de la tête à la queue, vous puissiez vous secourir. »

Le 7 au soir, le 4ᵉ corps ne peut que pousser sa cavalerie à Amstetten, son infanterie à Strengberg, Œd et Zeillern, c'est-à-dire à 40 ou 50 kilomètres des grenadiers Oudinot. En forçant la marche du lendemain, il peut se trouver en face de Saint-Pœlten avec Lannes et Murat. Quant aux bateaux, l'ordre de l'Empereur va rester à peu près lettre morte.

Mortier, qui a la division Gazan à Mauthausen, Dupont à Ottenheim et Dumonceau plus loin encore, ne pourra se trouver à hauteur de Melk que dans deux ou trois jours avec une division.

Bien loin en arrière de Mortier, Baraguey d'Hilliers est parvenu le 6 à Straubing ; il se met en marche vers Cham. Il envoie 150 hommes sur la route de Furth, un autre détachement sur Roding, et porte le gros de sa division (2 régiments avec deux pièces de 4) sur Ascha, Mitterfels, Münster et Steinach.

Revenons à l'extrême droite de la Grande Armée, dans les montagnes.

Le 3ᵉ corps n'a pu atteindre Gaming. Quoique les hauteurs à franchir ne s'élèvent pas au-dessus de 500 mètres, les chemins, couverts d'une couche de glace, sont difficiles. Les renseignements recueillis ont fait connaître qu'il n'y avait aucune route directe de

Gaming à Annaberg, et qu'un détour par Mariazell serait indispensable. L'avant-garde s'avance donc à 2 lieues au delà de Gaming dans la direction de Mariazell; les divisions sont échelonnées entre Gaming et Ipsitz, les dragons de Beaumont cantonnent à Waidhofen.

Pour la marche du lendemain, Davout renouvelle ses recommandations : « Les généraux de division feront marcher leur artillerie, même de nuit, afin de gagner le plus de terrain possible. »

Le général Beaumont n'est pas astreint à suivre la route du corps d'armée. Il a le choix de son itinéraire, et doit se trouver seulement le 9 novembre à Türnitz.

« Le maréchal rappelle à l'armée que le moment est venu pour le 3ᵉ corps d'armée de faire des marches forcées et d'éprouver des privations de pain comme les trois corps d'armée qui se sont illustrés devant Ulm. Le résultat de ces marches et de ces privations peut être la destruction de l'armée russe et des débris de l'armée autrichienne. »

Merveldt était parti de Saint-Georges am Reith à 9 heures du matin, se dirigeant par Lunz sur Neuhaus. Il n'y avait pas de route, et le chemin était si mauvais que la queue de la colonne ne put dépasser Lunz dans la journée. On porta un bataillon sur le chemin d'Ibsitz, un autre sur celui de Gaming pour couvrir la retraite du corps entier à travers les montagnes et rejoindre ensuite l'arrière-garde. Au delà de Lunz, la route ne suivait pas le fond du ravin, mais franchissait un contrefort assez escarpé. La pluie qui tombait alors sur le chemin entièrement gelé le rendait presque impraticable à l'artillerie. Il fallut traîner les canons à bras d'hommes; Merveldt avait promis 20 florins pour chaque pièce qui serait rendue le jour même à Neuhaus; mais la nuit vint avant que la tête de colonne fût arrivée dans la vallée de Neuhaus. Il n'était pas possible que la troupe, épuisée de fatigue, atteignît Neuhaus, qui était encore à

3 lieues. Un bataillon de grenadiers fut posté sur le chemin de Gaming, où il devait résister, en cas d'attaque, jusqu'après le passage de la colonne. L'avant-garde, composée seulement d'infanterie, et conduite par Merveldt lui-même, poussa jusqu'à Neuhaus ; à minuit, elle y arriva, réduite à quelques centaines d'hommes : le reste s'était débandé, et était resté couché le long de la route.

Le gros de la colonne continua toute la nuit cette marche épuisante, et se traîna avec ses canons jusqu'au dernier défilé entre Lungau et Neuhaus ; elle y arrivait le 8 au point du jour, et bientôt le corps de Davout allait l'y surprendre en plein désordre.

Les 2e et 1er corps français étaient échelonnés, on se le rappelle, entre Lambach et Steyer, et devaient suivre de près le 3e corps ; mais ne voulant pas entasser de nombreuses colonnes sur le mauvais chemin où s'est engagé le 3e corps, et voulant d'autre part faire poursuivre le corps de Merveldt, signalé successivement à Steyer, puis sur la route de Steyer à Leoben, Napoléon décide de porter un corps d'armée sur cette route et de rappeler l'autre sur la grande chaussée de Vienne.

Il ordonne en conséquence à Marmont de se porter sur Leoben, et à Bernadotte de se diriger de Steyer sur Amstetten par la chaussée.

Malheureusement, si tôt qu'ait été expédié l'ordre à Marmont, il trouve déjà le 2e corps en colonne sur la route de Steyer à Waidhofen ; ce corps fait donc face en arrière et se reporte vers Leoben, la 2e division en tête. Il ne peut dépasser Lusenstein et Ternberg. Bernadotte, retardé par cette contremarche, arrête tout son corps d'armée à Steyer, où Marmont était encore à midi.

Il semble qu'il y aurait eu avantage à intervertir les rôles, laissant Marmont continuer sur Ulmerfeld, où il serait arrivé dès le 7, et d'où il aurait pu entrer dans la colonne immédiatement derrière le 4ᵉ corps. Bernadotte, au contraire, partant de Hall et de Kremsmünster le 7, pouvait dépasser Steyer avec une partie de son corps d'armée et pousser presque aussi loin que le fit le 2ᵉ corps. Les événements se seraient ainsi déroulés d'une manière à peu près identique sur la route de Leoben, mais auraient pu prendre, le 11 et le 12, une tout autre tournure sur les rives du Danube.

« Il est ordonné au général Marmont, disait l'ordre, de partir avec le corps à ses ordres pour se rendre à grandes marches sur Leoben, prendre et culbuter tout ce qu'il y aura devant lui ; il aura soin de se faire précéder d'une avant-garde qui poussera des reconnaissances devant lui..... Marmont se conduira suivant les circonstances : l'Empereur ne voit pas qu'il puisse rien craindre dans l'état où se trouve l'ennemi ; cependant il mettra beaucoup de prudence dans sa marche. Je lui répète qu'il doit faire son mouvement en faisant les plus grandes marches qu'il lui sera possible. »

Si Napoléon détachait ainsi Marmont sur Leoben, ce n'était pas seulement à cause de l'avantage qu'il y avait à poursuivre Merveldt et à se renseigner déjà sur l'approche de l'archiduc Charles, mais aussi parce qu'il était à peu près impossible d'employer utilement plus de trois corps d'armée sur la grande chaussée de Vienne. Cependant l'Empereur prévoyait le cas où le retour de Marmont pourrait devenir nécessaire et, après lui avoir recommandé de placer des postes de correspondance, il ajoutait : « Il est très important que, de l'endroit où le général Marmont couchera chaque soir, il prenne des renseignements pour savoir comment, de cet endroit, il pourrait rejoindre la Grande Armée sur Saint-Pœlten s'il en recevait l'ordre. »

Un événement politique d'une haute importance s'était produit dans cette journée : à la lettre de Napoléon, l'empereur d'Autriche avait répondu, le 5 novembre, dans un esprit tout différent de celui qui avait dicté sa première épître, et le 7, le général Gyulay se présentait en négociateur, muni de cette réponse. Sur un ton des plus pacifiques désormais, l'empereur d'Autriche exprimait le désir d'entamer les pourparlers ; mais la première conclusion à laquelle il arrivait était celle que les intérêts militaires de la Coalition exigeaient : « La confiance que Votre Majesté Impériale, à ce que je me flatte, m'accorde réciproquement, me fait espérer qu'Elle ne se refusera pas à une mesure qui semble la plus analogue à nos dispositions mutuelles, et bien propre à y donner l'effet le plus prompt et le plus salutaire : c'est une suspension des hostilités jusqu'à l'ouverture des négociations pacifiques. »

Nos cavaliers allaient arriver à deux marches de Vienne ; il y avait donc urgence à les arrêter pour permettre à la Coalition de réunir toutes les forces qu'elle avait si malencontreusement dispersées.

Par malheur pour les Alliés, autant Napoléon était désireux de signer la paix et de retourner sur les côtes de l'Océan (1), autant il était éloigné de se laisser duper et d'accorder une suspension d'armes sans obtenir des engagements fermes et surtout des garanties matérielles capables d'assurer la sincérité de ses ennemis. Au point où l'on en était, cette suspension d'armes ne pouvait avoir d'autre conséquence, on peut même dire d'autre but, que d'assurer la réunion des différentes armées ennemies à proximité de Vienne : elle aurait permis à Kutusow d'attendre la seconde armée russe qui venait d'entrer en Moravie, et à l'archiduc Charles de traverser la Carniole pour faire sa jonction par Vienne ou Presbourg. En même temps, le roi de Prusse, si long qu'il fût à se décider, finirait peut-être par entrer en

---

(1) Il ne connut le désastre de Trafalgar que le 18 novembre.

campagne. Ainsi Napoléon, à qui un dernier effort pouvait suffire pour mettre en quelques jours ses ennemis hors de combat, se trouverait sans doute, après la suspension d'armes, en face de 150,000 Autrichiens et 123,000 Russes (1), et menacé sur son flanc gauche et ses derrières par 80,000 Prussiens.

Avant toute promesse d'armistice, il tenait donc à s'assurer que ses ennemis ne voulaient pas seulement gagner le temps de se concentrer. Il répondit à Gyulay, si l'on en croit les historiens autrichiens : « Si les Russes quittent les États autrichiens et s'en retournent chez eux ; si vous me donnez en garantie Venise et le Tyrol jusqu'à la conclusion de la paix : si vous défendez aux Hongrois de continuer leurs armements, je consens à commencer les pourparlers. » En d'autres termes, il voulait bien que les troupes autrichiennes se réunissent, mais en évacuant le Tyrol et la Vénétie, de manière à lui permettre, de son côté, la réunion de tous ses corps d'armée. Si Masséna, Marmont, Augereau et Ney venaient le rejoindre, il disposait d'environ 200,000 à 250,000 hommes, avec lesquels il n'aurait rien à redouter, pourvu que le départ définitif des Russes lui garantît la fin de la guerre.

Comme c'était là précisément de quoi rendre inutile, au point de vue militaire, la suspension d'armes demandée, Gyulay refusa d'accepter ces conditions, et cou-

---

(1) Situation des alliés, d'après Angeli, p. 310 :

Russes	123,252	hommes.
Autrichiens en Italie	93,293	—
Dans le Tyrol	22,279	—
En Bohême	18,502	—
A Vienne	13,356	—
Corps de Merveldt	21,989	—
TOTAL	292,671	hommes.

rut en référer à son souverain. Il était porteur d'une lettre de Napoléon finissant par ces mots : « Je ne puis que réitérer à Votre Majesté ce que j'ai dit à M. le comte Gyulay en grand détail : je désire la paix..... Mais, jusqu'à ce que cet instant soit arrivé, faut-il que les peuples d'Allemagne et de France soient livrés à toutes les incertitudes et à toutes les angoisses de la guerre? M. le comte Gyulay ne s'est pas cru autorisé à rien conclure pour une suspension d'armes. Il dira à Votre Majesté combien je suis disposé à en finir très promptement, mais aussi combien je crains les délais et les intrigues dont j'ai éprouvé toute l'amertume dans les circonstances passées. »

Les négociations ainsi entamées ne seront pas rompues : elles vont se poursuivre, se mêler aux opérations militaires, jusqu'au moment où la jonction des armées russes en aura fait disparaître le principal motif. En attendant, elles auront suscité de très vives espérances dans l'armée et la population autrichiennes, qui croiront déjà la paix signée, ou bien près de l'être. Aussi les relations entre Français et Autrichiens prennent-elles dès lors un caractère de plus en plus pacifique.

XV

8 NOVEMBRE. — SAINT-PŒLTEN ET MARIAZELL.

Les injonctions de l'Empereur étaient si formelles, que notre cavalerie, découvrant le 8 novembre un corps ennemi assez nombreux devant Saint-Pœlten, n'osa pas l'aborder. La cavalerie légère, qui s'était rassemblée à Losdorf, et que soutenaient deux brigades de dragons, se contenta d'escarmoucher avec les hussards ennemis. La brigade Sébastiani venant de Schallaburg s'établit à Grafendorf. Nansouty et d'Hautpoul se rapprochèrent, et les deux divisions du 3ᵉ corps se mirent au bivouac entre la cavalerie légère et les cuirassiers, attendant des ordres.

Quoiqu'il vît l'ennemi en nombre devant Saint-Pœlten, Murat restait bien persuadé que les Russes allaient faire leur retraite par Krems ; tous les renseignements venaient à l'appui de cette opinion.

« Tout confirme, écrit-il à l'Empereur dès 9 heures du matin, que les Russes ont envoyé tous leurs bagages sur ce point, ainsi que 600 blessés qu'ils ont fait partir hier de Melk.

« Le maréchal Mortier m'écrit de Mauthausen pour me faire connaître sa marche et les magasins immenses qu'il a trouvés. Il espère être ce soir à Grein.....

« Je reçois à l'instant un nouveau rapport qui annonce d'une manière positive que l'ennemi ne paraît pas se disposer à défendre la Traisen, et qu'il dirige tous ses bagages et toute son artillerie sur Krems. J'écris au maréchal Mortier pour l'engager à presser sa marche sur ce point.

« Le corps du général Michelson est attendu pour le 10 novembre à Krems, mais on doute fort qu'il puisse y arriver à cette époque, à cause des mauvais chemins de la Bohême. Ce corps d'armée n'est fort que de 10,000 hommes, dont 2,000 Cosaques. Ceci est presque officiel : on a lu son ordre de marche ; on fait une tête de pont à Mautern ; des paysans ont été mis en réquisition pour y travailler.

« On travaille aussi à force à retrancher les défilés de Ried, en avant de Vienne. On assure que le corps d'armée du général Kienmayer marche sur la Styrie, et que l'empereur est sur le point de quitter Vienne, et peut-être même en est déjà parti, s'il n'a pas été retenu malgré lui. »

Toutes les nouvelles reçues dans la journée confirment la retraite des Russes sur Krems. Néanmoins Murat hésite à avancer, et s'étant porté jusqu'à proximité de Saint-Pœlten, sans d'ailleurs engager le combat, il s'excuse de tant d'audace auprès de l'Empereur :

« Plusieurs rapports m'avaient annoncé que l'ennemi se retirait de Saint-Pœlten sur Krems et Vienne; c'est dans cette persuasion que je me suis déterminé à marcher vers la Traisen. En arrivant sur les hauteurs, en avant de Markersdorf, mes reconnaissances ont rencontré les avant-postes ennemis et les ont poussés jusque sur le village de Prinzersdorf, où leur armée entière avait pris position. J'ai fait porter en avant de Markersdorf les trois brigades légères, en échelons, jusqu'à portée de l'ennemi. La division de dragons était en bataille, dans le même ordre, en arrière du village de Sirning.

« L'ennemi avait au moins 8,000 hommes de cavalerie; ses hussards ont essayé, mais en vain, plusieurs charges. J'ai eu occasion d'admirer une poignée de hussards dont la contenance ferme et l'immobilité ont étonné quatre escadrons ennemis qui s'avançaient sur eux avec des cris effrayants.

« Malgré leurs manœuvres, qui toutes semblaient annoncer l'intention de m'attaquer, j'ai conservé ma position, et toutes les troupes légères bivouaquent en présence. La brigade du général Sébastiani occupe Grafendorf et se lie avec les dragons qui sont établis sur le Bielach. Des troupes légères flanquent ma gauche et la couvrent, sur la route de traverse de Markersdorf à Krems. La division de grenadiers occupe une position extrêmement avantageuse sur les hauteurs en arrière de Sirning. Les deux divisions de grosse cavalerie ont été renvoyées sur Loosdorf et Schallaburg. Le maréchal Soult a son avant-garde à Melk. Si l'ennemi faisait la folie de tenir la position qu'il occupe, Votre Majesté pourrait lui livrer bataille après-demain.

« Je suis bien éloigné de penser qu'il ait la témérité de la conserver et de vous y attendre; il lui serait presque impossible de vous empêcher de l'envelopper…

« Les généraux Miloradovitch et Kutusow ont dit hier au comte de Montecuculli, chez qui je suis logé, qu'ils se retiraient sur Krems. Trois rapports consécutifs m'avaient instruit de ce mouvement; mais pendant que j'étais en marche ce matin, j'ai appris par deux émissaires arrivant successivement, que les troupes qui s'étaient dirigées sur Krems et Vienne avaient fait un mouvement rétrograde. Cette manœuvre ne peut avoir eu pour but que de sauver les bagages et l'artillerie, que l'ennemi a pu craindre de se voir enlever. Il savait bien que je n'étais pas assez fort pour combattre l'armée entière. Voyant que je le serrais de si près et voulant peut-être m'attirer dans quelque piège, il aura pris le parti de m'attendre avec toutes ses troupes réunies. Je suis persuadé qu'il fera sa retraite dans la nuit….. J'écris au maréchal Soult pour l'engager à rassembler tous les bateaux qu'il pourra se procurer. Je suis informé que le général Gazan en a déjà un assez grand nombre.

« S'il est vrai que les Russes se retirent par Krems, le maréchal Mortier peut leur faire beaucoup de mal. »

Cette lettre, expédiée le 8, rencontrera Napoléon le 9 pendant son voyage de Linz à Melk; il y répondra le soir ou le lendemain matin par l'ordre de poursuivre les Russes l'épée dans les reins; mais cet ordre ne rejoindra Murat que le 11, aux portes de Vienne.

La cavalerie légère bivouaque le 8 sur la rive gauche de la Bielach, entre Grafendorf et Mitterau; les dragons en seconde ligne sur la même position; les grenadiers à Mitterau, Suchet et les cuirassiers à Losdorf et Melk, où arrive également la cavalerie du 4ᵉ corps. L'infanterie de ce corps d'armée est cantonnée entre Erlaf et Neumarkt; Soult a envoyé un détachement de 100 hommes sur les bords du Danube pour recueillir toutes les barques qu'on y trouvera et les conduire à Melk, où l'on peut avoir à s'en servir.

Sur la rive gauche du Danube, Gazan et Klein ont atteint Sarmingstein et Grein; Dupont est à Mauthausen, Dumonceau en face de Linz.

Bernadotte reçoit le 8 l'ordre de se diriger sur Amstetten. Il fait une petite marche de 4 lieues, et s'arrête entre Saint-Peter et Bieberbach.

Nous voici à un point critique de cette campagne : selon la conduite que tiendra Murat, la retraite des Russes par Krems peut s'accomplir en toute tranquillité, ou elle peut être inquiétée, retardée, arrêtée même. Kutusow, suivant le cas, rejoindra les autres armées russes sans difficulté, ou bien il sera cerné et battu entre Saint-Pœlten et Krems.

Chose surprenante : dans cet instant décisif, prévu depuis plusieurs jours, Napoléon reste à 100 kilomètres de son avant-garde ; il est à Linz, où l'Électeur de Bavière vient lui faire sa cour (1). Il n'en partira que le 9, assez tard, et n'arrivera pas à Melk en temps utile pour orienter la poursuite à son gré. Il n'a même pas envoyé à Murat d'instructions précises pour la seule circonstance délicate qui se présente, lui qui avait réglé jusque-là les bonds de sa cavalerie de deux en deux jours.

La seule lettre qu'il adresse à son lieutenant est partie de Linz le 8 à 8 heures du soir; elle n'arrivera que le 10 au soir, et elle est singulièrement vague. A la réflexion, en l'analysant mot par mot, on peut deviner que l'Empereur sous-entend que Murat séjourne autour de Saint-Pœlten, mais rien n'y est explicite :

« Poussez vos postes jusqu'au bas de la forêt de

---

(1) « L'Électeur de Bavière est ici, ce qui m'a donné beaucoup d'occupation. » (Napoléon à Murat, 8 novembre, 8 heures du soir.) Cette visite de l'Électeur a suffi pour compromettre le succès de la campagne et l'existence de la division Gazan.

Vienne, en supposant que l'ennemi ne vous oppose pas une trop forte résistance. Tenez-vous en mesure et en masse. Serrez Soult contre vous. Bernadotte sera demain à Amstetten. Envoyez-moi de vos nouvelles. L'Électeur de Bavière est ici, ce qui m'a donné beaucoup d'occupation.

« Il est probable que si les Russes ont repassé le Danube, c'est qu'ils ont appris le passage du maréchal Mortier, ce qui les porte à couvrir Vienne sur la rive gauche. Tâchez de ramasser le plus de Russes que vous pourrez. »

Quant à Murat, abandonné à ses propres inspirations, il n'a rien fait pour gêner la retraite de Kutusow. Médusé, semble-t-il, par les paroles et les recommandations de l'Empereur, il demeure en arrêt devant Saint-Pœlten. Seul, un régiment de cavalerie légère est détaché de Markersdorf vers Mautern pour observer l'ennemi. Pas un coup de fusil ne sera tiré, pas un coup de sabre échangé au Nord de la grande chaussée.

Les succès les plus brillants étaient remportés dans cette journée par les corps détachés dans les montagnes. Arrivé à Gaming, le maréchal Davout avait reconnu l'impossibilité de parvenir à Mariazell avec son artillerie, et l'avait renvoyée sur la grande chaussée par Wieselburg.

Le pays où allait s'accomplir la marche du 8 était des plus difficiles : « Les vallées sont extrêmement étroites, ou pour parler plus exactement, il n'y a pas de vallée. La route passe des cols très élevés ; on suit un torrent, resserré par les flancs des montagnes, qui pendent jusqu'au bord des eaux. Les montées et descentes sont fréquentes, même lorsque l'on suit le cours des ruisseaux (1). »

---

(1) *Journal* de la division Friant.

La colonne de Merveldt, épuisée et débandée, approchait de Neuhaus dans la matinée du 8 novembre, quand un capitaine de cavalerie arrive à bride abattue et annonce qu'une troupe d'infanterie et de cavalerie française s'avance par le chemin de Gaming. C'était l'avant-garde de Davout, qui s'était mise en marche à 5 h. 30, et atteignait déjà les traînards du petit corps autrichien.

A une demi-lieue de Neuhaus, les carabiniers et voltigeurs du 13e léger rencontrèrent une poignée de grenadiers autrichiens que le sous-chef d'état-major du général Merveldt avait rassemblée précipitamment. Ils aperçurent aussi deux pièces de canon qui se trouvaient encore là, et qu'on avait bien placées sur un petit replat d'où elles enfilaient la route jusqu'à leur extrême portée. Des tirailleurs gardaient le sommet des montagnes à droite et à gauche; leur réserve était en arrière des pièces. Peu à peu, nos tirailleurs font perdre du terrain à ceux de l'ennemi; enfin la charge est battue et la position enlevée, après une courte et sanglante mêlée. Les Autrichiens cherchaient à sauver leurs pièces; elles furent rejointes et prises à quelque distance de là.

A peine avait-on traversé le village de Neuhaus, que l'on se trouvait en face d'une nouvelle position : une pièce de canon, placée entre des rochers à pic à droite et à gauche de la route, était masquée par un autre rocher près duquel la route faisait un détour. Des montagnes presque inaccessibles flanquaient cette cluse et des tirailleurs en occupaient les sommets. Les compagnies d'élite du 13e léger prirent leurs dispositions pour forcer le passage : une compagnie de carabiniers à droite, une vingtaine de voltigeurs à gauche, gravirent les escarpements et repoussèrent lentement les tirailleurs ennemis. Après deux heures d'efforts, la compagnie de carabiniers, maîtresse des hauteurs, dévala sur la pièce de canon; l'officier d'artillerie autrichien se fit clouer sur sa pièce.

Le petit détachement ennemi fut poursuivi jusqu'aux abords de Mariazell, où un combat plus sérieux s'engagea. Merveldt, renonçant à gagner Saint-Pœlten, avait choisi une excellente position sur la route de Brück.

Les Autrichiens occupaient les bois à droite de la route, le village de Rasing, le plateau de Saint-Sigmund, et l'amphithéâtre de Mariazell.

En dépassant la Teichmühle, notre tête de colonne se trouve en prise aux feux des tirailleurs postés sur les crêtes de part et d'autre de la route ; le gros de l'infanterie ennemie était déployé sur la croupe qui descend entre Mariazell et Rasing, face au Nord-Ouest.

Nos tirailleurs, grimpant sous bois la montagne à droite de la route, firent reculer lentement ceux de l'ennemi.

A gauche, une compagnie longea les bois, couverte par des tirailleurs, et s'achemina vers Mariazell pour couper la retraite sur Lilienfeld. Elle arriva trop tard pour arrêter quelques escadrons de uhlans, qui réussirent à s'échapper sur Fürstenfeld. Au bout d'une heure, les tirailleurs du 13e léger garnissaient l'arête qui, descendant des montagnes vers Rasing, domine le vallon en avant de Saint-Sigmund, et ils s'avançaient vers ce point. Sur le versant opposé, ils se déployaient le long de la Salza, qui passe à 2,500 mètres au Sud de Mariazell. Ils y étaient rejoints par la compagnie qui avait traversé le bourg, et par la compagnie de sapeurs qui, détachée vers Mariazell avant d'avoir atteint Rasing, s'était portée sur la ligne des tirailleurs.

La fusillade dura encore une heure sur cette position, nos deux ailes gagnant du terrain pour déborder l'ennemi. A ce moment, le 108e, tenu en réserve à Rasing, se forma en colonne, franchit le pont et se porta en avant au pas de charge sur la route. L'ennemi, menacé d'être coupé en deux par cette attaque, se retira en toute hâte, mais une partie seulement put devancer notre colonne. Les tirailleurs, retardés par les difficultés du terrain, furent presque tous pris.

Le 108ᵉ continua la poursuite pendant deux heures, enlevant de nombreux prisonniers à l'infanterie ennemie qui se retirait en désordre et n'était plus qu'une masse informe. Enfin, parvenu près de Wegscheid, il tomba sur deux derniers bataillons restés groupés. Il se précipita au milieu même de la masse, et fit poser les armes à 2,000 hommes qui l'entouraient.

Le résultat de cette journée fut la prise de 18 pièces de canon, 2 drapeaux, 80 voitures et environ 4,000 prisonniers.

Le tout fut dirigé sur Amstetten par la même route que notre artillerie, tandis qu'un escadron du 7ᵉ hussards continuait la poursuite sur la route de Brück, où il fit encore 150 prisonniers.

Cette victoire anéantissait presque entièrement le petit corps du général Merveldt, qui s'était retiré par Steyer et Weyer, et dont les débris purent gagner le Semring.

Les hussards eurent grand'peine à franchir sur la glace le col qui sépare Mariazell de Neuwiesen.

Le reste de la cavalerie bivouaqua à Mariazell ; le 13ᵉ léger à Siegmund, le 108ᵉ entre cette chapelle et Wegscheid. Les divisions du corps d'armée bivouaquèrent entre Mariazell et Gaming, le long de la route. La division de Beaumont, partie à 7 heures du matin de Waidhofen, arrive à 6 heures du soir à Gaming ; elle en repart à 10 heures et marchera toute la nuit.

Marmont marche, lui aussi, avec la plus grande activité sur la route couverte de glace, de Steyer à Leoben. Le 6ᵉ hussards (colonel Pajol) qui tient la tête de l'avant-garde, ne laisse pas l'ennemi reprendre haleine, et enlève au galop de charge le pont de Reifling sur l'Enns ; arrivé à un second pont que les Autrichiens essayent de couper, le capitaine Onagthen fait mettre pied à terre à ses hussards, et déloge les tirailleurs ennemis à coups de carabine. Les voltigeurs du 18e léger, un peu plus loin, attaquent et prennent presque entièrement deux bataillons de Gyulay. Le soir, le corps d'armée s'établit à Altenmarkt et Reifling, envoyant de fortes reconnaissances vers Mariazell et Admont. Il apprend la retraite sur Mariazell de la colonne autrichienne qui va se heurter au 3e corps.

XVI

JOURNÉE DU 9 NOVEMBRE.

Le 9 novembre, dans la soirée, Napoléon quittera enfin Linz pour se rendre à Melk, mais il n'y sera que le lendemain, beaucoup trop tard pour régler la marche de sa cavalerie. Il s'arrêtera le soir même à Enns ou à Strengberg (1), pendant quelques heures, et repartira dans la nuit. Chemin faisant, il recevra le dernier rapport expédié le 9 par Murat, et lui fera répondre aussitôt par Berthier un ordre (qui ne nous est pas parvenu) lui prescrivant de poursuivre les Russes l'épée dans les reins. Cet ordre n'arrivera que le 11.

La conduite de Murat est de plus en plus étonnante : le 8, il pouvait craindre, en détachant quelques troupes de Melk ou Markersdorf sur Mautern, que leur retraite

---

(1) Aucun document ne fait connaître le point où Napoléon s'est arrêté dans la nuit du 9 au 10 novembre. Parti de Linz le 9, il est à Melk le 10 ; les souvenirs du général Hulot, s'ils sont exacts, nous apprennent que l'Empereur s'est couché à Enns, mais que, réveillé par le vacarme que faisaient les soldats de la Garde, il repartit bientôt après. Nous hésitons à accepter cet unique renseignement, Enns paraissant bien près de Linz.

fût coupée par les Russes demeurés à Saint-Pœlten. Le 9, cette crainte n'existe plus, car les Autrichiens, peu nombreux, sont en pleine retraite sur Vienne ; la colonne de Kutusow a entièrement disparu des environs de Saint-Pœlten et s'approche de Krems ; enfin, le corps de Soult a dépassé Melk et débouche sur Markersdorf. Manquant d'instructions, Murat ne sait plus que faire : cet homme si habile dans l'exécution n'entend rien à l'ensemble de la campagne, et il s'immobilise.

Il sait, dès 5 heures du matin, que l'ennemi a évacué sa position dans la nuit ; un peu plus tard, il apprend que, définitivement, les Russes se sont retirés vers Krems ; mais, comme il n'est pas encore certain de la direction prise par les Autrichiens, il ne poursuit ni sur Krems ni sur Vienne. L'esprit cavalier l'a abandonné.

« Je n'ai pas cru devoir me porter en avant sur aucune des deux routes de Vienne et de Krems ; en prenant la première, je prêtais le flanc au corps d'armée russe ; en suivant la seconde, je pouvais craindre les Autrichiens. »

Il a 5 brigades de cavalerie légère, 3 de dragons, et 5 de cuirassiers, 2 divisions d'infanterie à Saint-Pœlten ; les 3 divisions de Soult arrivent à Melk, la plus fatiguée ayant fait à peine 20 kilomètres, les autres 10 et 15. Avec une pareille armée, Murat n'est même pas renseigné sur la route suivie par l'ennemi, route qu'il aurait dû reconnaître lui-même. Il sait depuis quinze jours qu'il a eu devant lui 35,000 Russes et 15,000 à 20,000 Autrichiens ; il sait aussi qu'une grande partie de ces derniers, on avait même dit la totalité, s'est retirée dans les montagnes par Steyer. Les 35,000 Russes sont en retraite vers Krems ; s'il y a quelqu'un sur la route de Vienne, ce ne peut être qu'une poignée d'Autrichiens, et cela seul suffit à paralyser 5 divisions d'infanterie et 5 de cavalerie.

Par la force des choses, cependant, nos hussards, chasseurs et dragons ne restent pas absolument inertes. Parvenu à Saint-Pœlten, Murat a détaché la brigade Fauconnet sur la route de Mautern, les brigades Milhaud et Sébastiani sur Perschling, mais les instructions qu'il leur a adressées ne sont que des conseils de prudence peu propres à leur donner du mordant.

Les cuirassiers et l'infanterie du 5e corps restent autour de Saint-Pœlten.

Il ne paraît pas que le général Fauconnet pousse ce jour-là jusqu'au Danube. Sur la route de Vienne, une escarmouche commence à Pottenbrunn et s'arrête à Perschling. « Alors le général Kienmayer a envoyé un parlementaire, et il est venu lui-même parler au général Sébastiani pour demander une suspension d'armes ; on la lui a accordée et il s'est retiré en arrière de Perschling, que nous voulions occuper (1). »

Cette attitude des Autrichiens est remarquable. Le passage du général Gyulay les a convaincus de la prochaine conclusion d'un armistice. Ils ont assez de la guerre, comptent peu sur leurs alliés, dont la retraite leur paraît une défection. Kienmayer n'hésite pas à déclarer que l'empereur d'Allemagne ne veut plus se battre et a interdit à ses troupes de faire usage de leurs armes. « Les avant-postes, écrit Murat à l'Empereur, ont déjà reçu un parlementaire qui a déclaré, au nom des Autrichiens, avoir l'ordre positif de ne plus se battre..... On ne doit plus s'étonner du parti qu'ont pris les Russes, après la détermination annoncée par l'empereur d'Allemagne de ne plus se battre. »

Le 9 au soir, les grenadiers et Suchet bivouaquent à Saint-Pœlten ; les cuirassiers de Nansouty à Pottenbrunn et ceux d'Hautpoul à Viehhofen, à proximité immédiate.

---

(1) Murat à l'Empereur.

Les brigades Fauconnet et Roget sont à Anzenberg ou Statzendorf, c'est-à-dire à mi-chemin de Mautern. Le reste de la cavalerie légère et des dragons bivouaque à Perschling, sur la route de Vienne.

Sur la rive gauche du Danube, Mortier a fait peu de chemin avec la division Gazan, sans doute pour laisser se rapprocher celles de Dupont et Dumonceau. Les cantonnements du 9 sont à Marbach, Grein et Baumgartenberg, et la longueur sur laquelle s'échelonne le corps d'armée ne dépasse plus 35 kilomètres.

Klein, voyant la route qui longe le Danube devenir de plus en plus étroite et encaissée, juge que sa division y éprouvera de grandes difficultés pour marcher, sans pouvoir rendre de services, et il la dirige sur Krems par Zwettel, nœud de routes important, où il ne peut manquer de recueillir des renseignements.

Le 9, il cantonne à Kœnigswiesen et Münchdorf. Il laisse le 4e dragons à la disposition du maréchal Mortier.

Bernadotte, qui devrait se hâter de serrer sur le 4e corps ou tout au moins d'atteindre Amstetten, fait peu de chemin le 9. Sa tête de colonne ne dépasse guère Ulmerfeld, ayant fait 35 kilomètres en deux jours.

Marmont, au contraire, continue de marcher à grandes journées. Son corps d'armée est à Eisenerz, et son avant-garde à Vordernberg, près d'atteindre Leoben. D'après tous les renseignements qu'il a recueillis, il ne croit pas avoir d'ennemis à combattre. Il est certain qu'il n'a défilé que 1,200 hommes sur la route de Leoben, et que le général Merveldt a passé par Mariazell. Un parti de 50 chasseurs envoyé dans la vallée de la Salza y fait 300 prisonniers.

Le 3e corps, malgré le retard causé à l'avant-garde par la poursuite de Mariazell à Wegscheid, va échelonner ses divisions entre Dürrnitz et Annaberg. L'avant-garde se porte un peu au delà de Wegscheid pour soutenir ou recueillir, s'il y a lieu, l'escadron de hussards qui a continué la poursuite vers Brück; elle fait une halte de quelques heures, puis repart à 4 heures du soir pour rejoindre le gros du corps d'armée. Elle marchera toute la nuit et une partie de la journée suivante.

Les dragons de Beaumont, qui sont en route depuis un jour et demi, viennent cantonner à Mariazell à 3 heures de l'après-midi.

Sur l'ordre du général Mathieu Dumas, un parti de 100 chevaux a été envoyé à Burgstall par le 16º dragons, et a poussé des reconnaissances aux environs. Il a pris le contact avec le 4º corps, chargé quelques détachements de cavalerie autrichienne épars sur les chemins, et appris que deux régiments se retiraient par Wilhelmsburg sur Saint-Pœlten.

Sur les confins de la Bohême, Baraguey d'Hilliers a atteint Cham le 8 novembre. Le 9, il rencontre une arrière-garde autrichienne à Waldmünchen, et lui fait quelques prisonniers. Il pénétrera le 10 en Bohême.

XVII

JOURNÉE DU 10 NOVEMBRE.

La lettre de Napoléon à Murat, partie de Linz le 8 novembre dans la soirée, met quarante-huit heures à atteindre Murat. Si elle était parvenue douze heures plus tôt, peut-être la conduite de la cavalerie dans la journée du 10 aurait-elle été toute différente. Elle ne contenait pourtant pas encore de prescription bien explicite. C'est seulement dans la lettre envoyée le 9 (ou dans la nuit du 9 au 10), en réponse au rapport de Murat du 8, que l'Empereur ordonne de poursuivre les Russes. C'est le seul ordre bien net qui ait été envoyé à Murat, et il ne lui parviendra que le 11, où il sera incompréhensible.

INTRODUCTION.

Quoi qu'il en soit, Murat n'ayant reçu aucune lettre le 10 au matin, resta encore abandonné à ses inspirations personnelles pour cette journée. Comme il l'avait annoncé dans ses lettres précédentes, il continue à marcher sur Vienne, entraînant avec lui non seulement sa cavalerie, mais les divisions de Lannes et de Soult.

Les rapports reçus dans la nuit annonçaient que les Russes avaient achevé leur passage à Mautern, vers 1 heure du matin, et qu'ils détruisaient le pont derrière eux. Il n'y avait pas là un seul bataillon français pour contrarier cette opération.

Le maréchal Mortier, qui arrivait ce jour-là à Durrenstein avec la division Gazan, avait recueilli le matin même assez de bateaux pour transporter deux régiments. Le 5ᵉ corps, s'il s'était trouvé aux environs de Mautern, aurait donc pu franchir le Danube assez rapidement pour opposer près de 20,000 hommes aux Russes sur la rive gauche, après avoir retardé leur passage. Le 11, le 4ᵉ corps, qui suivait de près, pouvait passer à son tour, tandis que Dupont et Dumonceau rejoindraient de leur côté. Au contraire, Murat fit venir sur la route de Vienne la brigade de dragons Roget, ne laissant en observation à Mautern que la brigade légère du général Fauconnet.

Les Autrichiens manifestèrent les mêmes intentions pacifiques que la veille.

A 1 heure du matin, Murat reçut le colonel des hussards Szecklers et le lieutenant général Bourgeois (1), de l'armée autrichienne, avec une députation de la ville de Vienne. Cette députation se composait du prince Prosper Sinzendorff, prélat de Seitenstetten, du comte Veterani, du commissaire d'État Ignace von Kress, du bourgmestre Wohlleben, du receveur Aloïs Schwinner et du conseiller Franz Pœltinger, ce dernier choisi pour sa parfaite

---

(1) Directeur de l'Académie du génie.

connaissance de la langue française (1). Murat pensait d'abord les envoyer à l'Empereur, qui ne devait pas tarder à arriver à Melk, mais il se décida à leur donner audience. Ils lui déclarèrent que l'empereur François, soucieux de savoir les habitants de sa capitale à l'abri des horreurs de la guerre, s'en remettait à la justice et à la magnanimité de Napoléon pour protéger les personnes, les propriétés, les établissements publics et notamment tous les objets de culte. Murat, paraît-il, s'abstint de toute promesse; il demanda surtout si le pont de Tabor était intact, déclarant que le sort de la ville en dépendait. Il fit d'ailleurs aux députés un excellent accueil, sentant combien il était important pour ses projets de nouer des relations avec les autorités viennoises.

Son intention était, en effet, d'obtenir le passage sur le pont de Vienne avant qu'il fût brûlé, et de devancer par là, avec Lannes et Soult, la colonne de Kutusow, si elle s'attardait sur la route directe de Krems à Vienne ou à Brünn. « Ma marche sur Vienne, écrit-il le 10 à l'Empereur, avait pour but d'y gagner de vitesse les Russes, qu'on m'assurait descendre sur cette capitale, d'y empêcher la jonction du corps de Merweldt qui fuyait devant le maréchal Davout, enfin forcer l'empereur d'Allemagne à signer toutes les conditions qu'il plairait à Votre Majesté de lui dicter. »

« L'ennemi se jeta derrière le Danube dans la nuit du 18 au 19 (9 *au* 10 *novembre*) et le pont fût brûlé. Qu'aurais-je fait de plus en me portant sur ce point avec tout le corps de troupe que je commande? je n'aurais pu passer, n'ayant point de bateaux, et ceux que pouvait mener le maréchal Mortier se trouvant encore à la

---

(1) Anton Pfalz, *Die Franzosen im Wien im Jahre* 1805. Deutsch-Wagram, 1905, p. 6.

hauteur de *Krems* (?). Je dus donc continuer ma marche sur les Autrichiens et menacer Vienne. Le maréchal Soult, qui marchait derrière moi, en se portant de Saint-Pœlten à Krems, aurait rempli le but que se proposait Votre Majesté ; il y serait arrivé aussitôt que le maréchal Mortier et aurait pu profiter des barques ; moi (1), j'aurais perdu inutilement une journée à attendre ; je rendis compte de cette circonstance à Votre Majesté. De Markersdorf, j'écrivis au maréchal Soult que j'étais en présence de l'armée ennemie, et je l'engageai à serrer sur moi. Depuis cette époque, je ne lui ai plus donné le moindre avis, en ayant prévenu Votre Majesté. »

Dans la matinée, avant le jour, le général Fauconnet reçut l'ordre de pousser jusqu'à Mautern pour observer l'ennemi. La brigade de dragons Roget revint par Herzogenburg sur Perschling pour suivre sa division. Le reste de la cavalerie se mit en route à 6 heures du matin.

Quand notre avant-garde se présenta devant Saladorf, le général Kienmayer s'avança pour parler au prince Murat ; il lui demanda de suspendre sa marche sur Vienne, et de cesser les hostilités jusqu'à ce que les arrangements définitifs fussent conclus entre leurs souverains. Il n'y avait pas à douter de l'imminence d'un armistice.

Murat répondit qu'il ne pouvait suspendre sa marche, mais que, si l'armée autrichienne se retirait, les hostilités seraient suspendues. Ces conditions étant acceptées, les positions furent, pour la soirée, fixées de la manière suivante :

Les hussards sur le versant oriental du Wiener-Wald, à Gablitz et Mauersbach ; les dragons en arrière, autour

---

(1) Murat oublie que deux divisions d'infanterie du 5⁰ corps sont avec lui.

de Ried et jusqu'à Sieghardskirchen, où Murat établit son quartier général; les cuirassiers le long du Tullnbach, depuis Siegersdorf jusqu'à Iudenau; les deux divisions du 5⁰ corps bivouaquées sur les hauteurs au Nord d'Amstetten et de Leibersdorf. La brigade Milhaud avait un régiment à Tulln, l'autre à Neuenlengenbach, c'est-à-dire de part et d'autre du corps d'armée. La brigade Fauconnet restait devant Mautern, où l'avait rejointe la cavalerie du 4ᵉ corps.

L'infanterie de Soult bivouaqua entre Saint-Pœlten et Herzogenburg.

Le général Milhaud eut ordre de se porter avec le 22ᵉ chasseurs à Tulln sur le Danube, de prendre des renseignements sur les ennemis qui pouvaient tenir la rive gauche, et de réunir toutes les barques et bateaux qu'il pourrait se procurer pour jeter un pont.

Le reste du corps d'armée reçut l'ordre de se rassembler le lendemain matin à 5 h. 30 et d'avancer jusqu'à Ried.

Dans la soirée, le comte Gyulay, retournant à Vienne, eut une conférence avec Murat, qui ne modifia en rien les décisions prises.

Murat venait alors d'écrire à l'Empereur : « J'ai l'honneur d'annoncer à Votre Majesté que le général Kienmayer est venu lui-même chez moi, pour me demander si mon intention était d'entrer demain à Vienne. Je n'ai pas hésité à lui répondre que je marcherais sur cette capitale, à moins que je ne reçusse un ordre contraire; que, d'ailleurs, le pays que j'occupe n'offre pas assez de ressources pour les troupes que je commande, et que, d'un autre côté, je dois faire place aux corps que je précède. Il est reparti en me priant de ne pas me mettre en marche demain de trop bonne heure, afin de laisser reposer ses troupes, qui ont été quatre nuits sans dormir, et en me recommandant sa femme et ses enfants, qu'il m'a déclaré avoir laissés à

Vienne comme un gage de sa confiance dans votre générosité. Ainsi, à moins que Votre Majesté ne m'envoie des ordres contraires, je serai demain à midi sous les murs de Vienne, et je ne recevrai les clefs de cette ville que pour vous les envoyer..... Demain le 16ᵉ régiment (de chasseurs) se portera sur Neudorf pour intercepter la communication de Vienne avec l'armée d'Italie. Les autres régiments des troupes légères intercepteront toutes les autres communications. »

Peu de temps après avoir expédié cette lettre, Murat recevait le général Gardane, porteur de l'ordre de l'Empereur, daté de Linz le 8 novembre, à 8 heures du soir, et presque aussitôt un courrier de Berthier, lui prescrivant de ne poursuivre les Autrichiens qu'autant que ce serait nécessaire pour occuper une bonne position (1). Il comprit alors qu'il n'avait pas rempli exactement les intentions de l'Empereur, mais il était trop tard pour s'arrêter sur la route de Vienne.

Le maréchal Soult, invité à suivre le mouvement de la cavalerie, donne l'ordre à son corps d'armée de se porter le lendemain sur Sieghardskirchen. Il a envoyé le colonel du génie Poitevin reconnaître le pont de Mautern, et rechercher les bateaux qui pourraient se trouver sur les bords du Danube :

« La division de cavalerie se dirigera sur Mautern et s'assurera si l'armée russe a entièrement passé le Danube, ou si elle occupe la position en avant de Mautern. Dans ce dernier cas, le général Margaron prendra position devant elle et rendra immédiatement compte.

« Si l'ennemi avait coupé le pont sur le Danube, et qu'il eût entièrement passé le fleuve, le général Mar-

---

(1) Le texte de cette lettre nous fait défaut. Elle ne nous est connue que par celle de Murat, du 12 novembre. Voir Alombert, p. 181.

garon se contenterait d'envoyer un parti sur Mautern pour prendre connaissance de l'état du pont et arrêter la division à Gottweig.

« Le général Margaron fera fouiller avec beaucoup de soin les deux côtés de la route, pour ramasser tous les Russes qu'on dit être épars dans cette partie.....

« Le général Poitevin se rendra de suite avec la cavalerie à Mautern pour reconnaître si le pont du Danube a été entièrement détruit ; ou, s'il est susceptible de réparation, combien il faudrait de temps pour le remettre en état.

« Il s'assurera si, à Mautern ou dans les endroits à p rtée, il existe les moyens nécessaires, ainsi que du nombre et de l'espèce des bâtiments qui sont sur le Danube. »

Soult était si préoccupé de la nécessité d'agir de ce côté, qu'en cas d'alerte sa 1re division devait se rassembler sur la route de Mautern. Il ne cesse de solliciter des ordres de l'Empereur.

La reconnaissance du colonel Poitevin donna des résultats absolument défavorables. Le pont était entièrement détruit, et les Russes avaient emmené tous les bateaux. On avait signalé la présence d'un bac près de Vienne, à Klosterneuburg.

Le général Milhaud avait trouvé, entre Mautern et Tulln, six grandes barques ; chemin faisant, il avait fait 450 prisonniers russes, et pris un drapeau.

En arrière du 4e corps, Bernadotte se hâtait lentement. Il arrêtait son corps d'armée entre Neumarkt et Amstetten, alors qu'il aurait dû, ce jour-là, franchir l'Erlaf et arriver à Melk.

L'Empereur a établi, vers 11 heures du matin, son quartier général à l'abbaye de Melk, et se renseigne peu à peu sur la situation de ses corps d'armée.

Sur la rive gauche du Danube, le maréchal Mortier renonce à sa prudente lenteur de la veille. La lettre de

Murat, qu'il a reçue dans la soirée du 9 ou dans la matinée du 10, le presse d'atteindre Krems. « J'écris au maréchal Mortier, disait Murat, pour l'engager à presser sa marche sur ce point..... s'il est vrai que les Russes se retirent par Krems, le maréchal Mortier peut leur faire beaucoup de mal. » Dans le courant du 10, il reçoit encore une lettre de Soult (Melk, 9 novembre) : « On m'a dit que *quelques Russes* auraient défilé par Krems, et que leurs canons auraient aussi pris cette direction. Je vous donne cet avis dont vous pourrez peut-être profiter. »

Enfin Berthier lui envoyait un dernier avis dans la journée du 10, regrettant qu'il manquât de cavalerie pour la poursuite. « Si vous poursuivez les Russes à Krems, vous ne ferez rien sans cavalerie. » Bref il y a accord unanime pour recommander de se hâter et l'on ne parle que de poursuite.

Mortier se hâte donc, mais avec la seule division Gazan, les deux autres se trouvant trop loin. Parvenu à Weideneck, en face de Melk, il y trouve des barques en assez grand nombre pour transporter le 4e léger et le 100e de ligne, avec deux bouches à feu. Le tout est débarqué à Weissenkirchen ; les deux régiments d'infanterie poursuivent la marche avec le 4e dragons jusqu'au delà de Dürrenstein, et se mettent au bivouac dans la petite plaine entre cette ville et Ober-Loiben.

Le 4e dragons s'établit entre Ober et Unter-Loiben ; l'infanterie sur trois lignes parallèles en arrière du chemin qui conduit d'Ober-Loiben à la Baraque du cantonnier. Une partie bivouaque dans les vignes au Nord de la route.

Le 103e rejoint l'artillerie à Weissenkirchen, la dépasse, et va bivouaquer au bord du chemin, entre Wadstein et Dürrenstein. L'artillerie a l'ordre de se rembarquer le 11 au point du jour pour regagner la brigade de tête.

Dupont s'est arrêté à Marbach, Dumonceau à Persenbeug et en arrière.

Notre avant-garde parvient jusqu'aux portes de Stein ; un combat s'engage avec les avant-postes russes ; nos tirailleurs sont repoussés jusqu'à Rothenhof, où ils s'établissent. Nous plaçons de petits postes sur les hauteurs voisines, Pfaffenberg, Laken et Neudeck (1). La réserve d'avant-postes est à Unter-Loiben.

Le gros de la division Klein se trouve déjà à Zwettel ; l'artillerie est loin en arrière avec deux régiments, à Arbesbach, Kamp et Kœnigswiesen.

A l'aile droite de la Grande Armée Davout, fidèle au rendez-vous malgré toutes les difficultés de la marche, et apprenant l'évacuation de Saint-Pœlten par l'ennemi, a poussé sa 1re division sur la route de Vienne par Altenmarkt, derrière le ruisseau de Zell. La 2e division est en avant de Lilienfeld, gardant les deux débouchés sur Saint-Pœlten et Altenmarkt à deux lieues du carrefour. La 3e division bivouaque en arrière de Lilienfeld et les dragons de Beaumont cantonnent à Dürrnitz.

L'avant-garde, revenant de Mariazell, ne peut dépasser Dürrnitz, et y stationne pendant la nuit.

Marmont est parvenu jusqu'à Leoben avec 6 bataillons. Il en a laissé 6 à Eisenerz pour couvrir la marche de son artillerie, qui ne peut arriver avant deux jours. Un parti envoyé sur Brück y a chargé 200 hussards ennemis et en a pris 20.

---

(1) Ces derniers renseignements sous toutes réserves. Ils proviennent du *Versuch einer Beschreibung der Schlacht bei Durnstein*, du capitaine W. von Kotzebue (**1807**), ouvrage très inexact.

XVIII

MATINÉE DU 11 NOVEMBRE. — COMBAT DE DÜRRENSTEIN
(Ire PARTIE).

Le 11, dans la matinée, Napoléon a obtenu un compte rendu exact des opérations exécutées et des positions prises par ses troupes. Il entrevoit Gazan débouchant en toute hâte contre l'armée russe, et n'ayant à sa hauteur, sur la rive droite du Danube, que quelques escadrons de cavalerie légère. Dès 7 heures du matin, il devine les dangers qui menacent le corps de Mortier, et fait adresser une lettre de reproches à Murat :

« L'ordre positif de l'Empereur, Monsieur le Maréchal, est que vous ne dépassiez pas aujourd'hui Burkersdorf. Vous ferez connaître à M. le comte Gyulay que vous attendrez dans cette position demain jusqu'à 10 heures du matin. Vous ne ferez cependant aucun mouvement sans prévenir Sa Majesté.

« L'Empereur voit avec peine que vous n'ayez pas rempli ses intentions puisque vous n'avez personne vis-à-vis des Russes, et que la volonté de Sa Majesté n'était pas qu'on se précipitât sur Vienne comme des enfants.

« Par cette négligence à exécuter les ordres de l'Empereur, il s'ensuit que le maréchal Mortier est exposé à porter tous les efforts des Russes et à être écrasé ! Vous voudrez donc bien faire occuper Tulln, le long du Danube, et même pousser des partis jusqu'à Klosterneuburg. »

A la vérité, Napoléon ne pouvait pas imaginer que ses lettres du 8 et du 9 eussent mis si longtemps à parvenir, et il se figurait avoir donné des ordres à Murat.

Il faisait écrire à Soult : « Il faut vous conduire dans la journée d'aujourd'hui selon les circonstances ; si, comme il y a lieu de le penser, les Russes ont dirigé leur retraite par la rive gauche sur Vienne, il faut vous porter sur Vienne, en ayant toujours des postes sur le Danube et ayant toujours une colonne de cavalerie qui longe ladite rivière.

« Si au contraire les Russes remontent le Danube pour marcher au maréchal Mortier, vous suivrez ce même mouvement afin de passer le plus tôt possible, pour marcher au secours de ce maréchal. »

Mais, si tôt que ces ordres aient été donnés, ils arrivent encore trop tard pour procurer des secours à Mortier. Soult a repris sa marche, et c'est seulement à Sieghardskirchen, dans la soirée, que la lettre expédiée à 9 heures du matin lui parvient. Elle a mis dix heures pour franchir 55 kilomètres.

La division Gazan se trouve donc abandonnée à ses propres forces pour subir le choc de l'armée russe.

Nous ne possédons aucune relation officielle du combat livré le 11 novembre, mais les documents originaux ne manquent pas et permettent de reconstituer assez exactement les faits. Ce sont d'abord, du côté français, la lettre écrite le 18 décembre à Berthier par le colonel du 103ᵉ régiment de ligne (1); le rapport du général Graindorge sur la conduite de son artillerie; le Journal de la division Dupont (2), et les nombreuses notes figurant sur l'état des officiers qui ont pris part à la campagne (3). En groupant ces notes par bataillon, l'on obtient des indications très précises sur la répartition des troupes dans ce combat.

Du côté des Alliés, nous avons les pièces XI-46 et XIII-61 des Archives de la guerre de Vienne, contenant

---

(1) Alombert, p. 120.
(2) Alombert, p. 127.
(3) Alombert, p. 108, 109, 113, 114, 115, 120, 121, 122, 123, 126.

des relations partielles par des témoins oculaires, écrites, l'une le 14 novembre, l'autre à la fin de la campagne.

La Relation russe de Danilewski, rédigée, semble-t-il, sur les documents russes, peut être utilisée.

On peut, non sans précautions, employer le récit du colonel Talandier et ceux qui en dérivent (1), ainsi que le fragment du colonel Rozat de Mandres (2). Toutes ces relations présentent une concordance suffisante pour qu'on en tire facilement un récit d'ensemble qui ait les plus grandes chances d'être exact dans toutes ses parties.

Des cartes détaillées, telles que le lever au $1/3500^e$ du Service de la navigation (3), la carte à $1/28800^e$ de la Basse-Autriche du *Verein von Landeskunde* (Artaria 1880) aident beaucoup à la reconstitution.

Il y a accord à peu près complet, nous l'avons dit, entre les documents français et russes. Les relations allemandes postérieures à 1805 s'en écartent de la manière la plus radicale. Elles ont toutes pour source principale et à peu près unique le travail du capitaine von Kotzebue, jeune officier de 21 ans, qui n'avait pas assisté à ce combat, et qui voulut, quelques mois plus tard, en faire une relation, vraiment originale, d'après les dires des habitants. Il vint sur les lieux, dessina une carte qui n'est pas sans valeur, et recueillit les impressions de trois pasteurs et de six paysans ou bourgeois, qui s'étaient probablement renfermés dans leurs caves pendant que le combat faisait rage. Il résulterait de ces recherches que, ni les Français, ni les Russes, n'ont

---

(1) Alombert, p. 104; *Victoires et Conquêtes*, t. XV, p. 197; *Journal des Sciences militaires*, 1826, t. III, p. 87. *Journal de l'armée*, 1835, 3° volume, p. 133.
(2) Alombert, p. 124.
(3) Ministère de la guerre, Arch. des cartes, 4-6-C, 1151.

eu la moindre notion de ce qui s'était passé entre eux. Nous croyons devoir faire abstraction complète de ce petit ouvrage pour tout ce qui concerne le combat ; il semble que, pour les positions occupées avant l'engagement et pour celles de l'artillerie, les habitants aient pu renseigner Kotzebue avec plus de compétence ; cette partie de leurs récits, d'ailleurs, n'est pas, comme le reste, en désaccord avec les documents russes et français dignes de foi, de sorte que nous croyons pouvoir en faire usage, *sous toutes réserves*.

Le Danube, en amont de Dürnstein, baigne le pied des montagnes sur sa rive gauche. Entre Dürnstein et Rothenhof, il s'en écarte, contournant la petite plaine d'alluvions où ont été bâtis les villages d'Ober et Unter-Loiben ; depuis Rothenhof jusqu'à Stein, il recommence à longer le pied des escarpements, laissant à peine l'espace nécessaire à la route.

Entre Dürnstein et Rothenhof, le chemin coupe au court, presque directement. Les contreforts de la montagne viennent mourir à peu près sur cette ligne, et ils se terminent par des coteaux couverts de vignes. Un de ces contreforts se prolonge par un petit plateau à surface horizontale, de forme rectangulaire, à bords escarpés, au Nord-Est d'Unter-Loiben. Un autre plateau, de forme analogue, s'arrête au-dessus de la route, à l'aplomb d'Ober-Loiben. L'un et l'autre sont fréquemment cités dans les relations.

Kutusow avait été informé, dans la soirée du 10, par des maraudeurs tombés aux mains des Russes, de l'isolement où se trouvait la division Gazan.

Sur le conseil du général autrichien Schmidt, qui remplissait les fonctions de chef d'état-major, il résolut d'enlever la division Gazan.

Comme il croyait le gros de cette division dans le défilé entre Weissenkirchen et Dürnstein, c'est là qu'il voulait l'écraser. Le général Doktorow, avec 16 bataillons et

2 escadrons (1), soit 9,000 hommes, devait se porter par Egelsee et Scheibenhof sur Weissenkirchen pour prendre en queue la colonne de Gazan; le général Stryck, avec 5 bataillons (2), soit 2,600 hommes, devait se porter par Egelsee sur le flanc gauche des Français. Enfin, Miloradovitch, avec 7 bataillons et 2 escadrons (3), soit 3,200 hommes, attaquerait en tête les troupes de Mortier et s'efforcerait de les rejeter dans le défilé. Le général Essen II, à Stein, et Bagration, au delà de Krems, tenaient en réserve le reste de l'armée russe.

La colonne de Doctorow, qui devait passer à Egelsee avant le jour, n'y fut qu'après midi; le général Schmidt, qui l'accompagnait, pensant alors que Mortier avait dépassé Dürnstein, et qu'on perdait du temps à s'en aller jusqu'à Weissenkirchen, fit appuyer à gauche et descendre dans la vallée vers Dürnstein et Wadstein, mais il n'y parvint qu'à 5 heures. Miloradovitch et Mortier étaient aux prises depuis 7 heures du matin.

Le combat se trouve ainsi divisé naturellement en deux phases, correspondant à l'entrée en ligne des deux parties de l'armée russe ; le matin, Miloradovitch et Stryck; le soir Doktorow.

Avec le renfort qu'Essen fournit à Miloradovitch pour sa seconde attaque, c'est au moins 16,000 hommes qui devaient assaillir les 5,500 hommes de la division Gazan.

Mortier, toujours persuadé que son rôle consistait à poursuivre un ennemi en pleine retraite, se préparait à attaquer dans la matinée du 11 novembre; Miloradovitch le prévint.

---

(1) 6⁰ chasseurs, fusiliers de Moscou, Iaroslaw et Wiatka, 2 bataillons des régiments de Briansk et de Narwa, hussards de Mariopol. Danilewski, p. 136.

(2) Régiment de Boutyrsk et 2 bataillons du 8⁰ chasseurs.

(3) Régiment d'Apchéron, 1 bataillon de grenadiers de la Petite-Russie, 1 de fusiliers de Smolensk, 1 du 8⁰ régiment de chasseurs.

Nos troupes avaient passé la nuit dans le bassin de Loiben, par un temps sombre. « La neige couvrait la terre, dit le colonel Talandier; le froid était pénétrant; nous nous servîmes des échalas qui soutenaient les ceps de vigne pour entretenir les feux de nos bivouacs. Cette nuit du 10 au 11 novembre fut aussi longue que pénible. Nous attendions le jour avec impatience.

« L'ennemi, établi non loin de nous, resta dans sa position sans faire aucune démonstration d'attaque. Nous n'apercevions même qu'un très petit nombre de ses feux dispersés çà et là sur un terrain accidenté.

« Dès le point du jour, les Russes s'avancèrent. Leur avant-garde fut reçue à coups de fusil par nos avant-postes. Aussitôt, toute la division Gazan prit les armes. Le plus profond silence régnait dans nos rangs; le malaise de la nuit agissait fortement sur nous. Une irritation inquiète se communiquait à l'impatience de combattre. Nous en attendions l'ordre avec impatience, lorsque nous aperçûmes les tirailleurs ennemis qui descendaient de la montagne.

« Les Russes prirent soudain l'offensive; le combat s'engagea au moment où une de leurs colonnes débouchait de leur extrême droite pour manœuvrer sur notre flanc gauche; ce mouvement s'effectuait à la faveur des bois (1). »

Miloradovitch, ayant traversé Rothenhof, attaquait à la fois dans la petite plaine de Loiben et sur les coteaux, à la lisière du bois. Il eut vite délogé nos avant-postes, et déboucha d'Unter-Loiben.

Selon l'usage, la division Gazan avait porté en tête son infanterie légère. Le colonel Bazancourt, du 4ᵉ léger, reçut l'ordre d'envoyer son 1ᵉʳ bataillon sur la droite, pour recueillir nos avant-postes vivement attaqués sur

---

(1) Relation du colonel Talandier, ap. Alombert, p. 104.

les bords du Danube, et de marcher avec son 2ᵉ bataillon contre le corps russe qui s'avançait sur notre gauche, pour le repousser et s'établir sur le versant de la montagne. Presque aussitôt le général Gazan jugea nécessaire de joindre le 3ᵉ bataillon au 2ᵉ. C'était, en effet, de ce côté qu'on pouvait craindre un mouvement tournant, ou en tenter un, et il importait d'y prendre l'avantage dès le début.

Les 2ᵉ et 3ᵉ bataillons du 4ᵉ léger refoulèrent l'ennemi dans le bois, et se postèrent en échelons pour couvrir notre aile gauche.

Pendant ce temps, le 1ᵉʳ bataillon chargeait les Russes au débouché d'Unter-Loiben.

« On remarquait la 1ʳᵉ compagnie de voltigeurs du 4ᵉ léger s'élançant de son bataillon sur le village de Loiben, d'où l'ennemi débouchait en colonnes d'attaque, balayant devant lui nos postes avancés. Les deux troupes s'abordèrent avec fureur, la lutte se montra terrible. Les Russes, plus nombreux, étaient gênés par l'ampleur de leurs capotes; leurs mouvements trop lents nous donnaient sur eux un grand avantage, et nous dûmes nos premiers succès à leur maladresse et à notre promptitude dans l'attaque.....

« L'ennemi, forcé de se replier sur Loiben, voulut nous défendre l'entrée du village; pressé vivement, il tournait ses regards en arrière pour échapper à nos baïonnettes, lorsqu'il fut soutenu par un corps de mousquetaires accouru sur ce point compromis. Cette masse russe vint à son tour nous présenter une force si compacte, que nous dûmes cesser l'attaque pour réunir nos moyens de défense. La lutte devint si disproportionnée que nous eûmes besoin du plus grand courage pour nous maintenir sur le terrain de nos succès (1). »

---

(1) Récit du colonel Talandier, ap. Alombert, p. 106.

Pendant que le 4ᵉ léger s'engageait contre la lisière Ouest d'Unter-Loiben, le 2ᵉ bataillon du 100ᵉ de ligne (1) s'était déployé et avait chargé l'ennemi entre le village et la route. Après un premier succès, il avait cessé de progresser. Nous avions mis en ligne 2,100 hommes contre les 2,600 de Miloradovitch.

A ce moment, semble-t-il, s'engagèrent l'artillerie et le 3ᵉ bataillon du 100ᵉ.

Les deux pièces de 8 qui avaient été laissées la veille à Weissenkirchen s'étaient rembarquées au point du jour et venaient d'aborder à Dürnstein, sous le commandement du lieutenant Fabvier. Il était à peu près 8 heures. Comme Fabvier arrivait sur le lieu du combat, qui ne présentait guère d'emplacement favorable, le maréchal Mortier lui dit : « Portez-vous en avant et tâchez de tirer parti du terrain le plus avantageusement possible. » Le général Gazan ajouta : « Vous allez trouver un bataillon du 4ᵉ léger ; vous vous réunirez à lui et le protégerez. » A six cents pas de là, en effet, les artilleurs trouvèrent le 1ᵉʳ bataillon du 4ᵉ léger, et s'avancèrent entre lui et le bataillon du 100ᵉ. Fabvier se porta à cinquante pas d'un bataillon russe qui faisait un feu terrible, et fit tirer à mitraille; l'ennemi détacha une partie de son bataillon pour charger les pièces; il fut attendu à portée de pistolet et reçu par une décharge à bout portant qui, réunie au feu de l'infanterie, le fit rétrograder et rentrer dans le village de Loiben (2).

Ainsi le combat, à peine engagé, tournait à notre désavantage sur la lisière de Loiben, et demeurait sta-

---

(1) Dans l'État des officiers du 100ᵉ qui ont fait la campagne de l'an XIV, ceux qui sont notés comme ayant pris part à l'attaque du plateau sont tous du 2ᵉ bataillon ; ceux qui ont combattu dans Loiben sont du 3ᵉ.

(2) Rapport du chef de bataillon Lasseront et du général Graindorge.

tionnaire au Nord. Alors le colonel Ritay (du 100º) fit engager son 3ᵉ bataillon contre la lisière Nord du village, aux deux débouchés duquel les Russes avaient, semble-t-il, deux pièces en batterie. Ce renfort nous donna la supériorité (2,700 hommes en ligne).

La charge du 100ᵉ, aussitôt soutenu par le 4ᵉ léger, rejeta les Russes dans Unter-Loiben, enleva les deux pièces, et poursuivit jusqu'à la lisière orientale.

« L'ennemi, culbuté et battu, revint bientôt à la charge, suivi de nombreux renforts », sans doute ceux qu'Essen fournit à Miloradovitch. Il nous chassa du village pour la troisième fois, mais sans pouvoir en déboucher. « Notre feu bien dirigé lui enlevait ses rangs au fur et à mesure qu'il les formait. Tandis qu'un te combat nous donnait sur l'ennemi un avantage si positif, nous n'éprouvions que peu de pertes. Sans cesse refoulés dans le défilé du village, les Russes ne pouvaient y trouver que confusion et découragement. Après des pertes successives, ils parvinrent à déboucher en se précipitant sur nos baïonnettes. Ils dégagèrent ainsi leur colonne qui put se former en bataille. Ce combat, devenu plus égal, se prolongea avec un caractère de férocité si prononcé que, de part et d'autre, on ne fit plus de prisonniers (1). »

Pendant ces combats pour la possession d'Unter-Loiben, le 103ᵉ était venu se former en réserve. Ce régiment, qui avait bivouaqué en arrière de Dürrenstein, avait traversé la ville vers 9 heures, détachant son 3ᵉ bataillon sur les hauteurs voisines du château, où sans doute apparaissait une colonne venue d'Egelsee (2).

Vers 10 h. 30, le maréchal Mortier résolut de chasser définitivement l'ennemi d'Unter-Loiben. Il fit entrer en

---

(1) Relation du colonel Talandier. Alombert, p. 108.
(2) Lettre du colonel Taupin. Alombert, p. 120.

ligne le long du Danube le 1ᵉʳ bataillon du 100ᵉ, commandé par le major Henriod (1), et dirigea sur le plateau, où combattait le 2ᵉ bataillon de ce régiment, quatre compagnies du 103ᵉ (2ᵉ bataillon) sous le commandement du chef de bataillon Pasquier et du général Campana (2). Nous avions ainsi engagé 4,500 hommes.

Le major Henriod, longeant la rive du Danube, tourna Loiben par la gauche. Se rabattant ensuite sur les Russes, il culbuta leur gauche, la sépara de la droite et du centre. « Cette manœuvre, aussi rapide que bien combinée, et dont l'ensemble se rattachait à nos autres points d'attaque, obtint les plus heureux résultats (3). »

Quant aux quatre compagnies du 103ᵉ, elles chargèrent l'ennemi sur le plateau escarpé au Nord-Est de Loiben, et le forcèrent à se retirer sous la protection de deux pièces de canon tenues en réserve jusqu'alors dans une prairie au bord du Danube. « Le général Campana, maître de ce plateau, aperçut l'ennemi débouchant en colonne par la chaussée de Stein, et paraissant vouloir se réunir aux troupes précitées. Il ordonna au chef du 2ᵉ bataillon de charger les pièces; en moins de quatre minutes elles furent enlevées, ainsi qu'environ 400 hommes qui les défendaient..... Cette opération terminée, ces quatre compagnies firent volte-face, chargèrent la colonne qui était débouchée par la chaussée de Stein, l'enfoncèrent et la menèrent battant jusqu'aux portes de la ville (4). »

L'artillerie avait accompagné la charge sur le plateau (5). Il restait encore en réserve un bataillon et demi

---

(1) Relation du colonel Talandier. Alombert, p. 109.
(2) Lettre du colonel Taupin. Alombert, p. 120.
(3) Relation du colonel Talandier. Alombert, p. 109.
(4) Lettre du colonel Taupin à Berthier; ap. Alombert, p. 121.
(5) Rapport du chef de bataillon Lasseront.

du 103ᵉ et le 4ᵉ dragons, qu'on n'avait pu employer dans ce terrain accidenté, couvert de vignes et de murs.

La relation de Danilewski, très succincte, concorde aussi exactement que possible avec celle qui résulte des documents français : Vers 9 heures, engagement de Miloradovitch avec la 1ʳᵉ brigade de Mortier ; les Russes pénètrent dans Loiben, puis en sont repoussés. Miloradovitch, ayant reçu un renfort de la réserve, s'en empare une seconde fois ; l'attaque des Français sur l'aile droite russe n'a aucun succès. Enfin, Mortier, ayant réuni ses deux brigades, chasse pour la seconde fois Miloradovitch de Loiben, et le poursuit jusqu'à Stein, où il est obligé de s'arrêter (1).

Dans la plaine, notre succès était donc définitif. Il n'en était pas de même dans la montagne ; non seulement les 2ᵉ et 3ᵉ bataillons du 4ᵉ léger n'y avaient fait que des progrès insensibles, mais au moment même où le combat de Loiben se terminait, il était nécessaire d'envoyer sur la gauche les douze compagnies du 103ᵉ demeurées jusque-là en réserve.

« Le 1ᵉʳ bataillon et les quatre dernières compagnies du 2ᵉ, qui étaient restées en réserve, reçurent ordre à environ midi et demi d'aller relever le 4ᵉ régiment qui était sur la montagne, vu qu'il n'avait plus de cartouches. Pendant cinq heures que le régiment occupa cette position, il déploya un courage surnaturel. Attaqué trois fois par l'ennemi (qui, en comptant au plus bas, était quatre fois plus nombreux), trois fois il le repoussa victorieusement. Deux de ces charges eurent lieu à la baïonnette. Beaucoup d'officiers et soldats s'y prirent corps à corps avec l'ennemi (2). »

---

(1) Danilewski, p. 138 et suiv.
(2) Lettre du colonel Taupin. Alombert, p. 121.

Nous ne sommes nullement renseignés sur ce qui s'est passé à flanc de coteau ; les 2ᵉ et 3ᵉ bataillons du 4ᵉ léger ont eu sans doute à lutter d'abord contre une partie des troupes de Miloradovitch ; puis, dans la journée, contre celles de Stryck, dont l'apparition provoqua de notre côté l'envoi du 3ᵉ bataillon du 103ᵉ, suivi par le reste de ce régiment. Nous eûmes alors 2,700 hommes engagés contre 2,600 de Stryck et une partie du corps de Miloradovitch. Peut-être faut-il ajouter aux forces russes agissant de ce côté, entre le château de Dürrenstein et le plateau de Loiben, quelques bataillons détachés de Scheibenhof par Doctourow. Les écrivains autrichiens y signalent l'intervention d'une colonne confiée par lui au général-major Gerhardt.

A quelle heure se produisit l'attaque de Stryck? Selon Danilewski, ce serait au moment où nous achevions de repousser les troupes de Miloradovitch dans Stein, c'est-à-dire vers midi, et même un peu plus tard. Ce renseignement, qui concorde bien avec l'envoi du 100ᵉ sur les hauteurs vers midi et demi, laisserait supposer que le narrateur autrichien (1) a exagéré, en fixant à 1 heure du soir le passage de Doctourow et Stryck à Egelsee. Kotzebue prétend que le théâtre du combat s'étendit jusqu'au Neudeck et au Pfaffenberg, mais rien n'est moins vraisemblable.

Vers 3 heures de l'après-midi, le maréchal Mortier put croire le combat terminé.

« La fatigue et le besoin de nourriture se faisaient doublement sentir à nos corps accablés, dit le colonel Talandier, lorsque nous vîmes l'ennemi qui, par un mouvement général, se repliait sur Stein. Nous pûmes alors respirer plus librement..... Nous tournions nos regards sur la division Dupont, que nous attendions avec

---

(1) XI-46, Archives de la guerre de Vienne.

impatience. Nous devions ménager avec une sévère économie les rares munitions qui nous restaient. Aussi cessâmes-nous de pousser l'ennemi, pour prendre désormais des positions défensives (1). » Sans munitions, la poursuite (car on croyait l'ennemi battu et en retraite) était impossible, et les caissons ne pouvaient rejoindre qu'avec la division Dupont.

Mortier avait bien reçu d'un escadron, envoyé le matin vers Scheibenhof, l'avis qu'une colonne russe approchait de ce côté, mais il pensait que cette colonne s'était déployée dans la montagne et engagée déjà contre le 4ᵉ léger et le 103ᵉ. Rien ne faisait supposer que les Russes, en retraite vers le Nord-Est, avaient détaché un corps de 9,000 hommes en sens inverse vers Weissenkirchen.

Peu à peu la fusillade s'éteignit dans les bois. « Chaque colonel reçut du général Gazan l'ordre de placer des grand'gardes et d'installer des bivouacs pour la nuit (2). » La division reprit à peu près son emplacement de la nuit précédente.

Le maréchal Mortier, dès qu'il vit les troupes installées au bivouac, partit au galop, avec deux pelotons d'escorte, au-devant de la division Dupont. Il était 4 heures quand il prit ce parti, bien naturel et nullement imprudent, puisqu'il voyait le combat terminé, la nuit presque tombée, et la division Dupont éloignée de deux lieues tout au plus sur les derrières de Gazan.

---

(1) Relation du colonel Talandier. Alombert, p. 111.
(2) *Ibid.*, p. 112.

XIX

11 NOVEMBRE. — COMBAT DE DÜRRENSTEIN (FIN).

Il était 5 heures du soir, et la nuit venait, quand les généraux Doctourow et Schmidt descendirent sur les bords du Danube avec leur colonne. Vu l'heure avancée, ils n'avaient pas continué jusqu'à Weissenkirchen, mais seulement sur Wadstein, d'où leur avant-garde (1,500 hommes environ) se porta sur Dürrenstein.

Le maréchal Mortier avait à peine dépassé la ville avec son escorte qu'il rencontrait cette petite colonne, avec laquelle il dut faire le coup de sabre pour regagner en toute hâte la division Gazan. A son arrivée, les troupes, attaquées du côté de Stein, avaient repris les armes.

« Les Russes, à la suite de leur mouvement rétrograde sur Stein, étaient campés en avant de cette petite ville, lorsqu'à l'approche de la nuit, nous aperçûmes les hauteurs qui la dominent se couvrir de troupes, ce qui semblait nous indiquer une reprise d'attaque. A peine notre attention se portait-elle sur ces points, que nous fûmes frappés par des cris qui s'accroissaient à chaque instant et qui venaient de Dürnstein, où se trouvait notre ambulance. Une grande partie de nos blessés en étaient chassés et ces malheureux se traînaient vers nous pour échapper à l'ennemi qui arrivait au pas de charge. Ils fuyaient devant les Russes qui, par leur mouvement de flanc, étaient parvenus à nous tourner.

« ..... C'est dans ce danger critique que nous revîmes le maréchal Mortier, revenant au galop de sa reconnaissance infructueuse pour se placer à la tête de ses braves troupes. Toujours calme et luttant contre la fortune si contraire à notre courage, il ordonna avec promptitude de nouvelles dispositions pour résister aux efforts de l'ennemi. Le maréchal voulut faire occuper le point dominant Loiben dont nous avions été maîtres dans la journée, mais ce point n'était déjà plus en notre pouvoir : les Russes venaient de s'en emparer. Il se détermina alors à réunir les troupes de la division en avant du plateau occupé par un bataillon du 100ᵉ régiment, d'y attendre le choc de l'ennemi et, après l'avoir repoussé, de tenter la retraite (1). »

Devant cette attaque concentrique, le maréchal Mortier résolut d'abord de réunir tous ses moyens sur le plateau voisin d'Ober-Loiben (2). Quelques détachements, postés aux issues, donnèrent le temps de faire des dispositions. « Le chef de bataillon Berger, avec trois compagnies du 1ᵉʳ bataillon du 103ᵉ, défendit avec intelligence et valeur le débouché de la chaussée qui conduit de Stein à Dürnstein, et ne se retira que quand l'ordre lui en fut envoyé. La fermeté qu'il apporta à la défense de ce poste donna au reste de la division le temps de se rallier sur le plateau qui est en arrière de cette position (3). » (Il s'agit probablement de la croisée des chemins au Nord d'Ober-Loiben, car l'ennemi était parvenu presque sans coup férir à la lisière Ouest d'Unter-Loiben.)

Des compagnies du 4ᵉ léger, détachées sans doute dans Loiben ou dans les bois au Nord-Est, ne purent rejoindre le gros de la division et furent perdues. Quelques officiers blessés se jetant dans une barque parvinrent à traverser le Danube, et portèrent à Mautern la nou-

---

(1) Relation du colonel Talandier. Alombert, p. 112.
(2) « Plateau occupé par un bataillon du 100ᵉ », et qu'il ne faut pas confondre avec celui qui est au Nord-Est d'Unter-Loiben, « point dominant Loiben, dont nous avions été maîtres dans la journée, mais qui n'était déjà plus en notre pouvoir ».
(3) État nominatif des officiers du 103ᵉ régiment d'infanterie qui ont pris part à la campagne de l'an XIV. (Arch. de la guerre.)

velle du premier succès remporté le matin, et du péril où se trouvait la division Gazan. D'autres, et parmi eux le général Graindorge, furent moins heureux. Leur bateau alla échouer près de Stein contre les piles du pont, et ils tombèrent aux mains de l'ennemi. Le général Graindorge, qui avait d'ailleurs les états de services les plus brillants, prouva probablement qu'il avait fait tout son devoir en cette circonstance et ne s'était embarqué qu'à la dernière extrémité, car, à peine sorti de captivité, il fut réintégré dans ses fonctions actives, dont il ne cessa pas de se montrer digne. Le 4ᵉ léger, pris sans doute entre les deux colonnes russes sorties de Stein et Dürrenstein, qui se rejoignirent à Loiben, eut plus de 700 hommes faits prisonniers.

Au Nord de la route, la situation resta meilleure. Les compagnies du 103ᵉ (3ᵉ bataillon) postées aux points importants, y prolongèrent la résistance jusqu'au bout, et ce régiment eut relativement peu d'hommes faits prisonniers.

« Le capitaine Lidon fut chargé de défendre avec sa compagnie le débouché d'une petite gorge qui se trouvait sur le flanc gauche du régiment et par laquelle une colonne ennemie semblait vouloir déboucher pour se porter sur ses derrières et lui couper la retraite. Il tint cette position assez longtemps pour lui permettre d'opérer son mouvement rétrograde sans être inquiété, et le rejoignit ensuite avec ordre sans se laisser entamer par l'ennemi, qui le suivait de très près (1). »

Le 2ᵉ bataillon du 103ᵉ était aussi posté de ce côté :

« Le capitaine Demeny, chargé de défendre avec sa compagnie une hauteur qui couvrait le flanc gauche du régiment, s'y maintint plus d'une heure et demie, malgré que l'ennemi le couvrît de feu, et qu'il n'eût plus un

---

(1) État nominatif des officiers du 103ᵉ.

seul coup de fusil à tirer. Il ne quitta cette position que lorsque l'ordre lui en fut donné (1). »

« Le capitaine Laforest, chargé du commandement de quatre compagnies de son bataillon, a justifié la réputation de bravoure dont il jouit au régiment. Placé en observation sur des hauteurs, entre le château de Dürnstein et le flanc gauche du régiment, il y fut attaqué par des forces quatre fois supérieures lorsque les Russes nous tournèrent; il s'y défendit avec une intelligence et une bravoure qui lui ont fait infiniment d'honneur, et conserva sa position jusqu'au moment de la retraite (2). »

L'avant-garde de Doctourow, qui avait traversé Dürrenstein, s'était déployée à 500 pas à l'Est, et faisait un feu incessant. Par bonheur l'obscurité, jointe à la fumée qui couvrait le champ de bataille, empêchait l'ennemi de bien diriger ses feux et ses mouvements.

Le maréchal Mortier essaya d'abord de bousculer cet adversaire, qu'il ne jugeait pas très nombreux; une partie des dragons, et le 2ᵉ bataillon du 100ᵉ, sous la direction du colonel Ritay et de l'adjudant-commandant Fornier d'Albe (3), chargèrent au Nord de la route, mais sans succès. Le reste du 4ᵉ dragons chargea de même inutilement dans les vignes en contre-bas du plateau, devant Ober-Loiben. Les échalas et toutes les inégalités du sol empêchaient leur mouvement de se produire avec vivacité.

« Partout des vignes, des fossés, des murs, obstacles sur obstacles, dit un officier de dragons. Il nous était

---

(1) État nominatif des officiers du 103ᵉ.
(2) Ibid.
(3) État de proposition en faveur de l'adjudant-commandant Fornier d'Albe, par le général Gazan. Vienne, le 3 frimaire, an XIV (29 novembre 1805).

impossible d'entamer l'infanterie ; une partie du régiment a même été jetée dans des montagnes presque inaccessibles et, vers la fin du jour, je me trouvai en bataille sur notre premier terrain, cerné de tous côtés, et tellement à portée de l'ennemi qu'il pouvait nous crier de nous rendre, ne faisant plus aucun mouvement, pensant que nous ne pouvions pas lui échapper ; mais nous avions nos aigles et nous voulions les sauver ou périr. Aussi nous n'avons jamais voulu nous rendre. Le Maréchal nous voyait, sans pouvoir venir à notre secours du plateau où il était. A la nuit nous sommes parvenus, avec bien des peines et des obstacles, à grimper sur ce malheureux plateau. M. le Maréchal ne voulait pas y croire. Il prenait des dispositions pour traverser les lignes russes et nous y sommes parvenus (1). »

Le maréchal Mortier a rapporté le fait dans une note plus précise que la relation du chef d'escadrons Rozat de Mandres :

« M. Rozat, chef d'escadrons au 4ᵉ régiment de dragons, après avoir chargé plusieurs fois avec son régiment à travers les vignes coupées de fossés et de petits murs et d'autres obstacles qui se rencontraient, et avoir tenté inutilement de rompre les colonnes russes qui s'étaient emparées des derrières de la division et de toutes les issues, fut forcé de se retirer avec un faible escadron, débris de son régiment, sur un terrain suffisant à peine pour se former, ayant à sa gauche la ville d'Ober-Loiben, à droite et au loin la ville de Krems, le Danube à quelques pas derrière lui, et en face un plateau très escarpé sur lequel se trouvait la division Gazan ; il était cerné de toutes parts par l'ennemi qui, voyant son infériorité et croyant déjà voir son escadron prêt à se rendre, avait

---

(1) Souvenirs inédits du colonel Rozat de Mandres. Alombert, p. 124.

discontinué son feu ; mais les hommes qu'il commandait, préférant comme lui de mourir plutôt que de se rendre, entreprirent, malgré leurs blessures, leur lassitude et celle de leurs chevaux, de gravir ce plateau en escaladant tous les murs qui en soutiennent les terres de distance en distance. C'est alors que les Russes recommencèrent leur feu qui, heureusement, ne put contrarier ce mouvement. Les premières difficultés vaincues, il en restait d'autres qui auraient paru insurmontables à tous autres qui n'auraient point été enflammés de l'amour de la gloire et jaloux de conserver leurs guidons ; il fallait donc, pour descendre de ce plateau, qu'ils missent pied à terre, et qu'eux et leurs chevaux glissassent par rang de peloton du haut en bas, ce qui fut exécuté.

« C'est ainsi que, par une courageuse résistance, le chef d'escadrons Rozat sauva les guidons du régiment et quatre-vingts et quelques hommes et chevaux (1). »

Cette malheureuse charge ne laissait plus d'espoir de se dégager par un combat de front contre une partie des ennemis. Il fallait recourir à quelque moyen extraordinaire.

« Nous étions massés et découverts de toutes parts sur un point de peu d'élévation qui, rétréci par lui-même, ne nous offrait aucun moyen de développement ; l'espace que nous occupions était déjà comme cerné par les colonnes ennemies. Rien n'était donc plus difficile que de déboucher sur l'une d'elles. Le Maréchal voulut avant de prendre une détermination, consulter les généraux avec les chefs de corps, qu'il réunit autour de lui ; il n'était question dans l'avis qu'il attendait que d'une vigoureuse résolution.

« Le major Henriod, du 100e régiment, qui s'était fait remarquer dans le combat de Loiben par une

---

(1) Alombert, p. 126.

valeur éclatante, fut appelé à ce conseil par ordre du Maréchal. Cet officier supérieur, interrogé, proposa de se mettre à la tête des grenadiers de son régiment, de pénétrer par section de 7 hommes de front dans le chemin muré par où l'ennemi s'avançait. Il devait ensuite culbuter à la baïonnette les premiers rangs qui, en se rejetant en arrière, presseraient le centre de la colonne, laquelle, ne pouvant plus avancer ni reculer par la porte de Dürnstein, trop étroite pour donner passage à cette troupe ainsi refoulée, serait forcée, pour ne point être étouffée, à escalader les murs du chemin pour s'ouvrir un passage ; mais qu'il convenait, au moment de l'attaque, de faire feu sur la colonne russe par le prolongement des murs, pour y porter du désordre, en ajoutant que chaque section, en se relevant tour à tour, devait coopérer au succès de cette attaque.

« Cet avis, donné et expliqué avec autant d'assurance que de clarté, plut au Maréchal et il en ordonna l'exécution immédiate.

« La nuit, devenue tout à fait obscure, devait seconder nos projets (1). »

« Alors le major, s'adressant aux grenadiers qui formaient la tête de sa colonne : Camarades, leur dit-il, nous sommes enveloppés par trente mille Russes, et nous ne sommes que quatre mille ; mais les Français ne comptent point leurs ennemis. Nous leur passerons sur le ventre. Grenadiers du 100e régiment, vous aurez l'honneur de charger les premiers ; souvenez-vous qu'il s'agit de sauver les aigles françaises. Le régiment en entier répond à cette courte, mais élégante harangue : « Monsieur le major, nous sommes tous grenadiers. »

« Le major Henriod fait tirer alors les six derniers

---

(1) Relation du colonel Talandier. Alombert, p. 114.

boulets qui restent dans les coffrets des deux pièces de la division, et les coups, habilement dirigés sur le prolongement des deux murs, en font retomber les pierres sur la colonne ennemie. Le Maréchal, le général Gazan et l'état-major viennent, pendant ce temps, prendre poste entre le 1er et le 2e bataillon du 100e régiment. Henriod fait battre la charge. La colonne s'avance impétueusement sans répondre à une fusillade qui ne blesse qu'un officier et deux grenadiers. La première section enfonce ses baïonnettes dans le corps des premières files russes en déchargeant en même temps l'arme, ce qui produit une détonation sourde qui épouvante les files suivantes. Pour donner à la seconde section la faculté d'opérer la même manœuvre, la première escalade ensuite le mur de droite et de gauche ; mais au lieu d'aller, comme le leur avait prescrit le major Henriod, à la queue du bataillon pour se reformer, ces grenadiers viennent se placer entre la deuxième et la troisième section, tant ils sont impatients de joindre l'ennemi de nouveau.

« Un commencement de refoulement dans la colonne russe laissait à la seconde section un intervalle de quinze pas à franchir ; après avoir essuyé une décharge qui blessa encore un grenadier et tua le cheval que montait l'intrépide major, cette même section se précipita comme la première sur les Russes, en les perçant de ses baïonnettes, et tirant à bout portant. Mais l'impatience des autres sections, qui brûlaient d'en venir aux mains, était telle, que celle-ci ne put escalader les murs pour faire place à la troisième. Les grenadiers détachèrent alors la baïonnette pour s'en servir comme de poignard pour frapper les Russes, parce que l'espace ne permettait plus de s'en servir au bout du fusil.

« Ainsi que l'avait prévu le major Henriod, après trois quarts d'heure de pression, pendant lequel temps les Français, couvrant le chemin de cadavres ennemis, avaient à peine gagné deux cents pas, la tête de la colonne russe, cédant forcément, écrasait son centre, contenu par la queue. Pour échapper à cette mort nouvelle et certaine, ce centre étouffé franchit ou renversa les murs de droite et de gauche, et se débanda dans le plus grand désordre (1). »

L'état des officiers du 100e régiment qui ont pris part à la campagne de l'an XIV rappelle que le major Henriod « s'est couvert de gloire à l'affaire du 20 brumaire, an XIV... Il dirigea et se mit à la tête de la colonne qui s'ouvrit un passage au milieu des ennemis ». Le fait est relaté plus en détail dans les états de service du major, devenu général Henriod : « En l'an XIV, à l'affaire de Dürnstein, la division du général Gazan est enveloppée par 35,000 (?) Russes. Il réunit sur un plateau le 100e régiment et une partie des autres corps, les interpelle au nom de l'honneur français, les dispose, prend les ordres des généraux qui venaient de se rendre sur ce plateau, et porte cette colonne contre celle des Russes enfournée dans un chemin de retraite et muré. L'ennemi est culbuté dans l'espace de 450 toises (2), et la division rejoint celle du général Dupont à une lieue de là. Il eut deux chevaux tués sous lui dans cette action, qui lui mérita le grade d'officier de la Légion d'honneur (3). »

Plusieurs sous-officiers de grenadiers du 100e furent

---

(1) *Victoires et Conquêtes*, t. XV, p. 200 et suiv. L'identité de certains passages avec le texte donné par Alombert, p. 104, prouve que cette relation est du colonel Talandier, ou du moins écrite d'après ses notes, ainsi que le récit publié en 1826 dans le *Journal des Sciences militaires* et en 1835 dans le *Journal de l'Armée*.

(2) Cette distance de 900 mètres concorde très exactement avec les autres indications pour fixer l'emplacement où la division se rassembla avant la trouée.

(3) État nominatif des officiers du 100e régiment d'infanterie qui ont pris part à la campagne de l'an XIV. Alombert, p. 115.

promus sous-lieutenants pour s'être distingués à la tête de la colonne qui fit la trouée dans le combat du 20 brumaire.

Cette lutte, localisée entre deux murs, et en pleine nuit, au milieu de tout le fracas du combat, passa d'abord inaperçue du reste des troupes russes. Les débris du 4ᵉ léger, puis les divers détachements du 103ᵉ qui avaient couvert la retraite, entrèrent successivement dans la colonne, sans que leur disparition fût constatée par l'ennemi. Cependant celui-ci, exaspéré de se mouvoir dans l'ombre, heurtant l'un contre l'autre ses bataillons venus par trois directions différentes, voulut voir clair sur ce champ de bataille, et mit le feu à Loiben. La lueur de l'incendie montra alors les rares survivants du 4ᵉ dragons qui, mis en retard sur l'infanterie par les difficultés que leur avait présentées la descente du plateau, se lançaient au trot sur le chemin de Dürrenstein pour rejoindre la colonne. Les décharges dont on les poursuivit leur tuèrent quelques hommes, mais les aigles étaient sauvées.

Pendant quelque temps encore, les Alliés demeurèrent persuadés que ce petit détachement de cavalerie avait seul pu échapper au désastre, sauf quelques fantassins isolés qui avaient fui par la montagne ou par le fleuve (1). La relation de Danilewski fut la première qui,

---

(1) Relation autrichienne, XI, 46 (Arch. de la guerre, Vienne) :
« .....On se déploya à environ 500 pas de la ville; l'ennemi avait, pendant ce temps, fait face à droite, et s'était replié sur une croupe courte et découverte entre le Danube et les vignobles, l'aile gauche à Loiben; il plaça là son infanterie et 2 canons ; la cavalerie, 400 hommes environ, déployée devant Loiben. La cavalerie essaya de se faire jour en chargeant notre aile droite dans les vignes ; elle fut repoussée par une fusillade intense; notre aile gauche, composée de chasseurs, grimpa en tiraillant sur le coteau. Entre temps, notre colonne s'était entièrement déployée ; mais, tandis que la fusillade se prolongeait, la

après examen de tous les rapports, admit enfin la réalité de ce fait d'armes extraordinaire.

Nous ne pouvons avoir à ce sujet aucun doute, malgré les affirmations ironiques de Kotzebue, car tous les documents originaux français les plus désintéressés mentionnent cette trouée opérée par les grenadiers du 100e, et aucun des faits dûment constatés ne peut s'accorder avec une autre version.

Notre artillerie ne put être sauvée. Le lieutenant Fabvier « se défendit sur le plateau jusqu'au moment où il reçut l'ordre d'abandonner ses pièces, ce qu'il ne fit qu'après les avoir enclouées, précaution d'autant plus nécessaire que l'ennemi eût pu s'en servir pour tirer sur les troupes qui se faisaient chemin à la baïonnette, et à la faveur de la nuit, sur le point où ont été dirigées les bouches à feu, et qui était le seul où l'on pût essayer de percer (1). »

Derrière la petite colonne qui leur avait barré le passage, les grenadiers ne trouvèrent aucune réserve russe sur la route. Après ce furieux combat, ils se retrouvèrent tout d'un coup dans un calme complet.

---

nuit était venue. De notre côté, nous continuâmes à tirer sans interruption, mais sans avancer, car on ne voyait rien, et sans que l'infanterie ennemie répondît sérieusement. Enfin, l'ennemi tira plusieurs coups à obus sur le chemin de Dürnstein, (chemin en remblai bordé de murs, comme il y en a souvent dans les pays de vignobles) lequel fut presque aussitôt abandonné par les Russes, qui se jetèrent à droite et à gauche. Sur ce, le village de Loiben fut incendié par l'ennemi, ce qui éclaira tout le bassin entre Loiben et Dürnstein. En cet instant, nous aperçûmes la cavalerie ennemie sur ce chemin, qui mène à Dürnstein et Weissenkirchen; ce qui provoqua un feu violent de la part des Russes, de part et d'autre du chemin, où ils se fusillèrent les uns les autres. C'est là que le F. M. L. Schmidt trouva la mort. Comme il faisait assez clair, tout se précipita sur cette hauteur où était postée l'infanterie ennemie; elle y posa les armes, au nombre de 1,000 hommes, et nous reprîmes les deux canons perdus. »

(1) Rapport de chef de bataillon Lasseront.

« Nous retrouvâmes Dürnstein dans le plus profond silence. Notre retraite se continua avec ordre. Peu de temps après, nous entendîmes une fusillade assez vive qui cessa bientôt. Ces bruits semblaient venir d'un des points du bassin où nous venions de combattre (1). » C'était quelque détachement du 4ᵉ léger aux prises avec les Russes, ou les décharges faites par ceux-ci sur le 4ᵉ dragons, qui marchait à un kilomètre environ en arrière du 100ᵉ de ligne.

« A une lieue de Dürnstein, continue le colonel Talandier (d'accord en cela avec les notes du major Henriod), notre avant-garde signala les troupes du général Dupont, qui marchaient à notre secours (2). »

Ces troupes avaient eu à combattre, entre Weissenkirchen et Wadstein, la plus grande partie de la colonne de Dokhtourow. Ce général, en descendant des montagnes sur la rive du Danube, avait appris la présence de la division Dupont près de Weissenkirchen. Laissant filer son avant-garde avec le général Schmidt vers Dürrenstein, il avait cru devoir se porter avec le gros de ses forces contre ce nouvel adversaire et le contenir, afin que Miloradwitch et Schmidt pussent mener à bout leur action commune contre la division Gazan.

Dupont avait établi sa division au bivouac entre Spitz et Weissenkirchen. Mortier l'avait informé du succès obtenu dans la matinée par la division Gazan, de sorte qu'il ne paraissait pas nécessaire de continuer la marche, déjà longue, faite dans cette journée. « Le général Dupont ordonne au 1ᵉʳ hussards et au 9ᵉ d'infanterie légère de s'établir à 2 lieues en avant de Spitz, à Weissenkirchen; il place le 32ᵉ entre Weissenkirchen et Spitz, et le 96ᵉ dans ce dernier village; il ordonne en même

---

(1) Relation du colonel Talandier, Alombert, p. 117.
(2) *Ibid.*

temps au 1er hussards de pousser des reconnaissances en avant pour se lier avec la division Gazan.....

« Il était 4 heures du soir, le 1er régiment de hussards établissait ses postes en avant de Weissenkirchen; l'officier commandant la grand'garde vient avertir le colonel Rouvillois que les Russes descendent des montagnes et se forment dans la gorge. Ce colonel se porte aussitôt sur le terrain, reconnaît que 600 Russes ont déjà débouché des gorges, et que d'autres continuent à descendre; les hussards se mettent à tirailler; les Russes, dont toute l'attention se portait sur la division Gazan, ne répondent pas à leur feu. Le colonel Rouvillois envoie à toute bride des officiers au général Dupont, au colonel Darrican et au colonel Meunier. Celui-ci marche à l'instant, joint l'ennemi et engage une fusillade très vive; les Russes ne sont pas ébranlés.

« Le colonel Meunier détache sur les hauteurs le chef de bataillon Réjeaux avec quelques compagnies pour prendre l'ennemi en flanc et inquiéter ceux qui continuaient à descendre. Le général Dupont arrive avec le 32e régiment; il le fait avancer pour relever le brave 9e qui avait épuisé ses cartouches et comptait déjà beaucoup de blessés (1). Le 96e était placé en réserve à Weissenkirchen.

« Le 32e bat la charge, marche en avant à toute course; les Russes, de leur côté, s'avancent avec une pareille audace. Il était nuit; on se mêle; les soldats luttent corps à corps. On reste dans cette position aussi extraordinaire qu'effrayante pendant près d'une heure. Chaque parti croyait que l'autre voulait se rendre. Le Russe posait son arme à terre pour indiquer au Français ce qu'il avait à faire. Le Français, le croyant prisonnier, voulait le faire filer sur les derrières. Le Russe ramas-

---

(1) Les pertes du 9e léger sont de 19 morts et 56 blessés.

sait aussitôt son arme et cherchait à en frapper son
adversaire. Les officiers, chacun de leur côté, s'efforçaient de faire cesser cette mêlée qui n'occasionnait
qu'un massacre inutile (1). La confusion, l'obscurité, les
cris empêchaient qu'on pût s'entendre.

« Cependant le général Dupont, voulant en finir,
ordonna au colonel du 32e d'arracher homme par
homme les soldats du milieu des rangs ennemis, et de
les réunir.

« Dans ce moment éclate l'incendie du village de
Loiben ; les Russes y avaient mis le feu pour éclairer le
combat. A la faveur de cet incendie, le colonel Darrican
reforme son régiment; dans ses rangs se placent les
hommes du 9e qui étaient restés dans la mêlée. Il fait
faire un roulement et commencer le feu. Ce feu, exécuté
à deux pas, est si violent et si meurtrier que les Russes
n'ont pas le temps d'y riposter. Tout ce qui n'est pas
tué ou pris se jette dans le Danube ou se sauve dans les
montagnes à la faveur de l'obscurité. Aussitôt règne le
plus grand silence. Le maréchal Mortier est dégagé. Il
arrive par Dürnstein avec la division Gazan. »

Dokhtourow, descendu sur Wadstein dans l'obscurité,
et se voyant pris à son tour entre deux feux, sur un terrain des plus défavorables et des plus dangereux, avait
jugé qu'il allait être pris en croyant prendre. « Il se trouvait, dit Danilewski, dans la situation la plus critique,
privé de son artillerie, dans l'obscurité la plus profonde,
sans pouvoir prendre aucune disposition ni reconnaître les
mouvements et la force de l'ennemi, n'ayant enfin pour
retraite que des défilés impraticables. Il fut forcé de
dégarnir la route, de se frayer un passage et de laisser
passer Mortier. »

---

(1) Nul ne sait rédiger le récit d'un combat comme le général Dupont.
Le 32e perdit dans cette heure de massacre 2 tués et 27 blessés.

« Le soir, dit le Journal de la division Dupont, la division bivouaque sur le champ de bataille; la division Gazan passe en seconde ligne. Les Bataves occupent Spitz. »

De tous les corps engagés dans le combat de Dürrenstein, celui qui souffrit le plus fut le 4ᵉ léger. Il accuse, dans sa situation du 22 novembre, 728 prisonniers; il a 155 hommes aux hôpitaux; il lui en reste à peine 500 dans le rang, au lieu de 1,500 qu'il avait mis en ligne le 11 novembre.

Le 100ᵉ et le 103ᵉ avaient moins souffert. Chacun d'eux avait laissé 160 à 170 prisonniers aux mains de l'ennemi, et envoyé 320 hommes aux hôpitaux. Il restait à l'un 1,300, à l'autre 1,600 hommes dans le rang, le 22 novembre, sur 2,000 présents le 11.

Le 4ᵉ dragons ne laissa que 65 prisonniers aux mains de l'ennemi; mais il avait à peine un homme intact sur deux : 123 hommes faisaient encore le service le 22 novembre, 101 étaient aux hôpitaux.

En résumé, la division Gazan paraît avoir perdu environ 1,600 à 1,700 hommes, un peu plus du tiers de son effectif, dont 1,100 à 1,200 prisonniers. Le Rapport autrichien (XIII-61) n'en accuse que 980. Il donne comme pertes des Russes 920 hommes (sans indiquer s'il y comprend des blessés et des prisonniers).

Bien que Mortier, avec les deux tiers de la division Gazan, échappât avec gloire à l'enveloppement dont il était menacé, l'affaire de Dürrenstein était un beau succès pour Kutusow. Il est rare qu'on sache ainsi se faire lion dans les retraites, selon le mot de Bugeaud. De notre côté, les faits parlent assez en faveur des héroïques vaincus; nous avons déjà montré, chemin faisant, jusqu'où remontait la responsabilité de l'isolement de la division Gazan. Parmi les combattants du 11 novembre, le seul qui se soit montré au-dessous de sa tâche est le général Dokhtourow, dont la lenteur fit échouer le projet de Schmidt.

XX

11 NOVEMBRE. — RIVE DROITE DU DANUBE.

Tandis que l'on se massacrait sur la rive gauche du Danube, Napoléon, qui avait prévu le combat de Dürrenstein, était dans la plus grande inquiétude. Le bruit de la canonnade venait jusqu'à ses oreilles. Vers midi, il quitta Mœlk pour Saint-Pœlten, d'où il envoya son chambellan Thiard aux renseignements à Mautern.

Parvenu à Saint-Pœlten vers 3 heures, il fit expédier des ordres à Soult et à Murat. Il prescrivit à Soult de se rendre en personne à Mautern, et de se mettre en correspondance avec le maréchal Mortier qui, le matin, marchait sur Stein :

« Placez vos divisions en échelons où elles se trouvent, lui dit-il, de manière que, s'il se confirmait que les Russes prennent position à Stein et y attendent la 3ᵉ (*sic*) armée, vous puissiez concentrer vos forces le long du Danube, pour vous servir des bateaux du maréchal Mortier pour passer sur la rive gauche. »

Quant à Murat, Napoléon lui adresse des reproches très sévères : « Je ne puis pas approuver votre manière de marcher; vous allez comme un étourdi et vous ne pesez pas les ordres que je vous fais donner. » (Napoléon n'imagine pas que ses lettres, d'ailleurs conçues en termes très vagues, qui avaient trop besoin d'être pesés et interprétés, ont mis quarante-huit heures à parvenir.)

« Les Russes, au lieu de couvrir Vienne, ont repassé le Danube à Krems. Cette circonstance extraordinaire aurait dû vous faire comprendre que vous ne pouviez agir sans de nouvelles instructions; cela en valait sans doute bien la peine. » (Mais tout valait mieux que l'inaction, et pourquoi le général n'avait-il pas donné ses instructions en temps utile? Dès le 6 il connaissait les intentions de Murat.)

« Sans savoir quels projets peut avoir l'ennemi, ni connaître quelles étaient mes volontés dans ce nouvel ordre de choses, vous allez enfourner mon armée sur Vienne. Vous avez cependant reçu l'ordre, que vous a transmis le maréchal Berthier, de suivre les Russes l'épée dans les reins. C'est une singulière manière de les poursuivre que de s'en éloigner à marches forcées. Ces ordres vous avaient même été donnés depuis que vous m'aviez rendu compte qu'ils se dirigeaient sur Krems. » (En vérité, Napoléon paraît oublier tout à fait que ses lettres ne parviennent pas instantanément à destination. Resté à 100 kilomètres de Murat, il raisonne comme si la transmission du compte rendu envoyé par celui-ci et de l'ordre consécutif avait été instantanée.)

« Envoyez des reconnaissances, occupez Stadt Tulln et d'autres points sur le Danube. Restez à Burkersdorf et le maréchal Davout à Mœdling jusqu'à nouveaux ordres.

« Il est probable que l'intention de l'ennemi est de couper les ponts du Danube à Vienne..... Voyez, dans les pourparlers avec les magistrats de Vienne, si l'on pourrait convenir qu'on laissât subsister les ponts du Danube, et cela pour éloigner de la capitale les malheurs de la guerre. »

Cette brève indication, soigneusement relevée et suivie par Murat, va le conduire au coup de main extraordinaire du 13 novembre.

Cependant Thiard parvint vers 6 heures à Mautern. Il y trouva des cavaliers du 4e corps, et en reçut un récit assez exact, mais incomplet, du combat dont ils avaient été spectateurs.

« On s'est battu toute la journée de l'autre côté du Danube, et avec beaucoup d'acharnement.

« D'après le rapport du colonel Franceschi, du 8e hussards, la division Gazan est arrivée hier à Dürnstein. Ce matin, elle a rencontré les Russes entre Loiben et Stein. L'affaire a commencé sur-le-champ ; trois fois le village de Loiben a été pris et repris. Enfin, vers le soir, les Russes ont attaqué en suivant le Danube, et une autre colonne, descendue des montagnes, s'est portée sur le coude que fait le fleuve et, à en croire les officiers du 100e et du 4e d'infanterie légère qui, étant blessés, se sont jetés dans une barque et se sont sauvés de Loiben, toute cette division serait cernée dans Loiben et séparée de la division Dupont. Mais je crois qu'il y a un peu d'effroi dans ce rapport ; du reste, quand ils ont quitté le champ de bataille, l'affaire n'était pas encore terminée, et il est à penser que les divisions auront pu se réunir. Ces officiers ont dit que, dans le commencement de l'affaire, ils avaient pris beaucoup de monde, deux canons et un obusier. La division n'a point de pain et manque de cartouches. Toute l'armée russe bivouaque sur les hauteurs au delà du Danube ; quoiqu'il soit nuit, ils tirent à chaque instant sur cette ville (Mautern).

« Ici est le 8e de hussards ; à Gottweig est le général Margaron avec le 11e et le 26e de chasseurs.

« J'ai cru qu'il était de mon devoir de rester ici pour être à même d'apporter demain dans la journée quelques nouvelles à Votre Majesté ; je remonterai le Danube et je tâcherai de passer, s'il est possible.

« Dans l'instant (6 h. 30) on vient me dire que le village de Loiben est en feu. Je me suis porté sur le rivage ; il est tout en flammes. Je crois que les Russes auront tiré avec des obus pour en déloger les troupes de Votre Majesté, qui se seront fait jour sur Dürrenstein. Les Russes font un tapage horrible. »

Le lendemain, vers 2 ou 3 heures de l'après-midi, les renseignements sur le sort de Mortier et de Gazan affluent de tous côtés. Thiard revient ; puis Soult envoie un rapport de Franceschi, témoin à distance de toute l'action. Un autre rapport, exact dans sa concision, est adressé à l'Empereur par son aide de camp Lemarois : « La division du général Gazan a couché avant-hier à Stein. L'ennemi, fort d'environ 25,000 à 30,000 hommes, l'a attaquée à 6 heures du matin et, vers les 4 heures, M. le maréchal Mortier était cerné de toutes parts. On s'est battu avec acharnement de part et d'autre et, à 6 heures du soir, M. le maréchal Mortier a percé à la tête de sa division et a repris la route de Linz. »

A 6 heures du soir, seconde lettre de Lemarois, datée de Saint-Lorentz, vis-à-vis Weissenkirchen : « Je rencontre un détachement du 100e régiment d'infanterie. L'officier qui le commande m'apprend que la division du général Gazan a repassé le Danube à Spitz. »

Vers 3 heures, un aide de camp de Mortier était parvenu au grand quartier général, et avait fait un compte rendu complet de l'action. Napoléon chargea Berthier d'exprimer au Maréchal son extrême satisfaction pour la belle contenance et l'héroïque conduite des troupes, mais en lui répétant qu'il était « corps d'observation de la rive gauche », ce qui impliquait l'obligation de rester sur cette rive.

Or Mortier avait accordé à peine quelques heures de repos à ses troupes et, dès 4 heures du matin, il avait commencé à les embarquer sur la flottille pour les ramener à la rive droite. La division batave restait seule à passer, quand la lettre du major général vint décider Mortier à reporter Dupont et Gazan sur la rive gauche.

Le 11 au soir, Oudinot cantonne en avant d'Hütteldorf, Suchet en arrière ; Nansouty, d'Hautpoul et Walther sont dans le Wiener-Wald à Hadersdorf, Haeking et Saint-Veit ; le 22e chasseurs à Tulln et Klosterneubourg surveillant le Danube ; le 16e à Neudorf, Fauconnet à Atzgersdorf, Treilhard à Leopoldsdorf et Ebersdorf.

Les troupes de Soult sont échelonnées de Ried à

Streithofen ; la Garde à Saint-Pœlten ; Bernadotte entre Melk et Markersdorf.

Le 3ᵉ corps séjourne dans ses positions de la veille ; son avant-garde double toute la colonne pour s'établir à Dornau et Kannberg. Les dragons de Beaumont cantonnent à Lilienfeld.

Le 2ᵉ corps reste à Leoben, et l'on a peu de renseignements sur lui pendant cette journée.

En résumé, la plus grande partie de l'armée est aux portes de Vienne, prête à franchir le Danube dès que le passage en sera surpris. Quant aux Russes, très ébranlés par le coûteux succès de Dürrenstein, ils ne pourront se remettre en mouvement avant un ou deux jours. Napoléon n'a donc pas perdu tout espoir de les arrêter encore.

Il est à peu près rassuré sur le sort de la division Gazan et, après avoir craint pendant toute une journée l'anéantissement complet du corps de Mortier, il se trouve heureux de s'en tirer à ce prix.

Cependant la manœuvre tentée contre Kutusow vient d'échouer, et c'est là un fait d'une importance capitale pour cette campagne. Kutusow avait habilement abandonné la route de Vienne pour celle de Krems et d'Olmütz à l'instant voulu et, par le brillant retour offensif de Dürrenstein, il s'était dégagé de nos étreintes. Il était libre de rejoindre la 2ᵉ armée russe, à laquelle on devait craindre de voir s'unir celles de la Prusse. De notre côté, à qui incombait cet échec ? Certes, le maréchal Mortier, en tenant ses divisions réunies, aurait évité les pertes cruelles subies le 11 à Loiben ; mais Dupont et Dumonceau avaient marché aussi vite que possible ; la concentration n'aurait pu se faire qu'en retardant Gazan d'une ou deux journées de marche et, dans ce cas, on n'aurait eu aucun espoir d'arrêter les Russes. Il ne faut pas oublier que l'ardeur et le sacrifice de la division Gazan n'ont pas été inutiles : après une lutte aussi acharnée, des pertes aussi sensibles, et avec des colonnes dispersées dans la montagne, Kutusow ne pouvait repartir le 12; tout au plus put-il se remettre en marche le 13; c'est l'offensive audacieuse de Mortier sur Krems avec une seule division, et son héroïsme, qui permirent à Napoléon de tenter dans les journées suivantes la manœuvre d'Hollabrünn.

Murat, nous l'avons constaté à plusieurs reprises, aurait pu retarder la retraite des Russes et rendre possible l'intervention de Mortier avec deux ou trois divisions, s'il avait eu plus d'entente de la grande guerre; cependant il faut bien déclarer, à sa décharge, que son esprit offensif n'a disparu subitement que depuis les reproches reçus de l'Empereur après les belles affaires de Lambach et d'Amstetten. En dernière analyse, c'est à Napoléon lui-même, qui connaissait la valeur de ses lieutenants, qu'il faut faire remonter la responsabilité de cet échec. Son séjour à Linz a été pernicieux; les instructions données à Murat tantôt insuffisantes, tantôt de nature à refroidir le zèle de cet admirable cavalier. Enfin, les divisions Dupont et Dumonceau auraient pu se trouver moins en arrière, si l'on avait fait recueillir plus de renseignements sur les forces rassemblées en Bohême et sur les débouchés de cette province, en face desquels il était inutile de garder si fortement notre ligne de retraite.

Lorsqu'on examine cette affaire de Dürrenstein, on ne veut y voir le plus souvent que les intérêts particuliers de la division Gazan et, à ce point de vue, on reproche à Napoléon d'avoir fait agir le corps de Mortier au delà du Danube, sans communications suffisantes entre les deux rives. L'opération était certainement contraire, en théorie, aux principes de la stratégie; mais, en pratique, elle paraît dûment justifiée, et nous ne pensons pas que Napoléon ait jamais regretté de l'avoir tentée. Il ne faut pas oublier que Kutusow était en retraite avec 35,000 hommes seulement, et que les trois divisions de Mortier risquaient peu d'être écrasées par cette petite armée. Enfin, lors même qu'elles étaient exposées à un échec (et on pouvait difficilement le prévoir plus grave qu'il ne l'a été), leur action offensive devait assurer le succès de la manœuvre générale projetée par l'Empereur.

Quoi qu'il en soit, la marche rapide de Murat sur Vienne et l'arrêt imposé à Kutusow par le combat de Dürrenstein offraient à Napoléon de nouvelles chances pour atteindre les Russes. Ce sera le but de ses opérations à partir du 12 novembre.

CHAPITRE PREMIER

25 octobre.

Berthier à Bernadotte.

Munich, le 3 brumaire an XIV.

Il est ordonné à M. le maréchal Bernadotte de partir demain, à la pointe du jour, avec son corps d'armée et tous les Bavarois, pour se diriger sur Wasserburg où, s'il est possible, son avant-garde arrivera demain si l'ennemi n'est pas en force.

L'intention de l'Empereur est que, s'il peut passer l'Inn à Wasserburg, il fasse la conquête de l'Électorat de Salzburg. Si, au contraire, l'ennemi se trouve en force derrière l'Inn, il recevra chaque jour des ordres combinés avec les marches et avec les opérations des autres corps d'armée.

L'arrière-garde de M. le maréchal Bernadotte aura demain dépassé Obersdorf.

Le maréchal Bernadotte se nourrira par sa droite et pourra pousser un corps du côté de Rosenheim, pour passer l'Inn. Il ne fera ni réquisitions, ni ne s'étendra sur sa gauche, les autres corps de l'armée devant marcher par cette partie.

Berthier au général Rivaud.

Munich, le 3 brumaire an XIV.

Il est ordonné au général Rivaud de partir, avec le 54ᵉ régiment, de la position qu'il occupe, pour se rendre à Munich et de là rejoindre M. le maréchal Bernadotte sur Wasserburg.

Le général Rivaud, par le retour de mon officier d'état-major, me fera connaître son itinéraire.

CHAPITRE PREMIER.

1ᵉʳ CORPS D'ARMÉE.

Ordre de marche du 4 brumaire.

Munich, le 3 brumaire an XIV.

Demain matin, à 10 heures précises, toutes les troupes aux ordres de M. le lieutenant général de Wrède seront réunies à Ebersberg sur la route de Wasserburg. Il s'y postera militairement et enverra des reconnaissances sur Wasserburg même ; il se tiendra prêt à se porter en avant dans la journée.

M. le lieutenant général de Wrède enverra aussi des reconnaissances sur la route de Haag, en avant de Hohenlinden ; ces reconnaissances devront rejoindre demain au soir la route d'Ebersberg à Wasserburg.

M. le général Kellermann réunira toutes ses troupes demain matin et se mettra en mouvement pour être rendu, à 11 heures du matin, à Ebersberg.

Il se placera à la droite du général de Wrède, qui devra y être rendu à 10 heures précises. Le général Kellermann, en arrivant à Ebersberg, enverra des reconnaissances sur *Michelsberg* (?) et Arbing.

M. le général Drouet réunira à midi précis les troupes de sa division en arrière d'Ebersberg. Il laissera des patrouilles vers Schwaben, qui devront le rejoindre dans la journée.

M. le général Pacthod devra être réuni à midi et demi précis au même lieu, en arrière du général Drouet.

M. le lieutenant général de Deroy, commandant la réserve, devra partir demain de grand matin de Schwabing, en arrière de Munich, de manière à être rendu à 2 heures au plus tard entre Oberndorff et Ebersberg.

Le grand parc d'artillerie partira demain à 5 heures précises du matin et se rendra à Ebersberg. Les administrations y seront également établies.

Le grand quartier général sera en avant à Oberndorff.

MM. les généraux de division sont prévenus que de nouveaux ordres devant être donnés à Ebersberg pour continuer la marche de l'armée à la destination qu'elle doit avoir demain, il est de la dernière importance qu'ils mettent toute l'exactitude possible pour l'arrivée de leurs troupes aux heures indiquées ci-dessus.

Le général Minucci, commandant le corps de troupes à Tölz, en partira demain à 5 heures, de manière à être rendu à Aibling entre 4 et 5 heures du soir. Il y prendra position en arrière de la petite rivière qui y passe, appuyant son flanc droit à la Mangfall, communiquant par des patrouilles sur sa gauche avec la droite du lieutenant général de Deroy.

Il poussera des reconnaissances sur la route de Kufstein et de Rattenberg. Il enverra des partis le soir même pour s'emparer de Rosenheim et du pont sur l'Inn ; il tâchera de s'y maintenir, il ne négligera aucun moyen pour réunir sur la rive gauche de l'Inn tous les bateaux qu'il pourra (1).

Le général Éblé au colonel Navelet, commandant du parc.

3 brumaire an XIV.

Vous donnerez ordre, Monsieur, à M. Labory, de rester à Munich avec six bourreliers et un maréchal de l'escouade qu'il commande.

Vous le chargerez de former des attelages avec les colliers qui restent en magasin, c'est-à-dire de les assortir en avaloirs, plate-longes, brides, etc. Vous lui ferez remettre à cet effet 2,000 francs sur la caisse de la masse d'entretien de ferrage et de harnais. Vous lui donnerez aussi l'ordre de surveiller l'infirmerie des chevaux qui ne peuvent suivre l'armée ; à mesure qu'ils seront rétablis, il les fera harnacher et les dirigera sur votre parc lorsqu'il en recevra l'ordre ; il devra, en conséquence, adresser tous les cinq jours, au chef d'état-major d'artillerie et à vous, le nombre de chevaux qui se trouveront en état de marcher attelés.

Vous ferez aussi remettre à M. Labory 300 francs, pris sur les fonds de l'artillerie, pour être employés au payement de la réparation des fusils français que vous avez déposés dans la salle de Munich.

Vous le préviendrez que les conditions souscrites par l'armurier de l'Électeur de Bavière pour la mise en état de ces fusils sont qu'il lui sera payé une somme de 50 kreuzer par fusil, petites et grandes réparations comprises, 2 florins pour un bois neuf.

Je charge M. Forno de faire connaître à M. Labory les fusils susceptibles d'être réparés, afin qu'ils ne soient pas confondus avec ceux qui ne le sont pas.

Le S............, sergent d..........., qui a été chargé de la surveillance des voitures et attirails d'artillerie que vous avez déposés dans l'arsenal de Munich, restera aussi dans cette ville pour aider M. Labory à tenir état exact des remises et consommations qui se feront des susdits attirails et autres objets qu'on pourrait encore déposer à Munich.

---

(1) Le général Éblé ordonne au parc d'artillerie du 1er corps de partir très exactement à 5 heures du matin pour Ebersberg.

La surveillance de M. Labory sur l'infirmerie ne commencera que lorsque M. Lentz aura quitté Munich (1).

Journal de la Réserve de cavalerie.

Le 3, le corps d'armée devait se porter sur Ingolstadt ; mais, d'après de nouveaux ordres du prince, on a changé de direction et le corps d'armée est venu à Neustadt.

Une brigade de la division Klein a pris position à Mingstetten, le 1er régiment de hussards à Pföring, le 96e régiment à Ettling, le 32e à Irnting, le régiment des chasseurs de la Garde à Neustadt où s'établit le quartier général. La 1re brigade de dragons a occupé Munchmünster et Griesham, les carabiniers Abensberg, et le régiment de chasseurs à pied Seligstadt (2). Le général Milhaud, avec ses deux régiments de chasseurs, arriva à Ingolstadt.

Journal de la 2e division de dragons.

Le 1er brumaire, la division passa le Lech à Augsbourg et vint s'établir à Delshausen et environs. Le 2, la division cantonne dans des villages voisins de Munich. Le 3, la division garde les positions de la veille.

Journal de la 3e division de dragons.

Le 1er brumaire, la division séjourna à Augsbourg. Le 2, elle part, va à Dachau et aux environs. Le 3, le quartier général s'établit à Munich, la division dans les environs.

Journal de la 2e division de cuirassiers.

Le 28 vendémiaire, M. le maréchal Bernadotte a ordonné de nouveaux cantonnements : les régiments ont reçu l'ordre de venir prendre

---

(1) Éblé envoie le même jour à Songis les rapports des revues d'armes passées dans les régiments ; Songis lui demandera, le lendemain 26, de lui indiquer le nombre d'armes nouvelles nécessaires à chaque régiment d'après l'effectif.
(2) Heiligenstadt?

les villages entre la route de Dachau et Freising, et sont établis à Mosach, Feldmoching, Schleissheim, Garching, Ottenburg. Le 1er régiment de cuirassiers a perdu 14 chevaux, qui étaient dans une ferme où le feu a pris. La division est restée cantonnée jusqu'au 4 brumaire, où elle a reçu l'ordre de partir et de marcher avec la 2e division de dragons à Anzing, où elle a cantonné aux villages voisins.

Berthier à Murat.

Munich, le 3 brumaire an xiv.

Il est ordonné au prince Murat de partir demain, 4 brumaire, de Munich, à la pointe du jour, pour se rendre avec les divisions de dragons à cheval du général Walther et du général Beaumont, et avec celle de grosse cavalerie du général d'Hautpoul, à Hohenlinden ; il poussera des avant-postes jusqu'au delà de Haag ; si l'ennemi n'est pas en force, il poussera des coureurs jusque sur l'Inn.

Le maréchal Murat aura soin de m'instruire des nouvelles qu'il aura de l'ennemi.

L'équipage de pont de l'armée suivra sa colonne et restera trois lieues en arrière de Hohenlinden, de manière à ne faire demain que quatre lieues.

Quant aux troupes qui étaient aux ordres du prince Murat et qui marchent sur Ingolstadt et Neustadt, je leur envoie directement des ordres.

Berthier au général Songis.

Vous voudrez bien, Général, donner l'ordre à l'équipage de pont de partir demain, à la pointe du jour, pour suivre le mouvement de la cavalerie de M. le prince Murat, qui se rend demain à Hohenlinden.

L'équipage couchera sur cette route à quatre lieues de Munich et par conséquent à trois lieues en arrière de Hohenlinden.

Les trois compagnies de sapeurs, la compagnie de mineurs, les officiers du génie qui suivent le quartier général, et un caisson d'outils, marcheront avec l'équipage de pont (1).

---

(1) Ordre est donné au général Léry de faire marcher ces divers éléments avec l'équipage de pont, et de s'entendre avec le commandant de l'équipage pour le départ.

Berthier à Davout.

Munich, le 3 brumaire an xiv.

Il est ordonné à M. le maréchal Davout de prendre demain une position, avec tout son corps d'armée à (entre) Freising et Mühldorf, en passant par Erding et Dorfen, où sera demain son corps d'armée. Son avant-garde se placera entre Dorfen et Mühldorf.

Le corps d'armée de M. le maréchal Davout se nourrira exclusivement par sa gauche; il ne tirera rien par sa droite, qui est destinée à nourrir le corps d'armée de M. le maréchal Soult.

Si effectivement l'ennemi n'occupait pas Mühldorf, il pourra le faire occuper par sa cavalerie; si, au contraire, l'ennemi y était en force, ou derrière l'Inn, le maréchal Davout s'arrangerait de manière à ne rien compromettre, l'intention de Sa Majesté n'étant pas de faire donner ses corps d'armée en détail.

M. le maréchal Davout m'enverra l'état de situation exacte de toutes les troupes d'infanterie et de cavalerie qui sont avec lui.

Le général Daultanne au général Gudin.

Freising, le 3 brumaire an xiv.

L'intention de M. le Maréchal est, mon cher Général, que vous preniez, dans la journée, une position plus rapprochée de cette ville ; il désire que votre division ne soit pas éloignée de plus d'une lieue.

Si vous ne trouvez pas un emplacement plus commode, vous placerez votre parc près de celui de réserve, qui se trouve placé dans les prairies sous Freising.

M. le Maréchal vous laisse libre de vous établir à Freising(1).

---

(1) Une autre lettre du même jour prévient Gudin qu'il lui sera délivré le lendemain à Freising du pain pour le 6 et peut-être pour le 7. Il devra faire participer le parc d'artillerie à cette distribution et la faire faire assez tôt pour ne pas retarder le départ.

Le lendemain matin, Daultanne prévient encore Gudin qu'il y aura, vers 8 heures, 300 paires de souliers pour sa division chez le bailli de Freising, qui fournira des moyens de transport. Il devra être laissé un officier par régiment pour recevoir et solder ces souliers. (A. G.)

Le général Gudin au général Petit.

La division, mon cher Général, devant se rapprocher de Freising, votre brigade devra se mettre en marche à une heure précise de cet après-midi, pour aller prendre position à Hohenbachern, à une demi-lieue de Freising. Vous placerez dans Hohenbachern le plus de troupes qu'il vous sera possible, et si vous ne trouvez pas de villages dans les environs, le reste bivouaquera. Le quartier général de la division sera à Weihen-Stephan.

La distribution de viande pour les 4 et 5 aura lieu demain à 6 heures du matin, à Gremertshausen.

La brigade du général Gautier sera en seconde ligne sur Gremertshausen. Il est invité à faire rentrer tous les détachements qui étaient en réquisition.

Le général Gudin au général Gautier.

La division, mon cher Général, devant se rapprocher de Freising, d'après les ordres de M. le Maréchal, votre brigade devra se mettre en marche, à 1 h. 30 de cet après-midi, pour prendre position sur Gremertshausen, en seconde ligne de la brigade de droite, qui sera placée sur Hohenbachern. Vous cantonnerez le plus de troupes qu'il vous sera possible et le reste devra être bivouaqué. La distribution de viande aura lieu demain à 6 heures précises du matin à Gremertshausen, où seront établis les équipages des vivres de la division.

Je vous serai obligé de diriger sur Hohenbachern les militaires de la brigade de droite qui auront escorté des bœufs sur Gremertshausen et sur Achering, et les chasseurs qui seront dans le même cas.

Gautier à Gudin, à Weihen-Stephan.

Gremertshausen, le 3 brumaire an XIV.

Mon Général,

Conformément à vos ordres, j'ai pris position à Gremertshausen, occupant le village de Giesenbach sur la même ligne. Je me trouve placé à 2 lieues de Freising, à 1 lieue et demie de Weihen-Stephan et à 1 lieue de Hohenbachern, où se tient le général Petit en première ligne.

Je ne suis point assuré que vos intentions soient remplies ; mon établissement me paraît trop en arrière ; cependant on m'assure qu'il n'existe aucun village dit Gremertshausen, ni qui y ressemble, dans un rayon de 3 lieues.

Mon inquiétude augmente quand je vois que la distribution de la viande annoncée pour demain à 6 heures du matin ne pourra avoir lieu dans ce village, où il n'existe aucun employé de l'administration, mais seulement un parc de bestiaux confié à une garde de 24 hommes et 1 officier du 12e régiment, qui est lui-même fort embarrassé.

Les bestiaux requis par les 25e et 85e régiments seront également conduits ici et je ne vois personne pour les recevoir.

Je vous prie, mon Général, de vouloir bien me transmettre vos ordres par l'officier que j'ai l'honneur de vous envoyer.

P.-S. — Je n'ai depuis hier aucune nouvelle de mes équipages (1).

(A. G.)

3e CORPS D'ARMÉE.

État-major général. — *Ordre de marche pour le 4 brumaire.*

Au quartier général à Freising, le 3 brumaire an xiv.

L'avant-garde partira demain 4, à 4 h. 30 du matin, passera par Dorfen et prendra position le plus près possible d'Ampfing, si Mühldorf est évacué ou n'est pas défendu par des forces supérieures. Le général Heudelet en prendra possession avec de la cavalerie.

Le général Heudelet aura sur sa gauche, à environ une demi-lieue, un bataillon et quelques chevaux pour le flanquer.

La 1re division partira à 5 heures du matin.

Le 30e régiment et le bataillon du 51e, cantonnés sur la rive droite de l'Isar, partiront à la même heure et rallieront leur division à un quart de lieue au delà d'Erding, où ils l'attendront.

D'Erding, la 1re division se portera sur Dorfen, suivra la vallée de l'Isar et prendra position sur les hauteurs en avant de Taufkirchen, la gauche à l'Isar.

La 2e division partira à 6 h. 30 et suivra la même marche que la 1re et prendra position à la même hauteur sur la gauche de l'Isar.

Le 2e bataillon du 111e régiment, détaché à Moosburg, se rendra directement à Erding, où il rejoindra sa division.

---

(1) Trois officiers du 25e de ligne ont poursuivi des maraudeurs du 24e. Ils en ont arrêté un et ont saisi les objets volés, consistant en quatre pièces de toile, une gamelle avec de la graisse, du pain, de la volaille et des pruneaux. Le soldat arrêté est conduit au colonel de son régiment, qui demande au général de brigade de le faire juger conformément aux règlements militaires. (A. G.) Le dossier est transmis le lendemain à la division.

La 3º division partira à 7 h. 30, suivra la même route que les deux autres en avant de Dorfen. Un régiment de cette division sera établi à l'intermédiaire entre Dorfen et les deux premières divisions.

Les généraux de division se feront flanquer à leur gauche, à la distance d'une demi-lieue, par un demi-bataillon et au moins par deux compagnies à leur droite.

Le parc de réserve suivra la 3º division et s'arrêtera à Erding, où il recevra de nouveaux ordres.

Le quartier général du corps d'armée sera à Dorfen.

Les équipages des ambulances de la réserve resteront avec le parc à Erding et suivront ce mouvement.

Les généraux de division feront partir sur-le-champ pour Erding les détachements de sapeurs employés à leurs divisions. Ces détachements seront, jusqu'à nouvel ordre, à la disposition du général commandant l'avant-garde pour faire réparer les routes en avant du corps d'armée.

Pour suppléer aux détachements de sapeurs extraits de leurs divisions, les généraux feront rassembler et marcher à la tête de leurs colonnes tous les sapeurs de leurs régiments, afin de les employer également, suivant les circonstances, aux réparations des routes.

(A. G.)
Le Général, chef de l'état-major général,
DAULTANNE.

Berthier à Soult.

Munich, le 3 brumaire an XIV.

Il est ordonné à M. le maréchal Soult de porter son corps d'armée, demain, à 2 lieues en avant de Munich, sur le grand chemin de Mühldorf qui passe par Haag ; sa cavalerie légère marchera sur cette route le plus loin qu'elle pourra, afin de joindre le maréchal prince Murat qui aura son quartier général à Hohenlinden.

Le général Salligny, chef d'état-major du 4º corps, aux Généraux commandant les trois divisions d'infanterie et la division de cavalerie.

Inning, le 3 brumaire an XIV.

Je vous préviens, Général, que M. le Maréchal a autorisé le général Lariboisière à réduire vos attelages d'artillerie à un soldat du train par voiture ou au plus à deux pour les voitures à 6 chevaux, tous les officiers disponibles du train devant conduire des chevaux.

Les canonniers d'artillerie légère non montés conduiront les chevaux de devant.

Les hommes à pied de la cavalerie seront aussi employés à la conduite de l'artillerie de la division de cavalerie légère.

Dans votre division, vous pourvoirez au remplacement des soldats du train qui vous auront été retirés, par des hommes du 3ᵉ d'infanterie.

De cette manière, les soldats que vous avez envoyés au grand parc seront renvoyés à leur corps en proportion du nombre d'hommes du train que la réduction ordonnée aura produite.

Berthier à Lannes.

Il est ordonné à M. le maréchal Lannes de se rendre le plus tôt possible avec son corps d'armée, sa cavalerie légère et avec toute la division de grosse cavalerie du général Nansouty, à Vilsbiburg.

Le maréchal Lannes me fera connaître, par le retour de l'officier, le jour que tout son corps d'armée pourra y être réuni.

Je le préviens que la division du général Nansouty, qui est à Neustadt, a ordre de se rendre à Landshut, où elle arrivera vraisemblablement après-demain.

5ᵉ CORPS D'ARMÉE.

Journée du 3 brumaire (25 octobre 1805).

Quartier général à Freising.

La division de cavalerie légère partit d'Ingolstadt et alla prendre, le soir, les cantonnements ci-après :

Brigade de hussards, à Mainburg et Massenhausen.

Brigade de chasseurs, à Saint-Alban et environs.

La division de grenadiers, étant partie du même endroit, se rendit :

Brigade Dupas, à Mainburg ;

Brigade Mortières, à Aigelsbach et environs ;

Brigade Ruffin et artillerie, à Neustadt.

La division de cuirassiers se porta à Mainburg.

La division Gazan se rendit à Freising et bivouaqua en arrière.

La division Suchet se rendit à Freising et bivouaqua en avant de cet endroit, sur la route de Landshut.

25 OCTOBRE.

5ᵉ CORPS D'ARMÉE.

Observations générales sur la rédaction du Journal des marches et opérations.

Armsdorf, le 27 juin 1806.

1° Les divisions faisant partie du corps d'armée sont constamment portées à la colonne de la désignation des divisions, soit qu'elles soient présentes ou absentes.

2° Les divisions appartenant à d'autres corps d'armée et qui sont passées provisoirement au 5ᵉ corps, sont portées à la colonne des observations depuis le jour de leur arrivée à ce corps jusqu'à celui de leur départ.

3° La rapidité des marches n'a pas permis de se procurer des renseignements sur les ressources des pays parcourus par le corps d'armée ; mais on peut assurer qu'il a trouvé partout les moyens de bien subsister.

4° On n'a pas tenu, dans le cours de la campagne, de notes concernant la distance d'un quartier général à l'autre, et comme ces distances ne peuvent être exactement établies sur la colonne qui leur est consacrée qu'en les calculant d'après de bonnes cartes, on a pensé que cette opération ne pourrait être mieux faite nulle part qu'aux bureaux de la guerre.

5° Les grandes routes ont été trouvées généralement bonnes, quoiqu'elles se ressentissent de la mauvaise saison où nous les avons pratiquées.

L'artillerie a éprouvé de grandes difficultés d'aller à Neresheim par Ebenet, de Wertingen à Zusmarshausen ; d'Ingolstadt à Landshut, par Mainburg, les grenadiers ont trouvé des chemins presque impraticables.

Le Général de brigade, chef de l'état-major
du 5ᵉ corps de la Grande Armée,

Dominique COMPANS.

Berthier au général Milhaud.

Il est ordonné au général Milhaud de partir d'Ingolstadt avec le 16ᵉ et le 22ᵉ régiment de chasseurs, pour se rendre à Landshut, où il attendra de nouveaux ordres. Il me fera connaître son itinéraire, par le retour de mon courrier, et son arrivée à Landshut.

Berthier au général Nansouty.

Il est ordonné au général Nansouty de partir, avec sa division de grosse cavalerie, de la position qu'il occupe, pour se rendre à Landshut (1). Arrivé à Landshut, le général Nansouty sera aux ordres de M. le maréchal Lannes. Il réunira ses deux régiments de carabiniers.

Ordre.

Il est ordonné aux chasseurs de la Garde de l'Empereur de se rendre à Landshut, où ils attendront de nouveaux ordres (2).

Berthier au général Klein.

Il est ordonné au général Klein de partir, avec toute sa division, de la position qu'il occupe à Landshut.

Berthier au général Dupont.

Il est ordonné au général Dupont, et à toute sa division, de partir de la position qu'il occupe pour se rendre à Landshut, où il attendra de nouveaux ordres ; il sera suivi par les deux régiments de carabiniers.

Journal de la division Dupont.

Le 30 vendémiaire, la division part de Nüremberg et va cantonner à Ferrieden, triste village prussien où, pour un mauvais souper, le général paye 200 florins.

Le 1er brumaire, elle marche sur Berching, en passant par Neumarkt. Il se trouvait dans cette ville une garnison bavaroise.

Le commissaire des guerres rejoint la division, dont il avait été

---

(1) Cet ordre avait déjà été envoyé le 23 au général Nansouty.
(2) Cet ordre n'a pas dû être expédié. Le colonel Vallongue inscrit à la date du 25 sur le tableau d'emplacements : « Ordre du 3 de partir pour Munich, ce qui fut en effet exécuté. »

séparé le 23 vendémiaire par les partis autrichiens qui s'étaient portés sur Mödlingen, Gundelfingen et Günzburg.

Le 2, elle cantonne à Beilngries, où elle arrive à 2 heures du matin. La troupe, se trouvant dans un pays neuf, commence à être un peu mieux. Les chemins sont très bons pour l'artillerie.

Le 3, elle arrive à Pföring. Ce village est situé à une demi-lieue de Neuburg, où le prince Murat avait établi son quartier général.

Berthier au général Dumonceau.

Il est ordonné au général Dumonceau et à toute la division batave de partir d'Ingolstadt pour se rendre à Landshut. Il me fera connaître son itinéraire par le retour de mon courrier.

Emplacements du 3 brumaire an XIV (25 octobre 1805).

DÉSIGNATION des CORPS.	EMPLACEMENTS.	OBSERVATIONS.
Grand quartier général.	Munich.	
Garde impériale......	Munich.	La moitié des grenadiers et chasseurs qui restait à Neustadt avec le corps du prince Murat. Ordre du 3 de partir pour Munich.
1er corps (Bernadotte).	A Munich et à Glienes en avant vers Anzing.	A ordre de partir demain pour se diriger sur Wasserburg, où son avant-garde doit arriver le soir si l'ennemi n'est pas en face. Doit conquérir Salzburg. Son arrière-garde doit avoir dépassé demain Obersdorf. Il peut pousser des corps du côté de Rosenheim.
Corps bavarois (Deroy).	Même destination que le 1er corps (détachements comme dans l'état du 1er).	
2e corps (Marmont)...	Aux environs d'Augsburg, marchant vers Munich, ayant dépassé le Lech.	
Division batave	Ingolstadt.	Ordre du 3, de partir demain pour Landshut.
3e corps (Davout)	Freising.	Doit prendre position demain entre Freising et Mühldorf en passant par Erding et Dorfen. Son avant-garde entre Dorfen et Mühldorf.
4e corps (Soult)......	En marche de Landsberg sur Munich.	Arrivant de manière à pouvoir dépasser demain Munich de deux lieues sur le chemin de Mühldorf. Sa cavalerie légère fera en sorte de joindre le prince Murat dont le quartier sera demain à Hohenlinden.
5e corps (Lannes) Div. de grenadiers.	Landshut.	
Div. Gazan......	Arrivant aux portes de Munich.	Ordre du 3 au soir de se rendre le plus tôt possible à Vilsbiburg avec la division Nansouty.
Div. Suchet......	Partie de Munich pour se rendre à Landshut.	
Cavalerie légère ..	Landshut.	
6e corps (Ney).......	Ulm.	Ordre du 3 au soir de se rendre à Landsberg.
Division Dupont....	Neustadt.	Ordre du 3 de se rendre à Landshut. Il sera suivi des deux régiments de cuirassiers.
7e corps (Augereau) ..	Armé à Friburg.	Ordre de se porter sur Kempten.

25 OCTOBRE.

DÉSIGNATION des corps.	EMPLACEMENTS.	OBSERVATIONS.
Prince Murat. ...	»	Son quartier, aujourd'hui à Munich, sera demain à Hohenlinden.
Réserve de cavalerie. 1re div. grosse cavalerie (Nansouty).	Neustadt.	Ordre du 3 de se rendre à Landshut, où il sera aux ordres du maréchal Lannes.
2e div. grosse cavalerie (d'Hautpoul)	Entre Munich et Freising.	Se rapprochant de Garching pour passer demain l'Isar pour se porter à Hohenlinden, aux ordres du prince Murat.
1re div. de dragons (Klein).	Neustadt.	Ordre du 3 de se rendre à Landshut.
2e div. de dragons (Walther).	Munich.	Ordre de se rendre à Hohenlinden.
3e div. de dragons (Beaumont).	Aux environs de Munich.	Ordre de se rendre à Hohenlinden.
4e div. de dragons (Bourcier).	Ordre du 1er de se rendre de Geislingen à Augsburg.	
Dragons à pied. 1re brig.	Augsburg.	En partie montée à Ulm.
2e brig.	Ingolstadt.	
Grand parc	Donauwœrth-Augsburg.	
Équipage de pont.....	Munich.	En part demain pour aller coucher à 4 heures sur la route d'Hohenlinden.
Deux bataillons wurtembergeois (colonel Raumann).	Augsburg.	
Corps wurtembergeois (général Seiger).	En marche sur Augsburg.	Partant de Geislingen.
54e régiment (général Rivaud).	Ordre du 3 de partir d'Ingolstadt ou Neustadt pour Munich.	D'où il rejoindra le maréchal Bernadotte.
21e dragons	Arrivant à Augsburg avec le parc.	
64e régiment.........	»	
Dépôts de dragons....	A Neuburg.	
3e bataillon du 34e régiment.	A Augsburg avec le parc.	

NOTA. — Ordres donnés de presser l'armement de Mayence et ceux de Venloo, Nimègue et Grau. Craintes données par la Prusse.

CHAPITRE PREMIER.

TROUPES AUTRICHIENNES PAR CORPS D'ARMÉE.

1er brumaire an XIV (23 octobre 1805).

Armée d'Allemagne dans ses divisions.

L'archiduc FERDINAND, général de cavalerie
Le F. Z. M. baron DE MACK } commandants.

Généraux employés.

KLENAU, KIENMAYER, GOTTESHEIM, WERNECK, STIPSICZ, WOLFSKEEL, prince DE LICHTENSTEIN, AUERSPERG, prince héréditaire DE HESSE-HOMBOURG, RIÈSE, LOULLON, comte DE RIESCH, GUILOIS, comte D'AICHHOLZ, feldmarschall lieutenants; général GORGER.

Corps du général Wolfskeel retiré dans le Vorarlberg.

INFANTERIE DE LIGNE.

Numéros.	Noms.	Nombre de bataillons.	Numéros.	Noms.	Nombre de bataillons.
1.	Kayser	5	50.	Stain	5
41.	Hildburghausen	5	58.	Beaulieu	5

Camp de Gunzbourg.

INFANTERIE DE LIGNE.

Numéros.	Noms.	Nombre de bataillons.	Numéros.	Noms.	Nombre de bataillons.
3.	Archiduc-Charles	5	25.	Spork	5
8.	Archiduc-Louis	5	28.	Frelich	5
9.	Czartorisky	5	35.	Archiduc-Maximilien	5
11.	Archiduc-Rayner	5	36.	Kollowrat	5
12.	Manfredini	5	40.	Mittrowsky	5
17.	Reuss-Plauen	4	42.	Erbach	4
18.	Stuart	4	51.	Spleny	5
20.	Kaunitz	4	54.	Froon	5
21.	Gemmingen	5	55.	Reuss-Greitz	5
23.	Salzbourg	5	62.	Jellachich (fois)	5
24.	Auersperg	5	64.	Chasseurs tyroliens	2

25 OCTOBRE.

RÉGIMENTS DES FRONTIÈRES.

Numéros.	Noms.	Nombre de bataillons.	Numéros.	Noms.	Nombre de bataillons.
5.	Creuzer	3	13.	Wallachich-Illyrischer	3
	(N'est pas certain qu'il soit pris.)		14.	1er Szekler	3
7.	Brooder	3	15.	2e Szekler	3
9.	Petarwardeiner	3	16.	1er Wallachisches	3
12.	Deutsch-Banatischer	3	17.	2e Wallachisches	3

CAVALERIE.

Cuirassiers.

Numéros.	Noms.	Nombre d'escadrons.
1.	Kayser	6
2.	Archiduc-François	6
3.	Duc-Albert	1
	(Détachement pris à Ulm.)	
5.	Nassau-Usingen	6
6.	Mack	6
8.	Hohenzollern-Hech	6

Dragons.

Numéros.	Noms.	Nombre d'escadrons.
2.	Hohenlohe-Ingelf	6
6.	Melas	6

Chevau-légers.

Numéros.	Noms.	Nombre d'escadrons.
4.	La Tour	8
5.	Klenau	8
6.	Rosenberg	8

Hussards.

Numéros.	Noms.	Nombre d'escadrons.
6.	Blankenstein	8
10.	Stipsicz	8
11.	Szekler	8
12.	Palatinal	8

Uhlans.

Numéros.	Noms.	Nombre d'escadrons.
2.	Schwarzemberg	8
3.	Archiduc-Charles	8

Corps du général Kienmayer.

INFANTERIE DE LIGNE.

Numéros.	Noms.	Nombre de bataillons.	Numéros.	Noms.	Nombre de bataillons.
4.	Deutsch-Meister	5	57.	Colloredo (Joseph)	4
15.	Riese	5	60.	Gyulai	5
38.	Wurtemberg (Ferdinand)	4			

CAVALERIE.

Cuirassiers.

Numéros.	Noms.	Nombre d'escadrons.
4.	Archiduc-Ferdinand	6
7.	Lorraine	6

Hussards.

Numéros.	Noms.	Nombre d'escadrons.
7.	Lichtenstein	»

Uhlans.

Numéros.	Noms.	Nombre d'escadrons.
1.	Merveldt	8

Armée du Tyrol.

L'archiduc JEAN, général de cavalerie
Le F. M. L. SIMBSCHEN } commandants.

Généraux employés.

HILLER, JELLACHICH, CHASTELER, GIULAY, DEDOVICH, l'archiduc LOUIS.

INFANTERIE DE LIGNE.

Numéros.	Noms.	Nombre de bataillons.	Numéros.	Noms.	Nombre de bataillons.
14.	Klebek............	5	59.	Jordis............	5
39.	Duka.............	5	64.	Chasseurs tyroliens....	3
46.	Neugebauer........	5	4.	Régiment des milices du	
47.	Kinsky............	5		Tyrol............	12

CAVALERIE.

2. Régiment de chasseurs tyroliens à cheval, 8 escadrons.

Armée d'Italie.

L'archiduc CHARLES, commandant en chef,
Le F. M. L. comte DE BELLEGARDE, commandant en second.

Généraux employés.

Prince DE ROSENBERG, prince DE ROHAN, général SPANOCCHI, général AUFFENBERG, général SOMMARIVA, général MITTROWSKI, archiduc MAXIMILIEN.

INFANTERIE DE LIGNE.

Numéros.	Noms.	Nombre de bataillons.	Numéros.	Noms.	Nombre de bataillons.
2.	Archiduc-Ferdinand...	5	33.	Sztaray............	5
7.	Schröder...........	5	34.	Davidovich.........	5
10.	Anspach...........	5	43.	Thurn.............	5
13.	Reisky.............	5	44.	Bellegarde.........	5
16.	Archiduc-Rodolphe....	5	45.	Lattermann.........	5
19.	Allvinzi............	5	48.	Vukassowich........	5
22.	Cobourg...........	5	49.	Kerpen............	5
26.	Hohenlohe..........	5	52.	Archiduc-François.....	5
27.	Strasoldo...........	5	56.	Colloredo (Venzel)....	5
29.	Lindenau...........	5	61.	Saint-Julien........	5
31.	Benyowski..........	5	63.	Archiduc-Joseph......	5
32.	Esterhazy..........	5			

RÉGIMENTS DES FRONTIÈRES.

Numéros.	Noms.	Nombre de bataillons.	Numéros.	Noms.	Nombre de bataillons.
1.	Licaner	3	6.	Saint-Georges	3
2.	Ottochaner	3	8.	Grandiscaner	3
3.	Oguliner	3	10.	1er Banat	3
4.	Szlinner	3	11.	2° Banat	3

CAVALERIE.

Dragons.

Numéros.	Noms.	Nombre d'escadrons.	Numéros.	Noms.	Nombre d'escadrons.
3.	Wurtemberg	6	2.	Archiduc-Joseph	8
4.	Levenehr	6	3.	Archiduc-Ferdinand	8
5.	Savoye	6	5.	Ott	8
			8.	Kienmayer	8

Hussards. (header for right side)

Chevau-légers.

Numéros.	Noms.	
1.	Kayser	8
2.	Hohenzollern	»

| | | | 9. | Erdödy | 8 |

Extrait d'une lettre de Landshut, datée du 25 octobre 1805.

Je viens d'être informé par un exprès du bailli de Vilsbiburg que les dragons et les mousquetaires stationnés dans cet endroit se sont retirés à Neumarkt. Les rivières de Vils et Bina se trouvent par là dégagées d'ennemis. Le commandant des troupes susmentionnées envoya, ce soir, 1 sous-officier et 14 dragons à Biburg pour enlever tout ce qui s'y trouverait de vivres et fourrages. Nous désirons beaucoup d'être délivrés d'ennemis, ce qui serait d'autant plus facile qu'il n'y a que 1,500 hommes d'infanterie et 500 chevaux à Neumarkt et que tous les villages en avant du front de l'armée ennemie, depuis Neumarkt jusqu'à la rive droite de l'Isar, sont entièrement évacués, de manière qu'il ne faudrait que 200 dragons à Biburg pour garantir nos environs des insultes de l'ennemi.

Le général Songis à l'Empereur.

Munich, le 3 brumaire an XIV.

Sire,

Conformément aux ordres de Votre Majesté, je fais faire des recherches à Ulm pour découvrir s'il y a quelques grosses pièces pour l'armement d'Augsbourg. Je ne crois pas qu'on puisse y en trouver. J'ai fait parcourir et j'ai parcouru moi-même tous les ouvrages d'Ulm et je n'ai vu que des pièces de campagne.

J'ai laissé à Augsbourg, pour organiser le service de l'artillerie, le général Hanicque avec deux capitaines. J'ai reconnu avec lui le local pour l'emplacement du parc, une maison voisine pour servir de magasin de munitions et l'arsenal de la ville qui conviendra parfaitement pour l'établissement des ateliers de tous genres et pour des salles d'armes. Je me suis concerté avec la Commission du Sénat pour qu'elle remette ces différents emplacements à l'artillerie; l'arsenal est maintenant occupé en partie par des prisonniers autrichiens, qui pourront facilement être placés ailleurs et, en partie, par le dépôt de chevaux de la Garde impériale; j'ai engagé M. le maréchal Bessières à lui donner ordre de se rendre dans un autre local que fournira la municipalité.

J'ai pris des mesures pour que toutes les bouches à feu, armes et munitions prises aux Autrichiens soient transférées à Augsbourg (1).

État-major général. — Ordre du jour.

Au quartier général impérial, à Augsbourg, le 3 brumaire an XIV.

Tous les soldats restés en arrière ou sortant des hôpitaux, qui rejoindront l'armée, seront dirigés sur Augsbourg.

Il y aura dans cette ville un adjudant-commandant de l'état-major et deux adjoints. Tous les individus des différentes armées qui arriveront à Augsbourg, se rendront chez cet adjudant-commandant, qui les fera loger dans la maison qui aura été désignée pour recevoir les dépôts des corps d'armée auxquels ils appartiendront. Ils n'en partiront pour rejoindre leurs corps, que lorsqu'il y aura cinquante hommes du même corps d'armée et sous la conduite d'un officier.

Le Major général instruira chaque jour cet adjudant-commandant du lieu où se trouvera chaque corps d'armée.

---

(1) Le même jour, deux autres lettres de Songis à l'Empereur annoncent que l'équipage de pont de 30 bateaux, envoyé à Neuhausen près Munich, est complet en poutrelles, madriers et agrès, et que le grand parc de l'armée a fourni à Augsbourg 9 pièces de 12, 7 caissons de 12, 8 caissons de 8 et 4 caissons d'obusiers de 6 pouces.

Le lendemain 26, Songis écrit à Berthier une lettre résumant celles du 25 à l'Empereur. Il ajoute qu'il a réitéré au directeur général des parcs l'ordre de rassembler le plus promptement possible le grand parc à Augsbourg et de s'y rendre lui-même sur-le-champ.

25 OCTOBRE.

Les maisons qui seront désignées pour servir de dépôts aux différents corps d'armée, seront assez considérables pour que 400 hommes, au moins, puissent y loger ; la volonté de l'Empereur étant qu'elles servent en même temps d'hôpitaux de convalescence, de manière que les hommes trop fatigués de la route ou convalescents, puissent s'y reposer quinze jours et reprendre des forces.

Il y aura un médecin attaché à chacun de ces dépôts. Comme l'artillerie a des armes et des cartouches à Augsbourg, les commandants des dépôts veilleront à ce que les hommes partants soient armés et aient les 45 cartouches que chaque homme doit avoir.

Tous les détachements venant de France pour rejoindre l'armée auront un jour de repos à Augsbourg, et l'officier chargé de la surveillance des dépôts les passera en revue, pour s'assurer qu'avant de quitter Augsbourg, leur armement est en règle et qu'ils ont le nombre de cartouches nécessaire.

Il est ordonné aux chefs des corps de toutes armes de mettre, sans aucun délai, à la disposition de M. l'Intendant général ou des commissaires-ordonnateurs en chef des divers corps de l'armée, leurs chirurgiens, aides et sous-aides-majors, pour le service des hôpitaux, à la première réquisition qui leur en sera faite.

Les dispositions de l'ordre du jour du 19 vendémiaire, qui défendent expressément l'enlèvement des chevaux de poste ou leur emploi en contravention du règlement, sont expressément ordonnées, afin de prévenir la désorganisation du service important des postes d'Allemagne, et de faire que les maîtres de poste puissent entretenir un nombre suffisant de chevaux pour l'usage des courriers et celui des voyageurs.

Les maîtres de postes seront exempts de logements militaires, et de la charge de recevoir des chevaux étrangers dans leurs écuries. MM. les Maréchaux et Commandants en chef tiendront la main à la stricte exécution de ces dispositions.

BERTHIER.

Ordre.

Munich, le 3 brumaire an xiv.

A dater de ce jour, dans tous les cantonnements qui seront occupés par la Garde, le service se fera comme aux avant-postes et il devra y avoir des officiers de ronde pris dans les différentes armes.

Il y aura toujours un officier général et un officier supérieur de jour dans le quartier général de l'Empereur. L'officier supérieur rendra compte à l'officier général de jour et cet officier général à M. le maréchal Bessières.

L'officier général de jour sera chargé d'inspecter principalement les gardes, les piquets et les escadrons de l'escorte de Sa Majesté.

L'officier supérieur inspectera tous les autres postes.

Il y aura également tous les jours une ronde d'officier de l'état-major. Cette ronde sera faite alternativement par les aides de camp de M. le Maréchal ou du général chef de l'état-major ou de ses adjoints.

Cet officier supérieur rendra compte à M. le Maréchal.

Chaque général en chef de corps arrivant dans un cantonnement indiquera toujours, avant de dissoudre son corps, le lieu de rassemblement, soit en cas d'alerte, soit en cas de départ.

Si l'on prenait les armes par alerte dans le quartier général de l'Empereur, un bataillon et un escadron de chacun des corps d'infanterie et de cavalerie se rendront de suite auprès du palais de Sa Majesté et y attendront de nouveaux ordres.

A cet effet, chaque chef de corps désignera toujours, avant de dissoudre sa troupe, le bataillon ou l'escadron qui, en cas d'alerte, devra se porter près du palais impérial.

M. le Maréchal recommande à tous les chefs de postes établis extérieurement et intérieurement dans le quartier impérial la plus grande exactitude et la plus grande surveillance et de penser avec sollicitude aux fonctions importantes qui leur sont confiées, puisqu'ils sont chargés de la garde de la personne de Sa Majesté, à la destinée de laquelle sont attachés si étroitement le bonheur, la gloire et le salut de l'Empire.

Pour ampliation du registre d'ordres :

Le Général, chef de l'état-major de la Garde impériale,

ROUSSEL.

Ministère de la guerre. — Rapport fait au Ministre.

Paris, le 3 brumaire an XIV.

Le général Michaud, commandant les troupes stationnées en Batavie, rend compte au Ministre, par une lettre en date du 24 vendémiaire, qu'il vient d'ordonner le départ de la colonne de 1,000 hommes qu'il avait réunie à Nimègue d'après les ordres que M. le Maréchal lui a transmis le 1er vendémiaire.

On a l'honneur de joindre ici le tableau de la composition de cette colonne, qui est partie de Nimègue le 26 vendémiaire et arrivera le 8 brumaire à Mayence.

Le général Michaud observe qu'il ne reste plus dans les dépôts de troupes françaises que les hommes incapables de faire un service actif et des conscrits, nouvellement arrivés, qu'il faut habiller et instruire.

Il ajoute que les dépôts bataves n'ayant aucun homme en état d'entrer en campagne, il a fait marcher tout ce que le régiment allemand de Saxe-Gotha présentait en hommes disponibles.

Le général Michaud termine en exposant à Son Excellence qu'avec ce qui reste maintenant de troupes à Batavie, il pourra à peine porter à 1,000 hommes la réserve qu'il doit réunir à Berg-op-Zoom, même en dégarnissant tout l'intérieur du pays.

Jacquot d'Amersbach (1).

---

(1) Cette lettre n'est arrivée que le 6 novembre à Linz, ainsi qu'en fait foi le visa à l'arrivée. Elle a donc mis treize jours à faire le trajet.

CHAPITRE II

26 octobre.

Bernadotte à l'Empereur.

Munich, le 4 brumaire an XIV.

Sire,

J'ai reçu les ordres de mouvement que le Ministre de la guerre m'a transmis hier; les troupes que je commande ont été mises en marche aujourd'hui de grand matin; je remplirai ponctuellement les intentions de Votre Majesté.

Jaloux d'avoir l'honneur de prendre congé de Votre Majesté, je me suis présenté hier soir à son palais; elle était déjà retirée; le matin, l'aide de camp de service m'a fait dire que Votre Majesté était renfermée dans son cabinet; je pars privé de l'avantage de lui présenter mon respect.

En remerciant humblement Votre Majesté de la confiance qu'Elle m'accorde, j'ose lui donner l'assurance que personne n'est plus désireux que moi de concourir de tous ses moyens aux succès de ses armes; et je me trouverai parfaitement heureux si Votre Majesté daigne être satisfaite de mon zèle et de mon absolument dévouement.

Bernadotte à l'Empereur.

Munich, le 4 brumaire an XIV.

Sire,

M. Muller, commissaire bavarois, employé près de moi, vient de me prévenir que l'empereur d'Autriche faisait courir dans toute l'Allemagne l'offre d'un million à quiconque attenterait aux jours de Votre Majesté.

Quoique je me refuse à croire qu'un monarque s'avilisse et se dégrade à ce point, je n'ai pas voulu perdre une minute sans transmettre cet avis à Votre Majesté.

J'ai chargé M. Muller de se procurer des renseignements plus précis sur cette nouvelle, je l'adresse par l'adjudant-commandant Maison à un aide de camp de Votre Majesté, qui pourra lui faire les questions qu'il jugera nécessaires.

1ᵉʳ CORPS D'ARMÉE.

Continuation de l'ordre de marche du 4 brumaire.

Ebersberg, le 4 brumaire an XIV.

Le général Kellermann partira de suite de sa position en avant d'Ebersberg pour prendre position sur les hauteurs en arrière de Wasserbourg ; il occupera de suite la ville et tâchera de réunir tous les moyens pour rétablir le pont qui a été détruit par l'ennemi. Il fera passer quelques détachements sur la rive droite de l'Inn. Ces postes auront la plus grande surveillance afin de ne point se laisser surprendre.

M. le lieutenant général de Wrède partira également de suite de sa position pour se porter en arrière du général Kellermann à une demi-lieue de Reitmehring, détachant un bataillon d'infanterie et un piquet de cavalerie pour occuper l'abbaye de Closter (1).

M. le général de division Drouet partira de suite avec sa division pour aller prendre position à Sprengelbach.

Le général Pacthod se placera en arrière du général Drouet à Steinhöring et commencera son mouvement dès l'instant où le général Drouet aura effectué le sien.

M. le lieutenant général de Deroy, commandant la réserve, prendra position ce soir à son arrivée à Oberndorff, une demi-lieue en avant d'Ebersberg.

Le grand quartier général sera à Steinhöring.

---

(1) « Le lieutenant général baron de Wrède fit une démonstration vers Hohenlinden pour détourner l'attention de l'ennemi du mouvement qui fut exécuté le lendemain sur Wasserbourg. » (Journal de la division de Wrède.)

Journal de la division de Wrède.

De nuit, le lieutenant général reçut l'ordre d'avancer, le 26 octobre, par Ebersberg et d'y attendre l'arrivée de l'armée, et les dispositions ultérieures. Ayant reçu, à son entrée dans Steinhöring, le rapport que l'ennemi avait abandonné Wasserbourg, il y envoya aussitôt le lieutenant-colonel de Stengel avec deux compagnies et un escadron, pour l'occuper et rétablir le pont. Avant d'arriver sur la hauteur de la ville, le lieutenant-colonel fut reçu par un feu de mousqueterie très vif de la part de l'ennemi ; mais il sut jeter si précipitamment son infanterie du côté de la ville, en la plaçant par parcelles sur les élévations en arrière, que l'ennemi, après une fusillade d'une heure, fut réduit à se retirer, ayant 8 hommes tués et nombre de blessés. Les Bavarois n'eurent ni morts, ni blessés. Sur ces entrefaites arriva un ordre du Maréchal de détacher trois bataillons à Kloster-Attl, où la brigade de Mezzanelli se rendit ; le 2° bataillon léger y passa nuitamment l'Inn, comme fit le général Kellermann a Wasserbourg.

Le Maréchal avait son quartier général à Ebersberg et le transféra, l'après-midi, à Steinhöring.

On reçut l'avis que les Russes avaient quitté l'Inn pour se réunir à Wels avec 12,000 Autrichiens attendus de l'intérieur.

Le général Grouchy à l'ordonnateur Aubernon.

Giesing, le 4 brumaire an XIV.

Mon cher Ordonnateur, le service de la division, quant à la viande, venant encore de manquer, par suite de l'impéritie de M. de Laisne, inspecteur des vivres-viande, qui, quoique prévenu dès ce matin du lieu où devait se faire la distribution et ayant ordre de faire abattre, n'a exécuté rien de ce qui lui était prescrit, et est cause que le soldat attendra toute la nuit la distribution qui eût dû et pu lui être faite à 6 heures du soir ; je fais arrêter cet employé et vous l'envoie, en vous demandant sa punition et son remplacement.

Il est de mon devoir de ne pas tolérer plus longtemps que 5,000 hommes souffrent chaque jour de l'incapacité et du peu de zèle d'un individu qui se conduit d'ailleurs de manière à ce qu'une partie de la division élève des doutes, même sur sa moralité.

Veuillez, mon cher Ordonnateur, m'envoyer un autre employé ou quelqu'un qui puisse faire le service à la place de M. de Laisne.

2ᵉ CORPS D'ARMÉE.

Emplacement des troupes.

Grand quartier général, à Schwabing.
1ʳᵉ division, à Haidhausen.
2ᵉ division, à Ober-Giesing.
Division de cavalerie, à Mittel-Sendling.
Grand parc, à Schwabhausen.
Distance d'un quartier général à l'autre : 5 lieues 1/4 communes de 25 au degré.

Journal de la Réserve de cavalerie.

4 brumaire an XIV.

Le corps d'armée est resté en position. A 2 heures, le régiment des chasseurs de la Garde est parti pour Munich.

A 2 heures, un officier de l'état-major général a apporté des ordres du Ministre de la guerre pour chaque division formant le corps d'armée et pour le général Milhaud. Le Prince changea de commandement. Tout l'état-major du Prince reçut l'ordre de partir de suite et de se rendre à Anzing, sur la route de Munich à Mühldorf (1). C'est là que le Prince réunit les 2ᵉ et 3ᵉ divisions de dragons ainsi que la 2ᵉ division de grosse cavalerie.

La 3ᵉ occupa le soir Hohenlinden, où fut le quartier du Prince (2). La 2ᵉ s'établit à Anzing (3), et la grosse cavalerie à Parsdorf (4).

Le commissaire des guerres Thomas au général Gudin.

4 brumaire an XIV.

Mon Général,

J'ai l'honneur de vous rendre compte que, par suite des ordres de M. le Maréchal, en date du 2 de ce mois, qui portaient que la 3ᵉ divi-

---

(1) L'état-major fit ce trajet en poste.
(2) « Le 4 à Anzing, et de là à Hohenlinden, occupant les villages environnants. Plusieurs reconnaissances furent faites sur Haag, sans rien apprendre de nouveau. » (Journal de la 3ᵉ division de dragons.)
(3) « La division passe l'Isar et vient cantonner dans les villages de Parsdorf et d'Anzing. » (Journal de la 2ᵉ division de dragons.)
(4) L'état d'emplacements, d'ailleurs souvent inexact, dit Anzing pour les

sion recevrait le pain pour un jour à Munich, je me suis rendu dans cette ville, pour y faire faire en ma présence la distribution. Malgré toutes mes démarches, et l'intervention de l'ordonnateur en chef Chambon, je n'ai pu obtenir que 4,600 rations, que j'ai réparties entre les quatre régiments, à valoir sur la journée du 5. Hier, aussitôt mon arrivée à Freising, je me suis transporté chez l'ordonnateur en chef, et j'ai fait d'autres démarches pour obtenir le complément de la journée du 5. Le magasin offrait peu de ressources et la 2ᵉ division avait obtenu un ordre M. le Maréchal pour obtenir le pain jusqu'au 6. J'ai cependant insisté et M. l'adjoint Burget m'ayant prévenu ce matin qu'il avait donné l'ordre que l'on me fit la remise de tout le pain existant en magasin, je devais compter pouvoir terminer le prise du 5 et faire donner pour le 6. Mes employés se sont présentés au magasin et n'ont pas trouvé une seule ration disponible.

Il résulte de ce détail, mon Général, que votre division n'est servie en pain que pour une partie du 5. A la vérité, les ressources que j'ai disponibles me permettent de compléter cette journée. C'est tout ce sur quoi vous pouvez compter et, conséquemment, le pain est dû pour le 6.

Je vous prie, mon Général, de faire part à M. le Maréchal de notre situation en vivres, afin qu'il ne puisse en douter et qu'il assigne telle ressource qu'il jugera à propos pour la journée du 6 et celles suivantes (1).

(A. G.)

Daultanne à Gudin.

Au quartier général à Erding, le 4 brumaire an XIV.

J'ai l'honneur de vous prévenir, mon cher Général, que vu les mauvais chemins qui conduisent à Dorfen, M. le Maréchal a changé les dispositions de la marche du corps d'armée.

---

trois divisions Beaumont, Walther et d'Hautpoul. Le parc d'artillerie de la Réserve de cavalerie est encore en Souabe.

(1) Le maréchal Davout trouve quelques milliers de pains à Haag (qui n'est pas sur la route prescrite par l'Empereur). Les généraux de division sont invités à y envoyer chercher leur part. Gudin devra se fournir jusqu'au 7 inclus avec ce qu'il recevra là et ce qu'il aura trouvé à Erding. Davout se rend à Mühldorf, où il espère réunir deux jours de pain pour tout son corps d'armée.

Le général Gudin est invité à prendre livraison de 300 paires de souliers à Freising le 26 au matin.

La 1ʳᵉ division viendra prendre position en avant de Haag, la gauche à la route de Mühldorf.

La 2ᵉ division à la hauteur de la 1ʳᵉ et la droite à la grande route; ces deux divisions occuperont les bois et couronneront les hauteurs qui se trouvent à la droite et à la gauche de ladite route.

La 3ᵉ division occupera la tête des bois qui se trouvent en arrière de Haag.

Le parc de réserve, ainsi que les ambulances, parqueront en arrière de Haag à la droite de la route.

Tout le corps d'armée suivra la grande route. De Haag passera par Hohenlinden pour se rendre aux positions indiquées.

Le quartier général sera établi à Haag.

Le général Gudin est invité de faire connaître les dispositions du présent ordre au commandant du parc de réserve, ainsi qu'aux chefs des ambulances.

P.-S. — Je rouvre ma lettre pour vous dire, mon cher Général, que vous arriverez où vous pourrez, mais il faudrait que ce fût du moins après avoir débouché de la forêt de Hohenlinden (1).

Et il en sera de même pour le parc.

(*A. G.*)

3ᵉ CORPS D'ARMÉE.

Journée du 4 brumaire an XIV.

Quartier général : Haag.

Avant-garde : Ampfing.

L'infanterie (13ᵉ légère) prend position à 1/8ᵉ de lieue d'Ampfing, à cheval sur la route. Le 108ᵉ reste à Ampfing.

Le même soir on entre à Mühldorf. Les ennemis ont entièrement évacué la rive gauche de l'Inn. Un bataillon autrichien, couvert par une espèce de retranchement, garde le pont.

On s'occupe de suite à refaire le pont dont quatre arches étaient coupées et une pile détruite.

La cavalerie passe par la grande route d'Hohenlinden et arrive à Haag.

La cavalerie légère de l'avant-garde et quelque infanterie légère prennent possession de Mühldorf.

---

(1) La brigade Gautier s'arrête en effet en arrière de Hohenlinden, à la lisière du bois. (Rapport du général Gautier au général Gudin. *A. G*₁)

1re division : Haag.

La 1re division se porte sur Hohenlinden, elle bivouaque 3/4 de lieue en arrière d'Haag, dans les bois à droite de la route. Le 1er bataillon du 51e à 1/4 de lieue en avant de Haag

Cette division et la 2e devaient se porter sur l'Inn et prendre position sur la rive droite de cette rivière, à Taufkirchen, mais les routes étaient impraticables. L'avant-garde seule passa par la traverse.

2e division : Haag.

Se porte aussi en avant par la route de Haag et bivouaque à 3/4 de lieue en arrière de ce village, à gauche de la route, étendant sa gauche en avant de

Le bataillon du 111e, qui avait été détaché sur Moosburg, a rejoint sa division à la hauteur d'Erding.

3e division : En arrière de Hohenlinden, à cheval sur la route.

Parc de réserve : Suit le mouvement de la 3e division.

Notes topographiques et militaires.

Le point de Mühldorf est favorable à un passage de l'Inn. La rive gauche domine la rive droite et l'on peut se couvrir des anciennes fortifications de cette place pour approcher jusqu'au bord de la rivière. Les batteries placées derrière ces restes de fortifications et sur les hauteurs en arrière de Mühldorf doivent bientôt écraser les moyens de défense de l'ennemi. Le seul moyen qu'il pourrait employer serait de tomber, la baïonnette au bout du fusil, sur les premières troupes qui passeraient et de les culbuter dans la rivière. Le point de Neu-Œtting, au contraire, n'est pas favorable à un passage de vive force.

État-major général. — Ordre de marche pour le 4 brumaire an XIV.

Au quartier général à Haag, le 4 brumaire an XIV.

L'avant-garde sera rendue demain à Ehrharting, route de Neumarkt à Neu-Œtting à 6 heures du matin. Elle aura des postes sur l'Inn, vis-à-vis Œttingen. Elle s'établira à cheval sur la route, en faisant face à l'Inn.

Comme il serait très possible que les partis qui étaient sur Vilsbiburg et Neumarkt ne se soient point repliés, le général Heudelet enverra de forts détachements sur Neumarkt pour attaquer et faire mettre bas les armes à tout ce qui pourrait s'y rencontrer.

La 1re division partira demain à 5 heures précises du matin, et se portera à la hauteur d'Ampfing, la droite au bois qui borde la rive gauche de l'Inn et la gauche se prolongeant sur la grande route de Mülhdorf.

Cette division fera occuper Mülhdorf par un régiment.

La 2e division se portera en avant d'Ampfing la gauche à l'Inn et la droite se liant avec la 1re division.

La cavalerie légère sera placée en intermédiaire entre Mülhdorf et les deux premières divisions.

La 3e division prendra position à Haun. Elle occupera Kraiburg par un bataillon.

Le général Gudin fera partir ce bataillon de manière à être rendu à Kraiburg entre 8 et 9 heures du matin.

Le général Andréossy, commandant l'arme du génie, fera rassembler à Mülhdorf et Kraiburg tous les matériaux nécessaires pour la réparation et la reconstruction des ponts. Les officiers du génie et les détachements de sapeurs employés dans le corps d'armée seront mis à sa disposition pour la confection de ces travaux. Il est même autorisé à faire, s'il le juge nécessaire, la demande des sapeurs de régiment.

Les généraux prescriront aux commandants des postes qu'ils établiront sur l'Inn de s'emparer de tous les bateaux qui existent sur la rive gauche de cette rivière et de les faire rassembler sur les points de Mülhdorf et de Kraiburg. Si cette opération faisait éprouver de trop grands dangers, pendant le jour, elle sera exécutée la nuit.

Le général Andréossy fera connaître s'il n'existe pas sur l'Inn des gués pour la cavalerie et des points de passage depuis Kraiburg jusqu'à Œtting.

Le parc s'établira derrière la 3e division. Le quartier général sera établi à Ampfing.

Le Général chef de l'État-Major général,

DAULTANNE (1).

---

(1) *Note de la main du général Gudin* : « Un bataillon du 12e régiment prendra l'avance et marchera aussi vite que possible. A Haag, il recevra de nouvelles instructions. Le quartier général de la division sera à Haun. Le parc d'artillerie en arrière de cet endroit.

(*A. G.*) « GUDIN. »

26 OCTOBRE.

Journal de la division Friant (1).

De Freising à Zingelbach, en arrière de Haag, le 4 brumaire an XIV.

L'avant-garde, sous les ordres de M. le général Heudelet, va s'établir à Ampfing, gros village sur la route de Munich à Braunau, et se rend maîtresse de Mühldorf, sur la rive gauche de l'Inn, après avoir échangé quelques coups de canon avec l'ennemi, qui fit aussi quelque résistance dans le château près la rivière. Les 1re et 2e divisions éprouvèrent un retard de deux heures au moins, au moment de leur départ, à cause du passage du reste des corps Soult et Lannes. L'armée commençait à se concentrer, les divisions du 3e corps avaient d'abord reçu l'ordre de se porter sur Dorfen, de suivre la vallée de l'Isar et d'aller bivouaquer en avant de Dorfen; mais elles reçurent à Erding contre-ordre à cause du mauvais chemin, et elles durent appuyer fortement sur leur droite, et aller gagner à Hohenlinden la route de Munich à Braunau par Mühldorf; les troupes firent ce jour-là plus de 14 lieues, et arrivèrent le soir après 10 heures, par des chemins généralement mauvais, à leurs bivouacs dans les bois, à Sinkenbach, à cheval sur la route, trois quarts de lieue environ en arrière de Haag, où le maréchal Davout eut son quartier général. A la sortie de Freising, nous passâmes la Mosach et l'Isar (qui lors des basses eaux sont séparées par une langue de terre) sur un grand pont en bois qui a bien 120 mètres de longueur. Ce pont a peu de largeur; il est en mauvais état et brûlé en partie. L'Inn est sujette à d'assez grands débordements..... Passé le pont, on trouve d'abord un chemin à droite et un autre à gauche; le terrain est assez plan, mais peu fertile; bois à gauche à 700 mètres du chemin, qui varie de largeur et est rarement ferré ; il traverse d'abord Attaching qui se trouve sur la droite d'un bras de l'Isar, et non loin d'un gros ruisseau... L'église et le cimetière sont en maçonnerie ; il y a plusieurs belles auberges. Dans l'espace d'une lieue, on passa trois ou quatre autres ruisseaux, sur de mauvais ponts en bois. En général, le terrain jusqu'ici est marécageux, assez mauvais; les prairies sont en grande partie d'herbes courtes. De Gichen, forêt entre Attaching et Schwaig, distant entre eux d'une lieue et demie, on descend à Schwaig par une pente assez douce; ce village est situé sur la rive gauche de la Dorfen, petite rivière que l'on passe sur un pont en bois, à la sortie dudit village. La montée après le pont, pour sortir du vallon de la Dorfen, est bonne et conduit à un plateau plus élevé, large de 1,400 à 1,500 mètres, et sur

---

(1) Par le capitaine du génie Ménissier.

CHAPITRE II.

lequel le chemin est meilleur; descente pour arriver à Nieder-Ding, village avec église et cimetière muré ; le vallon, peu profond, de Nieder-Ding est à peu près parallèle à l'axe de la route, le plateau entre ce dernier village et la petite ville d'Erding a, à peu près, les mêmes dimensions que le précédent.

Erding, sur la rive gauche de la Sempt, est peu considérable; plusieurs routes y aboutissent, elle a une forme elliptique, avec enceinte et fossés dans lesquels coule la petite rivière de Sempt ; à la sortie d'Erding, on remonte la Sempt en longeant sa rive droite, on passe à Kibbing (?), à Bretzen..... Le chemin est presque plan et passe aux pieds de hauteurs médiocres, sur le plateau desquelles on monte en quittant Bretzen. Ce plateau, assez beau, se continue jusqu'à Ober-Hörlkofen qui est dans un fond, et que l'on quitte pour monter sur un nouveau plateau boisé, et ensuite descendre dans le petit hameau de Wimbach, à droite et près lequel sont deux hauteurs entre lesquelles passe un chemin allant à Porgenberg. Le chemin continue à être accidenté et passe à Spanne (?), Reithofen, Dading, Wetting, Forstern ; Dading est au pied d'une hauteur isolée dite Forstern et non loin d'une des sources de l'Inn, plusieurs chemins vicinaux se croisent dans Forstern, il y a beaucoup de bois assez clairs à la vérité, de Forstern à Hohenlinden, sur la route de Munich à Braunau ; ce dernier village, pauvre d'ailleurs, et dont les maisons sont couvertes en bois, est devenu célèbre par la fameuse bataille gagnée, en 1800, par Moreau sur les Autrichiens. Cette victoire mémorable conduisit notre modeste et habile général aux portes de Vienne, et il y serait entré, si le prince Charles, qui connaissait la position affligeante dans laquelle se trouvait son pays, par suite de cette bataille et de celle de Marengo, gagnée en Italie vers le même temps. n'eût déterminé l'empereur d'Autriche à demander la paix, et à la recevoir aux conditions qu'il plut à la France de lui imposer.

Beaucoup de bois peu garnis, des champs, un terrain légèrement accidenté, des bas-fonds peu considérables, l'Inn sur la gauche et l'Ack sur sa droite, tel est l'ensemble du terrain sur lequel Moreau gagna cette glorieuse victoire, qui ajoutait peu à sa belle réputation.

Il y a 2 lieues de bois de Hohenlinden à Maitenbeth, petit hameau à l'extrémité d'une hauteur à droite, qui se continue parallèlement à la route jusqu'à Sinkenbach, où les deux divisions établirent leurs bivouacs ; la route entre ces deux villages est aussi bordée de hauteurs à gauche ; mais elles sont plus élevées; la route, bonne et bien ferrée, est d'ailleurs à peu près plane. A Maitenbeth, on cesse d'avoir des bois sur la gauche; mais ils continuent sur la droite jusqu'à Haag, où M. le Maréchal avait établi son quartier général.

4° CORPS D'ARMÉE.

Ordre du 4 brumaire an XIV.

La division de cavalerie légère se rendra à Parsdorff, sur la route de Mühldorff, à Neufahrn, Anglprechting et Purfing, où elle cantonnera; la compagnie d'artillerie légère se tiendra à Parsdorff.

La 3° division se rendra à Feldkirchen, aussi sur la route de Mühldorff, à Saint-Eméran, Weissenfeld, Oberndorf, Salmdorf, Gronsdorf et Ottendichel, où elle cantonnera; son artillerie se tiendra Feldkirchen.

La 2° division se rendra à Zamdorff, Ascheim, Dornach et Riem, où elle cantonnera; son artillerie se tiendra à Riem.

La 1re division se rendra à Strasstrudering, Berg-am-Laim, Baumkirchen, Ramersdorf et Perlach, où elle cantonnera; son artillerie se tiendra à Strasstrudering.

Le parc d'artillerie du corps d'armée s'établira en avant et à droite de Bogenhausen. Tous les chevaux d'artillerie seront mis à couvert dans les granges des communes les plus à portée de leur établissement.

Le quartier général du corps d'armée sera dans le faubourg de Munich, sur la rive droite de l'Isar.

MM. les généraux commandant les divisions du corps d'armée enverront, dans le jour, à l'état-major général, l'état de situation des troupes de toutes armes qu'ils commandent.

La distribution de souliers et celle de subsistance pour les troupes du corps d'armée seront annoncées par un nouvel ordre (1).

---

(1) Le même jour, Salligny adresse à Andréossy les déclarations des officiers autrichiens pris à Memmingen, qui se sont engagés à ne pas servir jusqu'à leur échange. Il adresse aux chefs d'état-major (*sic*) des divisions et armes, douze imprimés de situations mensuelles, qu'il les invite à remplir et envoyer régulièrement. Il leur envoie aussi des imprimés de situations de 3 jours pour les corps. Ces situations sont indépendantes de celles qui doivent être fournies le 1er et le 16 de chaque mois, et qu'on avait demandées d'abord tout les huit jours. Deux capitaines d'infanterie sont autorisés par le maréchal à avoir un cheval. 5,000 paires de souliers, de celles que l'Empereur a accordées avant son départ de Boulogne, sont réparties à raison de 370 à 400 par régiment d'infanterie, 240 aux tirailleurs du Pô et autant aux tirailleurs corses; 200 à l'artillerie, 50 aux sapeurs. Réclame à Andréossy des ordonnances fournies à des généraux étrangers au 4° corps; demande le renvoi de 14 hommes laissés à la garde des bateaux sur le Lech.

Journal du 5ᵉ corps d'armée.

Quartier général : Landshut. **4 brumaire an xiv.**

La division de cavalerie légère se dirigea sur Landshut où la brigade de chasseurs reçut ordre de se rendre le soir à Vilsbiburg et celle de hussards à Geisenhausen.

La division de grenadiers se rendit à Landshut.

La brigade Ruffin n'ayant pu y arriver, bivouaqua à deux lieues en arrière.

La division aux ordres du général Suchet se rendit aussi à Landshut, Deux régiments cantonnèrent dans la ville; les trois autres bivouaquèrent dans les environs.

La division Gazan se dirigea sur Landshut et bivouaqua dans les environs d'Eching.

La division de cuirassiers se rendit à Schlingenthal (?) et Altdorf en arrière de Landshut (1).

Le général Compans au général Gazan.

Mosburg, le 4 brumaire an xiv.

L'intention de M. le Maréchal commandant en chef est que vous cantonniez ce soir votre division sur la route de Mosburg à Landshut, de manière à vous rapprocher le plus possible de ce dernier endroit. Il désire que vous fassiez faire, dans vos cantonnements, dans les villages voisins et surtout à Mosburg, des réquisitions de pain qui vous donneront une avance d'un jour. Votre division doit partir demain, au point du jour, pour se diriger par Landshut sur Vilsbiburg où elle se mettra à la suite du corps d'armée, s'il se porte plus avant.

Faites aussi en sorte de vous procurer de l'eau-de-vie; quant à la viande, M. le Maréchal pense que vous ne devez pas être en retard et que vous avez partout de la facilité de vous en procurer (2).

---

(1) L'état d'emplacements de la Réserve de cavalerie, d'ailleurs sujet à caution, place Nansouty à Furth.

(2) A Landshut même, Compans fait une réquisition de 100,000 rations de pain, 50,000 rations de viande et 150,000 rations d'eau-de-vie pour le 27, à 7 heures du matin ; une réquisition de 25,000 bouteilles de bière est réduite à 8,000, soit une demi-bouteille par homme pour les divisions Oudinot et Suchet. La division Gazan, qui doit se procurer des vivres dans ses cantonnements, peut faire toucher à Landshut, le 26, par son commissaire des

Compans à Oudinot.

Landshut, le 1 brumaire an xiv.

D'après les dispositions arrêtées par M. le Maréchal commandant en chef, la division à vos ordres devra se mettre en marche demain matin pour aller s'établir, dans le jour, ainsi qu'il suit :

L'infanterie à Vilsbiburg et dans les villages voisins de cet endroit, en arrière de la rivière de Vils, la brigade de hussards sur la rive droite de cette rivière, en arrière de la division Suchet, qui doit s'établir sur la rivière de Bina, ayant son centre à Aich. J'ai l'honneur de vous prévenir, mon Général, que M. le Maréchal a donné des ordres pour qu'il soit fait une distribution de bière à raison d'une bouteille par homme.

Compans à Gazan.

Landshut, le 4 brumaire an xiv.

D'après les ordres de M. le Maréchal commandant en chef, vous voudrez bien partir demain matin des cantonnements que vous occupez avec la division à vos ordres, pour vous diriger sur Geisenhausen, où vous recevrez des ordres ultérieurs pour la route que vous aurez à suivre. Votre division a dû recevoir aujourd'hui 14,000 rations de pain ; à votre passage à Landshut, vous pourrez en faire prendre en magasin une semblable quantité.

Il sera également délivré à vos troupes de la bière, à raison d'une bouteille par homme.

Si vous n'avez pas reçu aujourd'hui la viande pour demain, vous pourrez aussi la faire distribuer à votre passage à Landshut. Si votre train d'artillerie a besoin d'avoine pour ses chevaux, vous pourrez en faire prendre ici pour deux jours.

P.-S. — La commune de Landshut se trouvant dans l'impossibilité de fournir la bière qui lui a été demandée, M. le Maréchal vous engage à vous en procurer dans vos cantonnements.

---

guerres, un jour de pain et de viande et 18 quintaux de sel. Il est requis à Landshut 25,000 paires de souliers et 25,000 capotes à confectionner dans le plus bref délai. Compans invoque l'attachement des autorités à la cause commune franco-bavaroise.

Compans à Suchet.

Landshut, le 4 brumaire an XIV.

D'après les dispositions arrêtées par M. le Maréchal commandant en chef, la division à vos ordres, augmentée de la brigade de chasseurs à cheval aux ordres du général Fauconnet, devra s'établir dans la journée de demain dans l'ordre suivant :

L'infanterie à Aich et dans les villages voisins à droite et à gauche, en arrière de la rivière de Bina, de manière à ce qu'elle soit rapprochée le plus possible du point principal.

Un régiment de chasseurs sur la route d'Aich à Neumarkt, à une lieue environ de ce premier endroit, le second régiment de chasseurs sur la route d'Aich à Ganghofen, à une demi-lieue de la gauche de l'infanterie.

Le premier régiment poussera des reconnaissances sur Neumarkt, le second en poussera sur Ganghofen et même plus avant.

M. le Maréchal désire que votre infanterie parte vers les 8 heures du matin et, qu'à son passage à Landshut, elle prenne 20,000 rations de pain, y compris celui qu'elle a déjà reçu, de la viande pour aujourd'hui et demain, de la bière pour un jour, à raison d'une bouteille par homme et de l'eau-de-vie pour le 17e régiment.

Le commissaire des guerres d'Agiou, faisant fonctions d'ordonnateur, a reçu des ordres en conséquence ; vous trouverez ci-joint, mon Général, une lettre à l'adresse du général Fauconnet, dans laquelle je le préviens qu'il passe sous vos ordres ; vous le trouverez sur votre route : il a pris ses cantonnements ce soir entre Landshut et Vilsbiburg.

5e CORPS D'ARMÉE (3e DIVISION).

Ordre du 4 brumaire an XIV au soir.

Tous les corps de la division devront recevoir des magasins de Landshut pour trois jours de pain, une bouteille de bière et une ration de viande.

La brigade de cavalerie légère aux ordres du général Fauconnet fait partie de la division.

Demain à 7 heures, les brigades Fauconnet et Claparède se rendront en avant de Vilsbiburg où elles recevront de nouveaux ordres.

Les brigades Becker et Valhubert partiront à 8 h. 30 pour se rendre à Vilsbiburg où elles recevront les ordres nécessaires pour leur emplacement.

L'artillerie suivra immédiatement la dernière brigade ; les voitures, ambulances, fourgons, etc., marcheront après l'artillerie. Des gendarmes seront chargés de faire exécuter cette disposition.

Signé : Suchet.

Pour copie conforme :
l'Adjudant-commandant, chef d'état-major (1).

Compans à Nansouty.

4 brumaire an xiv.

M. le Maréchal commandant en chef me charge de vous donner l'ordre de partir demain matin avec votre division pour vous rendre à Vilsbiburg, où son corps d'armée se réunit. Dans le cas où vous n'auriez pas de pain pour quatre jours, il vous engage à prendre ici, à votre passage, celui dont vous auriez besoin pour vous mettre à ce complet. Il vous engage aussi à y prendre de l'avoine pour deux jours.

Journal de la division Dupont.

Elle reçoit le 4, à 1 heure après midi, l'ordre de se rendre à Mainburg ; elle part sur-le-champ, marche une partie de la nuit dans de très mauvais chemins, et arrive à 10 heures du soir.

---

(1) L'enveloppe porte : A M. le général Becker, n° 520, à Landshut.

Relevé des derniers ordres de mouvements donnés à la Grande Armée (1).

Quartier général impérial, à Munich, ce 4 brumaire an XIV (26 octobre 1805).

DÉSIGNATION des corps.	EMPLACEMENT.	OBSERVATIONS.
Garde impériale	A Munich. Les chasseurs qui étaient encore à Neustadt ont eu ordre le 30 de venir à Munich et le 3 brumaire de se rendre à Landshut.	Ils y attendent de nouveaux ordres.
1er corps (Bernadotte)	Est parti aujourd'hui des environs de Munich, se dirigeant sur Wasserburg où son avant-garde doit arriver ce soir, son arrière-garde devant dépasser Obersdorf.	Il peut pousser des corps sur Rosenheim.
Corps bavarois	Même destination que le 1er corps.	Détachements : Rain, Donauwœrth, Ulm.
2e corps (Marmont)	Arrivé aux environs de Munich.	Où il attend des ordres.
3e corps (Davout)	Doit avoir pris position aujourd'hui entre Freising et Mühldorf en passant par Erding et Dorfen. Son avant-garde entre Dorfen et Mühldorf.	
4e corps (Soult)	Est arrivé aujourd'hui en en avant de Munich sur le chemin de Mühldorf. Sa cavalerie légère ayant ordre de joindre le prince Murat vers Hohenlinden.	Peut rester demain pour prendre du pain pour deux ou trois jours; et s'il est trop gêné par le corps du général Marmont, doit pousser des troupes à deux ou trois lieues en avant.
5e corps (Lannes)	Se réunissant à Landshut; ordre d'hier de se porter le plus tôt possible à Vilsbiburg.	Il doit être joint par la division Nansouty.
6e corps (Ney)	Ordre de partir d'Ulm pour se rendre à Landsberg.	Il y aura à Ulm une brigade bavaroise.

(1) De la main du colonel Vallongue.

26 OCTOBRE.

DÉSIGNATION des corps.	EMPLACEMENT.	OBSERVATIONS.
7ᵉ corps (Augereau)...	Arrivé à Friburg, a ordre du 1ᵉʳ de se rendre à Kempten.	
Troupes d' Ingolstadt. { Division batave.	Part aujourd'hui d'Ingolstadt, arrive à Schwaig, demain à Pfeffenhausen, après-demain à Landshut.	
16ᵉ et 22ᵉ chasseurs	Partant aujourd'hui de Mehringen entre Ingolstadt et Neustadt, couchant à Mainburg et seront demain à Landshut.	
Troupes de Neustadt. { Division Dupont.	Part de Neustadt pour se rendre à Landshut.	Ordre du 3.
1ʳᵉ division de grosse cavalerie (Nansouty). 1ʳᵉ division dragons (Klein).	Partent également de Neustadt pour se rendre à Landshut.	Ordre du 3. Aux ordres du maréchal Lannes.
Autres troupes d' Ingolstadt. { Division de dragons à pied....	Une brigade reste à Ingolstadt ; l'autre, en partie montée à Ulm, arrive à Augsburg.	
51ᵉ régiment (général Rivaud)...	Part aujourd'hui d'Ingolstadt pour Munich ; doit rejoindre le corps du maréchal Bernadotte.	
Corps du prince Murat. { 2ᵉ division de grosse cavalerie (d'Hautpoul).	A passé l'Isar aujourd'hui pour se rendre sur Hohenlinden.	
2ᵉ division dragons (Walther) 3ᵉ division dragons (Beaumont).	Ont marché également sur Hohenlinden.	
4ᵉ division de dragons (Bourcier).	A ordre du 1ᵉʳ de partir de Geislingen pour Augsburg.	

Du 4 brumaire an xiv (1).

Il n'y a pas de changement.
Le maréchal Bernadotte est parti de Munich.
Le prince Murat également.
Le maréchal Soult l'a dépassé avec son corps d'armée et a couché de la personne au faubourg d'Au.
Le général Marmont est arrivé et est cantonné en avant de Munich.
Le quartier général toujours à Munich.

État-major général. — Ordre du jour.

Au quartier général de Munich, le 4 brumaire an xiv.

On rappelle que la grande route de l'armée est exclusivement celle par Spire, Bruchsal, Eppingen, Heilbronn; Œringen, Hall, Elwangen, Nordlingen et Donauwœrth; toute autre route est interdite.

De Donauwœrth, il y a deux routes : la première, de Donauwœrth à Munich, par Augsbourg ; la seconde de Donauwœrth à Landshut, en passant par Neubourg et Ingolstadt.

Le Major général,

BERTHIER.

11ᵉ Bulletin.

Munich, le 4 brumaire an xiv.

L'Empereur est arrivé à Munich, le 2 brumaire, à 9 heures du soir. La ville était illuminée avec beaucoup de goût. Un grand nombre de personnes avaient décoré le devant de leurs maisons d'emblèmes qui étaient l'expression de leurs sentiments.

Le 3 au matin, les grands officiers de l'Électeur, les chambellans et gentilshommes de la cour, les ministres, les généraux, les conseillers intimes, le corps diplomatique accrédité près Son Altesse Électorale, les députés des États de Bavière, les magistrats de la ville de Munich, ont été présentés à Sa Majesté, qui les a entretenus fort longtemps des affaires économiques de leur pays.

Le prince Murat est arrivé à Munich. Il a montré dans son expédition une prodigieuse activité. Il ne cesse de se louer de la belle charge des chasseurs de la Garde et des Carabiniers.

---

(1) De la main du colonel Vallongue.

26 OCTOBRE.

Un trésor de 200,000 florins est tombé en leur pouvoir ; ils ont passé outre, sans en rien toucher, et ont continué à poursuivre l'ennemi.

Le prince Ferdinand s'est trouvé au dernier combat et s'est sauvé sur le cheval d'un lieutenant de cavalerie.

Toute la ville de Nuremberg a été témoin de la bravoure des Français. Un grand nombre de déserteurs et de fuyards, des débris de l'armée autrichienne, remplissent la province de Franconie, où ils commettent beaucoup de désordres. Tous les bagages de l'ennemi ont été pris.

Le soir, l'Empereur s'est rendu au théâtre, où il a été accueilli par les démonstrations les plus sincères de joie et de gratitude.

Aujourd'hui, l'Empereur, après avoir vu défiler les troupes du corps d'armée du maréchal Soult, est allé à la chasse à Nymphembourg, maison de plaisance de l'Électeur.

Tout est en mouvement ; nos armées ont passé l'Isar et se dirigent sur l'Inn, où le maréchal Bernadotte d'un côté, le général Marmont d'un autre, le maréchal Davout seront ce soir.

Rapport sur le grand parc (1).

Aujourd'hui 4 brumaire au soir, il y a :

A Elwangen	173 voitures.
A Nordlingen	180 —
A Donauwœrth	540 —
A Augsbourg	400 —
Total	1,293 voitures.

Le grand parc, qui se composait de 600 voitures en partant de Strasbourg, se trouve maintenant en avoir environ 1,293 au moyen des convois arrivés depuis de France et des prises de toute espèce faites sur les Autrichiens.

Ces prises sont de :

Bouches à feu	62
Affûts de rechange	19
Caissons en partie chargés	120
Chariots vides	23
Forges non outillées	4
Fusils, nouveau modèle	1,130
Briquets	200
Gibernes	314

---

(1) Par le colonel Lebrun. Exécution de l'ordre donné le 24 octobre par l'Empereur.

CHAPITRE II.

Le parc a perdu :

Caissons chargés	2 (1)
Forges	1 (1)
Chariot agricole chargé de munitions	1 (1)
Cartouches d'infanterie avariées	40,000

Ces 1,293 voitures seront toutes rendues à Augsbourg d'ici au 12 brumaire au moyen des réquisitions en chevaux et bœufs qui se font dans le pays.

L'artillerie d'Ulm, qui doit descendre par eau à Donauwœrth, n'éprouvera aucun retard pour son transport à Augsbourg.

Le grand parc avait, en partant de Strasbourg, 2,400 chevaux; il ne lui en reste plus que 1,200 en y comprenant même 300 pris sur les Autrichiens.

M. le colonel Vermot, directeur du parc, ne peut donner aucun renseignement sur ce qui existe en munitions et même en bouches à feu. Des divisions qui manquaient de canons et de munitions en ont pris ici ; d'autres qui n'avaient pas assez de chevaux pour conduire leur artillerie, l'ont laissée ; des convois, venant de France, ont fait la même chose, et cela sans prendre ou donner de reçus. Il attend la réunion du parc pour y mettre de l'ordre et en faire l'inventaire.

Le parc a pour ses travaux et son escorte :

    5 compagnies d'artillerie à pied des 5ᵉ et 7ᵉ régiments ;
    3 compagnies d'artillerie à cheval des 5ᵉ et 6ᵉ régiments ;
    1 compagnie et demie d'ouvriers ;
    1/2 compagnie d'armuriers ;
    4 compagnies du 64ᵉ d'infanterie de ligne. Ces troupes ont fait le service de la place et celui des réquisitions.

Le parc une fois parti, il ne restera personne à Nordlingen.

M. de Werneck et les officiers autrichiens y sont encore.

D'après les ordres de Sa Majesté, j'ai parcouru les montagnes où ont été coupés les convois autrichiens. L'artillerie avait tout fait enlever, mais comme le peu de moyens qu'elle avait ne lui a pas permis de terminer promptement son opération, il y a tout lieu de présumer que beaucoup de munitions ont été soustraites. J'ai été instruit que les juifs avaient acheté de la poudre et des fusils, on suppose qu'ils les ont fait passer sur le territoire prussien.

On m'a assuré aussi que beaucoup de prisonniers s'étaient sauvés en Prusse.

---

(1) Pris par l'ennemi entre Zobingen et Nordlingen.

26 OCTOBRE.

Bulletin.

Ratisbonne, le 4 brumaire an XIV.

On assure que l'archiduc Ferdinand a couché le 29 vendémiaire à Bayreuth, mais qu'on n'a pas laissé entrer dans la ville les 15,000 hommes, tant d'infanterie que de cavalerie, qui composaient les débris du corps avec lequel il s'était fait jour en quittant le corps d'armée près d'Ulm.

Ces troupes, de même que les canons, caissons et voitures d'équipages échappés à la poursuite des troupes françaises, ont pris la route d'Egra. L'archiduc Ferdinand ne s'est pas arrêté dans cette ville frontière de la Bohême, mais il a continué sa route par Prague à Vienne, où il a déjà été précédé par le général Mack.

Le prince d'Auersperg, que l'Empereur François II avait envoyé avec de superbes attelages au-devant de l'empereur Alexandre, est revenu à Vienne sans avoir pu remplir sa mission. Ce jeune monarque paraît ne pas vouloir compromettre sa dignité en se rendant à Vienne, et encore moins la réputation militaire qu'il désire se faire, en combattant avec les Autrichiens.

On croit que l'empereur François II, forcé par la déconfiture totale de son armée de Souabe à prendre de promptes mesures pour couvrir sa capitale, s'est vu obligé de passer par-dessus toutes les considérations politiques qui l'avaient engagé à éloigner l'archiduc Charles, et qu'il a adressé à ce prince l'ordre de se porter à marches forcées, avec 20,000 hommes d'élite, de l'armée d'Italie en Haute-Autriche, pour y prendre le commandement de l'armée austro-russe qu'on formera entre Linz et Wels. Il faudra, si cela arrive, s'attendre à une nouvelle réaction du parti de l'archiduc Charles contre celui du Conseil aulique, et surtout à un grand mécontentement de la part des généraux de l'armée russe, qui sont dans l'opinion que leurs camarades ont été sacrifiés à la bataille de Zurich.

On continue de répandre que les troupes austro-russes ne sont pas en mesure de tenir derrière l'Inn, et qu'aussitôt que la Grande Armée fera ses dispositions pour passer cette rivière de vive force, elles se replieront d'abord sur Wels et Linz et ensuite derrière l'Enns, pour donner le temps aux renforts d'arriver.

On annonce depuis huit jours que la première colonne de la 2ᵉ armée russe est déjà entrée en Gallicie et qu'un corps de 25,000 hommes, sous les ordres du général russe Tolstoï, traverse dans ce moment le pays de Mecklembourg, pour se rendre dans l'électorat de Hanovre, vers lequel on assure qu'un corps des troupes prussiennes, tiré de la Westphalie, marche aussi depuis huit jours.

Les deux régiments de Tauenzien et d'Unruhe, de même que les 1,000 hussards qui étaient en garnison et cantonnés dans les margraviats d'Anspach et de Bayreuth, viennent d'évacuer presque entièrement ces deux provinces de la Franconie prussienne pour se concentrer dans les environs de Hof, sur les frontières du cercle de Saxe, où trois régiments d'infanterie et deux régiments de cavalerie doivent les rejoindre. On débite que quelques régiments hessois et saxons doivent se réunir à ce corps d'armée d'observation qui sera sous les ordres du prince de Hohenlohe, lieutenant général au service de la Prusse.

BACHER.

Schulmeister à Savary.

Munich, le 26 octobre 1805.

Mon Général,

En exécution des ordres que vous m'avez donnés, je suis parti le 23 octobre, à 1 heure de relevée, et arrivé le 24, à 6 heures du soir, aux avant-postes ennemis qui étaient à une lieue de Mühldorf, de ce côté-ci de l'Inn. Ce ne fut qu'avec bien des précautions que j'ai pu passer le fleuve et pénétrer jusqu'à Mühldorf.

Les Autrichiens étaient plus sur leurs gardes que jamais, étant sur le point de faire leur retraite sur Braunau.

Le hasard m'a fait rencontrer un officier de hussards de Liechtenstein, faisant les fonctions d'aide de camp du général Kienmayer, avec lequel je fus très lié d'amitié depuis la dernière guerre; il se nomme Rutzky.

De cet officier je fus, non seulement mis au courant du corps d'armée de Kienmayer, mais encore de celle du général russe Kutusov, excepté les noms des régiments que je ne pouvais pas retenir.

Le 25, au matin, je suis allé à Braunau avec mon ami, qui était d'autant plus coulant que votre générosité, mon Général, m'avait mis à même de l'être envers cet officier.

Je me suis trouvé en société avec plusieurs officiers russes de l'état-major, et tous prétendaient que leur général éviterait un combat jusqu'à ce qu'il eût fait sa jonction avec le général Michelson, qui était à quatre journées de marche et qu'à cet effet, pour être plus sûr, le général ferait faire un mouvement rétroactif d'une marche.

L'armée du général Kutusov était cantonnée en partie à Braunau même, en partie dans les villages de notre côté à Mukendorf...., etc.

A midi, les régiments commençaient à marcher sur Braunau, je fus spectateur du mouvement de la plus grande partie. L'infanterie, tant que la cavalerie, est belle, bien tenue, peu de malades, robuste et fort

26 OCTOBRE.

bien habillée; la cavalerie très bien montée, les chevaux sont vifs mais très maigres.

L'artillerie est du gros calibre, mais les caissons très courts et petits; ils ont peu de bagages.

Toute l'infanterie est habillée en vert ainsi que l'artillerie, et tous les soldats chaussés en bottes. Les fusils sont lourds et les baïonnettes fort longues.

Les Cosaques sont habillés en bleu foncé. Ils sont mal montés et leurs selles sont de bois, avec un coussinet. Leurs armes consistent en deux pistolets, un sabre à la turque et une longue perche avec un fer pointu à la pointe.

Plusieurs officiers russes ont prétendu qu'ils vont prendre une position vers la Salza.

A 3 heures, j'ai pris le chemin vers Mühldorf et, à 3 lieues au delà d'Alt-Œttingen, j'ai rencontré l'avant-corps de l'armée du général Kienmayer, qui transportait son quartier général à Braunau; toute son armée a passé devant moi.

A Alt-Œttingen, on me dit que le pont de Mühldorf est détruit; je fus donc forcé de retourner par Neu-Œttingen à Landshut, où j'ai rencontré les bataillons de frontière avec les dragons de l'archiduc Jean, qui faisaient leur retraite vers Alt-Œttingen.

Ces bataillons des frontières sont plus forts que les bataillons des Autrichiens; les soldats ont l'air plus martial et mieux portant, mais ils sont mal exercés.

Les Autrichiens n'ont aucune nouvelle de l'archiduc Ferdinand et de son armée; aussi ignorent-ils les désastres de l'armée d'Ulm; on leur a fait croire que la plus grande partie s'est sauvée en Tyrol.

Les officiers sont entièrement dégoûtés de la guerre et jettent la faute de leur défaite sur Mack. Ils ignorent absolument la situation de l'armée d'Italie, commandée par l'archiduc Charles.

L'armée russe, commandée par Michelson, doit être plus forte que celle de Kutusov; elle avait encore quatre journées de marche pour faire sa jonction avec celle-ci.

La troisième armée, commandée par Buxhœwden, doit être la plus considérable. Toute la Garde impériale russe est en marche, on la dit de 15,000 à 16,000 hommes.

Toutes les armées russes ensemble, destinées pour l'Allemagne, doivent se monter à 160,000 combattants.

CHAPITRE III

27 octobre.

1ᵉʳ CORPS D'ARMÉE.

Ordre de marche du 5 brumaire.

Steinhöring, le 5 brumaire an XIV.

M. le lieutenant général de Wrède partira de suite de son camp pour se porter sur les bords de l'Inn, sa droite appuyée à Kloster-Attel, sa gauche aux troupes du général Kellermann.

Le général Drouet partira de suite. Il prendra position absolument en arrière de la division du général Kellermann.

Le général Pacthod se mettra en marche à l'instant, se placera à la gauche du général Drouet, ou en arrière de lui, si le terrain ne le permet pas.

Le lieutenant général de Deroy partira de suite, avec le corps de réserve qu'il commande, pour venir prendre position en avant de Sprengelbach.

Le grand parc d'artillerie se portera, à l'instant même, à un quart de lieue en arrière des troupes du général de Deroy (1).

---

(1) Le 27, Eblé écrit à Labory de presser et de soigner les réparations aux fusils, qui seront sans doute terminées vers le 11 novembre. Toutes ces armes seront enveloppées de mèche et chargées dans des caissons. Avoir, vers la même époque, des harnais en nombre suffisant pour les chevaux restés à l'infirmerie et en état de rejoindre. Pour arriver à ce résultat, les bourreliers travailleront jusqu'à 9 heures du soir, et seront récompensés. Labory amènera le tout lui-même au corps d'armée. Rendre compte d'avance du résultat sur lequel il compte. Prévenir Lentz, afin d'avoir en même temps des effets d'habillement.

Ordre à Navelet, directeur du parc, d'envoyer à Wasserbourg la 1ʳᵉ compa-

Journal du corps bavarois.

Le 27, l'avant-garde marcha vers l'Inn, appuya sa droite à Kloster-Attel, et sa gauche au corps commandé par le général Kellermann. Le lieutenant général de Deroy prit sa première position en avant de Sprengelbach et ensuite près Wolfering. Le maréchal arriva à Wasserburg. Le pont dut se rétablir dans la nuit.

La brigade Minucci avait couvert le flanc de l'armée pendant la marche de Munich à Salzburg en se portant de Tölz à Rosenheim, où il trouva le pont de l'Inn rompu. Le major de Sarni, qui commandait l'avant-garde, fit déloger les tirailleurs autrichiens qui se trouvèrent sur la droite de l'Inn par les tirailleurs du 1er régiment de ligne sous le commandement du lieutenant de Grafenstein, qui y déploya beaucoup de fermeté et de bravoure. Les tirailleurs bavarois passèrent la rivière en petites nacelles, attaquèrent l'ennemi, firent plusieurs prisonniers et (le 28) la brigade marcha par Zell.

Berthier à Marmont.

Munich, le 5 brumaire an XIV, 3 heures du matin.

Il est ordonné au général Marmont de partir aujourd'hui 5, de Munich, avec son corps d'armée, pour se rendre et prendre position entre Munich et Obersdorf, son avant-garde suivant l'arrière-garde de M. le maréchal Bernadotte, qui marche sur Wasserburg, où son avant-garde est déjà arrivée.

Le général Marmont ne fera aucune espèce de réquisition sur sa gauche, il se nourrira sur sa droite aussi loin que cela sera nécessaire.

Le général Marmont occupera Wasserburg du moment que M. le maréchal Bernadotte aura passé l'Inn pour se diriger sur Salzburg; pour cela, il se mettra en communication avec M. le maréchal Bernadotte.

Il poussera des reconnaissances sur Kraiburg et Mühldorf; il attendra de nouveaux ordres à Wasserburg dans le cas où il s'y rendrait, si M. le maréchal Bernadotte passe l'Inn pour se diriger sur Salzburg.

Le général Marmont prendra du pain pour deux jours.

---

gnie du 1er bataillon de pontonniers. Délivrer 2,000 pierres à fusil au 27e léger et 1,000 étoupilles en cuivre à l'artillerie bavaroise.

27 OCTOBRE.

2ᵉ CORPS D'ARMÉE.

Emplacements des troupes le 5 brumaire.

Division de cavalerie à Oberndorf.
1ʳᵉ division, à Grafing.
2ᵉ division, à Egelharting.
Grand parc, à Schwabing.
Grand quartier général, à Ebersberg.
Distance d'un quartier général à l'autre : 7 lieues.

Berthier à Marmont.

Munich, le 5 brumaire an XIV, 1 h. 30 soir.

Il est ordonné au général Marmont de partir avec le corps à ses ordres demain 6, à la pointe du jour, pour se rendre à Wasserburg.

Davout à Berthier.

Haag, le 5 brumaire an XIV.

J'ai l'honneur de rendre compte à Votre Excellence que la cavalerie légère de l'avant-garde du général Heudelet a pris, avec quelque infanterie légère, possession de Mühldorff, hier soir à 10 heures ; que le chemin par Dorfen et la vallée de l'Isen peut être regardé comme impraticable pour de l'artillerie ; quoiqu'on ait mis 8 à 10 chevaux sur des pièces de 4, le général Heudelet ne comptait pas avoir la sienne aujourd'hui avant midi. Ces mauvais chemins ont été fatals à la chaussure des corps qui y ont passé. Après avoir vérifié le mauvais état du chemin d'Erding à Dorfen, et étant encore à temps, j'ai dirigé par Haag tout le 3ᵉ corps d'armée, qui y a pris position hier, à 9 heures du soir. Cette journée a été de 14 lieues ; malgré cela, nous n'avons eu que peu de traîneurs, beaucoup de gaieté dans les soldats, qui brûlent de donner des preuves de zèle, de courage et d'amour à notre Illustre Souverain.

Aujourd'hui, auparavant le jour, l'avant-garde occupera la route de Neumarkt à OEttingen pour couper la retraite aux partis ennemis qui pourraient se trouver du côté de ce premier endroit. Le 3ᵉ corps d'armée sera établi à Ampfing aujourd'hui à 9 heures. Le général Gudin occupera Kraiburg par un régiment.

On s'occupe aujourd'hui à rassembler à Mühldorf tous les matériaux nécessaires pour la réparation du pont que les Autrichiens ont brûlé.

J'adresse à Votre Excellence l'état des corps autrichiens qui se trouvent sur l'Inn. Le général Kienmayer est rappelé et les Autrichiens sont depuis hier sous les ordres du général russe Kutusoff. Les Russes sont très mécontents et paraissent être dans l'intention de se retirer sur Wels. Ils témoignent la crainte d'être coupés par un passage sur Passau ou environs.

L'artillerie, que j'ai été obligé de laisser à Manheim faute de chevaux, est arrivée, les pièces en totalité; mais on a été obligé de laisser à Hall, faute de chevaux, une cinquantaine de voitures. J'adresserai aujourd'hui à Votre Excellence le rapport du général Sorbier.

Plusieurs de mes émissaires ont passé l'Inn. Je les attends ce soir et je pourrai vous adresser des renseignements plus positifs sur les mouvements de l'ennemi.

Berthier à Murat.

Munich, le 3 brumaire an XIV, 3 heures du matin.

M. le prince Murat fera connaître la situation de la route de Haag à Kraiburg, si elle est praticable pour de l'artillerie, et il m'enverra cette reconnaissance par le retour de l'officier qui lui porte cet ordre.

M. le prince Murat est prévenu que l'avant-garde de M. le maréchal Bernadotte occupe Wasserburg et que, s'il a pu réparer le pont ce matin, il se portera à 4 lieues au delà sur le chemin de Salzburg. Le général Marmont suit le mouvement de M. le maréchal Bernadotte et se porte aujourd'hui à Obersdorf, le maréchal Soult sera aujourd'hui à Hohenlinden; le maréchal Davout à Dorfen, se dirigeant sur Mühldorf.

Le prince Murat est prévenu que le général Milhaud, avec les 16e et 22e régiments de chasseurs, est en marche sur Eggenfelden et a ordre de l'instruire de ce qu'il apprendrait de l'ennemi.

L'adjudant-commandant Coehorn au général de division Gudin, commandant la 3e du 3e corps en route sur Kraiburg.

Ampfing, le 5 brumaire an XIV.

Mon Général,

M. le Maréchal m'a chargé de vous dire que la division à vos ordres devait prendre position à Ampfing, profitant le plus possible du bois qui est à droite de la route pour établir les bivouacs.

Le parc de réserve et l'ambulance seront placés tout près d'Ampfing, en avant, et votre quartier général sera établi dans cet endroit.

M. le Maréchal vous invite aussi, mon Général, à faire observer Kraiburg, où déjà vous avez un bataillon, par des postes ou détachements intermédiaires.

Je vous envoie cette lettre par une de mes ordonnances du 2ᵉ chasseurs. Elle part à midi 15 d'Ampfing et a ordre d'aller à votre rencontre, jusqu'à 1 lieue d'ici (1).

(A. G.)

Daultanne à Gudin.

Mühldorf, le 5 brumaire an XIV.

M. le Maréchal me charge de vous engager, mon cher Général, à ne pas perdre un moment pour établir votre division à Ampfing. Le corps de M. le maréchal Soult nous suivant de très près, il importe que vous soyez établi avant son arrivée, le plus près possible des deux autres divisions, en conservant surtout Ampfing.

M. le Maréchal désire que vous ayez un régiment à Kraiburg et que vous y fassiez simuler un passage, c'est-à-dire faire rassembler des matériaux et faire des mouvements, sans cependant engager aucune espèce d'affaire avec l'autre rive.

(A. G.)

Daultanne à Gudin.

Mühldorf, le 5 brumaire an XIV.

L'intention de M. le Maréchal est, mon cher Général, que vous fassiez avancer toute l'artillerie de votre division jusque sur les hauteurs de Mühldorf, c'est-à-dire jusqu'à l'ancienne tête de pont des Autrichiens. Le général Sorbier y enverra de nouveaux ordres.

(A. G.)

---

(1) L'adjudant-commandant Delotz a donné les ordres, en conséquence de cette lettre, pour faire porter la division sur Ampfing. Les chevaux et les équipages y sont aussi allés.

Gudin à Davout.

En avant du pont de Kraiburg, le 5 brumaire an xiv.

J'ai l'honneur de vous rendre compte que je suis arrivé ici avant 4 heures, après une marche de 10 lieues, dont 3 de chemins affreux, avec un bataillon du 12ᵉ régiment et 50 chasseurs du 25ᵉ régiment. Je n'ai pas établi les troupes dans Kraiburg, le village ayant été incendié et les piliers brûlant encore.

Si vous le trouvez bon, je tenterai cette nuit, ou demain avant le jour, le passage. Je désirerais, dans le cas où vous approuveriez cette mesure, avoir un peu plus de troupes et quatre pièces de canon, afin de répondre au feu de l'ennemi, s'il a lui-même des pièces.

Dans cette hypothèse, pour ne pas perdre de temps, je vous prierai d'adresser vos ordres à mon chef d'état-major, qui les ferait exécuter ponctuellement.

L'ennemi ne me paraît pas en force, mais les moyens de passage manquent. Cependant je crois facile de réussir, une fois que nous aurons quelques hommes sur l'autre rive.

Je peux recevoir vos ordres avant minuit, et je vais tout préparer pour être en mesure lorsqu'ils me parviendront.

L'ennemi a quelques troupes placées sur deux mamelons placés en arrière de la ville, d'où il découvre tous vos mouvements. Comme les mamelons sont peu occupés, je présume qu'il y a peu de troupes.

Il serait nécessaire que vous m'envoyiez tout de suite un peu d'eau-de-vie, surtout pour les nageurs, que je fais demander.

(*A. G.*)

Daultanne à Gudin.

Au quartier général à Mühldorf, le 5 brumaire an xiv.

M. le Maréchal me charge de vous dire, mon cher Général, que son intention n'a été que de vous faire exécuter une fausse attaque sur le pont de Kraiburg, sans entreprendre rien de sérieux avec l'ennemi ; cependant si, avec les moyens que vous avez, et ceux qu'a pu réunir le colonel du génie Touzard, vous pensez être à même de rétablir le pont, ce sera une chose très avantageuse pour M. le maréchal Soult. L'intention de M. le Maréchal est que vous soyez rendu ici, avec toute votre division, demain vers les 9 heures du matin.

Nous sommes, dans ce moment, occupés à rétablir le pont de Mühldorf et je pense qu'il pourra être achevé dans la nuit.

(*A. G.*)

Berthier à Davout.

Munich, le 5 brumaire an xiv, midi et demi.

L'intention de l'Empereur, Monsieur le Maréchal, est que vous continuiez votre mouvement pour passer l'Inn à Mühldorf. Faites réparer, sur-le-champ, le pont, et chargez un officier du génie d'y tracer une tête de pont ; vous ferez, sur-le-champ, exécuter cet ouvrage, par la voie de réquisition obligée, et par les paysans. Mettez votre avant-garde au delà de l'Alz, sur la route de Burghausen, et placez votre corps d'armée tout entier entre Œtting et l'Alz.

Je vous préviens que le maréchal Soult, avec son corps d'armée, se rendra demain à Mühldorf ; ainsi vous ne devez plus laisser personne dans cette ville.

Le prince Murat, avec sa cavalerie, se dirige sur Burghausen. Le maréchal Bernadotte marche aujourd'hui sur l'Alz, et de là, continue son mouvement sur Salzburg.

M. le maréchal Davout me fera connaître le point où il sera tous les soirs.

Journal de l'Artillerie du 3ᵉ corps.

Le 5, l'avant-garde est entrée à Mühldorf et est allée camper près de Neu-Œtting, ayant toute son artillerie avec elle ; trois arches du pont de Mühldorf ont été rompues par l'ennemi, qui a occupé la tête du pont sur la rive droite ; à 3 heures après midi, le général Sorbier et le colonel Charbonnel ont fait une reconnaissance sur la rive gauche, dans les environs de la ville, et les emplacements de deux batteries ont été déterminés ; les deux batteries situées à droite et à gauche de la ville, à environ 250 toises des retranchements des Autrichiens, ont commencé leur feu à 5 heures du soir et ont balayé la tête du pont, conjointement avec la mousqueterie ; on a pu en conséquence, à 7 heures, commencer à le réparer ; un soldat du train, de la batterie de droite, a été grièvement blessé, et il y a eu un cheval de tué du feu de l'ennemi.

(A. A.)

3° CORPS D'ARMÉE.

Journée du 5 brumaire (27 octobre 1805).

Quartier général : Haag-Mühldorf.
Avant-garde : Mühldorf.

CHAPITRE III.

Infanterie. — A Ehrharting, à cheval sur la route de Neumarkt à Neu-OEtting.

La brigade du général Eppler est à Winhöring. On reconnaît le pont d'OEtting, on s'aperçoit qu'il est gardé par un bataillon et deux pièces de canon, que déjà une arche est coupée et que l'ennemi travaille encore à le démolir. On va chercher quelques voltigeurs, qui engagent une fusillade qui fait interrompre à l'ennemi ses travaux.

Le soir, toutes les troupes de l'avant-garde sont rappelées à Mühldorf.

Cavalerie. — Un régiment de chasseurs à Winhöring avec le 13º d'infanterie légère. Le reste de la cavalerie à Ehrharting. Elle envoie des partis très considérables sur Neumarkt, pour tâcher de ramasser des partis ennemis, que l'on soupçonnait du côté de Vilsbiburg. Ils s'étaient déjà retirés.

1re division : Mühldorf.

La 1re et la 2e division bivouaquèrent à hauteur de Mühldorf. La 1re eut sa gauche à Mühldorf qu'elle occupa ; sa droite vers Ecksberg. Elle fait face à la rivière et est adossée au bois qui borde l'Inn à la distance d'une demi-heure de cette rivière.

Deux batteries sont placées à droite et à gauche de la ville, à 250 toises du retranchement des Autrichiens, qui avaient deux pièces de canon. Le feu commença à 5 heures du soir.

2e division : Mössling.

La droite appuyée à la gauche de la 1re division. La gauche vers Mössling (1).

3e division : Ampfing.

En 2e ligne, à Ampfing, la droite s'étendant vers Kraiburg. Le colonel du génie se porte sur ce point pour le reconnaître et aviser aux moyens de passage.

Il voit qu'il était très facile de passer de vive force au moyen d'un bateau qui se trouvait sur la rive gauche, mais il arriva l'ordre de ne rien entreprendre de ce côté.

Note topographique et militaire.

Le 5 au soir, le major du génie Bizot du Coudray fit travailler au pont. On commença à le rétablir sous le feu de l'ennemi, qui n'ébranla pas même les *ouvriers* du pays, tant il était mal dirigé. Notre artillerie lui imposait beaucoup et le forçait à s'éloigner ; mais il revenait de temps en temps, à la faveur de l'obscurité, faire de beaux feux de peloton qui

---

(1) Ceci est en contradiction avec le document suivant, qui semble plus digne de foi.

ne faisaient de mal à personne. On voulut faire passer des nageurs de l'autre côté, mais ils ne purent y parvenir, la rapidité du courant les entraînait; plusieurs se noyèrent et un seul aborda sur la rive droite ; c'était un sapeur de la 6ᵉ compagnie. Enfin on découvrit un bateau, et l'on fit passer du monde pendant toute la nuit.

Journal de la division Friant.

Sinkenbach à Mühldorf, le 5 brumaire an XIV.

L'avant-garde se porte à Ehrharting, dans le vallon, sur la rive droite de l'Inn, et pousse des postes sur la rive gauche de l'Inn, en face de Neu-OEtting, petite ville sur la rive opposée. L'ennemi, en fuyant, trompe l'espoir de forts partis qui avaient été envoyés pour le surprendre à Vilsbiburg et Neumarkt.

La 2ᵉ division partit à 7 heures du matin, par un brouillard très épais, et jouit, en approchant de Haag, située sur une hauteur, d'un spectacle charmant. Cette petite ville, dont les sommets du château, des clochers, des hautes maisons, étaient éclairés par le soleil levant, dont on ne voyait qu'une partie du disque, formait un paysage qui semblait sortir de nuages dont les couleurs étaient agréablement variées. En quittant la hauteur de Haag, au pied de laquelle passe le Reinbach, il y a à droite une bonne route conduisant à Wasserburg et hauteurs boisées..... celles à gauche sont plus éloignées, et distantes du chemin de 700 à 800 mètres; on voit sur ces hauteurs les villages de Berg, de Hof, et celui de Kirchdorf au pied de l'une d'elles. La route est coupée trois fois par le Reinbach ; on a, en conséquence, ce petit ruisseau tantôt à droite et tantôt à gauche; la troisième fois, il passe de la droite à la gauche, vis-à-vis la hauteur sur laquelle est l'abbaye de Rainsau. Jusqu'à Dambach, situé dans un fond et baigné par un ruisseau, le terrain est très accidenté, il l'est moins jusqu'à Kagen, demi-lieue au delà. Ce dernier village et le suivant, Steinstrass, trois quarts de lieue au delà, sont séparés par une hauteur dont le chemin parcourt la crête ; de Steinstrass, qui est dans un vallon à droite, dont l'axe est perpendiculaire à celui de la route, il y a cinq quarts de lieue pour arriver à Harting. Le chemin suit la crête de plusieurs montagnes et est assez bon. Harting est dans une belle vallée dont on monte l'un des revers à la sortie du village (en laissant Unt-Heldenstein sur la droite) pour arriver sur la belle plaine d'Ampfing, qui se prolonge jusqu'à Mühldorf, et dont le revers forme le côté gauche du vallon de l'Inn. Cette plaine a bien 20 à 25 mètres au-dessus de l'Inn, et 10 à 12 mètres au-dessus de la rive droite, qui n'a d'abord que 8 à 10 mètres au-dessus de l'Inn

CHAPITRE III.

et est bientôt suivi d'un second plateau bien plus élevé et qui ne le cède guère en hauteur à la rive opposée.

Ampfing est un gros bourg, avec relais de poste, église, cimetière muré, belles auberges, non loin de la rive droite de l'Isen, et connu par une bataille qui s'y livra en 1322. Les chemins de Kraiburg et la route de Munich à Mühldorf se croisent près ce bourg. La plaine d'Ampfing consiste en deux plateaux, dont le plus près de l'Inn a 4 à 5 mètres environ de commandement sur le précédent. Elle offre une excellente position, en appuyant sa gauche à Ehrharting, rive droite de l'Isen, le centre à Ampfing et la gauche à Heigerloh, gros village près d'un gros ruisseau, passant dans Harting, qui va se jeter dans l'Isen, et susceptible d'inonder le vallon au moyen de quelques retenues d'eau qui demanderaient peu de travail. Ce moyen de défense et les bois pourraient vous tranquilliser pour votre droite et, au moyen de communications sûres et bien gardées sur l'Isen, vous seriez difficilement tourné par vos flancs, et vous culbuteriez probablement l'ennemi dans l'Inn, s'il commettait la faute de le passer et d'accepter la bataille. Les 1re et 2e divisions bivouaquèrent dans les bois à droite de la route sur la crête des hauteurs qui forment le revers gauche du vallon étroit de l'Inn et élevé de 20 à 25 mètres au-dessus de ladite rivière..... ici comme dans plusieurs autres bivouacs, les divisions ne tinrent point leur rang de bataille, la 1re division tenait la gauche, le 61e régiment était à Mühldorf, dont l'avant-garde s'était rendu maîtresse la veille, et le 17e régiment à Ecksberg, où il y a un château; la 2e division appuya sa gauche à droite de la 1re, et sa droite prolongée à Heigerloh; la 3e division bivouaqua entre ce dernier village et l'Inn, et occupa Kraiburg sur la rive droite. D'Ampfing à Mühldorf, la route, devenue très bonne, traverse Neufahrn et Alt-Mühldorf.

Mühldorf, sur la rive gauche de l'Inn, qui est encaissé, profond, large de 30 à 40 mètres et rapide, est mal bâtie, mal pavée. Les auberges y sont belles, la principale rue est large, longue, avec arcades de chaque côté jusqu'à la porte de l'Inn; faubourg après la porte; le tournant pour aller du faubourg au pont est très difficile et dangereux; la ville a une bonne enceinte en maçonnerie, des fossés pleins d'eau et trois grandes tours carrées, dont deux pour portes et une troisième à gauche en entrant. Les terres, en aval et en amont du pont qui est en bois et fut brûlé en partie par l'ennemi, sont retenues, sur un développement de 80 à 100 mètres, par des pilotis et des pièces de bois placées horizontalement en arrière desdits pilotis. Ce ressaut, qui a bien 8 à 10 mètres d'élévation au-dessus des basses eaux, est lui-même de 12 à 15 mètres au-dessous de la crête du revers gauche du vallon et à même hauteur que le pont, qui a dix travées..... quelques partis ennemis, se montrant sur l'autre rive pour inquiéter les travailleurs, les deux premières divisions mirent leurs pièces en batterie et tirèrent si précipitamment qu'elles se tuèrent du monde réciproquement, à cause de l'énorme concavité du fleuve en ce point. On voulut ensuite faire passer à la nage trente hommes déterminés et armés ; un seul sapeur de la 6ᵉ compagnie passa, trois hommes se noyèrent, et les autres retournèrent à la rive qu'ils venaient de quitter. Les sapeurs (7ᵉ compagnie, 2ᵉ bataillon) eurent si peu de temps pour réparer le pont, qu'on se contenta d'arranger trois des travées avec quelques longerons, dont l'une des extrémités portait sur le chapeau, et l'autre extrémité était dans l'eau, au pied de la pile opposée. Ces longerons, deux à deux, formaient des croix de Saint-André, qui portaient des pièces de bois beaucoup plus courtes et placées à peu près horizontalement. Deux hommes pouvaient difficilement passer de front et le cavalier devait tenir son cheval par la bride ; plusieurs hommes et chevaux périrent. L'artillerie et les transports durent aller gagner, par Ehrharting, la route de Neumarkt à Neu-Œtting ; trois heures de plus, le pont eût été réparé solidement, et la nuit du 5 au 6, et les trois quarts du 6 n'eussent pas été consacrés au passage des deux premières divisions.

L'avant-garde commença à passer à 10 heures du soir, et ensuite la cavalerie ; la 3ᵉ division passa l'Inn, vis-à-vis Kraiburg qu'elle occupait.

Note du maréchal Davout.

A Mühldorf, pendant qu'on rétablissait le pont, le maréchal Davout organisa une compagnie de nageurs volontaires, dont le commandement fut donné au capitaine Galliardie, adjoint à l'état-major du général Bisson. Cette compagnie s'établit sur la rive opposée, débusqua l'ennemi dans ses retranchements et favorisa les travaux du pont et le passage de l'armée.

Journal de la Réserve de cavalerie.

5 brumaire an XIV.

Le corps d'armée se mit en mouvement à 5 heures du matin et marcha sur Mühldorf. L'ennemi l'avait évacué et avait coupé le pont ; il tenait la rive droite avec quelques troupes. Le Prince le fit déloger à coups de canon, et l'on travailla de suite à la réparation du pont. L'avant-garde du corps d'armée de M. le maréchal Davout arriva. Les divisions prirent position en arrière, et le Prince prit le commandement de toutes les troupes. La nuit, on jeta quelques hommes d'infanterie sur la rive droite pour protéger les travailleurs, en cas que l'ennemi voulût venir les inquiéter.

Rapport du général Belliard au Major général.

..... Le 5° régiment de dragons occupa Mühldorf, où fut le grand quartier général ; le 12° tint Alt-Mühldorf, et le reste de la 3° division (Beaumont) prit position à Mettenheim (1). La division Walther occupa Heldestein (2) et villages voisins ; la division de grosse cavalerie, Haag et villages en avant sur la route.....

Note jointe au tableau d'emplacement de la Réserve de cavalerie.

..... Dans la nuit, de l'infanterie et trois régiments de cavalerie passent sur un pont volant. Pendant ce temps, l'adjudant-commandant Girard va faire rétablir le pont d'Œtting, où se dirige la division de cavalerie. Ce qui était déjà passé à Mühldorf marche sur Burghausen, trouve le pont coupé, et l'ennemi derrière la Salzach. Le Prince s'établit à Œtting et ordonne de rétablir le pont de Burghausen.

Berthier à Murat (3).

Munich, le 5 brumaire an xiv, 1 heure soir

Il est ordonné au maréchal prince Murat de continuer son mouvement pour se porter sur Burghausen ; il enverra de là des partis jusqu'à Laufen, où il se trouvera en communication avec le maréchal Bernadotte, qui marche sur Salzburg.

Le maréchal Soult se rend à Mühldorf, le maréchal Davout à Œtting et le maréchal Lannes se porte sur Braunau.

L'Empereur attend avec impatience des nouvelles de l'ennemi, que lui enverra le prince Murat ; il ne défend pas l'Inn et il est à présumer qu'il ne défendra pas la Salzach.

---

(1) L'état d'emplacements de la Réserve de cavalerie donne Ampfing.
(2) Le Journal de cette division donne comme cantonnement Ramering, situé à une lieue en arrière d'Heldestein. L'état d'emplacements donne Haag.
(3) *En note, au crayon :* Porté par M. de Lostanges, qui doit rendre compte où est l'équipage de pont.

Le prince Murat voudra bien me faire connaître où il sera tous les soirs.

Berthier à Soult.

Munich, le 5 brumaire an XIV, 3 h. 30 matin.

Il est ordonné à M. le maréchal Soult de porter, ce matin, une de ses divisions à Hohenlinden, pour appuyer le prince Murat, qui est en avant avec la réserve de cavalerie.

Les autres divisions du corps d'armée de M. le maréchal Soult prendront position dans la journée pour cantonner entre Munich et Hohenlinden.

M. le maréchal Soult emportera de Munich des vivres pour deux ou trois jours, si cela est possible. Il se nourrira dans le pays compris entre Munich, Wasserburg, et le grand chemin de Freising à Mühldorf, pays qui doit également servir à nourrir la cavalerie du prince Murat.

Le maréchal Bernadotte est à Wasserburg, le général Marmont sera aujourd'hui à Obersdorf. Le maréchal Davout est à Dorfen, se dirigeant sur Mühldorf, le maréchal Murat est au delà de Haag.

Salligny à Vandamme.

Au, le 5 brumaire an XIV.

J'ai l'honneur de vous prévenir, mon cher Général, que la 3º division partira, au reçu de l'ordre qui lui est expédié à l'instant, pour se rendre à Hohenlinden, où elle s'établira et se gardera militairement. Elle occupera les villages de Kronacker et Wetting, ainsi que les hameaux en avant et à droite de Hohenlinden sur la route de Haag et Mühldorf.

Cette division est destinée, étant à Hohenlinden, à appuyer la réserve de cavalerie sous les ordres du prince Murat, qui est en avant sur Haag et Mühldorf. En conséquence, elle se tiendra prête à être rassemblée en avant de Hohenlinden pour se porter où besoin sera, au premier ordre.

La division de cavalerie légère doit partir sur-le-champ pour se rendre à Forstern, Reithofen et Preisendorf, sur la gauche de Hohenlinden, où elle s'établira et se tiendra également prête à se réunir entre Preisendorf et Hohenlinden, et à se porter en avant, au premier ordre.

L'artillerie légère de cette division se tiendra à Hohenlinden avec celle de la 3ª division.

Votre division partira également au reçu de la présente, et se dirigeant sur Hohenlinden, cantonnera dans les villages entre Forstending et Neufahrn, sur la route de Munich à Mühldorf. Vous établirez votre quartier général à Anzing et votre artillerie à Inding.

La 1re division quittera aussi ce matin ses cantonnements et viendra s'établir à Parsdorf, Ottendichel, Saint-Emerau, Wessenfeld, Feldkirchen, Oberndorf et Salmdorf.

Son artillerie et son quartier général à Parsdorf.

Le parc d'artillerie du corps d'armée se rendra aujourd'hui à Neufahrn, et s'établira en arrière de cet endroit, où le directeur fera loger les hommes et les chevaux qui y sont attachés.

Vous voudrez bien, en conséquence, ne mettre à Neufahrn que ce qui est nécessaire pour la garde du parc.

Le quartier général du corps d'armée sera à Anzing.

Veuillez envoyer un officier de votre état-major à M. le Maréchal, pour lui rendre compte de l'exécution de votre mouvement et prendre de nouveaux ordres.

L'ordonnateur en chef a ordre d'envoyer de suite aux divisions les souliers qui leur ont été accordés, ainsi que le pain et la viande déjà fournis par l'administration du pays.

Il doit faire emporter, en partant de Munich, pour deux ou trois jours de pain, et faire suivre de la viande sur pied aussi pour trois jours.

Il est chargé de faire les réquisitions de subsistances nécessaires pour le corps d'armée, dans le pays compris entre Munich, Wasserburg et le grand chemin qui conduit de Freising à Mühldorf, pays qui doit également servir à nourrir la cavalerie de M. le prince Murat.

P.-S. — Les équipages des divisions les suivront, ceux du quartier général marcheront après la 2e division.

Berthier à Soult.

Munich, le 5 brumaire an XIV, 1 heure soir.

Il est ordonné à M. le maréchal Soult de partir demain 6, à la pointe du jour, pour se rendre à grande marche à Mühldorf.

Le maréchal Davout se porte à Œtting, le prince Murat à Burghausen, le maréchal Bernadotte sur Salzburg, le maréchal Lannes à notre extrême gauche sur Braunau.

4ᵉ CORPS D'ARMÉE.

Ordre.

Anzing, le 5 brumaire an XIV.

Le 4ᵉ corps d'armée continuera, demain 6 brumaire, son mouvement sur Mühldorf, en passant par Haag; pour cet effet, toutes les troupes se mettront en marche à la pointe du jour.

La division de cavalerie légère, qui marchera en tête de la colonne, dans cette direction, s'établira demain au soir à Harting, Kühham, Weidenbach et hameaux à portée de la route. Son artillerie restera sur la grande route. Le général Margaron se gardera militairement.

La 3ᵉ division poussera la tête de sa colonne jusqu'au village de Haun, occupera Ramering, Steinstrass et tous les hameaux ou villages à portée, sans cependant s'étendre à plus d'une demi-lieue.

La 2ᵉ division se portera en avant de Haag et s'établira depuis Kloster-Ramsau jusqu'à hauteur de Riedbach, qu'elle fera occuper ainsi que Kagen, sur la grande route, et tous les hameaux et fermes qui sont dans cet espace, sans cependant s'écarter de la route à plus d'un quart de lieue (1).

La 1ʳᵉ division se rendra à Haag, où elle logera, ainsi que dans les villages et hameaux à portée sur un rayon d'une demi-lieue.

Le parc d'artillerie du corps d'armée se rendra à Haag, où il s'établira. Le quartier général du corps d'armée sera à Haag.

MM. les Généraux commandant les divisions rendront compte au Maréchal commandant en chef de l'établissement de leurs troupes et feront connaître leurs quartiers généraux, ainsi que ceux de leurs généraux de brigade.

Cette disposition sera observée tous les jours de marche et, chaque fois, un officier d'état-major sera porteur d'un rapport, ainsi qu'il est dit par un précédent ordre.

Les mêmes officiers emporteront, en retournant aux divisions, l'ordre de mouvement pour le lendemain, ou les dispositions qui seraient prescrites.

Mouvement du 7.

Toutes les divisions du corps d'armée partiront le 7, à la pointe du jour, des cantonnements qui leur sont désignés par le précédent ordre et se dirigeront sur Mühldorf, où il leur sera expédié des ordres pour leur établissement.

---

(1) La 2ᵉ division fut à Reichertsheim, d'après le tableau des marches.

238   CHAPITRE III.

Le parc d'artillerie suivra le mouvement pour la même destination. Le 7, le quartier général du corps d'armée sera à Mühldorf.

SOULT (1).

Le général Compans à l'adjudant-commandant Humbert.

Landshut, le 5 brumaire an XIV.

M. le Maréchal commandant en chef vous charge, Monsieur l'Adjudant-commandant, de rester ici avec quatre compagnies du 58° régiment, qui vous seront remises, d'après l'ordre ci-joint à l'adresse du général Gazan. Vous serez chargé ici, jusqu'à nouvel ordre, de surveiller la rentrée dans les magasins et l'expédition sur le corps d'armée de 25,000 rations de pain par jour, que la commune doit fournir jusqu'à nouvel ordre; elle devra fournir en conséquence les moyens de transport dont vous aurez besoin.

Je vous ferai connaître la marche du corps qui se rend aujourd'hui à Vilsbiburg et aux environs; c'est sur cet endroit que vous dirigerez, jusqu'à nouvel ordre, vos convois, escortés par des détachements des compagnies du 58° commandés par des officiers. Avec ces compagnies, vous aurez le moyen de bien garder vos magasins et d'y faire régner une bonne police.

Rien ne doit être pris ici par les troupes qui y passeront, qu'une ration de pain et une de viande, que M. le Maréchal vous autorise à leur fournir. Si, au lieu de pain, vous pouviez faire confectionner du biscuit, vous rendriez un grand service au corps d'armée.

M. le Maréchal compte sur votre zèle, votre activité et votre énergie.

Le général Compans aux généraux Oudinot, Gazan, Suchet et Nansouty.

Vilsbiburg, le 5 brumaire an XIV.

D'après les dispositions arrêtées par M. le Commandant en chef, la division à vos ordres doit se mettre en marche demain matin, au point

---

(1) L'employé faisant fonctions de commissaire des guerres à la division de cavalerie légère est révoqué et renvoyé de l'armée pour n'avoir pas assuré son service. L'ordonnateur en chef devra le faire remplacer. Une commission militaire sera instituée par le général Margaron pour juger deux chasseurs à cheval prévenus de vol avec effraction.

27 OCTOBRE. 239

du jour, pour se diriger par Neumarkt sur Mühldorf. M. le Maréchal vous fera connaître ultérieurement le point où elle devra s'arrêter.

5ᵉ CORPS D'ARMÉE.
Journée du 5 brumaire (27 octobre 1805).

Quartier général : Vilsbiburg.

La division de cavalerie légère se dirigea sur Neumarkt et Ganghofen et poussa des reconnaissances sur Mühldorf et Eggenfelden.

La division de grenadiers se rendit à Vilsbiburg et bivouaqua en avant de cet endroit.

La division Gazan se rendit à Vilsbiburg et bivouaqua en arrière de cet endroit.

La division Suchet poussa jusqu'à Aich, où elle bivouaqua, ayant à une lieue en avant d'elle, sur la route de Neumarkt, le 17ᵉ régiment d'infanterie légère.

La division de cuirassiers se porta à Geisenhausen et y cantonna.

Berthier à Lannes.

Munich, le 5 brumaire an XIV, 1 heure soir.

Il est ordonné à M. le maréchal Lannes de marcher avec le corps d'armée à ses ordres et de se diriger sur Braunau en passant par Eggenfelden.

Je préviens M. le maréchal Lannes que le prince Murat sera ce soir à Burghausen ; le maréchal Davout sur Œtting ; le maréchal Soult à Mühldorf ; le maréchal Bernadotte à une journée au delà de l'Inn, sur la route de Wasserburg à Salzburg, continuant son mouvement sur cette dernière ville.

Le maréchal Lannes me fera connaître les points où il doit coucher, chaque soir, afin que je sache où lui faire parvenir des ordres.

Berthier à Milhaud.

Munich, le 5 brumaire an XIV, 3 h. 30 matin.

Il est ordonné au général Milhaud de partir de Landshut avec les 16ᵉ et 22ᵉ régiments de chasseurs à cheval, pour se porter à Eggenfelden, pour intercepter la route de Braunau à Straubing, et par cette marche, flanquer la gauche de l'armée, et observer les mouvements de l'ennemi sur notre flanc.

Le général Milhaud étendra des partis aussi loin qu'il pourra dans cette direction. Il rendra compte, par triplicata, de toutes les nouvelles qu'il aura de l'ennemi : 1° au prince Murat, qui sera sur la route de Munich à Mühldorf, entre Haag et cette ville ; 2° au maréchal Lannes, qui se réunit à Landshut et marche sur Vilsbiburg ; 3° au Major général, au quartier général qui est à Munich.

La marche de flanc du général Milhaud est très importante, par les nouvelles de l'ennemi qu'il peut donner à l'Empereur.

Il doit laisser à Landshut les chevaux éclopés et les gros embarras de ses bagages. Il vivra dans le pays qu'il traverse par des réquisitions.

Il préviendra M. le maréchal Lannes de l'ordre qu'il reçoit.

Berthier à Milhaud.

Munich, le 5 brumaire an XIV, 1 heure soir.

Le général de brigade Milhaud continuera sa marche avec les 16e et 22e chasseurs, pour se rendre à Pfarrkirchen, pour de là éclairer la route de Braunau et celle de Scherding.

Il est prévenu que M. le maréchal Lannes, avec son corps d'armée, se rend d'Eggenfelden sur Braunau.

Le général Milhaud continuera de rendre compte, par triplicata, au prince Murat, au maréchal Lannes et au Major général.

Il me fera connaître où il couchera tous les soirs ; il peut m'envoyer des officiers de ses régiments, en poste ; je leur ferai rembourser leurs frais de poste, car il ne doit rien négliger pour me tenir au courant de tout ce qu'il apprendra.

Journal de la division Dupont.

Le 5, le prince Murat, sous les ordres duquel la division se trouvait depuis le combat d'Albeck, est appelé à un autre commandement ; alors la division reçoit des ordres directs du Major général ; elle se porte sur Landshut ; elle y arrive de nuit, quoiqu'elle fût partie au point du jour (1).

---

(1) La division Klein arrive à Ergolding, près de Landshut.

27 OCTOBRE.

Emplacements du 5 brumaire an XIV (27 octobre 1805) au matin.

DÉSIGNATION des corps.	EMPLACEMENTS.	OBSERVATIONS.
Quartier général impérial.	Munich.	
Garde impériale......	Munich.	Les chasseurs qui étaient avec le prince Murat à Schwaig et Neustadt pour Landshut où ils arrivent aujourd'hui.
1er corps (Bernadotte).	L'avant-garde à Wasserburg. Le corps d'armée arrivant à Wasserburg et poussant un corps à Rosenheim.	Et si elle a pu réparer le pont, se porte à 4 heures au delà de l'Inn sur la route de Salzburg.
Corps bavarois	Suit le même mouvement.	Avec détachements à Rain, Donauwœrth et Ulm.
2e corps (Marmont)...	Part des environs de Munich pour prendre position entre Obersdorf et Wasserburg. Son avant-garde devant suivre l'arrière-garde du 1er corps.	Occupera Wasserburg quand le 1er corps aura passé, se mettra en communication avec lui ; il poussera des reconnaissances sur Kraiburg et Mühldorf.
Division batave (Dumonceau).	Partie de Schwaig, arrive à Pfeffenhausen et demain à Landshut.	
3e corps (Davout)	Son avant-garde sur Mühldorf, son corps d'armée vers Dorfen.	
4e corps (Soult)......	Des environs de Munich, porte une de ses divisions à Hohenlinden. Les autres divisions prendront position dans la journée entre Munich et Hohenlinden.	Pour appuyer le prince Murat. Prenant du pain pour deux et trois jours.
5e corps (Lannes). ...	Du point de réunion de Landshut se portant à Vilsbiburg.	La division Nansouty, qui doit le joindre, est à Landshut aujourd'hui, placée en arrière.
6e corps (Ney).......	Ordre du 3 de partir d'Ulm pour se rendre à Landsberg.	

CHAPITRE III.

DÉSIGNATION des CORPS.	EMPLACEMENTS.	OBSERVATIONS.
Division Dupont....	Partie le 4 de Pföring et environs, couchant à Mainburg et arrivant aujourd'hui à Landshut et en avant vers Fimbach, Göttsdorf, Perndorf.	Attend des ordres.
7ᵉ corps (Augereau)..	Arrivé à Friburg, a ordre du 1ᵉʳ de se rendre à Kempten.	
Réserve de cavalerie. { 1ʳᵉ div. grosse cavalerie (Nansouty).	Partie de Geisenfeld, arrivée hier par Mainburg à Weihmichel, Arth, Furth et environs. Aujourd'hui reste dans sa position en arrière de Landshut.	Aux ordres du maréchal Lannes.
2ᵉ div. grosse cavalerie (d'Hautpoul)	Sur Hohenlinden avec le prince Murat.	
1ʳᵉ div. de dragons (Klein).	Partie le 4 de Pföring sur la rive gauche du Danube, Münchmunster, Abensberg et villages en arrière pour marcher par Neustadt, Pfeffenhausen, Unt-Neuhausen, et arriver aujourd'hui en avant de Landshut entre Achdorf et Birken.	
2ᵉ div. de dragons (Walther).	Sur Hohenlinden et en avant avec le prince Murat.	Le prince Murat est entre Haag et Mühldorf. Doit faire reconnaître la route d'Haag à Kraiburg pour savoir si elle est praticable pour l'artillerie.
3ᵉ div. de dragons (Beaumont).	Sur Hohenlinden et en avant avec le prince Murat.	
4ᵉ div. de dragons (Bourcier).	Partie de Geislingen, doit être à Augsburg.	Ordre du 1ᵉʳ.
Division de dragons à pied.	Brigade Vonderweit en partie montée à Ulm. Arrivée à Augsburg où les dragons montés rejoignent leur corps dans la division Bourcier et le reste rejoint à Ingolstadt la 2ᵉ brigade.	
16ᵉ et 22ᵉ chasseurs...	Partis hier de Mehringen entre Ingolstadt et Neustadt, ont couché à Mainburg et arrivent aujourd'hui à Landshut.	Ordre du 5 au général Milhaud de partir avec les deux régiments pour se porter en flanqueurs à Eggenfelden pour intercepter la route de Braunau à Straubing. Laisser ses embarras à Landshut.

27 OCTOBRE.

DÉSIGNATION des corps.	EMPLACEMENTS.	OBSERVATIONS.
54º régiment d'infanterie (général Rivaud).	A Pfaffenhofen aujourd'hui, demain à Ottenburg, après-demain à Munich.	Devant rejoindre de suite le maréchal Bernadotte, ce régiment a fait des marches forcées à la poursuite de l'archiduc Ferdinand, d'Ingolstadt à Rain, à Nordlingen, à Burglengenfeld et jusqu'à Sulzbach au-dessus de Nuremberg.
Wurtembergeois. Deux bataillons de chasseurs.	A Augsburg.	
Corps du général Seiger.	Arrivé de Geislingen à Augsburg avec la division Bourcier.	
Grand parc........	Doit être réuni à Augsburg.	
Équipage de pont.....	A marché hier à 4 lieues en avant de Munich sur la route de Hohenlinden.	Avec deux compagnies de sapeurs et de mineurs attachés à l'état-major général.

Relevé des mouvements ordonnés le 5 brumaire an XIV (27 octobre 1805).

Quartier général : La plupart des officiers du grand état-major partent ce soir pour Anzing et demain pour Haag.

Garde Impériale : La majeure partie part pour Anzing. Le reste demain pour Haag, excepté les grenadiers à pied et un escadron de grenadiers à cheval qui ne doivent partir qu'une heure après l'Empereur.

1er corps (Bernadotte) : Marche par Wasserburg sur l'Alz.

Corps bavarois : Suit le 1er corps.

2e corps (Marmont) : Entre Munich et Obersdorf, demain à Wasserburg.

Division batave : Demain à Landshut.

3e corps (Davout) : Continue son mouvement sur Mühldorf, met son avant-garde sur l'Alz et doit mettre son corps d'armée entre OEtting et l'Alz.

4e corps (Soult) : Entre Munich et Hohenlinden, ordre de se porter à grandes marches sur Mühldorf.

5ᵉ *corps* (Lannes) : A Landshut et Vilsbiburg. Ordre de se diriger sur Braunau par Eggenfelden.

6ᵉ *corps* (Ney) : Doit être arrivé à Landsberg.

7ᵉ *corps* (Augereau) : En marche sur Kempten.

Corps du prince Murat : Le Prince marche avec la division de cavalerie d'Hautpoul et les divisions de dragons Walther et Beaumont par Mühldorf et Burghausen.

1ʳᵉ *division de grosse cavalerie* (Nansouty) : Est aujourd'hui à Landshut, où elle doit recevoir des ordres du maréchal Lannes.

1ʳᵉ *division de dragons* (Klein) : Aujourd'hui en avant de Landshut.

Division de dragons à pied : A Ingolstadt.

16ᵉ et 22 *chasseurs* (général Milhaud) : A Eggenfelden, ordre de se porter à Pfarrkirchen pour éclairer les routes de Braunau et de Schärding.

54ᵉ *régiment* (général Rivaud) : A Pfaffenhofen et après-demain à Munich.

Corps wurtembergeois : A Augsburg.

Grand parc : Se réunit à Augsburg.

Équipage de pont : A quatre heures en avant de Munich, route de Hohenlinden.

Mouvement de la Grande Armée. — Note.

5 brumaire an xiv.

La division batave (Dumonceau) qui couche aujourd'hui à Pfaffenhofen et demain à Landshut, n'a plus d'ordre.

Le maréchal Ney doit être arrivé à Landshut et n'a pas d'ordre, ni connaissance des mouvements des autres corps.

Le général Klein, aujourd'hui en avant de Landshut, n'a pas d'ordre.

La division Bourcier doit être arrivée de Geislingen à Augsburg avec le corps de Wurtemberg et n'a pas d'ordre.

Division de dragons à pied à Ingolstadt (1).

---

(1) Ces trois pièces sont de la main du colonel Vallongue, les deux premières destinées à l'Empereur, la troisième au Major général.

27 OCTOBRE.

Berthier à Andréossy.

Munich, le 5 brumaire an XIV, 2 heures soir.

Ordre au général Andréossy de faire partir ce soir tous les officiers d'état-major, pour se rendre à Anzing ce soir et demain de bonne heure à Haag; il fera partir de suite l'adjudant-commandant Lomet, pour préparer à l'avance les logements dans ces deux endroits.

Il pourra garder près de lui les officiers qu'il jugera nécessaires, devant partir lui-même demain.

Berthier à Bessières.

Munich, le 5 brumaire an XIV, 1 h. 30 soir.

Il est ordonné à M. le maréchal Bessières de faire partir ce soir les chasseurs à pied de la Garde impériale, quatre escadrons de grenadiers à cheval, une division d'artillerie et les grenadiers de la Garde royale italienne, pour se porter, environ 3 lieues sur la route d'Hohenlinden, au village d'Anzing.

Le reste de la Garde se mettra demain en route, à la pointe du jour, pour se rendre à Haag, hormis les grenadiers à pied et un escadron qui ne partiront qu'une heure après le départ de l'Empereur.

M. le maréchal Bessières, d'après l'ordre de l'Empereur, a donné l'ordre aux chasseurs qui sont à Landshut, de se rendre directement à Mühldorf, où ils seront le 7 (1).

Circulaire pour annoncer le départ du quartier général.

Munich, le 5 brumaire an XIV.

Je vous préviens que le quartier général a ordre de partir ce soir pour Anzing, d'où il se rendra demain de bonne heure à Haag et y restera jusqu'à nouvel ordre.

ANDRÉOSSY (2).

---

(1) Ordre de se procurer le 7 deux jours de pain pour la Garde.
(2) Le même jour Andréossy fournit à Berthier les états nominatifs des généraux autrichiens faits prisonniers. Il n'a pas reçu l'état détaillé des prisonniers faits par Murat, au nombre de 6,832, qui ont été dirigés sur Spire. Il le réclame à Belliard.
Il réclame aussi à tous les généraux et chefs de service du quartier général

CHAPITRE III.

État-major général. — Ordre du jour.

Au quartier général impérial à Munich, le 5 brumaire an XIV.

Il est ordonné aux commandants militaires à Donauwœrth, Augsburg et Rain, et à tous commandants militaires de toutes les places où passera Son Altesse Sérénissime l'Électeur de Bavière, de lui rendre les premiers honneurs militaires.

L'Empereur ordonne que tout officier d'état-major, aide de camp, porteurs de lettres timbrées : *Ordre du Major général*, soit introduit sans délai auprès de MM. les Maréchaux ou Généraux auxquels sont adressés les ordres, ne pouvant les remettre qu'à eux-mêmes. Il en sera de même des lettres de MM. les Maréchaux et Généraux timbrées : *pour le Major général seul*; les officiers d'état-major ou aides de camp chargés de ces dépêches ne les remettront qu'au Major général.

Berthier à l'intendant général Petiet (1).

Au quartier de l'Empereur, à Munich, le 5 brumaire an XIV.

Je vous préviens, Monsieur l'Intendant général, que je donne l'ordre à la 8ᵉ compagnie du 2ᵉ bataillon de sapeurs, qui est au 3ᵉ corps d'armée, de se rendre sur-le-champ au 1ᵉʳ corps commandé par M. le maréchal Bernadotte.

A la 7ᵉ compagnie du 1ᵉʳ bataillon de passer du 3ᵉ corps à la réserve de cavalerie, commandée par Son Altesse Sérénissime le prince Murat.

A la 1ʳᵉ compagnie de ce bataillon, qui est au 5ᵉ corps d'armée, de se rendre au 2ᵉ corps d'armée, commandé par le général Marmont.

A la 4ᵉ compagnie du même bataillon de passer du 5ᵉ corps au 6ᵉ corps d'armée, commandé par M. le maréchal Ney.

A la 3ᵉ compagnie de ce bataillon de passer du 5ᵉ corps au quartier général de la Grande Armée, pour y recevoir de nouveaux ordres.

---

l'état nominatif de tout le personnel employé auprès d'eux, pour le payement de la solde. Ils devront indiquer ce que chacun a à réclamer pour le mois de vendémiaire.

Andréossy prévient le gouvernement bavarois que l'adjudant-commandant Fossinger est nommé commandant de place à Munich.

Il annonce à Petiet qu'il met 5 gendarmes à sa disposition à Munich. Il ajoute : « J'ai l'honneur de vous adresser la soumission ci-jointe du conseiller Dimel et de l'agent Meyer de Hanau. Vous verrez, Monsieur l'Intendant général, si ces hommes peuvent vous être de quelque utilité pour l'armée. »

(1) Ordres d'exécution à Andréossy et aux Maréchaux.

27 OCTOBRE. 247

Informez-moi, Monsieur l'Intendant général, des mesures que vous aurez prises pour assurer le service dans toutes ses parties (1).

Songis à l'Empereur.

Sire,

Munich, le 5 brumaire an xiv.

Le général Faultrier me rend compte par une lettre datée de Nordlingen, le 3 brumaire, qu'il est parti, le 3, 171 voitures pour Donauwœrth; que, le lendemain 4, il ferait partir un convoi de même force, si les réquisitions qu'il avait faites, en bœufs et en chevaux, étaient exécutées, en sorte que le 5, la presque totalité de l'artillerie française et autrichienne devait être partie de Nordlingen et, le lendemain 6, tout ce qui restait devait être expédié.

Il me mande aussi que le général Saint-Laurent avait fait de même à Donauwœrth une très forte réquisition de chevaux et de bœufs pour transporter toute cette artillerie de Donauwœrth à Augsburg, en sorte que, sous peu de jours, il y avait lieu d'espérer que tout le grand parc serait réuni à Augsburg.

Enfin, il me prévient que le colonel Vermot est parti le 4 pour se rendre à Augsburg, où il doit le remplacer jusqu'à ce que sa santé lui permette de s'y rendre.

Au départ de la lettre du général Faultrier, on s'occupait de la vérification des munitions du parc autrichien et le premier aperçu en annonçait une assez grande quantité en état de service.

Je reçois, en ce moment, une lettre du général Hanicque, datée d'hier, par laquelle il me prévient qu'il est arrivé la veille, à Augsburg, 72 caissons.

Lemarois à l'Empereur.

Munich, le 5 brumaire an xiv.

D'après les ordres de Votre Majesté Impériale et Royale, je me suis rendu, le 29 vendémiaire, à Stuttgart. Les ordres de Son Excellence le Ministre de la guerre n'y étaient point parvenus pour l'établissement

---

(1) Songis appelle à la Grande Armée les compagnies de pontonniers qui étaient restées sur le Rhin, notamment les 4ᵉ et 6ᵉ (Lauterbourg) et la 8ᵉ (Huningue). Berthier prie le maréchal Kellermann de veiller à ce que ces compagnies ne soient retenues sous aucun prétexte et que rien n'entrave l'exécution de cet ordre. Andréossy et Petiet en sont informés.

des relais pour le transport des objets d'approvisionnements qui se trouvent à Heilbronn.

J'ai pris sur moi d'en écrire à Son Excellence M. Didelot qui, sur ma demande, a pris des mesures avec le Ministre de Son Altesse Électorale pour établir, à chaque relais de poste, des chevaux de réquisition en assez grande quantité pour que tous les convois arrivent le plus promptement possible à Augsburg.

Il n'y avait ni capotes, ni souliers, ni caissons d'ambulance, ni de transports militaires à Heilbronn. J'y ai seulement trouvé 275 caisses de biscuit et, la veille, on en avait expédié 90 caisses, ce qui peut donner 50,000 rations.

Il y avait aussi 930 pintes d'eau-de-vie.

Il venait d'y arriver 6,000 outils pour le génie, le 29 vendémiaire, et le 30 ils ont dû continuer leur route.

D'après l'état de situation du parc d'artillerie, il y avait à Heilbronn et environs :

14 caissons d'ancien modèle et 188 barils de cartouches ;
158 chariots de cartouches.

Il était parti, le 29, 57 voitures de cartouches.

Le 30, il devait partir 61 voitures qui se trouvaient, à 11 heures, sur la route de Stuttgart.

En deçà du Rhin, vis-à-vis de Spire, j'ai rencontré un convoi contenant 25,000 outils pour le génie.

De Spire à Lauterburg, j'en ai rencontré un second de 5,000 outils.

Je suis arrivé à Strasbourg, cinquante-quatre heures après mon départ d'Ulm. J'ai écrit à M. le maréchal Augereau qui se trouvait, le 1er brumaire, à Huningue.

M. le maréchal Kellermann, étant allé voir M. le maréchal Augereau et M. le général Leval, m'a remis l'état de situation ci-joint de la réserve de M. le maréchal Kellermann.

Les corps font confectionner beaucoup de souliers et de capotes à Strasbourg et dans les environs.

État des bouches à feu et voitures autrichiennes prises à l'ennemi près de Nordlingen le 26 vendémiaire an XIV.

Munich, le 5 brumaire an XIV.

Savoir :

Bouches à feu.		
de 13	10	
de 7	8	
de 6	19	59
de 3	10	
obusiers	12	

Affûts de rechange		15
Caissons { à munitions petits	96	
à obus	12	160
grands	29	
chariots de parc	23	
Forges roulantes, non outillées		4
Total		238

Songis.

12ᵉ Bulletin.

Munich, le 5 brumaire an xiv.

Au 5ᵉ bulletin de l'armée, il faut joindre la capitulation de Memmingen qui a été oubliée.

On travaille dans ce moment avec la plus grande activité aux fortifications d'Ingolstadt et d'Augsburg.

Des têtes de pont sont construites à tous les ponts du Lech, et des magasins sont établis sur les derrières.

Sa Majesté a été extrêmement satisfaite du zèle et de l'activité du général de brigade Bertrand, son aide de camp, qu'elle a fréquemment employé à des reconnaissances.

Elle a ordonné la démolition des fortifications des villes d'Ulm et de Memmingen.

L'Électeur est attendu à tout instant. L'Empereur a envoyé son aide de camp, colonel Lebrun, pour le recevoir et lui offrir sur sa route des escortes d'honneur.

Un *Te Deum* a été chanté à Augsburg et à Munich. La proclamation ci-jointe a été affichée dans toutes les villes de Bavière. Le peuple bavarois est plein de bons sentiments, il court aux armes et forme des gardes volontaires pour défendre le pays contre les incursions des Cosaques.

Les généraux Deroy et de Wrède montrent la plus grande activité ; ce dernier a fait beaucoup de prisonniers autrichiens. Il a servi pendant la guerre passée dans l'armée autrichienne et il s'y est distingué.

Le général Mack ayant traversé en poste la Bavière pour retourner à Vienne, rencontra le général de Wrède aux avant-postes près l'Inn. Ils eurent une longue conversation sur la manière dont les Français traitaient l'armée bavaroise.

« Nous sommes mieux qu'avec vous, lui dit le général de Wrède, nous n'avons ni morgue, ni mauvais traitements à essuyer ; et loin d'être exposés les premiers aux coups, nous sommes obligés de demander les postes périlleux, parce que les Français se les réservent de préférence. Chez vous, au contraire, nous étions envoyés partout où il y avait de mauvaises affaires à essuyer. »

Un officier d'état-major vient d'arriver de l'armée d'Italie. La campagne a commencé le 26 vendémiaire. Cette armée formera bientôt la droite de la Grande Armée.

L'Empereur a donné hier un concert à toutes les dames de la cour. Il a fait un accueil très distingué à Mme de Montgelas, femme du premier ministre de l'Électeur, et distinguée d'ailleurs par son mérite personnel.

Il a témoigné son contentement à M. de Winter, maître de musique de l'Électeur, sur la bonne composition de ses morceaux, tout pleins de verve et de talent.

Aujourd'hui dimanche, 5 brumaire, l'Empereur a entendu la messe dans la chapelle du palais.

Voici les noms des généraux autrichiens qui ont été faits prisonniers. Le nombre des officiers est de 1,500 à 2,000. Chaque officier a donné sa parole d'honneur de ne pas servir : on espère qu'ils la tiendront exactement ; s'il en était autrement, les lois de la guerre seraient suivies dans toute leur rigueur.

Bulletin de Ratisbonne (1).

Ratisbonne, le 5 brumaire an XIV.

On a reçu la nuit dernière la nouvelle, par courrier, que la citadelle de Passau a été occupée par les Autrichiens, on en ignore encore les circonstances ; on dit qu'elle a été prise d'assaut. Il paraît qu'ils s'occupent à la mettre promptement en état de défense.

Il y a à Passau 1,000 hommes, à Deggendorf 200 hommes d'infanterie et 150 chevaux sous les ordres du partisan Scheibler, il y avait à Deggendorf 25 chevaux que le chef d'escadron Ameil a chassés dans la nuit du 3 au 4 brumaire, de là, poussant sur Vilshofen.

Le corps autrichien retranché à Waldmünchen a été renforcé de quelques centaines de chevaux, des débris de l'armée de Souabe qui ont suivi l'archiduc Ferdinand ; il y a cinq bataillons ou dépôts de recrues qui formaient les garnisons de Pless, Theresienstadt et Josefstadt qu'on vient de placer à la frontière de Bohême au revers des montagnes et qui sont destinés à servir de réserve et à soutenir le corps posté près de Waldmünchen en cas d'attaque.

---

(1) Pour son S. A. S. le prince Murat.

Un voyageur, qui vient de traverser le Tyrol et le pays de Salzburg, arrivé à Ratisbonne par Passau et Straubing, assure que la consternation est générale dans ces pays, qu'on s'attendait être attaqué à tout instant dans le Tyrol, qu'à Salzburg on se préparait à faire une bonne réception aux Français, et que le mécontentement des Russes était à son comble. Le général commandant Kutusow, auquel ce voyageur a parlé, était décidé à ne pas accepter de bataille et à se retirer sur Wels, pour se réunir à ce qui lui arriverait de l'intérieur et s'y former au nombre de 80,000 hommes.

La Basse-Bavière continue de souffrir cruellement par les incursions des partisans autrichiens qui menacent de fusiller les employés bavarois bien intentionnés. Le bailli électoral de Passau a été amené au quartier général autrichien par rapport à des communications qu'il doit avoir faites à la garnison de la citadelle dont le commandant bavarois n'a pas eu le temps de brûler ses papiers ; plusieurs autres employés doivent y être compromis.

Il paraît que le bruit qui a couru relativement à la prochaine arrivée d'une colonne russe sur les frontières de la Bohême et du Haut-Palatinat a été occasionné par le mouvement de quelques bataillons de réserve ou dépôts de recrues tirés des différentes places fortes de la Bohême, rassemblés à Pilsen et dirigés ensuite sur les revers des montagnes de la frontière de la Bohême où ils doivent rester en réserve et servir de soutien et de point d'appui au corps retranché sur les hauteurs de Waldmünchen.

BACHER.

CHAPITRE IV

28 octobre.

Berthier à Bernadotte.

Haag, le 6 brumaire an XIV.

L'Empereur a vu avec plaisir, Monsieur le Maréchal, que le pont de Wasserburg a été raccommodé, et Sa Majesté est satisfaite du zèle qu'a montré M. Morio, officier du génie.

L'Empereur est impatient de savoir ce que fait l'ennemi.

Le pont de Mühldorf a été brûlé, on travaille à le raccommoder; mais, jusqu'à ce moment, on ne peut faire passer que de l'infanterie.

Le quartier impérial est à Haag. Continuez votre mouvement et donnez-nous de vos nouvelles.

Le général Marmont, jusqu'à nouvel ordre, restera à Wasserburg.

Berthier à Bernadotte.

Haag, le 6 brumaire an XIV.

Le maréchal Bernadotte est prévenu des ordres ci-dessus (1); de plus, il lui a été écrit ce qui suit :

Faites-moi connaître ce qu'il peut y avoir de Bavarois à Pforzheim, à Amberg et à Würtzburg, afin que je sache ce qu'on pourrait en tirer pour vous renforcer.

Ce que je puis vous assurer, relativement au prince Charles, c'est que le 26 vendémiaire, il était sur l'Adige; dans ce moment le maré-

---

(1) Ordres à Marmont, Murat et Soult. Voir plus loin.

chal **Masséna** l'a passé à Vérone, où il a fait 1,500 prisonniers et pris 7 pièces de canon ; mais il est très possible qu'une division de 12,000 à 15,000 hommes, qui était dans le Tyrol, ait fait une contremarche par l'arrivée du maréchal Augereau, qui se porte sur Kempten; ce corps ennemi aura vraisemblablement reçu l'ordre de se jeter sur Salzburg; alors, Monsieur le Maréchal, vous serez à même de couper ce corps et de le faire prisonnier.

Le maréchal Ney arrive demain soir à Landsberg, et le maréchal Augereau sera sous très peu de jours à Kempten.

1ᵉʳ CORPS D'ARMÉE.

Marche de l'armée du 6 brumaire.

Wasserburg, le 6 brumaire an XIV.

M. le général Kellermann partira de suite de sa position en avant de Wasserburg pour se diriger sur la grande route d'Altenmarkt; il s'emparera de cette ville, fera passer un bataillon en avant du pont sur l'Alz. Le reste de son infanterie et de sa cavalerie sera placé en arrière de cette rivière. Le général Kellermann enverra des reconnaissances sur la route de Traunstein.

Le lieutenant général de Wrède se placera immédiatement après le général Kellermann, à la droite de la grande route de Wasserburg à Altenmarkt. Il enverra une reconnaissance à Seebrück pour se lier avec les troupes du général Minucci, qui ira y prendre position ce soir.

Le général Drouet se mettra en marche aussitôt que les troupes du général de Wrède auront filé; il viendra se placer à la gauche de celles de ce général, prolongeant sa gauche à Trostberg, où il fera bivouaquer un bataillon en potence en avant de ce village, sur la route de OEtting, afin de couvrir son flanc gauche ; il enverra des reconnaissances fort avant sur cette route.

Le général Pacthod suivra le mouvement du général Drouet et se placera en arrière de lui.

Le lieutenant général de Deroy suivra celui de la division du général Pacthod et viendra se placer en avant de Obing (1), à cheval sur la grande route de Wasserburg, ayant sa droite et sa gauche appuyées à deux petits lacs.

---

(1) Deroy n'a pas atteint Obing et a cantonné à Frabertsheim. (Journal du corps bavarois et Ordre pour le 29.)

28 OCTOBRE.

Le grand parc d'artillerie se placera à Neustadt, sur la grande route de Wasserburg, entre les troupes du général de Deroy et du général Pacthod.

Le général Minucci partira au reçu du présent ordre, en suivant la route de Rosenheim à Traunstein et viendra prendre position à Seebrück, ayant sa droite appuyée au lac de Chiemsee, prolongeant sa gauche et se liant par des postes avec le lieutenant général de Wrède. Il enverra des reconnaissances sur la route de Traunstein afin d'avoir des nouvelles de l'ennemi (1).

Journal de la division de Wrède.

6 brumaire, an XIV.

Les patrouilles se rendirent le long de la rive droite de l'Inn, vers Rosenheim et sur la route de Traunstein, pour avoir des notions sur l'ennemi et pour communiquer avec le général comte Mutius Minucci, qui se trouvait à Rosenheim. L'armée passa l'Inn, l'avant-garde prit une position à Altenmarkt et établit une communication avec le général comte de Minucci, arrivé à Seebrück. Le lieutenant général de Deroy se trouve en avant de Frabertsheim et le maréchal à Obing.

L'adjudant-commandant Requin au maréchal Berthier.

Würzburg, le 6 brumaire an XIV.

J'ai l'honneur de vous adresser, ci-joint, l'état de situation du détachement d'infanterie et de cavalerie des différents corps que je commande.

Je pars demain, 7 du courant, de Würzburg, pour diriger cette troupe sur Munich. Vos ordres me trouveront sur cette route, attendu que je marche à la tête de ce corps.

Son Excellence le ministre Bignon, près de la cour de Hesse-Cassel,

---

(1) Éblé presse le mouvement du parc d'artillerie, à qui il reproche d'avoir été en retard la veille. Il lui envoie au point du jour l'ordre de se préparer, puis celui de partir pour Neustadt en toute hâte, la division Deroy ayant ordre de le laisser passer devant elle et attendant avec impatience. Un second ordre, daté d'Erpoldsheim (1 kilomètre Sud-Est de Wasserburg) prescrit d'arrêter le parc en cet endroit et d'en repartir le 29 avant le jour. De nouveaux ordres sont donnés au passage à Altenmarkt. Éblé ajoute l'indication des cantonnements du corps d'armée.

CHAPITRE IV.

a, sans doute, eu l'honneur de prévenir Sa Majesté l'Empereur et Roi, ainsi que vous, mon Général, des moyens que j'ai employés pour obtenir le passage de Son Altesse l'Électeur de Hesse-Cassel.

État sommaire des détachements d'infanterie et de cavalerie qui sont sous les ordres de l'adjudant-commandant Requin.

DÉSIGNATION des CORPS.	OFFICIERS.	SOUS-OFFICIERS et soldats.	TOTAL.	CHEVAUX.
27e régiment d'infanterie légère (1).	3	50	53	»
8e — de ligne (2)........	»	48	48	»
45e — — (3)........	1	88	89	»
51e — —	1	64	65	»
94e — —	»	20	20	»
95e — —	1	40	41	»
2e régiment de hussards (4)......	»	8	8	»
5e — —	3	111	114	113
5e — de chasseurs à cheval.	1	41	42	83
TOTAUX........	10	470	480	196

(1) Deux officiers ont rejoint le détachement à Münden.
(2) Du 3 brumaire : deux déserteurs.
(3) Du 2 brumaire : six déserteurs et un malade resté en route.
(4) Ces hommes sont à pied.

Fait à Carlstadt, le 4 brumaire an XIV.

REQUIN.

1er CORPS D'ARMÉE.

Ordre de marche du 7 brumaire.

Obing, le 6 brumaire an XIV.

M. le lieutenant général de Wrède partira demain, 7, de sa position en arrière d'Altenmarkt, suivra la route de Traunstein sur la rive gauche de l'Alz, traversera la ville et ira prendre position à Teisendorff, couvrant les deux routes qui conduisent à Salzburg et à Reichenhall, poussant des reconnaissances sur ces deux routes le plus loin possible.

28 OCTOBRE.

Le général Mezannelli n'ayant pu dépasser aujourd'hui Amerang, viendra prendre position demain, 7, à Traunstein, où il recevra des ordres du général de Wrède.

M. le général Kellermann partira demain, à 7 heures, avec sa division, passant sur la rive droite de l'Alz, suivant la route de Salzburg, passant à Waging pour aller prendre position à Petting; il enverra de suite une reconnaissance sur Laufen, tâchera d'occuper cette ville, de faire réparer le pont s'il a été détruit, et en tirera des subsistances pour nourrir sa division. Il enverra aussi des reconnaissances le plus près possible de Salzburg, afin d'avoir des nouvelles de l'ennemi. Il devra également s'éclairer en arrière sur son flanc gauche et envoyer des émissaires jusqu'à Tittmoning.

Le général Drouet se mettra en marche immédiatement après le départ du général Kellermann, suivra la même route pour venir prendre position en avant de Waging, sa gauche appuyée sur le lac de ce nom.

Le général Pacthod partira demain, à 7 heures, passera l'Alz à Altenmarkt et viendra prendre position en arrière de lui, ou sur la droite, selon les localités qu'il fera reconnaître.

M. le lieutenant général Deroy partira demain à 7 heures, passera l'Alz à Altenmarkt et viendra prendre position à Biburg (1), à une demi-lieue en arrière de Waging, ayant sa gauche appuyée vers le lac.

Le grand parc d'artillerie de l'armée se mettra en marche demain, à 5 heures précises du matin, suivra la route d'Altenmarkt où il passera l'Alz et viendra se placer à Holzhausen, en arrière de Biburg.

Le grand quartier général sera demain à Wageng.

Berthier à Marmont (2).

Haag, le 6 brumaire an XIV.

Je vous préviens, Général, que le quartier impérial est à Haag.
Vous recevrez vraisemblablement des ordres demain matin.
Faites-moi connaître le plus tôt possible, par les renseignements que

---

(1) Le Journal du corps bavarois désigne cet emplacement par le nom du village d'Otting, qui est exactement à une demi-lieue en arrière de Waging.
(2) Le 28, le quartier général et les deux divisions d'infanterie du 2ᵉ corps sont à Wasserburg, la cavalerie à une lieue en avant sur la route de Salzburg, le grand parc à Ebersberg.
Distance d'un quartier général à l'autre, 5 lieues 1/4.

vous pourrez vous procurer, comment est le chemin de Wasserburg à Tittmoning par la route la plus directe, et si l'artillerie pourrait y passer; cela est très important pour l'Empereur; il faut avoir des renseignements certains ; il faut nous créer des débouchés, parce qu'il y a peu de chaussées. Envoyez-moi un officier de votre état-major.

Berthier à Murat.

Haag, le 6 brumaire an XIV.

L'Empereur est à Haag, mon Prince ; le maréchal Bernadotte a passé l'Inn à Wasserburg et marche sur Salzburg.

L'Empereur désire que vous fassiez marquer son quartier général à Mühldorf.

M. de Lostange a rendu compte à l'Empereur de votre position.

Sa Majesté attend des nouvelles sur les ponts d'Œtting et de Marktl ; Elle espère que celui de Mühldorf sera raccommodé de manière à faire passer l'artillerie, et qu'on ne fera pas usage des pontons.

Nous attendons avec impatience des nouvelles de l'ennemi.

Rapport du général Belliard au Major général.

6 brumaire an XIV.

Le pont ayant été brûlé, on ne put pas le rétablir dans la nuit ; on fit seulement un pont volant pour passer l'infanterie. Quoiqu'il fût peu solide, on le fit néanmoins servir pour trois régiments de cavalerie.

Pendant ce temps, le Prince avait envoyé l'adjudant-commandant Girard pour reconnaître le pont d'Œtting, avec ordre de le faire rétablir ; toutes les divisions de cavalerie furent dirigées sur ce point.

Aussitôt qu'on eut quelques troupes disponibles sur la rive droite, le Prince fit marcher pour suivre l'ennemi, le chasser derrière l'Alz, y prendre position, et même sur la Salzach à Burghausen, s'il était possible. Tout répondit aux désirs du Prince : les Autrichiens furent mis en fuite ; ils abandonnèrent Burghausen, coupèrent le pont, et se retirèrent derrière la Salzach. Il était nuit : le 5ᵉ régiment de dragons, avec un régiment d'infanterie légère, occupa Burghausen ; le reste de la division Beaumont s'établit à Alt-Œtting (1).

---

(1) « Le 6, les 5ᵉ et 8ᵉ régiments passèrent l'Inn à Mühldorf ; le reste de la division, avec l'artillerie, va passer cette rivière sur le pont de Neu-

Le pont d'Œtting avait été peu endommagé ; par les soins de l'adjudant-commandant Girard, il fut promptement réparé et mis en état de passer l'artillerie et la cavalerie. La division d'Hautpoul s'en servit le soir même, ainsi que la division Beaumont, et elle prit position à Œtting (1), où fut le quartier général du Prince. La division Walther bivouaqua en arrière du pont, au village de Winhöring (2).

Le Prince ordonna qu'on réparât le pont de Burghausen.

L'infanterie campa à Alt-Œtting.

Le général Belliard au Colonel du 8ᵉ régiment de dragons.

Mühldorf, le 6 brumaire an XIV.

D'après les ordres du Prince, vous vous tiendrez prêt à partir pour passer le pont à Mühldorf. Vous enverrez de suite un officier à l'état-major du Prince pour prendre ses nouveaux ordres.

Belliard à Walther.

Le Prince ordonne que vous partiez sur-le-champ avec votre division pour vous rendre sur Œtting, où doit aussi se rendre la division du général d'Hautpoul. Vous enverrez à l'avance votre chef d'état-major, qui se concertera avec celui de la division de cavalerie pour l'établissement des cantonnements de votre division et de celle du général d'Hautpoul.

Belliard à Beaumont.

Ordre de se porter avec le reste de sa division et toute son artillerie à Alt-Œtting et d'y attendre les ordres du Prince.

Œtting. La division se réunit le soir à Alt-Œtting et cantonne dans les environs. (Journal de la 3ᵉ division de dragons.)
(1) Œtting et Eschlbach. (Journal de la division d'Hautpoul.)
(2) A Töging et Feldkirch, dit le Journal de la 2ᵉ division de dragons.

Berthier au colonel Bouchu.

Haag, le 6 brumaire an xiv.

L'intention de l'Empereur, Monsieur, est que vous fassiez partir sur-le-champ trois voitures avec trois pontons et une compagnie de pontonniers, pour se rendre à Burghausen, ce petit équipage de pont devant être attaché à l'avant-garde commandée par M. le prince Murat.

Vous ferez parquer tout le reste de votre équipage de pont dans un petit village près Mühldorf, où il y ait des fourrages ; il se reposera aujourd'hui et recevra des ordres pour demain.

L'Empereur ordonne que vous vous rendiez sur-le-champ, de votre personne, avec tous les pontonniers, les sapeurs et les ouvriers qui sont ici, au pont de Mühldorf, pour le rétablir ; à cet effet, vous interdirez le passage à toutes les troupes afin qu'on n'interrompe pas les travailleurs : il est de la plus grande importance que ce pont soit rétabli de manière qu'on puisse, dans la nuit, y faire passer de l'artillerie.

Daultanne à Gudin.

Au quartier général à Mühldorf, le 6 brumaire an xiv.

L'intention de M. le Maréchal est, mon cher Général, que vous laissiez, pour la garde de votre artillerie, un demi-bataillon d'infanterie, qui marchera avec elle lorsque la solidité du pont permettra le passage de l'Inn.

(A. G.)

3° CORPS D'ARMÉE.

État-major général. — *Ordre de marche du 6 brumaire an XIV.*

Au quartier général à Mühldorf, le 6 brumaire an xiv.

L'avant-garde aux ordres du général Heudelet, après avoir pris une position provisoire à Alt-Œtting et avoir donné à la 1re division le temps de la joindre, se portera à Egmating sur l'Alz et prendra position sur la rive droite de cette rivière. Si le général Heudelet n'éprouvait pas une forte résistance pour le passage de l'Alz, il l'effectuerait sans attendre le concours du corps d'armée et porterait, de suite, de fortes reconnaissances sur Burghausen, et s'en emparerait même, si l'ennemi n'était pas en force.

Dans le cas où l'ennemi défendrait, avec opiniâtreté, le passage de l'Alz, le général Heudelet prendrait position à Egmating et y attendrait l'arrivée de la 1re division ; pendant ce temps, il s'occuperait à réunir les moyens nécessaires pour la reconstruction du pont, en cas que l'ennemi l'eût détruit.

Il se fera éclairer par des partis vers Marktl par sa gauche, et par sa droite vers Wald, enfin sur son front par la route de Raitenhaslach.

La 1re division, après avoir exécuté son passage de l'Inn, se portera sur Alt-OEtting se faisant éclairer pendant sa marche à la hauteur de Teising, sur les routes de Kraiburg et de Wald, lesquelles se réunissent à Tüssling.

Arrivé à OEtting, le général Bisson se portera sur l'Alz à Egmating, où il prendra position sur la rive gauche, sa gauche à la grande route de Burghausen et sa droite se prolongeant en remontant l'Alz. Il fera observer et garder avec soin les ponts et les gués qui se trouveraient tant sur son front que vers sa droite, et poussera de fortes reconnaissances vers Wald, en remontant la rive gauche de l'Alz.

Le général Bisson se tiendra en communication suivie avec l'avant-garde, et forcera de marche pour se porter à son secours, en cas qu'elle soit aux prises avec l'ennemi.

La 2e division suivra le mouvement de la 1re, marchera sans intervalle à sa suite et prendra position, sa droite au village d'Egmating et sa gauche se prolongeant vers Mittling, qu'il fera occuper par un bataillon pour maîtriser les routes de Marktl et de Braunau. 25 chevaux marcheront avec ce bataillon.

Le général Friant fera observer et garder tous les gués qui pourraient exister sur son front et sur sa gauche, particulièrement vis-à-vis le village de Schützing.

Les généraux Bisson et Friant réuniront les matériaux nécessaires pour la construction de deux ponts, l'un à droite et l'autre à gauche de celui qui existe, pour augmenter les moyens de passage pour la marche du lendemain.

La 3e division, après avoir exécuté son passage à Mühldorf, prendra position à Alt-OEtting et poussera un gros détachement sur le chemin de Garching vers sa droite ; ce détachement sera précédé par 25 chevaux, lesquels seront soutenus par une compagnie d'infanterie et s'approcheront le plus près possible de Garching, qu'ils occuperont même, s'ils peuvent arriver jusque-là. Le but de ce détachement est de maîtriser et d'éclairer la marche de tout ce qui pourrait venir de Trostberg.

Dès que le pont permettra le passage des chevaux, la cavalerie de l'avant-garde et la brigade du général Vialannes se porteront en avant pour joindre l'avant-garde.

Les divisions d'infanterie qui seraient en marche feront halte et dégageront un moment la route, pour laisser le passage à la cavalerie.

L'artillerie des divisions passera aussitôt que la solidité du pont le permettra ; chaque section d'ambulance suivra l'artillerie de sa division.

L'ambulance du quartier général avec le parc de réserve se porteront en arrière d'Alt-Œtting, où se réuniront également tous les bagages du corps d'armée.

Le quartier général sera établi à Alt-Œtting.

(A. G.)
Le Général, chef de l'état-major général,
DAULTANNE.

Davout à Berthier.

Alt-Œtting, le 6 brumaire an XIV.

J'ai l'honneur de rendre compte à Votre Excellence que pour pouvoir faire travailler à la réparation du pont de Mühldorf, que les Autrichiens avaient brûlé en partie, j'engageai hier soir une vive fusillade et canonnade afin de chasser les Autrichiens, qui s'étaient mis à couvert vis-à-vis du pont. Ils se retirèrent pendant la nuit.

Quelques nageurs ont passé l'Inn. Trois ou quatre ont été entraînés par le courant et noyés.

J'ai profité de deux bateaux pour jeter pendant la nuit sur la rive droite, le 13e régiment d'infanterie légère et le 108e de ligne.

Les réparations du pont de Mühldorf demandaient une perte de temps qui n'entrait pas dans les vues de Sa Majesté ; en conséquence, j'ai fait jeter quelques planches pendant la nuit, ce qui m'a procuré la faculté de faire passer, au jour, de l'infanterie et même de la cavalerie.

Cette opération a demandé beaucoup de temps.

Le passage de la cavalerie du prince Murat ne m'a permis d'effectuer celui des divisions de ce corps d'armée qu'extrêmement tard ; aussi n'arriveront-elles à leurs positions qu'à 10 heures du soir.

L'avant-garde est arrivée à Burghausen aujourd'hui à 5 heures ; les Autrichiens avaient commencé à démolir le pont, mais l'arrivée inopinée de nos troupes ne leur a pas permis d'y faire beaucoup de dégradations ; peu d'heures après l'arrivée de l'avant-garde, il a dû être entièrement réparé.

L'avant-garde a fait une dizaine de prisonniers.

Un escadron de hussards ennemi a dû être coupé, il devait se retirer sur Burghausen, et il cherchera vraisemblablement à s'échapper du côté de Laufen. J'ai envoyé sur ce point un parti de 200 chevaux ; il a le double objet d'intercepter cet escadron et de prendre des renseignements sur l'arrivée d'un assez grand nombre de troupes autrichiennes à Traunstein et Reichenhall. Ces troupes ont dû mettre beaucoup de paysans en réquisition pour travailler à leurs retranchements. Il est vraisemblable qu'elles arrivent de l'Italie. Le parti que j'ai mis en campagne devra chercher à communiquer avec les troupes de M. le maréchal Bernadotte.

Il paraît que depuis quelques jours les Russes se retirent sur Wels; plusieurs rapports feraient croire qu'il s'en trouvait encore, il y a deux jours, un assez grand nombre à Braunau. Ils ont dû se porter sur Ried. Mais je dois observer à Votre Excellence qu'il existe à cet égard des rapports contradictoires.

Si le pont de Neu-Œttingen est réparé, comme on me l'assure, j'en profiterai pour faire passer, dès cette nuit, notre artillerie et les équipages de l'armée.

Daultanne à Gudin.

Au quartier général à Alt-Œtting, le 6 brumaire an xiv.

L'intention de M. le Maréchal est, mon cher Général, que demain, à la pointe du jour, vous mettiez votre division en mouvement et que vous la dirigiez par la route de Burghausen sur Egmating, où elle prendra position, à moins d'ordres contraires.

P.-S. — Nous sommes maîtres de Burghausen.

(A. G.)

3ᵉ CORPS D'ARMÉE.

Journée du 6 brumaire an XIV.

Quartier général : Alt-Œtting.
Avant-garde : Burghausen.
Infanterie. — Passe l'Inn à 10 heures du matin et marche sur Alt-Œtting. Le capitaine du génie Bontemps et un détachement de sapeurs de la 6ᵉ compagnie va à Neu-Œtting et fait rétablir le pont, de manière que l'artillerie y puisse passer. Il n'était pas beaucoup endommagé et fut réparé le soir même.

De là, il se rendit à Burghausen. Pendant ce temps, on reconnaissait que la position de l'Alz était abandonnée par l'ennemi et l'on se rendit à Burghausen.

L'infanterie fut logée au château et dans la ville. L'ennemi était sur la rive droite de la Salzach. Le général Eppler, avec 20 carabiniers, est passé dans une barque et le met en fuite.

Les officiers du génie de l'avant-garde sont chargés de reconstruire le pont. On y passe toute la nuit. Cinq arches sur sept, dont le pont est composé, étaient coupées et les bois jetées dans la rivière. Le lendemain, à 8 heures du matin, la cavalerie du prince Murat commença à y défiler.

Cavalerie. — La cavalerie légère s'établit en arrière de Burghausen.

1re *division :* Alt-OEtting.

Arrive sur la rive gauche de l'Alz et y prend position. La gauche à la route de Burghausen, la droite se prolongeant en remontant la rivière. Elle était adossée à un bois.

L'artillerie de la 1re division, ainsi que celle de l'avant-garde, avait passé l'Inn en bateaux (1).

2e *division :* Alt-OEtting.

La 2e division devait se mettre en ligne avec la 1re, mais le passage de l'Inn avait demandé beaucoup de temps, parce qu'il fallait défiler, un à un, sur le pont. Elle bivouaqua à trois quarts de lieue en arrière d'Alt-OEtting, sur les deux côtés d'un bois qui borde la route à droite et à gauche.

L'artillerie passa par Neu-OEtting.

3e *division :* Mühldorf.

Dans la matinée, un bataillon du 12e d'infanterie de ligne et la 6e compagnie du 2e de chasseurs à cheval, commandée par le général de division en personne, passaient l'Inn à Kraiburg. L'ennemi avait évacué la rive droite.

Le reste de la division se porte sur Mühldorf, où elle passe l'Inn.

Elle prend position sur la rive droite à mesure qu'elle passe. L'artillerie se dirige sur Neu-OEtting.

Notes topographiques et militaires.

La position de l'Alz serait très bonne si elle n'était pas si près de la Salzach. Cependant l'ennemi pouvait encore nous y arrêter au moins une journée.

Parce qu'elle est guéable dans quelques endroits, il n'avait pas coupé le pont.

Pendant que l'on travaillait à passer à Mühldorf, le colonel du génie

---

(1) Le 6, le pont n'étant praticable à la pointe du jour que pour l'infanterie, on a employé deux bateaux pour le passage de l'artillerie de l'avant-garde et de la 1re division. (Journal de la réserve d'artillerie du 3e corps.)

Tousard, ayant avec lui le capitaine Gott et le lieutenant Lambert, avait été chargé de reconnaître le pont de Kraiburg et d'en préparer le passage au général de division Gudin. L'Inn est fort large et fort rapide devant Kraiburg, le pont a onze travées de plus de 50 pieds de largeur et très élevées. Il y en avait sept de brûlées. La position de Kraiburg, qui est sur la rive droite, est très avantageuse pour défendre le passage de l'Inn. Il y a un amphithéâtre de hauteurs sur lequel on pourrait établir des feux très dangereux. Mais, en remontant environ une demi-lieue cette rivière, il y a sur la rive droite une plage de sable, dominée par la rive gauche, avec un petit bois. Ce point serait très propre à passer l'Inn. C'est là que le général Gudin, qui l'avait reconnu avec le colonel Tousard, devait effectuer son passage. Il eût été trop long et trop difficile de réparer le pont; on trouva deux petits bateaux, que les habitants avaient cachés, qui pouvaient porter quatre hommes chacun. Ils auraient servi pour le passage de vive force, si l'ordre ne fût pas venu de ne pas le faire. On trouva un grand bac, que les Autrichiens avaient enfoncé, mais que l'on répara. La nuit, les ennemis abandonnèrent Kraiburg et le matin on s'y établit, à l'aide de ces moyens et de ceux que les habitants nous amenèrent.

Le lendemain 6, on continua le pont, espérant hâter le passage. On ne voulut qu'un pont très léger, pour passer seulement un homme de front. Il fut exécuté de manière qu'il tremblait sous le poids d'un fantassin. Lorsque l'infanterie de l'avant-garde y eut passé un à un, M. le Maréchal voulut essayer d'y faire passer de même sa cavalerie. Ce pont, outre son peu de largeur et son peu de solidité (il n'avait que trois pieds de large), avait encore le désavantage d'offrir une montée et une descente assez rapides. A l'endroit où la pile avait été brûlée, on avait enté des pilotis beaucoup trop courts. On cloua sur les planches des tringles transversales pour empêcher les chevaux de glisser et ce fut un spectacle vraiment curieux et tenant du prodige, de voir défiler la cavalerie légère sur un pont où l'infanterie ne passait pas sans crainte. Il ne tomba dans l'Inn que deux chevaux, qui gagnèrent le bord à la nage. En entreprenant le rétablissement du pont, sur un plan plus solide, on aurait peut-être employé quatre heures de plus, mais on les aurait bien regagnées au moment du passage.

Journal de la division Friant.

De Mühldorf à Alt-Œtting, le 6 brumaire an XIV.

L'avant-garde va, par la rive droite de l'Inn, prendre d'abord une position provisoire à Alt-Œtting et, à l'arrivée de la 1re division, elle

CHAPITRE IV.

marche sur Egmating, passe l'Alz à Hohenwarth, et pousse de fortes reconnaissances jusque près Burghausen. En cas de résistance, le général Heudelet devait prendre position à Egmating, prendre des dispositions pour réparer le pont, en attendant la 1re division, éclairer sa gauche par des partis vers Marktl, et sa droite par des partis sur Wald, etc.; la 1re division ne s'arrêta point à Alt-Œtting, et alla prendre position à Egmating, sa gauche à la route de Burghausen, sa droite se prolongeant en remontant l'Alz, dont elle devait observer tous les gués et tous les ponts; elle se tint en communication avec l'avant-garde, au secours de laquelle elle devait voler, en cas d'attaque.

La 2e division suivit, sans intervalle, le mouvement de la 1re, partit le soir à 5 heures de Mühldorf, laissant à droite le château et un gros moulin, et alla bivouaquer à mi-distance de Teising à Alt-Œtting à droite de la route, dans les bois où se trouvent les hameaux de Riefeldden, Stadel, Staudham, etc., et près Raitenhart; le général Friant eut son quartier général à Alt-Œtting, où était déjà celui du maréchal et de plusieurs généraux de cavalerie. La route, à la sortie du pont, est d'abord étroite et en pente douce, comme le terrain, mais elle devient ensuite belle, large de 8 à 9 mètres, et bien ferrée; elle côtoie quelque temps la rive gauche d'un ancien bras à sec de l'Inn et jusqu'à Teising, elle est coupée par quatre à cinq gros ruisseaux coulant dans le même sens et dont le plus gros, qui est entre Stummer et Mühlering, a bien 4 mètres de largeur et 1 mètre de profondeur. Ces ruisseaux indiquent assez que le terrain est accidenté, mais les fonds sont peu considérables; le terrain va toujours en montant graduellement jusqu'à Teising. De ces quatre plateaux que nous avons parcourus jusqu'à Teising, celui où se trouve le village de Mühlering à notre gauche était le plus considérable; il se prolonge bien de 2 lieues sur la droite, et il est terminé par des hauteurs boisées; il est aussi celui qui eût offert à l'ennemi une meilleure position défensive, à cause du susdit gros ruisseau; il est certain que l'ennemi, en appuyant sa droite à l'Inn, aurait pu tirer avantage pour mieux se défendre de cette disposition du plateau; le commandant de 10 à 12 mètres au moins, il eût toujours eu, sur son front, un vallon arrosé par un ruisseau, sa droite couverte par l'Inn, et sa gauche par des bois et lacs difficiles à franchir. Après Mühlering, que nous avons dit être sur les deux plateaux, viennent les villages de Weiding, Dietelham, Teising, tous trois dans les fonds et baignés par des ruisseaux. Il y a à Weiding plusieurs moulins à planches et à farine; à Teising, il y a un chemin conduisant à Tüsseling, gros bourg avec château, au pieds de hauteurs moyennes, et boisées à 2,400 mètres de la route..... Ce château est entouré d'eau, a une belle apparence et tombe en ruines intérieurement; montée légère, après avoir passé le Möhrenbach, pour arriver à Alt-Œtting.

Alt-OEtting est un gros bourg bien bâti, chef-lieu d'un commissariat; un chapitre réformé, un couvent de capucins, plusieurs fontaines et une grande place non pavée ; plusieurs belles maisons. Alt-OEtting est comme un faubourg de Neu-OEtting.

Neu-OEtting est une petite ville avec portes, enceinte murée, fossés, tours rondes, etc.; brasseries, belles auberges, arcades, et distante d'Alt-OEtting de 1,200 mètres environ ; le chemin, dans cet intervalle, côtoie la petite rivière dite Mörnbach, dont la rive droite eût aussi offert à l'ennemi une excellente position, sa droite à Neu-OEtting, sa gauche à Saint-Albano (?) et Wasserburg (?), fortifié par quelques légers ouvrages en terre. Le pont en bois sur l'Inn à Neu-OEtting est en assez bon état.

Berthier à Soult.

Haag, le 6 brumaire an XIV.

Je vous préviens, Monsieur le Maréchal, que le quartier général est à Haag.

L'Empereur ordonne que vous envoyiez (voir?) cette nuit si le pont de Kraiburg existe, et si l'on peut s'en servir. L'Empereur désire avoir des nouvelles demain, de très bonne heure.

Faites-moi également un rapport pour me faire connaître comment est la route de Haag à Kraiburg, et quelle est la nature du chemin de Kraiburg à Burghausen.

Faites-moi connaître pour combien de jours vous avez de pain, et quelles sont vos ressources.

Salligny (1) *à Vandamme.*

Haag, le 6 brumaire an XIV.

Vous voudrez bien, mon cher Général, laisser libres le village et le couvent de Ramsau pour le parc d'artillerie du corps d'armée et une partie du quartier général. L'autre partie s'établira à Dambach, où sont le Maréchal et l'état-major.

P.-S. — Les régiments de votre division se sont plaints de n'avoir pas reçu la quantité de souliers qui leur a été affectée par M. le Maréchal. Il me charge de vous mander que son intention n'est pas qu'on

---

(1) Il écrit à Margaron qu'un convoi de pain destiné à sa division lui parviendra au plus tard le lendemain.

fasse aucune retenue aux corps, sur ce qu'il leur a accordé, mais que sa répartition soit exactement suivie.

Soult à Murat.

Dambach, le 6 brumaire an xiv.

Je reçois, en arrivant à Dambach, la lettre datée de Mühldorf, dont Votre Altesse m'a honoré. Les troupes du 4ᵉ corps ne peuvent être rendues à Mühldorf que demain, vers midi ; une infinité de bagages et d'équipages ont arrêté hier et aujourd'hui leur marche Au reste, ce retard, que j'éprouvais avec peine, ne présente plus d'inconvénients, puisqu'il donne le temps nécessaire pour terminer ce pont et celui qu'il faut au maréchal Davout, pour retirer ses troupes de Mühldorf.

Le maréchal Soult au colonel Poitevin.

Dambach, le 6 brumaire an xiv.

Ordre de se rendre sur-le-champ à Kraiburg pour vérifier si le pont sur l'Inn est conservé, s'il est en bon état, s'il peut servir au passage de toute espèce de voitures. Dans le cas contraire, indiquer quels travaux il faut faire et combien de temps il faut pour le mettre en état ; il fera connaître aussi quelle est la route de Haag à Kraiburg et quelle est la nature et la direction de Kraiburg à Burghausen.

Compans à Nansouty.

Aich, le 6 brumaire an xiv.

D'après les nouvelles dispositions arrêtées par M. le Maréchal commandant en chef, la division devra suivre celle du général Gazan sur la route d'Eggenfelden et non celle de Neumarkt. Vous recevrez dans le jour des ordres ultérieurs sur le point où vous devez vous arrêter.

Le général Compans à l'adjudant-commandant Humbert.

6 brumaire an xiv.

Le corps d'armée se dirigera par Aich, Ganghofen et Eggenfelden sur Braunau, vous dirigerez sur la même route tous les convois de pain que vous aurez à expédier de Landshut.

28 OCTOBRE.

Je vous réitère que vous ne sauriez montrer assez de zèle et d'énergie à exécuter votre mission.

Le général Compans à l'adjoint Hudry.

6 brumaire an xiv.

Le corps d'armée se dirige par Aich et Ganghofen sur Eggenfelden, prévenez-en tous les officiers d'état-major qui sont restés à Vilsbiburg et dirigez vous vous-même sur cette route. Dites à l'ordonnateur que c'est aussi sur cette route que doit être dirigé tout le pain qu'il aura fait confectionner, et qu'il vous suive.

Compans à Oudinot.

Vilsbiburg, le 6 brumaire an xiv.

M. le Maréchal commandant en chef me charge de vous donner l'ordre de partir demain matin à 7 heures, avec la division que vous commandez, pour vous diriger sur Braunau ; vous recevrez dans la journée des ordres ultérieurs sur le point où vous devez vous arrêter.
M. le Maréchal désire que vous ordonniez à la brigade de hussards de suivre votre marche. Je vous préviens que d'après les ordres que j'adresse à celle de chasseurs, elle éclairera votre division dans le mouvement qu'elle est chargée d'exécuter ; elle partira, de grand matin, de son cantonnement établi à une lieue d'ici, sur la route de Braunau.

Compans à Fauconnet.

6 brumaire an xiv.

D'après les ordres de M. le Maréchal commandant en chef, la brigade que vous commandez, mon cher Général, partira demain matin de très bonne heure, pour se diriger sur Braunau ; vous aurez soin de détacher un escadron pour reconnaître le pont de Marktl et couvrir votre mouvement dans le cas où ce pont n'aurait pas été coupé. Dans le cas contraire, cet escadron pourra vous rejoindre et suivre la brigade. Arrivé à une lieue de Braunau, vous pourrez vous établir et pousser des reconnaissances jusque sur le pont s'il est possible.

CHAPITRE IV.

5ᵉ CORPS D'ARMÉE.

Journée du 6 brumaire an XIV.

Quartier général : Eggenfelden.

La division de cavalerie se dirigera de Neumarkt et Ganghofen sur Eggenfelden.

La brigade de hussards continua sa marche jusqu'à Pfarrkirchen.

La brigade de chasseurs jusqu'à Wurmansquik d'où elle poussa des reconnaissances sur Marktl.

La division de grenadiers se porta à Eggenfelden.

La division du général Suchet se dirigea sur le même endroit et bivouaqua à une lieue en arrière.

La division du général Gazan alla bivouaquer en arrière de celle du général Suchet, qu'elle avait suivie dans l'ordre de marche.

La division de cuirassiers se rendit à Ganghofen.

Berthier à Bessières.

Munich, le 5 brumaire an XIV, 3 heures matin.

L'Empereur désire que M. le maréchal Bessières puisse avoir le 7, dans la matinée, du pain pour deux jours, pour le présent sous les armes de la Garde impériale (1).

Journal de la division Dupont.

Elle reste à Landshut les 6 et 7. Les hommes et les chevaux exténués de fatigue sont refaits par ce séjour.

Un critique pourrait s'égayer aux dépens des Allemands, en traçant le tableau de la famille de M. le comte Joner, hôte du général. Son fils, le baron, nous servait à table ; il enlevait les bouteilles et les verres à moitié vides, et buvait les restes, en cachette, comme un mauvais laquais ; sa fille, Mᵐᵉ la comtesse, faisait les lits et aidait à la cuisine ; enfin, quand il n'avait pas l'honneur de dîner avec le général, M. le comte mangeait dans un mauvais taudis, avec tous ses gens ; cependant il a plus de 40,000 livres de rente.

---

(1) « Le 6, la division passa l'Isar, et elle poussa jusqu'à Haag. Elle parcourut un terrain plat et très marécageux. Distance : 12 lieues. »

(Général ROUSSEL.)

Berthier à Baraguey d'Hilliers.

Haag, le 6 brumaire an XIV.

L'Empereur me charge, Général, de vous faire connaître que nous allons être bientôt au delà de l'Inn, et sûrement maîtres de Passau.

L'intention de Sa Majesté est que vous fassiez les dispositions nécessaires pour acheter le plus promptement possible, tant dans la Bavière que dans la partie de la Westphalie que nous allons occuper, jusqu'au nombre de 2,000 chevaux, pour lesquels vous ferez confectionner des selles et des brides, et que vous ferez ensuite répartir également dans les différents corps de dragons. Il y a, à votre première disposition, une somme de 300,000 francs chez le payeur de l'armée, et la seule formalité à remplir sera une ordonnance du commissaire-ordonnateur de la cavalerie, signée de lui et aussi de vous ; ladite ordonnance sera visée par M. Petiet et, après cette formalité, payée à vue par le payeur général de la Grande Armée.

L'Empereur, Général, a apprécié les peines que vous avez eues dans cette campagne, et Sa Majesté me charge de vous dire qu'Elle vous en dédommagera à la première circonstance, en vous donnant le commandement d'un beau corps de dragons, et qu'Elle saisira l'occasion de vous mettre à même de donner des preuves de vos talents et de votre zèle.

L'Empereur vous porte une confiance entière ; il est persuadé que vous ferez porter la plus grande économie dans l'achat des chevaux et dans la confection des selles et des brides. Il pense que vous sentez assez combien ces achats sont pressants.

Ayez l'œil sur l'Altmühl, sur tout ce qui se passe à la rive gauche du Danube et vers Nuremberg.

L'Empereur vous recommande de surveiller les travaux d'Ingolstadt, car il est du plus grand intérêt que nous ayons là une bonne tête de pont, afin de conserver ce pont sur le Danube.

Établissez parmi les dragons à pied une bonne et sévère discipline. Portez votre surveillance militaire sur Amberg, Donauwœrth et Rain, afin de pouvoir, dans le cas où l'armée serait en avant, ou dans les cas imprévus, prendre les mesures convenables.

Mettez-vous en correspondance avec M. Bacher à Ratisbonne, afin d'avoir des nouvelles.

Je vous préviens que le bataillon bavarois qui est à Rain a l'ordre de partir ; vous le ferez remplacer par un bataillon de dragons à pied (1).

---

(1) Belliard demande le même jour, au général Milet, l'état des dragons montés disponibles et capables de rejoindre.

Berthier à Andréossy.

Haag, 6 brumaire an xiv.

Expédiez sur-le-champ, Général, les ordres ci-après :
Au bataillon bavarois qui est à Rain, de se rendre à Munich, pour, de là, rejoindre le maréchal Bernadotte qui est à Salzburg.
Même ordre à un des deux bataillons bavarois qui sont à Donauwœrth.
Même ordre à deux des trois bataillons qui sont à Ulm, et un à Donauwœrth.
Prévenir le ministre de l'Électeur, le général Deroy et M. Petiet (1).

13e Bulletin.

Le corps d'armée du maréchal Bernadotte est parti de Munich le 4 brumaire. Il est arrivé le 5 à Wasserburg, sur l'Inn, et est allé coucher à Altenmarkt; six arches du pont étaient brûlées. Le comte Minucci, colonel de l'armée bavaroise, s'était porté de Rott à Rosenheim. Il avait trouvé également le pont brûlé et l'ennemi de l'autre côté. Après une vive canonnade, l'ennemi céda la rive droite. Plusieurs bataillons français et bavarois passèrent l'Inn et le 6, à midi, l'un et l'autre pont étaient entièrement rétablis ; les colonels du génie Morio et Somis ont mis la plus grande activité à la réparation desdits ponts ; l'ennemi a été vivement poursuivi dès qu'on a pu passer; on a fait à son arrière-garde 50 prisonniers.

Le maréchal Davout avec son corps d'armée est parti de Freysing le 4 et s'est trouvé le 5 à Mühldorf; l'ennemi a défendu la rive droite, où il avait établi des batteries très avantageusement situées. Le pont était tellement détruit qu'on a eu de la peine à le rétablir. Le 6, à midi, une grande partie du corps du maréchal Davout était passée.

Le prince Murat a fait passer une brigade de cavalerie sur les ponts de Mühldorf, a fait rétablir les ponts d'Œtting et de Marktl et les a passés avec une partie de sa réserve. L'Empereur s'est porté de sa personne à Haag.

---

(1) Dans les ordres d'exécution, Andréossy fixe les itinéraires : Aichach, Adelzhausen, Munich, Steinhöring, Wasserburg, Stein, et Günzburg, Zusmarshausen, Augsburg, Adelzhausen, etc.
Andréossy laisse trois officiers au commandant de la place de Munich. Il lui ordonne de faire partir, de concert avec l'intendant général, un convoi de 50,000 rations tous les jours. Chaque convoi sera escorté par un officier d'état-major et quatre gendarmes.

Le corps d'armée du maréchal Soult est bivouaqué en avant de Haag; le corps du maréchal Marmont couche ce soir à Vilsbiburg; celui du maréchal Ney à Landsberg; celui du maréchal Lannes sur la route de Landshut à Braunau; tous les renseignements que l'on a sur l'ennemi portent que l'armée russe marche en retraite.

Il a beaucoup plu toute la journée; tout le pays situé entre l'Isar et l'Inn n'offre qu'une forêt continue de sapins, pays fort ingrat. L'armée a eu beaucoup à se louer du zèle et de l'empressement des habitants de Munich à lui fournir les subsistances qui lui étaient nécessaires.

Proclamation de l'empereur d'Autriche.

Vienne, le 28 octobre 1805.

L'empereur des Français me force à la guerre.

Les frontières étendues de son empire sont encore trop resserrées pour sa soif de renommée et son désir ardent d'acquérir dans l'histoire le renom de Conquérant.

Il veut réunir en sa puissance tous les liens dont dépend l'équilibre de l'Europe. Les fruits heureux de la culture des sciences (vrai bonheur des peuples) qui ne peuvent résulter que de la paix et de l'union générale, tout ce qui devrait lui être cher et sacré comme souverain d'un grand peuple civilisé, doivent être renversés par son désir de conquête, et la plus grande partie de l'Europe devrait obéir humblement aux caprices de la France.

Tout ce que l'empereur des Français a fait, ses menaces et même ses promesses, annoncent ce projet.

Il ne respecte aucune des considérations qui dérivent du droit des nations et des égards que les États indépendants se doivent mutuellement.

Il rejette la médiation de la Russie, ainsi que toutes les démarches que, guidé par mon devoir et mon cœur, j'ai faites auprès de lui pour conserver le repos et la sûreté de mes États, ainsi que pour rétablir la paix générale. Maintenant ses desseins sont à découvert, et il ne reste plus que le choix entre la guerre, ou se courber sous son joug honteux.

Dans ces circonstances, j'ai accepté avec empressement la main que l'Empereur de Russie, plein d'un noble sentiment de justice et d'indépendance, m'offrait pour me secourir. Bien éloignés de vouloir renverser le trône de l'empereur des Français, nous déclarons, au nom de la paix que nous désirons si sincèrement et si ardemment, aux yeux de toute l'Europe, que, dans aucun cas, nous ne voulons nous immiscer dans les affaires intérieures de la France, ni changer le nouvel ordre des choses que la paix de Lunéville a donné à l'Allemagne.

Paix et indépendance sont le seul but où nous prétendons; aucune idée d'amour-propre, aucun projet (comme on l'a supposé) de vouloir envahir la Bavière ne s'y sont mêlés.

Mais le souverain de la France, qui méprise le repos, n'est pas animé des mêmes sentiments. Ne considérant que lui, sans cesse occupé de l'extension de sa grandeur et de son influence universelle, il a forcé la Hollande et les Électeurs de Wurtemberg et de Bade à s'unir à lui, tandis que l'Électeur Palatin, son allié secret, infidèle à la parole qu'il m'avait jurée, se joignant à ses troupes, vient de violer, de concert avec elles et de la manière la plus outrageante, la neutralité du roi de Prusse, dans le moment même qu'il promettait formellement de la respecter; et par cet attentat au droit des gens, il a acquis l'avantage de tourner, de couper une partie des troupes que j'avais placées sur le Danube et sur l'Iller, et enfin de les forcer à capituler après la résistance la plus opiniâtre.

Une proclamation plus véhémente qu'aucune de celles des temps de terreur de la Révolution française, a été distribuée pour exalter la rage des troupes.

Que l'ivresse du bonheur ou une fureur injuste remplissent le cœur de mes ennemis, tranquille et inébranlable je me vois au milieu de 25 millions d'hommes, qui sont chers à mon cœur et à ma Maison. J'ai des droits à leur amour, car je veux leur bonheur; j'ai des droits à leur assistance, car ce qu'ils feront pour le trône, ils le feront pour eux-mêmes, pour leur famille, pour leur postérité, pour leur bonheur et leur repos; ils le feront pour tout ce qui leur est cher et sacré.

Avec vigueur, la monarchie autrichienne est sortie de l'orage qui l'a menacée à la fin du siècle dernier; ses forces intérieures ne sont pas encore épuisées; il existe encore, dans le cœur des hommes fidèles et attachés, pour le bonheur et le repos desquels je combats, cet ancien esprit national qui est prêt à tout sacrifice, à toute détermination pour sauver ce qu'il doit sauver : le trône, l'indépendance, l'honneur national et le bonheur de la patrie.

J'attends tout avec certitude et confiance de cet amour, qui remplit le cœur de tous mes sujets. Avant tout, une concorde et une union courageuse et prompte pour exécuter tout ce qui sera ordonné, sont nécessaires pour tenir éloigné de nos frontières cet ennemi furieux, assez longtemps pour attendre l'arrivée des secours puissants que mon Allié, l'empereur de Russie, et les autres Puissances offensées depuis longtemps et maintenant d'une manière plus sensible encore, ont destinés à combattre pour la liberté de l'Europe et la sûreté des rois et des peuples.

Le bonheur des armes n'abandonnera pas toujours le parti de la justice. L'union des souverains, le courage et l'orgueil national de leurs sujets feront bientôt oublier les premiers revers ; la paix sera rétablie et mes sujets trouveront dans mon amour, ma reconnaissance et leur propre bonheur, la récompense des sacrifices que je leur demande au nom de leur propre salut.

CHAPITRE V

29 octobre.

Journal de la division de Wrède.

Marche sur Salzburg et expédition dans les environs le 29 octobre.

L'avant-garde marcha le long de la rive gauche de l'Alz, jusqu'à Traunstein, qu'elle traversa pour arriver à Teisendorf.

Le lieutenant général baron de Wrède, ayant l'ordre de reconnaître du plus près possible la position de l'ennemi vers Salzburg, de l'y harceler et d'observer, en outre, les routes de Salzburg et de Reichenhall, plaça en conséquence l'avant-garde en potence et à cheval sur ces deux routes, qui partent de Teisendorf.

La brigade du général comte de Mezzanelli fut placée près de Traunstein, et celle du général comte de Minucci à Ober-Teisendorf.

Le lieutenant général de Deroy se trouvait à Œtting, en arrière de Waging, sur la route de poste de Salzburg. Le maréchal était à Waging.

Journal du corps bavarois.

29 octobre.

Le 2ᵉ régiment de chevau-légers avait déjà ses avant-postes dans les environs (de Weisbach) : le 3ᵉ de chevau-légers avait placé ses avant-postes vers Reichenhall et y envoyait des patrouilles, dont une réussit à s'emparer d'une estafette autrichienne, chargée de papiers importants. Le premier lieutenant de Kleudgen, chargé de reconnaître l'ennemi au delà de la Saalach (1), se rendit vers le pont, mais y fut accueilli par un feu vif de l'infanterie et cavalerie ennemies, qui occupaient ce

---

(1) Un autre exemplaire dit : « au pont de la Saalach près Weisbach. »

poste ; il fit son rapport, par la voie de son régiment, au lieutenant général à Teisendorf, lequel ordonna d'envoyer avant la pointe du jour un escadron, qui devait joindre le lieutenant, pour se rendre maître de la rive droite de la Saalach.....

..... De Traunstein, le lieutenant-colonel comte de Pompéi fut détaché avec un bataillon et une division de dragons à Reichenhall pour observer l'ennemi de ce côté. Il y arriva le 30 (1).

1ᵉʳ CORPS D'ARMÉE.

Ordre de marche du 8 brumaire.

Waging, le 7 brumaire an XIV.

M. le général Kellermann partira demain à 6 heures du matin de son camp de Peting, pour aller prendre position en avant du pont sur la Saalach, faisant face à Salzburg.

M. le lieutenant général de Wrède partira demain de son camp de Teisendorf à 7 heures du matin, pour aller prendre position à la gauche de la route de Waging à Salzburg, sa droite appuyée à Freilassing.

M. le général Drouet partira partira demain à 6 heures de sa position en arrière de Waging, pour se porter avec sa division sur la Saalach, où il prendra position à la droite de la route de Freilassing.

M. le général Pacthod se mettra en marche demain avec sa division, immédiatement après celle du général Drouet, pour aller prendre position en arrière de lui sur la Saalach.

M. le lieutenant général de Deroy partira demain à 6 heures, pour aller prendre position en arrière du corps de troupes du général de Wrède.

Le grand parc d'artillerie de l'armée se mettra en marche demain à 5 heures du matin, pour venir s'établir à Brodhausen.

MM. les généraux commandant les divisions sont prévenus qu'ils recevront de nouveaux ordres dans ces positions pour celles qu'ils devront occuper dans la journée, en avant ou en arrière de Salzburg (2).

---

(1) Éblé ordonne au parc de dépasser Altenmarkt et de s'arrêter à Holtzhausen en arrière de Biburg. Il lui recommande d'arriver de jour et d'envoyer en avant son commissaire des guerres, pour préparer les subsistances.

(2) Éblé ordonne au parc de partir le lendemain à 5 heures pour Brodhausen, sauf ordre contraire ; prendre une ration d'avoine au passage à Waging, et en faire consommer en outre sur place une demi-ration « pour faire rafraîchir les chevaux ».

Berthier à Bernadotte.

Mühldorf, le 7 brumaire an XIV.

Je vous préviens, M. le Maréchal, que l'Empereur sera demain, à 7 heures du matin, à Burghausen. Il attend avec un vif intérêt des nouvelles de votre entrée à Salzburg, ainsi que le rapport de tout ce que vous aurez appris sur tous les mouvements de l'ennemi qui ont eu lieu dans cette ville, ainsi que dans le Tyrol.

Je vous préviens que Sa Majesté a donné l'ordre à M. le maréchal Ney de se rendre à Innsbrück ; il partira de Landsberg le 9 au matin.

Envoyez une division de troupes bavaroises pour tâcher d'enlever Kufstein ; envoyez des partis très loin sur la route de Leoben et sur celle de Villach ; cherchez à Salzburg les meilleures cartes qui s'y trouvent et envoyez-les-moi pour l'Empereur.

Prenez des renseignements sur les meilleures routes de Vienne, intermédiaires à la route de Salzburg à Leoben et Salzburg à Linz, si toutefois il y en a.

Le général Marmont doit, avec son corps d'armée, se porter par Strasswalchen à Vœklabrück, Gmunden et Steyer, et, par cette marche, tourner les positions de l'ennemi et passer les rivières vers leurs sources.

Je dois vous faire connaître, Monsieur le Maréchal, qu'à moins de mouvements majeurs, vous devez, autant que possible, tenir réunie votre colonne française pour que, si, comme l'ennemi l'annonce, il effectue son projet de nous attendre à Wels ou à Steyer, vous soyez dans une position à pouvoir vous trouver à la bataille.

Vous devez faire battre le Tyrol et les chemins par les Bavarois.

Berthier à Marmont.

Haag, le 7 brumaire an XIV, 3 heures du matin.

L'Empereur, Général, sera à 6 heures du matin à Mühldorf.

Si le chemin vous permet de vous rendre à Tittmoning, rendez-vous-y ; si cela vous est impossible, rendez-vous toujours à Altenmarkt.

Berthier à Marmont.

Haag, le 7 brumaire an XIV.

Si vous ne pouvez pas aller à Tittmoning, faites-moi connaître si vous pouvez aller à Laufen, et si, de Laufen, vous pouvez aller à Friedburg.

Envoyez tous les soirs un officier au quartier général pour m'instruire de votre marche et de votre position.

Emplacement des troupes du 2ᵉ corps.

Division de cavalerie : Stein.
Quartier général et 1ʳᵉ division : Altenmarkt.
2ᵉ division : Kirchberg.
Grand parc : Wasserburg.
Distance d'un quartier général à l'autre : 6 lieues.

Berthier à Marmont.

Mühldorf, le 7 brumaire an xiv.

D'après les dispositions arrêtées par l'Empereur, Général, je dois vous faire connaître le rôle que vous devez tenir.

L'intention de Sa Majesté est que vous vous portiez à Straswalchen, à Vœklabrück, Gmunden et Steyer; par là, vous vous trouveriez avoir tourné toutes les positions de l'ennemi ; s'il veut défendre la rivière qui passe à Wels, vous vous trouveriez avoir passé cette rivière dans les endroits où elle doit être très faible et conséquemment facile à passer. Si l'ennemi veut tenir le long de l'Enns, il faut aussi que vous étudiiez assez la position entre Steyer et la source de cette rivière, afin que vous puissiez la passer en haut, à une journée au plus de Steyer, où cette rivière doit être peu conséquente; mais je dois en même temps vous faire connaître que l'ennemi annonçait vouloir livrer bataille dans les plaines de Wels, et alors, il est indispensable que vos mouvements soient réglés de manière que vous puissiez vous trouver à la bataille si elle a lieu.

Sa Majesté vous enverra tous les soirs des ordres qui régleront votre marche ; ce qui est très important actuellement, c'est de prendre position à Strasswalchen ; faites-moi connaître quand vous serez dans cette position. Envoyez à l'Empereur tous les renseignements que vous aurez pu vous procurer sur la route que vous devez tenir jusqu'à Steyer, sur les rivières, leur largeur et leur nature.

Je vous préviens qu'un corps d'armée suivra la route de Braunau, Altheim, Ried et Lambach.

Une autre colonne, la route d'Obernberg, Zell, Neumarkt et Wels.

Enfin une autre, la route de Scharding, Willibald et Efferding, et Linz.

29 OCTOBRE.

Lorsque l'Empereur saura le jour où vous devez être rendu à Strasswalchen, je vous ferai connaître celui où vous devez vous porter dans les autres positions.

Sa Majesté sera demain, vers 8 heures du matin, à Burghausen.

Belliard à Walther.

Burghausen, le 7 brumaire an xiv.

D'après les intentions du prince Murat, vous voudrez bien vous porter avec toute votre division sur Mattighofen et faire occuper le village par un régiment, à moins que l'ennemi en force ne s'y oppose. L'avant-garde de M. le maréchal Davout suit le mouvement et se porte sur le même point. Vous voudrez bien ordonner au régiment qui occupera Mattighofen de s'éclairer sur la route de Braunau, sur celle de Salzburg et sur celle de Frankenmarkt ; vous prendrez des renseignements sur la force, la marche et la direction des ennemis. Ayez bien soin, mon cher Général, d'instruire le Prince de tous les renseignements que vous pourriez obtenir. Il est de la plus haute importance que le Prince sache si les Russes se rallient réellement.

Vous prendrez position en arrière de Mattighofen et le Prince vous fera passer les ordres pour la marche de demain.

Le 5e régiment est en avant et marche sur Mattighofen ; vous voudrez bien, mon Général, lui ordonner de se réunir demain, ou même ce soir, à sa division, si la tête de votre colonne le joint avant son arrivée à Handenberg, où s'établira la 3e division.

Vous vous établirez, mon cher Général, de votre personne à Humertsham et vous ferez occuper tous les villages en avant jusqu'à Mattighofen.

La 3e division et les cuirassiers marchent derrière vous.

Belliard à Beaumont.

Burghausen, le 7 brumaire an xiv.

Vous suivrez le mouvement de la 2e division, et vous voudrez bien vous porter avec toutes vos troupes sur Handenberg, où vous vous établirez de votre personne, et vous ferez occuper tous les villages en avant de vous, jusqu'à Humertsham ; vous aurez soin de vous faire éclairer sur vos flancs et vous ordonnerez qu'on se garde militairement.

La division du général Walther occupera Humertsham et tous les villages en avant jusqu'à Mattighofen. La division du général d'Haut-

poul occupera les villages en arrière de Ach-Wirschpichl et Hochburg.
(*Même ordre au général de division d'Hautpoul.*)
Cantonnements : Burghausen.
Quartier général : Ach–Hirchpichl et Hochburg.

3º CORPS D'ARMÉE.

*État-major général. — Ordre de marche du 8 brumaire
an XIV.*

Au quartier général à Burghausen, le 7 brumaire an XIV.

L'avant-garde, aux ordres du général Heudelet, partira de la position qu'elle occupe et suivra le mouvement de la division de dragons du général Walther, qui se porte sur Ried. En cas d'affaire, le général Heudelet prendrait les ordres du général Walther pour l'ensemble des opérations.

La 1re division partira à 3 heures du matin et se portera sur Altheim par la route de Braunau. Son artillerie et son ambulance suivront ce mouvement.

Le général Bisson est prévenu que M. le Maréchal se porte sur Ried avec la 1re brigade de sa division.

La 2e division, avec son artillerie et ambulance, partira également à 3 heures du matin pour se rendre à Altheim, en suivant la même route que la 1re.

La 3e division, suivie de son artillerie et de son ambulance, partira à 5 heures et se portera également sur Altheim (1).

MM. les généraux de division recevront à Altheim de nouveaux ordres.

Le parc de réserve partira également après la 3º division.

L'ambulance de réserve marchera avec le parc, et tous les bagages des divisions, sans exception, derrière le parc.

M. le Maréchal ordonne à tous les généraux de division de laisser et de mettre à la disposition du général Sorbier, six hommes par bataillon, qui seront pris parmi ceux éclopés et mal chaussés, pour l'aider à faire conduire les chevaux du parc dont les paysans ont déserté. La nécessité force à prendre cette mesure, et les généraux de division la sentiront de manière à donner des hommes propres à ce service.

---

(1) *En note :* « Donner des ordres en conséquence, la division devra se mettre en marche à la pointe du jour.

« *Le général :* C. GUDIN. »

29 OCTOBRE.

Nous sommes à la poursuite de l'ennemi. Il le faut forcer comme on force un lièvre, puisqu'il refuse de combattre.

Les généraux ne laisseront pas ralentir leur marche par des voitures ni bagages. M. le Maréchal les autorise à les mettre de côté et en cas de besoin, jeter dans un fossé.

L'infanterie marchera, autant que faire se pourra, à droite et à gauche de la route, lorsque des voitures d'artillerie arrêteraient sa marche.

Le Général, chef de l'état-major général,

(A. G.) DAULTANNE.

Le général Gudin prendra position à la gauche de la route, à une demi-lieue en arrière de Burghausen.

Il enverra des officiers pour rallier son artillerie et ses bagages, qui ont dû passer sur le pont de Neu-OEtting.

Le général Gudin cherchera à se procurer des subsistances dans les villages qui sont sur sa gauche et ses derrières.

Je lui fais la même recommandation pour les souliers.

Le Maréchal,

L. DAVOUT.

Burghausen, le 7 brumaire an XIV.

Le parc de réserve parquera dans la plaine près de la division du général Gudin.

(A. G.) L. D.

Murat à l'Empereur.

Burghausen, le 7 brumaire an XIV, 7 heures du matin.

Je suis arrivé ici à 5 heures du matin. L'ennemi en était parti hier, à 9 heures du matin, et s'est dirigé sur Mattighofen. Les troupes qui, dit-on, ont abandonné Braunau, se sont aussi réunies sur ce point, et tout annonce qu'elles continuent leur mouvement sur Wels et Linz.

Les Russes ont pris la même direction et, selon les bruits les plus généralement accrédités, on est autorisé à croire qu'ils se retirent tout à fait. D'autres assurent, et je serais tenté d'être de cet avis, qu'ils vont se réunir derrière l'Enns, où ils veulent se défendre. Je pense que Salzburg est évacué. L'Électeur en est parti avec sa cour, et a désarmé ses troupes. Braunau doit l'être également, ainsi que Passau. Comme l'ennemi amène avec lui beaucoup de voitures et de canons, je vais tâcher de le joindre, en me portant sur Mattighofen, d'où je gagnerai bien vite Frankenmarkt, afin d'intercepter la route de Salzburg à Vienne.

J'enverrai aussi quelques partis sur celle de Braunau. Par ce moyen, je serai en communication avec MM. les maréchaux Lannes et Bernadotte. J'expédie deux estafettes, l'une à Salzburg, l'autre à Braunau, afin de m'assurer si l'ennemi a effectivement évacué ces deux points. S'il ne l'avait point fait, mon mouvement sur Mattighofen l'y forcerait, et je pourrais alors lui faire beaucoup de mal. Au reste, je recevrai sans doute des ordres de Votre Majesté dans la journée. Je me ferai suivre par l'avant-garde de M. le maréchal Davout. J'irai voir le pont, dès qu'il fera jour, et je m'empresserai de le faire terminer, s'il ne l'était pas : il sera achevé dans une heure, je viens de m'en assurer.

P.-S. — J'expédie sur Laufen et Salzburg l'adjudant général Girard.

Murat à l'Empereur.

Ranshofen, le 7 brumaire an xiv, 1 h. 30 soir.

Je suis arrivé ici à 5 heures ; j'ai joint en route le maréchal Davout, qui avait dirigé une reconnaissance sur Braunau avec le 1er régiment de chasseurs à cheval et une brigade d'infanterie. Le colonel des chasseurs Montbrun, ayant rencontré la grand'garde ennemie, l'a vigoureusement chargée et lui a fait trois prisonniers, dont un officier, qui a eu la main coupée d'un coup de sabre, et il y a eu une quarantaine de blessés de la part de l'ennemi et quatre de notre côté. Il y avait ici de l'infanterie et de la cavalerie. Elle a commencé sa retraite à 3 heures. Braunau est évacué et je l'ai trouvé occupé par quelques chasseurs à cheval du corps du maréchal Lannes, qui ont passé dans des barques. J'y ai dans ce moment le 1er régiment de chasseurs à cheval et la division d'Hautpoul tout entière. La division Beaumont couche ici, celle de Walther à Mattighofen.

Demain, à 5 heures, je me mets en marche sur Ried. Je pousserai une reconnaissance sur Scharding. Celle de Walther se rendra directement sur le même point, avec l'avant-garde du maréchal Davout. Je joindrai certainement l'ennemi demain et j'espère le poursuivre vivement.

Le maréchal Davout est ici de sa personne et suit le mouvement avec tout son corps d'armée. Je pars à l'instant pour Braunau où je ferai travailler au pont avec la plus grande activité, mais je le crois dans le même état que celui de Mühldorf.

Je joins à ma lettre les renseignements très exacts, que j'ai recueillis des religieux d'ici.

J'aurai l'honneur d'écrire de Braunau à Votre Majesté.

Journal du 5ᵉ régiment de dragons (1).

Le régiment passa la Salza et marcha par ordre du prince Murat sur Mattighofen. Une avant-garde de 50 hommes, commandée par le capitaine Péridiez, rencontra une grand'garde ennemie à une lieue de cette petite ville et à l'entrée d'un bois ; elle se retira sur la ville. Le chemin devenant fort étroit et couvert, le colonel fit mettre pied à terre à 25 hommes qui, sous le commandement de M. Jamesson, sous-lieutenant, se joignirent au capitaine Péridiez. Ce détachement força l'ennemi à rentrer dans Mattighofen, et le régiment se porta près de la ville, où il ne put pénétrer à cause des marais qui l'entouraient et des forces supérieures de l'ennemi en artillerie, dont il fit usage jusqu'à la nuit fermée, ce qui obligea à prendre position et à s'établir militairement dans le bois et près du village situé dans la vallée, d'après l'ordre du général Walther, qui arrivait avec la 2ᵉ division de dragons, et auquel le colonel avait rendu compte de la position de l'ennemi, qui évacua la ville dans la nuit, se retirant sur Salzburg, renseignement certain que se procura M. Jamesson, commandant le poste avancé de la grand'garde, en poussant une reconnaissance entre minuit et une heure.

Rapport du général Belliard au Major général.

7 brumaire an XIV.

A 2 heures du matin, le Prince sortit d'OEtting pour Burghausen ; les trois divisions de dragons et de cavalerie vinrent sur Burghausen.

Le Prince trouva le pont presque entièrement rétabli ; alors il ordonna au 5ᵉ régiment de dragons de passer, aussitôt qu'il se pourrait, et de marcher sur Mattighofen. Il était soutenu par l'avant-garde de M. le maréchal Davout, et, en même temps, le Prince fit partir l'adjudant-commandant Girard, avec 50 hussards, avec ordre de pousser sur Laufen ou même sur Salzburg, pour communiquer avec M. le maréchal Bernadotte.

(1) Déposé à la bibliothèque de Laval ; copie communiquée par M. le lieutenant Caput.

CHAPITRE V.

Pendant ce temps, la division du général Walther arrivait à Burghausen ; le prince lui fit suivre le mouvement du 5ᵉ régiment de dragons.

La division Beaumont marcha sur la même route pour s'établir à Handenberg, en arrière de Mattighofen.

La division de cuirassiers avait ses cantonnements à Burghausen.

Le régiment qui devait occuper Mattighofen, avait l'ordre de s'éclairer sur les routes de Braunau, Salzburg et Frankenmarkt.

A 2 heures après midi, le Prince reçut l'ordre de l'Empereur de tâter Braunau. Alors Son Altesse Impériale rappelle la division Beaumont (1), fait marcher les cuirassiers, et se porte avec les deux divisions, le 1ᵉʳ régiment de chasseurs et deux régiments d'infanterie sur Braunau.

L'ennemi fut rencontré près de Drelach (?) fort de 400 à 500 chevaux et deux régiments d'infanterie. Il y avait dans la plaine de Braunau une réserve d'environ 2,000 hommes. Le 1ᵉʳ régiment de chasseurs, quoique bien inférieur, charge l'ennemi, l'enfonce, et lui fait quelques prisonniers ; l'ennemi charge à son tour, il est chargé de nouveau, et le 1ᵉʳ régiment de chasseurs fait une échauffourée dans laquelle il a blessé à l'ennemi 25 à 30 personnes, et fait 10 ou 12 prisonniers.

Pendant ce temps, le 5ᵉ régiment de dragons rencontrait l'ennemi et se canonnait avec lui en avant de Mattighofen.

L'avant-garde du corps d'armée de M. le maréchal Lannes se présentait devant Braunau sur la rive gauche de la Salzach ; des chasseurs à cheval passèrent la rivière dans des barques et attaquèrent les gardes de la place.

L'ennemi, qui s'était porté en avant sur la route de Burghausen, et qui faisait mine de vouloir résister, craignant le mouvement de Mattighofen, qui menaçait sur son point de retraite, n'attendit pas les troupes que le prince dirigeait contre lui. Il se retira précipitamment, abandonnant Braunau qu'il ne voulait pas tenir, et dont quelques chasseurs à cheval de M. le maréchal Lannes prirent possession.

Le Prince fit poursuivre les Autrichiens par sa cavalerie jusqu'à la nuit.

Le 1ᵉʳ régiment de chasseurs, qui formait l'avant-garde, prit position à Riedham, poussant des reconnaissances sur Altheim et sur Mühlheim.

La division de cuirassiers bivouaqua en arrière de Braunau, éclairant la route de Strasswalchen.

---

(1) « La division passe la Salzach à Burghausen et marche sur Mattighofen, après avoir fait 3 lieues sur cette route, le général reçoit l'ordre de se diriger sur Braunau, et d'envoyer le 5ᵉ à Mattighofen. La division arrive en arrière du village de Ranshofen, où elle bivouaqua. Le quartier général s'établit dans l'abbaye. » (Journal de la 3ᵉ division.)

La division Beaumont s'établit au village de Ranshofen avec la brigade Demont, du corps d'armée de M. le maréchal Davout.

Le Prince prit son quartier général à Braunau.

La division Walther reçut l'ordre de joindre le corps d'armée à Altheim et d'emmener avec elle le 5e régiment de dragons (1). L'avant-garde de M. le maréchal Davout reçut le même ordre.

Davout à Berthier.

Burghausen, le 7 brumaire an XIV.

J'ai l'honneur de rendre compte à Votre Excellence que l'avant-garde, aux ordres du général Heudelet, s'est portée aujourd'hui à Gunderts-hausen ; elle s'est établie aux environs de ce hameau et a fait porter des patrouilles vers Laufen et Braunau.

L'avant-garde du général Heudelet a été couverte par deux divisions de dragons.

J'ai fait porter la 1re brigade de la division du général Bisson à deux lieues sur la route de Braunau, ainsi que le 1er régiment de chasseurs à cheval ; ce régiment a eu l'ordre de tâter vigoureusement les ennemis qui se trouvaient sur cette route. Le colonel Montbrun s'en est acquitté avec le plus grand courage : il a trouvé l'ennemi à trois quarts de lieue en avant de Ranshofen, et l'a chargé avec vigueur. Il a eu à faire à tout le régiment de Kaiser-hussards, avec qui il s'est mêlé et qu'il a sabré. Le régiment de Kaiser, étant soutenu par deux régiments d'infanterie postés dans les bois, en a été quitte pour 30 à 40 blessés et quelques prisonniers, dont un officier.

Monseigneur le prince Murat, ayant été prévenu que l'ennemi était en face sur la route de Braunau, s'y est porté de sa personne et s'est fait suivre par deux divisions de cavalerie. Son Altesse Sérénissime étant le lieutenant de Sa Majesté, je suis à ses ordres, et c'est d'après eux que je fais faire à l'armée les mouvements ci-après, dont j'ai l'honneur de rendre compte à Votre Excellence.

L'avant-garde, partant de la position qu'elle occupe sur Gunderts-

---

(1) « Le 7, la division passe l'Inn à OEtting, la Salzach à Burghausen, et, par une marche forcée, arrive à la nuit devant Mattighofen, où l'ennemi placé sur des hauteurs, ayant de l'artillerie, tandis que la mienne n'était pas encore arrivée, tient ferme contre notre attaque, à travers des défilés, et nous oblige à bivouaquer en arrière de Mattighofen : le 5e régiment de dragons avait été envoyé en avant sur Mattighofen ; il resta avec la division. » (Journal de la division Walther.)

hausen, suivra le mouvement de la division de dragons aux ordres du général Walther, qui se porte sur Ried.

La 1re brigade de la division du général Bisson, qui se trouve déjà à 2 lieues en avant de Burghausen, sur la route de Braunau, marche également sur Ried, en passant par Altheim.

Le général Bisson, avec sa 2e brigade, partira de Burghausen, à 3 heures du matin, pour se porter sur Altheim.

La division du général Friant, partant à la même heure, suivra la même direction.

Ces deux divisions seront suivies par la troisième et le parc de réserve du corps d'armée.

3e CORPS D'ARMÉE.

Journée du 7 brumaire (29 octobre 1805).

Quartier général : Burghausen.

Avant-garde : Gundertshausen.

Infanterie. — Prend la route de Mattighofen et est précédée par la division de dragons aux ordres du général Walther.

Elle prend position à cheval sur la route, à un quart de lieue en avant de Gundertshausen, les deux ailes appuyées aux hauteurs couronnées de bois.

Les dragons à une lieue en avant.

Cavalerie. — Un escadron du 12e est envoyé en reconnaissance sur la route de Braunau.

Le 1er de chasseurs quitte notre avant-garde et passe aux ordres du prince Murat.

Le reste de la cavalerie est placé à Saint-Bartholomée, Saint-Georgen, très avant de l'infanterie.

1re *division :* Burghausen.

La 1re brigade passe la Salzach et bivouaque sous les bois de l'autre côté de la rivière, sur la route de Burghausen à Braunau.

La 2e brigade à Burghausen.

2° *division :* Burghausen.

A une demi-lieue en arrière de Burghausen, à droite de la route, sur le revers de hauteurs couvertes de bois et faisant face à la ville de Burghausen.

3e *division :* trois quarts de lieue en arrière de Burghausen, à cheval sur la route. Elle est en 3e ligne.

Parc de réserve : suit le mouvement de la 3e division.

29 OCTOBRE.

Notes topographiques et militaires.

La rapidité avec laquelle le pont de Burghausen fut rétabli est digne de remarque, malgré un temps affreux et une pluie glaciale qui incommodait beaucoup les ouvriers. Les Bavarois s'y portèrent avec beaucoup de zèle. Les capitaines du génie Birot et Bontemps ont conduit ce travail.

Journal de l'artillerie du 3ᵉ corps.

Le 7, le pont de Neu-OEtting ayant été réparé, le reste des bouches à feu, avec caissons et voitures, a été dirigé sur ce point, où il a passé l'Inn. Le même jour, l'avant-garde a passé l'Alz et la Salzach à Burghausen, et s'est portée à 2 lieues en avant de cette ville. La cavalerie légère, aux ordres du général Vialannes, a fait une charge entre midi et 1 heure, qui a valu quelques prisonniers. Les divisions, avec leur artillerie, ont pris position sur les hauteurs, près de Burghausen.

Journal de la division Friant.

De Alt-OEtting à Burghausen, le 7 brumaire an xiv.

Nous marchons sur Burghausen par une route belle, large et bien ferrée, et nous y arrivons de bonne heure, malgré les nombreuses colonnes de cavalerie que nous rencontrâmes. Cette plaine n'est coupée que par le vallon de l'Alz, peu profond, et qui eût offert aux Autrichiens en retraite une excellente position, la droite à l'Inn en face de Marktl, la gauche à Altenmarkt au lac dit Chiemsée, si (moins surpris par la rapidité de notre marche) ils n'eussent craint d'être tournés par quelques corps d'armée ; le chemin est généralement mauvais à la sortie de Alt-OEtting, particulièrement sur la droite ; les prairies y produisent une herbe courte, mêlée de mousse. La forêt que nous traversons se continue jusqu'au hameau d'Überreith (1); avant d'arriver au vallon de l'Alz nous laissons à notre gauche, à 500 mètres, le village d'Egmating, le hameau d'Unteralzen (?) à droite, et passons deux ruisseaux sur deux ponts en bois ; près Uber-reith, la route se divise en deux branches : l'une à droite conduit à Munich par Alt-OEtting, l'autre à Neumarckt par Neu-OEtting. La crête du revers gauche du vallon de l'Alz n'a que 3 à 4 mètres au-dessus des basses eaux, et la descente,

---

(1) Ce hameau ne figure sur aucune carte d'état-major, mais sur le *Reise-Atlas von Baiern de Riedl* (Munich, 1796).

pour arriver au pont, est légère. Cette rivière, assez rapide et peu profonde alors, avait environ 50 mètres de largeur et n'occupait pas le tiers de son lit, qui est en gros cailloux ; le pont sur pilots, et qui a bien 100 mètres de longueur, avait été peu endommagé par l'ennemi ; le vallon a bien de 1,500 à 1,800 mètres de longueur ; la montée est assez rapide pour arriver sur la crête de son revers droit, qui a 12 à 15 mètres au-dessus de la crête opposée, et sur laquelle est bâti le petit village de Hohenwarth, à gauche et près la route. La plaine se continue jusqu'à Burghausen, à droite jusqu'à des hauteurs boisées et moyennes, de 1,200 à 1,500 mètres de la route, à gauche jusqu'à l'Inn. A Hohenwarth, bon chemin à droite conduisant à Laufen par Tittmoning ; un peu plus loin, de 1,500 à 1,800 mètres sur la droite, est le village de Mehring, à l'entrée d'un beau vallon, et près d'une petite hauteur isolée, sur laquelle est le hameau de Guglweid-Brünn. Nous traversâmes une forêt de pins l'espace de trois quarts de lieue ; les montagnes de la droite se rapprochent du chemin à la hauteur du petit hameau de Badhöring. Une demi-lieue avant Burghausen, nous laissons à notre gauche une grande route, belle, bien ferrée, conduisant à Braunau ; le terrain, depuis ledit hameau jusqu'à la ville, est marécageux et généralement mauvais.

La 2ᵉ division établit ses bivouacs sur le revers des susdites montagnes qui faisait face à la ville, et distant de 700 à 800 mètres seulement, et parallèlement à la route de Burghausen à Salzbourg ; le général et son quartier général dans une ferme près de ladite route et non loin de ses troupes. On passe sur un pont-levis un fossé à moitié remblayé avant de descendre dans Burghausen, qui est entièrement dans un fond, dominé de toutes parts, et sur la gauche de la Salzach, grandement encaissée, profonde et rapide, etc. ; la descente est d'abord pavée, et ensuite faite avec des rondins, avec ressauts de distance en distance pour diminuer la pente, qui n'en est pas moins dangereuse, particulièrement à un tournant presque à angle droit, de droite à gauche ; elle est entièrement enfilée et vue des hauteurs d'Ach, sur la droite de la Salza, élevées de 25 à 30 mètres au moins au-dessus de la rivière. Cette descente est étroite ; les terres des hauteurs à droite, sur lesquelles est une espèce de citadelle assez forte, avec fossés profonds et pont-levis, sont retenues par un mur qui a bien 3 mètres à 3^m,50 de hauteur ; ces hauteurs, très étroites à leur sommet, sont coupées par un large fossé qui ferme le seul accès au château-fort ou citadelle. La plate-forme sur laquelle est établie ce château est soutenue par des murs en maçonnerie ou taillés dans le roc, avec tours rondes ; nous ne pûmes concevoir comment l'ennemi n'avait point cherché à tenir quelques jours à Ach et dans la citadelle ; à coup sûr, il nous eût beaucoup retardé, et nous eussions perdu du monde. Burghausen n'est à proprement parler qu'une rue très longue bâtie entre la Salzach et le pied de la montagne oblongue, très escarpée, de la citadelle. Le Maréchal et les généraux des 1re et 3e divisions y établirent leurs quartiers généraux; la principale rue est large, belle, généralement bien bâtie; casernes, fontaines, belle maison commune, grandes auberges.

Soult à Berthier.

Mühldorf, le 7 brumaire an xiv.

En exécution des ordres que Votre Excellence m'a donnés, j'ai fait reconnaître si le pont de Kraiburg avait été détruit par l'ennemi. Le colonel du génie Poitevin, qui s'y est à cet effet rendu, a trouvé que ce pont était entièrement brûlé depuis quatre jours, et qu'il lui était impossible de le réparer; il me rend compte qu'il doit être reconstruit en entier. La route qui conduit à Kraiburg par Ampfing est très bonne. Une autre communication part de Harting, et passe par le village de Nieder-Heldenstein, et va joindre dans la forêt la route d'Ampfing à Kraiburg, en laissant le village de Heigerlohe à droite; elle est moins bonne que la première.

De Haag à Kraiburg, la route directe n'est point praticable pour les voitures de l'armée. Celles du pays ont beaucoup de peine à y passer dans cette saison.

De Kraiburg à Burghausen, le chemin passe par Gutenburg, Grünbach, Polling, Teising et joint à Alt-OEting la grande route de Mühldorf à Burghausen.

Il y a une route praticable pour toutes voitures de Kraiburg à Altenmarkt; elle est la continuation de celle qui vient d'Ampfing.

Le colonel Poitevin a trouvé deux bateaux à Kraiburg, qui peuvent passer vingt hommes ou six chevaux; il y a trouvé aussi un bac propre au passage des voitures, il le fait réparer. Les Autrichiens l'avaient coulé bas; quelques autres bateaux sont à Gars et Au, qu'il a aussi ordonné de retirer de l'eau et de faire venir à Kraiburg. Je désire que ces renseignements puissent satisfaire Votre Excellence.

Soult à Vandamme.

(Non datée).

La division que vous commandez, Monsieur le Général, doit cantonner à Mettenheim, Harthausen, Lochheim et Neufahrn. Je vous invite à lui donner, de suite, l'ordre de s'y établir et de me faire connaître la répartition que vous en aurez faite, ainsi que le lieu où sera votre quartier général.

Je vous préviens que le quartier général du corps d'armée est établi à Mühldorf.

La 1re division sera à Ampfing et Zangberg.

La 3e division à Mössling, Maxing, Friexing et Töging.

La cavalerie à Winhöring et Ehrharting.

Le grand parc à Altmühldorf.

Faites distribuer tout le pain qui est à votre suite.

La division se tiendra prête à partir demain de très grand matin pour passer l'Inn.

Soult à Berthier.

Mühldorf, le 7 brumaire an xiv.

J'ai l'honneur de rendre compte à Votre Excellence des cantonnements que j'ai fait prendre aux troupes du 4e corps, en arrière de Mühldorf.

La division de cavalerie légère est à Winhöring et Ehrharting, d'où elle pourra se diriger sur Œtting et y passer l'Inn, lorsque le corps d'armée aura ordre de partir en avant.

La 3e division est à Töging, Friexing, Maxing et Mössling.

La 2e division est à Lochheim, Harthausen, Mettenheim et Neufahrn ; la 1re division est à Ampfing et Zangberg ; le parc d'artillerie est à Mühldorf.

Le quartier général à Mühldorf.

Les troupes sont pourvues en pain pour aujourd'hui, et j'attends le produit des réquisitions qui ont été faites dans les bailliages environnants ou des convois, venant de Munich, pour en faire délivrer pour demain. La distribution de la viande n'a pu être faite à toutes les troupes depuis deux jours, faute de bestiaux ; elle aura lieu aujourd'hui.

L'avoine manque généralement et je reçois, à ce sujet, les demandes les plus pressantes. Je doute qu'aujourd'hui l'administration puisse en réunir une assez grande quantité pour en assurer la distribution. Demain, la division sera disposée à continuer le mouvement et à exécuter les ordres de Sa Majesté, que Votre Excellence aura la bonté de me transmettre.

Je fais demander 200 chevaux dans l'arrondissement de Kraiburg ; l'artillerie a besoin de ce nombre pour remplacer ceux qu'elle a perdus et qu'elle a été obligée d'abandonner en route (1).

---

(1) L'ordonnateur a fait des réquisitions de souliers. Il lui en reste 460 paires ; Salligny lui ordonne d'en délivrer 400 à la division Legrand et

29 OCTOBRE.

4ᵉ CORPS D'ARMÉE.

Ordre.

Mühldorf, le 7 brumaire an XIV.

Nota. — Tous les généraux des divisions des corps d'armée ont reçu des ordres conformes au compte rendu au Ministre par la lettre ci-dessus.

Les généraux commandant les divisions doivent faire distribuer le pain et la viande qui marchent à leur suite et renvoyer, à la disposition de l'ordonnateur en chef, les voitures vides.

Le général Margaron doit se porter de sa personne au pont d'Œtting, pour s'assurer de son rétablissement et instruire le Maréchal commandant en chef si demain matin il sera praticable, afin que la division de cavalerie légère puisse y passer l'Inn. Si le pont était terminé ce soir, il réunirait de suite la division et la porterait à Œtting, où elle s'établirait et rendrait compte du mouvement, qui devrait être remis à demain matin, s'il ne pouvait être terminé aujourd'hui avant la nuit. Dans ce dernier cas, le général Margaron enverrait un fort escadron à Œtting pour prendre possession de l'endroit et conserver pour le corps d'armée les ressources qui s'y trouvent.

4ᵉ CORPS D'ARMÉE (2ᵉ DIVISION).

Rapport de la division.

7 brumaire an XIV.

Ce matin, vingt-huit voitures de pain ont été remises à la division à 4 heures du matin. Le 46ᵉ a reçu pour un jour, et le 4ᵉ pour deux jours. Le 28ᵉ avait reçu de Munich. Les corps ne s'étant point présentés avant leur départ à la distribution, le convoi a filé sous la garde des grenadiers du 46ᵉ, pour être distribué à l'arrivée.

---

d'en réquisitionner encore, de manière à en fournir 400 à Saint-Hilaire et 400 à Vandamme. Il rendra compte de ces distributions.

Le général commandant l'artillerie enverra chaque jour un officier rendre compte au Maréchal des cantonnements occupés par le parc.

Un ordre de Berthier fait mettre la 3ᵉ compagnie de pontonniers à la disposition du colonel Bouchu, à Mühldorf.

Un officier à la suite de l'état-major du 4ᵉ corps est désigné par Andréossy pour être commandant de place à Mühldorf, « l'intention de l'Empereur étant d'affecter les officiers à la suite des états-majors à ce genre de service ».

La viande est arrivée à 4 heures du matin de Munich, abattue et sur quelques voitures. Ce service se fait absolument mal ; la division a été trois jours sans viande. On refusait de donner des bœufs sur pied à Munich. Il n'y en a pas un seul à la suite de la division.

Les souliers annoncés par M. le Maréchal ne sont point reçus. Les corps s'étaient présentés à Munich pour les recevoir ; on a répondu que M. le Maréchal avait chargé l'ordonnateur de les faire conduire à la division.

Ce n'est que d'aujourd'hui que les équipages des vivres ont reçu des moyens de transport ; quinze voitures ont été ce matin mises à la disposition du chef de service.

L'ambulance n'est point complète.

Le Chef d'état-major de la division,
MÉRIAGE.

Compans à Nansouty.

Eggenfelden, le 7 brumaire an XIV.

M. le Maréchal commandant en chef désire qu'à votre arrivée ici, vous vous dirigiez de suite avec votre division sur Marktl ; dans le cas où il jugerait qu'elle ne dût pas y arriver aujourd'hui, il vous fera connaître l'endroit où elle devra s'arrêter.

Vous devez être pourvu de pain ; M. le Maréchal vous engage à en avoir toujours pour quatre jours ; vous en trouverez probablement à votre passage ici.

Compans à Gazan et Suchet.

Eggenfelden, le 7 brumaire an XIV.

J'ai l'honneur de vous prévenir que M. le Maréchal désire, qu'arrivé ici avec votre division, vous vous dirigiez sur Marktl (en suivant celle du général Suchet). J'ai donné des ordres pour qu'on vous remît, à votre passage, le tiers du pain qui a été réuni ici ; il s'élèvera à environ 5,000 à 6,000 rations.

Compans à Gazan, Suchet et Nansouty.

Braunau, le 7 brumaire an XIV.

M. le Maréchal commandant en chef me charge de vous annoncer que l'ennemi a évacué Braunau après avoir coupé le pont ; il s'est retiré sur Linz. Il me charge de vous donner, en même temps, l'ordre de partir demain matin avec votre division, pour vous rendre ici ; un officier d'état-major vous désignera, à votre arrivée, le terrain où votre division devra bivouaquer devant la place, sur la rive gauche de l'Inn, en attendant que le pont soit rétabli. L'ennemi nous a laissé ici son artillerie et ses magasins à poudre, trente mille rations de pain et des farines.

5° CORPS D'ARMÉE.

Journée du 7 brumaire (29 octobre 1805).

Quartier général : Braunau.

La division de cavalerie légère se dirigea sur Braunau, où le colonel Kirgener, commandant l'arme du génie au corps d'armée, avait eu ordre de se rendre pour le rétablissement du pont.

Ce brave officier, jaloux de s'acquitter avec zèle de la mission importante dont il était chargé, passa l'Inn dans une barque à la tête de quelques chasseurs et hussards, et parvint, malgré le feu d'un détachement ennemi qui occupait la place, à y pénétrer.

Il ne se borna pas à ce succès ; après avoir chassé ce détachement, il dirigea l'artillerie des remparts, qu'il fit servir par nos chasseurs et nos hussards, sur un corps de troupe assez considérable, qui faisait mine de vouloir rentrer dans la place. Il parvint à l'en éloigner.

M. le Maréchal commandant en chef y entra dans ces entrefaites.

La division de cavalerie, à l'exception d'un escadron qui entra dans Braunau, bivouaqua sur la rive gauche de l'Inn, devant la place.

La division de grenadiers se dirigea aussi sur Braunau.

La brigade Dupas arriva, quoique très tard, devant la place. Quatre compagnies y entrèrent, pour y tenir garnison provisoirement. Le reste de la brigade, n'ayant pu passer l'Inn, bivouaqua sur la rive gauche, en arrière de la cavalerie légère.

Les brigades Mortières et Ruffin bivouaquèrent sur la route de Marktl à Braunau, aux environs de Julbach.

Les divisions Gazan et Suchet bivouaquèrent en arrière de Stamhain, adossées à la forêt qui domine ce village, et à cheval sur la route qui conduit à Eggenfelden.

La division de cuirassiers se rendit à Wurmansquik.

Berthier à Dupont.

Mühldorf, le 7 brumaire an XIV.

Il est ordonné au général Dupont de partir de la position qu'il occupe à Landshut, pour se rendre à Eggenfelden, où il attendra de nouveaux ordres ; il me fera connaître où il couchera demain, et s'il peut arriver à Eggenfelden.

Il me renverra par le courrier porteur de cet ordre, l'état de situation des présents sous les armes de sa division.

(*Même ordre au général Dumonceau.*)

Berthier à Klein.

Mühldorf, le 7 brumaire an XIV.

Il est ordonné au général Klein de partir, avec sa division, de la position qu'il occupe à Lanshut, pour se rendre à Schärding, où il attendra de nouveaux ordres ; il me fera connaître la route qu'il suivra et où il couchera chaque soir, afin que je puisse lui envoyer des ordres.

Il me fera connaître les nouvelles qu'il pourra avoir de l'ennemi.

Braunau est occupé, dit-on, par 1,500 hommes ; le maréchal Lannes y marche. Le maréchal Davout est à Burghausen et a son avant-garde au delà du pont.

Journal de la 1re division de dragons.

Le 7 brumaire, le général Klein reçut, de M. le Major général de l'armée, l'ordre de se rendre à Schärding, en suivant la route qu'il croirait la plus convenable. Le général ayant su par les baillis, que l'ennemi avait fait des réquisitions considérables dans le bailliage de Vilshofen, et devait y envoyer des troupes pour y accélérer la rentrée des denrées, voulut utiliser sa marche en empêchant l'exécution de la réquisition des Autrichiens.

Pour cet effet il se rendit :

Le 8 brumaire à Dingolfing ;
Le 9 brumaire à Pilsting sur la route de Plattling ;
Le 10 brumaire à Vilshofen ;
Le 11 brumaire à Schärding et Passau.

29 OCTOBRE.   297

Emplacements du 7 brumaire an XIV (29 octobre 1805) au soir.

DÉSIGNATION des corps.	EMPLACEMENT.	OBSERVATIONS.
Quartier général impérial.	Mühldorf. (Du 8 : parti le matin pour Burghausen, arrivé à 11 heures, parti à 11 h. 30 pour Braunau.)	Une partie restée à Haag. L'Empereur a couché partie de la nuit du 6 au 7 à Haag.
Garde impériale.......	Mühldorf et en partie à Haag.	
1er corps (Bernadotte).	Sur l'Alz, continuant son mouvement sur Salzburg, où son avant-garde a dû arriver aujourd'hui.	
Corps bavarois	Suit le mouvement du 1er corps. Le bataillon qui était à Rain a ordre du 6 de se rendre à Munich pour de là rejoindre le 1er corps. Même ordre à deux des bataillons de Donauwœrth. Même ordre à deux des bataillons d'Ulm.	Il ne reste qu'un bataillon à Donauwœrth et un à Ulm. Celui de Rain doit être remplacé par des dragons à pied.
2e corps (Marmont)...	Wasserburg. Ordre du 7 au soir de se porter sur Strasswalchen et Wocklabrück, etc.	
3e corps (Davout).....	Burghausen. Son avant-garde au delà du pont.	
4e corps (Soult)	Mühldorf et en avant au delà de l'Inn.	
5e corps (Lannes).....	Sur Braunau.	Où l'on dit que l'ennemi a 1,500 hommes (Braunau a été évacué et nos troupes y sont entrées le 7 au soir).
6e corps (Ney)	Landsberg. Ordre d'en partir le 9 pour Innsbrück.	
7e corps (Augereau). .	Approche de Kempten, à une marche ou deux.	

DÉSIGNATION des CORPS.	EMPLACEMENT.	OBSERVATIONS.
Réserve de cavalerie. 1re div. grosse cavalerie (Nansouty).	Suit le mouvement du maréchal Lannes par Eggenfelden sur Braunau.	
2e div. grosse cavalerie (d'Hautpoul)	En avant de Burghausen. En avant-garde.	
1re div. de dragons (Klein).	Ordre du 7 de partir des environs de Landshut pour se rendre à Schärding, où il attendra des ordres.	
2e div. de dragons (Walther). 3e div. de dragons (Beaumont).	Avec le prince Murat, en avant-garde au delà de Burghausen.	Ont passé hier l'Inn à Mühldorf sur le pont rompu et avec deux bateaux découverts.
4e div. de dragons (Bourcier).	Augsburg.	
Div. de dragons à pied (Baraguey d'Hilliers).	Ingolstadt. Ordre du 7 de laisser : un régiment à Ingolstadt, dont quelques compagnies à Rain ; un régiment à Straubing ; un régiment à Passau ; un régiment à Neuburg. Transférer le dépôt de Neuburg à Ingolstadt.	Le général a le commandement du Danube entre Donauwœrth et Passau et doit se hâter de monter les dragons. Faire en sorte d'enlever le parti ennemi de Waldmünchen où il y a 3,000 hommes.
Division Dupont. Division batave (Dumonceau).	Ordre de partir des environs de Landshut pour Eggenfelden.	
Corps de Wurtemberg (environ 3,200 hommes) (général de Séeger).	Augsburg. Reçoivent l'ordre de se rendre à Munich.	On dut demander à l'Électeur encore 3,000 hommes.
16e et 22e chasseurs (général Milhaud).	Pfarrkirchen.	
54e régiment (général Rivaud).	Munich, en marche sur Wasserburg.	
Grand parc.	Augsburg.	
Equipage de pont.	Mühldorf.	

Note pour le général Dumas.

7 brumaire an XIV.

Le général Dumas préparera tout le travail nécessaire pour établir deux routes d'étapes pour l'armée.
Une par Kehl et Fribourg.
L'autre par Huningue.
La première longeant la Suisse.
La seconde, la Forêt-Noire.
Ces routes viendront aboutir aux places principales qu'occupe l'armée.

Maréchal BERTHIER.

Il suffira que le général Dumas me remette ce travail demain soir.

Le général Andréossy aux généraux Sanson, etc.

Mühldorf, le 7 brumaire an XIV.

J'ai l'honneur de vous prévenir, Monsieur le Général, que le quartier général impérial sera établi demain à Burghausen, et que l'Empereur y sera vers les 8 heures.

Garde impériale.

Mühldorf, le 7 brumaire an XIV.

Tous les dépôts des différents corps de la Garde seront transférés à Munich. Ils seront commandés par M. Guyot, chef d'escadrons au régiment des chasseurs à cheval. Cet officier supérieur se rendra de suite à Munich pour prendre le commandement de ces dépôts.

Les généraux et chefs de corps enverront l'ordre à leurs dépôts respectifs de partir d'Augsburg, pour se rendre sur-le-champ à Munich. Le chef d'escadrons Guyot devra être porteur de ces différents ordres, qu'il expédiera de Munich pour Augsburg par une ordonnance. Le chef d'escadrons Guyot fera partir de suite pour l'armée les hommes disponibles, tant d'infanterie que de cavalerie, ainsi que les différents détachements qui arriveront de France. Il enverra aussitôt leur arrivée les chevaux du train, les capotes et les souliers destinés pour les corps d'infanterie et il leur fournira une escorte.

Il fera placer tous les dépôts dans une caserne à Munich.

Il fera l'achat des chevaux nécessaires pour monter, le plus promptement possible, les grenadiers et chasseurs qui sont à pied au dépôt. Il ne s'attachera pas, dans l'achat de ces chevaux, à en avoir d'une espèce recherchée, mais ayant de la solidité et étant faciles à monter.

Les hommes qu'il enverra à l'armée marcheront par détachements.

Les généraux et chefs de corps pourvoiront à la solde des hommes qui sont au dépôt demain matin, avant le départ du quartier-maître général, et les officiers payeurs remettront au chef d'escadrons Guyot tout ce qui est nécessaire pour la solde jusqu'au 20 de ce mois.

Les chevaux des grenadiers et des chasseurs à cheval qui sont hors d'état de servir pour un long laps de temps, partiront demain de Mühldorf sous les ordres du chef d'escadrons Guyot, pour se rendre à Munich.

Le général Ordener et le colonel Morland feront la demande avant le départ à M. le maréchal Bessières des fonds qui sont nécessaires pour l'achat de ces chevaux, afin qu'il fasse mettre par le quartier-maître général des fonds à leur disposition pour cet objet.

Les généraux et chefs des corps rendront compte demain matin à M. le Maréchal de l'exécution des dispositions de cet ordre.

Pour ampliation au registre d'ordres :

ROUSSEL.

Berthier à Baraguey d'Hilliers.

Mühldorf, le 7 brumaire an XIV.

Il est ordonné au général Baraguey d'Hilliers de s'occuper essentiellement de monter tous les dragons à pied ; pour cela, il est convenable de leur faire occuper un grand espace de terrain, afin que chaque conseil d'administration trouve à passer des marchés et à acheter des chevaux.

L'Empereur, Général, vous donne le commandement depuis Donauwœrth jusqu'à Passau.

Vous tiendrez un régiment de dragons à pied à Ingolstadt, lequel enverra quelques compagnies au pont du Lech à Rain ; vous laisserez dans cette partie un général de brigade.

Vous placerez un autre régiment à Straubing et un autre à Passau, quand nous en serons maîtres; et puis le 4ᵉ régiment à Neuburg.

Vous recommanderez à tous les commandants des différents détachements qui composent les bataillons de dragons à pied, qu'ils fassent tout pour se procurer des chevaux et des selles ; mais, Général, vous pourriez préalablement faire une opération assez importante : nous avons à Waldmünchen un corps ennemi d'environ 3.000 hommes qui se trouve sur notre flanc; l'Empereur désirerait donc, qu'avec les deux régiments à pied qui doivent composer les garnisons de Straubing et de Passau, et toute votre artillerie, vous preniez des renseignements à Straubing sur le corps de Waldmünchen, et que, si vous croyez pouvoir l'enlever ou le chasser de là, vous le fassiez.

Vous m'écrirez de Straubing pour me faire connaître le parti que vous aurez pris.

Vous laisserez à Ingolstadt le général . . . . .

Tous les dépôts de troupes à cheval à Haarburg repasseront le Danube pour se rendre d'abord à Ingolstadt, où ils recevront des ordres pour leur établissement définitif.

Berthier à Petiet.

Mühldorf, le 7 brumaire an xiv.

L'intention de l'Empereur, Monsieur l'intendant général, est que vous fassiez former sur-le-champ un magasin de pain, de farine et d'avoine à Haag; il est indispensable d'avoir dans cet endroit 1,000 à 1,500 tonneaux de farine, afin que dans un mouvement rétrograde de l'armée, s'il y avait lieu, elle ait de quoi vivre.

Il serait de beaucoup préférable d'avoir 100,000 rations de biscuit; il ne devrait pas être difficile d'en fabriquer 10,000 à 12,000 par jour à Munich, et de les envoyer immédiatement à Haag. Ce pays est tellement pauvre que, dans un mouvement de retraite, l'armée mourrait entièrement de faim.

Faites aussi établir à Haag un hôpital pour 200 malades.

Il faut que le médecin en chef et les hôpitaux se rendent à Passau, aussitôt que nous en serons maîtres, ce qui ne sera pas long; il faudra former des hôpitaux pour les malades et les blessés.

S'il arrive beaucoup de biscuit, de farine, on pourrait en embarquer à Donauwœrth pour le faire descendre jusqu'à Passau, ce qui serait d'une bien grande ressource suivant les circonstances (1).

---

(1) Andréossy écrit une longue lettre au commandant de place de Munich. Il lui retire deux officiers d'état-major, qu'il rappelle au grand quartier général avec cinq officiers prisonniers sur parole, qu'il trouvera à employer. Il ignore la formation de la brigade Milhaud et sa présence à l'extrême gauche de l'armée, et il donne l'ordre d'envoyer le 16° chasseurs au 4° corps, et le 22° au grand quartier général.

Il fait passer par Munich la lettre pour Baraguey d'Hilliers, et une autre pour le général René, commandant d'armes à Augsbourg, prescrivant d'en-

CHAPITRE V.

Extraits de lettres.

Extrait d'une lettre de Weinzierl *(près de Krems).*

29 octobre 1805.

Je n'oublierai jamais le mois d'octobre de cette année. Représente-toi mes parents malades dans la ville de Krems depuis sept semaines, et gardant le lit, et moi seul dans la ferme à me disputer avec les Russes : alors tu pourras te faire une idée de ma position. Dans huit jours il passera encore ici 11,000 Cosaques, et malgré tout cela, nous aurons du désavantage dans cette guerre, puisque le commencement en est si malheureux, et que nous ne paraissons pas avoir un seul général habile. Les Russes, quoique nos amis, commettent de plus grands excès que les Français, tellement que les paysans préfèrent loger des Français à loger des Russes. Il est vrai qu'on parle actuellement très sérieusement de la marche des troupes prussiennes, mais combien ne voilà-t-il pas de temps qu'on en parle, et quand bien même elles se réuniraient à nous, ce pourrait être trop tard, actuellement que nos soldats n'ont plus de courage; et comme tout semble vendu à Bonaparte et trahir pour lui, et que surtout on ne prend ici aucunes mesures relatives aux circonstances, il n'y a que Dieu qui puisse nous tirer de ce labyrinthe. On se dit ici que la cour de Vienne emballe déjà ses effets. Il est triste de voir ici tous les jours arriver plusieurs bateaux contenant des femmes, des enfants et leurs meilleurs effets.

Extrait d'une lettre d'Innstadt près de Passau.

30 octobre 1805.

Vous avez sans doute appris toutes les nouvelles; mais restez tranquilles. Le mal et le danger ne sont pas encore si grands, et les espérances sont bonnes. Les sombres nuages se dissiperont bientôt. 50,000 Anglais et Russes ont débarqué en Hollande. La Prusse s'avance avec les Russes dans le pays d'Ansbach.

---

voyer à Munich le corps wurtembergeois de Seeger (4 bataillons, 1 escadron, 1 compagnie d'artillerie légère, soit 2,600 hommes) et le corps badois de Ducharraut (3,200 hommes).

Il recommande spécialement ces lettres, pour lesquelles on peut utiliser les courriers de Talleyrand et de Maret.

Petiet est avisé de tous les mouvements de troupes ordonnés.

Extrait d'une lettre d'une mère à son fils.

Vienne, le 29 octobre 1805.

L'aspect des choses est bien triste à Vienne, car il faut que la bourgeoisie monte la garde. On fait marcher aussi tous les hommes. Tous les étrangers ont ordre de quitter Vienne dans huit jours et les États héréditaires dans dix jours. Aucun chariot ne peut s'éloigner de Vienne sans un passeport de la haute police. En un mot, il semblerait que déjà l'ennemi est près de nous. On ne voit ici aucun jeune homme dans les rues, parce qu'ils craignent d'être pris par les militaires. Ton père ne sort plus du tout de la maison, pour la même raison, et tous les autres jeunes gens en font autant. Celui qui a le malheur de ne pas avoir d'ouvrage est bien sûr de devenir soldat, car on arrête tous ceux qui sont dans ce cas dans toutes les rues. Ton passeport ne te garantira pas pour l'avenir, car tous ceux qui peuvent porter les armes sont obligés de les prendre. Il n'y a que la prudence et la retraite qui puissent te sauver.

Extrait d'une lettre d'Enns.

28 octobre 1805.

..... L'Empereur est arrivé ici ce matin de bonne heure et le président de Linz y était déjà dès hier. L'Empereur s'est entretenu avec lui pendant une demi-journée dans le château du prince d'Auersperg, et d'ici il a été de nouveau à Linz. On dit qu'il va à l'armée. Dieu sait quelle fin aura la guerre, mais ce que je puis vous écrire, c'est qu'il est impossible que l'Empereur ait plus mauvaise mine. Ses habits tiennent à peine sur son frêle individu. Il a par-dessus cela un vieux manteau usé et un vieux chapeau sur la tête, que peut-être un lieutenant ou un porte-drapeau aurait déjà donné depuis longtemps; en un mot on ne saurait croire que c'est l'Empereur, tant il se comporte mal. Les Russes ont 3,000 chariots avec eux, et par ordre du prince Charles, il faut que la moitié s'en retourne, car la troupe ne peut marcher à cause de cette quantité de voitures, et le voiturage russe devra repasser par ici jour et nuit. Les Russes ne font que jeter de la confusion parmi les troupes impériales. Grâce aux coquins qui se trouvent parmi les généraux impériaux, nous avons déjà perdu une bataille.

Le général Mack s'est battu on ne peut plus bravement, mais le général Auffenberg *(la lettre est lacérée à cet endroit)* et comme on voulait le rendre responsable il s'est brûlé la cervelle. Les choses vont comme précédemment pour ce qui concerne les généraux commandants, et cela peut encore faire notre malheur à présent.

Extrait d'une lettre de l'Auditeur..... à son oncle.

Vienne, le 28 octobre 1805.

Vous savez sans doute que notre armée d'Allemagne est entièrement anéantie. Mack, qui est prisonnier, et l'archiduc Ferdinand sont ici. L'Empereur est parti hier pour l'armée, qui a dû se retirer de ce côté-ci de l'Enns. On dut publier aujourd'hui la levée en masse. On a été chercher en toute hâte en Italie l'archiduc Charles, pour prendre, à ce qu'on présume, le commandement de l'armée d'Allemagne : 40,000 hommes le suivent. On a envoyé l'archiduc Antoine en qualité d'envoyé extraordinaire à Berlin. Malheureusement nous ne pouvons nous servir des Russes, qui n'ont pas de munitions avec eux. Voilà où nous avons été réduits en un mois de temps. Comment n'existe-t-il ni poignard, ni poison pour ce maudit Bonaparte ? Il doit avoir imposé la ville neutre et impériale d'Augsburg à 22,000,000 de florins de contributions de guerre. Rien n'est sacré pour lui. On dit que pour prendre Ulm, il a forcé les paysans à aller à l'assaut. Lorsque nos gens étaient déjà fatigués de les combattre, il est venu avec ses troupes fraîches, sous lesquelles il a fallu succomber.

On nous a pris 16,000 hommes et dans les autres combats du 14, il est resté sur le carreau des deux côtés 20,000 morts. On va former cinq bataillons de chasseurs composés des chasseurs des seigneuries ..... On doit aussi lever plusieurs corps francs. On parle aussi de la levée en masse, mais rien n'a encore été publié à ce sujet.

Un bruit qui a besoin d'être confirmé se répand, que les Français ont essayé un passage de l'Adige, mais qu'ils ont été repoussés.

Extrait d'une lettre de Vienne.

28 octobre 1805.

Après le malheureux combat d'Ulm, le feldmaréchal-lieutenant baron de Mack, qui est prisonnier de guerre, a obtenu la permission de se rendre ici sur parole, et après avoir donné l'assurance que pendant cette guerre il ne servirait pas contre les Français. Il est arrivé ici le 26, et il n'est vu nulle part de bon œil.

L'archiduc Ferdinand est aussi arrivé de l'armée d'Allemagne à Vienne, et Son Altesse a obtenu le commandement de la légion de Bohême. Comme Son Altesse Royale a perdu ses bagages et son argenterie, on lui fait en toute hâte de nouveaux équipages. On donnera le commandement de l'armée d'Allemagne dorénavant à Son Altesse Impériale l'archiduc Charles, et à l'archiduc Jean celle d'Italie.]

29 OCTOBRE.

Comme on attend la seconde colonne des Russes et l'armée prussienne sous peu de jours, on espère avec quelque certitude que tout ira mieux, surtout à cause du voyage que Sa Majesté l'Empereur a fait lui-même à l'armée d'Allemagne pour prendre les mesures convenables.

Aujourd'hui le feldmaréchal-lieutenant prince d'Auersperg est parti pour l'armée d'Allemagne.

Au reste, les quinze bataillons et en même temps un bataillon de chasseurs seront bientôt prêts. La levée en masse doit aussi avoir lieu incessamment.

Extrait d'une lettre de Vienne.

28 octobre 1805.

. . . .

Tout le monde à Vienne prend les armes volontairement, les Hongrois sont déjà en marche pour y arriver. Le 28 de ce mois, l'Empereur est parti pour l'armée, et le 5 novembre on attend l'empereur de Russie à Vienne.

Extrait d'une lettre au baron Schmidauer.

Innsbrück, le 26 octobre 1805.

Il est vraiment scandaleux que tout aille si fort de travers chez nous ; nous devions aller à Ulm, mais en arrivant à Landeck, nous avons été forcés de revenir sur nos pas et nous n'avons pas pu passer.

Actuellement me voilà dans un endroit fixe à une demi-heure d'Innsbrück, dans le château d'Aham, et j'espère cependant de n'y pas rester.

Il est arrivé hier ici 700 prisonniers français et 800 bavarois. Tout est cher ici.

Signé : Westfalen,
Chirurgien-Major, I. et R.

CHAPITRE VI

30 octobre.

Le général Éblé au colonel Navelet, commandant le parc.

Waging, le 8 brumaire an xiv.

Aussitôt que ma lettre vous sera parvenue, vous ferez partir pour Freilassing, sur la route de Salzbourg, la compagnie de pontonniers du 1er bataillon, pour réparer le pont rompu par les Autrichiens sur la Saalach. Vous recommanderez à M. Lami de mettre de la célérité dans sa marche.

Faites prendre quelques haches aux pontonniers.

1er CORPS D'ARMÉE.

Ordre de marche et position de l'armée en avant et en arrière de Salzbourg pour le 8 brumaire.

Salzbourg, le 7 brumaire an xiv.

M. le lieutenant général de Wrède prendra de suite position avec les troupes qui sont sous ses ordres, sur la grande route d'Autriche, à Hecht; il enverra un bataillon d'infanterie légère sur la route de la Styrie, entre Neuhaus et Am-Hof.

Le général Kellermann prendra position avec ses troupes sur la route de la Carinthie, en arrière de Hallein, à Nieder-Albenkiff (?), couvrant son front par la rivière d'Alm.

Le général Drouet cantonnera ses troupes dans la ville de Salzbourg, ayant des postes avancés sur la route de Laufen et sur celle qui conduit au lac de Mattsee.

Le général Pacthod s'établira sur la rive gauche de la Saalach, à

Mülln, en arrière de la ville, se gardant militairement sur la route qui conduit à Salzbourg.

Le lieutenant général de Deroy s'établira également avec ses troupes à Nonnberg et Linspuch (?); il établira des postes militaires à moitié chemin du pont qui est sur la Saalach en face de Weisbach, près Reichenhall, afin de communiquer avec un bataillon des troupes du général Minucci, qui y est établi.

Le général Drouet cantonnera sa cavalerie en arrière de Salzbourg. Il placera un régiment en ville, s'il est possible. Il placera également deux pièces d'artillerie en avant de la ville sur la route d'Autriche et deux autres sur celle de la Carinthie. Le reste de son artillerie, ainsi que celle du général Pacthod ne devront point entrer en ville, ils devront la faire cantonner dans les environs en arrière.

Le grand parc d'artillerie gardera la position qui lui a été assignée par l'ordre de marche d'aujourd'hui (1).

Journal de la division de Wrède.

Le 30 à 7 heures du matin, le capitaine Eisenberg et le lieutenant Kleudgen franchirent la rivière à côté du pont rompu sur la Saalach, mirent les hussards en fuite, les poursuivirent jusqu'à travers la ville de Salzbourg, et au delà du pont de la Salzach, ils s'emparèrent des postes, tout en mettant une troupe vingt fois plus nombreuse qu'eux-mêmes en fuite. Le lieutenant Kleudgen attaqua, dans la ville, l'escadron de Lichtenstein et l'en chassa.

Le caporal Seelmann, le trompette Luz et le chevau-léger Killiat, en poursuivant la cavalerie, furent pris en flanc par de l'infanterie, sabrèrent celle-ci, et Killiat ramena 6 prisonniers.

Le lieutenant général baron de Wrède envoya aussitôt au Maréchal le rapport reçu relativement à cette entreprise hardie. Le Maréchal ordonna la poursuite de l'ennemi sur la route de Linz, par la cavalerie de l'avant-garde bavaroise. Le lieutenant général reçut en même temps l'ordre de porter son infanterie, dès qu'elle pourrait arriver, sur la route de Saint-Gilgen et de l'y établir; avec sa cavalerie, il suivit lui-même l'ennemi, qui avait gagné une telle avance qu'on ne put lui

---

(1) Éblé écrit à Navelet, directeur du parc, qu'il peut étendre ses cantonnements en largeur ; qu'il faut faire graisser des voitures et travailler jour et nuit aux réparations. On fera en sorte de fournir des souliers aux déserteurs autrichiens employés comme conducteurs, et de changer une vingtaine de chevaux. Prévenir de bonne heure si la subsistance est assurée.

prendre qu'un capitaine et 65 hommes. Pendant que le lieutenant général poussait sur la route de Neumarkt, il détacha le capitaine Eisenberg à la poursuite de l'ennemi, sur la route de Grätz, ce dont le capitaine s'acquitta si vigoureusement que l'ennemi, quoique fort de plus de 2,000 hommes, fut repoussé jusqu'à Saint-Gilgen, sans qu'il en ait coûté un seul homme. Le vaillant premier lieutenant de Kleudgen reçut un coup de feu sur les armes massives de sa giberne qui lui sauva la vie. Le Maréchal voulut bien applaudir à la bravoure des deux officiers dénommés et de tout l'escadron.

Au soir, l'avant-garde se trouvait donc sur la rive droite de la Salzach ; elle prit sa position sur la grande route d'Autriche à Recht, et le quartier général s'établit à Strass. Un bataillon occupa la route de Styrie entre Guggenthal et Am-Hof. Le Maréchal vint à Salzbourg. Le lieutenant général de Deroy conserva son camp et ne le quitta que le 1er novembre pour se rendre en Tyrol; on ne mentionnera plus ses positions, les deux corps ne s'étant plus réunis de toute la campagne.

Les caporaux Gressen et Schœll, chevau-légers, à eux deux attaquèrent 24 Valaques et les firent prisonniers. Le Maréchal voulut bien applaudir à la bravoure des deux officiers dénommés et de tout l'escadron.

Journal du corps bavarois.

30 octobre 1805.

L'avant-garde occupait une position sur la gauche de la route de Waging à Salzbourg, ayant la droite appuyée à Freilassing.

Le lieutenant général de Deroy se plaça à Œdhof, en arrière et très près de l'avant-garde. Le général Mutius comte Minucci, qui occupait Reichenhall, reçut l'ordre de pousser un bataillon, quelque cavalerie et artillerie sur la route de Salzbourg, pour occuper le pont sur la Saalach près de Weisbach, à 200 pas de la route.

Emplacement des troupes du 2e corps.

30 octobre 1805.

Division de cavalerie : Pietling.
Quartier général, 1re et 2e division : Tittmoning.
Grand Parc : Altenmarkt.

Berthier à Davout.

Mühldorf, le 8 brumaire an xiv.

L'Empereur ordonne, M. le Maréchal, que vous vous dirigiez sur Lambach par la route de Ried et de Jeding.

Vous ne devez faire aucune réquisition sur votre gauche, ce pays étant destiné à faire vivre le corps d'armée de M. le maréchal Soult.

Murat à l'Empereur.

Altheim, le 8 brumaire an xiv, 10 heures du matin.

Sire,

L'ennemi fuit devant nous, il a abandonné trois pièces de gros calibre que nous avons trouvées enterrées sur la route. Les derniers Russes sont passés à Altheim il y a trois jours.

Les généraux Kienmayer et Merfeld ont pris en quittant Braunau la route de Frankenmarkt par Mattighofen.

Trois bataillons qui se retiraient de Braunau, arrivés à Altheim, avaient d'abord pris la route de Mattighofen, mais le canon qui tira de ce point sur l'avant-garde du 5° régiment de dragons, que j'y avais dirigé, les fit rétrograder sur Altheim, d'où ils se sont enfuis sur Ried.

On m'assure que Schärding est évacué et que le pont n'a pas été coupé. Présumant que le général Milhaud y est déjà arrivé, je viens de lui écrire pour le prévenir de ma marche, en lui ordonnant de faire reconnaître Passau, et de poursuivre l'ennemi qui certainement doit se retirer de cette place sur Linz; je lui demande de m'informer de tout ce qu'il peut savoir sur la marche de l'ennemi, sa force etc., et de se lier avec moi.

Je donne les mêmes instructions au commandant de Passau. On croit ici que les Autrichiens s'en sont emparés jeudi dernier.

P.-S. — J'aurai l'honneur d'écrire ce soir à Votre Majesté.

Murat à l'Empereur.

Ried, le 8 brumaire an xiv, 6 heures du soir.

Sire,

L'ennemi qui avait évacué Braunau et Burghausen s'était réuni ce soir à Ried au nombre de quatre à cinq mille hommes; son arrière garde a été rencontrée sur les hauteurs du village de Mehrnbach ; elle a été chargée et rechargée, vigoureusement chassée du village et de toutes ses positions jusque sur les hauteurs qui dominent Ried ; alors la cavalerie ennemie s'est ralliée pour protéger son infanterie, qui entrait dans un défilé ; elle a été attaquée par le 1er régiment de chasseurs à cheval qui, soutenu par la division commandée par le général Beaumont, l'a culbutée et jetée dans le défilé ; elle a été soutenue par son infanterie, qui bordait le bois ; alors quelques dragons ont reçu l'ordre de mettre pied à terre, la fusillade a commencé : tandis que la cavalerie se précipitait elle-même dans le défilé, l'infanterie qui le défendait a été taillée en pièces ou faite prisonnière avec cinquante hussards de Ries (?), qui tous ont été grièvement blessés ; on a pris cinquante chevaux ; la cavalerie, poursuivant ses succès, est arrivée sur Ried, a pris l'infanterie qui en défendait l'entrée, a chargé de nouveau les hussards dans la ville, les en a chassés et poursuivis une lieue en avant sur la route de Haag et c'en était fait du restant de tout ce qui occupait la ville, sans les bois et la nuit. Ce combat, qui fait le plus grand honneur à la cavalerie de Votre Majesté, nous a valu six cents prisonniers, dont plusieur officiers, cinquante à soixante chevaux, quinze tonneaux de cartouches des magasins de vivres et de fourrage.

Sire, je dois les plus grands éloges à la bravoure et à l'intelligence de M. le colonel Montbrun, commandant le 1er régiment de chasseurs ; j'ai aussi beaucoup à me louer, particulièrement, de son régiment, et des 8e et 12e régiments de dragons ; j'aurai l'honneur de faire connaître à Votre Majesté le maréchal des logis du 8e régiment de dragons qui, me montrant son poignet abattu d'un coup de sabre, m'a dit : « Prince, je ne regrette ma main que parce qu'elle ne pourra plus servir notre bon Empereur. »

J'ai demandé à MM. les généraux les noms de tous les braves qui se sont distingués dans cette journée et je m'empresserai de les faire connaître à Votre Majesté.

Sire, la division de dragons commandée par le général Beaumont a pris position une heure en avant de Ried sur la route de Haag, une brigade d'infanterie en avant de la ville, les cuirassiers en arrière, couvrant les routes de Schärding et de Salzbourg. Le restant du corps de M. le maréchal Davout se trouve réuni ce soir sur Altheim ; je n'ai pas encore de nouvelles du général Walther, qui avait ordre de se porter de Mattighofen sur Ried ; je dois présumer que les mauvais chemins l'auront forcé de prendre la route d'Altheim, je lui envoie l'ordre de me joindre demain, dans la journée.

Sire, comme nous allons entrer dans la plaine et que l'ennemi paraît avoir beaucoup de cavalerie, je vous prie de m'envoyer la division Nansouty et la cavalerie légère de M. le maréchal Lannes, qui lui devient inutile, étant couvert par le corps que j'ai l'honneur de commander; j'en aurai besoin pour pouvoir jeter de gros partis sur la route de Salzbourg, et sur celles qui longent le Danube.

Je marcherai demain, à 5 heures du matin, sur Haag, ainsi que j'ai eu l'honneur de l'annoncer à Votre Majesté. Les derniers Russes sont passés ici il y a trois jours, et tous se retirent sur Wels, où je suis bien éloigné de penser qu'ils veuillent tenir; au reste, demain, j'en serai plus près de 8 lieues et je pourrai faire connaître à Votre Majesté leur position.

L'aide de camp Galbeau s'est particulièrement distingué; il s'est trouvé à plusieurs charges.

P.-S. — J'ai l'honneur de vous envoyer des rapports qu'a reçus M. le maréchal Davout sur la marche et la force des ennemis.

Je n'ai point encore le rapport de la reconnaissance envoyée sur Schärding.

L'empereur François à Napoléon.

Vienne (Melk), le 30 octobre 1805.

Monsieur mon Frère,

Votre Majesté Impériale a chargé le général Mack de me témoigner ses bons sentiments pour le rétablissement de la paix avec moi et avec Sa Majesté l'empereur de Russie, sur des principes équitables et compatibles avec le repos général. Établir ce repos d'une manière stable a été l'unique but de nos armements et je ne tarde pas à vous assurer, Monsieur mon Frère, que c'est encore le seul objet de nos intentions modérées et conciliantes, à la réalisation desquelles nous ne connaîtrions d'autres obstacles invincibles que ceux qui proviendraient des motifs sacrés de l'honneur ou des intérêts les plus urgents de nos empires. Si, comme je m'en flatte, les intentions de Votre Majesté Impériale coïncident avec les nôtres, la proximité de l'empereur Alexandre ne manquera pas de me fournir l'occasion de me concerter avec lui sur les moyens propres à en accélérer l'accomplissement.

Je désire que la cordialité avec laquelle je m'explique en ce moment vis-à-vis de Votre Majesté puisse également y contribuer, vous renouvelant, Monsieur mon Frère, les assurances de la haute estime et considération avec lesquelles je suis, etc. (1).

---

(1) D'après A. Beer : *Zehn Jahre œsterreichischer Politik, 1801-1810* (Leipzig, Brockhaus, 1877), p. 454.

30 OCTOBRE.

Rapport du général Belliard au Major général.

8 brumaire an XIV.

A 6 heures du matin, tout le corps d'armée, et celui de M. le maréchal Davout, se mirent en mouvement pour poursuivre l'ennemi et marcher sur Ried. Jusqu'à Altheim, notre avant-garde n'a rien rencontré. Trois pièces d'artillerie furent trouvées enterrées.

L'ennemi fuyant toujours devant les troupes de Sa Majesté, on continua la marche sur Ried, qu'on disait occupé par 5,000 ou 6,000 hommes.

L'arrière-garde autrichienne fut trouvée sur les hauteurs du village de Atzing; elle a été chargée et rechargée vigoureusement, chassée du village et de ses positions jusque sur les hauteurs de Ried. La cavalerie ennemie fut ralliée pour protéger son infanterie; le 1er régiment de chasseurs, soutenu par la 3e division de dragons (Beaumont), pousse une charge vigoureuse, culbute l'ennemi, le jette dans un défilé, où il eût été pris ou sabré sans la protection de son infanterie, qui bordait le bois et qui arrêta le 1er régiment de chasseurs.

Le Prince fait mettre pied à terre à quelques dragons pour déloger l'infanterie; la fusillade s'engage; pendant ce temps on tâchait de tourner la position et par la droite et par la gauche. L'ennemi fut un peu ébranlé par la fusillade et par les mouvements sur ses flancs; alors le Prince ordonne au 8e régiment de dragons de charger; il se précipite dans le défilé, culbute la cavalerie et taille en pièces ou prend toute l'infanterie qui le défendait. Notre cavalerie, poursuivant ses succès, arrive sur Ried, dont l'entrée était défendue par de l'infanterie ainsi que le faubourg; le 8e régiment poursuit une charge vigoureuse, mais il fut tellement assailli par les feux croisés de l'ennemi, qu'il dut s'arrêter. Le 1er régiment de chasseurs et le 12e de dragons reçoivent l'ordre de soutenir le 8e et d'enlever la position; un régiment fut envoyé en même temps sur la gauche, pour tourner la ville. Tout s'ébranle; l'infanterie qui défendait l'entrée doit céder; elle est faite prisonnière; on charge les hussards dans la ville, d'où ils sont chassés après avoir laissé beaucoup de morts et de prisonniers, et on les poursuit jusqu'à une lieue en avant sur la route de Haag. La nuit força de s'arrêter, et le corps d'armée prit position, savoir :

Le 1er régiment de chasseurs au village d'Ehrenleiten (?), la 1re brigade de la division Beaumont au village d'Oberham, la 2e en avant de Ried, sur les hauteurs, avec l'artillerie.

La division de grosse cavalerie s'établit en arrière, faisant éclairer et couvrir les routes de Salzbourg et Schärding (1).

---

(1) Au bivouac à Ried (Journal de la division d'Hautpoul).

La brigade du général Demont arriva le soir ; un régiment d'infanterie légère occupa la ville de Ried, et l'autre s'établit sur les hauteurs en avant avec la brigade de dragons.

Ce combat fait beaucoup d'honneur à la cavalerie ; il a eu pour résultat la prise de 632 Autrichiens, dont plusieurs officiers, de 50 à 60 chevaux de troupe et 15 tonneaux de cartouches. Nous avons trouvé à Ried des magasins de vivres et de fourrage, etc.

L'ennemi a eu plusieurs hommes tués et beaucoup de blessés ; de notre côté, nous avons 3 officiers et 51 cavaliers blessés, 10 chevaux tués et 2 blessés.

Les colonels du 1er régiment de chasseurs, du 12e de dragons, ainsi que le major du 8e, se sont particulièrement distingués, ainsi que M. Piéton, aide de camp du Prince, et M. Galbeau, aide de camp du général Belliard.

Le Prince se loue particulièrement du 1er régiment de chasseurs et des 8e et 12e régiments de dragons.

Un maréchal des logis du 8e régiment de dragons avait eu le poignet gauche coupé ; en passant devant le Prince, il lui dit : « Je ne regrette ma main que parce qu'elle ne pourra plus servir notre bon Empereur. »

3e division de dragons. — Rapport sur les affaires du 8 et du 9 brumaire.

Le 8, à 5 heures du matin, la 3e division de dragons, bivouaquée en arrière du village de Ranshofen, se mit en route pour se rendre à Braunau.

Avant d'entrer dans cette ville, M. le général Beaumont reçut, de Son Altesse le prince Murat, l'ordre d'y laisser les équipages de sa division et les chevaux blessés, et de se porter au trot sur la route de Ried, jusqu'à ce qu'il eût rejoint le 1er régiment des chasseurs, qui devait lui servir d'avant-garde.

Avant d'arriver à Kirchheim, la division rencontra ce régiment, dont les avant-postes étaient en présence de ceux de l'ennemi ; le général Beaumont ordonna au colonel Montbrun de continuer sa route, en s'éclairant sur ses flancs ; plusieurs postes ennemis furent enlevés et faits prisonniers.

A Altenried, l'ennemi fit mine de vouloir tenir ; il nous montra à peu près 3,000 hommes d'infanterie et 1,500 chevaux ; son but était sans doute de ralentir et de retarder notre marche, car, dans cette position, tout avantageuse qu'elle était, il ne tint pas longtemps.

30 OCTOBRE. 315

Le général Beaumont, après s'être assuré de la position de l'ennemi et s'être convaincu qu'il avait de l'infanterie embusquée à droite et à gauche du village, envoya un escadron de dragons pour le tourner sur sa gauche, et ordonna au colonel Montbrun d'envoyer des tirailleurs sur sa droite et de les soutenir avec le reste de son régiment, tandis qu'il allait faire effectuer une charge par les dragons sur la cavalerie qui s'y trouvait. L'ennemi ayant jugé par ces manœuvres qu'il allait être de nouveau attaqué, ne voulut pas en courir la chance, abandonna la position d'Altenried pour occuper celle en avant de Ried ; malgré la précipitation qu'il mit à se retirer, la division lui fit encore beaucoup de prisonniers et lui tua même quelques hommes.

Quoique la position de l'ennemi en avant de Ried fut des plus avantageuses, le général Beaumont n'hésita pas à l'attaquer ; de suite, il ordonna au 8ᵉ dragons de charger la cavalerie ennemie qui se trouvait à l'entrée du village ; mais, au moment où ce régiment allait y pénétrer, il fut tellement assailli par les feux croisés de l'infanterie qu'il fut arrêté un instant ; alors le général Beaumont, impatient de voir que l'ennemi n'était pas débusqué, ordonna au colonel du 12ᵉ dragons d'enlever la position de concert avec le 8ᵉ dragons et le 1ᵉʳ de chasseurs à cheval, ce qui fut exécuté à l'instant. L'ennemi fit quelque résistance et fut enfin contraint de fuir ; pendant plus de dix minutes, les dragons et chasseurs furent aux prises et se sabrèrent, dans Ried, avec la cavalerie ennemie, qui ne put être poursuivie à cause des voitures d'équipages abandonnées et renversées sur la route.

Les dragons et chasseurs firent, dans cette occasion, plus de 500 prisonniers, dont 200 furent pris par les dragons du 12ᵉ régiment, commandés par les chefs d'escadrons Duchastel et Eichmann. L'ennemi perdit beaucoup de monde et les dragons du 8ᵉ lui enlevèrent une trentaine de chevaux. A 5 h. 30, la division prit position en avant de Ried, sur la route de Haag, et une heure après une brigade d'infanterie de la division Bisson vint bivouaquer à la même hauteur.

Journal de la 2ᵉ division de dragons.

Le 8, avant le jour, la division entre dans Mattighofen. J'envoie le 3ᵉ régiment à la poursuite de l'ennemi sur la route de Friedburg et, conformément aux ordres du Prince, je regagne, par de très mauvais chemins de traverse, la grande route de Braunau à Ried, ayant avec moi l'avant-garde de M. le maréchal Davout, commandée par le général Heudelet ; la division bivouaque à Atzing et environs.

Journal de la 3ᵉ division de dragons.

Le 8, la division continue sa marche sur Braunau, où elle arrive à 9 heures du matin, fait halte sur le glacis pour prendre du pain et pour laisser dans la ville les équipages, les chevaux blessés, et ceux hors d'état de combattre.

Son Altesse, déjà en avant, fait dire au général Beaumont de se porter au trot sur Altheim. La division y arrive à 11 heures, reçoit l'ordre de moins se presser et de continuer sa marche sur Ried ; elle n'avait que quatre régiments bien faibles, le 5ᵉ étant toujours détaché avec le général Walther et le 21ᵉ au grand parc. Les pertes et les chevaux blessés la réduisaient tout au plus à 800 hommes.

Un escadron du 1ᵉʳ régiment de chasseurs à cheval, commandé par M. le colonel Beaumont, pour éclairer sa marche ; à 1 lieue d'Altheim, les chasseurs aperçoivent une patrouille de hussards de Ferdinand, les chargent et les forcent sur leur avant-garde. Le colonel Montbrun attaque l'avant-garde des hussards, la culbute et l'oblige à se retirer sur la grande route, derrière un poste d'infanterie placé sur la gauche, qui protège la retraite de l'avant-garde par un feu de file très vif.

Le colonel Montbrun dirige ses chasseurs sur la droite, fait attaquer un poste de cavalerie et l'enlève vigoureusement ; l'ennemi se retire sur la droite de la ville (de Ried).

Un officier d'état-major suit le mouvement des chasseurs et reconnaît la situation de la ville et la position de l'ennemi ; il aperçoit deux bataillons et un escadron sur la gauche et, en avant de la ville, un bataillon et un escadron sur la droite en arrière.

Le général Beaumont arrive, l'officier d'état-major lui rend compte, le général donne ses ordres : le 12ᵉ régiment se met en bataille sur la droite, le 8ᵉ reste en colonne sur la route. Le général Scalfort, en seconde ligne, fait mettre le 9ᵉ régiment en bataille sur la gauche, l'artillerie sur la route, à la hauteur du 9ᵉ, et le 16ᵉ en colonne derrière l'artillerie.

Le général Beaumont se porte sur la gauche pour s'assurer de la position de l'ennemi, envoie de suite un officier d'état-major au général Boyé, pour lui dire de charger sur la grande route avec le 8ᵉ régiment. Un feu de mousqueterie assez vif, partant d'un bois sur la gauche, suspend un moment cette charge ; un escadron du 12ᵉ régiment reçoit l'ordre de tourner l'infanterie embusquée dans ce bois ; elle se retire avant que ce mouvement puisse être exécuté ; aussitôt le 8ᵉ régiment charge sur la grande route, et le 12ᵉ suit le mouvement.

Le 8ᵉ régiment force tous les postes avancés sur la grande route, se déploie sur la droite, et le 12ᵉ sur la gauche. Ces deux régiments chargent en même temps, sabrent et culbutent tout ce qui résiste, tuent ou blessent 150 hommes et font 400 prisonniers ; l'escadron de cavalerie ennemi se retire sur la gauche, sans que le 12e régiment puisse l'atteindre.

Le 8e régiment entre dans la ville, trouve un poste de hussards de Ferdinand, le charge et prend l'officier prisonnier ; le détachement se retire en désordre jusqu'au poste d'infanterie, placé en arrière de la ville, pour protéger sa retraite. Le feu de cette infanterie arrête et fait rétrograder nos dragons ; le général Beaumont, avec son état-major, les rallie sur une petite place et les fait sortir de la ville, en chargeant le poste d'infanterie et de cavalerie.

L'ennemi se retire sur la hauteur et gagne les bois sur la gauche, plusieurs coups de canon l'obligent à précipiter son mouvement.

La nuit, un brouillard très épais, suivi d'une forte pluie, empêche de poursuivre l'ennemi dans les bois.

Les cuirassiers ne purent nous suivre, tant nous avions mis de célérité dans notre marche, d'activité dans nos manœuvres et de vigueur dans nos combats.

L'ennemi eut, dans cette affaire, 200 morts ou blessés, et nous lui fîmes 500 prisonniers ; il perdit une grande partie de ses équipages et 10 à 12 caissons de munitions.

Nous trouvâmes dans la ville un magasin de fourrage et un de farine, ainsi qu'une assez grande quantité de pain, pour plusieurs distributions.

Les régiments de dragons bivouaquèrent en avant et sur la gauche de la ville, les chasseurs sur la droite et les cuirassiers en arrière.

Le quartier général s'établit dans la ville avec l'artillerie, un détachement de dragons et un de cuirassiers.

Deux capitaines et un lieutenant du 8e régiment ont été blessés, ainsi qu'un maréchal des logis en second, quatre brigadiers et trente dragons. Le 12e a eu six hommes blessés, deux chevaux de tués et sept de blessés.

Le maréchal Davout au général Friant.

Au quartier général d'Altheim, le 8 brumaire an XIV.

Je désire, mon cher Général, que vous vous portiez en avant avec votre division le plus loin qu'il vous sera possible, sur la route de Ried. Dans tous les cas, prenez position au moins à une lieue en avant d'Altheim et partez demain, à 5 heures du matin, pour vous rendre à Ried. Je vous recommande de ne pas traîner de bagages après vous, les intentions de Sa Majesté étant positives à cet égard.

Quant aux subsistances, donnez au soldat de la viande et enfin ce que vous pourrez vous procurer, ne pouvant rien vous promettre.

Envoyez-moi ce soir un de vos officiers à Ried, pour me faire connaître votre position.

Amitié.

Le Maréchal,
Davout (1).

Journal de la division Friant.

De Burghausen à Polling, le 8 brumaire an xiv.

On avait réparé le pont sur la Salzach, qui avait été fortement endommagé par les Autrichiens et brûlé en partie ; la rivière étant très encaissée, et les eaux pouvant devenir très hautes lors des débordements, le tablier du pont a bien dix mètres au-dessus des basses eaux. On arrive à ce pont par une porte voûtée ; l'avant-garde suit le mouvement de la division de cavalerie du général Walther, qui se porta sur Ried ; elle devait être sous les ordres de ce général en cas d'affaire.

Les deux premières divisions marchent sur Altheim par la route de Braunau, que nous eûmes l'ordre de laisser sur notre gauche. Le revers droit du vallon très étroit et boisé de la Salzach, est aussi très escarpé ; la montée commence immédiatement après le pont : elle est rapide et taillée dans la montagne même, qui est une espèce de gros gravier très compacte ; maisons et usines à la sortie du pont et des deux côtés ; trou très profond à droite ; arrivés sur la hauteur, nous laissâmes à droite la route de Mattighofen et suivîmes un chemin qui s'éloigne d'abord peu de la crête du revers droit du vallon de la Salzach ; nous passons près d'Ach, de Weng, d'Aufhausen, d'Uberacker ; deux lieues avant Braunau, on descend dans le vallon de la Salzach devenu plus large, et d'un aspect riant par les prairies, bois, terres labourables et villages qu'on y voit. Nous avions traversé beaucoup de bois jusqu'à Blankenbach, le chemin est bien ferré, large. Nous laissâmes sur notre gauche Reitbauer et passâmes deux ruisseaux assez forts sur deux ponts en bois ; le second appelé Sulzbach a sept à huit mètres de largeur, le vallon qu'il baigne paraît riche, on y voit plusieurs beaux villages. Nous passâmes près le beau couvent de Ranshofen et d'un grand lac que nous laissâmes à notre gauche, nous traversâmes l'Engenach, la route de Braunau à Salzbourg, une grande forêt, laissâmes à 500 mètres

---

(1) Sur l'original au crayon derrière et formé de la main du général Friant : Les 15ᵉ et 48ᵉ à Imolkam ; le 33ᵉ à Polling et 1 bataillon du 111ᵉ ; le 111ᵉ à Graham.

sur notre droite le château de Ostern, et Braunau sur notre gauche à
1,200 mètres ; nous passâmes la Mattig sur un pont en bois près un
beau moulin.

Braunau paraît joli ; il est sur la rive droite de l'Inn, qui coule aux
pieds des hauteurs boisées du revers de gauche du vallon ; à Saint-Peter
le terrain est assez uni, sauf quelques monticules couverts de bois ; les
terres sont enceintes de planches posées horizontalement entre des
pieux jointifs. Nous vîmes, sur notre gauche, deux villages qui avaient
été brûlés par les Russes. Au delà d'Elling, que nous traversâmes, la
route est coupée par un beau vallon, arrosé par deux ruisseaux, que
nous passâmes sur des ponts en bois ; la descente dans ce vallon et la
montée sont assez fortes ; arrivés sur la hauteur, nous passons dans
Weng, qui est dans les bois. Nous traversons deux autres ruisseaux sur
des ponts en bois et ensuite l'Ach, petite rivière sur la droite de laquelle
est Altheim. Ce bourg est assez considérable ; il y a église, cimetière
muré, belles auberges, relais de poste ; plusieurs routes y aboutissent, et
M. le Maréchal y fixa son quartier général ..... Nous le traversons et
suivons la route de Lambach par Ried, Haag, etc., et remontons jusqu'à
Polling la rive droite du Pollinger. Le général Friant eut son quartier
général à Polling, gros village baigné par la susdite petite rivière, qui
y fait tourner plusieurs moulins. Les 15e et 33e bivouaquèrent dans les
bois à droite de la route en avant de Polling, le 111e et le 48e dans les
bois sur les hauteurs dont le pied est baigné par la susdite petite rivière.
La cavalerie légère, l'artillerie cantonnèrent à Graham et Kirchain.

Davout à Gudin.

Au quartier général d'Altheim, le 8 brumaire an XIV.

Je désire, mon cher Général, que vous portiez votre division le plus
loin qu'il vous sera possible sur la route de Ried ; dans tous les cas
vous prendrez position au moins à une lieue en avant d'Altheim, pour
vous rendre à Ried. Je vous recommande de ne pas traîner des bagages
après vous, les intentions de Sa Majesté sont formelles à cet égard.

P.-S. — Envoyez-moi ce soir un de vos officiers à Ried pour me
faire connaître votre position.

(A. G.)

3ᵉ CORPS D'ARMÉE.

Journée du 8 brumaire (30 octobre 1805).

Grand quartier général : Ried.
Avant-garde : Wildenau.
Infanterie. — Le 13ᵉ d'infanterie légère près du village d'Au, dans la prairie sur la rive gauche du ruisseau. Le 108ᵉ à Wildenau ainsi que la 6ᵉ compagnie de sapeurs.
Cavalerie. — Le 1ᵉʳ de chasseurs cantonne à Kirchheim. La cavalerie légère de l'avant-garde près Rameding, éclaire le front et la droite.
1ʳᵉ division : Ried.
Marche sur Ried, en passant la grande route qui passe sous les glacis de Braunau.
Elle bivouaque une demi-lieue en arrière de Ried, à cheval sur la grande route. La 1ʳᵉ brigade à droite et la 2ᵉ brigade à gauche. Elle est adossée à un bois et fait face à Ried.
2ᵉ division : Polling.
Devait bivouaquer à Altheim, mais elle reçoit l'ordre d'aller plus en avant. Elle va établir son bivouac à la tête des bois traversés par la route à une demi-lieue au-dessus de Polling et dans ceux à droite de ladite route sur un revers peu élevé au pied duquel passe le ruisseau d'Au.
L'artillerie de la division à Polling.
3ᵉ division : A la ferme d'Elling.
En avant de la ferme d'Elling, à deux lieues d'Altheim.
Parc de réserve : Suit le mouvement de la 3ᵉ division (1).

Vandamme à Soult.

Mettenheim, le 8 brumaire an xiv.

Monsieur le Maréchal, j'ai eu l'honneur de vous rendre compte hier de l'état de misère où se trouvait ma division. Aujourd'hui, Monsieur le

---

(1) Journal de l'artillerie du 3ᵉ corps : « L'avant-garde, réunie à la division de dragons du général Walther, s'est portée en avant de Ried. La 1ʳᵉ brigade de la 1ʳᵉ division, avec la moitié de l'artillerie de cette division, sous les ordres immédiats de M. le maréchal Davout, s'est dirigée sur le même point ; les autres divisions ont pris position près d'Altheim, après avoir passé sur les glacis de Braunau. »
Le chef d'état-major du corps d'armée prévient le général Gudin que le

Maréchal, nous n'avons pas de pain, la viande est la seule distribution que nous pouvons faire à la troupe. Les chevaux du parc souffrent beaucoup du manque d'avoine. L'on ne distribue plus d'eau-de-vie depuis longtemps, plusieurs fois l'on nous a promis des souliers et pas une paire n'est encore arrivée jusqu'à moi. Cependant il y a une infinité de soldats pieds nus, dans les corps, qui ne pourront plus suivre. L'habillement se détériore beaucoup ; aucun corps n'a encore reçu ses capotes.

Je vous prie en grâce, Monsieur le Maréchal, de faire auprès de Sa Majesté l'Empereur tout ce qui pourra dépendre de vous pour améliorer le sort de nos braves troupes, dont la santé et la discipline souffrent infiniment par le manque des choses essentielles : le pain et les souliers. Croyez du reste, Monsieur le Maréchal, que je ferais tous mes efforts pour le bien du service de Sa Majesté l'Empereur.

Berthier à Soult.

Mühldorf, le 8 brumaire an XIV, 6 heures du matin.

L'Empereur ordonne, Monsieur le Maréchal, que vous vous mettiez en mouvement avec votre corps d'armée à Obernberg, pour de là suivre la route de Wels passant par Zell et Grieskirchen.

Vous voudrez bien, Monsieur le Maréchal, me faire connaître l'itinéraire de votre marche.

Le quartier général sera ce matin à Burghausen, et ce soir probablement à Braunau.

Salligny à Vandamme.

Mühldorf, le 8 brumaire an XIV.

Au reçu de la présente, mettez en marche la division que vous commandez, Monsieur le Général, et dirigez-la sur Mühldorf, où vous passerez l'Inn, et envoyez, en vous mettant en marche, un officier chez M. le Maréchal pour prendre ses ordres.

Le corps d'armée marchera dans le même ordre qu'hier et vous passerez après la 3ᵉ division.

---

pain et la viande seront distribués, à sa division, à Braunau, par le commissaire de police bavarois. Gudin prescrit à son chef d'état-major de faire prendre le nombre de rations auquel il a droit.   (A. G.)

4ᵉ CORPS D'ARMÉE.

Ordre.

Mühldorf, le 8 brumaire an xiv.

Le 4ᵉ corps se dirigera aujourd'hui sur Burghausen où il recevra des ordres pour son établissement.

Les divisions passeront par Mühldorf et Œtting et marcheront dans l'ordre suivant :

Division de cavalerie légère ;
3ᵉ division ;
2ᵉ division ;
1ʳᵉ division ;
Le parc d'artillerie.

Le quartier général du corps d'armée sera indiqué ce soir par l'ordre qui fera connaître l'établissement des divisions.

L'ordonnateur en chef fera distribuer, au passage des troupes à Mühldorf et Œtting, le pain et la viande provenant des réquisitions qu'il aura réunies et fera diriger sur Burghausen, pour de là recevoir une autre destination, toute la partie des réquisitions qui n'auraient pas été remplies.

L'ordonnateur enverra sur-le-champ des réquisitions dans tout l'arrondissement d'Œtting, dans celui de Marktl, de Burghausen, de Tittmoning et de Braunau, ainsi que dans toute la partie de l'Innviertel, et en fera opérer le versement sur Burghausen, Braunau et Obernberg ; il demandera en outre des subsistances qu'il requierra dans l'Innviertel, 400 chevaux de trait, dont 200 pour l'artillerie et 200 pour l'administration, et en fera opérer la réunion sur Braunau.

L'ordonnateur en chef fera distribuer, au passage des troupes à Burghausen, tout le pain et la viande qu'il aura pu réunir ; et si les moyens de l'administration le permettent, il fera même donner l'eau-de-vie ; mais ces distributions seront accélérées autant que possible et, pour cet effet, les fourriers seront envoyés à l'avance, pour que la marche des troupes ne soit point arrêtée.

Les chevaux provenant de la réquisition faite aux environs de Kraiburg, dont la rentrée sera opérée demain matin, seront distribués moitié à l'artillerie des divisions, et l'autre moitié au parc du corps d'armée.

30 OCTOBRE.

Salligny à Vandamme.

Mühldorf, le 8 brumaire an XIV.

Les divisions du corps d'armée passant l'Inn à Mühldorf, se dirigeront sur Burghausen en passant par OEtting, où elles recevront de nouveaux ordres pour leur établissement.

Le quartier général de l'armée sera indiqué plus tard.

Je vous préviens que l'artillerie seule du général Legrand passera à Mühldorf, sa division passe l'Inn à OEtting.

L'ordonnateur a ordre de distribuer aux divisions tout ce qu'il peut avoir de disponible en subsistances à leur passage à Mühldorf. Envoyez chez lui votre commissaire des guerres, pour savoir ce qu'il pourra mettre à sa disposition.

Salligny à Vandamme.

Burghausen, le 8 brumaire an XIV.

Vous voudrez bien, mon cher Général, établir la division que vous commandez au bivouac, en arrière de la ville, à la tête des bois. Vous pourrez profiter des maisons qui sont à la portée du bivouac pour mettre les troupes à couvert.

Demain, vous partirez avant le jour et vous vous dirigerez sur Braunau en passant la Salzach à Burghausen.

Le quartier général du corps d'armée restera ce soir à Burghausen.

Salligny à Vandamme.

Burghausen, le 8 brumaire an XIV.

Je vous préviens, mon cher Général, que M. le Maréchal commandant en chef vient d'arrêter les dispositions suivantes :

Les divisions du corps d'armée passeront demain la Salzach à Burghausen et se dirigeront sur Altheim en suivant la grande route de Braunau, par la rive droite de la rivière. Aucunes troupes n'entreront dans Braunau, mais elles contourneront la ville pour aller prendre la route de Braunau à Altheim.

La position des divisions sera indiquée par un nouvel ordre. Le quartier général du corps d'armée sera demain à Altheim. M. le général Legrand fera partir son artillerie à 4 heures du matin, pour passer le défilé de Burghausen.

L'infanterie de sa division se mettra en marche au point du jour, et après avoir passé le défilé, prendra la tête de l'artillerie.

L'infanterie de votre division marchera immédiatement, et après viendra celle de la 1re, si elle est arrivée.

L'artillerie des deux divisions suivra ensuite, dans le même ordre, et après viendront les équipages du corps d'armée. A cet effet, MM. les Généraux donneront les ordres nécessaires pour que les équipages de leurs divisions respectives restent en arrière de Burghausen, jusqu'à ce que l'infanterie et l'artillerie des trois divisions aient défilé.

Le parc d'artillerie du corps d'armée suivra la même direction en suivant la grande route de Braunau. Mais le général Lariboisière ne le fera partir de Hohenwarth, où il est établi, que lorsqu'il sera assuré que le défilé de Burghausen est entièrement libre et qu'il peut le passer sans être arrêté.

Le général Lariboisière voudra bien diriger lui-même cette opération, qu'il pressera autant que possible, et il viendra ensuite instruire M. le Maréchal à Altheim.

Le général Suchet au général Becker, à Marktl.

De la Cure de Stainham, le 8 brumaire an xiv, 3 heures du matin.

Vous partirez ce matin, Monsieur le Général, à 7 heures, pour vous rendre directement sur Braunau, où vous trouverez un officier d'état-major pour vous indiquer le bivouac que vous devez occuper sur la rive gauche, en attendant l'entier rétablissement du pont. Je vous engage à faire suivre tout ce qui se trouve à Marktl, appartenant à la division.

Veuillez faire remettre de suite l'incluse à l'officier du génie Cossigny et pressez le départ des deux bateaux qu'il est chargé de faire descendre, en toute hâte, de Marktl à Braunau.

Je vous apprends avec plaisir que 150 hommes du corps d'armée ont passé l'Inn dans la journée d'hier à Braunau et que les Russes se sont retirés en désordre sur Linz, après avoir abandonné leur artillerie, un approvisionnement considérable en poudre, 30,000 rations de pain et des farines et 2 prisonniers.

Obligez-moi de faire suivre le gendarme porteur de la présente d'un charron qui apporte une flèche, pour raccommoder ma voiture qui a cassé dans les champs près d'ici.

30 OCTOBRE.

Lannes à l'Empereur.

Braunau, le 8 brumaire an XIV.

Sire,

J'ai l'honneur de demander à Votre Majesté le grade de général de brigade pour le colonel Kirgener, commandant l'arme du génie dans mon corps d'armée.

Cet officier, aussi distingué par sa bravoure et son activité que par ses connaissances, mérite, Sire, cette nouvelle marque de votre bienveillance.

Il rendit les plus grands services pour le passage de l'artillerie au mont Saint-Bernard et au fort de Bard.

Il montra le plus grand courage au combat de Montebello et à la bataille de Marengo.

Hier, il a passé l'Inn dans une barque sous le feu de l'ennemi à la tête de quelques chasseurs et hussards.

Je suis convaincu maintenant que 6,000 hommes étaient sortis de la place pour aller observer les mouvements du corps d'armée de Son Altesse Sérénissime Monseigneur le Prince Murat; qu'elle a été prise au dépourvu par les braves que le colonel Kirgener y a conduits, et que l'ennemi tentait effectivement d'y rentrer, lorsqu'il a été obligé de s'éloigner par l'artillerie de la place servie par notre cavalerie légère.

Compans à Oudinot.

Braunau, le 8 brumaire an XIV.

M. le Maréchal désire qu'à mesure que votre division passera l'Inn, vous la portiez par bataillon sur Riedham, où vous la réunirez. Le général Suchet est chargé de faire entrer trois compagnies dans la place pour y tenir garnison, et de désigner un chef de bataillon pour en prendre le commandement.

Vos postes pourront rentrer à leurs bataillons à mesure qu'ils seront relevés.

Compans à Suchet.

Braunau, le 8 brumaire an XIV.

M. le Maréchal commandant en chef désire que vous fassiez passer de suite l'Inn à trois compagnies de grenadiers, qui viendront tenir garnison ici; il vous charge en même temps de désigner un chef de bataillon actif et énergique pour commander la place.

Il fera relever les postes établis par celui qu'avait désigné le général Oudinot, dont la division va se porter en avant, à mesure qu'elle passera l'Inn.

M. le Maréchal vous réitère l'ordre de charger l'officier du génie Pierrard de la réparation des fours; il désire aussi que le commandant de la place exerce une grande surveillance sur la confection du pain.

Compans à Nansouty.

Braunau, le 8 brumaire an XIV.

M. le Maréchal désire qu'en attendant que votre division puisse passer l'Inn, vous l'établissiez dans les maisons qui se trouvent dans le voisinage du pont de Braunau, de manière que les compagnies les plus éloignées ne soient pas à plus d'une lieue.

Ordre à M. Lévêque, chef de bataillon du 17ᵉ régiment d'infanterie légère.

Braunau, le 8 brumaire an XIV.

Le Général de brigade chef de l'état-major du 5ᵉ corps, en vertu des dispositions arrêtées par M. le Commandant en chef, ordonne à M. Lévêque, chef de bataillon à la suite du 17ᵉ régiment d'infanterie légère, de prendre de suite le commandement de la place de Braunau.

M. le Maréchal attend du zèle et de l'énergie de M. Lévêque, que la police la plus parfaite régnera dans la place.

Que les magasins de tout genre seront soigneusement gardés, et que tout ce que l'ennemi a abandonné ici et qui pourrait être épars sera réuni et bien conservé.

Quatre compagnies du 58ᵉ régiment vont être mises à la disposition du chef de bataillon Lévêque pour former la garnison de la place; aussitôt qu'elles seront arrivées, il fera relever les postes occupés par les détachements des 28ᵉ et 31ᵉ légères; il les renverra à leurs corps.

M. le commandant Lévêque fera garder soigneusement les postes qu'il y établira, avec la consigne expresse de ne laisser entrer aucune troupe qui n'aurait pas l'ordre d'y entrer.

Il n'y laissera non plus entrer de voitures, ni de bagages, qui n'appartiendraient pas à Sa Majesté l'Empereur, à Son Excellence le Ministre de la Guerre ou à leur suite.

30 OCTOBRE.

M. l'adjudant-commandant Decouz donnera au chef de bataillon Lévêque des renseignements sur les divers magasins et établissements militaires qui existent dans la place.

COMPANS.

Berthier à Lannes.

Mühldorf, le 8 brumaire an XIV, 6 heures du matin.

L'Empereur ordonne, Monsieur le Maréchal que votre corps d'armée ne passe pas à Braunau, parce que l'armée ennemie se retire et que nous avons la plus grande peine à vivre.

Il vous est ordonné de vous rendre à Schärding en suivant la rive gauche de l'Inn ; là, vous passerez l'Inn et vous vous dirigerez sur Linz par la route de Willibald et d'Efferding.

Faites-moi connaître chaque soir où vous serez.

Compans à Oudinot.

Braunau, le 8 brumaire an XIV.

L'indisposition de M. le Maréchal ne lui permettant pas de se mettre en marche demain avec la colonne, il vous charge d'en prendre le commandement et de la diriger sur Schärding, de manière à y arriver le plus tôt possible. Je préviens de cette disposition les généraux Suchet, Gazan et Nansouty et je leur transmets, en même temps, les ordres de M. le Maréchal pour qu'ils se mettent en marche demain matin, pour se rendre à leur destination, en marchant dans l'ordre où les divisions sont établies.

Veuillez, mon Général, régler leur bivouac demain soir ainsi que vous jugerez convenable et en informer M. le Maréchal à Schärding, où il se rendra probablement.

Compans au colonel Kirgener.

Braunau, le 8 brumaire an XIV.

M. le Maréchal vous charge, Monsieur le colonel, de partir de suite avec tous les officiers du génie que vous pourrez réunir et la compagnie de sapeurs, pour vous rendre le plus diligemment possible à Schärding et vous y occuper activement de la réparation du pont dans le cas où il aurait été coupé.

Partez en poste avec vos officiers et, dès votre arrivée, réunissez tous les paysans dont vous aurez besoin, ordonnez aux sapeurs de vous suivre ; faites si bien qu'à l'arrivée du corps d'armée, qui va se mettre en marche pour se rendre à Schärding, il trouve un pont prêt.

Compans à Oudinot.

Braunau, le 8 brumaire an XIV.

M. le Maréchal commandant en chef vous charge de diriger par la rive droite de l'Inn, sur Schärding, la partie de votre division qui a passé ce fleuve à Braunau, et de diriger par la rive gauche sur le même point la partie qui n'a pas passé ce fleuve Vous irez ce soir aussi loin que vous pourrez ; vous vous ferez devancer par les hussards, qui devront arriver à Schärding demain le plus de bonne heure possible. M. le Maréchal désire que vous envoyiez ici votre commissaire des guerres avec des hommes de corvée, pour prendre du pain qui sera embarqué sur des bateaux qui vous joindront à Schärding.

Compans à Gazan.

Braunau, le 8 brumaire an XIV.

D'après les dispositions arrêtées par M. le Maréchal,commandant en chef, la division à vos ordres doit partir sur-le-champ pour se diriger sur Schärding, suivant celle du général Suchet, qui doit faire ce soir autant de chemin qu'elle pourra.

Vous vous arrêterez lorsqu'elle s'arrêtera et vous bivouaquerez derrière elle. Envoyez ici, mon Général, votre commissaire des guerres avec quelques hommes de corvée, pour prendre du pain qu'il fera charger sur des bateaux et qui vous joindra à Schärding.

P.-S. — M. le Maréchal désire que vous laissiez ici les quatre compagnies du bataillon du 58e régiment qui a déjà fourni les quatre autres à Landshut, et que vous ordonniez au commandant de ce bataillon de venir prendre le commandement de la place ; il se présentera à mon bureau pour prendre des instructions.

Compans à Nansouty.

Braunau, le 8 brumaire an XIV.

M. le Maréchal commandant en chef vous ordonne, mon Général, de partir sur-le-champ avec la division que vous commandez, pour vous rendre le plus diligemment possible à Schärding, où vous recevrez des ordres ultérieurs.

Vous marcherez immédiatement après la division de M. le général Gazan, en conservant soigneusement les distances afin de prévenir tout encombrement.

Compans au commissaire ordonnateur Vast.

Braunau, le 8 brumaire an XIV.

Le corps d'armée va partir pour se rendre à Schärding.

M. le Maréchal vous ordonne de faire charger sur les barques qui sont réunies ici tout le pain confectionné et même des farines, si ces barques peuvent en contenir, et de diriger le tout sur la destination du 5ᵉ corps d'armée ; faites diligence et hâtez-vous de vous rendre à Schärding pour y réunir de nouveaux moyens ; les commissaires des guerres ont ordre de se rendre ici avec des hommes de corvée pour aider au chargement ; faites aussi embarquer beaucoup de vin.

Compans au général de brigade Foucher (1).

Braunau, le 8 brumaire an XIV.

Le corps d'armée se met en marche demain, mon Général, pour se porter sur Schärding ; prenez vos mesures pour que votre parc se dirige sur ce point.

5ᵉ CORPS D'ARMÉE.

Journée du 8 brumaire (30 octobre 1805).

Le corps d'armée était en plein mouvement pour se réunir devant Braunau, sur la rive gauche de l'Inn, et une grande partie de la division de grenadiers avait déjà passé ce fleuve, lorsque M. le Maréchal commandant en chef fut informé par Son Excellence le Ministre de la guerre, Major général, que les intentions de Sa Majesté l'Empereur étaient que son corps d'armée, au lieu de passer l'Inn à Braunau, allât le passer à Schärding pour se diriger ensuite sur Efferding.

Dès lors, M. le Maréchal ordonna la suspension du passage et régla les dispositions de marche d'après lesquelles le corps d'armée, à l'excep-

---

(1) Commandant l'artillerie du 5ᵉ corps.

tion de la brigade Dupas, se dirigea par la rive gauche de l'Inn sur Schärding.

La brigade Dupas, qui avait déjà passé le fleuve dans des barques, reçut ordre de se diriger par la rive droite sur le même point.

Les troupes bivouaquèrent la nuit, établies dans l'ordre suivant :

Quartier général : Braunau.

Division de cavalerie légère : Hussards, à Munster ou Rotthalmünster; chasseurs, à Éring.

Grenadiers : Brigade Dupas, à Altheim ; brigade Ruffin, à Münster ou Rotthalmünster ; brigade Mortières, deux bataillons à Malching et deux bataillons à Tutting ; artillerie à Malching.

Division Suchet : 1re brigade, à Éring; 2e brigade, 3e brigade et artillerie, devant Braunau sur la rive gauche de l'Inn.

Division Gazan : Toute la division à Brienbach.

Division de cuirassiers : Cette division cantonne à Marktl, Steinham, Julbach.

Ordre.

Burghausen, le 8 brumaire an xiv.

Ordre au quartier général de se rendre le même jour, 8, à Braunau.

ANDRÉOSSY.

Journal de la division Dupont.

Le 8, nous recevons l'ordre de nous rendre à Vilsbiburg ; mais la division batave aux ordres du général Dumonceau, qui s'était réunie à la nôtre, avait la même destination. Le général Dupont se décide à pousser quatre lieues plus loin ; il cantonne à Ganghofen. Cette journée a été très fatigante pour la troupe qui, dans une marche de dix lieues, par des chemins détestables, a eu constamment la pluie ou la neige sur le corps. Le général loge à Ganghofen, dans un château de l'ordre Teutonique, où il est fort traité.

14e Bulletin.

Braunau, le 8 brumaire an xiv.

Le maréchal Bernadotte est arrivé le 8, à 10 heures du matin, à Salzburg. L'Électeur en était parti depuis plusieurs jours ; un corps de 6,000 hommes qui y était s'était retiré précipitamment la veille.

30 OCTOBRE.

Le quartier général impérial était le 6 à Haag, le 7 à Mühldorf et le 8 à Braunau.

Le maréchal Davout a employé la journée du 7 à faire réparer entièrement le pont de Mühldorf.

Le 1er régiment de chasseurs a exécuté une belle charge sur l'ennemi, lui a tué une vingtaine d'hommes et lui a fait plusieurs prisonniers, parmi lesquels s'est trouvé un capitaine de hussards.

Dans la journée du 7, le maréchal Lannes est arrivé avec la cavalerie légère au pont de Braunau. Il était parti de Landshut. Le pont était coupé. Il a, sur-le-champ, fait embarquer sur deux bateaux une soixantaine d'hommes. L'ennemi, qui d'ailleurs était poursuivi par la réserve du prince Murat, a abandonné la ville. L'audace des chasseurs du 13e a contribué à précipiter sa retraite.

La mésintelligence entre les Russes et les Autrichiens commence à s'apercevoir. Les Russes pillent tout. Les officiers les plus instruits d'entre eux comprennent bien que la guerre qu'ils font est impolitique, puisqu'ils n'ont rien à gagner contre les Français que la nature n'a pas placés pour être leurs ennemis.

Braunau, comme il se trouve, peut être considéré comme une des plus belles et des plus utiles acquisitions de l'armée. Cette place est entourée d'une enceinte bastionnée, avec pont-levis, demi-lune et fossés pleins d'eau. Il y a de nombreux magasins d'artillerie et tous en bon état; mais, ce qui paraîtra difficile à croire, c'est qu'elle est parfaitement approvisionnée. On a trouvé 40,000 rations de pain prêtes à être distribuées, plus de 1,000 sacs de farine. L'artillerie de la place consiste en 45 pièces de canon avec double affût de rechange, en mortiers approvisionnés de plus de 40,000 boulets et obusiers. Les Russes y ont laissé une centaine de milliers de poudre, une grande quantité de cartouches, du plomb, un millier de fusils et tout l'approvisionnement nécessaire pour soutenir un grand siège.

L'Empereur a nommé le général Lauriston, qui arrive de Cadix, gouverneur de cette place, où il a établi le dépôt du quartier général de l'armée.

Berthier à Petiet.

Braunau, le 8 brumaire an XIV.

Je vous préviens, Monsieur l'Intendant général, que nous avons pris la place de Braunau; cette place est très bien fortifiée; nous y avons trouvé 50 pièces de canon, plus de 100 milliers de poudre et beaucoup d'autres objets.

L'intention de l'Empereur, Monsieur l'Intendant, est de faire de la place de Braunau le principal dépôt de son armée ; en conséquence, vous voudrez bien y envoyer sur-le-champ le médecin et le chirurgien en chef, et l'Empereur ordonne que vous vous y portiez de votre personne.

Faites former dans la ville de Braunau deux hôpitaux, un de malades et un de blessés.

Il se trouve dans la place 13 grands fours munitionnaires. Sa Majesté veut que vous vous entendiez avec le gouvernement de Bavière pour que l'on dirige sur-le-champ sur Braunau de quoi faire 3,000,000 de rations de pain ; envoyez-y deux commissaires des guerres, dont un pour les hôpitaux et un pour les subsistances ; envoyez également des gardes-magasins et des boulangers.

La place de Braunau est un point d'autant plus important qu'il est à l'abri de plus de deux mois de siège. On ne sait pas bien ce qu'il y a de farine. Du moment que vous aurez fait arriver ici ce que l'Empereur vous demande pour les subsistances, Sa Majesté pourra manœuvrer autour de cette place avec sécurité, puisqu'alors Elle sera certaine de pouvoir en tirer ce qui sera nécessaire pour pouvoir nourrir son armée.

Dans 5 ou 6 jours on doit supposer qu'il y aura une grande bataille, et il est nécessaire que, pour cette époque, on puisse faire cuire 50,000 ou 60,000 rations de pain ; pensez aussi aux avoines et enfin à tout ce qui est nécessaire à une grande armée.

Après que vous aurez mis tout en train, et que le gouvernement bavarois aura désigné les commissaires pour diriger les farines et les avoines sur Braunau, vous devez vous rendre ici en poste et prendre toutes vos mesures pour y fixer votre résidence.

Vous mettrez un ordonnateur à Augsbourg et un à Munich.

Par l'ordre ci-joint, vous verrez que le grand parc va se rendre d'Augsbourg à Munich, et que de là il recevra l'ordre de se rendre à Braunau.

Vous voyez, Monsieur l'Intendant général, que vous n'avez pas un moment à perdre pour les dispositions ci-dessus (1).

---

(1) Andréossy charge le général Dumas de faire cuire dans les huits fours de la place le plus de pain possible, en requérant tous les boulangers de la ville et ceux qui se trouveraient dans la Garde.

Les généraux Songis et Lévy reçoivent l'ordre de faire l'inventaire de tous les objets concernant leur arme.

Tous les convois de pain venant de Munich iront directement à Braunau sans passer par Burghausen (Ordre envoyé à Mühldorf).

Le général René enverra d'Augsbourg au grand quartier général tous les officiers d'état-major venant de France.

30 OCTOBRE.

Extrait de la lettre d'un mari à sa femme.

Mulhausen, près d'Enns, le 30 octobre 1805.

Dieu sait si tu recevras ma lettre et ce que je deviendrai, car nous allons toujours çà et là et ne savons rien de positif. Le 25, je suis arrivé à Vöglabruck, tout le monde songeait à fuir, on courait pêle-mêle en gémissant et on maudissait l'auteur des maux qui nous menacent. Le 26, je n'ai pu aller que jusqu'à Lambach, parce qu'on ne pouvait avoir des chevaux à cause des Russes qui se retiraient avec leurs dépôts. Ces êtres non civilisés sont un véritable fléau pour tous les pays et aussi dévorants que les sauterelles de l'Égypte. Ils sont voleurs, indociles et inexorables pour tout ce qui peut satisfaire leur instinct sauvage. Le 27, je me suis rendu avec peine à Wels. J'y ai trouvé 20,000 de ces habitants de la Tauride et de plus la personne si à plaindre de notre monarque. Il était pâle, défait, ayant les yeux égarés. Il s'en allait à Braunau. Dans huit jours l'empereur Alexandre doit arriver. Le 28, notre bataillon partit pour Linz et aujourd'hui il a été placé ici en cordon pour couvrir momentanément la rive gauche du Danube. On est dans l'attente de ce qui se passera à la suite de ceci. On prétend que toute la réserve de l'armée entrera en campagne, mais je ne le crois pas.

On sait quelle mauvaise étoile a présidé aux destins de notre brave armée d'Allemagne, cependant ce n'est pas aussi fort que la perfide renommée l'a publié. On a reçu assez mal le général Mack à Vienne. L'archiduc Antoine est parti sur-le-champ en grande hâte pour Berlin. La réunion des Prussiens avec notre aile droite, commandée par Ferdinand, a eu lieu d'une manière avantageuse ; une armée considérable va se réunir avec Michelson et sortir en même temps que lui de la Bohême. Les Anglais avec les Russes doivent avoir débarqué à Boulogne et avoir brûlé une partie de la flotte.

Enfin les yeux des princes de l'Europe s'ouvrent pour fermer la gueule de l'hydre qui avale tout. Il est encore temps. On parle ici d'un armistice qui serait commun à toutes les puissances. On ne sait s'il sera accepté. Mais la Prusse insiste à ce sujet.

Alexandre fait marcher l'armée qui était restée à Vilna, et la Saxe a déjà occupé la Bohême. La Hesse se réunit à la Prusse.

On apprend de bons succès de l'Italie. Les troupes qui se trouvaient à Corfou doivent être arrivées en Italie.

Il n'est pas vraisemblable que les Français se hasardent en Autriche avant d'avoir conquis le Tyrol et avant d'avoir anéanti entièrement les Prussiens, car ils pourraient s'en trouver fort mal. Il en serait toutefois autrement s'ils allaient en Bohême (1) et sur la rive gauche du Danube : quoique ce soit une tentative hasardeuse, ce serait le signal certain de notre ruine.

La cherté est augmentée de beaucoup en ce pays. Je tremble pour l'avenir, car si une bataille qui déciderait du sort de l'Autriche devait avoir lieu, mon sort serait singulièrement à plaindre.

L'armée réunie sur l'Inn se retire au delà de l'Enns, et une autre entre la Bohême et Passau.

Je t'envoie la présente par Gratz.

Signé : P.

Bulletin du Ministre de France à Dresde.

Dresde, le 8 brumaire an xiv.

L'empereur de Russie est arrivé à Berlin le 26 octobre, à 2 heures après midi. Les deux frères du Roi avaient été au-devant de lui. Son entrée dans la ville et au palais a été annoncée au bruit du canon. Il a été reçu par le Roi et la famille royale, qui est ensuite partie avec lui pour Potsdam.

Le comte de Metternich, ministre d'Autriche, a demandé le 27 une audience à l'empereur Alexandre pour lui remettre une lettre de l'empereur d'Autriche, qui l'invite à se rendre à Vienne.

Il paraît en effet que le projet de l'empereur de Russie était de se rendre directement de Berlin par Leipzig à Weimar, afin d'y voir la Princesse héréditaire sa sœur, et de Weimar à Vienne; mais les événements de la guerre, dont il aura eu connaissance en arrivant à Berlin, auront peut-être changé ses résolutions.

L'archiduc Antoine, grand-maître de l'ordre Teutonique, est passé à Dresde dans la nuit du 28 au 29 octobre. Il se rendait en toute diligence à Berlin, ne voyageant qu'avec dix chevaux de poste. On suppose qu'il allait y exposer l'état des affaires du côté de Vienne et solliciter de la cour de Prusse une décision favorable à la coalition.

S'il fallait ajouter une foi entière aux dispositions apparentes de cette cour, on devrait croire qu'elle est en effet à la veille de se déclarer contre la France.

Les préparatifs de guerre se continuent avec activité: Les régiments de la garnison de Berlin, qui se sont mis en marche le 18 octobre, doivent être rendus à Hildesheim le 1er novembre. On attend dans cette

---

(1) Les Autrichiens perdraient beaucoup dans leurs établissements de Budweiss et autres.

30 OCTOBRE.

ville pour la même époque le duc de Brunswick, qui doit commander l'armée prussienne en Basse-Saxe.

L'Électeur de Hesse commandera l'armée de Westphalie, à laquelle on assure qu'il joindra ses troupes.

On dégarnit la Silésie, et les troupes de cette inspection, qui doivent passer par la Saxe pour se rendre en Franconie, se composent de 12,000 hommes d'infanterie et 4,000 hommes de cavalerie.

Le seul régiment de Hohenlohe doit passer par Dresde. Les autres passeront l'Elbe à Meissen, à Torgau et sur un pont de bateaux qui sera jeté à Mühlberg.

Le prince de Hohenlohe est attendu à Dresde le 3 novembre. La partie de son état-major qui est déjà dans cette ville est composée de :

M. de Massenbach, colonel maréchal des logis de l'armée prussienne, de MM. d'Heinemann, d'Einsiedel, de Trabenfeldt et de Ruhle, aides-maréchaux des logis. Ces officiers sont dirigés par M. de Gœtze, adjudant du Roi, qui continue de séjourner à Dresde. Le premier passage des troupes prussiennes sur le territoire saxon doit avoir lieu du 6 au 10 novembre.

Les premiers mouvements de la partie de l'armée saxonne qui est rendue mobile n'auront lieu que le 17 novembre. On ne désigne même pas encore les régiments qui feront partie du contingent; on sait seulement qu'il sera commandé par les généraux en chef Zeschwitz et Niesemeuschel et les généraux-majors de Kochlitzky, de Zastrow, de Bünau et de Bevilagua.

Le roi de Suède était attendu à Stralsund le 21 octobre. Le ministre d'Angleterre M. Pierpoint l'accompagne. Ce Prince doit prendre le commandement des troupes réunies de Russie et de Suède. Un détachement de ces troupes doit avoir déjà occupé Ratzebourg.

La Gazette de Leipsig du 28 octobre porte, sous la rubrique de Breslau, que la destination des troupes de Silésie a été changée soudainement, qu'elles étaient déjà en route pour la Prusse méridionale, lorsqu'elles ont reçu ordre de s'arrêter et de se diriger aussitôt sur la Westphalie et la Franconie.

Que celles qui doivent aller en Franconie sont au nombre de 35 bataillons d'infanterie et 55 escadrons de cavalerie, avec 6 batteries et 2 compagnies d'artillerie à cheval.

L'article ajoute « que plus les apparences de guerre sont fortes, plus on a l'espérance que la cour de Prusse ne sera point dans la nécessité de prendre parti dans cette guerre ».

P.-S. — Le général Canicoff, ministre de Russie à Dresde, avait envoyé un courrier à Berlin pour solliciter de l'empereur de Russie la permission d'aller lui faire sa cour. Ce courrier est revenu hier 29 octobre et M. de Canicoff est parti dans la nuit pour Leipzig, ce qui semblerait indiquer que l'Empereur doit continuer sa route pour Weimar, à moins que l'arrivée de l'archiduc Antoine ne lui ait fait changer de résolution.

Rapport d'un homme parti de Munich le 27 octobre.

Arrivé le même jour à 10 heures du soir à Gutenburg, il y a trouvé un régiment de Valaques qui rétrogradait sur Tüstling, où il a vu des hussards qu'il crut être de Lichtenstein.

En continuant sa route par Alt-OEtting, Burghausen à Braunau, il n'a plus rencontré de troupes.

Arrivé à Braunau, il en a vu partir le 29, à 8 heures du matin, le dernier régiment d'infanterie, ayant habit blanc et revers noirs.

Ayant suivi ce corps jusqu'à Ried, où il est arrivé vers les 3 heures du soir, il y a trouvé environ 30 pièces d'artillerie, 2 bataillons d'infanterie hongroise et plusieurs détachements de troupes légères à cheval de différents régiments.

Toutes ces troupes ont pris la route de Wels.

Il n'a pas vu de troupes russes, mais il a appris qu'elles se portaient toutes sur Linz.

Il n'a pu se procurer aucun renseignement sur la route qu'a prise le général Kienmayer.

Le général Barbou au maréchal Lefebvre.

Hameln, le 8 brumaire an xiv.

Depuis longtemps je désirais correspondre avec Votre Excellence, et les circonstances rendent de plus en plus importante cette communication. M. Guillotte, major du 94ᵉ régiment d'infanterie, s'est chargé de vous remettre ma lettre, ou au moins de la mettre à la poste à l'endroit où il serait sûr qu'elle vous parvienne promptement et avec sûreté. Resserré dans la place d'Hameln et entouré de l'armée prussienne, qui sans déclaration hostile m'affame en ne me laissant rien parvenir des denrées qui me sont destinées, vous jugez combien ma situation devient pénible et précaire, devant commencer à entamer d'un jour à l'autre mes approvisionnements de siège, que j'avais rassemblés pour trois mois ; je ne peux plus actuellement compter sur les dehors pour m'alimenter, n'ayant pu conserver que les villages sous le canon de la place pour y tenir des cantonnements. Aussitôt l'invasion de l'Électorat par les troupes prussiennes, laquelle a eu lieu le 4 du courant, le lendemain du jour où j'ai quitté Hanovre, j'ai envoyé un officier de mon état-major au général prussien, pour obtenir s'il était possible un éclaircissement sur cette démarche de la Prusse. On s'est borné à me faire dire qu'on ignorait le motif de cette occupation, que comme militaire on avait marché d'après les ordres de Sa Majesté sans s'informer des causes. Les détachements envoyés partout paraissent avoir l'ordre de n'occuper nos cantonnements qu'à mesure que nous les évacuerions, et d'après les dispositions actuelles, il paraîtrait qu'on veut nous contraindre à une guerre d'épuisement, en nous laissant consommer nos vivres ici, sans autres attaques hostiles, et nous forcer de demander à quitter le pays. Peut-être veut-on éviter d'un autre côté que l'armée combinée russe et suédoise vienne faire le siège de cette place. Sa Majesté l'Empereur et Roi ne perdant pas de vue ce point important, ses vastes combinaisons nous assurent que nous y serons secourus, je fais tout ce qui dépend de moi pour y prolonger nos moyens d'existence, ainsi que ceux défensifs, si nous y sommes attaqués ; mais par l'exposé que j'ai eu l'honneur de faire à Votre Excellence, vous voyez que je ne peux compter que sur à peu près trois mois de vivres, sans espoir de ressources ultérieures.

Ne pouvant plus espérer sur aucunes communications de courriers de nos armées, j'ignore totalement tout ce qui s'y est passé depuis la grande bataille d'Ulm. Oserai-je prier Votre Excellence, si elle apprenait, comme je n'en doute pas, quelques événements importants, d'hasarder une estafette pour m'en instruire, ou de l'adresser à Son Excellence M. Bignon, ministre de France à Cassel, qui pourrait prendre les moyens pour me faire parvenir vos dépêches.

Le général Grandjean, qui est mon collaborateur ici, doit vous écrire par la même occasion. On lui avait annoncé que Votre Excellence était destinée à venir nous dégager ici ; on a même plus dit que votre armée descendait actuellement le Rhin. Vous ne doutez pas de la satisfaction avec laquelle nous vous verrions remplir une opération aussi importante pour nous et si bien liée aux grands événements de la guerre, et dirigée par un chef dont les braves de l'armée de Sambre-et-Meuse s'enorgueillissaient.

Le général Grandjean au maréchal Lefebvre.

Hameln, le 8 brumaire an XIV.

Je n'ai point osé vous écrire jusqu'à présent, dans la crainte que ma lettre ne soit interceptée ; j'attendais toujours l'exprès que vous deviez envoyer ici, mais que nous n'avons pas vu. Je m'empresse de profiter de l'occasion du major Guillotte, qui rentre en France, pour vous faire parvenir sûrement la présente.

Voici notre position : depuis cinq semaines, le général Barbou s'est occupé d'armer et approvisionner cette place et, grâce à ses soins, elle est dans l'état le plus respectable; et il est inconcevable que nous soyons venus à bout de remplir les désirs de Sa Majesté, mais Elle donne des ailes à tous ceux qu'Elle fait agir et les choses impossibles ne sont plus rien sous son égide.

La place est donc en état de recevoir l'ennemi, mais voici la position la plus singulière : Les Prussiens, aussitôt que le général Barbou a eu évacué la ville d'Hanovre, sont entrés sur le territoire de l'Électorat et se sont emparés du pays en occupant toutes nos issues de manière à ne nous laisser dans l'arrondissement de cette place qu'une étendue de terrain de deux lieues, seule ressource qui nous reste pour exister, voulant ménager et ne pas toucher à notre approvisionnement de siège; de manière que nous sommes cernés par nos amis (c'est ainsi qu'ils se sont annoncés) en protestant qu'ils ne veulent point nous faire la guerre, mais ils nous resserrent dans un cercle très étroit et empêchent que nous ne tirions aucune ressource au delà de cette enceinte. Le Général est fort inquiet de cette conduite; il vaudrait mieux savoir ce qu'ils sont définitivement, plutôt que de les voir amis aussi importuns. L'on a expédié un officier au général prussien à Hanovre, qui n'a pu donner aucune réponse claire et précise ; ainsi nous sommes cernés sans pouvoir nous battre, et paralysés sans oser rompre de mesure envers des gens dont nous ne pouvons deviner les intentions; je désire qu'ils se décident promptement et que nous ne soyons pas obligés de nous ruiner nous-mêmes et après l'hiver nous trouver sans ressources et d'en passer par où l'on voudra; c'est là ce qui est le plus à craindre.

Nous ne pouvons pas savoir ce que sont devenus les Suédois, les Russes et les Anglais; les derniers sont débarqués dans les Lundherzooch et rentrent dans l'Électorat; l'ancien gouvernement est rétabli et la commission existante sous notre règne, dissoute et rompue; nous ne sommes plus que les seigneurs de Hameln, mais c'est ce qui coûtera le plus à avoir à M. le prince Adolphe, que l'on attend à Hanovre ; mais ils peuvent nous serrer de près pendant l'hiver et nous réduire à rien pour le printemps; voilà, Monsieur le Maréchal, la position précise dans laquelle nous nous trouvons ici.

Je désire que la présente vous trouve en parfaite santé et vous remercie beaucoup de la bonté avec laquelle vous avez daigné accueillir mon épouse; j'ai toujours eu le désir de servir sous vos ordres, vous le savez ; si l'occasion se présente, je vous prie de ne pas m'oublier.

CHAPITRE VII

31 octobre.

Berthier à Bernadotte.

Braunau, le 9 brumaire an XIV.

Je vous ai mandé, Monsieur le Maréchal, que j'avais donné l'ordre à M. le maréchal Ney de marcher sur Innsbrück ; l'intention de l'Empereur est que vous le fassiez soutenir, autant qu'il vous sera possible, par le corps bavarois (1).

Berthier à Marmont.

Braunau, le 9 brumaire an XIV.

Je vous préviens, Général, que le prince Murat et le maréchal Davout sont déjà à Haag, à 4 lieues au delà de Ried, sur la route de Lambach, d'où ils ne sont plus qu'à 6 lieues ; vous devez donc vous dépêcher d'arriver à Strasswalchen et le plus rapidement que vous pourrez à Vöcklabrück.

---

(1) Le général Éblé transmet le 31 octobre la décision ministérielle fixant les indemnités à accorder aux hommes qui, après les actions, remettront aux parcs d'artillerie les chevaux, bouches à feu, etc., abandonnés sur les champs de bataille. Le directeur du parc et les commandants de l'artillerie des divisions fourniront l'état des objets ainsi recueillis et les sommes payées. Tous les objets et les chevaux seront envoyés au parc, et les chevaux seront marqués. Une indemnité de chaussure de 4 fr. 50 est accordée aux déserteurs employés comme charretiers. Des gratifications seront données aux hommes qui ont conduit ou conduisent quatre chevaux.

Éblé éprouve la plus grande difficulté à maintenir l'ordre dans le parc du 1er corps. Le colonel Navelet néglige de communiquer les ordres du jour à

L'ennemi nous a abandonné la place de Braunau, et sûrement il a cru la laisser à un corps de son armée. Nous avons trouvé 40 pièces en batterie, chaque pièce avec ses ustensiles prêts à tirer; 18 fours avec leurs ustensiles ; 100,000 rations de pain ; une quantité immense de poudre et de projectiles, des bombes, des farines, etc......

Le prince Murat vient de joindre leur arrière-garde à Ried, il a pris quatre pièces de canon et fait 600 prisonniers.

Emplacement des troupes du 2º corps.

Division de cavalerie, à Anthering.
Quartier général et divisions d'infanterie, à Laufen.
Grand parc, à Tittmoning.

Murat à l'Empereur.

Ried, le 9 brumaire an xiv, 5 heures du matin.

On m'informe à l'instant que l'Empereur a été avant-hier à Wels et que son projet était d'aller jusqu'à Braunau, ignorant encore la défaite de Mack et celle du prince Ferdinand.

Les Russes se retirent à Steyer et ne veulent livrer bataille qu'avec toutes leurs forces réunies. Le général Merfeld, qui s'était porté, avec sa cavalerie, par la route de Ried à Frankenmarkt a repassé avant-hier ici en poste et a pris la route de Haag.

L'Empereur est reparti pour Vienne, a paru consterné de ses défaites et plus encore des plaintes de ses sujets sur les désordres commis par les Russes ; je pars à l'instant pour Haag, j'aurai l'honneur d'envoyer à Votre Majesté les renseignements que j'aurai pu recueillir.

P.-S. — Un Russe fut pris hier ici; on ne peut rien savoir de lui, personne n'entendant son langage.

---

ses subordonnés, et il faut exiger de lui un accusé de réception, signé de tous les chefs de détachement. Le commandant du train et l'officier laissé à Munich ne donnent pas leur adresse et ne font pas connaître leurs déplacements. Enfin des charretiers ont abandonné huit chevaux, et le directeur du parc manifeste à ce sujet une telle insouciance, qu'il faut lui rappeler qu'il est comptable des chevaux de réquisition, comme des autres, et qu'il doit faire toutes les recherches possibles pour retrouver les chevaux abandonnés.

31 OCTOBRE.

Murat à l'Empereur.

Haag, le 8 brumaire an xiv (1), 11 heures du matin.

Il est très positif que les empereurs d'Allemagne et de Russie étaient avant-hier à Wels et qu'ils sont repartis subitement pour Vienne. Le maître de poste m'assure aussi que les Russes occupent encore Lambach ; le général Merfeld y était encore hier ; l'ennemi fuit toujours devant nous, je le poursuis et je rallierai bien mes forces avant d'engager une affaire, si l'ennemi se décide à défendre en force Lambach.

L'ennemi, qui a été chassé hier de Ried, a passé ici dans la nuit et dans le plus grand désordre ; il a été forcé de laisser sur la route une quinzaine de voitures chargées de farines.

Je vais diriger des régiments de chasseurs à cheval sur Schwanenstadt, sur Grieskirchen avec ordre de pousser sur Eferding, et sur Wels par la route de Meggenhofen et Kematen.

Il est très vrai que les empereurs d'Allemagne et de Russie avaient le projet d'arriver à Braunau ; leurs courriers étaient déjà arrivés à Haag ; mais la nouvelle de la destruction de l'armée de l'archiduc Ferdinand les a décidés à repartir sur-le-champ pour Vienne.

J'aurai l'honneur d'écrire à Votre Majesté, de Lambach.

La lettre de ce matin, portée par une estafette, était écrite de Ried à 5 heures du matin.

Murat à l'Empereur.

Bachmanning, le 9 brumaire an xiv, 10 heures du soir.

J'ai l'honneur de rendre compte à Votre Majesté que huit bataillons russes qui s'étaient portés hier au soir de Lambach sur Jeding pour protéger la retraite des troupes que nous avions battues à Ried, ont été attaqués par le 1er régiment de chasseurs à cheval, le 8e de dragons et le 17e de ligne ; il a été culbuté et mis en fuite après une vigoureuse résistance. La valeur des troupes de Votre Majesté a prouvé encore aujourd'hui que rien ne peut l'arrêter ; on a tué à l'ennemi beaucoup de monde et fait 400 à 500 prisonniers, parmi lesquels plusieurs officiers ; nous avons pris une pièce de canon et un caisson ; j'ai fait poursuivre vivement l'ennemi, il a été chassé de toutes ses positions ; mes avant-postes sont à une lieue de Lambach, la nuit et la neige qui a tombé

---

(1) Erreur de date.

toute la journée à gros flocons nous a empêchés de pousser plus avant et d'occuper Lambach; j'espère que nous y serons demain matin. Les Russes sont en retraite.

J'ai toujours beaucoup à me louer du colonel Montbrun, qui est un excellent officier.

J'aurai l'honneur de rendre compte à Votre Majesté, demain, des dispositions qui ont été faites et de la position que nous occupons; demain nous nous réunirons.

Les Russes étaient encore réunis au nombre de 30,000 hommes à Lambach et Wels.

L'Empereur n'est pas descendu de voiture, il est reparti de suite; j'attends les ordres de Votre Majesté, le pays est très mauvais pour la cavalerie; je n'ai point de nouvelles du maréchal Bernadotte; j'ai ordonné au général Beaumont de faire intercepter dans la nuit la route de Salzburg et celle de Wels (1).

3ᵉ division de dragons. — Rapport sur les affaires du 8 et du 9 brumaire.

Le 9, à 6 heures du matin, la division se mit en route, précédée de cette brigade (Bisson) et du 1ᵉʳ régiment de chasseurs; on rencontra l'ennemi une heure après avoir passé Haag; soutenu par un renfort russe qu'il avait reçu pendant la nuit, nous le trouvâmes plus tenace; mais, malgré les positions avantageuses qu'il prenait à chaque instant et qu'il eût du canon, il fut chassé et fut obligé de nous laisser trente voitures chargées de poudre et farines.

L'infanterie fut d'une grande utilité et ne contribua pas peu aux succès de cette journée où l'ennemi a perdu plus de 700 hommes, non compris ses morts et ses blessés; la plus grande partie des prisonniers faits ce jour-là, l'ont été par les chasseurs du 1ᵉʳ régiment, de concert avec les grenadiers du 17ᵉ de ligne.

A une demi-lieue de Lambach, l'ennemi fit encore mine de vouloir nous attendre et nous envoya quelques coups de canon avec quelques obus qui nous firent peu de mal; mais l'artillerie de la division étant arrivée fit cesser le feu de l'ennemi.

La nuit étant survenue, Son Altesse le prince Murat ordonna de prendre position et de bivouaquer, ce que M. le général de Beaumont exécuta en appuyant la droite de sa division à la route de Salzburg à

---

(1) D'après l'original *qui n'est pas de la main* du Prince. Il existe une minute de sa main, qui diffère très peu de la rédaction définitive.

Lambach afin d'intercepter toute communication et d'être à portée d'aller s'emparer de cette ville, si toutefois l'ennemi l'évacuait.

A l'affaire du 8, le 8ᵉ régiment de dragons eut 2 capitaines et 1 officier de blessés, ainsi que 2 maréchaux des logis, 4 brigadiers et 30 dragons, dont plusieurs le sont très dangereusement, et 10 chevaux de tués ; et à celle du lendemain, devant Lambach, il eut encore 5 hommes de blessés et 5 chevaux de tués ; la perte du 12ᵉ à l'affaire du 8 devant Ried, est de 6 hommes très dangereusement blessés, 2 chevaux de tués et 7 de blessés.

Les deux autres régiments de la division n'ont éprouvé aucune perte; M. Octave de Beaumont, maréchal des logis au 9ᵉ régiment, a été atteint d'une balle qui lui a fait une forte contusion à la jambe gauche, étant près du général de division, qu'il a continuellement suivi pendant toute l'affaire.

Le général de Beaumont n'a qu'à se louer de la conduite de M. le colonel du 12ᵉ et de celle du major du 8ᵉ et en général de tous les officiers. M. le colonel Montbrun mérite aussi les plus grands éloges ; cet officier, aussi instruit que brave, réunit toutes les qualités qui sont nécessaires à un commandant d'avant-garde.

M. le général de Beaumont se réserve de faire connaître, dans un rapport particulier, la conduite qu'ont tenue, dans ces deux journées, différents officiers de sa division.

Il me charge particulièrement de ne pas vous laisser ignorer que MM. Piéton, aide de camp de Son Altesse le prince Murat, et Galbaud, votre aide de camp, ont chargé avec les 8ᵉ et 12ᵉ régiments et que la conduite qu'ils ont tenue, dans cette occasion, a été remarquée de toute la division.

L'Adjudant-Commandant, chef d'état-major,

Devaux.

Journal de la 3ᵉ division de dragons.

Si hier, le général de Beaumont avec quatre régiments a pris la ville de Ried, défendue par trois bataillons forts de 2,000 hommes, et deux escadrons forts de 500 chevaux, aujourd'hui, avec un régiment d'infanterie de plus, il a forcé deux fois l'ennemi dans des positions très avantageuses, ayant trois pièces de canon, 5,000 hommes et 1,600 chevaux, par une neige affreuse et dans un pays très montagneux, mais on était animé par la présence du Prince.

Le 9, le 17ᵉ régiment d'infanterie marche avec l'escadron du 1ᵉʳ régiment de chasseurs à cheval et formant l'avant-garde de la 3ᵉ division de dragons ; la division de cuirassiers et celle de Walther doivent soutenir la division Beaumont ; à la pointe du jour, l'infanterie part et va fouiller les bois qui sont sur la gauche ; les chasseurs à cheval suivent la grande route, en éclairant sur la droite ; une heure après, la division se met en marche.

A 3 lieues de Ried, le colonel Montbrun fait prévenir le général Beaumont que son avant-garde avait attaqué plusieurs détachements ennemis et qu'elle avait fait une cinquantaine de prisonniers, que tous les détachements s'étaient retirés sur Gaspoltshofen et que l'ennemi est en position en avant de ce village.

Le général envoie un officier d'état-major avec un escadron pour reconnaître la position de l'ennemi ; le colonel Montbrun, à l'arrivée de cet escadron, fait attaquer les avant-postes ; l'infanterie sur la droite, les chasseurs, soutenus par l'escadron de dragons, sur la route et sur la gauche, les forcent de se replier. L'ennemi était en avant de Gaspoltshofen ; 2,000 Russes, sortis de Lambach, occupaient cette position et la cavalerie qui avait fait sa retraite de Ried était sur leur droite. Le général Beaumont fait mettre le 8e régiment en bataille sur la gauche et le 12e régiment marche en colonne sur la route. L'infanterie attaque sur la droite en cherchant à tourner l'aile gauche de l'infanterie russe, mais un bas-fond marécageux l'empêche d'effectuer son mouvement ; elle se rapproche de la route et marche par pelotons sur l'ennemi qui attendait de pied ferme, faisant un feu très soutenu.

La cavalerie ennemie se porte en avant et manœuvre pour attaquer notre infanterie. Les chasseurs à cheval, avec le 8e régiment de dragons, la chargent et l'obligent à se retirer près de l'infanterie russe, qui protège sa retraite par un feu de file très vif ; aussitôt notre infanterie se forme en bataillon, bat la charge et arrive sur les hauteurs à 25 pas des Russes, qui se retirent sur leur droite en gagnant un chemin couvert, derrière un bois très escarpé. La cavalerie ennemie fait un mouvement sur notre infanterie ; un feu de bataillon la met en désordre ; nos chasseurs à cheval la chargent en fourrageurs ; la cavalerie se replie sur le village et fait sa retraite par la grande route sur Pennewang, où l'ennemi était en force ; il paraît vouloir garder cette seconde position.

Trois pièces de canon défendent la grande route ; un corps de 4,000 Russes en bataille ayant à leur droite 1,000 chevaux, et à leur gauche 600 hussards, semblent nous annoncer une forte résistance.

Le général Beaumont ordonne à sa 1re brigade de se mettre en bataille, et à deux pièces d'artillerie de se porter en avant. Le capitaine d'artillerie, habile à choisir ses positions, profite d'une petite élévation à côté du chemin, où il place une pièce, et il profite d'un rideau pour y placer son obusier. Ces deux pièces fatiguent infiniment la batterie ennemie sans en avoir rien à craindre ; après cinq à six coups de canon, un détachement de cavalerie s'avance sur notre gauche pour enlever notre pièce d'artillerie, une décharge à mitraille lui met hors de combat plusieurs chevaux et l'oblige de se retirer ; un instant après, un corps plus considérable paraît vouloir revenir à la charge, le général Beaumont ordonne au 16⁰ régiment de se porter légèrement sur la gauche, à la hauteur de notre batterie, pour le recevoir ; l'ennemi fait volte-face, le 16⁰ envoie des tirailleurs pour engager un nouveau combat avec toute la cavalerie ennemie, qui faisait un mouvement sur la droite et paraissait vouloir attaquer notre ligne, mais ce fut un mouvement pour cacher la retraite de son artillerie et de son infanterie ; l'infanterie russe se retire en bon ordre avec deux pièces ; un quart d'heure après, la troisième pièce partit au trot avec toute la cavalerie, et les hussards firent son arrière-garde ; notre artillerie avait fait feu alternativement sur la batterie ennemie et sur la cavalerie pendant tout le temps que l'ennemi faisait son mouvement de retraite. L'ennemi a perdu dans cette journée 250 hommes morts ou blessés, et nous lui avons fait 180 prisonniers.

La division a bivouaqué en avant du village de Schweig, où était le quartier général avec un détachement d'infanterie.

Journal de marche de la Réserve de cavalerie.

9 brumaire an xiv.

Les troupes se sont mises en mouvement, marchant sur Haag.

L'arrière-garde ennemie, composée de troupes autrichiennes, a été rencontrée en avant de Griesheim (1) ; elle a été bientôt culbutée et en partie prise ; ce qui a échappé s'est retiré sur le village de Jeding, où 3,000 ou 4,000 Russes et Autrichiens s'étaient retirés avec de l'artillerie et avaient pris position sur les hauteurs en arrière du village, occupant en même temps Jeding et les hauteurs en avant avec quelques troupes.

L'avant-garde s'est engagée et a obligé l'ennemi à quitter les hauteurs en avant du village, où le corps d'armée s'est mis en bataille.

L'ennemi a commencé à tirer quelques coups de canon.

Le Prince fit ses dispositions pour attaquer le village. 2 bataillons d'infanterie, soutenus par 2 régiments de troupes légères, marchent sur l'ennemi, tandis que deux autres bataillons gagnaient par la droite pour tourner l'ennemi. Le village est attaqué et défendu avec opiniâtreté ; mais, après une vigoureuse résistance, il est obligé de céder. Nos

---

(1) Grolsheim (?).

troupes enlèvent le village au pas de charge, l'ennemi fuit en désordre sur les hauteurs, on le poursuit sans lui donner le temps de se rallier, on le culbute, on lui prend 500 ou 600 hommes, une pièce d'artillerie et un caisson.

L'ennemi se rallie sur des hauteurs et à la faveur d'un chemin creux, il se retire en ordre. La cavalerie le poursuit, lui faisant quelques prisonniers jusqu'au village de Schweig, où il se réunit à un corps russe d'environ 8,000 hommes qui était venu de Lambach pour protéger la retraite de son avant-garde; il y eut, en avant du village, quelques charges de cavalerie légère. L'ennemi se mit dans sa position, faisant un grand feu d'artillerie.

Le Prince, après avoir rallié ses troupes, ordonna à un régiment d'infanterie de gagner les hauteurs par notre gauche, de longer le bois pour inquiéter et menacer la droite de l'ennemi; il était déjà tard, les Russes, qui avaient rempli leur but, à ce qu'il paraît, en sauvant le reste de leur avant-garde, quittèrent la position et se retirèrent sur Lambach. Nos troupes prirent possession du village et l'infanterie l'occupa et s'établit en avant et en arrière (1); ainsi que la 3ᵉ division de dragons, eut l'ordre de suivre l'ennemi pour éclairer la route de Salzburg et de pousser sur Lambach tant qu'il pourrait et même s'y établir si l'ennemi l'avait abandonné, ou qu'il l'occupât avec peu de forces.

La division Walther occupa Jeding et Bachmaning (2) et la division de cuirassiers, Horbach (3).

Le quartier général s'établit à Horbach.

Dans la première journée, le 9, on a vu les Russes pour la première fois, on les a chassés de toutes leurs positions, on leur a pris environ 200 hommes, une pièce de canon et un caisson (4), on a fait aussi

---

(1) Il manque sans doute les mots : « le 1ᵉʳ régiment de chasseurs. »

(2) La division vient bivouaquer à la hauteur de Jeding ; le 3ᵉ régiment rejoint la division avec quelques prisonniers faits à l'ennemi. (Journal de la 2ᵉ division de dragons.)

(3) La division a bivouaqué. (Journal de la 2ᵉ division de cuirassiers.)

(4) Le lendemain, Daultanne écrit à Gudin :

« Faites prendre en passant le caisson et la pièce de canon que les Autrichiens ont abandonné entre votre position et celle du général Friant. Tout cela se trouve après avoir passé la rivière, le caisson à gauche, et la pièce à droite.

« Si vous pouviez également faire enlever les voitures qui sont à la porte de Haag, en sortant à gauche ?

« Le général Bisson a été blessé au bras par une arme. Ce n'est pas dangereux. »

500 prisonniers autrichiens, 45 voitures chargées de farine, d'avoine et d'autres objets, sont restées en notre pouvoir.

Le régiment de dragons qui avait suivi l'ennemi trouva Lambach évacué et le pont brûlé, les Russes avaient passé la Traun et s'étaient établis sur la rive droite.

3ᵉ CORPS D'ARMÉE.

État-major général. — *Ordre de marche du 9 brumaire an XIV.*

La 1ʳᵉ brigade de la 1ʳᵉ division partira demain à 7 heures du matin pour se diriger sur Haag.

Les quatre compagnies de voltigeurs marcheront en tête de la colonne et se tiendront toujours à hauteur de la cavalerie, qu'elles flanqueront. Ces compagnies seront en outre chargées de fouiller les bois sur les flancs de la colonne, dès que l'on sera à portée de l'ennemi.

Il sera fait à la brigade du général Démont et par ses soins, demain de très bonne heure, à Ried, une distribution de pain pour un jour, de viande pour deux et d'eau-de-vie également pour un.

Le général Démont fera en sorte que ces distributions ne puissent retarder, sous aucun prétexte, le départ de la brigade à l'heure prescrite.

La 2ᵉ brigade de la 1ʳᵉ division partira également de sa position à 7 heures du matin, et se dirigera aussi sur Haag. Les 2ᵉ et 3ᵉ divisions partiront de leurs positions à la même heure et se dirigeront sur le même point.

L'avant-garde, aux ordres du général Heudelet, sans interrompre le mouvement des divisions, partira à 5 heures du matin et marchera à travers champs pour gagner la tête de la colonne et reprendre son rang de bataille.

Le général Heudelet se fera précéder d'une heure par son artillerie et sa cavalerie légère, qui marcheront, savoir : 7 pièces avec la brigade du général Démont, et sa cavalerie avec le 1ᵉʳ régiment de chasseurs à cheval, en attendant qu'il soit parvenu avec son infanterie à reprendre son rang à la tête de la colonne ; alors le général Heudelet se dirigera sur Haag et l'artillerie et la cavalerie, qu'il avait détachées, suivront le mouvement de son avant-garde.

Le général Heudelet et les généraux Bisson, Friant et Gudin enverront de très bonne heure des hommes de corvée par chaque compagnie, pour recevoir à Ried une distribution de pain et d'eau-de-vie pour un jour et quelques paires de souliers.

Un officier de l'état-major général du corps d'armée sera chargé de surveiller ces distributions et d'y faire tenir l'ordre (1).

Le général Bisson laissera à Ried une compagnie prise dans la brigade du général Démont, pour la garde des magasins et la police, pendant les distributions. Cette compagnie rejoindra son corps aussitôt les distributions achevées.

Le parc de réserve, ainsi que les équipages des divisions, continueront à suivre le mouvement de la 3ᵉ division.

Le Général, Chef de l'état-major général,
(A. G.) DAULTANNE.

Daultanne à Gudin.

L'intention de M. le Maréchal, mon cher Général, est que, dans le cas surtout où vous entendriez sur la route, du côté de Haag, une vive canonnade pendant votre marche, vous laissiez une de vos brigades en position sur la route de Salzburg, à une portée de canon de Ried.

(A. G.)

Daultanne à Gudin.

Au quartier général à Haag, le 9 brumaire an XIV.

L'intention de M. le Maréchal, mon cher Général, est que vous fassiez prendre position à votre division en avant de Haag et que vous fassiez occuper en force la route de Schwanenstadt.

L'armée continue sa marche sur Lambach, où M. le Maréchal espère entrer après un combat plus ou moins vif. Si l'on éprouvait une trop forte résistance, l'armée prendrait position pour se rallier entre Lambach et Haag, et vous en seriez prévenu.

Vous trouverez à Haag du pain pour deux jours et vous y ferez délivrer 2,000 paires de souliers pour votre division.

M. le Maréchal vous engage à faire observer les routes d'Eferding et de Wels par Kematen. Déjà M. le Maréchal a envoyé, sur chacune de ces routes, 100 chevaux du 7ᵉ de hussards, et le 12ᵉ de chasseurs en entier sur Schwanenstadt.

(A. G.)

---

(1) Le commissaire-ordonnateur en chef dirigera les distributions. Chaque division enverra son commissaire des guerres pour accélérer la distribution.

(A. G.)

3ᵉ CORPS D'ARMÉE.

Journée du 9 brumaire an XIV.

Quartier général : Haag, puis un village à 1 lieue 1/2 de Lambach, à gauche de la route.

Avant-garde : Schweig.

Infanterie. — Traverse Ried et Haag et va établir son bivouac à droite et à gauche de la route, à la hauteur de Gaspoltshofen. A peine les feux sont allumés, on reçut l'ordre d'avancer et l'on va camper à la droite de la 1ʳᵉ division à une demi-lieue de Lambach, à gauche de la route, tenant la tête des bois et ayant le ruisseau de Schweigbach sur son front.

Cavalerie. — La cavalerie légère était bivouaquée sur la gauche de la route, un peu en avant de Gaspoltshofen, occupant Selling et Hörbach. Elle suit le mouvement de l'infanterie.

1ʳᵉ *division :* Neukirchen.

Marche sur Haag et Lambach ; le 17ᵉ de ligne et la compagnie de sapeurs, commandée par le capitaine Boissy, attaque l'arrière-garde des Autrichiens et des Russes à 2 lieues en avant de Ried. On leur fait 200 prisonniers, et plusieurs chariots de farine et deux pièces de canon russes tombent entre nos mains.

On poursuit l'ennemi jusqu'à Lambach.

Positions sur le Schweigbach à gauche de la route.

2ᵉ *division :* Gaspoltshofen.

Prend à peu près la position qu'occupait l'avant-garde à la hauteur de Gaspoltshofen. La droite et la gauche appuyées aux hauteurs couronnées de bois et à cheval sur la route. Le 15ᵉ occupe Jeding, le 33ᵉ dans le bois à droite de la route. Le 111ᵉ à gauche en sortant de Jeding ; le 48ᵉ sur la hauteur à droite à 800 mètres du chemin et à cheval sur celui qui conduit à Schwanenstadt.

3ᵉ *division :* Haag.

Prend position en avant de Haag.

NOTA. — La 1ʳᵉ brigade de la 1ʳᵉ division fut soutenue par deux pièces de 4 dans l'engagement qu'elle eut avec l'ennemi.

Le brave capitaine de sapeurs Boissy est blessé dans cette affaire.

CHAPITRE VII.

3ᵉ CORPS DE LA GRANDE ARMÉE (ARTILLERIE).

Rapport des marches, événements, etc.

Le 9 brumaire, la cavalerie a chargé près de Haag un corps de Russes et d'Autrichiens, et lui a fait 200 prisonniers. Les deux premières divisions ont pris position avec leur artillerie en avant de cette petite ville. La 1ʳᵉ brigade de la 1ʳᵉ division, ayant deux pièces de 4 et une de 8, a été réunie à l'avant-garde; elle a rencontré l'ennemi le 10 entre Haag et Lambach, lui a pris deux pièces de canon russes. Le pont sur la Traun ayant été coupé à Lambach, l'artillerie de la 1ʳᵉ division a été mise en position sur la rive gauche de cette rivière pour chasser l'ennemi de la rive droite et protéger la construction d'un pont de bateaux; les coups ont été généralement bien ajustés. Un canonnier et un cheval du train, seulement, ont été atteints du feu de l'ennemi.

Journal de la division Friant.

De Polling à Gaspoltshofen, le 9 brumaire an xiv.

Nous partîmes avec ordre d'aller prendre position sur la rive gauche de la Traun, en arrière de Haag. Nous arrivâmes à nos bivouacs à 5 heures du soir, et les quittâmes deux heures après par un temps affreux, ayant la neige et la pluie moitié gelée dans la figure. Nous marchons sur Ieding où le 17ᵉ de ligne, le 1ᵉʳ de chasseurs à cheval et la 7ᵉ compagnie du 2ᵉ bataillon de sapeurs eurent ce même jour une brillante affaire contre les Autrichiens qui furent forcés, perdirent beaucoup de monde et 500 prisonniers; le reste se sauva par la fuite, et laissa le champ de bataille couvert de fusils, sabres, gibernes. Le brave capitaine de sapeurs Boissy y fut blessé assez grièvement à la jambe; plusieurs maisons furent brûlées, les autres pillées et dévastées; les blessés y étaient encore à notre arrivée, le 15ᵉ d'infanterie légère s'y logea, le 33ᵉ bivouqua dans les bois à droite de la route, le 48ᵉ à Altenhof, à cheval de la route de Schwanenstadt, le 111ᵉ sur les hauteurs boisées, en sortant d'Ieding et à gauche, le général de division eut son quartier général à Gaspoltshofen, gros village à mi-côte des hauteurs médiocres en arrière d'Ieding, à 1/4 de lieue du chemin à gauche; le pied de ces hauteurs est baigné par un ruisseau que l'on passe sur un pont en bois avant d'entrer à Ieding et que nous eûmes sur notre droite depuis Groming.

De Polling à Kircheim la route est bonne, ferrée, large de 7 mètres

31 OCTOBRE.

et presque horizontale; grande montée, 1/2 lieue au delà de Polling; à Kircheim les hauteurs se rapprochent davantage de la route, celles à gauche surtout; à mi-distance de Kircheim à Atzing, la route tourne presque à angle droit de droite à gauche; après cet angle, montée rapide, et ensuite descente assez douce pour arriver à Atzing, village baigné par un ruisseau sur lequel il y a un pont en bois. Après ce vallon d'Atzing, le terrain est presque plan et boisé particulièrement à droite; nous passons dans le village de Mehrnbach et, plus loin, nous traversons un nouveau vallon et un nouveau ruisseau et ensuite le vallon arrosé par l'Andiesen.

Ried, gros bourg avec château, église, cimetière muré, relais de poste, est compris entre deux bras de cette petite rivière; autre vallon, autre ruisseau 1/2 lieue au delà de Ried, à mi-distance de ce bourg à Roith, village à gauche et près la route; jusqu'à Haag le terrain est bon, bien cultivé et peu accidenté; il est varié par quelques bouquets de bois, des prairies. Les habitations sont, comme dans une grande partie de la Bavière, presque toutes en bois, et ornées d'images de vierges, de saints, etc.

Haag, petite ville avec enceinte et portes en maçonnerie sur le revers de gauche d'un assez beau vallon arrosé par la petite rivière dite Traun, est assez bien bâtie; sa principale rue est large et non pavée; elle est en pente douce. Après le pont en bois sur la Traun, le chemin monte, le terrain devient plus accidenté que précédemment; nous trouvâmes beaucoup de voitures d'équipages, de farine, blé, abandonnées par l'ennemi que la rapidité de nos marches effrayait, déconcertait.

L'Empereur à Murat.

Braunau, le 9 brumaire an XIV, 11 heures du matin.

Je reçois vos nouvelles de la bonne conduite de ma cavalerie à Ried. Je désire beaucoup savoir le nom du maréchal des logis du 8ᵉ dragons.

Voici mon ordre de marche :

Le maréchal Davout suit la route de Braunau, Altheim, Ried et Lambach, d'où je le dirigerai sur Steyer.

Le maréchal Soult suit la route d'Obernberg, Zell, Neumarkt et Wels; mais il ne sera que ce soir, tout au plus, à Obernberg.

Le maréchal Lannes arrivera aujourd'hui à Schärding, et suivra la route de Linz par Willebald et Eferding.

Le général Marmont ne sera que demain à Strasswalchen, suivra la route de Strasswalchen, Vöcklabrück et Gmunden.

Le maréchal Bernadotte, qui est à Salzburg, ne bougera que pour servir de réserve, à moins que mes rapports ne m'apprennent que l'ennemi est dans une très forte position.

Le maréchal Ney marche sur Innsprück.

Le général Dupont se porte sur Passau pour occuper cette place.

Mais il faut donner un peu le temps à tout le monde de faire son mouvement. Il ne faut donc point aller si vite. Si l'ennemi tient à Wels, il est nécessaire que le maréchal Davout ne dépasse pas aujourd'hui Ried, ayant son avant-garde à Haag. Si, au contraire, l'ennemi évacuait Wels, il n'y aurait aucun inconvénient que ce général allât à Lambach.

Il faut marcher avec prudence. Les Russes ne sont pas encore entamés ; ils savent aussi attaquer, et il serait malheureux que les derrières du maréchal Davout, qui sont faibles et exténués, fussent attaqués dans cette position. Il faut aussi que le maréchal Davout procure du pain et de la viande aux soldats.

J'ai nommé le général Lauriston gouverneur de Braunau, qui est pour nous d'une ressource immense.

(C°° de Napoléon, n° 9442).

Berthier à Milhaud.

Braunau, le 9 brumaire an XIV.

J'ai communiqué à l'Empereur votre dépêche, Général ; l'intention de Sa Majesté est que vous passiez l'Inn et que vous vous dirigiez sur Wels, où vous serez bientôt en communication avec la cavalerie du prince Murat.

Vous continuerez à me donner de vos nouvelles.

Compans à Oudinot.

Braunau, le 9 brumaire an XIV.

L'indisposition de M. le Maréchal ne lui permettant pas de suivre la colonne, il vous en confie le commandement. Je préviens de cette disposition MM. les généraux Suchet, Gazan et Nansouty.

M. le Maréchal vous charge de vous diriger par Schärding sur Eferding par Willibald et d'y arriver avec la colonne le plus promptement possible.

Il désire que vous fassiez faire des réquisitions de pain sur les deux rives de l'Inn jusqu'à Passau, et notamment dans cette place, et que vous mettiez à la suite du corps d'armée tout celui que vous pourrez réunir ; il pense que la navigation du Danube pourrait vous servir utilement pour ce transport ; vous verrez, mon Général, si elle ne présente pas d'obstacles.

M. le Maréchal met une confiance sans bornes dans tout ce que vous ferez pour l'exécution de ses intentions.

Je vous préviens que le colonel Kirgener est parti en poste avec ses officiers du génie pour aller réparer le pont de Schärding (1).

5° CORPS D'ARMÉE.

Journée du 9 brumaire an XIV.

Le corps d'armée se mit en mouvement au point du jour pour aller passer l'Inn à Schärding. Le pont n'étant pas encore rétabli et les bateaux qui étaient devant cette place étant employés au passage de la brigade de cavalerie légère aux ordres du général de brigade Milhaud, le général Oudinot ne put faire passer que très peu de troupes, dans la soirée, sur la rive droite de l'Inn.

Le corps d'armée bivouaqua la nuit dans l'ordre suivant :

Quartier général : Braunau.

Cavalerie legère : Hussards à Mittig ; chasseurs à Inzing et environs.

Grenadiers : Brigade Dupas, ayant continué sur la rive droite, à Lambrechten et environs ; brigade Ruffin à Schärding et Rottersham ; brigade Mortières à Schärding, Mittig, Afham, Inzing ; l'artillerie à Sulzbach.

Division Suchet : Toute la division bivouaqua à Inzing.

Division Gazan : 4° régiment d'infanterie légère à Gening (Göging ?); 100° régiment d'infanterie à Wilting (Würding ?) ; 58° et 103° régiments d'infanterie à Munster (Rothalmünster ?).

Division de cuirassiers : Cantonnée sur la route de Braunau à Schärding depuis Brienbach jusqu'à Malching (2).

---

(1) Le 58°, moins son bataillon d'élite, est désigné pour tenir garnison dans Braunau. Ordre de renvoyer à Braunau le bataillon présent à la division Gazan ; les quatre compagnies restées en arrière sont rappelées par l'intermédiaire du général Lauriston et de l'adjudant-commandant Humbert-Mallard.

(2) Quartier général à Ering. (État d'emplacements de la Réserve de cavalerie.)

Berthier à Lannes.

Braunau, le 9 brumaire an xiv.

Je vous préviens que le général Dupont, qui est à Eggenfelden, ainsi que le général Dumonceau, ont ordre de se rendre à Passau, où ils attendront de nouveaux ordres ; mais cependant, Monsieur le Maréchal, dans le cas où vous en auriez besoin pour vous soutenir, vous pourriez disposer de ces divisions et vous m'en préviendriez.

Berthier à Lannes.

Braunau, le 9 brumaire an xiv.

L'intention de l'Empereur, Monsieur le Maréchal, est que vous fissiez partir votre cavalerie légère aussi loin que possible sur la route de Linz.

Faites-moi connaître où couchera votre corps d'armée demain.

Berthier à Soult.

Braunau, le 9 brumaire an xiv.

Il est ordonné à M. le maréchal Soult de se rendre directement à Ried, où sa 1re division sera rendue demain ; sa cavalerie légère se portera demain sur la route de Wels (1).

Soult à Vandamme.

Braunau, le 9 brumaire an xiv.

Faites prendre aux troupes de la division que vous commandez du pain pour trois jours en passant devant Braunau, et établissez ce soir

---

(1) Andréossy prévient le gouverneur de Braunau de faire distribuer 30,000 rations de pain au 4e corps, et 6,000 à la Garde ; plus tard, Berthier autorise à tripler ces chiffres. Le 5e corps n'aura que ce qui restera après cette distribution, et un officier est préposé à la garde du pain destiné au 4e corps jusqu'à l'arrivée de celui-ci. Avis en est donné au général Dumas.

votre division à une lieue à peu près en avant de Braunau sur la route d'Altheim (1).

Demain matin au jour, vous mettrez en marche la division et la dirigerez sur Altheim, où elle recevra à son passage de nouveaux ordres sur la direction qu'elle devra suivre.

Ce soir, mon quartier général sera à Altheim, où je désire que vous m'envoyiez un officier pour m'instruire de l'établissement de votre division dans la position que je vous indique.

Je vous préviens que le quartier général impérial de Sa Majesté est à Braunau, et qu'aucun militaire, s'il n'est de service, n'entre dans la ville.

Le magasin à pain est à gauche de la ville, sur la route de Passau.

Soult à Margaron.

Altheim, le 9 brumaire an XIV.

Ordre de prendre du pain pour trois jours en passant à Braunau, et d'établir ce soir sa division à Altheim et dans les hameaux ou villages environnants, sur un rayon d'un quart de lieue.

Soult à Saint-Hilaire.

Altheim, le 9 brumaire an XIV.

Ordre de faire prendre le pain pour trois jours à Braunau et de continuer son mouvement pour établir sa division dans les hameaux en arrière de Braunau, sur un rayon d'un quart de lieue; mettre en marche sa division demain au jour et prendre de nouveaux ordres à Altheim.

4ᵉ CORPS D'ARMÉE.

Ordre.

Altheim, le 9 brumaire an XIV.

En exécution de l'ordre du jour de la Grande Armée, en date du 9 de ce mois, MM. les généraux commandant les divisions feront désigner de suite tous les hommes blessés ou fatigués par la route qui, en ce

---

(1) La division fut à Hagenau. (Tableau des marches.)

moment, sont hors d'état de suivre et ont besoin de quelques jours de repos pour se rétablir. Il sera formé un détachement, par division, de tous les hommes qui sont dans ce cas, pour être sur-le-champ conduits à Braunau et y rester en dépôt dans le lieu désigné par le général gouverneur de la place, jusqu'à leur rétablissement.

MM. les généraux auront soin de ne désigner que les militaires blessés et hors d'état de suivre. Le chef de bataillon Lefebvre commandera le dépôt du 4e corps d'armée, à Braunau ; il recevra ordre de s'y rendre sur-le-champ, et aura pour instruction de s'occuper avec soin du rétablissement des militaires qui seront sous son commandement et de rendre compte journellement au chef de l'état-major général de tous les mouvements qui s'opéreront dans le dépôt, et de l'arrivée des militaires qui avaient été envoyés à Augsbourg, et qui, en vertu du même ordre du jour, doivent être envoyés sur Braunau.

Le général commandant la division de cavalerie légère donnera également des ordres pour que tous les chevaux blessés et autres malades des régiments qu'il commande, soient réunis demain matin et dirigés de suite sur Braunau, pour être de là envoyés, en vertu des ordres que M. le général gouverneur de la place donnera, dans l'endroit, sur la rive gauche de l'Inn, qui aura été désigné pour servir de dépôt de cavalerie à la division qui est attachée au corps d'armée.

Le général Margaron désignera, sur la division, un officier pour commander ce dépôt, et il n'y attachera que le nombre d'hommes nécessaires pour avoir soin des chevaux.

L'officier commandant ce dépôt aura également ordre de correspondre avec le chef d'état-major général et de rendre compte de tous les mouvements qui surviendront, ainsi que de l'arrivée des dépôts des régiments établis à Harbourg, lorsque Sa Majesté aura jugé à propos de leur faire donner ordre d'avancer.

En exécution du même ordre général, tous les dépôts des régiments d'infanterie faisant partie des corps d'armée qui auraient été établis entre Augsbourg et Braunau, auront ordre de se rendre dans cette dernière place, ainsi que les quartiers-maîtres qui étaient restés au dépôt général à Augsbourg.

Les ordres qui ont été donnés, concernant les voitures d'équipages et de bagages, soit de MM. les officiers généraux, soit des colonels et des troupes, ou de vivandiers, seront exécutés dans toute leur rigueur, conformément à la disposition prescrite par l'ordre général du 9 de ce mois. Le commandant de gendarmerie, ainsi que le vaguemestre général, sont personnellement responsables de leur exécution.

L'ordre du 9 brumaire et les dispositions prescrites par le présent seront envoyés de suite aux divisions du corps d'armée.

Soult à Berthier.

Altheim, le 9 brumaire an xiv.

J'ai l'honneur de rendre compte à Votre Excellence du mouvement que le 4ᵉ corps d'armée a fait aujourd'hui.

Le défilé de Burghausen m'ayant obligé d'arrêter hier au soir, sur la hauteur en arrière de cette ville, les divisions du corps d'armée (la cavalerie était à Ranshofen), ce matin les troupes ont passé la Salzach et ont suivi la grande route de Braunau.

La division de cavalerie s'est portée à Altheim où elle est établie.

La 3ᵉ division a été arrêtée à Riedham.

La 2ᵉ division a eu ordre de s'établir dans les hameaux en avant de Braunau, sur la route d'Altheim.

La 1ʳᵉ division est restée à Ranshofen, où le parc d'artillerie du corps d'armée a ordre de se rendre, s'il peut ce soir passer le défilé de Burghausen.

J'ai dû laisser les troupes à portée de Braunau, non seulement parce que le défilé de Burghausen les avait retardées et beaucoup fatiguées, mais aussi pour leur donner la facilité de prendre, des magasins de Braunau, le pain pour deux jours qui leur a été accordé.

Demain, au point du jour, les divisions se porteront à Altheim, d'où je les dirigerai sur Ried, pour de là prendre la communication qui conduit à Riedau et ainsi me trouver dans la direction que Sa Majesté a donnée au corps d'armée.

L'ordonnateur du corps d'armée est resté à Braunau pour obtenir, s'il est possible, encore pour deux jours de pain, conformément à la lettre que Votre Majesté a eu la bonté de m'écrire à ce sujet.

Soult à Legrand.

Altheim, le 9 brumaire an xiv.

Faire prendre le pain pour trois jours à Braunau, et s'établir près d'Altheim.

Soult à l'Ordonnateur.

9 brumaire an xiv.

Il fera établir un dépôt de deux mille rations de pain en avant de Braunau, pour qu'il en soit distribué à chaque militaire que la faim ou la fatigue aurait fait rester en arrière.

Faire diriger tous les boulangers du 4ᵉ corps à Braunau.

On le prévient que Sa Majesté a accordé au 4ᵉ corps tout le pain qui se trouve dans les magasins de Braunau et dans les bateaux ; qu'il en sera distribué pour trois jours à toutes les troupes du corps d'armée, et qu'il doit tenir la main à l'exécution de cette disposition.

Soult au général Lariboisière.

9 brumaire an XIV.

Faire établir le parc d'artillerie en avant de Ranshofen, et le diriger demain sur Altheim, où il recevra de nouveaux ordres.

Faire prendre à Braunau le pain pour trois jours aux troupes employées au parc et aux paysans conducteurs.

Salligny à Vandamme (1).

Altheim, le 9 brumaire an XIV.

Je vous préviens, mon cher Général, que la division de cavalerie légère a ordre de partir demain, à 7 heures du matin, de ses bivouacs aux environs d'Altheim, et de se diriger sur Riedau.

Le 8ᵉ régiment de hussards passera par Ried pour se rendre à cette destination.

La division de cavalerie légère prendra poste demain en avant de Riedau et se gardera très militairement en avant d'elle sur la route de Wels ainsi que sur celle d'Eferding.

Le général Margaron fera en sorte d'avoir des renseignements sur les forces et positions de l'ennemi et m'en rendra compte immédiatement.

La 3ᵉ division, partant demain de son bivouac de Riedham et passant par Altheim, se dirigera sur Ried.

Elle prendra position en arrière de ce bourg et se gardera militairement sur la route de Riedau, en s'éclairant sur celle de Lambach.

Votre division partira aussi demain au jour de ses cantonnements en avant de Braunau, passera par Altheim, et se dirigera sur Obernberg.

---

(1) Les divisions du corps d'armée se mettront en marche demain matin à 6 heures. (Ordre dicté par le Maréchal.)

Elle prendra position en avant de cette ville (1) sur la route qui conduit à Riedau par Saint-Martin, et se gardera militairement.

La 1re division, partant également demain de Ranshofen et passant aussi par Altheim, se dirigera à hauteur de Kirchheim, faisant occuper les hameaux et fermes à portée, sur un rayon d'un quart de lieue au plus.

Envoyez un officier en avant de votre artillerie et faites en sorte que demain votre artillerie vous rejoigne dans la position que vous occuperez.

Le parc d'artillerie ayant ordre de se rendre à Altheim, recevra de nouveaux ordres pour sa destination ultérieure.

L'ordonnateur en chef donnera communication au commissaire des guerres de votre division des réquisitions faites à Obernberg, et le chargera d'en faire opérer la rentrée en affectant partie du produit à la subsistance de votre division, et faisant verser le surplus dans le magasin de Riedau. Il chargera également le commissaire des guerres de la 3e division de faire opérer la rentrée des subsistances qui ont été requises dans l'arrondissement de Ried, affectant une partie du produit à cette division, et donnant le surplus à la première.

L'ordonnateur en chef enverra des réquisitions à Zell et Riedau et chargera de leur rentrée le commissaire des guerres employé à la division de cavalerie.

Veuillez bien, sur la demande de votre commissaire des guerres, faire protéger par la force armée, s'il est nécessaire, l'exécution de ces dispositions.

L'ordonnateur en chef fera fabriquer à Ried le plus de pain qu'il sera possible, soit en employant les farines que les Autrichiens y ont laissées, soit en faisant de nouvelles réquisitions dans l'arrondissement, et en fera opérer le transport sur Riedau, après qu'il aura pourvu à la subsistance des troupes du corps d'armée qui doivent passer par Ried.

Demain le quartier général du corps d'armée sera à Riedau.

Mouvement du 11.

La 3e division partira le 11 au matin de Ried, et se dirigera sur Riedau, où elle recevra de nouveaux ordres.

La 1re division, partant de Kirchheim, aussi le 11 au matin, passera par Ried, et se dirigera également sur Riedau, où elle recevra de nouveaux ordres.

---

(1) Vandamme s'établit à Reichenberg, près Obernberg. (Tableau des marches.)

Votre division partira le 11 d'Obernberg, passera par Saint-Martin, et se rendra également à Riedau, où elle recevra de nouveaux ordres.

Veuillez bien régler le mouvement de votre division de manière que votre troupe soit rendue le 11 à Riedau avant midi.

Instruisez M. le Maréchal demain, à Riedau, de votre arrivée à la position qui vous est indiquée par cet ordre.

Le parc d'artillerie recevra des ordres pour ses mouvements ultérieurs lorsque le général Lariboisière aura rendu compte à M. le Maréchal de son arrivée à Altheim.

Demain de très bonne heure, le général Margaron fera partir un détachement peu nombreux pour reconnaître la route qui conduit d'Obernberg à Riedau par Saint-Martin, et s'assurer que les ponts existant dans cette partie sont en bon état pour que, dans le cas contraire, sur le rapport qui en serait fait, les mouvements de troupes qui doivent avoir lieu dans cette partie fussent contremandés s'il y avait lieu.

La moitié de la compagnie de sapeurs marchera avec votre division, et l'autre avec celle du général Legrand.

Berthier à Dupont.

Braunau, 9 brumaire an XIV.

L'Empereur ordonne, Général, que vous partiez de la position que vous occupez, pour vous rendre à Passau ; vous vous emparerez de la citadelle, vous la ferez mettre en bon état, et vous ferez réparer tous les ponts, tant sur le Danube que sur l'Inn ; vous ferez construire une tête de pont à l'un et à l'autre pont.

Faites sur-le-champ établir des hôpitaux, un pour les malades et un pour les blessés.

Envoyez l'état de tous les bateaux qui se trouvent à Passau. Poussez des partis sur la rive gauche du Danube afin de connaître ce que fait l'ennemi de ce côté, et vous m'en rendrez compte.

Le général Dumonceau a également l'ordre de se rendre à Passau. Aussitôt votre arrivée, vous le ferez approvisionner de quatre jours de pain.

Nous avons pris la place de Braunau et déjà MM. les maréchaux Lannes et Davout sont à Ried, où il y a eu 4 pièces de canon de prises et 600 prisonniers. La place de Braunau est armée et approvisionnée comme pourrait l'être celle de Metz en temps de guerre.

31 OCTOBRE.

Berthier à Dumonceau.

Braunau, le 9 brumaire an XIV.

Il est ordonné au général Dumonceau de partir de la position qu'il occupe pour se rendre à Passau, où le général Dupont a l'ordre de le faire approvisionner de quatre jours de pain, et où il attendra de nouveaux ordres.

Journal de la division Dupont.

Le 9, la division arrive à Eggenfelden. Ce bourg avait déjà beaucoup souffert par le passage des troupes qui nous avaient précédés, la plupart des maisons étaient désertes ; le feu y prend la nuit, nos soldats se portent au lieu où avait éclaté l'incendie et en arrêtent les progrès.

Berthier à Bessières.

Braunau, le 9 brumaire an XIV.

L'Empereur ordonne, M. le Maréchal, que les 400 chevaux qui l'accompagnent partent demain matin à la pointe du jour pour se rendre à Ried.

Ordonnez également aux chasseurs à pied de partir, à la pointe du jour, pour se rendre à Ried, où se rendra aussi tout le reste de la cavalerie, mais qui ne partira qu'à 9 heures du matin.

Vous laisserez à Braunau deux escadrons qui ne partiront qu'après l'Empereur.

Vous ferez prendre à Braunau le plus de pain qu'il sera possible.

La garde italienne attendra que votre artillerie soit arrivée.

Emplacements du 9 brumaire an XIV (31 octobre 1805) au matin.

DÉSIGNATION des CORPS.	EMPLACEMENT.	OBSERVATIONS.
Quartier général impérial.	Braunau.	N'a fait que passer hier à Burghausen. Le fond du quartier général étant toujours à Augsburg, doit se rendre à Munich et de là à Braunau, place de départ.
Garde impériale	Partie de la cavalerie à Braunau, le reste arrivant avec l'infanterie (arrivée le soir).	
1er corps (Bernadotte).	Doit être à Salzburg et environs.	Ayant des postes à Laufen, à Hallein, est entré à Salzburg le 8 au matin.
Corps bavarois	Avec le 1er corps.	Avec un bataillon à Ulm et un à Donauwœrth.
2e corps (Marmont)	Était hier à 4 heures à Tittmoning où il est encore aujourd'hui.	Ordre de presser sa marche sur Strasswâlchen et Vocklabrück.
3e corps (Davout)	A Ried et en marche sur Lambach, par la route de Ried et Jeding.	La division Gudin partie des environs de Braunau.
4e corps (Soult)	Partant de Burghausen pour Obernberg, passant aujourd'hui aux environs de Braunau.	Devant filer d'Obernberg par Zell et Grieskirchen sur Wels.
5e corps (Lannes)	Aux environs de Braunau, se rendant à Schärding en suivant la rive gauche de l'Inn.	Doit se diriger sur Linz par la route de Willibald et d'Eferding.
6e corps (Ney)	Part aujourd'hui de Landsberg pour Innsbrück.	
7e corps (Augereau)	Kempten.	
1re division de grosse cavalerie (Nansouty).	Suit le mouvement du maréchal Lannes.	
2e division de grosse cavalerie (d'Hautpoul).	En avant de Ried, à 4 heures sur la route de Lambach.	Avec le prince Murat.

31 OCTOBRE.

DÉSIGNATION des CORPS.	EMPLACEMENTS.	OBSERVATIONS.
1re division de dragons (Klein).	Schärding.	Où il attend des ordres.
2e division de dragons (Walther).	En avant de Ried, route de Wels.	En avant-garde. Le prince Murat était à Haag avec des éclaireurs en avant.
3e division de dragons (Beaumont).	En avant de Ried, route de Wels.	
4e division de dragons (Bourcier).	Augsburg.	Attend des ordres.
Div. de dragons à pied (Baraguey d'Hilliers).	»	Situation donnée dans l'état du 7.
Division Dupont.	Eggenfelden.	Partie hier de Landshut. Ont ordre du 9 au matin de se rendre à Passau. Le maréchal Lannes peut se servir au besoin de ces deux divisions.
Division batave (Dumonceau).		
Corps wurtembergeois.	En marche d'Augsburg à Munich.	
16e et 22e chasseurs (général Milhaud).	Pfarrkirchen sur Schärding.	Éclairant la route de Straubing. Ordre du 9 de passer l'Inn et de se diriger sur Wels, où ils seront bientôt en communication avec le prince Murat.
54e régiment (général Rivaud).	Sur Wasserburg.	En marche pour rejoindre le 1er corps.
Grand parc.	Augsburg.	
Equipage de pont.	Mühldorf et partie à Burghausen.	

Le colonel Vallongue au général Andréossy.

Au quartier général impérial, le 9 brumaire an XIV au matin.

Mon Général,

Le Ministre, major général, me charge de vous faire connaître les mouvements ordonnés aujourd'hui.

La Garde impériale se réunit à Braunau.

Le 1er corps (maréchal Bernadotte) est à Salzburg et environs.

Les Bavarois ont un bataillon à Ulm, un à Danauwœrth. Le reste des détachements qui étaient dans ces deux places et à Rain arrive pour joindre le 1er corps.

Le 2e corps (général Marmont) est à Tittmoning et a ordre de marcher en toute hâte sur Vöcklabrück par Strasswälchen.

Le 3e corps (maréchal Davout) à Ried et en marche sur Lambach.

Le 4e corps (maréchal Soult) arrive aujourd'hui à Braunau, se dirigeant sur Obernberg d'où il doit filer sur Wels par Zell et Grieskirchen.

Le 5e corps (maréchal Lannes) se rend à Schärding par la gauche de l'Inn, d'où il se dirigera sur Linz par la route de Willibald et Eferding.

Le 6e corps (maréchal Ney) part aujourd'hui de Landsberg, se dirigeant sur Innsbrück.

Le 7e corps (maréchal Augereau) arrive sur Kempten.

Le corps du Prince Murat, composé de la division d'Hautpoul et des 2 divisions Walther et Beaumont, est à quatre heures en avant de Ried, marchant sur Lambach.

La 1re division de dragons (Klein) est à Schärding.

La 4e division de dragons (Bourcier) est à Augsburg.

La division de dragons à pied se répartit pour être montée entre Passau et Donauwœrth. Quartier à Ingolstadt, dépôt à Neuburg.

La division Dupont et la division batave Dumonceau ont ordre de partir d'Eggenfelden pour Passau.

Les 16e et 22e régiments de chasseurs (général Milhaud), ordre de partir de Pfarrkirchen pour se diriger sur Wels.

Le 54e régiment (général Rivaud) sur Wasserburg, en marche pour joindre le 1er corps.

Le grand parc à Augsburg.

L'équipage de pont en partie à Mühldorf et à Burghausen.

Le corps de Wurtemberg arrive à Munich.

Agréez, mon cher Général, l'assurance de mon sincère attachement.

Le colonel du génie, aide-major pour le major général,

VALLONGE.

P.-S. — Le fond du quartier général, consistant principalement dans les administrations, a ordre de se rendre d'Augsburg à Munich, où il recevra de nouveaux ordres pour arriver à Braunau.

31 OCTOBRE. 365

Inventaire des bouches à feu, affûts et autres objets d'artillerie laissés par l'ennemi sur les remparts et dans les magasins de Braunau.

9 brumaire an XIV.

DÉSIGNATION DES OBJETS.			QUANTITÉS.	OBSERVATIONS.
Mortiers de 60 livres.	de 12 long en fer............		11	Sur chantiers.
	de 12 de campagne en fer....		9	Sur affûts.
	de 6 de campagne en fer.....		26	Dont 17 sur affûts et 9 sur chantiers.
	de pierre ou 11 pouces en fer.		2	
Affûts......	de 24 de siège............		12	
	de 12.....	de siège.......	10	
		de campagne...	5	
	de 6 de campagne..........		20	
	de 3 de campagne		9	
	à mortiers.	de 60 livres....	6	
		de 30 livres....	5	
		de 15 livres....	9	
Avant-trains	de siège.................		9	Ils sont sans chevilles ouvrières.
	de campagne		9	
Triqueballe...........................			1	
Cartouches à boulets	de 12......................		200	
	de 6.......................		1,470	
	de 3.......................		1,070	
Boîtes à mitraille	à canon ...	de 24	138	
		de 18	356	
		de 12	1,470	
		de 6	999	
		de 3	50	
	à obusiers.	de 12 livres de pierre.......	64	
		de 10 livres de pierre.......	122	
		de 7 livres de pierre.......	60	
Boulets....	de 24......................		3,617	
	de 18......................		6,092	
	de 12......................		20,849	
	de 6.......................		10,090	
	de 3.......................		708	
Bombes ...	de 60 livres de pierre ou 11 pouces..............		800	
	de 3 livres de pierre ou 7 pouces 5 lignes.........		2,005	

DÉSIGNATION DES OBJETS.	QUANTITÉS.	OBSERVATIONS.
Obus vuides. { de 12 livres	1,718	
de 11 livres et demie	1,344	
de 10 livres	6,068	
Obus chargés et encaissés de 12 livres	2,930	
Grenades de 3 { non chargées	1,840	
chargées	1,400	
Sachets vuides. { de 18	4,700	
de 12	3,900	
de 0	10,800	
Plateaux à pierriers	800	
Écouvillons { pour canons de siège	125	
pour canons de campagne	37	
Refouloir pour canon de siège	62	
Sacs à pourvoyeurs	35	
Sacs à étoupilles	16	
Fusils ancien modèle autrichien	500	
Lances de uhlans	400	
Poudre de guerre	24,666	
Plombs... { en saumon	13,000	
en balles	15,000	
Artifices. { Fusées { à bombes et obus	18,000	
de signaux	28	
Lances à feu	3,000	
Etoupilles	163,000	
Balles à feu { d'obusier de 10 pouces	94	
d'obusier de 7 pouces	130	
Pelottes à canon	528	
Tourteaux goudronnés	150	
Fascines goudronnées	130	
Tonnes d'étoupe	21	
Soufre (tonneau)	1	
Mèche (paquet de 10 toises)	880	
Poix noire (livres de)	10	
Graisse (tonneaux)	30	
Pierres à feu { à fusil	25	Tonneaux.
à pistolet	3	Id.
Sacs à terre	3,700	
Chaudières à fondre le plomb	2	
Tire-fusée	1	
Entonnoirs	5	
Moule à balles de calibre	1	A 6 trous plus 2 de calibre très inférieur.

DÉSIGNATION DES OBJETS.		QUANTI-TÉS.	OBSERVATIONS.
Outils, agrès et ustensiles	Chevret..................	1	
	Cricks.....................	4	
	Outils d'ouvriers en bois.....	»	Assortiments pour une demi-compagnie.
	Outils d'ouvriers en fer......	1	Caisse.
	Scies à main...............	30	
	Outils à pionniers. Pelles quarrées.	2,220	
	Pioches........	1,200	
	Pompe à incendie	1	
	Seau pour incendie	20	
Cordages..	Prolonges simples..........	2	
	Prolonges à canon..........	7	
	Traits à canon.............	8	
Rechanges.	Roues d'affût de siège.......	33	
	Roues d'affût de campagne...	24	
	Roues d'avant-train.........	5	
	Jeantes....................	300	
	Essieux en bois	8	
	Manches d'outils	1,000	

On observe que le défaut d'instruments à calibrer et la non-inscription de la plupart des affûts a pu causer quelque erreur dans l'indication des calibres.

SONGIS.

Ordre de par l'Empereur. — Le maréchal Berthier au général Dumas.

Braunau, le 9 brumaire an XIV.

Il est ordonné au général Dumas de procéder sur-le-champ à une visite domiciliaire dans la ville de Braunau, à l'effet de s'assurer s'il ne se trouve point dans les maisons des magasins et effets appartenant à l'armée ennemie.

Indépendamment de son état-major, il se fera accompagner de MM. les adjudants-commandants Le Camus et Dalton, et de M. Blein ; M. le général Andréossy donnera l'ordre pour que chaque officier ait avec lui un dragon du 21ᵉ avec son fusil.

Le général Dumas demandera au magistrat de la ville trois syndics ou notables, pour accompagner les officiers chargés de la visite domiciliaire.

Il préviendra le gouverneur de la ville et le général Andréossy de la mission dont je le charge au nom de Sa Majesté.

M. le Général, au lieu de se faire accompagner de dragons, aura pour chacun des officiers un gendarme d'élite qu'il demandera au général Savary.

Berthier à Dumas.

Braunau, le 9 brumaire an XIV.

L'Empereur ordonne que le général Dumas passe lui-même l'inventaire de tout ce qui peut exister dans les magasins de Braunau en subsistances, objets du génie et d'artillerie, etc.

Cet inventaire est indépendant de ce que doivent faire le génie et l'artillerie et les autres services. Il tâchera de me remettre cet inventaire ce soir.

État-major général — Ordre du jour.

Au quartier général à Braunau, le 9 brumaire an XIV.

Toutes les administrations militaires qui sont restées à Augsbourg en partiront sur-le-champ pour se rendre à Munich ; le payeur s'y rendra également.

Braunau sera sur-le-champ mis en état de défense. Le général Lauriston est nommé gouverneur de cette place.

Le général commandant le génie nommera un officier supérieur du génie, avec une brigade d'officiers de ce corps, une compagnie de mineurs et une demi-compagnie de sapeurs.

Tout le 58ᵉ régiment de ligne, excepté le bataillon d'élite, formera la garnison de la place de Braunau.

Un colonel d'artillerie, six autres officiers de ce corps, deux gardes-magasins et deux compagnies d'artillerie à pied seront désignés par le général commandant l'artillerie et seront également attachés au service de la place.

Il sera établi à Braunau deux hôpitaux pouvant contenir 600 hommes, l'un pour les malades, l'autre pour les blessés.

Il sera organisé dans la place une manutention capable de cuire 60,000 rations par jour. Deux magasins de subsistances seront établis : l'un pour l'approvisionnement de la place, capable de nourrir 3,000 hommes pendant trois mois ; l'autre pour le service de l'armée, et dans lequel il sera tenu constamment de quoi faire cuire 3,000,000 de rations de pain ; il contiendra aussi 100,000 boisseaux d'avoine.

Les casernes de Braunau seront partagées entre les sept corps de la Grande Armée, et la partie affectée à chaque corps lui servira de dépôt. Chaque maréchal ou général en chef enverra un officier, au moins du grade de capitaine, pour commander son dépôt. Ils auront soin d'y envoyer tous les hommes malingres et fatigués par la route. Ce dépôt sera aussi dépôt des convalescents.

Tous les hommes qui, des dépôts établis à Augsbourg, seront expédiés à l'armée, le seront en droite ligne sur Braunau, d'où le gouverneur de la ville ne les fera diriger sur l'armée qu'après en avoir reçu l'ordre du Major général.

On suivra la route d'Augsbourg à Braunau par Landshut et Eggenfelden : cette route sera organisée en étapes et fournie de tout ce qui sera nécessaire ; il y aura aux lieux d'étapes un commissaire des guerres ou adjoint.

Un adjudant-commandant fera les fonctions de chef d'état-major du gouverneur, et sera spécialement chargé de correspondre journellement avec le Major général sur le mouvement et sur la situation des dépôts de chaque corps d'armée.

Toutes les divisions de troupes à cheval laisseront sur la rive gauche de l'Inn et à portée de Braunau un petit dépôt de tous les chevaux blessés, les voitures, les bagages inutiles et généralement tout ce qui gêne la marche des colonnes. Chaque division de troupes à cheval nommera un officier pour commander ce petit dépôt. Cet officier prendra les ordres du gouverneur de la ville pour connaître l'emplacement qu'il doit occuper.

L'Empereur donnera ses ordres pour que, le plus tôt possible, les dépôts établis sur le Danube rejoignent les dépôts établis sur l'Inn.

Les quartiers-maîtres des dépôts qui étaient établis à Augsbourg se rendront à Braunau.

Tous les petits dépôts des corps d'infanterie qui pourraient être restés entre Augsbourg et Braunau se rendront à Braunau.

MM. les officiers généraux, les colonels et autres officiers, ne mèneront avec eux que les bagages et les voitures autorisés par les règlements militaires ; ils renverront le surplus aux dépôts de leurs corps à Braunau (1).

BERTHIER.

(1) Andréossy adresse à Petiet un ordre spécial qui n'est qu'un extrait de celui-ci.

Le général Andréossy à M. Marteville, commandant la place de Mühldorf.

Braunau, le 9 brumaire an xiv.

Son Excellence le Ministre de la guerre, Major général, désire, Commandant, que les convois de pain que l'on attendait de Munich soient envoyés par eau à Braunau. Faites envoyer de suite un ou plusieurs bateaux, ménagez-vous des escortes et prenez vos mesures pour que le pain ne souffre point de l'humidité dans le trajet de Mülhdorf à Braunau, qui n'est, en descendant la rivière, que de quatre heures.

Le général Andréossy à l'adjudant-commandant Laffinge.

Braunau, le 9 brumaire an xiv.

Ordre au capitaine commandant la compagnie du 21° de dragons attachée au quartier général de faire trouver, à compter d'aujourd'hui, tous les jours, jusqu'à 10 heures du soir, un dragon à pied en sentinelle dans la maison affectée au Ministre de la guerre et quatre dragons à cheval pour ordonnances (1).

Rapport à l'Empereur.

Braunau, le 9 brumaire an xiv.

Votre Majesté a nommé le général Lauriston gouverneur de la place de Braunau ; je pense que Votre Majesté trouvera juste de lui accorder, indépendamment de ses appointements, une somme de 3,000 francs par mois pour frais de représentation. Je prie Votre Majesté de faire connaître ses intentions à cet égard.

BERTHIER.

---

(1) Ordre au général René de faire rejoindre tous les dragons du 21° restés à Munich.

15ᵉ Bulletin.

Braunau, le 9 brumaire an xiv.

Plusieurs déserteurs russes sont déjà arrivés, entre autres un sergent-major natif de Moscou, homme de quelque intelligence. On s'imagine bien que tout le monde l'a questionné. Il a dit que l'armée russe était dans des dispositions bien différentes pour les Français que dans la dernière guerre ; que les prisonniers qui étaient revenus de France s'en étaient beaucoup loués ; qu'il y en avait six dans sa compagnie qui, au moment du départ de Pologne, avaient été envoyés plus loin ; que si on avait laissé dans les régiments tous les hommes revenus de France, il n'y avait pas de doute qu'ils n'eussent tous déserté ; que les Russes étaient fâchés de se battre pour les Allemands, qu'ils n'aiment pas, et qu'ils avaient une haute idée de la valeur française. On lui a demandé s'ils aimaient l'empereur Alexandre. Il a répondu qu'ils étaient trop misérables pour lui porter de l'attachement ; que les soldats aimaient mieux l'empereur Paul, mais que la noblesse préférait l'empereur Alexandre, que les Russes en général étaient contents d'être sortis de chez eux et qu'ils désiraient tous ne pas retourner en Russie, et qu'ils préféraient s'établir dans d'autres climats à retourner sous la verge d'une aussi rude discipline ; qu'ils savaient que les Autrichiens avaient perdu toutes leurs batailles et ne faisaient que pleurer.

Le prince Murat s'est mis à la poursuite de l'ennemi. Il a rencontré l'arrière-garde des Autrichiens, forte de 6,000 hommes, sur la route de Mehrnbach ; l'apercevoir et la charger n'a été qu'une même chose pour sa cavalerie. Cette arrière-garde a été disséminée sur les hauteurs de Ried. La cavalerie ennemie s'est alors ralliée pour protéger le passage de l'infanterie par un défilé ; mais le 1ᵉʳ régiment de chasseurs et la division de dragons du général de Beaumont l'ont culbutée et se sont jetés avec l'infanterie ennemie dans le défilé. La fusillade a été assez vive ; mais l'obscurité de la nuit a sauvé cette division ennemie ; une partie s'est éparpillée dans le bois ; il n'a été fait que 500 prisonniers. L'avant-garde du prince Murat a pris position à Haag. Le colonel Montbrun, du 1ᵉʳ de chasseurs, s'est couvert de gloire. Le 8ᵉ régiment de dragons a soutenu sa vieille réputation. Un maréchal des logis de ce régiment, ayant eu le poignet emporté, dit devant le Prince, au moment où il passait : « Je regrette ma main, parce qu'elle ne pourra plus servir notre brave Empereur. » L'Empereur, en apprenant ce trait, a dit : « Je reconnais bien là les sentiments du 8ᵉ. Qu'on donne à ce maréchal des logis une place avantageuse, et selon son état, dans le palais de Versailles. »

Les habitants de Braunau, selon l'usage, avaient porté dans leurs maisons une grande partie des magasins de la place. Une proclamation a tout fait rapporter. Il y a à présent un millier de sacs de farine, une grande quantité d'avoine, des magasins d'artillerie de toute espèce, une très belle manutention et 60,000 rations de pain, dont nous avions grand besoin ; une partie a été distribuée au corps du maréchal Soult.

Le maréchal Bernadotte est arrivé à Salzburg. L'ennemi s'est retiré sur la route de Carinthie et de Wels. Un régiment d'infanterie voulait tenir au village de Hallein; il a dû se retirer sur le village de Colling, où le Maréchal espérait que le général Kellermann parviendrait à lui couper la retraite et à l'enlever.

Les habitants assurent que, dans son inquiétude, l'empereur d'Allemagne s'était porté jusqu'à Wels, où il avait appris le désastre de son armée. Il y avait aussi appris les clameurs de ses peuples de Bohème et d'Autriche contre les Russes, qui pillent et volent d'une manière si effrénée qu'on désirait l'arrivée des Français pour les délivrer de ces singuliers alliés.

Le maréchal Davout, avec son corps d'armée, a pris position entre Ried et Haag. Tous les autres corps d'armée sont en grand mouvement; mais le temps est affreux; il est tombé un demi-pied de neige, ce qui a rendu les chemins détestables.

Le Ministre secrétaire Maret a joint l'Empereur à Braunau.

L'Électeur de Bavière est de retour à Munich ; il a été reçu, avec le plus grand enthousiasme, par le peuple de sa capitale.

Plusieurs malles de Vienne ont été interceptées ; les lettres les plus récentes étaient du 18 octobre. On commençait à y avoir des nouvelles de l'affaire de Wertingen; elles y avaient répandu la consternation. Les vivres y étaient d'une cherté à laquelle on ne pouvait atteindre. La famine menaçait Vienne. Cependant la récolte a été abondante; mais la dépréciation du papier-monnaie et des assignats, qui perdaient plus de 40 p. 100, avait porté tout au plus haut prix. Le sentiment de la chute du papier-monnaie était dans tous les esprits.

Le cultivateur ne voulait plus échanger ses denrées contre un papier de nulle valeur. Il n'est pas un homme en Allemagne qui ne considère les Anglais comme les auteurs de la guerre, et les empereurs François et Alexandre comme victimes de leurs intrigues. Il n'est personne qui ne dise : Il n'y aura point de paix tant que les oligarques gouverneront l'Angleterre, et les oligarques gouvernent tant que George respirera. Aussi le règne du prince de Galles est-il désiré comme le terme de celui des oligarques qui, dans tous les pays, sont égoïstes et insensibles aux malheurs du monde.

L'empereur Alexandre était attendu à Vienne, mais il a pris un autre parti; on assure qu'il s'est rendu à Berlin.

31 OCTOBRE.

*Le prince Charles-Frédéric, Électeur de Bade,
au maréchal Berthier.*

Monsieur le Maréchal,
Carlsruhe, 31 octobre 1805.

J'ai reçu la lettre que Votre Excellence m'a fait l'honneur de m'adresser, en date du 27 vendémiaire, relativement à l'établissement d'une ligne de relais pour les convois de l'armée, conformément aux ordres de Sa Majesté l'Empereur et Roi. Je me prêterai avec empressement, Monsieur le Maréchal, à faire concourir au possible mon pays à la formation de cet établissement, conjointement avec les États avoisinants, espérant toutefois que le nombre des relais du pays à fournir soit diminué proportionnément aux facultés de mes sujets et qu'il sera accordé une bonification équitable aux susdites voitures. J'observe encore que, de concert avec le ministère de Wurtemberg, on s'occupe dans ce moment à Stuttgard des mesures nécessaires pour la prompte formation des relais demandés et de leur répartition, ainsi que Votre Excellence en sera déjà informée directement.

CHARLES-FRÉDÉRIC, Électeur.

États de services.

BRASSIER (Marie-Joseph-Séraphin-Charles-Bernard), né à Strasbourg, Bas-Rhin, ce 12 octobre 1771.
Médecin ordinaire à la Grande Armée, 23 fructidor an XIII.
Médecin principal du Grand Corps, 11 nivôse an XIII.
Campagne d'Ulm et d'Autriche, an XIV.

Action d'éclats :

« 1° Prise de Passau, dans la nuit du 8 au 9 brumaire an XIV.

« Ayant été envoyé en poste à Passau avec M. Coste, pour y organiser à l'avance des hôpitaux pour les besoins de l'armée, nous y trouvâmes 1,500 Autrichiens. Nous nous dérobâmes adroitement à leurs poursuites, et fîmes circuler le bruit que nous avions pour mission de faire le logement pour 2,000 hommes de troupes qui étaient sur nos talons. Cette ruse eut son effet. Les Autrichiens effrayés s'enfuirent précipitamment la nuit même, après avoir brûlé le pont de l'Inn pour échapper à la poursuite des prétendus 2,000 hommes. Nous restâmes seuls maîtres de la ville jusqu'au 15 ou 16, époque à laquelle nous vîmes arriver la division Dupont. A cette occasion Sa Majesté le roi de Bavière m'offrit la décoration de l'Ordre militaire sous la condition que j'obtiendrais de mon Gouvernement la permission de l'accepter. Cette autorisation a été demandée par moi le 25 mars 1809 et est encore attendue ..... »

. . . .

Le 27 octobre 1824.
Signé : BRASSIER (1).

Le 27 octobre 1824, Brassier était premier professeur à l'hôpital militaire d'instruction de Strasbourg. Il a été retraité le 8 décembre suivant (31 ans de services, 18 campagnes). Il avait fait les campagnes du Rhin (siège de Mayence), d'Helvétie, du Danube, d'Ulm, d'Autriche, de Prusse, de Pologne, de Silésie, d'Espagne et de Toulouse.

(*Arch. adm. Guerre.* Dossier Brassier.)

En proposant le médecin principal Brassier, du 5ᵉ corps d'armée, pour la Légion d'honneur, à Ulm, le 12 avril 1806, le médecin inspecteur général Coste a motivé ainsi sa proposition :

« Très distingué par ses talents et son zèle. Otage pendant trois ans dans l'avant-dernière guerre. Conduite prudente et courageuse à Passau, en brumaire an XIV. Maladie grave à Vienne par suite d'extra-fonctions. »

(*Archives de la Légion d'honneur.*)

Dans la note jointe à la lettre en date du 1ᵉʳ nivôse, an XIV, par laquelle l'inspecteur général, premier médecin de la Grande Armée Coste signale au maréchal Berthier ses propres droits à une récompense se trouve en marge cette annotation de sa main :

« Dangers courus à Versailles et à Passau. Succès de la fermeté aux deux époques. »

(*Arch. adm. Guerre.* Dossier J.-F. Coste.)

(Coste avait été le premier maire de Versailles. Il a exercé ces fonctions de 1789 à la fin de 1791, et dans cette période troublée, il eut à faire face à des mouvements populaires qu'il eut le bonheur d'apaiser. C'est ce à quoi il fait allusion.)

---

(1) Cet incident a fait le sujet d'un opéra comique intitulé : *La prise de Passau*, qui fut représenté les 8, 9, 10 et 14 février 1806 à l'Opéra-Comique (*Moniteur Universel* et *Journal de l'Empire* du 8 février). Nous n'avons pu retrouver le livret ni la partition de cet opéra comique. Tous ces renseignements sont dus à l'extrême obligeance de M. le médecin inspecteur Dujardin-Beaumetz.

31 OCTOBRE. 375

Extrait des Esquisses de l'armée française, par Joachim Ambert, officier de santé.

Prise de Passau (1805).

. . . .

Sir Henry Berthoud, l'amusant conteur, a écrit une histoire de chirurgien qui vient tout naturellement s'encadrer dans ces pages.

A vingt-cinq lieues de Ratisbonne, trente-deux de Munich et cinquante de Vienne, se trouve une jolie petite ville de la Basse-Bavière ; c'est Passau.

Bâtie près du confluent de l'Inn et de l'Utz, sur le Danube, elle est fortifiée par une enceinte naturelle de montagnes, et il aurait fallu pour la prendre 20,000 hommes, de l'artillerie et beaucoup de munitions de guerre.

Or le petit corps d'armée française qui se trouvait dans les environs n'avait rien de tout cela : 4,000 hommes sans vivres ni canons et pas une cartouche. Un convoi attendu depuis deux jours avait été attaqué et pris par les Autrichiens.

Les soldats étaient découragés ; le général ne savait où donner de la tête ; en effet la situation ne se trouvait pas médiocrement embarrassante. C'était presque une question de vie ou de mort.

Les officiers supérieurs s'étaient réunis en conseil ; mais la délibération n'avançait guère, car on n'ouvrait pas d'avis ou l'on n'ouvrait que des avis absurdes.

. . . . . Un jeune chirurgien sous-aide, grêle, souffreteux et garçon le plus hâbleur qui eût manié la lancette, poussa sans façon au milieu des délibérants l'haridelle qu'il montait. « Général, je viens de prendre Passau ! . . . . . J'ai l'honneur de vous dire que je viens de prendre Passau à moi tout seul, et en voici la capitulation signée par le gouverneur de la place, le comte de Bramberg et moi Étienne Garouil, sous-aide-major. »

Le général et son état-major étaient là à se regarder bouche béante et sans comprendre.

. . . . . Étienne Garouil descendit de cheval avec une maladresse affectée, et un cercle nombreux d'officiers se pressa autour de lui.

« Je ne suis pas très bon cavalier, continua-t-il. C'est justement ce qui a fait de moi un héros. Or tout à l'heure mon cheval que voici, et qui depuis hier refusait de marcher, prit le mors aux dents et se mit à courir du côté de Passau. Je voulus le retenir, mais son galop n'en devint que plus rapide.

« Mon cheval courait, courait et moi je me sentais à chaque instant prêt à vider les arçons de frayeur ; car les tours et les clochers de

Passau devenaient de plus en plus distincts et ce qui me paraissait aussi fâcheux, c'est que je distinguais un gros parti de Bavarois sortant de la ville et ayant l'air de marcher droit à moi.

« Comme ma bride ne m'était pas d'une utilité bien grande, je je l'abandonnai pour un moment, je nouai autour de mon bras le mouchoir blanc que vous y voyez ..... et continuai ma course.

« Les Bavarois crient : Arrête ! d'autres se jettent à la tête de mon cheval, et grâces à Dieu, ils font ce que je cherchais à faire depuis une demi-heure, ils le font rester sur place.

« Je demandai le gouverneur : on me conduisit à lui. Le digne homme se disposait à faire une sortie.

« Gouverneur ! lui-dis-je, je viens au nom de Sa Majesté l'Empereur et Roi vous sommer de rendre Passau à l'instant et à discrétion. 20,000 hommes, 48 pièces de canon et Sa Majesté en personne sont à une demi-lieue d'ici. L'Empereur a choisi Passau pour y établir un hôpital militaire, et afin de ne pas perdre de temps, il m'a envoyé en parlementaire, avec ordre de choisir les localités les plus favorables à cet hôpital. Vous voyez en moi un chirurgien de la Garde impériale, honoré de la confiance particulière de l'empereur Napoléon. Mais il faut vous hâter, car Sa Majesté n'est pas de belle humeur, et il pourrait vous en coûter cher si tout n'était pas prêt lors de son arrivée.

« Après m'être fait prier, j'ai consenti à signer une capitulation moins dure que celle de se rendre à discrétion. Toute l'artillerie, tous les approvisionnements, toutes les armes nous restent. La garnison a une heure pour se retirer et quatre officiers — dont le gouverneur — restent en otage entre nos mains jusqu'à l'entier accomplissement de la capitulation.

« J'ai laissé ces braves gens à l'entrée du camp sous la garde d'une compagnie de grenadiers. »

. . . .

Les Français se mirent en possession de Passau sans la moindre résistance ..... l'Empereur fit fortifier cette place, et l'un des ouvrages que l'on y éleva porte encore le nom de bastion Garouil.

Quant à lui, il reçut la croix et obtint le grade de chirurgien-major de deuxième classe dans un des régiments de la Garde impériale .....

Lettre de Linz, adressée à l'Intendant des mines, à Steyer.

.... Les Français vont arriver, à ce qu'on nous dit. Nous ne les craignons pas. Ils nous traiteront sûrement mieux que les Russes, qui laissent partout des traces de leur passage. ...

Lettre d'un négociant de Vienne.

.....Nous sommes ici dans la plus grande consternation. Plusieurs négociants ont déjà fait banqueroute. Tout le monde a la plus vive inquiétude.....

Lettre de Saint-Pœlten.

.....On se plaint toujours beaucoup des Russes. L'archiduc Ferdinand est passé par Saint-Pœlten, le 28 octobre, et le même jour l'Empereur est passé aussi, allant à Vienne. Il n'était sûrement pas content de faire le voyage avec le prince Ferdinand.....

Lettre de Penzing, du 22 octobre.

.....Après avoir parlé du mal que font les Russes, on dit que la consternation était au comble, mais que les espérances sont un peu remontées, depuis que l'Empereur a renouvelé la scène de Marie-Thérèse, en se mettant absolument entre les mains et sous la protection des Hongrois. Ils en ont été si touchés qu'ils lui ont juré de verser pour lui la dernière goutte de leur sang.

100,000 Prussiens viennent à notre secours. On attend, à chaque instant, l'empereur de Russie. Tout part pour l'armée.....

Lettre de Prague.

.....Nous sommes maintenant rassurés sur la position de nos affaires politiques. La Prusse marche ainsi que la Saxe ; celle-ci est forte de 26,000 hommes. Le reste de nos troupes cantonnées ici sont prêtes à partir au premier ordre.....

Légation de France. — Bulletin.

Berlin, le 9 brumaire an XIV.

Voici ce qu'on mande des bords de l'Elbe en date du 25 octobre :

« L'armée suédo-russe n'est que de 25,000 hommes. Elle avance sur trois colonnes par Domitz, Neuhaus et Ratzebourg. Le roi de Suède les commandera lorsqu'elles seront réunies à Celle. Elle ont de l'artillerie qui était à bord d'une frégate, qui a été obligée d'entrer à Dantzig, à cause d'avaries. On a transporté ses canons sur de petits bâtiments à Wismar.

« Le 28, les premières troupes passeront l'Elbe sur trois points.

« J'ai été à Schwerin. J'y ai causé avec le commissaire qui venait d'inspecter les moyens de transport à Boitzenbourg. Il y avait des officiers russes, mais point de soldats. On attendait trois régiments le lendemain ou le surlendemain au plus tard.

« J'ai trouvé les Prussiens entassés par vingtaine chez les paysans, aux environs de Perleberg, jusqu'aux extrémités du territoire prussien.

« J'écrirai au commandant de Hameln par la première occasion. »

Le général Tauentzien a fait un rapport au Roi sur le passage de l'archiduc Ferdinand à travers les États prussiens en Franconie. Il y dit « qu'il a fait tout ce qu'il fallait pour s'y opposer, et s'est conduit à leur égard comme il l'avait fait antérieurement à l'égard des Français; que leur réponse a été la même, c'est-à-dire : tirez sur nous pour nous en empêcher, et nous nous défendrons ; que n'ayant pas de forces suffisantes, il n'avait pas cru à propos d'ordonner la résistance ».

On a donné hier aux semestriers des garnisons, qui restent à Berlin et à Potsdam, la permission d'aller dans leurs foyers jusqu'à nouvel ordre.

L'ordre est donné au Grand Directoire de la monarchie prussienne de faire en sorte que le pays fournisse à la subsistance des corps d'armée de Brunswick, de Hohenlohe et de Cassel ; que pour cet effet, un arrangement soit fait entre les provinces afin que les fournitures ne tombent pas plus à la charge de l'une que de l'autre ; qu'en attendant, le Grand Directoire empêche la sortie des grains, principalement pour Bremen, Lubeck, Cuxhaven, Stralsund, etc.....

Le duc de Brunswick, qui était revenu à Berlin le 27 au soir, est reparti hier matin pour son quartier général, à Hildesheim.

On dit qu'un régiment prussien a déjà marché de Hildesheim sur Hanovre, et que les nouveaux ordres sont d'éviter toutes difficultés avec les postes français.

CHAPITRE VIII

1ᵉʳ novembre.

Éblé à Navelet.

Salzburg, le 10 brumaire an xiv.

Je réponds, Monsieur, à votre lettre d'hier soir.

Il paraît qu'il y a peu d'ordre dans la manière dont le service s'est établi dans la compagnie auxiliaire. Vous me parlez de fermes dans lesquelles on est à la recherche des chevaux abandonnés par les déserteurs et les Bavarois ; ceci prouve que cette compagnie n'a pas été réunie autant que possible et qu'au lieu de la tenir près du parc, on l'en a laissée s'écarter; cela prouve encore que ceux qui sont chargés de l'administrer et de la surveiller ne sauraient, dans un cas d'alerte, trouver ni les hommes ni les chevaux. Cette négligence peut particulièrement retomber sur vous, Monsieur, et je vous préviens que les suites en seraient très fâcheuses.

On m'a promis des chevaux pour aujourd'hui, mais en petit nombre, je ferai tout ce qui dépendra de moi pour en augmenter le nombre, mais je ne prévois pas pouvoir vous procurer des hommes. Employez des canonniers et qu'ils soient toujours logés près de vous, afin que vous puissiez vous assurer, par vous-même, qu'ils soignent les chevaux.

M'étant informé si les vivres avaient été délivrés au parc, on m'a dit que vous n'aviez envoyé que deux canonniers pour les recevoir, pour les hommes et les chevaux de tous les détachements et qu'ils n'étaient porteurs d'aucun bon, ce qui a empêché qu'il leur soit fait aucune distribution. Si M. le Maréchal venait à être instruit que le service se fait avec une pareille négligence, une si grande preuve qu'on ne s'occupe pas plus de faire donner au soldat ce qui lui revient, je suis persuadé qu'il vous renverrait sur les derrières et qu'il en rendrait compte à l'Empereur, à moins que vous ayez donné des ordres qui n'auraient pas été exécutés.

J'envoie l'ordre à la compagnie de pontonniers de rentrer au parc (1).

Éblé à Songis.

Salzburg, le 10 brumaire an xiv.

Général, j'ai l'honneur de vous rendre compte que les déserteurs autrichiens et les paysans bavarois, qui s'étaient présentés pour conduire des chevaux d'artillerie, sont en partie désertés et que quelques-uns ont emmené des chevaux, malgré la surveillance qu'on a exercée sur eux. Avant leur désertion, ils n'avaient aucun soin ni des harnais, ni des chevaux; leur peu de zèle, joint au défaut de parler leur langue, augmentent les peines des officiers d'artillerie et le service manquera nécessairement, si l'on ne fournit des soldats du train. Il y a environ douze voitures du parc de réserve qui ne pourront suivre faute de chevaux et d'hommes.

Journal du corps bavarois.

1er novembre 1805.

Le lieutenant général de Deroy quitta la position de la Saalach pour se rendre dans le Tyrol.

Le colonel Pompéi, avec un bataillon combiné, pris dans les deux premiers régiments d'infanterie, et 30 chevaux du 2e dragons, marcha à Reichenhall où il fut joint par le 1er dragons. Il avait ordre de défendre les postes de Reichenhall et Wegscheide. Il y apprit qu'un corps ennemi placé à Lofer faisait des incursions vers Melck, marcha, à 4 heures après midi, à l'ennemi, le chassa d'une position à l'autre, lui tua beaucoup de monde, fit 160 prisonniers dont 5 officiers, prit deux canons, autant de caissons, et repoussa l'ennemi au delà de Lofer dans les retranchements nommés Passes de Strub. Cette expédition importante exige un plus ample détail. De Reichenhall on monte jusqu'à Wegscheide qui en est à 2 lieues, de là on descend par une gorge pro-

---

(1) Ordre de faire rentrer dans les régiments les soldats dont on avait formé une compagnie de pontonniers auxiliaires. Ils recevront une indemnité sur les fonds de la compagnie du train auxiliaire. — Ordre de faire des approvisionnements de clous à glace.

fonde et souvent très étroite à Schnaizbrent et Melck, aussi 2 lieues, il y a aussi quelques côtes à remonter ; de Melck la vallée s'élargit peu à peu, la route passe par Unken (1 lieue) et mène à Lofer (3 lieues); 1,000 pas de là on quitte la vallée de Saalfeld, qu'on laisse à gauche pour entrer dans une gorge très étroite, où l'on voit, à 1,500 pas plus loin, à l'endroit le plus resserré, la passe de Strub dite Salzbourgeoise, entre deux montagnes très escarpées et très hautes, à 600 pas plus en arrière se trouve une seconde passe dite l'Autrichienne. Ces passes sont des retranchements en bonne maçonnerie, de la largeur des gorges; on ne peut y entrer que par une porte voûtée qui passe par une grosse tour. Bien défendues, la plupart sont imprenables de front.

Le colonel Pompéi en força trois avant d'arriver à Lofer. Celle de Badenbühl (?) située au haut d'un chemin très escarpé, pris dans un roc, sur un plateau duquel il y avait un canon, et plus en avant étaient disposés des tirailleurs qui prenaient les assaillants dans leur flanc droit ; ce chemin à peine aussi large qu'une voie ordinaire occupe cependant toute la largeur de la gorge, ayant à sa gauche un précipice dans lequel coule la Saalach : ce chemin était encore défendu, outre sa pente, par un triple abatis couvert de glaces, l'ennemi l'ayant continuellement arrosé ; malgré quoi le lieutenant Hahn le franchit avec 15 dragons du 1er régiment dont il eut 8 hommes de tués sur-le-champ : il prit un canon. Soutenu par le capitaine Müller du 2e régiment de ligne, qui mit les tirailleurs en fuite, le colonel Pompéi amena lui-même un renfort de cavalerie, suivi de très près par de l'infanterie, la terreur s'empara de l'ennemi et il s'enfuit en désordre, ce qui facilita la prise du Steinpasse près Melck.

Il n'en fut pas de même pour la Kniepasse, il fallut faire les plus grands efforts durant trois quarts d'heure avant de pouvoir parvenir à l'enlever, après quoi l'ennemi fut rejeté jusqu'au delà de Lofer dans les passes de Strub ; le colonel ferma la gorge par la position qu'il occupa.

Le colonel comte Pompéi, du 2e régiment de ligne, a servi avec la plus grande distinction, a fait preuve de ses talents et combattu longtemps à pied. Le lieutenant Hahn a enlevé le succès par son intrépidité extraordinaire.

Le lieutenant de Grünstein, tout jeune homme de la plus belle espérance, fut tué en tête la première avant-garde.

Le soldat Schœnwetter, du 1er régiment de ligne, a, par son intelligence, beaucoup contribué à intimider l'ennemi au Kniepasse et à le lui faire abandonner.

Le caporal Dobrizhofen et 5 volontaires attaquèrent et prirent 1 officier et 30 hommes qui paraissaient vouloir défendre un pont.

Le lieutenant général de Deroy arriva avec son corps à Reichenhall (1). Il devait marcher sur Kufstein, et tâcher de s'emparer de cette place; mais le lieutenant général apprenant que le colonel Pompéi était à la poursuite de l'ennemi, et qu'il pouvait avoir besoin de renfort, il marcha avec deux bataillons vers Lofer : le colonel avait avancé si rapidement et tant pressé les ennemis, que l'on ne put le joindre que lorsque tout était terminé.

2ᵉ CORPS D'ARMÉE.

Emplacements des troupes le 1ᵉʳ novembre.

Division de cavalerie : Obermühlam.
1ʳᵉ division : Strasswalchen.
2ᵉ division et quartier général : Neumarckt.
Grand parc : Laufen.

Murat à l'Empereur.

Lambach, le 10 brumaire an xiv, 2 h. 15 soir.

J'ai reçu ce matin à 5 heures la dépêche du 9 brumaire, dont Votre Majesté m'a honoré.

Je ne me suis déterminé à poursuivre l'ennemi vivement qu'après avoir acquis la certitude qu'il était en pleine retraite, et après avoir bien connu, par des informations précises, sa position et ses mouvements. Le général Walther, que j'avais dirigé par Mattighofen, avait envoyé le 3ᵉ régiment de dragons sur Friedburg, en recevant l'ordre de me joindre à Ried.

Le colonel de ce corps, qui est rentré hier dans sa division, me rend compte que 7,000 ou 8,000 hommes se retirent par cette route. Le 12ᵉ régiment de chasseurs occupait hier Schwanenstadt et se dirigeait sur Lambach par la route de Salzburg, tandis que je poussais l'ennemi sur le même point, par celle de Braunau ; le 7ᵉ régiment de hussards se portait en même temps de Haag sur Wels par Kematen.

Par cet ordre de marche, j'étais parfaitement garanti sur mes flancs, je n'avais rien à craindre pour les derrières du corps d'armée de M. le maréchal Davout et je donnais à l'ennemi les plus vives inquiétudes.

Ma cavalerie est en marche pour reconnaître Wels qui, selon toutes

---

(1) Une partie des troupes cantonnèrent en deçà. (Variante.)

les apparences, sera abandonné comme l'a été Lambach ; aussitôt que je serai maître de Wels, je ferai reconnaître et occuper Linz, qui vraisemblablement sera aussi évacué. Il me tarde infiniment, et je regarde comme très important, d'avoir un point d'appui sur le Danube.

Les généraux Kienmayer et Merfeld étaient encore ici hier, à 1 heure après midi, avec deux généraux russes. Les premiers ont fait leur retraite sur Steyer et les derniers sur Wels ; on peut croire, d'après tous les rapports, qu'ils ont le projet de ne tenir que derrière l'Enns. Peut-être même se retireront-ils jusqu'à Saint-Pœlten où on prétend qu'est déjà arrivé un autre corps d'armée russe.

L'empereur d'Allemagne n'a connu positivement les revers de ses armées et les malheurs de ses sujets qu'à Wels. Il a paru surtout alarmé des plaintes qui lui ont été adressées de toutes parts sur les désordres commis par les Russes, dont les excès ont porté partout la terreur : à leur approche, toutes les maisons ont été abandonnées ; hommes et femmes, tout est allé se cacher dans les bois. L'Empereur est parti de Wels il y a trois jours, le chagrin dans le cœur et presque sans avoir proféré une parole.

L'avant-garde du corps d'armée de M. le maréchal Davout occupe Lambach, ses autres divisions occupent Haag et les diverses positions intermédiaires en échelons sur la route. Demain, toutes ses troupes seront réunies sur Lambach. L'ennemi, en se retirant, a brûlé le pont, et le canon, que Votre Majesté entend peut-être au moment ou j'écris, n'a pour objet que de chasser quelques hommes laissés pour empêcher de le réparer. Je pense que dans quelques moments, nous pourrons y faire travailler ; on a fait encore ce matin une centaine de prisonniers.

Je désire beaucoup recevoir des ordres de Votre Majesté sur la direction que je dois prendre, soit pour Wels soit pour Steyer : en attendant, j'ai cru ne pas devoir perdre de vue les Russes, ne pouvant pas d'ailleurs suivre les Autrichiens, le pont étant coupé.

Sire, j'avais envoyé à Braunau tous les chevaux blessés ; je viens d'apprendre qu'on n'a pas voulu les y recevoir.

Le général Bisson vient de recevoir une balle dans le bras.

La route de Salzburg se trouvant libre, je vais faire connaître ma position à M. le maréchal Bernadotte et à M. le général Marmont.

Au moment où je finis ma lettre, le canon cesse de tirer, quelques hommes passés dans une barque ont fait prisonniers une cinquantaine d'Autrichiens à la tête du pont ; on va travailler à le rétablir.

Murat à l'Empereur.

Lambach, le 10 brumaire an xiv, 3 heures du soir.

Il est 3 heures, et le général Walther, qui marchait sur Wels, m'annonce que cette ville est évacuée et qu'il va l'occuper ; il reçoit l'ordre de pousser des reconnaissances sur Linz et Ebelsberg. Les Russes ont pris la route de Linz; voudraient-ils passer le Danube et se joindre à la deuxième colonne qui arrive, dit-on, par la Bohême ? Je ne saurais le penser ; s'ils font ce mouvement, c'est sans doute pour s'en revenir, mais il est plus présumable qu'ils se retirent sur Presburg ; je compte aller coucher ce soir à Wels, j'y serais plus à portée d'avoir des renseignements sur l'ennemi.

On a trouvé encore dans les maisons une vingtaine de Russes.

P.-S. — La division Beaumont, qui avait marché en tête, avait un peu souffert et se trouvait fatiguée ; elle séjournera ici aujourd'hui ; j'ai porté la division de cuirassiers en arrière de Wels pour soutenir la division Walther.

Nous serons obligés de faire un pont de bateaux ; nous en avons assez pour cela.

Le général Belliard aux chefs d'état-major des généraux Bernadotte et Marmont.

Au quartier général à Lambach, le 10 brumaire an xiv.

Je vous prie de prévenir M. le maréchal Bernadotte que le corps d'armée du prince Murat avec celui du maréchal Davout ont rencontré hier l'ennemi à 3 lieues de Lambach. Il a été chassé de toutes ses positions et on l'a poursuivi jusqu'à Lambach, dont l'avant-garde a pris possession à 2 heures du matin.

Les ennemis ont brûlé le pont : ils occupent l'autre rive avec très peu de monde. Au moment où je vous écris, on fait pousser des troupes pour les chasser.

Hier nous avions les Russes devant nous, à Lambach ils se sont séparés des Autrichiens se dirigeant sur Wels. Les Autrichiens ont passé la Traun et ont pris la route de Steyer.

1er NOVEMBRE.

Belliard à Berthier.

Lambach, le 10 brumaire an XIV.

J'ai l'honneur de prévenir Votre Excellence qu'hier le corps d'armée de S. A. S. le prince Murat a rencontré l'ennemi en avant de Ieding. Son avant-garde composée d'Autrichiens a été bientôt culbutée et en partie prise à Ieding, où l'ennemi avait pris position avec 3,000 hommes, Russes, Autrichiens et de l'artillerie, a été attaquée et enlevée de vive force : on a poursuivi l'ennemi jusqu'au village de Schweig, où se trouvait un corps de 6,000 à 8,000 hommes, qui a protégé la retraite des troupes battues à Ieding. L'ennemi n'y a pas tenu et nous en avons pris possession après une canonnade assez vive. La nuit a mis fin à la poursuite de l'ennemi et le corps d'armée du prince Murat a pris position, savoir : la 3e division de dragons en avant et en arrière de Schweig, la division Walther à Selling et Bachmaning, et la division de cuirassiers à Hörbach.

Un fort détachement de dragons a été mis à la poursuite de l'ennemi pour éclairer la route de Lambach et en prendre possession dans le cas où l'ennemi l'aurait évacué ; il y est arrivé à 2 heures du matin. Le corps d'armée s'est mis en mouvement pour se porter sur Lambach : le Prince a ordonné qu'il prenne position en avant sur la route de Wels ; un régiment de dragons est parti pour aller reconnaître l'ennemi.

D'après vos ordres, Monseigneur, j'aurai l'honneur de vous rendre compte tous les jours de la position qu'occuperont les troupes de S. A. S. le prince Murat. Je prie Votre Excellence de me dire si Elle veut seulement la position des troupes ou si je dois en même temps lui faire le rapport de nos marches et des combats que peut livrer le corps d'armée : je l'aurais déjà fait, Monseigneur, si vous n'aviez pas défendu, dans une de vos lettres au prince Murat, que je corresponde avec Votre Excellence.

Belliard à Walther.

Lambach, le 10 brumaire an XIV.

Le 1er régiment de chasseurs va se réunir à votre division et en formera l'avant-garde : le Prince désire que vous le portiez de suite en avant pour reconnaître l'ennemi sur l'Enns

Établissez-vous militairement à Wels et faites part, je vous prie, au Prince, de tous les renseignements que vous pourrez avoir sur les ennemis.

Le Prince ordonne que vous fissiez au bailli de Wels des réquisitions de pain, de viande et d'eau-de-vie pour 40,000 hommes et que vous demandiez en même temps 4,000 paires de souliers et 1,200 capotes. Ayez la bonté de faire faire le quartier du Prince et celui de son état-major ; il est possible que ce soir nous allions vous voir.

Journal de la 2ᵉ division de dragons.

Le 10 enfin, la division prend la tête de la colonne, passe à Lambach, s'y arrête un instant pour faire montre à l'ennemi qui nous envoyait des boulets et de la mitraille de la rive opposée de la Traun, et ensuite continue sa marche sur Wels, où elle fait plusieurs prisonniers ; le même jour au matin, le 5ᵉ régiment de dragons rejoignit sa division et une partie du 1ᵉʳ régiment de chasseurs, commandé par le colonel Montbrun, ayant été envoyée pour faire partie de la division, je le poussai le soir même le plus en avant possible sur la route de Linz.

Journal de la Réserve de cavalerie.

10 brumaire, an XIV.

Les troupes marchèrent sur Lambach. La division Walther, à laquelle se réunit le 1ᵉʳ régiment de chasseurs, se porta sur Wels qu'elle occupa ; le pont était brûlé, on travailla à le réparer.

La division Beaumont s'établit à Lambach et en avant sur la route de Wels (1), et les cuirassiers du général d'Hautpoul restèrent en arrière (2).

Une division de M. le maréchal Davout vint à Lambach et s'étendit sur la rive gauche de la Traun. L'ennemi s'était retiré dans la nuit sur Steyer, laissant seulement vis-à-vis Lambach 200 ou 300 hommes pour s'opposer au rétablissement du pont ; embusqués dans les maisons, ils empêchèrent longtemps qu'on pût travailler.

On trouva deux bateaux, dont on se servit pour passer la troupe. Les premiers hommes jetés sur la rive droite, au nombre d'environ 50, marchèrent sur le pont et firent prisonniers tous les Russes et les Autrichiens qui empêchaient les travaux ; alors on chercha à le rétablir,

---

(1) Le 5ᵉ régiment est rentré dans la division.

(2) La division est venue se mettre en bataille à droite de la route, où elle est restée deux heures, et après elle est venue cantonner à Strass, où le quartier général s'est établi. (Journal de la 2ᵉ division de cuirassiers.)

mais il était tellement brûlé qu'on eût été fort longtemps ; alors on fit décharger de très grands bateaux remplis de sel, que les ennemis avaient bien voulu ne pas détruire, et on s'en servit pour faire un pont, qui fut jeté dans la nuit.

Le général Walther reçut l'ordre d'envoyer le 1er régiment de chasseurs sur la route de Linz pour reconnaître l'ennemi.

Le Prince prit son quartier à Lambach.

Le général Bisson fut blessé malheureusement par des tirailleurs ennemis, en faisant embarquer les soldats que l'on voulait jeter de l'autre côté.

Le général Milhaud, qui s'était trouvé séparé du corps d'armée depuis Ingolstadt, fut dirigé par l'Empereur sur Schärding et Passau avec les 16e et 22e chasseurs à cheval. Il rentra le 9 sous les ordres du Prince, qui lui expédia l'ordre de se diriger sur Linz par Eferding.

Le corps d'armée de M. le maréchal Lannes était arrivé à Schärding et Passau, marchant sur Linz, ayant avec lui la 1re division de grosse cavalerie commandée par le général Nansouty.

Rapport fait par Charles-Frédéric Schulmeister.

Lambach, le 1er novembre 1805.

Le général Kutusov a passé par cette ville le 29 octobre avec une colonne de 15,000 hommes, tant cavalerie qu'infanterie, et le 30 dudit, la seconde colonne, de 15,000 à 16,000 hommes, dirigeant sa marche par Wels vers Ebelsberg, où il avait laissé les équipages, qui étaient escortés de près de 8,000 hommes.

Ebelsberg est une petite ville auprès la Traun.

Hier, le 31 octobre, et pendant la dernière nuit, a défilé le corps d'armée de Meerfeld et Kienmayer. A 4 heures a passé Meerfeld lui-même, se portant à Steyer.

Pour m'assurer de sa marche, je l'ai suivi à pied jusqu'à Steyer et me suis retourné pendant la nuit à Schwanenstadt, où j'avais laissé ma voiture. Le résultat de mes observations était que toutes les troupes ennemies se dirigeaient vers Ebelsberg, mais dans un tel désordre qu'il n'est pas à croire qu'ils s'y tiendront.

Du 25 au 26 octobre, l'empereur d'Allemagne a passé la nuit à Wels, en retournant le 26 à Vienne.

D'après les entretiens que j'ai eu avec des officiers russes, il se trouve une colonne russe à Eger dans la Bohême et un autre corps dans les environs de Saint-Bild, à 16 lieues de Vienne.

CHARLES-FRÉDÉRIC.

CHAPITRE VIII.

Rapports.

Lambach, le 10 brumaire an XIV.

Le général Kienmayer avec Meerfeld ont dîné ici hier et ont fait passer leur corps, encore fort de 12,000 hommes, sur le pont de Traun à Kremsmünster ; la plupart de ce corps consistait en cavalerie. La dernière partie de Russes a été encore ici, avec le quartier général du général en chef Kutusov.

Ces Russes ont pris la route de Wels et, jusqu'à 6 heures ce soir, ni Russes, ni Autrichiens ont été encore à Lambach. Les généraux autrichiens et le général Kutusov sont convenus pour sûr de se joindre à Enns et Wels, et prendre position, mais comme ils disaient qu'il est très douteux à se tenir là, ils feraient le possible à prendre position entre Saint-Pœlten et Melk. L'Empereur ne restait pas plus longtemps à Wels qu'un quart d'heure, parce qu'il a entendu trop de malheur de ses troupes et de ses habitants et s'a retiré tout de suite à Wien. Il y a partout une grande misère ; où les Russes ont passé toutes les maisons sont pillées d'eux, et à cette heure abandonnées des habitants. Le plus grand malheur est encore que les terres ne sont pas labourées.

Lambach, le 10 brumaire an XIV.

Hier à midi, le général Kienmayer est passé par ici avec ses troupes, en plupart de cavalerie. Son corps a été fort de 12,000 hommes ; en même temps, la dernière partie de Russes a pris la route de Wels. Kienmayer s'a retiré vers Kremsmünster. A Steyer, il veut se joindre avec les Russes pour prendre position, et s'ils ne peuvent s'y soutenir, ils prendront la position entre Saint-Pœlten et Melk. Même à Lambach les chevaux pour l'Empereur ont été déjà prêts. Mais comme il est arrivé à Wels, il a entendu trop de malheurs et il s'a retiré sans parler plus que trois mots, et s'est arrêté un quart d'heure. Tout le monde est enragé contre les Russes, qui ont pillé tout et empêché les paysans à travailler leur terre.

Résumé des interrogatoires de deux prisonniers russes, l'un capitaine du 8e régiment des chasseurs à pied, nommé Sinconovich, et l'autre soldat du régiment de Berenskoy.

Haag, le 10 brumaire an XIV.

L'armée russe, qui a fait sa retraite sur Linz, est remontée vers Wels où elle s'est appuyée au Polck qui occupa Lambach après sa retraite d'Œttingen en Bavière ; elle est composée de 45 bataillons, dont 4 bataillons des chasseurs à pied et 6 bataillons des grenadiers, 2 régiments de hussards et 4 régiments de grosse cavalerie ; 3 bataillons de grenadiers, 3 bataillons de Berenskoy, le 8° régiment des chasseurs avec les régiments de Peterwarasdins, Wallaques, Bannatz, Broder et Giulay ainsi que 4 escadrons de hussards et 1 régiment de cuirassiers occupent la rive gauche de la rivière qui passe à Lambach.

Ce corps est en retraite sur Lambach.

Les généraux qui commandent l'armée russe sont : le prince Bagration, le prince Urusow, le général-lieutenant Doctorow et le général de brigade Léders.

La force du 8° bataillon des chasseurs n'est que de 400 hommes.

Au corps russe, l'on annonça la prochaine arrivée du général Michelson, qui portera l'armée russe à 80,000, hommes y compris le corps du prince Bagration.

Suivant le dire du soldat Kaschaud Ribin, l'armée russe fera retraite sur Vienne, où toutes les forces des deux Empereurs doivent être concentrées.

Les Peterwarasdins et les Wallaques assurent que le général Kienmayer a fait remonter une partie de son corps vers Salzbourg.

Tous les interrogatoires ci-dessus mentionnés confirment ce que j'ai porté dans mon rapport du 8 brumaire sur les mouvements rétrogrades de l'armée ennemie.

Au reste, un de mes correspondants m'a instruit que, le 5 brumaire, il a été remis à la poste de Hohenlinden une lettre pour moi sous enveloppe, adressée à M. Chambon, commissaire-ordonnateur.

Les renseignements qu'elle renferme, suivant les notices de mon correspondant, doivent contrôler mes deux rapports précédents.

Comme M. le Commissaire-ordonnateur a fait remettre cette lettre à l'état-major général, Votre Excellence sera à même de vérifier le contenu dont je n'ai connaissance que par quelques lignes de mon correspondant qui en font mention.

CRUSTOW (1).

3° CORPS D'ARMÉE.

Ordre de marche du 10 brumaire.

Au quartier général à Bachmaning, le 10 brumaire an XIV.

L'avant-garde et la 1re division prendront position à Lambach.

---

(1) Chargé du service des renseignements de Davout.

La 2e division conservera les positions qu'elle a dû prendre hier au village de Ieding, où il y a eu un engagement avec l'ennemi. Cette division observera la route de Schwanenstadt avec soin.

La 3e division conservera également aujourd'hui sa position en avant de Haag et observera la route de Wels par Kematen.

Les généraux profiteront de cette journée pour procurer des subsistances et des souliers à leurs troupes en envoyant dans les villages à 2 ou 3 lieues à la ronde.

Le quartier général du corps d'armée est à Lambach.

Pour le Général chef de l'état-major général :

L'*Adjudant-Commandant sous-chef*,

(A. G.) Hervo.

Gautier à Gudin.

Grönning, le 10 brumaire an xiv.

Mon Général,

J'ai établi mes régiments sur deux lignes en arrière de ce village, à gauche de la route, dans la position où j'ai fait halte en attendant vos ordres. J'occupe le plateau de Weinberg par 4 compagnies du 85e.

L'artillerie se trouve placée entre ce village et le 25e régiment de ligne. J'ai transmis à MM. les colonels l'autorisation que vous avez bien voulu leur donner pour se procurer des vivres et des souliers dans l'arrondissement de 3 lieues. Ils ont envoyé de suite des détachements commandés par des officiers, avec ordre d'amener ce qu'ils pourront trouver. Les 1re et 2e divisions ayant exigé beaucoup, nous glanerons peu après elles. Je vous rendrai compte, mon Général, de ce qui aura été fourni.

J'ai l'honneur de joindre à cette lettre les rapports du jour.

(A. G.)

P.-S. — J'ai vu passer des chevaux de réquisition que l'on conduisait à Haag. J'ai pensé, mon Général, que s'il dépendait de vous de m'en faire avoir, vous auriez la bonté d'ordonner qu'il en soit fourni deux pour mon fourgon, que je serai obligé de laisser en arrière sans une remonte prompte et complète. Oserais-je vous faire cette demande, en vous priant, mon Général, de la regarder comme non avenue, pour peu qu'il soit difficile de la remplir ?

2o P.-S. — Je viens de recueillir 100 paires de souliers et à peu près 340 pains de 6 à 9 livres qui se trouvent sur quatre voitures pillées par les troupes de droite. Ces voitures viennent de Wolfsegg. Elles portaient un fort approvisionnement et tout aurait été pillé si la scène ne se fût passée près de mon logement ; je tiendrai compte de ce qui reste, si vous pensez que je puisse le faire distribuer aux 25e et 85e régiments qui ont placé des gardes aux voitures.

Les paysans voituriers prétendent qu'ils avaient en partant de Wolfsegg plus de 300 paires de souliers et plus de 500 pains.

3e CORPS D'ARMÉE.

Journée du 10 brumaire (1er novembre 1805).

Quartier général : Lambach.

Avant-garde : Hadt.

Infanterie. — Traverse Lambach et va prendre position à hauteur de Irnharting, sur la route de Wels. La droite en avant du bois de Hadt, la gauche appuyée aux montagnes vers Irnharting.

Les sapeurs restent à Lambach et s'établissent en tirailleurs jusqu'au moment du passage.

Alors les deux officiers du génie Prévot et Bontems de l'avant-garde, à la tête de 15 sapeurs, le colonel du 30e et l'aide de camp du maréchal, Perrin, à la tête de 20 hommes du 30e s'avancent au pas de charge sur le village d'Aichet, en face du pont de Lambach. On tue 2 Autrichiens et en fait 125 prisonniers parmi lesquels 2 officiers.

Nous eûmes plusieurs sapeurs blessés par la fusillade (1).

Cavalerie. — Suit le mouvement de l'avant-garde et éclaire le pont et la gauche de l'infanterie.

1re division : Lambach.

L'artillerie de la 1re division se met en batterie sur la hauteur à droite de Lambach et fait un feu vif et soutenu sur le village d'Aichet d'où l'ennemi embusqué dans les maisons nous incommodait fort.

Les tirailleurs s'établissent dans les maisons de Lambach.

Le général Bisson est blessé au bras près de la batterie.

On calfate un bateau sous le feu du château de Hadt, situé au confluent de la Traun et de l'Ager sur un rocher élevé.

Le maréchal Davout présidait lui-même à ce travail.

---

(1) Passage de la Traun forcé par le colonel Watters du 30e régiment à la tête de 40 hommes qui se jettent dans deux bateaux. L'ennemi se défend dans le village d'Aichet et le village de Stadl dont il nous incommodait. On fait une centaine de prisonniers. Général Bisson blessé.

On établit une cinquenelle et l'on passe 60 hommes qui se divisent en deux pelotons, l'un attaque le village d'Aichet, l'autre attaque Hadt; tourne le château et fait une centaine de prisonniers.

Le capitaine du génie Henrot dirigeait l'attaque de Hadt.

2e division : Gaspoltshofen.

Séjour dans son bivouac de Gaspoltshofen, on l'emploie à faire plusieurs reconnaissances.

3e division : Haag.

Séjour.

Notes topographiques et militaires, en regard du 10 brumaire.

Le pont de Lambach était très endommagé, six piles étaient brûlées.

Le colonel du génie Tousard dirigeant les travaux renonce à l'idée de le faire réparer, et envoie chercher des bateaux à la petite ville de Stadl, à une demi-lieue de Lambach.

On abat une maison, on fait une rampe (la rive au-dessous du pont étant escarpée) et on se sert des piles du pont pour amorcer les bateaux. On travaille toute la nuit. Le travail fut mené lestement et terminé à 6 heures du matin. Mais il aurait été encore plus vite si nous avions eu des pontonniers; nos sapeurs ne s'entendent pas du tout à conduire et à amarrer un bateau. Il est important d'avoir des rameurs dans chaque compagnie. Lambach est un bon point de passage, la rive gauche domine la rive droite. Un point plus favorable encore, si l'on avait un équipage de pont, serait entre Lambach et l'embouchure de l'Alben dans la Traun à un grand coude que fait cette rivière, et où la rive gauche domine la rive droite.

Wels n'est pas un très bon point de passage, quoique les créneaux du mur de la ville soient favorables pour éloigner l'ennemi de la rive droite qui domine beaucoup la rive gauche.

Journal de la division Friant.

10 brumaire an xiv.

Les officiers du génie durent faire, dans cette journée, plusieurs reconnaissances; je fus chargé de celle de Ieding à Schwanenstadt, avec ordre de pousser jusqu'à cette petite ville avec le détachement de chasseurs qui m'avait été confié; elle n'était point occupée, deux compagnies du 30e régiment de ligne y entraient en même temps que nous : le chemin, particulièrement jusqu'à Thalheim, est mauvais et ne serait pas praticable en hiver pour l'artillerie et les équipages; le pays est très accidenté ; mais les hauteurs et fonds sont très peu considérables, il y a beaucoup de bois particulièrement sur la gauche, la descente dans Thalheim est mauvaise.

Thalheim est un très gros et assez beau village, traversé par un fort ruisseau, l'église est sur une hauteur ; en sortant de Thalheim, on passe sur un pont en bois, une autre branche du susdit ruisseau, après lequel le chemin monte, traverse un bois de sapin, descend ensuite ; il devient plus large et meilleur un peu avant le petit village de Schützing aussi baigné par un ruisseau. Le chemin a une montée, avant d'arriver au vallon de Schwanenstadt, et il descend ensuite.

Schwanenstadt est une petite ville, située près la rive gauche d'une petite rivière appelée l'Alter, rapide, peu profonde et au confluent de deux gros ruisseaux. On passe sur des ponts en bois plusieurs branches de l'un des deux ruisseaux susdits avant d'entrer à Schwanenstadt ; ils font tourner plusieurs moulins, entre autres deux très beaux aux portes de la ville.

Il y a une très belle manufacture de mousseline, à gauche et près la ville, sur la route qui conduit à Lambach. Schwanenstadt est petite, mais assez bien bâtie, sa principale rue est large, presque toutes les maisons (comme dans une bonne partie de l'Allemagne) présentent le pignon sur rue, et les eaux du toit s'écoulent par de longues gouttières en bois horizontales. Elle a une enceinte avec fossés dans lesquels on peut faire couler l'un des ruisseaux susdits et faire des retenues d'eau ; deux portes en arcs surhaussés, avec ponts-levis, fontaines, clouteries, églises et cimetière, etc. On voit les hautes montagnes qui séparent le bassin de la Traun de celui de l'Alben ; elles sont couvertes de neige la plus grande partie de l'année ; la principale se nomme le Traunstein, aux pieds de laquelle se trouve une petite ville du même nom d'où on tire beaucoup de sel, ainsi que de Gmünden près le lac dit Traunsee. Afin que le transport du sel de ces deux petites villes ne put être gêné par une chute d'eau de 5 à 6 mètres de hauteur qui a lieu dans la Traun à mi-distance de Schwanenstadt à Lambach, Joseph II fit faire un canal tout en bois porté sur pilotis très élevés, et alimenté au moyen d'écluses par les eaux de la Traun, le courant est si rapide dans ce canal, qu'un cheval au grand trot suivrait à peine un des petits bateaux chargés de sel qui y naviguent. Un poteau à l'embouchure de ce canal dans la Traun apprend au batelier, d'ailleurs instruit, la manière dont il doit manœuvrer ; s'il manque cette manœuvre il est englouti. Cette dernière rivière est renommée par la quantité et la qualité des écrevisses qu'on y pêche.

Daultanne à Gudin.

Lambach, le 10 brumaire an xiv.

L'intention de M. le Maréchal est, mon cher Général, que vous portiez demain votre division en avant et que vous lui fassiez prendre position à une demi-lieue en arrière de Lambach.

Vous vous mettrez en mouvement à 9 heures du matin. Vous ferez remplacer de suite les cartouches d'infanterie et rendrez les caissons vides en chargement à Ried, où un des aides de camp du général Sorbier se tiendra. Ces caissons reviendront de suite.

Vous partagerez avec le général Friant les 30,000 rations de pain et les 2,500 paires de souliers que le bailli de Haag annonce au Prince y être réunies.

P.-S. — La 2º division part à 8 heures et viendra occuper près Lambach les positions de la 1re, qui passe la Traun.

(A. G.)

Soult à Margaron.

Riedau, le 10 brumaire an xiv.

Je désire que vous me rendiez compte du mouvement que votre division a fait aujourd'hui et que vous me fassiez connaître l'établissement que vous lui avez donné à Riedau et environs. Faites-moi savoir lorsque votre compagnie d'artillerie sera arrivée.

Soult à Berthier.

Riedau, le 10 brumaire an xiv.

J'ai l'honneur de rendre compte à Votre Excellence du mouvement que le 4º corps opère aujourd'hui.

La division de cavalerie légère s'est portée d'Altheim sur Riedau et s'est établie en avant de ce bourg, ayant des postes à Kallham.

La 3º division s'est dirigée sur Ried, où elle s'est établie.

La 1re division a eu ordre de cantonner à Kirchham et environs.

La 2º division s'est établie en avant d'Obernberg, sur la route de Riedau.

Le parc d'artillerie devait ce soir se rendre à Altheim ; mais je doute qu'il ait pu y arriver. Je n'ai point encore reçu son rapport.

Demain, toutes les divisions du corps d'armée seront rendues à Riedau avant midi, où elles recevront de nouveaux ordres pour aller occuper les positions qui leur sont destinées sur la route de Wels.

J'ai dirigé une partie de la cavalerie et la 2ᵉ division par Obernberg et Saint-Martin sur Riedau, pour diminuer la longueur de la colonne qui passait par Ried et ménager la communication qui, de ce bourg, conduit à Riedau, qu'en plusieurs endroits, j'ai trouvé très mauvaise; je pense même faire prendre la même direction par Obernberg et Saint-Martin au parc d'artillerie; non seulement parce que cette route est d'une lieue plus courte que l'autre, mais aussi pour lui éviter la rapide montée qui est en avant de Kirchen. Quant à la nature du chemin elle est à peu près la même dans les deux communications, cependant je serai peut-être obligé de faire remonter jusqu'à Saint-Martin l'artillerie de la 1ʳᵉ division qui a été jusqu'à Ried; car, depuis Tais-Kircheim jusqu'à Riedau le chemin était extrêmement mauvais dans le dégel.

Au débouché du bois, en arrivant à Riedau, la cavalerie a pris un poste russe de huit hommes d'infanterie, qui avait été sans doute oublié.

Hier un parti de 50 chevaux autrichiens est passé par Riedau. Ce détachement doit être ce soir à Greiskirchen ; demain, je m'en assurerai et pousserai des postes aussi près que possible de Wels d'où l'on assure que les Russes et les Autrichiens commencent à se retirer.

Soult au colonel Poitevin.

Riedau, le 10 brumaire an xiv.

Je désire, Monsieur le Colonel, que vous donniez des ordres pour que les communications qui conduisent de Riedau à Obernberg et de Riedau à Ried soient mises, le plus promptement possible, dans le meilleur état et que surtout la voie soit élargie, afin que les voitures d'artillerie puissent librement y passer.

Vous ferez, à cet effet, toutes les réquisitions de travailleurs et de matériaux nécessaires. Il conviendra aussi que vous donniez des ordres pour que la route qui conduit de Riedau à Wels soit mise en état, partout où elle est difficile ; vous pourrez employer sur ces trois points des officiers du génie et une partie de la compagnie de sapeurs pour diriger le travail ; mais le fonds de la compagnie doit toujours rester disponible, au quartier général de la division, qui forme tête de colonne.

Soult à Lariboisière.

Riedau, le 10 brumaire an XIV.

Donnez des ordres pour que le parc d'artillerie du corps d'armée se dirige, le plus promptement possible, sur Riedau, d'où vous le ferez porter en avant, sur la route de Wels, pour joindre le corps d'armée.

Deux communications conduisent d'Altheim à Riedau; l'une passe par Obernberg et Saint-Martin, et est très belle, jusqu'à ce dernier endroit; mais en sortant de Saint-Martin, elle passe par une prairie fangeuse, qui serait impraticable dans tout autre temps que la gelée; elle serait cependant préférable à l'autre, si vous régliez le mouvement du parc de manière à ce qu'il partît de Saint-Martin de très grand matin.

L'autre communication passe par Ried, elle est d'une lieue plus longue que la première, et a de plus le désavantage d'avoir beaucoup de montagnes à gravir et descendre; de Taiskirchen à Riedau, la route est très mauvaise. D'après ces considérations, je pense que vous devez diriger le parc par Obernberg et Saint-Martin; je donne ordre au commandant du génie d'employer la compagnie de sapeurs pour faire élargir la voie du chemin.

Venez me joindre, lorsque vous aurez mis le parc en mouvement, et recommandez au colonel Duchesnoy de faire diligence; en passant par Altheim, il pourra faire prendre 50 chevaux de trait que j'y ai fait réunir pour son service, et en demander 30 à Obernberg que j'y ai fait requérir pour le même objet.

Compans à Oudinot.

Braunau, le 10 brumaire an XIV.

M. le Maréchal commandant en chef me charge de vous donner l'ordre de faire passer l'Inn à votre cavalerie légère en toute diligence, et de la porter le plus loin possible sur la route de Linz.

M. le Maréchal désire savoir où le corps d'armée passera la nuit prochaine, afin de pouvoir en informer Sa Majesté. Veuillez, je vous prie, mon Général, lui transmettre cet avis par l'officier porteur de ma dépêche.

Veuillez aussi l'informer de l'état dans lequel se trouve le pont de Schärding, et du nombre et de la capacité des bateaux que vous avez pu vous procurer pour le passage des troupes en attendant la réparation du pont (1).

5ᵉ CORPS D'ARMÉE.

Journée du 10 brumaire (1ᵉʳ novembre 1805).

Le corps d'armée continua, dès le point du jour, son passage de l'Inn et les troupes qui étaient en arrière marchèrent pour s'en rapprocher. Le pont n'était pas encore rétabli, mais on y travaillait avec activité. La division de grenadiers et celle du général Suchet continuèrent de faire usage des bateaux et, lorsque vers les 4 heures de l'après-midi, le pont fut entièrement rétabli, leur passage était achevé. La cavalerie légère passa sur le pont et la division Gazan la suivit immédiatement.

Les troupes furent établies le soir ainsi qu'il suit :

Quartier général : Schärding.

Cavalerie légère : Brigade de hussards marchant avec les grenadiers, à Weitzenkirchen ; brigade de chasseurs marchant avec la division Suchet, à Taufkirchen.

Grenadiers : Brigade Dupont ayant rejoint la colonne, à Baierbach ; brigade Ruffin, à Wienbach ; brigade Mortières, à Heiligenberg.

Division Suchet : Cette division bivouaqua à Taufkirchen.

Division Gazan : Cette division bivouaqua en avant de Schärding. Le 58ᵉ reçut ordre de se détacher pour aller tenir garnison à Braunau.

Division de cuirassiers : Cette division prit des cantonnements entre Poking et Schärding.

Journal de la division Dupont.

Le 10, on se porte sur Griesbach ; ce village offre des ressources, mais elles deviennent inutiles par notre entrée à Passau.

L'adjudant commandant Duhamel au général Dupont
(à son passage à Pfarrkirchen).

Pfarrkirchen, le 10 brumaire an XIV.

Je ne pourrai commencer les cantonnements qu'à Lengham, à 2 lieues de Griesbach, sur la route. Je tâcherai d'y établir le 9ᵉ régiment.

---

(1) Cet ordre est porté en poste par M. Borelli, chef d'escadron à l'état-major du corps d'armée.

Le Commissaire des guerres a requis, dans cette ville, 18,000 rations de pain et 16 bœufs à fournir dans l'espace de quatre jours.

DUHAMEL.

Il serait bon de laisser un petit détachement à Pfarrkirchen pour escorter les convois et protéger le pays.

Le Commissaire des guerres,

CUSTINE.

L'adjudant commandant Duhamel au général Dupont
(à son passage à Birnbach).

Birnbach, le 10 brumaire an XIV.

J'ai établi le cantonnement du 9° régiment et de l'artillerie de l'avant-garde à Birnbach, donnant 76 maisons.

Je me rends à Lengham pour y établir le cantonnement du 96° régiment.

Je suis obligé d'employer tous les villages et hameaux qui se trouvent jusqu'à Griesbach, afin de pouvoir m'exempter de loger des troupes au delà de la ville, la journée se trouvant déjà assez forte.

Griesbach n'est pas plus fort en maisons que Birnbach. J'établirai votre quartier général à Griesbach.

P.-S. — Je ne donne point d'ordre de départ au 96° régiment.

Le général Andréossy à MM. Lauriston, Songis, Dumas, Sanson,
Lévy, Joinville, Dalton, Genlis, Dragon, Petiet, Villemarry.

Braunau, le 10 brumaire an XIV, minuit 15.

D'après l'ordre de Son Excellence le Ministre de la guerre, la moitié du quartier général part ce matin à 3 heures de Braunau pour se rendre à Ried.

L'ordonnateur Joinville fera partir ses administrations, excepté deux commissaires des guerres et deux ou trois agents des différents services, qui resteront provisoirement à Braunau, et prendront les ordres du général Lauriston, gouverneur de la ville.

La Garde, excepté deux escadrons et les stations, recevra le plus de pain qu'il sera possible.

1er NOVEMBRE.

Armée d'Allemagne le 10 brumaire an XIV.

Nos.	DÉSIGNATION DES RÉGIMENTS. NOMS.	NOMBRE de bataillons détruits.	NOMBRE de bataillons restants.	OBSERVATIONS.
	Infanterie de ligne.			
1	Kaiser	5	»	Pris à Elchingen et à Ulm.
3	Archiduc-Charles	4	»	Pris à Elchingen et à Memmingen.
4	Deutsch-Meister	»	4	Du corps de Kienmayer.
8	Archiduc-Louis	3	1	Pris à Wertingen, Memmingen et Ulm.
9	Czartorisky	4	»	Id.
11	Archiduc-Rainier	5	»	Pris à Wertingen, Elchingen et Ulm.
12	Manfredini	5	»	Pris à Wertingen et à Ulm.
14	Klebeck	»	4	Corps du Tyrol.
15	Riese	4	»	Pris à Elchingen et Ulm.
17	Reuss-Plauen	4	»	Pris à Ulm.
18	Stuart	4	»	Pris à Ulm, Wertingen et Memmingen.
20	Kaunitz	2	2	Pris à Elchingen.
21	Gemmingen	»	4	Du corps de Kienmayer.
23	Salzbourg	»	4	Id.
24	Auersperg	4	»	Pris à Memmingen et Ulm.
25	Spork	1	»	Pris à Wertingen, Elchingen et Ulm.
28	Fröhlich	5	»	Pris à Ulm.
35	Archiduc-Maximilien	2	2	Pris à Memmingen.
36	Kollowrat	5	»	Pris à Ulm.
38	Wurtemberg	3	1	Du corps de Kienmayer.
39	Duka	»	4	Du corps du Tyrol.
40	Mittrowsky	5	»	Pris à Memmingen.
41	Hildburghausen	5	»	Pris à Ulm.
42	Erbach	5	»	Pris à Wertingen, Memmingen, Waldsee, Elchingen et Ulm.
46	Nenyebauer	»	4	Tyrol.
47	Kinsky	»	4	Id.
50	Stain	»	4	Worarlberg.
51	Spleny	»	4	Id.
54	Froon	5	»	Pris à Memmingen, Elchingen et Ulm.
55	Reuss-Greitz	3	1	Pris à Wertingen.
57	Colloredo-Joseph	1	3	Pris à Memmingen et Ulm.
58	Beaulieu	1	3	Pris à Memmingen, Ulm et Elchingen.
59	Jordis	4	»	Pris dans le Tyrol.
60	Giulay	4	»	Du corps de Kienmayer.
62	Jellachich (François)	1	3	Pris à Wertingen et Waldsee.
64	Chasseurs tyroliens	2	2	Pris à Elchingen et Ulm.
	A REPORTER	99	45	

CHAPITRE VIII.

DÉSIGNATION DES RÉGIMENTS.		NOMBRE de bataillons détruits.	NOMBRE de bataillons restants.	OBSERVATIONS.
Nos.	NOMS.			
	REPORT.......	99	45	
	Régiments des frontières.			
7	Brooder..............	2	1	Pris à Sternberg.
9	Peterwardeiner.........	1	2	Pris à Dachau, Sternberg et Memmingen.
12	Deutsch-Banatische.....	»	3	En garnison à Vienne.
13	Wallach-Illyrische......	»	3	Id.
14	1er Szekler...........	»	3	
15	2e Szekler	»	3	
16	1er Vallaque...........	»	3	
17	2e Vallaque...........	»	3	
	TOTAL de l'infanterie..	102	65	
	Cavalerie.			
	Cuirassiers.			
1	Kayser...............	»	6	
2	Archiduc-François......	6	»	Pris à Ulm.
3	Duc-Albert	1	5	Id.
4	Archiduc-Ferdinand.....	1	5	Pris à Wertingen et Memmingen.
5	Nassau ,.............	0	6	
6	Mack................	2	4	
7	Lorraine	»	6	
8	Hohenzollern-Hech......	»	2	
	Dragons.			
2	Hohenlohe............	2	4	Pris à Ulm.
»	Melas................	»	6	
	Chevau-légers.			
»	O'Reilly..............	»	6	
»	La Tour..............	1	5	Pris à Wertingen, Memmingen, Elchingen.
»	Klenau...............	»	6	
»	Rosenberg............	1	5	Pris à Ulm.
»	Chasseurs tyroliens à cheval.................	»	»	
	Hussards.			
»	Blankenstein..........	1	5	Pris à Ulm.
»	Lichtenstein	»	6	Id.
»	Stipsicz..............	»	6	
»	Szekler	»	6	
»	Palatinal.............	5	1	Pris à Ulm et Memmingen.
	A REPORTER....	31	90	

1er NOVEMBRE.

Nos.	DÉSIGNATION DES RÉGIMENTS. NOMS.	NOMBRE d'escadrons détruits.	NOMBRE d'escadrons restants.	OBSERVATIONS.
	Report	31	90	
	Uhlans.			
»	Merveldt	»	5	Pris à Memmingen et Vachau.
»	Schwarzenberg	»	»	Pris à Memmingen et Ulm.
»	Archiduc Charles	»	6	
	Total de cavalerie	31	101	

RÉCAPITULATION.

L'Autriche a perdu en Allemagne :

Hommes.

102 bataillons à 600 hommes 61,200
31 escadrons à 100 hommes............................ 3,100

Total des pertes 64,300

Il lui reste en Allemagne :

Hommes.

L'armée ... { 75 bataillons faisant.......................... 37,500
{ 101 escadrons faisant...................... 10,100

En garnison. { 20 bataillons faisant 10,000
{ 18 escadrons faisant 1,800

En bataillons et escadrons de dépôt.................... 17,500

Total de ce qui reste à l'ennemi.... 76,900

Bulletin.

Dresde, le 11 brumaire an XIV.

L'Électeur de Saxe a envoyé, depuis trois jours, un de ses aides de camp à Leipzig à l'effet d'y complimenter l'Empereur, mais on ignore absolument si ce Prince passera par Dresde, soit pour se rendre de Weimar à Prague, soit pour retourner de Weimar à Berlin.

Les préparatifs de la cour de Prusse se continuent sur tous les points, et, au moins en apparence, ils sont tous dirigés contre la France. Aujourd'hui même on répandait la nouvelle, à Dresde, qu'il y avait eu déjà un engagement entre les Français et les Prussiens, mais les uns disaient du côté de Hanovre, les autres du côté d'Anspach.

Ce qui paraît certain, c'est que les Russes ont obtenu le libre passage sur les terres prussiennes. La *Gazette de Breslau* du 25 octobre l'annonce officiellement.

Ce serait alors la troisième armée russe, celle qui s'était formée auprès de Brezech, qui traverserait la Prusse méridionale pour se rendre dans la Basse-Allemagne et s'y réunir aux troupes venues de la Poméranie ; car la seconde armée, celle du général Michelson, doit être déjà en route pour pénétrer en Bohême par la Moravie, à moins qu'elle ne soit aussi dirigée par la Silésie et les États saxons pour pénétrer au cœur de l'Allemagne.

Le contingent de la Saxe pour le maintien de la neutralité et qui se meut en ce moment pour garnir la frontière. du côté de la Franconie est composée ainsi qu'il suit :

INFANTERIE.

	Bataillons.	Hommes.
Régiment de l'Électeur	2	1,400
— du Prince-Frédéric-Auguste	2	1,400
— du Prince-Antoine	2	1,400
— du Prince-Maximilien	2	1,400
— du Prince-Xavier	2	1,400
— du Prince-Clément	2	1,400
— de Rechten	1	700
— de Ruchel	1	700
— de grenadiers	4	»
TOTAL de l'infanterie	18	1,111

CAVALERIE.

	Escadrons.	Hommes.	Chevaux.
Régiment de l'Électeur (cuirassiers)	4	734	666
— de Ketschisky (cuirassiers)	4	734	666
— du Prince Jean (chevau-légers)	4	734	666
— de Polentz (chevau-légers)	4	734	666
Moitié du régiment de hussards	4	532	500
TOTAL de la cavalerie	20	3,508	3,164

Bulletin.

Ratisbonne, le 10 brumaire an XIV.

On a fait la réception la plus brillante à l'empereur Alexandre, dès son entrée dans les États prussiens et toute la cour était en grand gala le jour de son arrivée à Berlin. Il va y avoir des fêtes militaires pour célébrer la présence de ce monarque, qui paraît avoir déjà beaucoup influé sur la direction antifrançaise qu'on cherche à donner à l'opinion publique de la capitale et de l'armée prussienne.

L'empereur Alexandre se propose de se rendre de Berlin à Dresde et à Weimar pour y prêcher une croisade contre la France, dans laquelle il voudrait entraîner tout le Nord de l'Allemagne, il a pressé le roi de de Prusse de l'accompagner, mais il ne paraît pas jusqu'ici que cette invitation soit agréée.

L'armée combinée des Russes et Suédois traverse, en attendant, le pays de Mecklemburg pour se rendre par le duché de Lauenburg dans le duché de Brême où elle sera jointe par les légions hanovriennes levées en Angleterre et qui ont dû débarquer à Stade.

Cette armée combinée prendra possession de l'électorat de Hanovre, au nom du roi d'Angleterre, ce qui n'empêchera cependant pas que le corps d'armée, que le roi de Prusse fait rassembler du côté de Hidelsheim, sous les ordres du duc de Brunswick, n'occupe la partie du pays de Hanovre que Sa Majesté a désignée comme étant nécessaire pour couvrir ses frontières de Westphalie.

Un deuxième corps de troupes prussiennes se rassemblera du côté de Wesel, sous les ordres de l'électeur de Hesse.

Un troisième corps de troupes prussiennes, dont le noyau existe déjà, dans les environs de Hoff, va se former sur les frontières de la Saxe et de la Franconie ; plusieurs régiments saxons et hessois doivent s'y réunir.

Ces trois corps ne doivent d'abord figurer que comme formant une armée d'observation, qui cependant, d'un moment à l'autre, peut prendre un autre caractère.

Il y en outre une armée de réserve, tant à Berlin que dans les environs de cette capitale. Une deuxième en Pologne et une troisième du côté de la Silésie.

C'est dans cette attitude semi-hostile que la cour de Berlin se propose d'établir sa médiation armée et de faire à l'empereur des Français les mêmes propositions dont devait être chargé M. Novosizoff, rappelées dans la note remise par M. le comte Philippe de Cobenzl, le 25 fructidor an XIII et dans celle de M. le comte de Rasonmowski du 31 août 1805.

État des troupes prussiennes mises en campagne dans le Cercle de Basse-Saxe, en Franconie et en Westphalie.

10 brumaire an XIV.

Armée de la Basse-Saxe sous les ordres du feldmaréchal duc de Brunswick.

Quartier général à Hildesheim.

INFANTERIE.

RÉGIMENTS D'INFANTERIE, A DEUX BATAILLONS.

Kunheim.	Pirch.
Arnim.	Comte-Owstien.
Gœtze.	Borcke.
Alt-Larisch.	Mannstein.
Winning.	Gaudi.
Prince-Ferdinand.	Hulsen.
Prince-Guillaume.	De Grabowsky.
Duc-de-Brunswick.	Billa.
Kleist.	Comte-Wedel.
Prince-Louis.	Carlowitz.
Tschammer.	

CAVALERIE.

RÉGIMENTS DE CAVALERIE.

Dragons.

Bavaro-Palatin.	6 compagnies de chasseurs.
Ansbach-Bayreuth.	Cuirassiers de Bailliodz.
Katte.	Hussards de Gökingk, actuellement Rudorff.
Irwing.	

Armée en Franconie sous les ordres du lieutenant général prince Hohenlohe-Ingelfingen.

Quartier général à Erfurt.

INFANTERIE.

BATAILLONS DE GRENADIERS.

Herwarth.	Hahn.
Krafft.	Collin.
Braun.	Deux bataillons de Tauenzien.
Schack.	

1er NOVEMBRE.

RÉGIMENTS D'INFANTERIE, A DEUX BATAILLONS.

De Zweiffel, actuellement Unruh.
Comte-de-Wartensleben.
Renouard.
De Puttkammer.
Strachwitz-Steinwehr.

Grevenitz.
Zastrow.
Prince-de-Hohenlohe.
Treuenfels.
4 compagnies de chasseurs.

CAVALERIE.

RÉGIMENTS DE CAVALERIE.

Dragons.
Prittwitz.
Voss.
Hussards.
Gettkandt.
Pletz.
Hussards d'Anspach.

Cuirassiers.
Cuirassiers du corps.
De Quitzow.
D'Henckel.
D'Heissing.

Armée de Wesphalie sous les ordres du feldmaréchal Électeur de Hesse.

INFANTERIE.

RÉGIMENTS D'INFANTERIE, A DEUX BATAILLONS.

Hesse.
Schladen.
Schenk.

Hagken.
Wedel.

CAVALERIE.

RÉGIMENTS DE CAVALERIE.

Cuirassiers.
Cuirassiers du corps.
Reitzenstein.

Wobeser.
Blücher.

Dragons.
Hussards.

Berthier à Petiet.

Braunau, le 10 brumaire an XIV.

L'Empereur a trouvé très ridicule, Monsieur, que l'officier du génie qui est à Augsburg s'oppose à la construction des fours, et encore plus inconséquent de détruire ceux qui sont faits; je donne des ordres en conséquence au général Lery.

J'écrirai au généraux Soult et Bernadotte qu'ils renvoient les voitures que vous leur avez données à Munich.

Je viens de donner ordre qu'on établisse une route d'étapes d'Augsburg à Braunau, passant par Landshut, la route de l'armée ne devant plus être par Munich ; vous aurez des ordres à donner à cet égard.

J'écris au maréchal Ney pour faire rentrer la brigade de voitures qu'il a prise, appartenant à l'équipage de la compagnie Breidt.

Il est très important que le payeur vous suive ; nous avons besoin d'argent. Sa Majesté n'a encore donné aucune décision sur les fonds que vous avez demandés ; cependant je lui en ai parlé ce matin.

Andréossy à Petiet.

Braunau, le 10 brumaire an XIV.

J'ai l'honneur de vous envoyer ci-joint l'itinéraire déterminé par Son Excellence le Ministre de la guerre, Major général, pour les différentes routes d'étapes qui doivent servir de communication entre la Grande Armée et le Rhin.

Son Excellence désire que vous preniez de suite les mesures nécessaires pour fournir ces routes de tout ce qui sera convenable pour assurer le service des subsistances et pour établir des commissaires des guerres ou adjoints partout où vous le jugerez à propos.

Je vous prierai de vouloir bien me faire connaître le plus tôt possible les dispositions que vous aurez prises à cet égard et les noms des commissaires des guerres que vous aurez désignés.

Projet d'établissement des routes d'étapes des frontières de l'Empire à l'armée partant des trois points de Kehl, Fribourg et Huningue pour aboutir aux principales places occupées par la Grande Armée sur la frontière d'Autriche.

Première route partant de Kehl pour arriver à Braunau par Pfüllendorf, Memmingen, Augsbourg et Landshut.

Seconde route partant de Fribourg et d'Huningue pour arriver à Salzbourg par Schaffhouse, Ravensburg, Kempten et Innsbrück.

La première de ces deux routes traverse les montagnes de la forêt Noire, toute la Haute-Souabe et la Bavière.

La seconde route, qui est la même pour les deux débouchés de Fribourg et Huningue, longe la Suisse et ne se rapproche de la première route qu'au point de Stockach, sans toutefois la couper, et traverse tout le Tyrol par la vallée de l'Inn et le débouché de la Saal.

1er NOVEMBRE.

Première route.

De Kehl à Gengenbach.....................	8 lieues.
De Gengenbach à Hausach.....................	5 —
De Hausach à Schiltach (?)...................	8 —
De Schiltach à Donaueschingen...............	8 —
De Donaueschingen à Duttlingen.............	7 —
De Duttlingen à Messkirch...................	5 —
De Messkirch à Pfullendorf (séjour)..........	4 —
De Pfullendorf à Wadfsa (?).................	7 —
De Wadfsa à Wurzach.......................	5 —
De Wurzach à Memmingen..................	6 —
De Memmingen à Mindelheim................	6 —
De Mindelheim à Schwabmunchen...........	6 —
De Schwabmunchen à Augsbourg (séjour).....	6 —
D'Augsbourg à Schwabhausen................	8 —
De Schwabhausen à Freisingen...............	9 —
De Freisingen à Landshut (séjour)...........	8 —
De Landshut à Vilsbiburg....................	5 —
De Vilsbiburg à Eggenfelden.................	7 —
D'Eggenfelden à Braunau....................	8 —
De Kehl à Braunau..........................	126 lieues.

Nota. — On compte un mille d'Allemagne pour deux petites lieues de France. Les troupes en marche ne font guère plus d'un demi-mille par heure.

La route de Spire à Augsbourg par Heilbron, Nordlingen et Donauwerth continuera de servir de route d'étape, mais il n'y en aura plus qu'une seule d'Augsbourg à Braunau, de Spire à Bruchsal, de Spire à Neustadt, de Spire à Oringen, de Spire à Hall, de Spire à Nordlingen, de Spire à Donauwerth, de Spire à Augsbourg.

(Voyez d'Augsbourg à Braunau la route ci-contre.)

Seconde route.

De Fribourg à Neustadt.....................	8 lieues.
De Neustadt à Unadingen...................	4 —
D'Unadingen à Engen.......................	5 —
D'Engen à Stockach (séjour).................	5 —
De Stockach à Salmanweiller................	6 —
De Salmanweiller à Ravensburg..............	8 —
De Ravensburg à Wangen...................	5 —
De Wangen à Kempten (séjour)..............	9 —

CHAPITRE VIII.

De Kempten à Weisbach...................	6 lieues.
De Weisbach à Reutte.....................	8 —
De Reutte à Nassereith....................	7 —
De Nassereith à Beyerbach.................	5 —
De Beyerbach à Zirl......................	5 —
De Zirl à Inspruck (séjour)................	4 —
D'Inspruck à Schwaz.....................	8 —
De Schwaz à Rattenberg...................	5 —
De Rattenberg à Muhlberg.................	6 —
De Muhlberg à Sanjoan (Saint-Johann).......	7 —
De Sanjoan à Lofer.......................	6 —
De Lofer à Reichenhall....................	6 —
De Reichenhall à Salzburg.................	4 —
De Fribourg à Salzburg...................	127 lieues.
D'Huningue à Salzburg...................	137 lieues (1).

Andréossy à Lauriston.

Braunau, le 10 brumaire an xiv.

Vous voudrez bien, Monsieur le Gouverneur, conformément aux intentions de Sa Majesté et aux ordres de Son Excellence le Ministre de la guerre, Major général, diriger aujourd'hui sur Munich, avec une compagnie d'escorte du 38º régiment de ligne, les prisonniers de guerre qui ont été amenés hier à Braunau et dont l'état est ci-joint.

J'écris au colonel Passinges, commandant à Munich, de les faire partir pour Spire, en suivant la route d'étapes et de renvoyer de Munich à Braunau la compagnie d'escorte du 38º. Il ne pourra dans aucun cas la retenir. Veuillez, Monsieur le Gouverneur, donner vos ordres pour l'exécution des dispositions ci-dessus.

J'ai l'honneur, etc...

---

(1) Le lendemain, Andréossy écrira à Petiet que cette réorganisation est ajournée et que l'on garde l'ancienne route, prolongée par Freising, Landshut, Vilsbiburg, Eggenfelden, Braunau, Ried et Lambach.

Andréossy annonce à Petiet l'arrivée de 800 cavaliers et 1,000 fantassins destinés au 2º corps, qui passeront à Augsburg le 8 novembre et à Braunau le 16.

1er NOVEMBRE.

État des prisonniers arrivés hier à Braunau et qui en partent aujourd'hui pour se rendre à Spire en suivant la route d'étapes par Wurmansquik, Ganghofen, Vilsbiburg, Landshut, Freisingen, Munich. Odelshausen, Augsbourg, Meitlingen, Donauwœrth.

Premier convoi.

1er régiment de Transylvanie..........
- 1 capitaine, M. .....;
- 1 lieutenant, M. Marx;
- 2 sergents-majors;
- 12 sergents;
- 19 caporaux;
- 148 soldats;
- 1 soldat russe.

Total : 182 soldats et 2 officiers.

Nota. — Le premier convoi a été envoyé par S. A. S. le prince Murat.

Second convoi.

Régimens de Peterwardein............
- 1 lieutenant, M. Domescouk;
- 1 sergent-major;
- 3 caporaux;
- 33 soldats.

Total : 37 soldats et 1 officier.

1er régiment de Transylvanie ....
- 1 lieutenant, M. Eruff;
- 11 caporaux;
- 103 soldats.

Total : 114 soldats et 1 officier.

Régiment de hussards de l'Empereur.....
- 1 maréchal des logis;
- 8 hussards.

Total : 9 hussards.

Ce second convoi a été adressé à l'état-major par M. le maréchal Davout.

RÉCAPITULATION.

	Officiers.	Soldats.
1er régiment de Transylvanie..............	2	182 (1)
Régiment de Peterwardein................	1	37
1er régiment de Transylvanie..............	1	114
Régiment de hussards de l'Empereur........	»	9
Total général..............	4	342

---

(1) Parmi lesquels 1 Russe.

CHAPITRE VIII.

Le nombre de 342, réduit à 333 présents, parce qu'il s'est trouvé 9 blessés entrés à l'hôpital de Braunau, parmi les 182 prisonniers du 1er régiment n° 1 de Transylvanie.

Le commandant de l'escorte des prisonniers de guerre, ci-dessus mentionnés, exercera sur eux la surveillance la plus active soit par lui-même, soit par les officiers à ses ordres.

Il sera désigné, dans chaque régiment, un bas officier pour faire les fonctions d'adjudant.

Il sera désigné, par compagnie, deux bas officiers pour la commander et surveiller la conduite du soldat.

Il sera fait plusieurs appels par jour.

Tout soldat prisonnier, qui cherchera à s'écarter de la colonne, sera regardé comme déserteur et puni de mort.

Tout soldat prisonnier, qui sera convaincu d'avoir fomenté un complot de désertion ou de révolte, sera sur-le-champ puni de mort.

Il sera donné connaissance aux prisonniers des deux derniers articles précédents, le matin, au moment du départ, et le soir, en arrivant au gîte.

Le commandant de l'escorte est responsable du nombre de prisonniers qui lui sont confiés. S'il éprouve des pertes quelconques de prisonniers, il doit en indiquer les causes sur cette feuille.

Chaque commandant d'escorte indiquera, sur cette feuille, le nombre d'hommes qu'il reçoit. La subsistance et le logement seront fournis tant aux prisonniers qu'à l'escorte, par tous les lieux d'étapes, conformément aux règlements.

Rapport fait au général Songis sur l'armement de la place d'Augsbourg, demandé par sa lettre en date du 8 brumaire an XIV.

Augsburg, le 10 brumaire an xiv.

L'armement complet de la place d'Augsbourg est subordonné aux travaux qui pourront y être faits par le corps du génie qui, jusqu'à ce moment, s'est borné à ouvrir des créneaux au mur d'enceinte et des communications à un ouvrage avancé sur la Vertach.

L'artillerie a donc dû se borner momentanément à s'occuper de l'armement des points les plus avancés dans la campagne, des portes et des routes qui offrent le plus de facilité à l'ennemi pour s'approcher de la ville.

Cavalier de la porte Rouge.

D'après cela, il a été mis en batterie, sur le cavalier de la porte Rouge, trois pièces de canon, dont deux de 12 et une de 13. Le but de cet armement est de défendre la route de Munich, celle de Landsberg et les approches de cette porte par les chemins qui tournent la ville.

Porte de Mémingue.

Il a été placé deux obusiers de bataille autrichiens dans l'ouvrage avancé qui couvre cette porte ; il a été mis sur le cavalier à la gauche de cet ouvrage deux pièces de 13 et une de 6.

Bastion des Juifs.

Ce bastion, situé entre la porte de Mémingue et celle d'Ulm, est armé de deux pièces de 13 et d'une de 6 ; le but de ce bastion est de défendre les approches de la route de Mémingue et celles des routes d'Ulm et de Donauwœrth.

Cavalier à droite en sortant de la porte d'Ulm.

Ce cavalier n'est point encore armé, et l'on éprouvera beaucoup de difficulté pour le faire, parce que l'on ne peut y parvenir que par un escalier. Je me propose d'y placer, le plus tôt possible, trois pièces de 6, attendu la difficulté de mettre de gros calibres. Le but de l'armement de ce cavalier est de battre, sur la gauche, le pont sur la Vertach, qui aboutit aux deux routes d'Ulm et Donauwœrth et de défendre, sur la droite, le grand parc qui est placé sur le glacis sous le feu de la mousqueterie.

Cavalier dit le Lowinsland.

Ce cavalier est armé de deux pièces de 12 et d'une de 6, qui défendent par la gauche les approches du parc et par la droite le lazaret qui sert de dépôt de munitions et de salle d'artifices.

Depuis ce cavalier jusqu'à la porte Rouge, il n'y a point d'autres ouvrages sur le cordon de la place, les portes sont seulement couvertes par de petits ouvrages avancés, lesquels seront armés suivant les projets qui seront exécutés par le génie. J'observe que les approches de la ville dans cette partie sont déjà très difficiles, étant couvertes par le Lech et plusieurs canaux de navigation.

Il résulte de l'exposé ci-dessus qu'il y a déjà en batterie :

A la porte Rouge, deux pièces de 12 et une de 3....... 3
Au cavalier de la porte de Mémingue, deux pièces de 13 et une de 6............................. 3
A la demi-lune avancée de la porte de Mémingue, deux obusiers............................. 2
Au bastion des Juifs, deux pièces de 13 et une de 6... 3
Au cavalier Lowinsland, deux pièces de 12 et une de 6. 3

TOTAL des bouches à feu en batteries......... 14

Il sera rendu compte ultérieurement des progrès de l'armement à mesure qu'il augmentera.

Le général de brigade d'artillerie,
Hanicque.

CHAPITRE IX

2 novembre.

Journal du corps bavarois.

11 brumaire an XIV.

Prise de la passe dite Strub de Salzbourg. — Le 2 au matin on essaya de forcer la première passe de Strub, mais la force de l'ennemi ayant été reconnue trop supérieure, on remit l'attaque jusqu'à l'arrivée des autres troupes, lesquelles étant venues vers le soir, on fit les dispositions suivantes, à quoi il faut ajouter qu'il se trouve dans ce défilé deux passes ou retranchements, l'un derrière l'autre, à la distance d'environ six cents pas.

Le major de Haynau, du 1er bataillon léger, fut détaché pour tourner à nuit tombante la passe par les hauteurs de sa droite et entrer par derrière : il était concerté que, dans le moment que cela serait effectué, il lui viendrait du renfort. Le major exécuta la marche à travers les rocs escarpés, avec tant d'intelligence qu'il arriva derrière la première passe sans être aperçu de l'ennemi ; mais y trouvant une forte garnison, qu'il fallait forcer, il y eut une vive attaque qui coûta fort cher de part et d'autre, et comme ce ne fut qu'avec peine qu'on parvint à forcer la porte fortement barricadée, le major de Haynau a eu à combattre longtemps des forces infiniment supérieures, avant qu'on parvînt à lui donner du secours. Lui-même reçut deux blessures ; le capitaine Graeff, dangereusement blessé, fut pris ainsi que le lieutenant comte Fattenbach.

Le lieutenant baron de Massenbach, du 3e bataillon léger, fut blessé.

Le 2e régiment de ligne et une partie du 1er firent l'attaque directe, à 8 heures du soir; on trouva la grande porte fortement barricadée, mais la petite était ouverte; le colonel Lessel, le colonel baron Gumpenberg et l'adjudant Roeckl entrent des premiers; on réussit enfin à forcer la grande porte, on poussa l'ennemi et l'on fut repoussé à plusieurs reprises, le capitaine fut tué, le colonel Lessel et l'adjudant blessés; à la seconde attaque le capitaine Andrizky fut grièvement blessé, l'appointé Griebl, qui entra le premier, fut blessé et les trois hommes qu'il conduisait tués.

Le colonel du 1er régiment, le comte Rechberg, s'était porté lui-même, avant l'attaque, sur la montagne de droite, pour empêcher l'ennemi d'y pénétrer, et croyant pouvoir l'attaquer par sa gauche; les roches à pic et les crevasses qu'on rencontra rendirent toute opération offensive impraticable sur ce point.

Attaque de la passe dite Strub d'Autriche. — Dès qu'on se fut assuré de la première passe, la brigade de Marsigli remplaça celle de Minucci, et marcha à la seconde, ayant le lieutenant général de Deroy en tête; cette passe, prise et reprise plusieurs fois, ne put être maintenue, les tirailleurs ennemis se trouvant trop en forces sur les hauteurs qui l'entourent, et le lieutenant général ayant été blessé, l'attaque fut cessée.

Le 1er régiment de ligne, qui n'était pas relevé, fut très maltraité à la première de ces attaques. Les lieutenants Muhl et comte Lerchenfeld y furent tués, et le major baron de Strœhl, qui conduisait l'attaque, fut grièvement blessé.

Le capitaine Ruef, du 4e de ligne, repoussa vigoureusement l'ennemi posté sur une hauteur, jusqu'à la passe.

Le capitaine Laba, du même régiment, força à la baïonnette une tour latérale et prit 45 hommes. Le soldat Hœgelsberger entra le premier.

Le lieutenant Spengel, du 5e de ligne, fut tué.

Le 2e régiment de dragons eut 7 officiers blessés

Le caporal Bernard, ayant son cheval blessé, fut atteint par l'ennemi, dont il tua le maréchal des logis; il ne se rendit qu'après avoir donné et reçu nombre de blessures et perdu trois doigts.

Le lieutenant d'artillerie Rois donna un si bel exemple de sang-froid que ses canonniers, quoique étant le seul but du tir ennemi et perdant du monde, ne continuèrent pas moins leur service avec ordre et activité.

Le lieutenant Caspers a rendu des services très utiles avec un seul obusier.

Berthier à Bernadotte.

Ried, le 11 brumaire an xiv.

Je vous préviens, Monsieur le Maréchal, que nous occupons Wels et Linz, et que bientôt l'Empereur va vous donner l'ordre de rejoindre

2 NOVEMBRE.

l'armée sur Steyr; mais, auparavant, Sa Majesté voudrait avoir des nouvelles de ce qui se passe jusqu'à Inspruck ; elle imagine que le 10, le maréchal Ney aura commencé ses dispositions pour occuper le Tyrol, et que vous-même, vous aurez envoyé une colonne de Bavarois pour le soutenir et pour tourner Kuffstein.

Nous attendons avec impatience des nouvelles de la marche de M. le maréchal Ney et de celle de la colonne bavaroise qui a dû le seconder.

Berthier à Bernadotte.

Ried, le 11 brumaire an XIV.

Je vous préviens, Monsieur le Maréchal, que tout porte l'Empereur à penser que votre présence n'est plus nécessaire à Salzbourg, que la colonne qui a fait sa retraite par la Carinthie doit être fort loin et hors d'état de rien entreprendre. Sa Majesté désire donc qu'avec toutes vos troupes françaises, et la moitié du corps bavarois, vous vous rendiez à grandes marches, et le plus tôt que vous pourrez, sur Lambach. Faites-moi connaître le jour où vous croyez pouvoir y être arrivé, et où vous coucherez ce soir.

Vous donnerez l'ordre à la moitié du corps bavarois que vous laissez à Salzbourg, que du moment où M. le maréchal Ney occupera Inspruck, et que, comme tout porte à le croire, ce Maréchal n'aura plus besoin de ce corps, il suive votre marche et vous rejoigne ; mais, auparavant, il faut que cette partie du corps bavarois aide M. le général Ney dans son opération pour s'emparer d'Inspruck, et qu'il ait toujours une forte avant-garde sur le chemin de la Carinthie, par où l'ennemi s'est retiré ; cependant, Monsieur le Maréchal, si, contre l'opinion de l'Empereur, vous croyez qu'il y ait de grandes forces dans le Tyrol, vous m'en rendriez compte sur-le-champ, et Sa Majesté, dans ce cas, vous autorisera à différer l'exécution du présent ordre, jusqu'à ce que vous receviez une réponse à vos observations.

Si vous marchez sur Lambach, emportez le plus de pain que vous pourrez, et faites-vous fournir des souliers (1).

---

(1) Éblé envoie au parc 13 prisonniers et un déserteur autrichiens disposés à faire le service de conducteurs. Il recommande de les surveiller avec soin. Demande l'état exact des chevaux morts, volés ou hors de service. Combien de déserteurs autrichiens et de conducteurs bavarois se sont sauvés ? (Il en reste 30.) On fera punir les Bavarois. Les harnais ont-ils été volés avec les chevaux ? Comment la surveillance était-elle assurée ? Payer la solde régulièrement.

Acheter de la graisse à Salzbourg pour les divisions. Des soldats bavarois

Berthier à Marmont.

Ried, le 11 brumaire an XIV.

L'intention de l'Empereur, Monsieur le maréchal Marmont, est que vous arriviez à Lambach le plus tôt possible ; faites-moi connaître le jour où vous y serez ; j'attends de vos nouvelles pour savoir où vous coucherez ce soir.

Le prince Murat occupe Wels ; il est nécessaire que vous arriviez promptement à Lambach.

Quant au général Dumonceau, il a l'ordre de se rendre à Passau, ainsi que je vous l'ai mandé.

Emplacement des troupes du 2ᵉ corps.

Division de cavalerie : Oberrgau ;
Quartier général, les 1ʳᵉ et 2ᵉ divisions : Vöcklabruck ;
Grand parc : Neumarkt.
Distance d'un quartier général à l'autre 8 lieues 3/4.

Berthier à Davout.

Ried, le 11 brumaire an XIV.

L'Empereur, Monsieur le Maréchal, a donné l'ordre que tout votre corps se réunisse à Lambach, et que votre avant-garde prenne position à 2 ou 3 lieues en avant sur la route de Kremsmünster ; mais toutefois dans le cas où vous jugerez qu'il n'y aura pas d'inconvénient.

Vous devez employer la journée à vous reposer et à rallier votre artillerie.

Faites-moi connaître la situation des corps de votre armée, celle de votre parc et celle de vos moyens de subsistance

Il est nécessaire, Monsieur le Maréchal, de rallier et de laisser se

---

seront envoyés pour la conduite des chevaux, avec un sergent par division. Ces soldats ne doivent pas être confondus avec les déserteurs. Les sergents recevront 50 centimes par jour. En fournir l'état.

Ordre au commandant du 2ᵉ bataillon du train (Lentz), de quitter Munich et de rejoindre avec les chevaux en état de marcher, après les avoir fait harnacher. Laisser l'adjudant pour achever les effets d'habillement reposer votre monde le plus possible et de reprendre un moment haleine. Sa Majesté désire connaître positivement jusqu'à quel point votre armée est fatiguée.

Davout à Berthier.

Lambach, le 11 brumaire an xiv.

J'ai l'honneur d'adresser à Votre Excellence copie d'un rapport qui m'a été fait par un de mes aides de camp, sur l'existence au village de Stadl, sur la rive droite de la Traun à un quart de lieue de Lambach, de 3 magasins de sel et de 37 bateaux chargés de la même denrée, le tout appartenant à l'empereur d'Allemagne.

J'ai remis ces magasins et ces bateaux sous la garde et la responsabilité du bailli de Lambach, et j'ai chargé le commissaire-ordonnateur en chef d'en dresser procès-verbal, contradictoirement avec ce bailli, et d'en faire passer une expédition à l'intendant général de l'armée.

J'ai l'honneur de fixer l'attention de Votre Excellence sur la nécessité de faire conduire à Braunau toutes les armes, pièces d'artillerie, munitions de guerre ou de bouche, caissons, voitures et généralement tout ce qui aurait été abandonné par l'ennemi. Votre Excellence jugera qu'il ne sera pas moins important de contraindre les autorités à déclarer et à faire conduire à Braunau tous les Autrichiens et Russes, égarés ou déserteurs, échappés, qui se trouvent dans leurs arrondissements, sous peine d'exécution militaire pour leurs bailliages et leurs propres personnes.

Gautier à Gudin.

Stroham, le 11 brumaire an xiv.

Mon Général,

J'ai pris position en arrière du village de Weinberg, la droite à peu près à sa hauteur et la gauche se prolongeant sur la lisière du bois. Trois compagnies du 25º et deux du 85º régiment occupent les villages qui se trouvent aux extrémités de la ligne.

Il manque 241 hommes dans le 25º et 130 dans le 85º.

Je ne puis vous remettre le rapport du 85º, le colonel ayant oublié de me l'envoyer; je connais le déficit de ce corps par l'appel qui m'a été rendu verbalement ce soir.

(A. G.)

3ᵉ CORPS D'ARMÉE.

Le général Daultanne aux généraux de division.

Au quartier général à Lambach, le 11 brumaire an xiv.

L'intention de M. le Maréchal, mon cher Général, est que, toutes les fois que vous aurez occasion d'envoyer des partis ou des reconnaissances, vous fassiez entrer dans les instructions des officiers commandant ces partis l'ordre de s'emparer, non seulement des courriers de malle qu'ils rencontreront, mais encore d'enlever les lettres et paquets chez les directeurs des postes aux lettres, qui sont habituellement, en Allemagne, les maîtres des postes aux chevaux.

M. le Maréchal vous recommande également de prescrire aux troupes sous vos ordres de faire enlever avec soin les papiers dont pourraient être porteurs les prisonniers russes, autrichiens, au moment où ils sont pris.

Les papiers trouvés seront envoyés, avec la plus grande exactitude, au quartier général.

Les renseignements qu'on peut tirer de ces pièces sont souvent de la plus grande importance (1).

(A. G.)

Gudin à Davout.

Neunkirchen, le 11 brumaire an xiv.

J'ai l'honneur de vous rendre compte que je suis arrivé sur les 2 heures à la position que vous m'aviez prescrite, à un demi-quart de lieue de la 2ᵉ division. J'ai établi un bataillon du 12ᵉ à droite de la route, sur une éminence, adossé à un bois. Les autres bataillons de la 1ʳᵉ brigade sont à la gauche de la route, se prolongeant sur Lambach. La 2ᵉ brigade est en seconde ligne de ces trois bataillons, à 200 toises de distance.

J'ai, depuis deux jours, un officier à votre quartier général, de sorte qu'un de mes aides de camp que j'ai envoyé, aussitôt mon arrivée, en instruire le général Daultanne, est rentré.

Beaucoup des hommes restés en arrière faute de souliers ou par

---

(1) Le Maréchal ordonne d'avoir 4 hommes à la garde des drapeaux du 1ᵉʳ régiment, et de les relever à chaque station.

(A. G.)

fatigue, sont rentrés; il en manque cependant un assez grand nombre qui, j'espère, rejoindront ce soir (1).

J'ai eu du pain à Haag, pour jusqu'au 13 inclus; une plus grande quantité à la fois serait inutile, car les soldats le jettent souvent ou le vendent quand ils en ont trop, malgré toute la surveillance qu'on peut y mettre. Notre subsistance en viande est assurée pour près de huit jours (2).

J'ai eu aussi 1,000 paires de mauvais souliers ou brodequins, ce qui pare aux besoins les plus pressants.

(A. G.)

3ᵉ CORPS D'ARMÉE.

Journée du 11 brumaire an XIV.

Quartier général : Lambach.
Avant-garde : Steinerkirchen.
Infanterie. — Passe la Traun à 7 heures du matin et engage une petite affaire que l'on ne suit pas.

On s'arrête sur le Sud d'un ruisseau en avant de Steinerkirchen et on y prend position.

L'ennemi profite de ce moment pour se retirer.

Cavalerie. — Suit le mouvement de l'avant-garde.

Le 7ᵉ hussards est à Steinerkirchen.

Les 2ᵉ et 12ᵉ chasseurs en avant avec l'infanterie.

1ʳᵉ division : Wimsbach.

Le général Caffarelli vient prendre le commandement de la 1ʳᵉ division, qui passe la Traun, et va prendre position à une heure de Lambach, sur un plateau qui borde la rive gauche de l'Alm.

2ᵉ division : Lambach.

Passe la Traun et prend position une demi-lieue au delà, dans les bois

---

(1) Le général Gudin adresse au rapporteur du 2ᵉ conseil de guerre une plainte contre un soldat du 21ᵉ, prévenu d'insubordination. Il demande la suite qui a été donnée à une affaire du même genre établie depuis longtemps. Il lui est répondu que la question a été réglée dans les vingt-quatre heures.

(A. G.)

(2) Le général Gudin est invité néanmoins à faire prendre le lendemain à Lambach plusieurs bœufs destinés à sa division et qui lui seront remis par le commissaire des guerres Burget.

(A. G.)

CHAPITRE IX.

à droite et à gauche de la route de Lambach à Kremsmünster, appuyant sa gauche à la Traun.

3° division : Neunkirchen.

Prend position sur la rive gauche de la Traun, à droite de la route qui conduit à Schwenenstadt et faisant face à cette route.

Parc de réserve : Suit le mouvement de la 3° division.

Notes topographiques et militaires.

Si les Autrichiens, au lieu de couper quelques arches et de brûler une pile, les eussent brûlées toutes jusqu'à fleur d'eau, s'ils eussent brûlé tous les bateaux, au lieu de les amener de leur côté, où nos nageurs les vont chercher, il est probable qu'ils nous auraient arrêtés plus longtemps et qu'ils auraient eu le temps de se réunir à la grande armée russe.

Ce n'est pas une des choses les moins étonnantes de cette campagne, que le passage du Danube, de l'Inn et de la Salzach, n'ayant pas arrêté une demi-journée la marche rapide de nos troupes.

Journal de la division Friant.

De Gaspoltshofen à Lambach, le 11 brumaire an XIV.

Nous passons la Traun à Lambach et allons établir nos bivouacs à trois quarts de lieue en avant de cette petite ville, à cheval sur le chemin de Kremsmünster et dans les bois, la gauche à la Traun, la droite à Mitterberg. La 3° division bivouaque à Schützing, rive gauche de l'Alter, qui se jette dans la Traun à Lambach, où se trouvait le quartier général de l'Empereur, celui du prince Murat, du maréchal Davout, du général Friant et de plusieurs autres généraux de cavalerie et d'infanterie. Nous trouvâmes toutes les maisons désertes; il y avait eu la veille une petite affaire où donna surtout le 30° régiment de ligne. L'ennemi avait brûlé le pont, on dut le remplacer par un pont de bateaux, et débusquer plusieurs partis épars sur la rive droite, qui voulaient nous inquiéter et tenir au moyen du château sur ladite rive, à gauche du pont. Le général Bisson, commandant la 1re division, causait près du pont avec des officiers, et reçut une balle morte dans l'épaule, qui le mit hors d'état de suivre le 3° corps durant quelque temps; il fut remplacé par le général Caffarelli.

Lambach est située à l'embouchure de l'Alter dans la Traun; son enceinte est peu de chose; cette petite ville est généralement mal bâtie, mal pavée, elle est à la moitié du revers qui termine la plaine que nous venons de parcourir. Le couvent est assez beau et près la rivière. La place en face est spacieuse, mais mal pavée ; plusieurs routes en assez bon état aboutissent à cette ville; on y voit plusieurs fontaines.

D'Ieding à Lambach la route est généralement bonne, bien ferrée, de bonne largeur, le terrain est assez plan; pont sur un ruisseau avant d'entrer à Hörbach. Autre ruisseau d'abord à gauche, et ensuite coupé par la route, un peu au delà d'un second Ieding; montée et descente, à la hauteur de Neunkirch et Mermbach, villages à droite et à gauche de la route à 700 ou 800 mètres, etc., vallon arrosé par un assez gros ruisseau coulant de droite à gauche. Après ce vallon, la route se réunit à celle de Schwanenstadt à Lambach et s'éloigne peu de la crête du revers de la plaine, qui a bien 13 à 15 mètres au-dessus de la Traun large de 25 à 30 mètres, profonde et rapide; la descente au pont en bois long de 60 mètres sur la Traun est forte et mauvaise, particulièrement quand on a dépassé la ville; elle forme un grand coude.

Berthier à Soult.

Ried, le 11 brumaire an XIV.

Je vous préviens, Monsieur le Maréchal, que le prince Murat occupe Wels l'intention de l'Empereur est que vous preniez position avec votre corps d'armée à Wels, le plus tôt qu'il vous sera possible. Faites-moi connaître, Monsieur le Maréchal, quand y arrivera votre avant-garde et les lieux que vous occuperez pour vous y rendre. L'Empereur pense que votre avant-garde en sera très près ce soir. Faites-moi connaître comment vous êtes pour les moyens de subsistance.

Le maréchal Lannes marche sur Linz, et le maréchal Davout est à Lambach.

Salligny à Vandamme.

Riedau, le 11 brumaire an XIV.

M. le Maréchal commandant en chef vient d'arrêter, mon cher Général, les dispositions suivantes :

La division de cavalerie légère se réunira aujourd'hui à 9 heures du matin en avant d'Erlach, et se dirigera sur Wels, en passant par Grieskirchen. Elle s'arrêtera en avant de cette dernière ville jusqu'à ce que l'infanterie légère de la 3ᵉ division l'y ait jointe.

Pendant ce temps, le général Margaron poussera aussi loin que possible des partis de cavalerie sur la route de Wels pour avoir des nouvelles de l'ennemi, et fera éclairer les communications qui conduisent à Grieskirchen.

La 3e division s'établira militairement au bivouac entre Tolleterau et Grieskirchen. Son avant-garde, composée de l'infanterie légère, se portera en avant de Grieskirchen, et se gardera avec beaucoup de soin, tant sur la grande route que sur les autres communications qui aboutissent à cet endroit.

Votre division s'établira aussi au bivouac en avant de Neumarkt, et se gardera militairement sur ses deux flancs.

Le quartier général de la division sera à Neumarkt.

La 1re division logera à Riedau et Zell. Son quartier général sera à Riedau. Elle portera son artillerie en avant de ce dernier point.

Aussitôt que la 3e division sera établie, le quartier général du corps d'armée se rendra à Grieskirchen.

L'ordonnateur en chef fera réunir à Grieskirchen tout le produit des réquisitions qu'il aura faites dans les bailliages environnants et affectera à chaque division ce qui est nécessaire pour sa subsistance, afin de se conserver toujours en avance pour deux jours.

Je ferai mon possible pour faire fournir 30 ou 40 chevaux de trait à votre équipage d'artillerie, pour remplacer ceux en mauvais état, ou qui sont restés en arrière. S'ils ne vous sont remis à votre passage à Riedau, je vous les ferai conduire ce soir à votre position.

M. le Maréchal commandant en chef vous invite à faire marcher votre troupe dans le plus grand ordre, et d'empêcher qu'aucun militaire ne s'écarte de la route sous aucun prétexte, à moins qu'il ne soit commandé de service. Il vous recommande surtout d'empêcher tout excès ou pillage, afin de conserver les ressources du pays pour la subsistance de l'armée.

P.-S. — Mouvement du 12.

Les divisions du corps d'armée se mettront en marche demain à 7 heures très précises du matin, et se dirigeront sur Wels en passant par Grieskirchen. Elles recevront, en arrivant près de cette dernière ville, des ordres pour leur établissement.

Le quartier général du corps d'armée leur sera en même temps indiqué.

Les divisions marcheront dans l'ordre suivant :

La cavalerie et l'artillerie légère ;
La 3e division ;
La 2e division ;
La 1re division.

Le quartier général et les administrations resteront à Grieskirchen jusqu'à ce qu'il soit donné ordre de les porter en avant.

Soult à Margaron.

Riedau, le 11 brumaire an XIV.

Les rapports d'émissaires, que je reçois, portent que l'ennemi a évacué Wels; dans cette persuasion, je désire que vous portiez aujourd'hui la cavalerie aussi près que possible de cette ville, et que vous en preniez même possession en faisant éclairer les routes de Linz et de Kremsmünster, si toutefois, pour cette dernière, le pont de Wels n'est pas coupé; mais, dans ce dernier cas, vous feriez garder le pont et donneriez des ordres pour que, sur-le-champ, on réunisse les matériaux nécessaires à son rétablissement.

Si, contre les rapports d'émissaires, l'ennemi était encore en force en avant de Wels et que vous ne puissiez vous emparer de cette ville sans compromettre votre troupe, vous m'en rendriez immédiatement compte et laisseriez des postes pour surveiller ses mouvements, jusqu'à ce que l'infanterie soit à même de vous soutenir et que j'aie donné de nouveaux ordres.

Vous ferez rester votre artillerie légère en avant de Grieskirchen, où je lui donnerai moi-même des ordres, lorsque je le jugerai convenable.

Soult à Vandamme.

Riedau, le 11 brumaire an XIV.

ORDRE.

La division de cavalerie légère s'établira en avant de Grieskirchen, comme il est dit dans l'ordre qu'elle a reçu ce matin.

La 3º division se portera en avant de Kalham, où elle bivouaquera; son infanterie légère prendra poste en avant de Neumarkt, aussi au bivouac, et se gardera très militairement.

La 2º division logera à Zell et à Riedau.

La 1ʳᵉ division s'arrêtera à Taiskirchen, où elle cantonnera, ainsi que dans les hameaux à portée.

Le général Saint-Hilaire donnera ordre à son artillerie, si elle n'a pas encore dépassé Altheim, de se diriger sur Obernberg, d'où elle prendra la route qui conduit à Riedau par Saint-Martin, et lui prescrira de partir demain de grand matin, afin de passer dans le fort de la gelée les mauvais chemins.

Si cette artillerie était déjà engagée sur la route de Ried, le général

Saint-Hilaire la ferait remonter de cette dernière ville sur Saint-Martin pour prendre, ainsi qu'il est dit ci-dessus, la route de Riedau.

Le quartier général du corps d'armée restera aujourd'hui à Riedau.

Mouvement du 12.

Les divisions du corps d'armée se mettront en marche demain à 7 heures du matin très précises, et se dirigeront sur Wels en passant par Grieskirchen. Elles recevront, en arrivant près de cette dernière ville, des ordres pour leur établissement.

Le quartier général du corps d'armée leur sera en même temps indiqué.

Les divisions marcheront dans l'ordre suivant :

La cavalerie et l'artillerie légère ;
La 3ᵉ division ;
La 2ᵉ division ;
La 1ʳᵉ division.

L'ordonnateur en chef fera réunir à Grieskirchen tout le produit des réquisitions qu'il aura faites dans les bailliages environnants, et affectera à chaque division ce qui est nécessaire pour sa subsistance, afin de les conserver toujours en avance pour deux jours.

Le général Salligny fera son possible pour faire fournir 30 ou 40 chevaux de trait à chaque équipage d'artillerie, pour remplacer ceux en mauvais état et restés en arrière.

Ces chevaux seront réunis aux divisions à leur passage à Riedau.

MM. les généraux de division sont invités à faire marcher leurs troupes dans le plus grand ordre et à empêcher qu'aucun militaire ne s'écarte de la route sous aucun prétexte, à moins qu'il ne soit commandé de service. Il leur est surtout recommandé d'empêcher tout excès ou pillage, afin de conserver les ressources du pays pour la subsistance de l'armée.

P.-S. — Le Maréchal, apprenant à l'instant que Wels est occupé par nos troupes, envoie l'adjudant-commandant Lemarois pour réunir toute l'artillerie du corps d'armée à Altheim et la faire passer par Lambach. Si cependant la vôtre était déjà engagée par Obernberg, vous la laisseriez filer sur Riedau et rejoindre votre division.

Soult à Vandamme.

Riedau, le 11 brumaire an XIV.

Le chef de bataillon Revest m'instruit du quiproquo qui a donné lieu au mouvement que vous avez fait faire ce soir à votre division. Je

2 NOVEMBRE.

regrette que vous n'ayez pas réfléchi au contenu des deux ordres, et vous auriez vu que le dernier expédié, et par conséquent le seul valable, était celui qui vous était le premier parvenu ; mais, comme la chose est faite, la division restera avec la 3e ainsi que vous l'avez établie et demain matin, vous la ferez partir après elle, pour la diriger, par Grieskirchen, sur Wells, où elle recevra de nouveaux ordres.

L'observation que le capitaine Couture vous a faite lorsque le premier ordre vous a été remis par M. Ecloze eût dû encore vous faire sentir que cet ordre était antérieur à celui que M. Couture vous portait.

Ordre.

Riedau, le 11 brumaire an xiv.

Les divisions du corps d'armée se mettront en marche demain à 7 heures et se dirigeront sur Wels en passant par Grieskirchen ; elles recevront en arrivant des ordres pour leur établissement ; le quartier général sera en même temps indiqué.

Le quartier général et les administrations resteront à Grieskirchen jusqu'à ce qu'il soit donné ordre de les porter en avant.

SOULT.

Soult à Margaron.

Riedau, le 11 brumaire an xiv.

Le Ministre me prévient à l'instant que Son Altesse le prince Murat occupe Wells ; ainsi vous vous contenterez de tenir aujourd'hui des postes à portée de cette ville, et vous laisserez la division à Grieskirchen ; si cependant elle était engagée jusqu'à portée de Wels, vous la feriez établir en arrière de cette ville jusqu'à ce que les troupes du prince Murat l'aient évacuée. Dans tout état de choses, demain matin de très bonne heure vous dirigerez la division sur Wels, où vous recevrez de nouveaux ordres.

Ce soir, je serai à Grieskirchen.

Soult à Margaron.

Riedau, le 11 brumaire an xiv.

Vous vous rendrez demain matin avec la division que vous commandez à Wels, pour y remplacer les troupes du prince Murat et faire occuper cette ville ; et vous vous garderez militairement sur la rive droite de la Traun, ainsi que je vous l'ai dit dans une autre lettre de ce jour. Je donne ordre à la compagnie d'artillerie légère de partir demain à la pointe du jour, pour vous joindre à Wels ; elle sera accompagnée par un bataillon du 26ᵉ d'infanterie légère. Soyez de très bonne heure à Wels pour presser l'établissement du pont et pour faire faire mon logement et celui du général Salligny ; vous aurez soin, cependant, de faire réserver le quartier de l'Empereur.

Soult à Berthier.

Riedau, le 11 brumaire an XIV.

J'ai l'honneur de rendre compte à Votre Excellence du mouvement que les troupes du corps d'armée ont fait aujourd'hui.

La division de cavalerie a eu ordre de pousser jusqu'à Wels, et je la fais prévenir, à l'instant, d'après l'avis que Votre Excellence me donne, que cette ville est occupée par le prince Murat.

La 3ᵉ division s'établit à Neumarkt.
La 2ᵉ division à Riedau.
La 1ʳᵉ division a ordre de s'arrêter à Taiskirchen.

J'envoie ordre à l'artillerie du corps d'armée, qui était restée en arrière, n'ayant pu finir de passer le défilé de Burghausen et qui, ce matin, devait se diriger par Altheim, Ried, Haag et Lambach, sur Wels (1). Il serait extrêmement difficile et beaucoup plus long de lui faire suivre la direction que les troupes ont prise pour se rendre à Riedau ; l'artillerie légère et celle de la 3ᵉ division que j'y ai fait passer, ont eu de la peine à en sortir.

Demain, je dirigerai les divisions sur Wels. La 3ᵉ division, ainsi que la cavalerie, y arriveront, mais je ferai arrêter la 2ᵉ en arrière de la ville, et la 1ʳᵉ n'ira que jusqu'à Grieskirchen, où sera, ce soir, mon quartier général.

Milhaud à Murat.

Linz, le 11 brumaire an XIV.

J'ai l'honneur de prévenir Votre Altesse que mon avant-garde est

---

(1) *Sic*. Il faut lire, sans doute : « Par Altheim sur Riedau, de passer par Ried, etc. »
Nous ne possédons pas l'original de cette lettre, mais l'enregistrement seul.

entrée ce matin à Linz, à 9 heures du matin : elle a fait 30 prisonniers sur la route de München. Le pont de Linz est coupé ; 4,000 hommes d'infanterie ont évacué hier soir dans la nuit ; nous avons vu ce matin, sur la rive droite, trois colonnes assez fortes qui se dirigeaient sur Wilhering ; ils remontaient et nous descendions le Danube à portée de fusil.

Le nombre des Russes et de 3,000 ou 4,000.

Nous avons trouvé 500 malades à l'hôpital.

Il est nécessaire, Monseigneur, d'envoyer de l'infanterie à Linz pour garder cette ville. L'ennemi est toujours en face du pont. Je rendrai un compte plus détaillé à Votre Altesse Sérénissime, quand j'aurai pris tous les renseignements.

Je désirerais avoir vos instructions et vos ordres.

P.-S. — Il existe à Linz quelques magasins autrichiens, j'ai ordonné qu'on les garde.

Murat à l'Empereur (1).

Wels, le 11 brumaire an xiv, 1 h. 30 soir.

J'ai l'honneur d'adresser à Votre Majesté un rapport sur la force, les mouvements et les projets de l'ennemi.

Le général Milhaud est entré hier, vers midi, à Eferding, en même temps qu'un détachement du 7e régiment de hussards que j'avais dirigé d'Haag sur ce point. Ce détachement a fait environ 50 prisonniers russes. Le général Milhaud a continué sa marche sur Linz ; j'y avais envoyé de mon côté des reconnaissances ainsi que sur Ebelsberg. Ces deux places ont dû être évacuées ce matin par l'ennemi.

On travaille ici à réparer le pont qui a été brûlé comme les autres. Je ferai rétablir aussi celui d'Ebelsberg ; par ce moyen, les corps de MM. les maréchaux Soult et Lannes n'éprouveront aucun retard. Comme les pays qu'il faut parcourir d'ici à Steyer sont couverts de montagnes et offrent très peu de ressources pour la cavalerie, je vais me diriger par Ebelsberg sur Enns. Cette route, sur la rive du Danube, me fournira plus de fourrages et me paraît beaucoup mieux convenir aux corps que je commande.

La division Walther occupera ce soir Ebelsberg, celle du général d'Hautpoul Neubau. Le général Beaumont sera établi à Wels. J'irai peut-être de ma personne à Ebelsberg.

Je joins à ma dépêche des lettres trouvées à la poste, qui m'ont paru

---

(1) Voir la lettre de Lannes à l'Empereur, dans Alombert : *Le combat de Dürrenstein*, p. 13.

pouvoir vous offrir quelque intérêt. Plusieurs sont écrites par des militaires qui passent de l'armée d'Italie à celle d'Autriche.

Sire, mes équipages étant restés fort loin derrière moi, je vais me trouver dépourvu de cartes; je prie Votre Majesté de vouloir bien donner au général Sanson l'ordre de m'envoyer celles qui vont m'être nécessaire.

Sire, mes équipages et le payeur se trouvent en arrière; je suis sans le sol, ainsi que tout mon état-major.

J'ouvre ma lettre pour annoncer à Votre Majesté que le général Milhaud est entré ce matin à Linz, ainsi qu'un détachement de chasseurs que j'avais envoyé sur ce point. 4,000 ou 5,000 hommes d'infanterie russe et autrichienne se sont retirés sur la rive gauche et ont coupé le pont. Ils ont laissé 500 malades à l'hôpital. Ils ont abandonné aussi des magasins considérables.

J'aurai ce soir un rapport plus circonstancié; je m'empresserai de le communiquer à Votre Majesté. Mes avant-postes ne perdent pas de vue l'ennemi.

Le colonel du 1er régiment de chasseurs m'envoie 30 prisonniers russes, qu'il a faits sur le pont d'Ebelsberg. Je n'ai pas encore de détails sur l'occupation de cette ville.

Je pars à l'instant pour Linz, où je m'occuperai sur-le-champ à faire rétablir les trois arches de pont qui ont été brûlées.

Rapport fait à Wels le 11 brumaire an XIV.

Les Russes ont été en nombre de 36,000 hommes ici avec quatre régiments de hussards et deux régiments de dragons; chaque régiment de la cavalerie consistait en nombre de 1,000 hommes bien montés. Il y avait aussi une artillerie russe avec 100 pièces, il faut qu'il y a plus en arrière encore une cavalerie russe — au moins le régiment du corps de cuirassiers russes — parce que une escadron de ces cuirassiers russes a conduit l'empereur d'Autriche jusqu'ici, comme il est arrivé il y a 5 jours. L'Empereur n'a que parlé ici avec le général Meerfeld et le général de Russes Kutuzov. On est convenu à prendre position à Lambach et Wels. A cause de ça les Russes qui sont été en arrière de Wels sont avancés vers Wels et celui qui ont été déjà à Wels pour retourner à Enns sont avancés à Lambach. Mais comme l'Empereur est retourné à Wien, les Russes n'ont pas suivi l'ordre de se tenir et sont retournés à *Ebersberg* et *Enns*.

Mais c'est le plus sûr qu'ils ne tiennent non plus à *Enns* et *Ebersberg* et j'ai des renseignements, les plus positifs, qui veulent se retirer jusqu'à Amstetten. A Amstetten, ils attendant le corps du général

Michelson fort de 50,000 hommes, la plupart cavalerie. Le général Michelson doit être six marches en arrière d'Amstetten ou de Krems.

J'ai eu plusieurs lettres de Wien, depuis trois jours. Ils n'annoncent pas l'arrivée de l'empereur de la Russie ; au contraire, ils disent qu'il est à Berlin et de Berlin il veut se rendre à Wien.

La noblesse hongroise se forme en masse au moins de 50,000 hommes pour défendre Wien, même un corps de volontaires est formé à Wien pour défendre la capitale. Il y a déjà une consternation terrible.

Partout où ils sont passés les Russes, il y a une *émigration générale* par rapport de leurs vexations et pillages et tourments terribles. Toutes les maisons sont abandonnées. Il n'y a point de bestiaux et tous les endroits sont comme des déserts.

Il faut des mesures bien sévères : que les habitants retournent chez eux. Outre cela on pourrait être enfermé.

Rapport de Murat à l'Empereur (1).

Wels, le 11 brumaire an xiv.

Il est venu à Wels 36,000 Russes. Il y avait quatre régiments de hussards et deux régiments de dragons. Chacun de ces corps avait 1,000 hommes bien montés. On évalue l'artillerie russe, qui a paru, à cent pièces de canon. On croit qu'il y a encore de la cavalerie de cette nation en arrière ; ce qui est certain, c'est que l'empereur d'Autriche a été accompagné jusqu'ici par un corps de cuirassiers russes. Ce monarque arriva il y a cinq jours. Il ne parla qu'au général Merfeld et au général russe Kutusov Il fut convenu de prendre position à Lambach et Wels. Les Russes qui étaient en arrière de cette dernière ville marchèrent en conséquence pour venir s'y établir, et ceux qui l'occupaient déjà se portèrent sur Lambach ; mais l'Empereur étant parti, les Russes n'ont plus exécuté l'ordre qu'ils avaient reçu de tenir ; ils ont rétrogradé vers Ebelsberg et Enns. Il est certain qu'il ne doivent pas tenir, non plus à Ebelsberg ni à Enns. Je suis informé positivement, qu'ils doivent se retirer jusque sur Amstetten. Là ils doivent se joindre au corps du général Michelson, fort de 50,000 hommes, la plus grande partie en cavalerie. Ce général doit être à six marches d'Amstetten ou de Krems.

J'ai lu, depuis trois jours plusieurs lettres de Vienne. Elles n'annon-

---

(1) On remarquera que ce rapport est la reproduction (à la forme près) du rapport précédent, remis à Murat par un agent.

cent pas l'arrivée de l'empereur de Russie, elles disent au contraire qu'il est à Berlin.

La noblesse hongroise se lève en masse, elle formera un corps de 50,000 hommes au moins. Un corps de volontaires est déjà organisé à Vienne pour la défense de cette capitale. La consternation est générale.

Partout où les Russes ont passé, l'émigration a été universelle, tant leurs brigandages ont excité de terreur.

Il conviendrait de prendre des mesures pour rappeler chez eux les habitants des villages. Leur absence menace l'armée d'une disette absolue.

Berthier à Murat.

Ried, le 11 brumaire an XIV.

L'Empereur a reçu, Monsieur le Maréchal prince Murat, vos deux lettres par lesquelles vous lui faites connaître l'occupation de Wels par le général Walther.

Sa Majesté voit avec plaisir que vous vous soyez porté sur ce point avec votre cavalerie. Laissez M. le maréchal Davout à Lambach, où il devra employer toute la journée de demain à se réunir dans cette ville, et à y recevoir son artillerie ; il pourra pousser son avant-garde sur la route de Kremsmünster, le général Beaumont couvrirait cette avant-garde ; mais l'intention bien positive de l'Empereur est que l'on donne du repos aux troupes de M. le maréchal Davout, ainsi qu'à celles du général Beaumont.

M. le maréchal Soult va arriver à Wels ; son avant-garde y sera vraisemblablement dans la journée de demain.

L'avant-garde de M. le maréchal Lannes arrivera, je pense, dans la journée de demain à Linz.

Donnez vos ordres, Monseigneur, pour qu'on rétablisse le pont de Wels ainsi que celui d'Ebelsberg.

Appuyez, avec les divisions Walther et d'Hautpoul, et celle du général Nansouty qu'a M. le maréchal Lannes, sur Ebelsberg et de là sur la route d'Enns.

On doit croire que toute la cavalerie ennemie sera dans cette position ; mais si l'ennemi occupait en force Ebelsberg, l'ordre positif de l'Empereur est qu'on n'engage aucune affaire sérieuse, sans que toutes ses forces se trouvent réunies ; dans ce cas on se mettrait tout simplement en position.

Faites réparer le pont du Danube à Linz.

2 NOVEMBRE.

Belliard à Walther.

Wels, le 11 brumaire an XIV.

D'après les ordres du Prince, vous voudrez bien partir de suite de Wels, avec votre division, pour vous porter sur Ebelsberg où vous prendrez position. Si le pont n'a pas été coupé. Vous pousserez une reconnaissance sur Enns; dans le cas où l'ennemi l'aurait coupé, vous donnerez des ordres pour qu'il soit rétabli le plus promptement possible; le Prince pense que Linz est évacué; alors, mon Général, vous le ferez occuper par un régiment de votre division, tout autant cependant qu'il ne le serait pas par d'autres troupes.

Belliard à Walther.

11 brumaire an XIV.

Le 1er régiment de chasseurs, qui fait votre avant-garde, devra être réuni à la 1re brigade.

D'après les ordres du Prince, M. Lefèvre, major du 11e régiment, est autorisé à rester au corps, pour y faire la campagne.

Belliard à Berthier.

11 brumaire an XIV.

J'ai l'honneur de prévenir Votre Excellence que la reconnaissance envoyée sur Wels l'ayant trouvé évacué, il a été occupé hier par la 2e division de dragons, les autres divisions n'ont pas fait de mouvements.

Ce matin, la 2e division s'est portée sur Ebelsberg, qu'elle occupera si l'ennemi ne le tient pas en force, il en sera de même de Linz; dans le cas contraire, elle prendra position sur la route.

La division d'Hautpoul s'établira de Marchtrenk à Neubau, la division Beaumont restera à Wels, avec le quartier général; le pont de Wels a été rompu par l'ennemi, on travaille à le réparer.

Le général Milhaud, qui, hier, arriva à Eferding, a poussé sur Linz, où il est entré ce matin : l'ennemi l'avait évacué dans la nuit, laissant 500 malades.

Belliard à d'Hautpoul.

Linz, le 11 brumaire an XIV.

Ordre au général d'Hautpoul de rester en position et d'envoyer son artillerie à Linz, où elle devra être rendue à 8 heures du matin.

Belliard à Beaumont.

11 brumaire an XIV.

Demain, une heure avant le jour, vous pousserez une reconnaissance sur Kremsmünster, ayant soin de marcher avec précaution et de ne rien engager de sérieux. Vous resterez en position jusqu'au retour de votre reconnaissance et vous pourrez réunir votre division à Wels. Si l'ennemi n'occupait pas Kremsmünster, vous vous y porterez avec tout votre monde et vous vous mettrez de suite en communication avec l'avant-garde de M. le maréchal Davout que vous serez chargé de couvrir. Si l'ennemi est à Kremsmünster, vous vous dirigerez par Lambach et vous irez vous porter en avant de l'avant-garde, en prenant les ordres de M. le maréchal Davout. Aussitôt votre établissement à Kremsmünster poussez des reconnaissances sur Enns, sur Steyer, sur Ternberg.

Journal de marche de la Réserve de cavalerie.

Le 11, à la pointe du jour, le corps d'armée du Prince se sépara de celui de M. le maréchal Davout, qui passa la Traun à Lambach pour marcher sur Kremsmünster et Steyer.

La division du général Beaumont, ainsi que celle du général d'Hautpoul, se mirent en mouvement pour Wels, où la 1re s'établit (1); la 2e occupa en avant les villages de Marbach jusqu'à Neubach inclusivement (2).

La division du général Walther se porta sur Ebelsberg, avec ordre d'y prendre position et d'envoyer en même temps un régiment sur Linz, sur lequel marchait le général Milhaud et de le faire occuper, s'il

---

(1) La division reçut ordre de partir à 10 heures pour se rendre à Wels. (Journal de la division.)

(2) La division est restée un instant en position, attendu que l'ennemi occupait les avant-postes. (Journal de la division.)

ne l'était pas déjà. Le général Walther avait l'ordre, dans le cas où les ponts ne seraient pas rompus ou brûlés, de pousser des reconnaissances d'Ebelsberg sur Enns et de Linz sur Steyeregg, Gallneukirchen et Ottensheim.

Le général Walther trouva le pont d'Ebelsberg coupé (1). La ville était occupée par trois bataillons d'infanterie que les Russes avaient laissés pour empêcher le rétablissement du pont et le passage de la Traun ; il établit à Klein-München et le long de la Traun à droite, et même à gauche jusqu'au Danube, sa division. La division qui marcha sur Linz le trouva occupé. Le général Milhaud qui, par une marche forcée, s'était rendu à Eferding, entra le 11 à Linz, que les Autrichiens avaient évacué pendant la nuit au nombre d'environ 2,000 hommes et s'étaient retirés sur la rive gauche du Danube à Urfahr, après avoir coupé le pont. On a trouvé à Linz 500 malades à l'hôpital, des magasins de draps, de farine, de grains et d'effets d'habillement.

Le Prince, arrivé à Wels, donna ses ordres pour le rétablissement du pont. Il y fut lui-même, mit les ouvriers en besogne, fit occuper par un détachement de dragons à pied la rive droite, pour protéger les travailleurs, et partit ensuite pour se rendre à Linz et Ebelsberg. En route, il apprit l'occupation de Linz par le général Milhaud et eut l'avis que l'ennemi tenait Ebelsberg ; il établit son quartier général à Linz.

Le Prince reçut à Linz un officier autrichien, porteur d'une lettre de l'empereur François à l'empereur Napoléon ; elle fut expédiée de suite à Sa Majesté par un aide de camp.

On réunit des ouvriers et des bois, tant à Linz qu'à Klein-München, pour le rétablissement des ponts.

La division des grenadiers du général Oudinot coucha à Eferding, où fut le quartier général de M. le maréchal Lannes.

Murat à l'Empereur.

Neubau, le 11 brumaire an XIV, 7 heures du soir.

Je m'empresse de faire parvenir à Votre Majesté une lettre de l'empereur d'Allemagne, qui m'est parvenue sous l'enveloppe du Ministre de la guerre ; je retiendrai près de moi l'officier parlementaire, jusqu'à

---

(1) « Le 11, la division suit la route de Linz, arrive au pont d'Ebelsberg, détruit dans une grande partie de sa longueur et gardé par un fort détachement russe. Les 6° et 13° régiments de dragons, commandés par le général Roget, soutenus par une pièce de notre artillerie, parviennent à réparer le pont avec des peines inouïes. Sous le feu à bout portant et bien nourri des

ce que j'aie reçu des ordres de Votre Majesté ; je couche ce soir à Linz ; demain je ferai rétablir les deux ponts de Linz et d'Ebelsberg. Cette dépêche m'a été remise ici; elle m'était envoyée par le colonel Montbrun, qui est en face d'Ebelsberg, avec son régiment et le 6° de dragons.

5° CORPS D'ARMÉE.

Quartier général à Eferding, le 11 brumaire an XIV.

Le 11° corps d'armée continua sa marche sur Linz. Il bivouaqua la nuit dans l'ordre suivant :

Cavalerie légère : Brigade de hussards marchant avec les grenadiers, à Schönering; brigade de chasseurs marchant avec la division Suchet, à.....

Grenadiers : Brigade Dupas, à Alkoven et Hartheim; brigade Rufin, à Emeling et Strass; brigade Mortières, à Eferding ; artillerie, à Brombach.

Division Suchet : Cette division bivouaqua en arrière d'Eferding.

Division Gazan : Cette division bivouaqua à Bayerbach, Pruck et Hegenprugg.

Division de cuirassiers : Cette dernière cantonna à Villibald et environs.

Compans à Kirchener.

Eferding, le 11 brumaire an XIV.

M. le Maréchal commandant en chef vous charge, Monsieur le Colonel, de vous rendre de suite au poste de Linz pour y faire rétablir le pont sur le Danube. Il vous autorise à requérir, du bailli de cette ville, tous les ouvriers, outils et matériaux dont vous aurez besoin pour la prompte exécution de ce travail.

Russes, plusieurs dragons passent à la nage dans des barques, pour aller, sur l'autre rive, soutenir les dragons travailleurs. » (Journal de la 2° division de dragons.) (A reporter au jour suivant.)

Compans à Oudinot.

Eferding, le 11 brumaire an XIV.

M. le Maréchal commandant en chef me charge de vous donner l'ordre de porter demain, à mi-chemin de Linz à Enns, votre brigade de hussards et d'ordonner au général Treilhard de pousser des reconnaissances aussi près qu'il pourra de ce dernier endroit, en lui recommandant d'en rendre compte avec célérité.

M. le Maréchal vous charge aussi, mon Général, de partir demain au point du jour avec votre division pour vous rendre à Linz, et d'ordonner aux divisions des généraux Suchet, Gazan et Nansouty, dont vous connaissez les cantonnements, de se mettre aussi en marche demain au point du jour, pour les rapprocher le plus possible de Linz.

Le colonel P. Dumoustier au général Beker.

Dachsberg, le 11 brumaire an XIV.

Général,

J'ai l'honneur de vous rendre compte que cette nuit, vers 2 heures du matin, le feu s'est manifesté à la maison occupée par la 1re compagnie des grenadiers, à Taufkirchen. Il résulte des renseignements que j'ai pris, tant des officiers de cette compagnie que du chef de bataillon Esnard, chef d'état-major par intérim de la division, que des canonniers de ligne et des soldats du train d'artillerie, de la division général du Gazan, étaient venus à minuit pour s'y loger, ainsi que leurs chevaux. Sur le refus des grenadiers de les recevoir, ils s'étaient retirés, en se permettant des invectives contre cette compagnie, et en menaçant d'y mettre le feu.

La compagnie des grenadiers était couchée depuis 10 heures; aucun feu dans la maison et dans la cour, par conséquent aucun moyen d'incendie. Il paraît que quelques hommes de ces canonniers, ou soldats du train, seront parvenus à s'ouvrir un passage dans la maison, soit par une fenêtre ou par une des portes, et qu'ayant monté au grenier avec de la lumière, où il n'y avait ni paille ni foin, ils auront laissé une chandelle contre quelque matière combustible, puisque c'est du grenier qu'est venu le feu, où il n'y avait aucun grenadier.

Dans ce malheureux événement, le nommé Enaut, soldat à la 8e compagnie du 2e bataillon, a sauvé par son intrépidité les effets de M. le chef de bataillon Esnard.

Voici l'état de l'habillement, armement, et équipement brûlés et perdus par la compagnie des grenadiers :

22 fusils, 18 baïonnettes, 30 sabres, 25 gibernes, 20 bonnets à poil, 72 paires de souliers, 36 chapeaux, 20 bonnets de police, 20 capotes, 20 guêtres noires, 20 guêtres grises, 20 sacs à peaux, 20 vestes, 20 culottes, 40 chemises, 1 caisse de tambour avec collier, 4 marmites et bidons.

Je vous prierais, Général, de mettre sous les yeux de M. le général de division Suchet la position de cette brave compagnie de grenadiers, afin de pouvoir obtenir les secours en effets ci-dessus. J'ai l'honneur de vous ajouter que le régiment se trouve en ce moment avoir le plus grand besoin de souliers et de capotes ; que les 300 paires de souliers distribués dernièrement n'ont été que d'un faible secours, attendu le mauvais temps, et qu'une partie des soldats est sans capotes.

5ᵉ CORPS D'ARMÉE.

Ordre du jour.

Eferding, le 11 brumaire an xiv.

Monsieur le Maréchal commandant en chef, indigné des excès auxquels quelques misérables de son corps d'armée se livrent journellement à la suite des colonnes, et voulant mettre un terme à un désordre qui ne tend à rien moins qu'à compromettre à la fois l'honneur et la sûreté des braves qu'il a l'avantage de commander, ordonne ce qui suit :

1° A compter de ce jour, et jusqu'à nouvel ordre, tout militaire et employé à la suite du corps d'armée qui sera surpris pillant, assassinant, violant, menaçant un officier ou le frappant, sera fusillé sur-le-champ ;

2° Sera puni de la même peine tout militaire ou employé à la suite de l'armée, qui serait poursuivi par la clameur publique comme venant de commettre un de ces délits ;

3° Dans les cas mentionnés ci-dessus, Messieurs les généraux commandant les divisions feront fusiller d'autorité les coupables, sans être tenus à aucune forme de procédure ;

4° Pour premier exemple, le général de division Oudinot fera exécuter sans nul retard le jugement rendu contre un grenadier de sa division, convaincu d'avoir mis sa baïonnette sur la poitrine d'un officier avec menace de l'en percer ;

5° Le présent ordre sera lu pendant deux jours consécutifs, le premier jour par les colonels à la tête des régiments, et le second jour par les capitaines à la tête des compagnies.

Signé : LANNES.

Pour copie conforme :

Le général de brigade, chef de l'état-major du 5ᵉ corps,

COMPANS.

Le général de divison prescrit l'exécution entière du présent ordre.

Le général commandant,
SUCHET.

Berthier à Klein.

Ried, le 11 brumaire an XIV.

Il est ordonné au général Klein de partir avec sa division pour se porter à grandes journées sur Linz; il me fera connaître le jour où il y arrivera, mais il ne doit pas perdre un instant pour s'y rendre à grandes journées.

Journal de marche de la 1ʳᵉ division de dragons.

11 brumaire an XIV.

La division s'est rassemblée en avant de Vilshoffen à 8 heures du matin, et s'est rendue : le quartier général et la 1ʳᵉ brigade à Schärding et la 2ᵉ à Passau.

A Schärding, le général de division a reçu l'ordre de se rendre à grandes journées à Linz.

Le commandant Bernard au général Dupont.

Au bivouac du débarquement, le 11 brumaire an XIV, à 4 heures du soir.

Une partie des chevaux du train n'est point encore arrivée, et quelques réparations essentielles aux chemins retardant mon départ, je ne pourrai partir que demain matin ; je vous prie de vouloir bien me faire connaître demain ma destination. Vous devez regarder les moyens d'embarcation comme absolument nuls, ayant donné mes marins pour faciliter le passage du Danube et ne pouvant m'en procurer. D'ailleurs je ne pourrais pas suivre une marche en faisant remonter l'artillerie par eau.

Journal de la division Dupont.

..... Passau, où nous arrivons le lendemain 11. L'ennemi s'en était retiré à notre approche. Le général avait ordre de mettre en état de défense la citadelle de Passau, de construire une tête de pont, de faire réparer les ponts sur l'Inn et le Danube, et de former un hôpital pour 600 malades.

Nous apprenons à Passau que, huit jours avant notre arrivée, les Autrichiens avaient pris d'assaut la citadelle qui n'était défendue que par 100 invalides bavarois, et que c'était eux qui l'avaient mise dans l'état de délabrement où nous la trouvions; il y avait, dans cette citadelle, 10 couleuvrines enclouées et leurs affûts brisés (1).

Le général Andréossy aux généraux Sanson, Songis, Léry, Dumas.

Ried, le 11 brumaire an xiv.

Je vous préviens, Monsieur le Général, que le quartier général part sur-le-champ de Ried pour se rendre à Haag.

Andréossy (2).

Berthier à Petiet.

Ried, le 11 brumaire an xiv.

Donnez sur-le-champ l'ordre, Monsieur l'Intendant Général, pour que toutes les grandes administrations qui étaient à Augsbourg, et qui ont eu ordre de se rendre à Munich, se rendent dans la place de Braunau.

Faites organiser la route de l'armée, conformément à l'itinéraire ci-joint (3).

---

(1) Voir la lettre de l'adjudant-commandant Duhamel à Dupont dans Alombert, p. 16.
(2) Berthier ordonne à Mathieu Dumas d'envoyer un officier de son état-major porter au maréchal Augereau, entre Fribourg et Kempten, des dépêches que lui remettra Andréossy. Cet officier voyagera en poste.
(3) Freising, Landshut, Vilsbiburg et Eggenfelden. Lauriston en est avisé. Ordre aux Würtembergeois, qui arrivent le 2 novembre à Munich, de continuer sur Braunau. Les Badois, qui passent le 2 novembre à Donauwerth, resteront à Augsbourg. Tous ces ordres sont envoyés par Andréossy d'après ceux de Berthier.

2 NOVEMBRE.

Berthier à Bourcier.

Ried, le 11 brumaire an XIV.

Il est ordonné au général Bourcier de partir sur-le-champ d'Augsbourg avec toute sa division, pour se rendre à grandes marches à Braunau, où il attendra de nouveaux ordres. Il m'enverra son itinéraire pour me faire connaître où il couchera chaque soir.

S'il rencontre le 21e dragons, il lui renouvellera l'ordre de rejoindre le grand quartier général.

Berthier à Songis.

Ried, le 11 brumaire an XIV.

Il est ordonné à Monsieur le général Songis de faire venir à Braunau le grand parc de l'armée, au fur et à mesure qu'il arrivera à Augsbourg des chevaux de France, ou enfin qu'on aura organisé des moyens de transport suffisants, la place de Braunau devenant notre grand dépôt de guerre.

Ordonnez, Général, que l'équipage de pont parte le plus promptement possible pour se rendre à Linz.

Emplacements du 11 brumaire an XIV (2 novembre 1805) au matin et modifications sur l'état du même jour (3 heures).

DÉSIGNATION des corps.	EMPLACEMENTS.	OBSERVATIONS.	MODIFICATIONS à 3 heures.
Quartier général.	Ried.		
Garde impériale.	Cavalerie et chasseurs à pied à Ried. Les grenadiers et la garde italienne en route pour arriver.	Parti hier de Braunau, se disposant à partir pour Haag. La garde italienne attend l'artillerie à Braunau. Chasseurs et cavalerie, ordre du 11, à 10 h., de se rendre à Haag. Les 400 hommes d'escorte à 1 lieue en deçà de Lambach.	Parti ce matin de Ried, station à Haag. Chasseurs et cavalerie d'escorte à Haag, le reste en avant vers Lambach. — Les grenadiers et la garde italienne en arrière.
1er corps (Bernadotte).	Occupant Salzburg, Halleim, Neumarkt, la Tête des Lacs.	Préviens qu'il marchera bientôt sur Steyer.	
Corps bavarois.	Réuni au 1er corps. Détachant une colonne pour tourner et prendre à mission et soutenir le maréchal Ney.	Mêmes détachements à Ulm et Donauwerth.	
2e corps (Marmont).	Strasswalchen, en marche sur Vœcklabrück; ordre de presser sa marche sur Lambach.		
3e corps (maréchal Davout).	Lambach ou environs, ordre de s'y réunir et s'y reposer demain, en poussant une avant-garde à 2 ou 3 lieues sur la route de Kremsmünster.		
4e corps (maréchal Soult).	Deux divisions à Ried et une sur Riedau, en marche sur Wels où il doit prendre position, le plus tôt possible, une avant-garde devant être prête à s'y porter soir, ce soir. Son corps d'armée sera à Grieskirchen.	Il a un ordre du 9 de se porter directement sur Ried.	
5e corps (maréchal Lannes).	Sur la route de Schärding à Ebersberg, devant porter sa cavalerie légère aussi loin que possible sur la route de Linz.	Il doit être dans la journée à Linz, où le général Milhaud a dû entrer.	A Wels, couvrant l'avant-garde du maréchal Davout et devant appuyer avec ses 3 divisions et la division Nansouty sur Rheinberg et de là sur la route d'Enns.
6e corps (maréchal Ney).	En marche de Landsberg sur Innsbruck.	Il n'a dû partir qu'hier de Friburg, à cause du retard de son artillerie.	A 2 marches de Friburg sur Kempten.
7e corps (maréchal Augereau).	On le présume à Kempten, on n'a pas encore nouvelle de son arrivée.	Ordre de faire réparer les ponts de Wels et d'Eichsberg.	
Corps du prince Murat. Div. d'Hautpoul. Div. de dragons (Walther). Div. de dragons (Beaumont). 1re div. de cavalerie (Nansouty).	Occupant par la division Walther Wels, devant couvrir par la division Beaumont l'avant-garde du maréchal Davout sur Kremsmünster, et appuyer avec ses 3 divisions et celle de Nansouty sur Eichsberg et de là sur la route d'Enns. Sur la route de Linz avec le maréchal Lannes, pourrait être employée par le prince Murat.		
1re div. de dragons (Klein).	Ordre du 11 de partir de Schärding pour se rendre à grandes marches sur Linz.		
4e div. de dragons (Bourcier).	Ordre du 11 de partir d'Augsburg pour se rendre à grandes marches à Braunau.	Doit presser le 21e de dragons de joindre le quartier général.	
Div. de dragons à pied.	Entre Passau et Donauwerth. Mêmes positions que 7.		
Division Dupont.	Passau.		
Division bavare (Demonoroy).	Munich.		
Corps de Wurtemberg.	En marche sur Salzburg pour y rejoindre le 1er corps.		
10e et 12e rég. de chass. (général Milhaud), 54e rég. (général Rivaud).	Wasserburg, et en marche sur Salzburg pour rejoindre le 1er corps.	Sa lettre du 10 annonce qu'il sera aujourd'hui à Linz.	
Grand parc.	A ordre de filer sur Braunau.		
Équipage de pont.	Doit se rendre le plus tôt possible à Linz.		

16e Bulletin.

Ried, le 11 brumaire an XIV.

Le prince Murat a continué sa marche en poursuivant l'ennemi l'épée dans les reins, et est arrivé le 9 en avant de Lambach. Les généraux autrichiens, voyant que leurs troupes ne pouvaient plus tenir, ont fait avancer 8 bataillons russes pour protéger leur retraite. Le 17e régiment d'infanterie de ligne, le 1er de chasseurs et le 8e de dragons chargèrent les Russes avec impétuosité et, après une vive fusillade, les mirent en désordre et les menèrent jusqu'à Lambach. On a fait 500 prisonniers, parmi lesquels une centaine de Russes.

Le 10 au matin, le prince Murat mande que le général Walther, avec sa division de cavalerie, a pris possession de Wels. La division de dragons du général Beaumont et la 1re division du corps d'armée du maréchal Davout, commandée par le général Bisson, ont pris position à Lambach. Le pont sur la Traun était coupé, le maréchal Davout y a fait substituer un pont de bateaux. L'ennemi a voulu défendre la rive gauche. Le colonel Valterre, du 30e régiment, s'est jeté un des premiers dans un bateau et a passé la rivière. Le général Bisson, en faisant ses dispositions, a reçu une balle dans le bras.

Une autre division du corps du maréchal Davout est en avant de Lambach sur le chemin de Steyer. Le reste de son corps d'armée est sur les hauteurs de Lambach.

Le maréchal Soult arrivera ce soir à Wels.

Le maréchal Lannes arrivera ce soir à Linz.

Le maréchal Marmont est en marche pour tourner la position de la rivière de l'Enns.

Le prince Murat se loue du colonel Conroux, commandant du 17e régiment d'infanterie de ligne. Les troupes ne sauraient montrer dans aucune circonstance plus d'impétuosité et de courage.

Au moment de son arrivée à Salzbourg, le maréchal Bernadotte avait détaché le général Kellermann à la tête de son avant-garde pour poursuivre une colonne ennemie qui se retirait sur le chemin de la Carinthie. Elle s'était mise à couvert derrière le fort de Passlueg dans le défilé de Colling. Quelque forte que fût sa position, les carabiniers du 27e régiment d'infanterie légère l'attaquèrent avec impétuosité. Le général Werlé fit tourner le fort par le capitaine Campobane, par des chemins presque impraticables. 500 hommes, dont 3 officiers, ont été faits prisonniers.

La colonne ennemie, forte de 3,000 hommes, a été éparpillée dans les sommités. On y a trouvé une si grande quantité d'armes, qu'on espère ramasser encore beaucoup de prisonniers. Le général Kellermann donne des éloges à la conduite du chef de bataillon Barbés-Latour. Le général Werlé a eu son habit criblé de balles.

Nos avant-postes mandent de Wels que l'empereur d'Allemagne y est arrivé le 25 octobre, qu'il y a appris le sort de son armée d'Ulm, et et qu'il s'est convaincu, par ses propres yeux, des ravages affreux que les Russes font partout, et de l'extrême mécontentement de ses peuples. On assure qu'il est retourné à Vienne sans descendre de voiture.

La terre est couverte de neige ; les pluies ont cessé ; le froid a pris le dessus ; il est assez vif; ce n'est pas un commencement de novembre, mais un mois de janvier. Ce temps plus sec a l'avantage d'être plus sain et plus favorable à la marche.

L'Empereur au prince Eugène.

Haag, près Wels, le 11 brumaire an XIV.

Mon cousin, je prends des mesures pour arrêter le gaspillage à l'armée d'Italie et faire quelques exemples sévères. Je sais gré à M. de Brême de tenir ferme à son poste ; il faut, avant tout, être homme d'État.

Vous aurez vu, par les bulletins, que je suis à Salzburg et à Linz. Quand vous lirez cette lettre, je serai à peu de journées de Vienne.

L'armée russe est déjà entamée. Le froid est extrême pour la saison, la terre est couverte de neige.

Faites chanter un *Te Deum* dans toutes les églises du royaume, en action de grâces des victoires que nous avons obtenues. Vous pourrez prendre votre temps au moment où les victoires de l'armée d'Italie seront plus caractérisées.

Je vous donne le pouvoir de faire la distribution des fonds aux ministres et de me suppléer en tout. Mes occupations deviennent trop considérables. Jusqu'à ce que je sois de retour à Paris, faites pour le mieux et comme vous l'entendrez.

J'ai reconnu la neutralité du roi de Naples et fait rappeler le corps du général Saint-Cyr, qui doit déjà être de retour.

NAPOLÉON.

L'Empereur à Talleyrand.

Haag, près Wels, le 11 brumaire an XIV.

Monsieur Talleyrand, je pense qu'il est nécessaire de rappeler tous mes commissaires des relations commerciales en Russie, en Suède et en Autriche, et que M. de Cobenzl vienne à Strasbourg pour être échangé contre M. de La Rochefoucauld. J'ai ordonné qu'on coure sur les pavillons suédois, autrichiens et russes. Faites mettre dans le *Moniteur* les articles patents du traité fait avec le roi de Naples; faites-les précéder d'un petit article qui portera que l'Empereur, considérant que la conquête du royaume de Naples ne ferait que mettre de nouveaux obstacles à la paix générale, a pris le parti de conclure le traité suivant, donnant en cela une nouvelle preuve de sa modération.

Extraits de lettres (1).

Lettre adressée à M. de Bierweck, conseiller de gouvernement.

Steyer, ce 2 novembre.

. . . .
Sa fille lui écrit qu'elle a vu chez elle les généraux autrichiens Kienmayer, Hohenlohe et Doll. Ils lui ont dit que depuis que le monde est monde, on n'a pas eu idée d'une histoire comme celle d'Ulm et lui en ont donné les détails. Ils ont ajouté que tout cela était dû à l'opiniâtreté et à la bêtise de Mack et qu'on désire généralement qu'on lui fasse son procès.

Lettre d'un officier à sa femme, à Vienne.

. . . .
Si peu de campagne et déjà tant de malheurs. Notre armée se détruit de jour en jour; tout le monde est sur les dents; la moitié de nos chevaux est ruinée, l'autre moitié boiteuse. Les Français iront sûrement à Vienne, n'aie pas peur, restes-y, car nous aurons bien sûrement la paix, ou bien nos armées coalisées auront le bonheur de chasser ces conquérants ailés.

Autre lettre d'un officier à sa femme, à Vienne.

. . . .
Nous sommes dans un état pitoyable, nos marches de nuit nous fatiguent horriblement. Nous n'avons pas le temps de donner à manger à nos chevaux. L'ennemi est toujours sur nos talons. Mon régiment (Colloredo) est sans habits, sans chaussures et nous avons perdu

---

(1) Sur la même feuille — elles paraissaient de la même date — en tout cas, elles ont été trouvées en même temps.

900 hommes, et gare à nous si nous rencontrons l'ennemi, tout ce beau régiment est en compote. Si j'osais, je te donnerais bien des détails, mais il faut que je me taise. Je te conterai tout quand je te verrai et ce sera bientôt. Mes bagages sont partis pour Ermannstadt, en Hongrie.

Lettre d'un major au prince de Wurtemberg.

. . . .

Jamais on a entendu parler d'une pareille retraite. Quand nous avons évacué Braunau, c'était à qui des Russes et des Autrichiens ne feraient pas l'arrière-garde. Les Russes l'ont emporté.

Notre armée est une pétaudière ; on ne sait à qui obéir ; tantôt nous sommes sous les ordres de Menfeld, tantôt sous ceux de Hohenlohe et tantôt sous ceux de Kienmayer, et ces Messieurs ne sont jamais du même avis. J'espère que bientôt on aura un plan arrêté et que nous cesserons d'être aussi malheureux ; nos troupes n'en peuvent plus.

Peyrusse (1) au colonel Gérard (2).

Francfort, le 3 brumaire an XIV.

Mon cher colonel, j'ai quitté Hanovre le 3 brumaire et je suis à Francfort depuis quelques jours, avec une partie des fonds du mois de fructidor.

Je désire avec impatience d'aller vous les apporter, et j'expédie une estafette à M. le Maréchal pour qu'il veuille bien m'indiquer le lieu où vous vous trouvez, car votre marche étonne tout le monde.

J'ai rendu compte de mes opérations à M. le Maréchal avec prière de les approuver ; veuillez, je vous prie, me faire délivrer l'acte d'approbation que je désire et l'ordre d'aller vous joindre. Le Ministre du Trésor public m'a ordonné d'attendre ses ordres à Mayence, mais, en attendant, je voudrais bien me réunir à la grande famille hanovrienne.

Veuillez aussi me donner l'adresse de Mme Bernadotte ; j'ai à lui remettre beaucoup de belles choses brodées qu'on n'arrêtera pas, sans doute, à la douane de Mayence.

Dites mille choses, je vous prie à Michaux et au cher Denniée. J'ai de mauvaises nouvelles à lui annoncer. Son cher père est loin de

---

(1) Receveur général des finances de Hanovre.
(2) Premier aide de camp du maréchal Bernadotte.

penser qu'il va être grand-père. L'ami Bourdon, qui avait la haute police à Hanovre, me l'a assuré.

Mille amitiés à tous ceux qui voudront bien s'intéresser à moi, quant à vous, mon cher colonel, je n'ai pas besoin de vous dire combien je vous suis véritablement attaché. Veuillez m'accorder un peu de réciprocité.

Je vous embrasse.

A. PEYRUSSE.

P.-S. — Je vous annonce comme officiel que les Prussiens nous ont remplacés à Hanovre le 28 octobre.

Peyrusse à Bernadotte.

Francfort-sur-le-Mein, le 11 brumaire an XIV.

J'ai l'honneur d'informer Votre Excellence que je suis arrivé à Franfort depuis quelques jours.

J'ai quitté Hanovre le 3 brumaire, dans le même temps que le général Barbou se retirait à Hameln avec toute la garnison; on y parlait beaucoup de l'armée russe, on savait qu'elle était en marche; mais il n'était encore parvenu au général Barbou aucun rapport officiel qu'elle fût entrée sur le territoire d'Hanovre; tout le monde est consterné; l'armée russe ne rassure personne, et je puis vous le dire sans flatterie, votre Gouvernement y est non seulement regretté, mais même désiré. Plusieurs des principaux fonctionnaires m'ont chargé de vous en donner l'assurance. J'ai trouvé sur le territoire prussien beaucoup de rassemblements de troupes, mais je n'ai eu qu'à me louer de leurs procédés à mon égard. Les avant-postes de Hesse-Cassel se sont opposés à mon passage : on a prétendu que j'avais des munitions dans mon fourgon, et j'ai été obligé de m'arrêter quelques jours à Cassel pour obtenir de pouvoir continuer ma route.

Le général Barbou a dû rendre compte à Votre Excellence que la commission exécutive ne m'a versé que 693,333 fr. 33, et que sur cette somme il m'a donné l'ordre de lui laisser :

1° En espèces.................... fr.	176,000 00
2° En traites que M. Crelinger m'avait données sur Francfort et qu'il a remboursées........................ fr.	89,287 39
TOTAL.......... fr.	265,287 39

Je n'ai remis au payeur de la division que **230,620 fr. 72** et j'ai

2 NOVEMBRE.

donné l'ordre au receveur particulier, que j'ai laissé à Hameln, de lui faire la remise de 34,666 fr. 67 que les États de Hanovre doivent encore sur la solde de fructidor et des cinq jours complémentaires s'il est possible d'en faire le recouvrement.

J'ai, en conséquence, l'honneur de prévenir Votre Excellence que je suis à Francfort avec une somme de 462,712 fr. 61 dont 400,000 francs en traites sur Francfort. M. Crelinger, profitant de la circonstance, a exigé 2 p. 100 de commission que je lui ai payés à Hanovre, et n'a voulu me donner que des traites payables à Francfort au cours du jour.

Les opérations de la banque française ayant fait tomber le change sur Paris, les 400,000 francs en lettres de change qu'il m'a remis n'ont produit que 165,000 florins d'Allemagne ; c'est une perte énorme et j'ai eu soin de la faire constater authentiquement, comme il est d'usage en pareille circonstance, pour que Votre Excellence puisse la faire imputer à M. Crelinger sur ses fournitures d'habillement ; il me reste encore une dernière opération à faire, c'est d'échanger ces florins d'Empire contre de l'or ou de France ; cette opération coûtera 2 p. 100, mais du moins je n'aurai plus d'autres frais à supporter.

Veuillez, Monsieur le Maréchal, approuver mes opérations et me faire connaître vos ordres sur la destination des fonds dont je suis dépositaire. Je désirerais les porter moi-même à votre quartier général et il m'importe de prendre la route la plus sûre et la plus prompte.

P.-S. — Je reçois à l'instant une lettre de Hanovre qui m'informe que les Prussiens y sont entrés le 28 octobre et en ont pris possession.

CHAPITRE X

3 novembre.

Journal du corps bavarois.

Le 3, on se borna à maintenir la première passe ; malgré des attaques continues, à l'une desquelles le lieutenant d'artillerie Willenfels fut tué, on réussit à la défendre jusqu'à ce que l'après-midi un ordre du Maréchal arriva, d'après lequel le corps bavarois évacua la passe à 4 heures du soir et retourna à Reichenhall : le corps fut fortement inquiété dans sa retraite jusqu'à Wegscheide, mais l'ennemi eut le dessous en toutes ses attaques.

Journal de la division de Wrède.

L'avant-garde bavaroise avança sur Frankenmarkt, porta ses avant-postes jusqu'à Vöcklamarkt, et laissa le bataillon léger sur la route de Styrie, jusqu'à ce qu'il fût relevé par un bataillon du lieutenant général de Deroy.

1ᵉʳ CORPS D'ARMÉE.

Ordre de marche pour le 12 brumaire.

Salzburg, le 12 brumaire an XIV.

Le général de Wrède partira aujourd'hui à 11 heures du matin avec toutes les troupes sous ses ordres, pour se rendre à Frankenmarkt. Il poussera une avant-garde jusqu'à Vöcklamarkt. Il s'établira militairement. Le général de Wrède laissera entre Amhoff et Guggenthal le bataillon de troupes légères qui est placé et qui observe Golling et Ischl sur la route de Styrie. Ce bataillon rejoindra à Lambach sitôt qu'il sera relevé par le général de Deroy.

Le général Kellermann se mettra en marche à 10 heures précises, se dirigera sur Neumarkt et ira s'établir en avant de cette ville. Il laissera à Nieder-Albenkiff 2 compagnies du 27ᵉ régiment d'infanterie légère et un détachement de 10 hommes de cavalerie pris sur les reconnaissances et sur les grand'gardes : ces troupes enverront 30 hommes à Halleim. Ce détachement joindra le général Kellermann sitôt qu'il sera relevé par les troupes du général de Deroy, qui a ordre de placer un bataillon à Nieder-Albenkiff.

Le général Drouet partira à midi et se dirigera sur Neumarkt. Il prendra poste en arrière de cette ville, ayant soin de ne se mettre en marche que lorsque la colonne du général Kellermann aura totalement défilé.

Le général Rivaud se mettra en mouvement immédiatement après le général Drouet. Il ira s'établir entre Hemdorff et Altentann, sur la route de Neumarkt. Le général Rivaud laissera le 54ᵉ régiment à Salzburg; il donnera des ordres pour que ce régiment y soit logé de suite et puisse y reposer aujourd'hui; il en partira demain matin à 6 heures pour rejoindre le général Rivaud.

Le grand parc d'artillerie viendra s'établir à Recht, une lieue en avant de Salzburg sur la route que tient l'armée. Le général Éblé enverra de suite un officier pour reconnaître un emplacement (1).

---

(1) Éblé donne au parc les ordres suivants :

Salzburg, le 12 brumaire an xiv.

Vous voudrez bien, Monsieur, faire atteler, et tenir le parc prêt à partir aujourd'hui à midi, afin de pouvoir exécuter l'ordre qui vous sera transmis.

Salzburg, le 12 brumaire an xiv.

Aussitôt que le présent ordre vous sera parvenu, Monsieur, vous vous mettrez en mouvement pour conduire le parc à une lieue en avant de Salzburg sur la route de Neumarkt. Vous vous arrêterez à Recht où j'ai envoyé M. Lepin reconnaître l'emplacement le plus commode pour parquer.

En passant à Salzburg, vous laisserez la pièce de 4, la pièce de 8 et les caissons que M. Alexandre a dû vous faire remettre ce matin; les chevaux qui y sont attelés suivront le parc.

Vous laisserez avec les 2 pièces ci-dessus un détachement de 12 hommes de la 4ᵉ compagnie du 3ᵉ régiment d'artillerie à cheval, commandé par M. Coquet. Cet officier se fera fournir des chevaux de réquisition pour conduire cette artillerie à Braunau, où elle sera remise, sur reçu, à l'officier

Les administrations du grand quartier général ne partiront que demain à 7 heures du matin.
Le quartier général de M. le Maréchal sera encore aujourd'hui à Salzburg.
Les généraux sont prévenus que, demain matin, ils devront se mettre en marche à 7 heures. Ils recevront l'ordre de ce mouvement dans la journée.

Emplacement des troupes du 2ᵉ Corps.

Division de cavalerie : Almegg.
1ʳᵉ division : Wimsbach.
2ᵉ division et quartier général : Schwanenstadt.
Grand parc : Vöcklabrück.

Journal de la 3ᵉ division de dragons.

Le 12, la division se portait sur Ebelsberg et Linz; le Prince lui envoya ordre de rester à Wels, d'envoyer une reconnaissance sur Kremsmünster et, si l'ennemi l'occupait en force, de ne pas se compromettre et de s'y rendre avec le corps d'armée de M. le maréchal Davout, en rétrogradant par Lambach; le général Beaumont envoie 100 hommes. Sur ces entrefaites, M. le maréchal Soult arrive à Wels et, sur sa promesse de soutenir la division en cas de besoin, le général Beaumont, n'attend pas les nouvelles de Kremsmünster, se met en marche de suite et évite par là un détour considérable et du temps perdu. L'ennemi avait évacué; le maréchal Davout arrive un instant après lui; la division a été à ses ordres depuis, jusqu'à Vienne.

---

français qui y commande. M. Coquet rejoindra ensuite le parc le plus tôt possible.
Faites en sorte de vous procurer le plus possible de subsistances, tant pour les hommes que pour les chevaux, et recommandez-en la conservation, attendu la difficulté qu'il y aura de s'en procurer, à cause de la réunion du 1ᵉʳ corps à ceux de la Grande Armée (*).

(*) Ordre de donner aux soldats bavarois qui conduisent des chevaux, 50 centimes, et à leurs sous-officiers 75 centimes, comme aux déserteurs et prisonniers autrichiens.

Berthier à Davout.

Haag, le 12 brumaire an XIV.

Je préviens M. le maréchal Davout que l'Empereur sera à 10 heures du matin à Lambach.

Si la journée d'aujourd'hui a bien rallié votre armée et donné les moyens de rassembler votre artillerie, Sa Majesté ne voit pas d'inconvénient à ce que vous placiez votre avant-garde à Kremsmünster, et que tout le reste de votre armée soit placé à la rive droite, entre Lambach et Kremsmünster, de manière que vous n'ayez plus de troupes sur la rive gauche; alors Lambach sera entièrement occupé demain par la Garde de Sa Majesté et, quand ce corps sera parti, Lambach sera occupé par l'armée du général Marmont qui arrive.

L'Empereur se propose, à son arrivée à Lambach, de monter à cheval et de reconnaître la tête de pont et le pays.

3° CORPS D'ARMÉE.

Ordre de marche du 12 brumaire.

Au quartier général à Lambach, le 12 brumaire an XIV.

L'avant-garde, aux ordres du général Heudelet, partira à 8 heures du matin de la position qu'elle occupe et prendra position à Hohenberg en avant de Kremsmünster, sur la rive gauche de la Salzbach (la Sulz).

Si le général Heudelet, sans compromettre l'avant-garde, peut se porter plus avant, il le fera, mais toujours avec prudence, et c'est à lui à bien juger les forces ennemies qu'il aura en tête.

L'avant-garde ne quittera sa position actuelle que lorsque la colonne de la 1re division l'aura joint.

Les 1re et 2e divisions quitteront les positions qu'elles occupent. La 1re se mettra en mouvement sitôt le présent ordre reçu, et la 2e à 9 heures du matin.

Ces deux divisions iront prendre position sur les hauteurs en arrière de Kremsmünster sur la rive gauche de la Krems, la 1re division ayant sa gauche à la grande route et la 2e y aura sa droite.

Le général Friant fera fortement éclairer sa gauche vers Kematen et Neuhofen, et le général Caffarelli en arrière de sa droite à Voitsdorf, où se réunissent les débouchés de Gmunden et de Kirchdorf.

La 3° division partira à 9 heures, passera la Traun à Lambach, et prendra position à Zur-Linde, sur la rive gauche de l'Aiter-Bach.

3 NOVEMBRE.

Le parc de réserve et les équipages resteront sur la rive gauche de l'Alm.

Le quartier général du corps d'armée sera à Kremsmünster.

Le général chef de l'état-major général,
(A. G.) DAULTANNE.

Daultanne à Gudin (sur la route de Haag).

Kremsmünster, le 12 brumaire an xiv, 5 heures du soir.

Un officier d'état-major, mon cher Gudin, a dû vous remettre l'ordre de marche. Vous devez passer la Traun et aller occuper, sur la route de Kremsmünster, la position en arrière de Wirth im Holz. Le point indiqué par l'ordre n'est qu'une ferme, mais qui marque parfaitement la position.

(A. G.)

Journal de la division Friant.

De Lambach à Kirchberg, le 12 brumaire an xiv.

L'avant-garde va prendre une position militaire sur la rive gauche de la Sulz à Hohenberg, en avant de Kremsmünster, avec ordre de se porter en avant dès qu'elle aurait été remplacée par la 1re division; la 2e division arriva à 5 heures du soir à Kremsmünster; elle bivouaqua, avec la 3e division, sur le revers de gauche du beau et pittoresque vallon de la Krems, qui a 9 à 10 mètres de longueur et de 1^m,20 à 1^m,40 de profondeur, et sur laquelle il y a un pont en pierre d'une seule arche. La route de Kremsmünster à Wels partageait en deux parties nos bivouacs, dont la gauche s'appuyait à Kirchberg, où le général Friant établit son quartier général; nous dûmes l'éclairer fortement vers Kematen et Neuhofen; la 3e division avait sa droite à Saint-Martin, et dut s'éclairer en arrière de sa droite à Voitsdorf, où se réunissent les débouchés de Gmunden et de Kirchdorff. Kirchberg est à mi-côte du susdit revers, au bas duquel il y a un moulin et plusieurs maisons près la route. Le maréchal et les autres généraux de division s'établirent dans le couvent; le soir, plus de 100 officiers de la 1re division y reçurent un splendide souper.

Kremsmünster, petite ville sur la gauche de la Krems, est connue par sa célèbre abbaye, bâtie sur une hauteur médiocre, isolée au milieu du susdit vallon, dont les revers sont mamelonnés et boisés; cette abbaye est immense, bien bâtie et avantageusement située, elle est composée de trois grandes cours carrées ; l'église et l'observatoire méritent d'être vus. L'orgue est très beau et riche, les corniches et la voûte sont peintes à l'huile ; l'observatoire, qui a une forme carrée, est fort élevé et renferme une belle bibliothèque, un cabinet de physique et d'histoire naturelle. Le calvaire, à 600 mètres du couvent, sur l'un des mamelons qui forment les revers du vallon, est curieux à voir : les stations sont indiquées par des groupes d'arbres artistement plantés, l'ensemble forme un véritable jardin anglais.

Après avoir passé la Traun sur le pont réparé, le chemin monte en pente douce ; on trouve des usines et forges sur un gros ruisseau ; un quart de lieue au delà dudit pont à droite, bon chemin conduisant à Wimsbach ; ensuite la forêt où bivouaqua notre division ; un quart de lieue au delà de nos bivouacs, on passe l'Alb, qui était alors très forte, sur un pont en bois long de 80 mètres au moins ; le terrain, entre ces deux rivières, est garni de bois, prairies et est très accidenté. Le chemin est étroit et mauvais ..... Une demi-lieue au delà, couvent à droite sur une hauteur, au pied de laquelle passe le chemin, presque aussi mauvais que précédemment ; jusqu'à Kremsmünster, il est coupé par une grande quantité de ruisseaux, sur lesquels il y a des ponts en bois, et coulant tous du Midi au Nord. Steinerkirchen particulièrement est baigné par trois ruisseaux qui le parcourent ; à mi-distance de ce gros village à Kremsmünster, on laisse à gauche et près la route le hameau de Wirth im Holz, aussi traversé par un ruisseau ; au delà de ce hameau, le chemin devient meilleur ; hauteurs boisées à droite et à gauche.

Davout à Murat.

Lambach, le 12 brumaire an xiv.

Le général Vialannes, commandant la cavalerie légère de ce corps d'armée, m'a représenté qu'il ne lui restait pas 600 hommes de cavalerie, ce qui ne ferait pas 150 chevaux par régiment, si le 1er régiment de chasseurs à cheval était distrait de ce corps d'armée.

Je suis très disposé à faire ce que veut Votre Altesse, mais j'ai l'honneur de lui faire observer que, dans cette circonstance, elle me priverait d'un chef en qui j'ai la plus grande confiance et d'un brave régiment que je ne pourrais remplacer.

Je supplie Votre Altesse de me donner ses ordres : quels qu'ils soient, je les exécuterai.

Davout à Berthier.

Kremsmünster, le 12 brumaire an XIV.

J'ai l'honneur d'annoncer à Votre Excellence que le corps d'armée a pris position aujourd'hui, l'avant-garde à Hall, les 1re et 2e divisions sur les hauteurs en arrière de Kremsmünster, et la 3e division à Zur-Linde sur la rive gauche de l'Aiterbach.

Le général Heudelet, à 1 lieue de Steyer, a fait 50 prisonniers et m'annonce que le pont de cette ville a été brûlé et sera même très difficile à rétablir.

Le corps d'armée se portera demain en entier sur Steyer.

Le 16e régiment de dragons se portera sur Wartberg pour éclairer la haute vallée de la Krems et pousser un fort parti sur Grünburg pour observer le débouché.

Le 21e régiment d'infanterie de Hall doit se porter vers Steinbach et, s'il parvient à se rendre maître du pont, se diriger sur Ternberg sur l'Enns, pour maîtriser fortement les débouchés.

Tout annonce que l'intention de l'ennemi est de tenir derrière l'Enns.

J'ai invité le général Marmont à porter un corps sur Wartberg, afin d'y remplacer le 16e régiment de dragons, que j'y ai détaché.

Suivant tous les renseignements, les Russes ont dû, par Ebelsberg, se porter sur l'Enns.

D'après tous les rapports, le corps du général Michelson doit être encore sur les frontières de la Pologne russe; trois officiers du génie russe, qui sont venus de Cracovie, ont assuré que ce corps ne se mettrait en mouvement vers le Danube qu'autant que l'empereur de Russie sera sûr du roi de Prusse.

Les chevaux des deux régiments de dragons russes sont arrivés, il y a peu de jours, ainsi que leur artillerie; leur cavalerie peut se porter à 5,000 ou 6,000 hommes et leur infanterie à 30,000.

J'ai trouvé ici 1 officier et 8 hommes mis en sauvegarde par le général Merfeld. Je les envoie à Votre Excellence pour en ordonner.

L'officier se nomme Coursan, enseigne du régiment de Gyulai-infanterie.

Gautier à Gudin.

Zur-Linde, le 12 brumaire an XIV.

Mon Général,

J'ai l'honneur de vous adresser les rapports d'aujourd'hui.

J'ai pris position dans le bois en avant de ce village, ma droite à la route, et en seconde ligne de la 1re brigade; les troupes de cette brigade sont plus heureuses que les miennes, car elles ont le couvert en baraques ou granges et nous sommes sans ressources de ce côté. Je suis, en mon particulier, le plus mal de tous, car, depuis deux jours, je n'ai pas de quoi faire la soupe.

(A. G.)

Gudin à Davout.

Steinerkirchen, le 12 brumaire an XIV.

J'ai l'honneur de vous rendre compte que ma division arrive à sa position.

J'ai placé la 1re brigade à une portée de fusil de Zur-Linde, où j'ai trouvé des feux établis par la 2e division, qui quittait ce bivouac, et la 2e brigade en seconde ligne à 150 toises. J'ai eu beaucoup de peine aujourd'hui à passer à Lambach. Outre l'embarras des troupes de cavalerie qui nous ont coupés, il a fallu raccommoder le pont et surtout la rampe qui y conduit, ce qui a retardé mon passage de plus de quatre heures et m'a fait marcher plus de deux heures de nuit, ce qui est extrêmement pénible, vu les mauvais chemins. Mon parc arrivera très tard, ayant dû laisser passer devant lui la division Boudet(1).

(A. G.)

3e CORPS D'ARMÉE.

Journée du 12 brumaire (3 novembre 1805).

Quartier général : Kremsmünster.

Avant-garde : Hall.

Infanterie. — L'avant-garde se porte sur la Sulzbach et prend position sur la rive gauche.

La brigade du général Eppler s'avança jusqu'à Sierning. Le 13e d'infanterie légère campe partie dans le village, partie sur la hauteur à gauche.

Dans sa marche elle fit une soixantaine de prisonniers.

Cavalerie. — Le 7e régiment de hussards prend position sur la Sulzbach près d'Hohenberg.

---

(1) 1re division du 2e corps.

Le fond du 12e régiment de chasseurs fut envoyé en reconnaissance sur Grünberg, rive gauche de la Steyer.

Le 2e à Sierning avec le général Eppler.

1re *division* : Kremsmünster.

Sur la rive gauche de la Krems à une demi-lieue de l'Abbaye.

Sa gauche à la route de Lambach et Kremsmünster, la droite se prolongeant en remontant la rivière. Elle est adossée à un bois.

Elle éclaire sa droite et ses derrières par un bon poste placé à Voitsdorf où se réunissent les débouchés de Gmunden, Windischgarten, Altenmarkt, Rottenmann.

2e *division* : Kirchberg.

A cheval sur la route de Wels à Kremsmünster, la gauche à la route de Linz, la droite à celle de Lambach, la Krems sur son front; elle est en ligne avec la 1re division.

On éclaire fortement l'aile gauche vers Kematen et Neuhofen.

3e *division* : Zur Linden.

Sur la rive gauche de l'Aiterbach (1).

3e CORPS D'ARMÉE.

Ordre de marche du 13 brumaire.

Au quartier général à Kremsmünster, le 12 brumaire an XIV.

L'avant-garde se portera demain 13 à Steyer, et prendra position en arrière sur les hauteurs de cette ville, sur la rive gauche de la rivière de ce nom. Le général Heudelet tâchera de se rendre maître de la portion de la ville qui se trouve sur la rive gauche, et portera rapidement ses troupes au pont pour s'en rendre maître. Dans le cas où le pont serait détruit, le général Heudelet fera réunir le plus promptement possible tous les bateaux et matériaux nécessaires pour le reconstruire.

Il enverra un poste de 80 chevaux vers Enns pour communiquer avec les troupes du général Margaron, qui a dû pousser une reconnaissance vers ce point.

---

(1) « Le 12, l'avant-garde avec son artillerie, vient prendre position à Hohenberg; les deux premières divisions sont placées sur les hauteurs, en arrière de Kremsmünster sur la rive gauche de la Krems. La 3e division passe la Traun à Lambach et prend position à Steinerkirchen; le parc de réserve reste sur l'Albeth. » (Journal de l'artillerie du 3e corps. A. A.)

Le général Heudelet laissera à Sierning et à Sierninghofen de forts postes pour observer ce qui pourrait déboucher du pont de Pichlern ou Aschach. Ces postes se replieront dès que les troupes de la 1re division arriveront à cette hauteur.

La 1re division partira demain à la pointe du jour et se dirigera sur Steyer, en passant par Hall. Arrivée à Sierning, elle détachera un bataillon à Pichlern pour observer et maîtriser le pont de ce nom, autrement dit d'Aschach.

L'artillerie de cette division marchera après le 1er régiment, n'ayant qu'un seul caisson par pièce.

La 2e division partira une heure après et prendra la même direction.

La 3e division partira à la pointe du jour, passera la Krems à Kremsmünster et se dirigera également vers Steyer, passant par Hall. Arrivée à ce point, elle détachera le 21e régiment sur Steinbach pour maîtriser ce débouché, et tâchera de se rendre maître de ce passage. En cas que le pont soit détruit, le colonel de ce régiment emploiera tous les moyens qui sont en son pouvoir pour le faire rétablir.

Le commandant du 21e aura soin de se faire éclairer par sa droite vers Unter-Grünburg, qu'il fera occuper par une compagnie.

S'il se rendait maître de la Steyer, il se porterait de suite sur l'Enns et tâcherait de se rendre maître du pont de Ternberg et, dans le cas contraire, de prendre une position de manière à maîtriser ce débouché, se faisant pour lors éclairer par sa droite vers Losenstein, où il existe un second pont, en poussant jusqu'à Artzberg. Un détachement de 10 chevaux suivra le 21e régiment, afin de mettre à même le colonel de donner souvent et promptement de ses nouvelles.

M. le Maréchal se trouvera à la tête des colonnes et donnera des ordres ultérieurement, tant sur les points d'attaque que sur les positions à prendre.

Le général chef de l'état-major général,

DAULTANNE.

Davout à Marmont.

Kremsmünster, le 12 brumaire an xiv.

Je vous préviens, mon cher Général, que le corps d'armée que je commande se portera demain sur Steyer.

D'après les rapports qui m'ont été faits, il paraît qu'un gros parti de cavalerie ennemie tient la tête de la vallée de Krems. Je vous engage à faire porter un corps à Wartberg afin d'y remplacer le 16e régiment

3 NOVEMBRE.

de dragons, qui éclaire cette partie, lequel a ordre de se reployer sur mon corps d'armée dès que les troupes à vos ordres l'y auront remplacé.

Je vous préviens également que j'ai laissé à l'abbaye de Kremsmünster un poste de sauvegarde, que je vous invite à me renvoyer dès que vos premières troupes seront arrivées.

4ᵉ CORPS D'ARMÉE.

Ordre de marche.

Wels, le 12 brumaire an xiv.

La division de cavalerie légère se dirigera sur Kremsmünster en passant par Lambach ; elle s'arrêtera à ce dernier endroit et portera de simples reconnaissances sur Kremsmünster, pour s'assurer si cet endroit est occupé, soit par la cavalerie aux ordres du prince Murat soit par des troupes du 3ᵉ corps, commandées par le maréchal Davout.

Dans l'un et l'autre cas, le général Margaron dirigera la division qu'il commande sur Gschwend, où il s'établira en faisant garder très militairement toutes les communications qui, de ce point, aboutissent à la rivière d'Enns, depuis la ville d'Enns jusqu'à Steyer. Le général Margaron fera aussi couvrir par un poste la grande route de Wels à Ebelsberg, sur la rive droite de la Traun, à l'endroit où la communication de Gschwend joint cette route.

Le général Margaron poussera des partis jusque sur l'Enns pour avoir des nouvelles de l'ennemi, et il fera reconnaître, avec beaucoup de soin, toutes les communications qui y aboutissent et me rendra compte si elles sont praticables pour l'artillerie. Le général Margaron ne sera pas tenu d'établir sa division à Gschwend ; mais, s'il trouve le poste de Neuhofen plus militaire, il s'y établira.

La compagnie d'artillerie légère s'établira en arrière de Wels, sur le rideau qui couronne la plaine. Les chevaux pourront être logés dans les fermes à portée.

Le général Margaron y enverra un officier pour lui donner des ordres en conséquence et reconnaître sa position, afin de pouvoir la trouver s'il recevait ordre de la porter en avant.

Le général Legrand portera la 3ᵉ division qu'il commande en avant de Wels, en faisant pour cet effet passer la Traun sur le pont de cette ville ; il s'établira militairement et au bivouac sur la hauteur en arrière de Schleissheim, prolongeant sa droite dans la direction de la route qui conduit à Kremsmünster, de manière à couvrir cette route et celle d'Ebelsberg ; il portera deux bataillons d'infanterie légère à Lambach, pour garder la route de Kremsmünster et celle qui conduit à Neuhofen ou Gschwend ; il mettra les deux autres bataillons d'infanterie légère à Schleissheim pour garder la route d'Ebelsberg.

Le général Legrand est prévenu que le général Margaron a eu ordre d'établir la division de cavalerie légère qu'il commande à Neuhofen ou Gschwend et couvrir, par des postes, toutes les communications qui aboutissent à l'Enns.

Le général Legrand m'instruira de sa prise de possession ; il est prévenu que le quartier général du corps d'armée est à Wels.

La 2ᵉ division prendra position aux débouchés des bois en arrière de Wels sur la route de Grieskirchen. Après l'avoir établie, le général Vandamme pourra faire loger la troupe dans les granges des hameaux à portée, mais il donnera des ordres pour qu'au premier signal, la division soit rassemblée à sa position. Le général Vandamme m'instruira de l'établissement de sa division, de celui de son quartier général et de ceux des généraux à ses ordres. Il m'instruira aussi de l'arrivée de son artillerie, aussitôt qu'elle aura rejoint sa division.

La 1ʳᵉ division cantonnera ce soir à Schmieding et Krenglbach ; le général Saint-Hilaire pourra même faire occuper le village de Geisersheim, sur la route de Grieskirchen ; il donnera des ordres pour qu'au premier signal, la division soit réunie sur les hauteurs en arrière de Schmieding.

Le général Saint-Hilaire enverra le rapport de son établissement et celui de l'arrivée de son artillerie.

Les généraux sont prévenus que le grand quartier général est à Wels.

Soult à Vandamme.

Wels, le 12 brumaire an XIV.

La 2ᵉ division prendra position au débouché des bois en arrière de Wels (1), sur la route de Grieskirchen ; après l'avoir établie, le général Vandamme pourra faire loger la troupe dans les granges des hameaux à portée, mais il donnera des ordres pour qu'au premier signal, la division soit rassemblée à sa position.

Le général Vandamme m'instruira de l'établissement de sa division, de celui de son quartier général et de ceux des généraux de brigade sous ses ordres.

---

(1) A Puchberg. (Tableau des marches.)

3 NOVEMBRE.

Il m'instruira également de l'arrivée de son artillerie, aussitôt qu'elle aura joint la division.

Le quartier général du corps d'armée sera à Wels.

Soult à Berthier.

Wels, le 12 brumaire an XIV.

J'ai l'honneur de rendre compte à Votre Excellence du mouvement que le 4ᵉ corps a opéré aujourd'hui.

La division de la cavalerie légère a été portée à Gschwend avec ordre de jeter dans le jour des partis sur l'Enns, et de couvrir les communications qui aboutissent à Steyer et Enns.

La 3ᵉ division prend position en avant de Wels sur la rive droite de la Traun, de manière à couvrir les routes de Kremsmünster à Ebelsberg, ainsi que la communication de Geschwend.

La 2ᵉ division prend position au débouché du bois en arrière de Wels, sur la route de Grieskirchen.

La 1ʳᵉ division a eu ordre de cantonner à Schmieding, Krenglbach et Geisersheim.

Soult à Berthier.

Wels, le 12 brumaire an XIV, au soir.

Le général Margaron me rend compte qu'il s'est établi à Neuhofen et Gschwend, ainsi que son ordre le portait, et qu'il a poussé des reconnaissances jusqu'à l'Enns; il m'instruit que les troupes de Sa Majesté n'ont pu passer la Traun à Ebelsberg qu'aujourd'hui un peu tard, et que peu de temps après il a entendu une fusillade très vive du côté d'Enns ; il m'annonce qu'il y a un pont sur l'Enns, à Kronstorf; mais je crois qu'on l'a trompé et que c'est à vérifier.

Ce matin, à 11 heures, il y avait encore 100 hussards de Kaiser à Neuhofen, on a pris quelques traînards d'infanterie autrichienne

D'après l'avis de l'engagement qui a eu lieu ce soir du côté d'Enns, je crois devoir faire avancer les divisions d'infanterie pour être à même de soutenir ce point, s'il était nécessaire.

En conséquence je donne ordre au général Legrand de porter la division qu'il commande sur Neuhofen, où elle prendra position.

La cavalerie légère se dirigera en même temps sur Kronstorf pour s'assurer de l'existence du pont, et être à portée de secourir les attaques d'Enns ou de Steyer, s'il était nécessaire.

La 2ᵉ division se portera en avant de Talheim, sur la rive droite de la Traun.

La 1ʳᵉ division logera en son entier à Wels.

Trois communications praticables pour les voitures aboutissent à Neuhofen : l'une vient d'Enns par Saint-Florian, l'autre de Kronstorf par Losenstein-Leiten, et la troisième de Steyer par Schiedelberg ; enfin, on se rend de Wels à Neuhofen par Weiskirchen et Allhaming ; cette route est également praticable pour les voitures ; j'y fais passer l'artillerie légère et je laisse en arrière de Wels le restant de l'artillerie.

La route de Neuhofen à Ebelsberg par Allhaming est bonne.

Je désire vivement, Monsieur le Maréchal, que Sa Majesté daigne approuver les dispositions que j'ai prises et que vous ayez la bonté de me faire connaître ses nouvelles intentions concernant le corps d'armée.

Le maréchal Soult aux généraux Vandamme et Saint-Hilaire.

Wels, le 12 brumaire an XIV.

Depuis plusieurs jours je ne reçois point de rapports de votre division, quoique divers ordres généraux de mouvement et d'établissement, et notamment celui qui a été donné hier, vous y invitent particulièrement.

Le service souffre de cette lacune que vous laissez dans le service, et vous êtes trop zélé pour la laisser exister. Veuillez à l'avenir m'instruire exactement de l'exécution de toutes les dispositions qui concernent votre division et m'envoyer, chaque soir, un officier pour m'apporter votre rapport et prendre des ordres.

Soult à Berthier.

Wels, le 12 brumaire an XIV.

En me prévenant de l'arrivée du 16ᵉ régiment de chasseurs à cheval à Munich, Votre Excellence me donna ordre de lui faire suivre la marche du corps d'armée, et je lui expédiai des ordres en conséquence.

Mais je viens d'apprendre que ce régiment était arrivé à Linz : la direction que ce régiment a prise me faisant présumer que les intentions de Sa Majesté peuvent avoir changé à son égard, j'ai l'honneur de vous prier, Monsieur le Maréchal et Ministre, d'avoir la bonté de m'instruire ou de vouloir bien me dire si je puis lui envoyer des ordres (1).

Soult à Berthier.

Wels, le 12 brumaire an XIV.

Votre Excellence me fait connaître, par une dépêche du 11, que M. l'Intendant général avait observé que les voitures qui avaient porté du pain au 4ᵉ corps d'armée, en partant de Munich, n'avaient pas été renvoyées. J'ai l'honneur de vous faire observer, Monsieur le Maréchal, que ces voitures, au nombre de 50 ou 60, qui avaient apporté 33,000 rations de pain au corps d'armée (au lieu de 50,000 accordées), ont été exactement renvoyées ; moi-même, je les ai fait partir, et aucune escorte n'a été retenue ; du reste, les secours en pain que M. l'Intendant général voudrait nous envoyer en ce moment, ne pourraient venir de Munich ; car il serait détérioré, de manière à en empêcher la distribution, avant qu'il fût rendu à sa destination. J'ai connaissance que deux ou trois convois sont à notre suite depuis plusieurs jours, et que la rapidité de notre marche les a empêchés de nous joindre.

Berthier à Bessières.

Haag, le 12 brumaire an XIV.

L'Empereur ordonne, Monsieur le Maréchal, que vous fassiez partir les 400 hommes à cheval de sa Garde avant le jour, afin que Sa Majesté les trouve reposés à son arrivée à Lambach, et qu'ils puissent l'accompagner dans la reconnaissance qu'il fera aux avant-postes.

Vous ferez également partir avant le jour des escadrons pour escorter l'Empereur sur la route ; ils seront pris en dehors des 400 chevaux, et placés à différentes distances, comme à l'ordinaire.

Les chasseurs à pied ne partiront qu'avec l'Empereur, c'est-à-dire à 8 heures du matin, quand Sa Majesté sera partie.

---

(1) *En marge :*

« Monsieur Gérard,

« Le prévenir que jusqu'à nouvel ordre, l'Empereur a mis le régiment à la disposition du maréchal Murat et que je rappelle à Sa Majesté le besoin qu'il a de troupes à cheval.

AL. BERTHIER. »

Le reste de la Garde partira à 4 heures du matin de Haag, continuera sa marche sur Lambach, ainsi que l'artillerie.

Le quartier impérial sera demain à Lambach.

Le général Andréossy au général Sanson, etc.

Quartier général impérial, Lambach, le 12 brumaire an XIV.

Je vous préviens, Monsieur le Général, que Sa Majesté part demain matin à 8 heures pour aller déjeuner à Wels et coucher à Linz.

ANDRÉOSSY.

Murat à l'Empereur.

Linz, le 12 brumaire an XIV, minuit 30.

Demain, dans la journée, les ponts de Linz et d'Ebelsberg seront rétablis; celui de Wels doit l'être en ce moment. Des barques, que j'ai fait descendre de Lambach, serviront à faire un pont de bateaux à Ebelsberg; elles étaient déjà arrivées avec la compagnie de sapeurs, à Wels, à 3 heures; elles seront rendues demain matin (1) de bonne heure à Ebelsberg. Si l'ennemi occupe encore demain ce point, je l'en délogerai avec quelques coups de canon à mitraille; j'emploierai le même moyen à Linz; par ce moyen on pourra travailler sans être inquiété. Dès que le pont d'Ebelsberg sera rétabli, je me porterai sur Enns.

Votre Majesté a ici un superbe palais, il est retenu pour Votre Majesté; je viens de me faire désigner une autre maison pour moi.

Il paraît qu'il règne une grande mésintelligence entre les Russes et les Autrichiens, et, s'il faut en croire quelques personnes dignes de foi, on est fondé à croire que les Russes vont abandonner l'Autriche. On ne croit plus que la Prusse veuille se déclarer contre nous; on espère et on désire la paix, ce désir est unanime.

Sire, il y a ici dans les caisses 100,000 florins; il me serait flatteur de pouvoir annoncer aux officiers généraux et aux officiers de cavalerie sous mes ordres que Votre Majesté m'autorise à les employer en gratification; cette arme sert bien et a besoin d'être encouragée.

---

(1) C'est-à-dire le 12 brumaire, Murat, écrivant à minuit, parle comme s'il était encore au 11.

3 NOVEMBRE.

J'aurai l'honneur d'adresser demain, à Votre Majesté, les lettres saisies à la poste de Vienne.
Une colonne ennemie a été vue remontant le Danube.

L'Empereur à Murat.

Camp impérial de Lambach, 12 brumaire an XIV.

Je reçois votre lettre de Linz. Je passerai la nuit à Lambach. La caisse que vous avez trouvée appartient à l'armée, et je ne puis pas en disposer. Il n'y a point d'inconvénient à la faire verser dans la caisse du payeur de la cavalerie, pourvu que ce payeur en tienne compte au receveur général des contributions de l'armée. J'attends tous les renseignements que vous m'enverrez de Linz ; il doit y en avoir beaucoup. Le maréchal Davout, avec son corps d'armée, sera ce soir à Kremsmünster, et demain à Steyer. Le général Marmont sera à Lambach. Je vous expédierai cette nuit une réponse à la lettre de l'Empereur (1).

Murat à l'Empereur.

Linz, le 12 brumaire an XIV, 11 h. 30 matin.

Sire,

Je m'empresse d'adresser à Votre Majesté un rapport, que l'on doit regarder comme vrai, d'un homme qui arrive de Vienne et qui a traversé les troupes russes et autrichiennes. L'ennemi évacue Enns et se retire à Saint-Pölten.

La proclamation ici-jointe et les lettres de Vienne donneront à Votre Majesté l'idée du désordre et de la confusion qui règnent dans cette ville.

Je pars à l'instant pour Ebelsberg et je n'attends que l'arrivée des bateaux et les sapeurs pour passer la Traun. Je n'ai personne pour mettre au net le rapport.

L'avant-garde de M. le maréchal Lannes arrivée, je prendrai deux bataillons à Ebelsberg pour les jeter de l'autre côté, afin d'éloigner ou faire prisonniers les hommes qui l'occupent.

---

(1) Correspondance de Napoléon, n° 9450.

Le général Compans au général de brigade Laplanche-Mortières.

Eferding, le 12 brumaire an xiv.

En vertu des dispositions arrêtées par M. le Maréchal commandant en chef, il est ordonné au général de brigade Mortières de prendre le commandement de la place de Linz, aussitôt qu'il y sera arrivé avec sa brigade, qui a ordre de s'y rendre aujourd'hui. L'intention de M. le Maréchal commandant en chef est que le général Laplanche-Mortières fasse régner dans Linz la police la plus sévère, que les personnes et les propriétés y soient respectées, que les boutiques y soient ouvertes et protégées; que les magasins et établissements, que l'ennemi y aurait laissés, soient conservés avec soin; qu'il soit donné main-forte, au besoin, pour l'exécution des réquisitions qui seront frappées par l'ordonnateur du corps d'armée; que les troupes soient maintenues dans l'ordre le plus parfait et que le général Laplanche-Mortières renvoie de la place celles étrangères aux corps d'armée qui pourraient s'y trouver et s'y conduiraient mal.

Le général Oudinot est chargé d'adresser au général Laplanche-Mortières un ordre du corps d'armée, en date d'hier, portant des mesures sévères contre tout soldat ou employé à la suite du corps d'armée qui se livrerait à des excès.

M. le Maréchal désire que cet ordre soit lu sans aucun retard à la garnison de Linz et que le général Mortières fasse précéder cette lecture d'un ban.

Belliard à Compans.

Linz, le 12 brumaire an xiv.

Le Prince désire que M. le maréchal Lannes donne l'ordre au général Nansouty de le rejoindre le plus tôt possible, avec sa division. Le général Nansouty devra, à l'avance, se rendre à Linz, pour prendre les ordres du Prince.

Compans à Oudinot.

Eferding, le 12 brumaire an xiv.

D'après les dernières dispositions arrêtées par M. le Maréchal commandant en chef, j'ai l'honneur de vous prévenir que votre cavalerie légère doit pousser aujourd'hui jusqu'à Enns et que votre infanterie, l'exception de la brigade Mortières qui doit rester à Linz, dépassera

3 NOVEMBRE.

ce dernier endroit pour faire autant de chemin qu'il sera possible sur la route d'Enns.

M. le Maréchal commandant en chef charge le général de brigade Mortières du commandement de la place de Linz et d'y rester, jusqu'à nouvel ordre, avec sa brigade. Je vous prie de lui transmettre la lettre ci-jointe, qui renferme les instructions de M. le Maréchal relativement à ce commandement.

M. le Maréchal vous engage à lui adresser en même temps copie de l'ordre du jour de son corps d'armée en date d'hier, portant des mesures contre les militaires ou employés à la suite de l'armée qui se livreraient à des excès.

Compans à Suchet.

12 brumaire, an XIV.

M. le Maréchal commandant en chef me charge de vous transmettre l'ordre de diriger de suite votre division sur Linz et de la cantonner dans les villages les plus voisins de cette place, où vous ne laisserez entrer aucune partie des troupes à vos ordres, à moins que cela ne fût nécessaire pour qu'elles puissent se rendre à leurs cantonnements.

Compans à Oudinot.

Linz, le 12 brumaire an XIV.

M. le Maréchal commandant en chef vous charge, mon Général, de faire embarquer de suite 100 grenadiers et de les faire passer dans le faubourg de Linz, sur l'autre rive du Danube.

Compans à Gazan.

12 brumaire an XIV.

Ordre au général Gazan de rester dans sa position jusqu'à nouvel ordre.

Compans au commissaire ordonnateur Vast.

12 brumaire an XIV.

L'intention de M. le Maréchal commandant en chef est, Monsieur l'ordonnateur, que vous mettiez de suite les scellés sur le magasin de sel qui a été laissé par l'ennemi dans cette ville et que vous fassiez prendre de suite inventaire des magasins d'habillement, etc., qui peuvent y exister.

Journal de la Réserve de cavalerie (1).

Dans la nuit, le pont de Wels fut réparé et le général Beaumont eut l'ordre de faire partir, avant le jour, une forte reconnaissance sur Kremsmünster. Dans le cas où l'ennemi ne l'occuperait pas en force, ce général devait s'y rendre avec toute sa division, et se mettre de suite en communication avec l'avant-garde du corps d'armée de M. le maréchal Davout, qu'il devait couvrir et dont il devait prendre les ordres ; après son établissement à Kremsmünster, pousser des reconnaissances sur Enns, sur Steyer et sur Ternberg.

Le Prince ordonna au général Walther de faire travailler au pont d'Ebelsberg, mais l'ennemi s'y opposa vigoureusement ; il a donc fallu canonner la ville et l'attaquer pour en chasser l'ennemi. Deux barques furent ramenées de l'autre rive par..... qui passa dans l'eau et sur les poutrelles. 100 dragons à pied s'en servent et, soutenus par l'artillerie, ils gagnent la rive droite, attaquent les Russes, les chassent et s'emparent d'Ebelsberg, que l'ennemi tente vainement trois fois de reprendre.

Le Prince fait travailler de suite, sous ses yeux, au rétablissement du pont ; il ordonne au général Milhaud de se rendre avec sa brigade à Klein-München, et au général Walther de réunir sa division au même endroit et d'être prêts à marcher.

A 2 heures, le pont étant entièrement réparé et les troupes réunies, le Prince a ordonné au général Milhaud de passer avec sa brigade, et de marcher sur Enns en la faisant soutenir par la division Walther.

L'ennemi a été rencontré au village d'Asten, fort de 300 hommes d'infanterie et trois escadrons de cavalerie russe. Le général Milhaud les attaque, et malgré une fusillade très vive, il entre dans le village, s'en empare, fait prisonniers tous les hommes d'infanterie et poursuit la cavalerie ; elle se rallie dans la plaine hors du village. Le général Milhaud marche dessus avec les régiments de chasseurs, soutenus par les dragons du 6°, en faisant faire, par la gauche, un mouvement au 22° régiment de chasseurs, pour tourner, à la faveur d'un petit bois, la position de l'ennemi. Les Russes ne tinrent pas, ils se retirèrent derrière l'Enns et furent suivis par nos troupes qui occupèrent la ville

---

(1) Voir à la journée du 4 les rapports de Murat et de Belliard sur celle du 3.

d'Enns et trouvèrent le pont tout en feu. L'armée russe était sur la rive gauche, forte de 25,000 à 30,000 hommes.

Une brigade de dragons fut envoyée sur la route de Steyer, poussant des reconnaissances sur cette ville, éclairant la rive gauche de l'Enns et cherchant à se lier avec la division Beaumont sur Kremsmünster.

Une brigade occupa Asten et l'autre fut établie à Enns, fournissant une garde de 100 hommes à pied au pont et pour surveiller l'ennemi en face de la ville.

La brigade du général Milhaud fut placée à gauche de la ville, faisant des patrouilles sur l'Enns jusqu'au Danube.

La division d'Hautpoul est venue occuper Ebelsberg et les villages en avant, se liant avec la division Walther. Les sapeurs se rendirent à Enns.

Dans cette journée, on a tué à l'ennemi 12 hussards russes, pris autant de chevaux; 350 prisonniers sont restés entre nos mains. L'ennemi a eu beaucoup de blessés à Ebelsberg, d'après les rapports des prisonniers.

De notre côté, un brigadier du 6ᵉ régiment de dragons a été tué, plusieurs officiers et 12 chasseurs ont été blessés, ainsi que M. Flahaut, aide de camp du Prince. Le général Walther fait l'éloge de cet officier, et de M. Manher, aide de camp du général Milhaud.

Un régiment de grenadiers de la division Oudinot est venu bivouaquer en avant d'Ebelsberg, et les 13ᵉ et 26ᵉ régiments de chasseurs, commandés par le général Fauconnet, ainsi que les 9ᵉ et 10ᵉ régiments de hussards, aux ordres du général Treilhard et du corps d'armée de M. le maréchal Lannes, ont pris position en arrière d'Ebelsberg.

Le corps d'armée de M. le maréchal Soult est arrivé à Wels et celui de M. le maréchal Lannes à Linz.

La reconnaissance sur Steyer poussa jusqu'à la ville, qu'elle occupa, et se lia en même temps avec la division Beaumont.

La division Nansouty eut ordre de se rendre dans les environs de Linz (1).

Journal de la 2ᵉ division de dragons.

Le 12, les 16ᵉ et 22ᵉ de chasseurs, commandés par le général Milhaud, dont la brigade fut mise sous mes ordres, passèrent sur le pont d'Ebelsberg et furent suivis par la division; la brigade de chasseurs eut occasion de fournir plusieurs charges; nous fîmes grand

---

(1) L'état d'emplacements donne, pour cette division, Eferding, et pour le parc d'artillerie, Anzing.

nombre de prisonniers et nous arrivâmes à la nuit devant Enns. Je fis alors mettre pied à terre à 50 dragons, dans chacun des deux régiments, le 6° et le 13°; cette troupe, commandée par le colonel Debrock, fit son entrée dans Enns au pas de charge et suivie de la division ; on arrive bientôt au pont, qui était en flammes et déjà très endommagé ; je cherchai à éloigner l'ennemi au moyen d'une pièce d'artillerie que je fis avancer et tirer à mitraille ; l'ennemi se retira effectivement, mais il fut impossible d'arrêter les progrès du feu. Le 1er régiment de chasseurs avait été détaché sur Steyer. Un aide de camp de Son Altesse Sérénissime fut blessé, à la tête d'un peloton de chasseurs.

Journal du 5° corps d'armée.

Le 12, le corps d'armée continua son mouvement sur Linz. Il prit, le soir, les cantonnements et bivouacs suivants :

Cavalerie légère : A Linz et en avant sur la route d'Enns (division réunie).

Grenadiers : Brigade Dupas : 2 bataillons à Linz, 2 en avant de Linz ; brigade Rufin : en avant de Linz ; brigade Mortière, à Linz.

Artillerie en arrière de Linz.

Division Suchet : Cette division cantonna dans les faubourgs de Linz.

Division Gazan : Cette division bivouaqua entre les villages d'Alkoven et Willring.

Division de cuirassiers : Cette division cantonna à Eferding.

5° CORPS D'ARMÉE.

Ordre du jour du 12 brumaire an XIV.

Au quartier général d'Eferding.

M. le Général commandant en chef recommande à MM. les colonels de son corps d'armée la prompte et ponctuelle exécution des dispositions de l'ordre du jour de la Grande Armée, en date du 9 brumaire courant, relatives à la formation de dépôt et au renvoi de tous les bagages et autres voitures qui ne sont pas autorisés par les règlements militaires.

Il charge MM. les généraux commandant les divisions de surveiller cette exécution et de lui en rendre compte.

M. le général de brigade Fauconnet désignera un officier pour commander le petit dépôt de la division de cavalerie légère et en fera connaître le nom et le grade à M. le Maréchal commandant en chef.

M. le général de division Nansouty en agira de même pour la division de cuirassiers sous ses ordres.

MM. les généraux de division Oudinot, Gazan et Suchet désigneront chacun un officier de leur division à M. le Maréchal commandant en chef, qui choisira sur les trois celui qui devra commander, à Braunau, le dépôt du corps d'armée.

Le maréchal LANNES.

Pour copie conforme :
Le Général de brigade chef de l'état-major
général du 5ᵉ corps d'armée,
COMPANS.

Journal de la Iʳᵉ division de dragons.

A 7 heures du matin, la division s'est remise en route pour se rendre : le quartier général et la 1ʳᵉ brigade à Weizenkirchen ; la 2ᵉ brigade à Baierbach.

Journal de la division Dupont.

Nous restons à Passau les 12, 13 et 14. Pendant ces trois jours, les ponts sont réparés, les travaux de la citadelle commencés, l'hôpital s'organise.

Le général était logé à Passau dans le palais de l'Électeur ; il était curieux de voir des officiers qui, depuis la bataille d'Haslach, où ils avaient perdu tous leurs équipages, ne possédaient que la chemise qu'ils avaient sur le corps, et qui, en se cotisant tous, ne pouvaient réunir un louis, établis dans le palais des rois et servis par les gens du Prince. Le luxe dont ils étaient entourés n'avait de prix, à leurs yeux, que par le contraste plaisant qu'il formait avec le dénuement absolu dans lequel ils se trouvaient tous.

Bernard, chef de bataillon commandant la Iʳᵉ division d'artillerie, au général de division Dupont.

Passau, le 12 brumaire an XIV.

D'après vos ordres je me suis transporté, avec le capitaine adjoint Fahy, pour visiter la citadelle de Passau, prendre connaissance des moyens de défense et du casernement. Je l'ai trouvée en très mauvais état, quant au premier article; entièrement dominée à 25 toises, elle n'est nullement susceptible de défense.

On peut cependant la mettre à l'abri d'un coup de main, en relevant la majeure partie des parapets, travail qui demande six à huit jours, en y employant 250 hommes, munis de tous les outils nécessaires, principalement de 60 brouettes, pour le transport des terres nécessaires au remblai. Il faut réparer les portes et les chaînes, pour relever les ponts-levis et faire construire deux chevaux de frise, pour fermer l'entrée du côté de la campagne.

Les moyens d'armement en artillerie sont entièrement nuls, il n'existe pas un grain de poudre, un fer coulé, ni une bouche à feu ; il faudrait cependant 12 canons du calibre de 8 ou de 12, pour la mettre en état de soutenir une attaque un peu vive.

Les bâtiments sont très irréguliers, mais en bon état. On peut y loger 800 à 900 hommes, il ne manque que les fournitures ; plusieurs portes et fenêtres ont besoin de réparation. Il s'y trouve au moins 150 lits en bon état. L'eau des puits est entièrement gâtée par la poudre et les munitions que les Autrichiens ont jetées dedans. Les communications sont multipliées et assez commodes. Il y a plusieurs magasins et une fort belle écurie pour 12 chevaux.

3 NOVEMBRE.

Emplacements du 12 brumaire an XIV (3 novembre 1805) au matin.

DÉSIGNATION des CORPS.	EMPLACEMENTS.	OBSERVATIONS.
Quartier général impérial.	De Haag, arrivé à Lambach.	L'Empereur a couché à Haag.
Garde impériale	Lambach.	
1er corps (Bernadotte).	Salzburg, a reçu ordre de commencer son mouvement sur Steyer, dans le cas où l'ennemi ne serait pas en force devant lui.	
Corps bavarois	Suit le mouvement du 1er corps (a un détachement qui tourne Kufstein et se lie avec le maréchal Ney).	
2e corps (Marmont)...	Sur Kremsmünster, appuie le maréchal Davout.	
3e corps (Davout).....	Sur Steyer et Waidhofen.	
4e corps (Soult)	En marche de Grieskirchen sur Wels.	Kronstorf.
5e corps (Lannes).....	Linz (les grenadiers au delà de l'Enns, les deux autres divisions à Enns).	
6e corps (Ney)	Parti le 9 de Landsberg pour Schongau et Weilheim. Doit être arrivé sur l'Inn, au-dessous de Nassereith, à une marche d'Insbrück.	
7e corps (Augereau)...	Arrivé de Kempten.	
Avant-garde du prince Murat. { 1re div. de cav. (Nansouty). 2e div. de cav. (d'Hautpoul). 2e div. de dragons (Walther). 3e div. de dragons (Beaumont).	En avant de Wels, Linz et d'Ebelsberg, sur Enns.	

DÉSIGNATION des CORPS.	EMPLACEMENTS.	OBSERVATIONS.
1re division de dragons (Klein).	En marche de Scherding sur Linz.	
4e division de dragons (Bourcier).	En marche d'Augsburg sur Braunau.	
Div. de dragons à pied (Baraguey d'Hilliers).	De Passau à Donauwerth.	
Division Dupont.	Passau.	
Division batave (Dumonceau).	Passau.	
16e et 22e chasseurs (général Milhaud).	Linz.	Sur Enns.
Corps wurtembergeois.	Munich.	
Grand parc..........	Filant d'Augsburg sur Braunau.	
Équipage de pont.....	En marche sur Linz.	

17e Bulletin.

Lambach, le 12 brumaire an XIV.

Aujourd'hui 12, le maréchal Davout a ses avant-postes près de Steyer. Le général Milhaud, avec la réserve de cavalerie aux ordres du prince Murat, est entré à Linz le 10. Le maréchal Lannes y est arrivé le 12 avec son corps d'armée. On a trouvé à Linz des magasins considérables, dont on n'a pas encore l'inventaire; beaucoup de malades dans les hôpitaux, parmi lesquels une centaine de Russes. On a fait des prisonniers, dont 50 Russes.

Au combat de Lambach, il s'est trouvé deux pièces de canon russes parmi celles qui ont été prises. Un général russe et un colonel de hussards autrichiens ont été tués.

La blessure que le général Bisson, commandant la 1re division du corps d'armée du maréchal Davout, a reçue au bras, est assez sérieuse pour l'empêcher de servir tout le reste de la campagne. Il n'y a cependant aucun danger.

3 NOVEMBRE.

L'Empereur a donné au général Caffarelli le commandement de cette division.

Depuis le passage de l'Inn, on a fait 1,500 à 1,800 prisonniers, tant Autrichiens que Russes, sans y comprendre les malades.

Le corps d'armée du général Marmont est parti de Lambach le 12 à midi.

L'Empereur a établi son quartier général à Lambach, où l'on croit qu'il passera la nuit du 12.

La saison continue à être très rigoureuse ; la terre est couverte de neige ; le temps est très froid.

On a trouvé à Lambach des magasins de sel pour plusieurs millions. On a trouvé dans la caisse de Linz plusieurs centaines de millions de florins.

Les Russes ont tout dévasté à Wels, à Lambach et dans tous les villages environnants. Il y a des villages où ils ont tué 8 ou 10 paysans.

L'agitation et le désordre sont extrêmes à Vienne. On dit que l'empereur d'Autriche est établi au couvent des bénédictins de Molk. Il paraît que le reste du mois de novembre verra des événements majeurs et d'une grande importance.

M. Lezay, ministre de France à Salzburg, a eu une audience de l'Empereur, au moment où Sa Majesté partait de Braunau. Il n'avait pas cessé jusqu'alors de résider à Salzburg.

On n'a point de nouvelles de M. de Larochefoucauld ; on le croit toujours à Vienne. Au moment où l'armée autrichienne passa l'Inn, il demanda des passeports qu'on lui refusa.

Il est arrivé aujourd'hui plusieurs déserteurs russes.

Ordre du jour.

Place de Braunau, le 12 brumaire an XIV.

Le 58ᵉ régiment sera rassemblé à 10 h. 15 du matin, sans armes, pour être conduit à la messe en ordre et avec la musique qui jouera pendant le service divin.

Vu les travaux de la place, les canonniers et sapeurs seront exempts de s'y trouver.

Le commandant de la place commandera cinq détachements du 58ᵉ régiment, et 25 hommes chaque fois, officiers compris Chacun de ces détachements sera commandé par un officier.

Il sont destinés à former la garnison des cinq lunettes qui couvrent la place.

L'officier commandant chaque détachement aura le commandement spécial de chaque lunette, dont la défense lui est confiée et dont il est personnellement responsable.

A la retraite de la place, il fera rentrer tout son détachement, à l'exception des factionnaires nécessaires dans le blockhaus, qui lui servira de caserne, où il se renfermera. Il ne souffrira sous aucun prétexte que des soldats s'éloignent de ce poste, qui est un poste de guerre.

Le commandant de la place enverra tous les matins au gouverneur le rapport de tout ce qui se sera passé de nouveau dans les vingt-quatre heures, et s'il arrivait dans la journée quelque événement extraordinaire et intéressant pour la sûreté de la place, il en ferait prévenir le commandant sur-le-champ.

Les garnisons de chaque lunette travailleront et dirigeront les ouvriers qui seront occupés à palissader leurs lunettes respectives.

L'officier commandant le détachement désignera un sous-officier, qui servira de garde-magasin et sera responsable des effets confiés à sa garde.

En cas d'alerte, une partie des soldats se portera aux canons, pour servir d'auxiliaires aux pièces.

L'officier commandant le détachement enverra tous les matins, à 9 heures, les hommes nécessaires pour la distribution des vivres, chauffage et autres fournitures qui leur reviennent.

La garnison de chaque lunette sera relevée tous les sept jours.

Le présent ordre restera entre les mains de chaque officier commandant, qui le lira tous les jours à la garnison.

CHAPITRE XI

4 novembre.

Journal du corps bavarois.

Le lieutenant général de Deroy ayant été blessé à la prise de la passe près Lofer, dite Strub autrichienne, le lieutenant général baron de Wrède, tout en restant à l'avant-garde, prit le commandement du corps entier des troupes bavaroises et reçut du Maréchal l'ordre de nommer un brigadier au commandement du Tyrol : le général-major Mutius, comte Minucci, qui s'y trouvait, le garda provisoirement.

Journal de la division de Wrède.

Le corps du maréchal Bernadotte marchant vers l'Autriche, la brigade du général Mutius Minucci s'établit à Salzburg pour de là observer l'ennemi vers Hallein et la route de Styrie, à quel effet des gros détachements furent poussés de ces côtés ; un bataillon resta à Reichenhall. Le brigadier comte de Mezzanelli, qui avait pris le commandement de la brigade du comte de Marsigli, marcha par Marguartstein sur Kufstein, où il somma la garnison de se rendre, ce qui eut lieu le second jour, le lieutenant-colonel de Zoller s'était déjà emparé la veille de la ville basse, en enlevant et ayant fait prisonnier un détachement ennemi qui s'y trouva.

Le général comte Mutius de Minucci resta dans la position de Salzburg jusqu'au 7 décembre, où le maréchal Ney, qui s'était emparé du Tyrol, y vint. La brigade de Mutius Minucci marcha en Tyrol et s'y établit. La brigade du général de Subein y vint aussi et ce corps maintint le Tyrol.

Après la conclusion de la paix, la 1re brigade retourna à Munich, sa garnison habituelle.

Berthier à Bernadotte (1).

Lambach, 13 brumaire an xiv.

D'après la lecture de votre lettre, Monsieur le Maréchal, on serait fondé à penser que la colonne qui s'est présentée à Lofer, que l'on savait venir d'Italie, depuis le 22 jusqu'au 26 octobre, était, ou cherchait à se faire un passage à Salzburg, d'après ses premiers ordres, quand l'ennemi avait le projet de tenir l'Inn ; et l'affectation de l'ennemi qui a fait plusieurs mouvements pour se porter sur Salzburg pourrait le faire penser ; si donc cette colonne avait été poursuivie vivement, on aurait pu en avoir bon compte.

L'Empereur désire être bien instruit des circonstances du combat de Lofer ; ce qui l'a beaucoup frappé dans votre lettre, c'est que l'ennemi était en marche sur nos postes.

Il est possible que les Bavarois ne puissent pas prendre Kufstein ; dans ce cas, donnez-leur l'ordre de le tourner et de se mettre en communication avec le maréchal Ney.

Faites filer du pain de Salzburg pour vous, car ce pays-ci fournit à peine de quoi faire vivre les troupes qui sont de ce côté.

1er CORPS D'ARMÉE.

Ordre de marche du 13 brumaire.

Salzburg, le 13 brumaire an xiv.

Le lieutenant général Wrède se mettra en marche avec ses troupes au reçu du présent ordre, pour aller prendre position à Lambach, où il passera la nuit.

Le général Kellermann partira de suite pour aller prendre position à Schwanenstadt, où il s'établira militairement.

Le général Drouet se mettra en mouvement au reçu de l'ordre, pour aller prendre position en avant de Vöcklabruck.

Le général Rivaud se mettra en marche, également au reçu de cet

---

(1) Outre les documents publiés ici, voir ceux qui ont été reproduits dans Alombert, pages 2, 3, 4, 6, 7, 8, 9, 10, 11, 12, 14, 15 et 17. (L'Empereur à Berthier; Berthier à Lostange, Murat, Lannes, Davout, Marmont, Songis, Lauriston, Bessières, Joinville, Dupont et Dumonceau ; Dupont à Berthier.)

ordre, pour venir prendre position à un quart ou à une demi-lieue au plus en arrière de Vöcklabruck.

Le grand parc d'artillerie partira de suite et ira s'établir à Frankenmarkt ou à Pöndorff, si la journée est trop forte.

Le grand quartier général de l'armée sera à Vöcklabruck.

Berthier à Marmont.

Lambach, le 13 brumaire an xiv.

Le maréchal Davout se porte aujourd'hui sur Steyer. Ayez un aide de camp près de lui, afin d'être instruit promptement s'il avait besoin de vous.

Portez cette nuit votre quartier général à Kremsmünster et réunissez-y votre corps d'armée, du moment que vous serez instruit que le maréchal Davout se sera emparé de Steyer et en aura rapproché son armée.

L'Empereur désire que M. le maréchal Davout ait une tête de pont sur l'Enns le plus tôt possible. Concertez avec lui tous les mouvements qu'il serait nécessaire de faire pour arriver à ce but. Dans tous les cas, soyez toujours prêt à soutenir l'armée de ce Maréchal.

Sa Majesté désire aussi que votre cavalerie tienne des patrouilles sur la route de Kirchdorf à Rottenmann, tout comme lorsque l'Enns sera passé, et qu'il sera constaté que l'ennemi ne peut plus prendre l'offensive; votre cavalerie éclaire le chemin de Steyer à Leoben, et celle du maréchal Davout, de Steyer à Waidhofen, à Annaberg et Lilienfeld.

Emplacement des troupes du 2º corps.

Division de cavalerie : A une lieue en avant de Kremsmünster, sur la route de Kirchdorf.

Quartier général et 1re division : Kremsmünster.

2º division : Wimsbach.

Grand parc : Schwanenstadt.

L'Empereur à Davout.

Lambach, le 13 brumaire an xiv.

Il est ordonné au maréchal Davout de s'emparer aujourd'hui de Steyer et d'y faire jeter une tête de pont.

Faites éclairer les routes de Steyer à Waidhofen, Annaberg et Lilienfeld.

Faites prendre des renseignements sur la route de Lilienfeld à Vienne.

Ordre.

Steyer, le 13 brumaire an XIV.

Le général Gudin prendra position à Hall. Il donnera l'ordre au régiment qu'il a dû détacher à Steinbach, de porter une forte reconnaissance sur Ternberg qui est sur la rivière d'Enns, vis-à-vis Steinbach. Cette troupe s'emparera du pont et l'officier en fera son rapport direct à Steyer, indépendamment de celui qu'il enverra à son général.

Le général Gudin fera son possible pour se procurer des subsistances et des souliers sur ses derrières et sur sa droite.

Le Maréchal,

(A. G.).
L. DAVOUT.

Le Colonel du 21ᵉ régiment au général Gudin.

Steinbach, le 13 brumaire an XIV.

J'ai l'honneur de vous prévenir, mon Général, que je suis arrivé à Steinbach sans la moindre difficulté. L'ennemi y a paru dans la matinée, mais en très petit nombre, qui, d'après les informations que j'ai prises, s'est retiré, partie sur la Steyer et partie par la gorge de Grünburg.

Tous les ponts sur la Steyer sont parfaitement intacts.

Vous savez, mon Général, les difficultés que j'ai éprouvées dans ma marche jusqu'à Hall, ce qui m'a mis beaucoup en retard, et est cause que je ne suis arrivé à Steinbach qu'à la nuit. D'après les différents renseignements que je viens de prendre, il paraît que la route de Ternberg est extrêmement mauvaise, au point d'être impraticable pour les chevaux. Quoi qu'il en soit, voulant remplir, autant qu'il est en mon pouvoir, les intentions de M. le Maréchal, je vais profiter du clair de lune pour pousser jusqu'à Ternberg les deux compagnies de grenadiers et les deux de voltigeurs.

Je me permettrai, mon Général, de vous observer que le pont de Steinbach est essentiel à conserver tant que l'ennemi n'aura pas évacué Steyer, y ayant une grande route d'ici à cette ville, passant par la rive droite de la Steyer.

4 NOVEMBRE.

Veuillez, je vous prie, mon Général, me faire connaître vos intentions.

Je ne crois pas devoir faire un rapport à M. le Maréchal.

DUFOUR.

P.-S. — Je vous préviens, mon Général, que quelques cavaliers français ont déjà paru ici et y ont fait des contributions en vivres et en argent.

25e régiment d'infanterie de ligne. — *Rapport du colonel Combe, commandant l'arrière-garde de la 2e brigade de la 3e division, au général Gautier (en marche).*

13 brumaire an XIV.

J'ai l'honneur de vous prévenir, mon Général, que la route ainsi que les campagnes sont couvertes de militaires qui restent en arrière de leurs corps pour y piller. La majeure partie sont du 111e régiment, qui marchent par pelotons, ainsi que les 21e, 12e, 33e et 17e régiments. Le 25e ainsi que le 85e étaient les moins nombreux.

Mon Général, un tableau bien frappant s'est présenté à la vue d'un officier du 25e régiment, qui avait été envoyé par moi dans des maisons de campagne, pour y chasser les pillards : quatre malheureux vieillards assassinés à coups de sabre, presque moribonds, et une vieille femme assaillie à coups de bâton, qui ne pouvait leur donner du secours, tant elle était meurtrie de coups. Ce crime, mon Général, est arrivé sur la droite de la route, environ moitié chemin de la journée. Rien autre de nouveau.

(A. G.)

Journal de la 3e division de dragons.

Le 13, la division partit à la pointe du jour, et se dirigea sur Steyer, où elle arriva à midi. M. le général Beaumont, empressé de reconnaître la ville, se porta près du pont qui avait été brûlé par l'ennemi ; M. Berger, son aide de camp, voulant passer le premier pont qui conduit dans la ville, reçut un coup de feu et mourut sur-le-champ ; l'ennemi était dans des maisons de l'autre côté de la rivière, et fit un feu continuel pendant plusieurs heures ; notre artillerie l'obligea de se retirer, en faisant feu sur ces maisons, qui furent très endommagées ; quelques compagnies passèrent la rivière dans des bateaux et poursuivirent l'ennemi jusqu'à la nuit.

3ᵉ CORPS D'ARMÉE.

Journée du 13 brumaire an XIV.

Quartier général : Steyer.
Avant-garde : Steyer.

Infanterie. — La brigade du général Eppler emporte Steyer d'assaut, en passant le pont de la Steyer sous le feu de deux pièces d'artillerie et de deux bataillons embusqués dans les maisons de l'autre côté de l'Enns. Elle s'avance dans les rues, elle essuie la décharge d'une compagnie rangée en bataille à l'extrémité de la place, et elle lui fait poser les armes. On tue une vingtaine d'hommes d'une autre compagnie qui essayait de gagner la rive droite de l'Enns dans une barque. Maître du cours de la Steyer, on établit une compagnie à une demi-heure de la ville, entre la Steyer et l'Enns. Les tirailleurs sont postés dans les maisons et établissent un feu qui dure jusqu'au soir.

Bientôt l'artillerie arrive, elle prend position sur le plateau à gauche de la ville et bat les maisons du faubourg où étaient postés les ennemis. Bientôt elle fait taire l'artillerie des ennemis.

Alors des nageurs du 13ᵉ vont chercher de petites barques de l'autre côté de l'Enns et sous un feu très vif de la part de l'ennemi. Ils les ramènent sur la rive gauche, et on commence à effectuer un passage qui exigea de la part de nos troupes la plus grande intrépidité.

Avec ces faibles moyens, on passe 9 ou 10 hommes à la fois, et lorsqu'il y eut une trentaine d'hommes sur l'autre rive, on battit la charge et l'ennemi prit la fuite.

On fit beaucoup de prisonniers. Le lieutenant Lambert, avec une escouade de sapeurs, passe un des premiers. Dans l'attaque du faubourg, un de ses sapeurs eut le genou fracassé : il est mort de ses blessures.

Il y eut un assez grand nombre de sapeurs blessés à ce passage. Le capitaine du génie Goll passa un des premiers.

Cavalerie. — Un parti de 50 chevaux est envoyé du côté d'Enns, pour communiquer avec les troupes du général Margaron. Le reste de la cavalerie à Steyer, à l'exception d'un petit poste que l'on envoya du côté de Ternberg, en longeant la rive gauche de l'Enns.

La veille, le général Eppler avait envoyé un petit poste sur Steyer. Ce poste ne s'était pas gardé et une compagnie, arrivant d'Enns, avait pris les hommes et les chevaux. Le brigadier, seul, avait trouvé le moyen de s'échapper à pied. On reprit et on délivra les prisonniers et on retrouva les chevaux.

Ce sont les seuls prisonniers que l'ennemi a faits au 3° corps dans la campagne.

1re division : Steyer.

La 1re brigade sur les hauteurs en arrière de Steyer et sur la rive gauche de la Steyer, près du confluent des deux rivières.

La 2° brigade sur les hauteurs à droite de la ville, entre l'Enns et la Steyer.

1 obusier, 2 pièces de 8 se mettent en batterie avec l'artillerie de l'avant-garde. Il est à remarquer que, quoique les pièces ne fussent pas à plus de 250 toises des maisons, les pièces de 8 même ne perçaient que très rarement les murs qui n'avaient, cependant, qu'une brique et une brique et demie d'épaisseur. Les balles arrivaient cependant à la batterie, car un canonnier a été blessé d'une balle dans le col.

2e division : Sierninghofen.

Le 111e cantonne à Sierninghofen. Les autres régiments sur les hauteurs couronnées de bouquets de sapins, à la hauteur de Sierninghofen, à gauche de la route et à la distance de 600 mètres environ de cette route.

3e division : Hall.

Prend position sur la Sulzbach aux environs de Hall, et détache le 21e d'infanterie de ligne sur Grünburg, pour éclairer la route de Windischgersten, Bottenmann.

3e division de dragons, aux ordres du général Beaumont : Steyer.

Arrive à Steyer. Elle est mise aux ordres du maréchal Davout.

Notes topographiques et militaires, en regard du 13 brumaire (4 novembre 1805).

Steyer est un bon point de passage. On ne peut guère passer cette rivière plus haut, tant à cause de la difficulté d'y conduire de l'artillerie que par le manque de positions. La rive gauche, immédiatement au-dessous de Steyer, domine la rive droite. C'est l'emplacement de la batterie qui doit protéger le passage.

Il y a deux ponts sur l'Enns. Les deux étaient brûlés. Le général Eppler, après avoir passé le pont de la Steyer, emporté par sa bravoure et sans se donner le temps de reconnaître ceux de l'Enns, s'y précipita avec quelques voltigeurs et son état-major. On fut arrêté par la coupure et on essuya le feu de l'ennemi à brûle-pourpoint ; il fallut bien rétrograder, ce que l'on ne fit pas sans avoir du monde blessé.

Il serait bien nécessaire d'attacher à chaque compagnie de sapeurs un équipage de pontons et une trentaine de pontonniers. Car si l'ennemi avait brûlé tous ses bateaux, au lieu de les retirer sur la rive droite, nous aurions été bien embarrassés.

Au lieu qu'avec la mesure proposée ci-dessus, les opérations militaires conserveraient toujours cette rapidité qui assure le succès.

L'armée du général Meerfeld avait pris la route de Weyer, en remontant la rive droite de l'Enns. Les troupes qui défendaient Steyer prirent leur retraite sur le même point. Elles ne pouvaient pas passer par le chemin de Seitenstetten sans défiler sous le feu de notre batterie.

Nos canonniers tirèrent sur la colonne et sur les pièces autrichiennes en retraite, mais sans leur causer aucune perte. La portée était longue et un chemin creux couvrait l'ennemi.

Toute la nuit fut employée au rétablissement du pont. Les ouvriers ne travaillaient pas avec autant de zèle que les Bavarois. Il fallut employer les plus fortes menaces près des bourgmestres.

Il y avait une pile coupée et brûlée jusqu'à fleur d'eau à chacun des deux ponts. Ces piles sont généralement très élevées, et leur largeur est depuis 40 jusqu'à 60 pieds et même au delà.

Si le colonel Tousard n'avait pas mis deux conseillers de la ville en faction sur le pont, on n'aurait pas pu le finir, les ouvriers fuyant à tout moment. Les capitaines du génie Goll et Prévot ont montré beaucoup d'activité dans ce travail.

Journal de la Réserve d'artillerie du 3° Corps.

Le 12, l'avant-garde reçoit ordre de se porter le lendemain à la pointe du jour sur Steyer, et de prendre position sur les hauteurs en arrière de cette ville, sur la rive gauche de la rivière de ce nom. La 1re division, ayant la moitié de son artillerie en colonne entre les deux régiments de la 1re brigade, les pièces n'étant suivies que d'un caisson, vient se placer sur les hauteurs qui bordent la rive gauche de la Steyer.

Le pont sur l'Enns ayant été rompu, l'ennemi en bat les approches avec plusieurs pièces d'artillerie et fait un feu très vif de mousqueterie ; l'artillerie de l'avant-garde seule fait cesser le feu des pièces ennemies, dont une est démontée. Des voltigeurs alors et un fort détachement d'infanterie légère passent la rivière, les uns à la nage, les autres dans de petites barques, et chassent de la rive droite les tirailleurs ennemis qui se retirent dans les bois environnants. Un seul canonnier a été blessé d'une balle dans le col. On répare le pont dans la journée du 14 ; le soir, les divisions passent la rivière et vont prendre position en avant des faubourgs de Steyer

Les deux flasques d'une pièce de 4 avaient été brisées par l'effet du tir et l'on profite du séjour à Steyer pour en construire de neufs, faire les réparations les plus urgentes et ferrer à crampons les chevaux du train.

(A. A.)

4 NOVEMBRE.

Journal de la division Friant.

De Kirchberg à Sierninghofen, le 13 brumaire an XIV.

L'avant-garde marche sur Steyer et prend position sur la crête des hauteurs peu élevées et boisées du vallon de la Steyer, faisant face à la ville ; elle s'empare d'abord de la partie de cette ville qui est sur la rive gauche de la Steyer et se rend maîtresse, encore dans ce jour, de la portion qui est entre la Steyer et l'Enns, après une faible résistance.....

Nous fimes 400 à 500 prisonniers, et perdîmes plusieurs officiers. On envoya un parti de 50 chevaux sur la route d'Enns pour communiquer avec les troupes du général Margaron et quelques troupes à Pichlern, pour garder le pont sur la Steyer, elles rejoignirent l'avant-garde à l'arrivée de la 1re division qui passa l'Enns à Steyer et laissa le 61e dans la ville, quartier général du Maréchal. La 3e division, à son arrivée à Hall, envoya à Schweinzeg (pour se rendre maître du pont qui est le 4e depuis Steyer), le 21e régiment de ligne, qui détacha une compagnie de grenadiers à Grünburg et un bataillon à Ternberg sur l'Enns que l'ennemi avait abandonné. La 2e division établit ses bivouacs des deux côtés du Sierninghofen, sur les hauteurs boisées au pied desquelles passe la route, et fixa son quartier général à Sierninghofen, où cantonna le 111e régiment En quittant nos bivouacs de Kirchberg, nous passâmes sur le pont en pierre sur la Krems, laissant Krems et son couvent 800 mètres environ à notre droite. Le chemin est étroit, un ruisseau le parcourt suivant sa longueur, l'espace d'environ 150 mètres, et occupe toute sa largeur. On passe à Oben et Unterrohr, distants entre eux de 2,000 mètres. Il y a un château dans le premier, et deux ruisseaux arrosent le second : ils coulent, du Sud au Nord, dans un vallon dont l'axe est à peu près perpendiculaire à celui du chemin ; la descente à Unterrohr et la montée pour le quitter sont rapides, mais bien ferrées ; il y a deux chemins de ce dernier village à Steyer ; celui qui passe à Hehenberg, Mengersdorf est le plus court et le meilleur ; nous dûmes prendre celui passant par Hall. Le pays est, en général, peu boisé et peu fertile. Nouveau vallon et nouveau ruisseau à Feyereg, avant d'entrer à Hall, situé sur une petite hauteur entre deux ruisseaux.

Hall est un gros bourg, avec plusieurs maisons et auberges de belle apparence, église, cimetière muré. On traverse encore plusieurs ruisseaux sur des ponts en bois jusqu'à Sierning et plusieurs moulins sur un gros ruisseau large de 4 à 5 mètres qui le traverse. La descente à Sierning est mauvaise, encaissée, remplie de grosses pierres... Nous nous éloignâmes peu du susdit ruisseau, que nous eûmes presque toujours à notre gauche, jusqu'au gros village de Sierninghofen, demi-lieue au delà et dans lequel il y a aussi plusieurs moulins, église, cimetière avec enceinte murée.

4ᵉ CORPS D'ARMÉE.

Ordre.

Wels, le 13 brumaire an xiv.

La division de cavalerie légère partira ce matin et se portera par Losenstein sur Kronstorf, où elle s'établira. Elle s'emparera en arrivant, si elle peut, du pont établi sur l'Enns. Dans cette partie, le général Margaron se gardera avec beaucoup de soin sur l'Enns et dans les directions de Steyer et d'Enns. Si son concours était nécessaire sur l'un de ces points et qu'il y fût demandé, il s'y porterait avec rapidité et m'en rendrait compte de suite. Si le général Margaron trouvait de la résistance à Kronstorf, ou au pont sur l'Enns, il attendrait l'arrivée de l'infanterie, qui serait envoyée aussitôt qu'il en aurait rendu compte, auparavant d'engager une affaire sérieuse. Il est prévenu que la compagnie d'artillerie légère reçoit ordre de se porter à Neuhofen avec la 3ᵉ division où, moi-même, je me trouverai dans la journée.

La 3ᵉ division partira ce matin de sa position et se dirigera sur Neuhofen en passant par Schleissheim, Weisskirchen et Allhaming ; elle prendra position en arrière de Neuhofen et se gardera très militairement.

Le général Legrand enverra deux bataillons d'infanterie légère à Saint-Marcien, sur la route d'Enns, pour la garder et couvrir, et il tiendra les deux autres bataillons d'infanterie légère en avant de Gschwent, sur la route de Steyer, qui fourniront des postes aussi très avant pour le même objet.

La compagnie d'artillerie légère marchera avec la 3ᵉ division et sera sous les ordres du général Legrand ; elle lui sera envoyée. L'artillerie de la 3ᵉ division restera en arrière de Wels, jusqu'à nouvel ordre.

La 2ᵉ division lèvera, ce matin, ses cantonnements en arrière de Wels, se portera, par le pont de cette ville, sur la rive droite de la Traun ; elle prendra position en avant de Thalheim, de manière à couvrir et défendre la route qui conduit à Ebelsberg et à Kremsmünster.

Après que le général Vandamme aura établi en position sa division, il pourra faire loger sa troupe dans le faubourg de la ville et les hameaux à portée, sur la rive droite de la Traun, de manière qu'elle soit réunie au premier signal. L'artillerie de la 2ᵉ division restera également en arrière de Wels.

4 NOVEMBRE.

La 1re division partira de ses cantonnements et se rendra à Wels, où elle logera dans son entier; son artillerie restera en arrière de la ville.

Le parc d'artillerie sera aussi établi en arrière de Wels aussitôt son arrivée.

Le bataillon du 3e régiment, qui est à Wels, restera dans la ville jusqu'à l'arrivée de la 1re division, pour lui remettre les postes et le service, ensuite il rejoindra sa division à Neuhofen.

SOULT.

Soult à Margaron.

13 brumaire an XIV.

Le corps d'armée se dirigeant sur Kronstorf, vous devez représenter aux commandants des troupes des autres corps d'armée qui s'y trouvent qu'ayant ordre d'occuper cet endroit, ainsi que les villages de Plaick, Pühring, Stadelkirchen, Dudorf et Losensteinleiten, et sur votre gauche jusqu'à Schiffereg, avec la division sous vos ordres, vous ne pouvez vous dispenser d'y tenir des troupes ni d'empêcher que, sous aucun prétexte, on y fasse aucun enlèvement de subsistances, chevaux, voitures, etc.

Je vous préviens que la 3e division arrivera demain de bonne heure à Kronstorf, où elle prendra position.

Ordre.

13 brumaire an XIV.

La 3e division partira demain de Neuhofen pour Kronstorf, en passant par Losensteinleiten ; elle s'établira à hauteur de Kronstorf, de manière à défendre la rive gauche de l'Enns et à protéger les ouvrages qui se feront dans cette partie. La troupe bivouaquera. La compagnie d'artillerie légère suivra le mouvement de la 3e division.

Salligny à Vandamme.

Wels, le 13 brumaire an XIV.

D'après les ordres de M. le Maréchal, vous voudrez bien, mon cher Général, partir demain matin de la position de Thalheim que vous occupez, pour vous rendre, par Schleissheim, Weisskirchen et Allhaming, à Neuhofen, où vous cantonnerez, ainsi que dans les hameaux les plus rapprochés, à une distance d'un quart de lieue au plus.

Votre artillerie restera en arrière de Wels jusqu'à nouvel ordre.

Le quartier général du corps d'armée restera aujourd'hui à Wels, mais M. le Maréchal se portera de sa personne à Gswent.

L'ordonnateur en chef a ordre d'assurer la subsistance de votre division par les réquisitions faites à Wels et en arrière de cette place.

Votre artillerie doit aussi recevoir des chevaux pris sur ceux requis dans les bailliages en arrière de Wels.

Soult à Salligny.

Gswent, le 13 brumaire an xiv.

Donnez ordre à l'artillerie de la 3ᵉ division de partir demain de Wels pour joindre la division à Kronstorf; elle rafraîchira pendant deux heures en avant de Neuhofen et ensuite se rendra dans la même marche à sa destination.

L'artillerie de la 2ᵉ division devra la suivre dans la marche sur Neuhofen; donnez-lui des ordres en conséquence.

Les deux équipages prendront, en passant par Neuhofen, 20 chevaux de trait chacun que je leur ai accordés.

Lorsque la 1ʳᵉ division aura ordre de faire son mouvement, elle amènera également son artillerie et recevra 20 chevaux en passant à Neuhofen. Le chef de bataillon Fontenoy enverra un officier pour les prendre.

Demain le quartier général sera à Losensteinleiten.

Faites arriver les ambulances et assurez-vous que le parc d'artillerie est bien attelé; tous les chevaux qui lui sont, pour cet effet, nécessaires, seront pris sur les réquisitions faites à Wels et en arrière.

Donnez des chevaux pour renouveler les ambulances des divisions du quartier général.

Faites, sur la ville de Wels, une réquisition de cordages de tout échantillon et ordonnez que le transport en soit opéré dans les vingt-quatre heures sur Kronstorf.

Donnez ordre au général Vandamme d'envoyer demain son infanterie légère à Losensteinleiten, où elle fera le service du quartier général.

Prescrivez au chef de bataillon Compère de remettre le commandement de la place de Wels à un colonel de la 1ʳᵉ division et de rejoindre le quartier général.

Salligny à l'Ordonnateur en chef.

Wels, le 13 brumaire an XIV.

M. le Maréchal commandant en chef désire, mon cher Ordonnateur, que vous affectiez à la subsistance des 1re et 2e divisions et des troupes d'artillerie qui restent à Wels, les rentrées des réquisitions faites dans cette ville et en arrière. Vous donnerez à la 3e division et à la cavalerie une partie du produit des réquisitions qui ont été faites dans le commissariat de Gswent.

Je vous préviens que la 2e division a ordre de partir demain de Thalheim pour se rendre, par Schleissheim, Weisskirchen et Allhaming à Neuhofen.

L'artillerie du corps d'armée restera en arrière de Wels, moins la compagnie à cheval qui est à Neuhofen.

Les souliers provenant de la réquisition faite à Wels seront conduits au quartier général du corps d'armée pour être distribués au corps d'après la répartition qui en sera faite.

Les chevaux requis à Wels seront également envoyés au quartier général; quant à ceux demandés par le commissariat de Gswent, ils seront réunis dans cet endroit pour être distribués ainsi qu'il sera ordonné.

Le quartier général du corps d'armée reste aujourd'hui à Wels, mais M. le Maréchal s'est porté de sa personne à Gswent.

Murat à l'Empereur.

Linz, le 13 brumaire an XIV, 6 heures du matin.

L'ennemi, après avoir coupé le pont sur la Traun, devant Ebelsberg, avait laissé dans cette ville 300 ou 400 hommes pour nous empêcher de le rétablir. Le général Walther qui, le 11 brumaire avait occupé Klein-München, ordonna, hier 12, au général Roget de chasser l'ennemi et de réparer le pont. A l'instant une centaine de dragons mettent pied à terre, se jettent dans les bateaux, parviennent sur la rive opposée sous la protection de l'artillerie, attaquent avec impétuosité et s'emparent de la ville que l'ennemi tente vainement, trois fois, de reprendre. Je dois des éloges au sous-lieutenant Sillaudet, du 13e de dragons : il passa le premier dans une petite barque si fragile qu'elle s'ouvrit au milieu de la rivière. Un dragon se noya et l'officier ne dut son salut qu'au prompt secours que des paysans lui portèrent. Je demande à Votre Majesté, en sa faveur, la décoration de la Légion d'honneur.

A 11 heures j'étais rendu sur le pont d'Ebelsberg, à 3, il était entièrement rétabli. Le général Walther reçut aussitôt l'ordre de se porter sur Enns avec sa division et la brigade de chasseurs du général Milhaud. Ce dernier rencontra l'ennemi dans le village d'Asten, le culbuta, le mit en désordre et le poursuivit jusque dans Enns, où il entra vers 6 heures du soir, après avoir fait environ 150 prisonniers, parmi lesquels se trouvent 20 ou 25 hussards russes. Plusieurs charges de cavalerie ont eu lieu et, dans toutes, celle de Votre Majesté a obtenu l'avantage sur celle des Russes, qui protégeait la retraite des troupes autrichiennes. Les Russes ont eu 20 hussards tués et au moins un pareil nombre de blessés. Un brigadier du 6° régiment a été tué, plusieurs officiers et une dizaine de soldats. M. Flahaut, mon aide de camp, a reçu une balle dans le bras. Le général Milhaud donne les plus grands éloges à sa conduite, ainsi qu'à celle de M. Maugis, son aide de camp. Ces deux officiers se sont fait distinguer dans toutes les charges.

L'ennemi s'est retiré derrière l'Enns, après avoir mis le feu au pont. On n'était pas encore parvenu à l'éteindre à minuit.

La division Walther occupe Enns. Celle du général d'Hautpoul, Ebelsberg et Asten ; des reconnaissances ont été envoyées sur Steyer et sur le Danube. La division Nansouty passera la Traun dans la journée. Celle du général Beaumont doit être établie en avant de Kremsmünster, se lier avec celle du général Walther et pousser, de son côté, des reconnaissances sur Steyer.

La division du général Oudinot se portera tout entière à Enns. Une compagnie de sapeurs est partie dans la nuit pour s'y rendre. Je pars moi-même à l'instant pour cette ville, où tous les moyens possibles seront mis en usage pour réparer le pont ou en jeter un de bateaux.

J'adresse à Votre Majesté les lettres qui ont été trouvées à la poste d'Enns. Environ 35,000 Russes étaient encore hier dans la matinée sur l'Enns.

J'aurai soin de faire parvenir à Votre Majesté tous les renseignements que j'aurai pu recueillir. J'aurai l'honneur de les lui porter moi-même si j'apprends son arrivée à Linz.

Belliard à Berthier.

Linz, le 13 brumaire an XIV.

J'ai l'honneur de rendre compte à Votre Excellence que le 11 au soir la division Walther occupa Klein-München, Ebelsberg. L'ennemi avait coupé le pont et 300 ou 400 hommes étaient restés dans Ebelsberg, pour défendre le passage et empêcher le rétablissement du pont. Le

Prince ordonna de les chasser. En conséquence, une centaine de dragons mirent pied à terre, se jetèrent dans des barques et, soutenus par l'artillerie, ils parvinrent sur la rive droite de la Traun ; ils attaquèrent l'ennemi, le chassèrent et s'emparèrent d'Ebelsberg, que l'ennemi tenta vainement trois fois à reprendre ; on travailla de suite au pont. Le Prince s'y est rendu lui-même et hier, à 3 heures, il était entièrement rétabli. Alors le Prince ordonna au général Milhaud de marcher avec sa brigade sur Enns, ainsi qu'à la 2º division de dragons ; ils ont rencontré l'ennemi au village d'Asten, fort de 300 hommes d'infanterie et trois escadrons de cavalerie russe qui ont été culbutés et repoussés vigoureusement ; malgré une fusillade très vive et une résistance opiniâtre, l'ennemi en désordre a été poursuivi par le général Milhaud jusqu'à l'Enns. Le mouvement qu'a fait par sa gauche le 22º régiment de chasseurs pour tourner en biais (?) a décidé l'ennemi à la retraite. Sur l'Enns, où nous sommes rentrés à 6 heures, hier soir, le pont était en flammes dans la plus grande partie de sa longueur ; il est impossible d'éteindre le feu, qui paraît entretenu par des corps gras dont tous les bois paraissent enduits ; tous les bois propres à la réparation du pont ont aussi été brûlés.

8 ou 10 hussards russes ont été tués, on leur a pris une douzaine de chevaux, 150 prisonniers sont restés entre nos mains, l'ennemi a eu beaucoup de blessés.

De notre côté, un brigadier du 6º de dragons a été tué, plusieurs officiers de chasseurs et une douzaine de soldats ont été blessés..... M. Flahaut, aide de camp du prince Murat, l'a été aussi. Le général Walther, dans son rapport, en fait le plus grand éloge, ainsi que de Maugis, aide de camp du général Millet : ils ont été constamment à l'avant-garde et se sont trouvés à toutes les charges. J'aurai l'honneur d'envoyer à Votre Excellence les noms des braves qui se sont distingués, lorsque j'aurai reçu les rapports.

Une brigade de dragons s'est établie sur la route de Steyer, poussant des reconnaissances sur cette ville et cherchant à se lier avec la division Beaumont, qui doit être en avant de Kremsmünster; une brigade est à Asten et l'autre occupe Enns, fournissant 100 hommes à pied pour la garde du pont et pour surveiller la rive droite en face de la ville ; les 16º et 22º régiments de chasseurs sont placés à gauche de la ville, faisant des patrouilles jusqu'au Danube. La division d'Hautpoul a pris position à Ebelsberg et dans les villages en avant, se liant avec la division Walther et cherchant à en faire autant par sa droite avec celle du général Beaumont. La compagnie de sapeurs est partie pour se rendre à Enns.

L'ennemi est en force sur la rive droite de l'Enns ; on l'évalue à 30,000 ou 35,000 hommes, ce sont des Russes.

Nous n'avons plus d'officiers de génie, les nôtres sont restés à Braunau ; je prie Votre Excellence, Monseigneur, d'envoyer M. Garbé, chef de bataillon, attaché au corps d'armée de M. le maréchal Soult.

Belliard à d'Hautpoul.

D'Enns, le 13 brumaire an xiv.

Conformément aux ordres de Son Altesse Sérénissime, vous partirez, sitôt le présent ordre reçu, pour vous porter sur Asten où vous prendrez position ; vous pourrez occuper les villages sur vos côtés et en avant à une demi-lieue.

Belliard à Berthier.

13 brumaire an xiv.

J'ai l'honneur d'adresser à Votre Excellence les paroles d'honneur qu'ont données les officiers faits prisonniers par les troupes de S. A. S. le prince Murat, et que l'on renvoie en Autriche.

Belliard à Berthier.

13 brumaire an xiv.

J'ai l'honneur de rendre compte à Votre Excellence que la reconnaissance poussée sur Steyer, l'ayant trouvé évacué, y a pris position.

La division d'Hautpoul se porte en avant et vient occuper Asten, en arrière d'Enns ; elle sera remplacée à Ebelsberg par la division Nansouty, qui se réunit au corps d'armée.

Le pont n'est pas autant endommagé qu'on l'avait cru ; on travaille à éteindre le feu et j'espère qu'il pourra se réparer et qu'on n'aura pas besoin de bateaux.

Belliard à Nansouty.

13 brumaire an xiv.

Ordre au général Nansouty de se rendre à Enns avec sa division, où il recevra de nouveaux ordres.

Journal de la Réserve de cavalerie.

L'ennemi se retira et ne laissa que quelques éclaireurs ; on travailla au rétablissement du pont.

La division du général d'Hautpoul vint s'établir à Asten (1) et la division Nansouty, qui se réunit au corps d'armée, occupa Ebelsberg (2).

La division du général Oudinot, du corps d'armée de M. le maréchal Lannes, vint camper entre Asten et Enns et la division Suchet en avant d'Ebelsberg.

S. M. l'Empereur arriva à Linz.

Aussitôt que le pont fut rétabli (3), on fit passer un bataillon de grenadiers sur l'autre rive, avec un détachement de troupes légères et on attendit les ordres de l'Empereur (4). L'ennemi était campé à une lieue près le village de *Kading* (?).

Journal du 5° corps d'armée.

Le 13, la cavalerie légère passa sous les ordres du prince Murat.
La division de grenadier alla bivouaquer en arrière d'Enns.
Celle du général Suchet à Ebelsberg.
Celle du général Gazan alla cantonner à Linz.
Celle de cuirassiers se porta en avant de Linz et rejoignit de ce jour la réserve de cavalerie aux ordres du prince Murat

---

Compans à Fauconnet.

Linz, le 13 brumaire an xiv.

J'ai l'honneur de vous prévenir, M. le Général, que, d'après les ordres de M. le Maréchal commandant en chef, vous passez sous les ordres du général de division Oudinot et que vous avez sous les vôtres la division le cavalerie légère réunie.

---

(1) A l'abbaye de Saint-Florian, d'après le journal de cette division.
(2) Asten, d'après l'état d'emplacement, qui est d'ailleurs suspect.
(3) « La journée est employée à la réparation du pont. » (Journal de la 2° division de dragons.)
(4) Parc d'artillerie à Haag.

Compans à Oudinot.

Linz, le 13 brumaire an xiv.

D'après les ordres de M. le Maréchal commandant en chef, vous devez faire passer sur-le-champ devant Linz un régiment de hussards et lui donner ordre d'éclairer la rive gauche du fleuve, jusqu'à hauteur d'Enns et même plus loin, s'il ne rencontrait point l'ennemi ; recommandez au colonel de ce régiment de prendre des renseignements sur la force, les mouvements et les desseins de l'ennemi et d'en faire un prompt rapport. La division à vos ordres et le reste de la cavalerie légère doivent se mettre en marche de suite, pour se diriger sur Enns. L'intention de M. le Maréchal est que vous arrêtiez la tête de votre colonne au point où vous rencontrerez la cavalerie de S. A. S. le prince Murat et que vous vous établissiez devant elle.

M. le Maréchal désire aussi que le général Laplanche-Mortières continue de commander aujourd'hui la place de Linz, il recevra des ordres demain pour aller rejoindre sa brigade.

Compans à Suchet.

Linz, le 13 brumaire an xiv.

D'après les intentions de M. le Maréchal commandant en chef, vous voudrez bien faire entrer toute votre division dans la ville, aussitôt que celle des grenadiers, qui a ordre d'en partir de suite, en sera sortie et abandonner totalement à celle du général Gazan les faubourgs et l'Abbaye que vous occupez en ce moment. Le général Mortières commande la place ; vous voudrez bien mettre à sa disposition les gardes qu'il vous demandera pour en faire le service.

Compans au général de brigade Mortières.

Linz, le 13 brumaire an xiv.

Je vous préviens, mon cher Général, que d'après les dispositions arrêtées par M. le Maréchal commandant en chef, la division de grenadiers va partir à l'instant de Linz, que celle aux ordres du général Suchet va y entrer et que celle aux ordres du général Gazan viendra dans le jour en occuper les faubourgs.

Le général Suchet est prévenu que vous commandez la place et qu'il doit vous fournir toutes les gardes dont vous aurez besoin, pour en faire le service.

M. le Maréchal, en vous continuant le commandement, pour aujourd'hui, m'a chargé de vous annoncer qu'il vous donnerait l'ordre de rejoindre demain la brigade à vos ordres. Il désire que vous fassiez exécuter l'ordre qu'il a déjà donné, que toutes les boutiques fussent ouvertes.

Compans à Suchet.

13 brumaire an xiv.

M. le Maréchal commandant en chef, en vertu de l'ordre de S. M. l'Empereur, vous charge, mon Général, de former un détachement de 50 hommes, sous les ordres d'un lieutenant, deux sergents et quatre caporaux et de l'envoyer ici à la disposition du capitaine de vaisseau Lostanges pour être embarqué sur des barques destinées à rejoindre le Danube.

Chaque division d'infanterie du corps d'armée fournit un semblable détachement, les trois détachements sous les ordres d'un capitaine que le général Gazan désignera, lequel laissera son logement chez le général Macon, commandant la place.

Les hommes destinés à former les détachements seront choisis parmi ceux les plus fatigués, ayant mal aux pieds, et se faisant traîner sur les voitures.

Compans à Gazan.

13 brumaire an xiv.

D'après les dispositions arrêtées par M. le Maréchal commandant en chef, vous voudrez bien partir, mon Général, avec votre division, aussitôt la réception de la présente, pour vous rendre à Linz, où vous attendrez de nouveaux ordres; les intentions de M. le Maréchal sont, lorsque vous recevrez l'ordre de partir de cette place, que vous y laissiez les éclopés de votre division, sous le commandement d'un officier, qui prendra les ordres du commandant Lévêque, qui reste comme commandant d'armes.

Compans au général de brigade Laplanche-Mortières.

Linz, le 13 brumaire an xiv.

Je vous préviens, mon cher Général, que les dispositions de la lettre que je viens de vous écrire sont révoquées; vous pouvez partir avec votre division et laisser le commandement de la place au chef de bataillon Lévêque, qui passera chez vous pour prendre les renseignements que vous aurez à lui donner.

Compans au chef de bataillon Lévêque.

13 brumaire an xiv.

M le Maréchal commandant en chef vous confie, jusqu'à nouvel ordre, le commandement de la place de Linz ; vous remplacerez, dans ce moment, le général de brigade Laplanche-Mortières ; présentez-vous chez lui pour lui demander les renseignements qui y sont relatifs. Les généraux de division Oudinot, Suchet et Gazan sont chargés de laisser ici tous les éclopés de leurs divisions, ils fourniront la garnison de la place.

Compans à Oudinot.

Linz, le 13 brumaire an xiv.

D'après de nouvelles dispositions arrêtées par M. le Maréchal commandant en chef, sur l'avis qu'il vient de recevoir que le prince Murat était en ce moment en avant d'Enns avec sa cavalerie, vous voudrez bien regarder comme non avenue ma lettre de ce jour et exécuter le mouvement suivant : les quatre régiments de cavalerie légère, réunis sous les ordres du général Fauconnet, et votre division se mettront en marche de suite pour se rendre à Enns.

P.-S. — M. le Maréchal désire que vous laissiez ici, sous le commandement d'un officier, les hommes éclopés de votre division ; cet officier prendra les ordres du chef de bataillon Lévêque commandant la place.

Compans à Suchet.

13 brumaire an xiv.

D'après de nouvelles dispositions arrêtées par M. le Maréchal commandant en chef, sur l'avis qu'il vient de recevoir que le prince Murat est en ce moment en avant d'Enns avec sa cavalerie, votre division doit partir sur-le-champ, mon Général, pour se diriger sur Enns, en suivant celle aux ordres du général Oudinot, qui a la même destination.

P.-S. — M. le Maréchal désire que vous laissiez ici, sous le com-

4 NOVEMBRE. 497

mandement d'un officier, les hommes éclopés de votre division ; cet officier prendra les ordres du chef de bataillon Levèque, commandant la place.

***

Compans au colonel du génie Kirgener.

Linz, le 13 brumaire an xiv.

M. le Maréchal commandant en chef vous charge, Monsieur le colonel, de faire disposer en toute diligence deux ponts volants d'une grande capacité et de leur faire descendre le Danube jusqu'à Enns, où il en disposera.

***

Compans à Oudinot.

13 brumaire an xiv.

Je vous prie, Monsieur le général, de mettre à la disposition du commissaire ordonnateur deux chasseurs ou hussards pour assurer la rentrée des chevaux et bœufs qui ont été requis pour le service de l'armée.

***

Compans au commissaire-ordonnateur Vast.

13 brumaire an xiv.

L'intention de M. le Maréchal commandant en chef est que 20,000 capotes soient confectionnées dans cette ville pour son corps d'armée ; à cet effet, il sera fait usage du drap laissé dans les magasins ennemis, et vous poursuivrez avec vigueur la rentrée des 20,000 autres que vous avez requises hier.

M. le Maréchal veut que ces 20,000 capotes soient entièrement confectionnées dans huit jours, et que l'on mette en réquisition pour cela tous les tailleurs et couturières de la ville et des environs, qui devront être occupés nuit et jour.

***

Compans à Oudinot.

13 brumaire an xiv.

M. le Maréchal commandant en chef ordonne que vous continuiez votre marche demain matin avec votre division, de manière à passer l'Enns et à vous placer pour soutenir le prince Murat, s'il y avait lieu. Au surplus, M. le Maréchal sera arrivé à temps pour vous donner des ordres ultérieurs.

Compans au commissaire-ordonnateur Vast.

13 brumaire an xiv.

Je vous préviens, Monsieur l'ordonnateur, que M. le Maréchal commandant en chef a décidé que les divisions Oudinot, Suchet et Gazan laisseraient chacune un officier pour surveiller la confection des capotes et des souliers ; qu'il a réglé dans les proportions suivantes la répartition de ces objets sur les trois divisions :

	Capotes.	Souliers.
Division Oudinot	8,000	12,000
— Suchet	8,000	12,000
— Gazan	6,000	6,000

Les souliers qui sont actuellement en magasin seront distribués aux trois divisions, dans la proportion ci-dessus. Les divisions Oudinot et Suchet vont prendre leur compte à l'instant ; vous garderez en magasin celui de la division Gazan, qui doit arriver dans le jour.

Compans à Suchet.

Linz, le 13 brumaire an xiv.

J'ai l'honneur de vous prévenir que M. le Maréchal commandant en chef a décidé que la division à vos ordres perçoit sur la réquisition qu'il a frappé à Linz 8,000 capotes et 12,000 paires de souliers, dont il importe essentiellement de hâter la confection. A cet effet, M. le Maréchal ordonne que vous laissiez ici un officier de votre division pour surveiller la confection de votre contingent ; cet officier se présentera de suite au commissaire-ordonnateur Vast, qui le mettra à même de suivre les mesures qui ont été ordonnées, soit pour la réunion des cuirs et étoffes, soit pour se procurer le nombre d'ouvriers nécessaire pour la confection des effets susmentionnés.

Je vous préviens aussi, mon Général, que le commissaire-ordonnateur est chargé de vous faire délivrer de suite votre contingent de souliers, qui sont actuellement remisés en magasin.

Compans au commissaire-ordonnateur Vast.

Linz, le 13 brumaire an xiv.

M. le Maréchal commandant en chef voit avec peine, Monsieur le commissaire, que la confection du pain va très lentement et qu'en quelque sorte elle est presque nulle ; il veut cependant qu'il y ait d'ici à 2 heures dans les magasins 40,000 rations de pain; il vous charge de requérir les magistrats de Linz de faire faire par les habitants la remise de tout celui qu'ils ont dans leurs maisons, et de surveiller vous-même rigoureusement cette rentrée.

Hâtez la confection par tous les moyens possibles.

Réquisition.

13 brumaire an XIV.

Requiers M. de Fournenstein, capitaine du cercle, de fournir dans le jour 50,000 rations de pain qui devront être versées dans les magasins de Linz, à la disposition de l'armée.

M. de Fournenstein me rendra compte, de deux heures en deux heures, des effets des mesures qu'il aura prises pour l'exécution de cette réquisition, qui demeure sous sa responsabilité.

COMPANS.

Compans au commissaire-ordonnateur Vast.

Linz, le 13 brumaire an XIV.

M. le Maréchal commandant en chef a pris communication de la lettre des membres de la régence que vous m'avez adressée, et a été indigné de l'offre que font ces messieurs de remplir en argent la réquisition de bottes qui leur a été faite. Il vous charge de les prévenir que c'est en nature et non en argent que tous les objets requis doivent être fournis, et que nul autre que l'Empereur et son état-major général n'a le droit d'imposer des contributions en numéraire. Il tient aussi à ce que toutes les réquisitions soient exécutées

Ordre du jour du 13 brumaire an XIV.

Au quartier général de Linz.

M. le Maréchal commandant en chef a vu avec la plus grande peine que des militaires de son corps d'armée étaient détournés de leur service pour conduire des chevaux et des voitures.

Il ordonne de la manière la plus expresse à MM. les officiers généraux et chefs de corps de prendre des mesures pour mettre fin à cet abus.

M. le Maréchal commandant en chef a aussi remarqué que beaucoup de fantassins suivaient les colonnes, montés sur des chevaux, et il a d'ailleurs appris que ces chevaux provenaient de moyens illicites.

Il charge MM. les généraux et chefs de corps de tenir sévèrement la main à ce qu'à l'avenir aucun fantassin ne paraisse à cheval, ni dans les colonnes ni à leur suite.

Ceux des officiers d'état-major à qui il est dû des frais de poste, pour courses faites d'après les ordres de M. le Maréchal commandant en chef, voudront bien adresser individuellement à l'état-major général du corps d'armée l'état du remboursement auquel ils ont droit, revêtu de leur acquit, en se conformant pour la rédaction de cet état au modèle ci-après.

Le chef d'état-major du corps d'armée réunira tous ces états et les enverra à M. le chef d'état-major général de la Grande Armée, avec invitation de lui en faire compter le montant, dont il fera ensuite la répartition sur les parties intéressées.

Il est d'ailleurs loisible à ces officiers de s'adresser directement à M. le chef de l'état-major général de la Grande Armée, s'ils croient que ce parti leur procure plus promptement le remboursement de leurs fonds.

Le Général de brigade,
chef d'état-major général du 5ᵉ corps,
Compans.

Modèle d'état pour servir a établir :

Les frais de poste qui reviennent à............ en vertu de l'ordre ci-joint de M. le............, pour se rendre de............ à ...., auprès du Ministre de la guerre, major général.

De.............à............	Postes.
Retour de.........à...........	id.
Total des postes..........	

Lesquelles à raison de 7 francs par poste, font la somme de..........

Certifié le présent état montant à la somme de............

Vu bon à payer :

L'Aide-Major général, chef de l'état-major général,

Pour acquit :

Garde impériale.

Quartier général à Linz, le 13 brumaire an XIV.

M. le Maréchal témoigne son mécontentement pour la manière dont les logements se font dans les différents corps de la Garde.

Les officiers qui vont en avant pour les faire distribuer y mettent presque toujours de la confusion.

En général, on témoigne trop devant la troupe un mécontentement pour les plus petites choses, et qui loin d'être fondé est fort inconsidéré et très déplacé.

Un ordre quelconque doit être exécuté sans réplique et sans réflexion.

Les ordres, comme tout en général, doivent être attendus avec patience, exécutés avec zèle et exactitude, et quiconque les commente ne sait pas obéir.

M. le Maréchal se plaint que les soldats de la Garde ne respectent pas assez les officiers de toutes les armes.

Un officier d'un corps quelconque est un officier de la Garde, comme tel il appartient à tous les corps. Il doit être considéré et respecté de même.

M. le Maréchal verrait avec plaisir que les soldats de la Garde fussent bien pénétrés qu'ils ont rang de sous-officiers, et que, sous ce rapport, ils se doivent davantage.

MM. les généraux, colonels et commandants rappelleront à MM. les officiers qu'ils doivent apporter la plus grande surveillance à ce que les soldats de leurs corps portent respect aux officiers de toutes les armes.

Ils doivent prévenir et éviter les propos, les empêcher et les punir sévèrement.

M. le Maréchal espère que MM. les généraux et colonels commandant les corps préviendront tout ce qui pourrait tendre à la division et à la jalousie. Il ne peut et ne doit en exister dans des corps qui ont les mêmes prérogatives et les mêmes devoirs à remplir.

Dans les marches, personne n'a le droit d'empêcher les voitures et les hommes à cheval de circuler ; cela aurait les inconvénients les plus graves et pourrait quelquefois retarder des ordres pressés. Les officiers doivent être les premiers à donner l'ordre de les laisser passer et la troupe ne doit jamais se permettre des paroles dures et encore moins des voies de fait. Le bureau topographique du major général de l'armée a été dernièrement retardé longtemps. Il faut éviter de donner lieu à l'avenir à de pareilles plaintes.

M. le Maréchal compte à ce sujet sur le zèle de MM. les généraux et colonels commandants.

BESSIÈRES.

Pour copie conforme :
Le Général chef de l'état-major de la Garde,
ROUSSEL (1).

Le général Andréossy au Commandant du 21ᵉ dragons et de la gendarmerie.

13 brumaire an xiv.

Ordre au commandant de la gendarmerie de partir de suite avec la moitié des gendarmes, et au commandant du 21ᵉ de dragons de partir avec toute la compagnie, pour aller coucher à Wels et être demain de bonne heure à Linz, où le quartier général est établi (2).

Emplacements du 13 brumaire an XIV (4 novembre 1805) au soir.

Quartier général impérial : De Lambach venu à Linz par Wels.
Garde impériale : Linz et partie en marche.
1ᵉʳ *corps* (Bernadotte) : En marche de Salzburg sur Lambach, où il sera demain.
Corps bavarois : Suit le mouvement du 1ᵉʳ corps.
2ᵉ *corps* (maréchal Marmont) : A Kremsmünster, éclairant la route de Léoben.
3ᵉ *corps* (maréchal Davout) : Sur Steyer dont il doit s'emparer.
4ᵉ *corps* (maréchal Soult) : En avant et en arrière de Wels.
5ᵉ *corps* (maréchal Lannes) : En marche de Linz sur Enns.
6ᵉ *corps* (maréchal Ney) : Sur Innsbrück.
7ᵉ *corps* (maréchal Augereau) : Sur Kempten.

---

(1) « La division se rendit à Linz en parcourant une plaine immense sur la rive gauche de la Traun. »
Cantonnements : Linz, Enns, Wels. Distance d'un quartier général à l'autre : 10 lieues.
(2) Andréossy annonce à Petiet l'arrivée à Nordlingen, pour le 17 novembre, de 1200 hommes destinés au 6ᵉ corps d'armée et de 3,000 environ destinés aux autres corps. Les premiers rejoindront par Augsburg, Kaufbeuren, Füssen et Reutti; les autres par Augsburg, Landshut et Braunau.

4 NOVEMBRE.

Avant-garde du prince Murat : 1re division de cavalerie (Nansouty); 2e division de cavalerie (d'Hautpoul); 2e division de dragons (Walther); 3e division de dragons (Beaumont) : à Enns et en avant.

1re *division de dragons* (Klein) : Aux environs de Linz.

4e *division de dragons* (Bourcier) : En marche sur Braunau (1).

Division de dragons à pied : Entre Passau et Donauwœrth.

Division Dupont et division batave : Passau.

16e *et* 22e *chasseurs :* A Enns.

Corps de Wurtemberg : Munich.

Grand parc : Filant d'Augsburg sur Braunau.

Équipage de pont : En marche sur Linz.

---

(1) Arrive à Augsburg.

CHAPITRE XII

5 novembre.

Belliard à Walther.

Enns, le 14 brumaire an XIV.

L'intention du Prince est que vous ordonniez au général Milhaud de faire pousser de très grand matin une reconnaissance sur l'ennemi. Il aura soin de ne pas se compromettre. Toute la brigade devra avoir passé le pont à 6 heures du matin et rester en bataille dans la plaine, jusqu'à la rentrée de la reconnaissance ; vous êtes prévenu que les quatre régiments de troupes légères du corps d'armée de M. le maréchal Lannes passeront le pont à 6 h. 30 et se mettront aussi en bataille dans la plaine. Lorsqu'on se mettra en mouvement, on marchera dans l'ordre suivant : La brigade des hussards, commandée par le général Treilhard ; la brigade du général Milhaud ; celle du général Fauconnet ; la brigade du général Sébastiani ; la division du général Oudinot ; le reste de votre division de dragons ; la division Nansouty et la division d'Hautpoul. De 7 à 8 heures, toutes ces troupes seront en bataille sur la rive droite de l'Enns, et avant le départ, le Prince en passera la revue. La division du général Oudinot passera le pont après ses troupes légères et vous suivrez son mouvement.

Belliard à Oudinot.

14 brumaire an XIV.

L'intention du Prince est que vos régiments de troupes légères commenceront à passer le pont ce matin à 6 h. 30 ; ils se mettront en bataille dans la plaine. Votre division devra suivre le mouvement des troupes légères et se former de même en bataille, après avoir passé le pont. L'intention du Prince est de passer la revue de toutes ces troupes avant le départ.

Quand on se mettra en mouvement, on marchera dans l'ordre suivant : la brigade des hussards commandés par le général Treilhard, la brigade du général Milhaud, celle du général Fauconnet, la brigade du général Sébastiani, votre division, le reste de la division Walther, la division Nansouty et la division d'Hautpoul.

Ayez la bonté, mon Général, d'ordonner qu'un régiment de la 1re brigade de votre division passe le pont à 6 heures du matin et s'établisse en avant pour soutenir, en cas de besoin, la brigade du général Milhaud, qui doit pousser une reconnaissance sur l'ennemi.

Le Prince désire que vous passiez chez lui à 6 heures du matin.

14 brumaire an xiv.

Ordre aux généraux Hautpoul et Nansouty d'être rendus à 7 heures précises dans la plaine en arrière de Enns.

14 brumaire an xiv.

Ordre à la division Klein de se rendre le 14 à Enns. (Cet ordre a été rapporté.)

Compans à Kirgener.

Linz, le 14 brumaire an xiv.

M. le Maréchal commandant en chef vous charge, Monsieur le colonel, de presser le rétablissement du pont de Linz et de partir aussitôt qu'il sera terminé, avec vos sapeurs, pour vous rendre à Enns et partout où le corps d'armée se sera porté ultérieurement.

Compans à Gazan.

14 brumaire, an xiv.

D'après de nouvelles dispositions arrêtées par M. le Maréchal commandant en chef, il vous est ordonné de partir sur-le-champ avec votre division sur la rive gauche du Danube ; vous y prendrez position et vous pousserez des reconnaissances très loin.

M. le Maréchal désire que vous fassiez passer de suite toute votre infanterie sur des bateaux, et que vous ne fassiez passer de l'artillerie que lorsque votre infanterie sera sur l'autre rive.

Le général Suchet au général Becker, sur la route d'Enns.

Quartier général de Strengberg, le 14 brumaire an XIV.

Je vous prie, mon cher Général, de donner ordre, au reçu du présent, au général Claparède de partir avec les troupes à ses ordres et deux pièces de 4 et venir bivouaquer en avant du village de Strengberg. Il devra, à son arrivée, pousser des patrouilles sur la droite.

Vous partirez à 4 heures du matin avec le reste de la division, pour vous rendre près de moi. Vous ordonnerez au commandant d'artillerie de faire diligence et vous défendrez expressément le passage des bagages.

Le général Oudinot s'est bien battu aujourd'hui, il s'agit de le seconder ; c'est pourquoi je vous recommande de la diligence.

Murat à l'Empereur (1).

Oed, le 14 brumaire an XIV, 11 h. 15 soir.

L'ennemi a été rencontré à une lieue, en avant de Strengberg ; il a été chassé successivement de toutes ses positions jusque sur les hauteurs d'Amstetten. Nous lui avons pris environ 1,500 hommes, parmi lesquels se trouvent 150 ou 200 Russes et 25 ou 30 officiers. Le corps que j'ai l'honneur de commander a eu affaire à toute l'armée russe commandée par le général Kutusov en personne. Jamais on ne s'est battu de part et d'autre avec plus d'opiniâtreté ; mais enfin les Russes ont été contraints de céder à la valeur des grenadiers commandés par le général Oudinot, qui couchent ce soir sur le champ de bataille tandis que l'ennemi est en pleine déroute. On estime qu'il a eu 300 ou 400 hommes tués ; il est impossible d'être plus brave que le général Oudinot ; il a chargé à la tête des hussards et a combattu à la tête des grenadiers. J'ai beaucoup à me louer de mes aides de camp et de tous les officiers de mon état-major. M. Lagrange a reçu une balle dans la cuisse.

---

(1) Voir en outre pour cette journée, dans Alombert : p. 9, Songis à Éblé ; p. 18, rapport de Bertrand ; p. 19 et 30, Berthier à Lannes et Oudinot ; p. 34 et 45, situations des divisions Dupont, Gazan, Dumonceau et Klein.

M. Excelmans, après avoir eu un cheval tué sous lui, a marché à pied jusqu'à la fin du combat à la tête des grenadiers. Je ne dois pas oublier de dire à Votre Majesté que le général Belliard s'est trouvé constamment, à côté du général Oudinot.

J'aurai l'honneur de faire connaître demain à Votre Majesté les noms des autres braves qui se sont particulièrement distingués, ainsi que les détails de cette belle journée.

La division du général Suchet est établie à Strengberg. Les divisions Nansouty et d'Hautpoul à Oed; celle de Walther à Zeillern, ayant la brigade du général Sébastiani sur Aschbach. Les chasseurs et les hussards sont placés en arrière de la division de grenadiers, qui bivouaque sur les hauteurs d'Amstetten. Demain je pousserai des reconnaissances sur Neumarkt, et si l'ennemi est derrière l'Ybbs, je porterai mon avant-garde sur cette rivière.

Une reconnaissance envoyée sur Haag n'y a pas rencontré l'ennemi; on ne l'a pas trouvé non plus à Wallsee.

Demain je rectifierai ma position et prendrai mes cantonnements tant sur le Danube que sur l'Ybbs.

Journal de la 2ᵉ division de dragons.

Le 14, la division commença à 5 heures du matin à défiler sur le pont de la rivière d'Enns, en avant de la ville de ce nom.

Les régiments, réunis dans la plaine au débouché du pont, furent passés en revue par S. A. S. le prince Murat, et, à 9 heures du matin, la division se mit en marche pour se porter en avant : la brigade de hussards, commandée par le général Treilhard, et composée des 9ᵉ et 10ᵉ, ayant la tête de la colonne.

Nos deux pelotons d'avant-garde rencontrèrent les avant-postes ennemis composés d'Autrichiens et de Russes à Altenhofen ; ils les chargèrent de suite et les suivirent vivement; l'ennemi se retira sur le village de Klingenbrunn (?) où il montra un corps d'infanterie qui bordait les vergers et défendait l'entrée du village.

Après quelques dispositions, les deux régiments de hussards reçurent l'ordre de traverser le village ; cette charge culbuta tout ce qu'elle rencontra, l'infanterie à son débouché voulut tenir encore, et fit un feu des plus vifs qui tua quelques hussards et plusieurs chevaux : ce feu ne ramena point la cavalerie ennemie qui, après avoir reçu plusieurs charges avec beaucoup de bravoure, marcha en retraite, et aussitôt 200 hommes d'infanterie mirent bas les armes.

L'ennemi, toujours vivement poursuivi, alla se rallier au village de Strengberg; mais les hussards ne lui donnèrent pas le temps de se reconnaître, et il fut chargé de nouveau et plus audacieusement encore qu'auparavant ; 500 hommes d'infanterie, se voyant dépassés et abandonnés par la cavalerie, se rendirent prisonniers ; l'ennemi continuant sa retraite, la queue de sa colonne fut aussitôt chargée et entamée ; elle le fut si vivement que l'ennemi n'osa plus se retourner et fut poursuivi dans un défilé pendant plus de trois quarts d'heure sans relâche. Parvenu à la sortie du défilé, se trouvant soutenu par l'infanterie et le camp qu'il avait en arrière sur les hauteurs d'Oed, il y tint, et les hussards durent l'enfoncer de nouveau ; il alla ensuite prendre position sur les hauteurs d'Oed.

Nos hussards, qui se trouvaient sous le feu de l'infanterie, qui leur blessait beaucoup de monde, et ne se voyant point soutenus par la nôtre qui n'avait pu suivre, à cause de la rapidité des charges, durent s'arrêter : l'ennemi, ne voyant point paraître notre infanterie, fit marcher la sienne en colonne ; elle vint à demi-portée de pistolet, soutenue de sa cavalerie, attaquer le bois ; il fallut alors que les 9ᵉ et 10ᵉ régiments de hussards, qui tenaient la tête de la colonne, fissent un mouvement rétrograde ; mais le colonel Guyot, conservant le plus grand sang-froid, maintint le meilleur ordre, qui ajouta encore à la belle conduite que son régiment a tenue pendant toute la journée.

Alors l'ennemi, se sentant à même d'attaquer, prit à son tour l'offensive et son infanterie gagnant les bois, toutes les colonnes, qui s'étaient engagées dans le défilé, durent commencer leur retraite. Ce fut particulièrement dans cet instant que les deux régiments de hussards montrèrent une bravoure admirable ; ils essuyèrent le feu terrible de l'ennemi et soutinrent une charge vigoureuse des hussards russes ; dans ce moment arriva une pièce d'artillerie et, par une décharge à mitraille, faite très à propos et commandée par le lieutenant d'artillerie M. Vavasseur, à l'instant où les canonniers allaient eux-mêmes être chargés, arrêta l'ennemi ; alors les grenadiers du général Oudinot gagnèrent la tête du bois et déterminèrent bientôt l'ennemi à la retraite. Les dragons et chasseurs furent mis en bataille en arrière du défilé, et les hussards n'eurent plus qu'à suivre, soutenir l'artillerie et être témoins de l'attaque et du combat de notre brave infanterie, qui dura très avant dans la nuit ; la division bivouaqua en arrière du bois et en avant de Strengberg.

Belliard à Berthier.

Neumarkt, le 15 brumaire an XIV.

J'ai l'honneur de rendre compte à Votre Excellence que le corps d'armée du prince Murat quitta hier la position à 6 heures du matin pour poursuivre l'ennemi; son arrière-garde a été rencontrée en avant du village de Strengberg; elle a été poussée jusqu'au Sud de Strengberg, où se trouvaient en position trois bataillons d'infanterie autrichienne, avec environ 300 ou 400 hommes de cavalerie. Le Prince a fait attaquer le village : 300 grenadiers de la division Oudinot, l'arme au bras et au pas de charge, se sont avancés sur les Autrichiens, les ont enfoncés et chassés de Strengberg; en sortant du village, un peloton de chasseurs et de hussards, conduit par l'aide de camp Lery, a chargé l'infanterie ébranlée et a fait beaucoup de prisonniers; un régiment de chasseurs à cheval, envoyé sur la droite pour tourner l'ennemi, a fait 300 prisonniers.

En sortant d'Enns, le Prince détacha sur Haag le 1er régiment de chasseurs à cheval pour éclairer les flancs et chercher à se lier avec les troupes de M. le maréchal Davout.

Après la prise de Strengberg, le Prince, n'ayant pas de nouvelles du 1er régiment de chasseurs, dirigea sur le même point le général Fauconnet avec un régiment de chasseurs, et envoya de même, sur la gauche, un détachement de 50 hommes pour éclairer le pays jusqu'au Danube. L'ennemi s'est rallié sur une petite hauteur adossée à un bois que la route traverse; il a fait mine de vouloir résister, on lui a tiré quelques coups de canon, il a fait sa retraite et, poursuivi vigoureusement par les 9e et 10e régiments de hussards, il a laissé beaucoup de prisonniers; un régiment de chasseurs avait été envoyé à Son Altesse Sérénissime sur la droite pour tourner l'ennemi et lui couper la communication avec Oed, mais la difficulté qu'a rencontrée le régiment ne lui a pas permis d'arriver assez tôt.

L'ennemi, en se retirant, fut rallié par quelques troupes et prit position au village d'Oed avec quatre bataillons. L'avant-garde le charge : il résiste et se retire en ordre, soutenu par quelques escadrons de cavalerie; on jette de l'infanterie sur sa gauche et de la cavalerie sur sa droite, pendant qu'il passait un défilé; alors le général Oudinot, entouré de quelques officiers de l'état-major du Prince et du sien, charge avec un peloton de cavalerie l'infanterie ennemie, l'enfonce, et fait mettre bas les armes à 700 ou 800 hommes; deux officiers de l'état-major passés sur la droite ont fait avec 3 chasseurs 50 prisonniers; M. Watier, adjudant, était un des officiers.

En sortant du défilé, ce qui restait de l'infanterie a été soutenu par la cavalerie, qui a poussé une charge sur les hussards et a ralenti la poursuite; l'infanterie a filé par le bois, et on n'a plus vu que de la cavalerie, qui s'est mise en bataille en avant d'un bois. Deux pièces de canon que le Prince a fait placer, par un feu vif bien dirigé, ont obligé l'ennemi à faire un mouvement; alors les régiments de hussards qui avaient eu le temps de se réunir s'ébranlent, chargent la cavalerie ennemie en partie composée de Russes, et lui font 30 à 40 prisonniers ; les hussards et les chasseurs des 16° et 22° régiments, ayant à leur tête les généraux Walther, Oudinot, Treilhard et Milhaud, marchent à l'ennemi, qui s'était rallié, le culbutent, le poursuivent dans un défilé très long, très étroit, poussent plusieurs charges avantageuses qui nous ont donné 60 prisonniers russes ; la cavalerie légère poursuivait toujours, mais en débouchant du bois, notre avant-garde a été reçue par une ligne d'infanterie qui fit une fusillade bien nourrie et l'a obligée de s'arrêter ; l'ennemi a fait un mouvement en avant, notre avant-garde s'est repliée sur les régiments et démasquant une pièce d'artillerie qui se trouvait en batterie sur la chaussée ; l'ennemi a voulu s'en emparer, il a chargé dessus ; mais les braves canonniers sont restés fermes à leur poste, ont fait une décharge à mitraille à bout portant, qui a renversé tout le premier rang ; deux officiers russes et de marque sont tombés morts devant la pièce, l'un d'eux avait la croix de Malte et celle de Sainte-Catherine ; les Russes se sont arrêtés ; la tête de notre infanterie arrive, et longeant le bois, commence la fusillade, et oblige la cavalerie ennemie à se retirer dans la première position ; deux bataillons de la brigade Dupas balayent tout le bois des tirailleurs ennemis et s'avancent en colonne sur la chaussée, mais au débouché du défilé, les bataillons russes qui se trouvaient en bataille dans la plaine ont fait une fusillade si vive que ce qui se trouvait en colonne sur la chaussée a dû se remettre dans le bois et répondre au feu de l'ennemi ; bientôt le reste de la brigade Dupas arrive ; on bat la charge, tout s'ébranle, l'ennemi est chassé de sa position et les grenadiers conduits par les généraux Oudinot et Dupas s'emparent des maisons que défendait l'ennemi et d'une partie du plateau ; la seconde ligne de l'armée russe s'est avancée en colonne sur la chaussée et en bataille par le bois et la plaine, avec quatre pièces d'artillerie, pour reprendre la position ; nos troupes, quoique très inférieures en nombre, ont soutenu le choc, et des feux bien dirigés ont arrêté l'ennemi. Les brigades Ruffier et la Planche (1) arrivent au moment où l'ennemi, ayant reçu de nouveaux moyens, pousse une nouvelle charge qui ne fut pas plus heureuse que la première ; alors s'engage de part et d'autre une fusillade extraordinairement vive, pendant plus de 20 minutes, et presque à bout portant.

---

(1) Moins un bataillon que le Prince mit en réserve sur une hauteur en arrière du défilé, avec quatre pièces d'artillerie et la division de dragons ; en même temps le Prince envoya par la gauche, sur Ardagger, pour éclairer cette partie sur laquelle l'ennemi faisait un mouvement, et pour présenter une tête de colonne qui en imposa à l'ennemi.

L'ennemi, au moins trois fois plus fort que nous, a chargé et rechargé de nouveau, toujours arrêté et repoussé avec une force considérable ; nous nous sommes rendus maître du plateau, la fusillade a continué jusqu'à 8 h. 30 ; un bataillon du régiment d'infanterie de ligne a fait des feux de bataillon comme à un exercice de paix, l'ennemi a quitté le plateau, dont nous nous sommes entièrement rendus maîtres, et a pris position à l'entrée du bois ; la nuit a empêché de poursuivre ; il était 10 heures, la division Oudinot a établi ses avant-postes en avant du champ de bataille, sur lequel elle a bivouaqué ; nos vedettes étaient à portée de pistolet de celles de l'ennemi ; dans la nuit l'armée ennemie a fait sa retraite.

Le combat d'Amstetten a été un des plus opiniâtres et des plus brillants qu'ait eus le corps d'armée : 5,000 hommes ont fait tête à 15,000 ; la division Oudinot s'est couverte de gloire ; elle a résisté, repoussé et battu un corps trois fois aussi fort qu'elle, combattant sous les yeux du général en chef Koutousov et conduit par les meilleurs officiers généraux ; les 9e et 10e régiments de hussards se sont battus toute la journée avec beaucoup de courage, ainsi que les 16e et 22e régiments de chasseurs. Toutes les troupes qui ont pu donner rivalisaient de courage et d'ardeur ; les officiers d'état-major du Prince et plus particulièrement MM. les adjudants commandants Girard et Darsonval, et les adjoints Bertholet et Watier, tous les aides de camp de Son Altesse Sérénissime, MM. Brunet, Piéton, Lagrange, Excelmans, Lery et Lannes, ainsi que l'aide de camp Galbaud et les officiers du général Oudinot se sont particulièrement distingués. L'aide de camp Lagrange a été blessé, ainsi que M. Lamotte, aide de camp du général Oudinot ; M. Excelmans a eu un cheval tué sous lui ; démonté, il s'est mis à la tête des grenadiers et a combattu avec eux jusqu'à la fin.

Le général Oudinot a eu un cheval tué sous lui. Je ne parle point à Votre Excellence, Monseigneur, de MM. les officiers généraux ni même en général des officiers des états-majors et des corps, le Prince se réservant de faire un rapport à Sa Majesté, dans lequel il nommera tous les braves qui se sont distingués et demandera pour eux de l'avancement et des récompenses.

Le résultat de cette belle journée et du terrible combat d'Amstetten a été la prise de 1,500 à 1,800 prisonniers, 40 voitures chargées de munitions, de vivres et d'équipages et environ 100 chevaux de troupes.

Le combat d'Amstetten a eu de plus l'avantage incalculable d'étonner l'armée russe, de la forcer à une retraite précipitée, d'en disséminer une partie et de démoraliser le reste ; maintenant on trouve sur les routes les Russes épars comme les Autrichiens.

L'ennemi a beaucoup souffert : 300 au moins sont restés sur le champ de bataille et il y a eu 600 à 700 blessés ; on en a trouvé 50 à Amstetten et il en était parti 500 de Melk, une demi-heure avant notre arrivée; nous avons de notre côté à regretter quelques braves qui sont morts au champ d'honneur; nous avons eu aussi plusieurs blessés ; j'attends les états des divisions et j'aurai l'honneur de les adresser à Votre Excellence.

Le corps d'armée a pris position, savoir : la division Oudinot sur le champ de bataille avec deux régiments de chasseurs, les hussards et les chasseurs de la brigade de Milhaud en arrière du défilé, avec le bataillon de réserve, l'artillerie et la division de dragons établie par échelons jusqu'au village d'Oed, quartier du Prince où les deux bataillons de grosse cavalerie ont bivouaqués.

Le canonnier Colot, qui était chargé de mettre le feu à la pièce, a reçu deux coups de sabre; cela ne l'a point fait abandonner; il a mis le feu à la mèche et s'est jeté dans le fossé. Les officiers commandant le détachement sont MM. Elena et Levasseur.

Journal de marche de la Réserve de cavalerie.

Le 11, toutes les troupes eurent ordre de se réunir à Enns ; à 7 heures du matin, elles étaient en bataille sur la rive droite ; le Prince en passa la revue au milieu des cris de : « Vive l'Empereur ! » et à 8 heures, on se mit en marche, pour marcher à l'ennemi dans l'ordre suivant :

La brigade du général Treilhard, la brigade Milhaud, la brigade Fauconnet, la brigade des grenadiers de Dupas, la brigade Sébastiani, avec le 1er de chasseurs, la division Oudinot, la division du général Walther, les divisions Nansouty et d'Hautpoul.

Dans la nuit, l'ennemi s'était retiré.

Au village de Gollersdorf, le Prince détacha sur Haag le 1er régiment de chasseurs pour éclairer sa droite et tâcher de se lier avec les troupes de M. le maréchal Davout.

Le reste de l'armée continua sa marche. L'arrière-garde ennemie a été rencontrée en avant de Strengberg; notre avant-garde l'a poussée jusqu'au village où se trouvaient en position trois bataillons d'infanterie autrichienne avec environ 300 ou 400 hommes de cavalerie russe. Le Prince fait attaquer l'ennemi ; 300 grenadiers de la division Oudinot gagnent la tête de la colonne, l'arme au bras et au pas de charge; ils s'avancent sur les Autrichiens en criant : « Vive l'Empereur ! », les enfoncent, les chassent et s'emparent du village; la cavalerie charge, achève la déroute et fait beaucoup de prisonniers. Un régiment de chasseurs, que le Prince avait envoyé sur la droite pour tourner le village, fait 300 prisonniers.

A la faveur d'un bataillon qui se trouvait en réserve, l'ennemi s'est rallié sur une petite hauteur adossée à un bois que la route traverse;

il a fait mine de vouloir résister. Le Prince a fait avancer l'artillerie, on l'a ébranlé à coups de canon, il s'est mis en retraite, et poursuivi par la brigade de hussards, il a laissé beaucoup de prisonniers. En sortant de Strengberg, le Prince détacha par la droite un régiment de chasseurs pour tourner l'ennemi et lui couper la route de Oed, mais les difficultés qu'il a rencontrées ne lui ont pas permis d'arriver assez tôt. Le pays est très montueux et très difficile.

Après la prise de Strengberg, le Prince, n'ayant pas de nouvelles du 1er régiment, envoya le général Fauconnet avec un régiment de sa brigade sur Haag, avec ordre de rallier le premier et de pousser ensemble jusqu'à Wolfsbach en envoyant des reconnaissances sur l'Ybbs pour éclairer la vallée et avoir des nouvelles du corps de M. le maréchal Davout. Le Prince fit partir en même temps un détachement de 50 hommes par sa gauche pour éclairer le pays jusqu'au Danube.

Pendant ce temps, le corps d'armée continuait sa marche, serrant de près l'ennemi en lui faisant quelques prisonniers ; en se retirant, il fut rallié par quelques nouvelles troupes et il prit position à Oed avec quatre bataillons ; notre avant-garde le charge, il résiste et se retire en bon ordre, soutenu par quelques escadrons de cavalerie russe. On jette sur sa gauche de l'infanterie, et de la cavalerie sur sa droite, pendant qu'il passait un défilé. En même temps, le général Oudinot, entouré de quelques officiers de l'état-major du Prince et du sien, charge, avec un peloton de cavalerie, l'infanterie ennemie, l'enfonce et fait mettre bas les armes à 700 ou 800 hommes. Pendant ce temps, 3 officiers d'état-major avec 3 chasseurs chargeaient, sur la droite de la route, un détachement de 50 hommes d'infanterie et les faisaient prisonniers.

En sortant du défilé, ce qui restait d'infanterie a été soutenu par la cavalerie, elle a poussé une charge sur le 9e régiment de hussards et a ralenti la poursuite de leur infanterie qui s'est jetée dans le bois en avant duquel était en bataille la cavalerie russe pour protéger un convoi assez considérable de farine, de cartouches, de bagages.

Deux pièces d'artillerie, placées avantageusement, par un feu vif et bien dirigé, obligent l'ennemi à faire un mouvement. Alors les régiments de hussards qui avaient eu le temps de se réunir s'ébranlent, chargent l'arrière-garde de la cavalerie russe et lui font 30 à 40 prisonniers.

Au sortir du bois, l'ennemi se rallie. La brigade de hussards, à laquelle on réunit celle du général Milhaud, ayant à leur tête les généraux Walther, Oudinot, Milhaud et Treilhard, marchent à l'ennemi, le culbutent, le poursuivent dans un défilé très long et très étroit, où la route traverse le bois, poussent plusieurs charges avantageuses qui nous donnent environ 50 prisonniers.

La cavalerie légère, soutenue par une brigade de dragons, continue de suivre la cavalerie ennemie, mais, en débouchant du bois, elle fut reçue par une ligne d'infanterie qui, par une fusillade bien nourrie, l'obligea de s'arrêter. L'ennemi fait un mouvement en avant sur la chaussée, après avoir jeté de l'infanterie dans le bois; l'avant-garde se retire sur les régiments qui la soutenaient, et l'ennemi la suit de près. Une pièce de 8, en batterie sur la chaussée, laisse arriver la cavalerie russe à bout portant, fait une décharge à mitraille et renverse tout le premier rang. Deux officiers russes de marque sont tombés morts devant la pièce; l'un avait la croix de Malte et l'autre celle de l'impératrice Catherine. La cavalerie russe est arrêtée, la tête de notre infanterie arrive et, longeant le bois, elle balaie les tirailleurs ennemis et oblige leur cavalerie à un mouvement rétrograde. Deux bataillons de la brigade Dupas s'avancent en colonnes sur la chaussée, chassant devant eux tout ce qui s'était porté en avant dans le défilé ; mais, en débouchant, les bataillons russes, qui se trouvaient en bataille dans la plaine, ont fait une fusillade si vive et de flanc et de front, soutenus par deux pièces d'artillerie qui enfilaient la chaussée, que nos troupes ont dû se jeter à droite et à gauche dans le bois, pour répondre au feu de l'ennemi et le contenir. Bientôt le reste de la brigade Dupas arrive. On forme les colonnes d'attaque, la charge bat, tout s'ébranle, les Russes sont chassés de leurs premières positions; la seconde ligne fait résistance, le général Oudinot se met à la tête des grenadiers, attaque l'infanterie russe, la culbute, s'empare des maisons que défendait l'ennemi et d'une partie du plateau sur lequel il était établi. Une troisième ligne s'avance en colonnes sur la chaussée et en bataille dans le bois et dans la plaine avec quatre pièces d'artillerie pour reprendre la position. Nos troupes, quoique très inférieures en nombre, ont soutenu le choc, et des feux bien dirigés ont arrêté l'ennemi. Les brigades Ruffin et Laplanche arrivent au moment où l'ennemi, ayant reçu de nouveaux moyens, pousse une nouvelle charge, qui ne fut pas plus heureuse que la première ; alors s'engage de part et d'autre une fusillade extraordinairement vive ; pendant plus de vingt minutes, l'ennemi, au moins trois fois plus fort que nous, a chargé et rechargé de nouveau, mais toujours arrêté et repoussé avec une perte considérable et nous nous sommes entièrement rendus maîtres du plateau.

L'ennemi s'est retiré dans le bois, la fusillade a continué jusqu'à 9 heures, et la nuit a empêché de poursuivre plus loin nos succès. La division Oudinot a bivouaqué sur le plateau, poussant ses avant-postes à portée de pistolet des Russes qui ont aussi pris position pendant le mouvement de la division Oudinot.

Le Prince envoya par la gauche sur Ardagger un régiment de cavalerie légère pour éclairer cette partie et présenter une tête de colonne à l'ennemi qui faisait mine de vouloir porter des forces de ce côté, et en même temps Son Altesse mit en réserve sur la hauteur et en arrière du bois un régiment de grenadiers et quatre pièces d'artillerie avec la division de dragons du général Walther.

Le corps d'armée a pris position, savoir : la division Oudinot sur le champ de bataille avec un régiment de chasseurs à cheval, la brigade Milhaud, les hussards et l'artillerie en arrière du défilé avec le régiment de réserve.

La division de dragons et l'artillerie furent établies sur la route par échelon jusqu'au village de Oed, quartier général du Prince, où bivouaquèrent les deux divisions de grosse cavalerie.

Les régiments de chasseurs qu'on avait envoyés par la droite sur Haag et Haspan rencontrèrent un parti ennemi qui se retirait ; il y eut une petite affaire d'arrière-garde. Les troupes prirent position dans la vallée et furent chargées d'éclairer la droite et de se lier par leur gauche avec le corps d'armée. Le combat d'Amstetten a été le plus opiniâtre et le plus brillant qu'ait eu le corps d'armée. Toute la journée, les troupes légères ont fait merveille et le soir la division Oudinot s'est couverte de gloire. 5,000 hommes ont fait tête à 15,000 combattants sous les ordres du général en chef Kutusow et conduits par les meilleurs officiers.

Le résultat de cette belle journée du terrible combat d'Amstetten a été la prise de 1,500 à 1,800 prisonniers, 40 voitures chargées de munitions et de bagages et environ 100 chevaux de troupe.

Le combat d'Amstetten a étonné l'armée russe, l'a forcée à une retraite précipitée, en a disséminé une partie et a démoralisé l'autre.

L'ennemi a beaucoup souffert. 300 Russes au moins sont restés sur le champ de bataille, 800 à 900 ont été blessés. De notre côté, nous avons à regretter ..... braves qui sont morts au champ d'honneur ; nous avons eu ..... blessés.

Le canonnier Colot qui était chargé de mettre le feu à la pièce a reçu deux coups de sabre qui ne l'ont pas empêché d'allumer la mèche. Le soir, M. le général Lannes joignit le Prince, et la division Suchet bivouaqua en arrière de Strengberg.

Historique du 5ᵉ corps d'armée

Le 14, les grenadiers marchèrent avec la réserve de cavalerie, combattirent à hauteur de Zeillern sur la route de Strengberg à Amstetten, et après un combat très vif dont le rapport est ci-après, bivouaquèrent sur le champ de bataille.

La division Suchet se rendit à Strengberg, la division Gazan passa le Danube à Linz, et fut dès lors détachée sous les ordres de M. le maréchal Mortier.

Précis du combat d'Amstetten.

La réserve de cavalerie aux ordres du prince Murat, et la division de grenadiers aux ordres du général Oudinot, passèrent l'Enns le 14 à 6 heures du matin, et se formèrent en bataille sur plusieurs lignes, à cheval sur la grande route d'Amstetten, dans la plaine qui règne sur la rive droite de cette rivière.

Ces troupes se remirent en marche vers les 8 heures dans l'ordre suivant, savoir :

Les brigades de cavalerie légère, commandées par les généraux Treilhard, Milhaud, Fauconnet et Sébastiani ;

La division de grenadiers aux ordres du général Oudinot ;

La division de dragons aux ordres du général Walther ;

Celles de cuirassiers aux ordres des généraux Nansouty et d'Hautpoul.

La cavalerie légère chassa devant elle les arrière-postes ennemis, et eut constamment l'avantage dans les divers engagements qui eurent lieu dans la journée ; elle fit même un assez grand nombre de prisonniers.

Vers 3 heures de l'après-midi, la colonne atteignit la chaîne de hauteurs qui règne entre Oed et Amstetten. L'ennemi avait fait des dispositions pour les conserver. Il s'engagea un combat assez vif entre la cavalerie légère des deux armées. De nombreux corps d'infanterie russe, disposés sur les hauteurs en avant de Zeillern, se mirent en mouvement pour déborder nos flancs à la faveur des bois dont le terrain est couvert. Notre infanterie était encore très en arrière ; on pressa sa marche ; la brigade Dupas arriva enfin et s'engagea successivement par bataillon dans la défense des positions qu'occupait notre cavalerie légère. L'ennemi, contraint de se retirer dans les siennes, ne tarda pas à en sortir de nouveau avec un renfort de forces et du canon, pour diriger une nouvelle attaque sur notre ligne. Elle la soutint avec vigueur ; mais elle aurait sans doute été forcée de céder à la supériorité du nombre, qui donnait à l'ennemi le moyen de déborder nos ailes, si la brigade Rufin ne fût arrivée pour la renforcer. Après plusieurs charges aussi vigoureuses qu'opiniâtres, exécutées de part et d'autre, l'ennemi se retira de nouveau dans ses positions, et les deux armées bivouaquèrent en présence. La division de grenadiers eut dans cette affaire 65 hommes tués et 157 blessés. Les pertes de l'ennemi furent considérables. On lui fit dans la journée environ 1,500 prisonniers.

Oudinot à l'Empereur.

Sire,

Entre tous les témoignages que j'ai à rendre sur les officiers de la division que j'ai l'honneur de commander, il m'est doux de pouvoir faire un éloge particulier de ceux qui me sont attachés : MM. Demengeot, mon premier aide de camp, Lamotte, chef d'escadron, Hutin, capitaine : ils ont paru se disputer à l'envi les bienfaits de Votre Majesté, et j'ose les invoquer pour eux en vous rendant compte de leur conduite.

A l'affaire d'Amstetten, M. Demengeot, à la tête de 200 grenadiers, a attaqué le village de Limbach, gardé par trois bataillons tant russes qu'autrichiens ; malgré leur vive résistance, il les a culbutés sur leur corps d'armée ; engagé dans la poursuite qu'il en faisait, il aperçut, sur sa droite, un détachement d'environ 300 hommes qui, débouchant d'un défilé, allait le couper ; sur-le-champ et sans calculer le danger, il se précipite seul sur les premiers Russes qui commençaient à se mettre en bataille, les sabre, et par sa contenance et sa fermeté, leur fait mettre bas les armes ; pendant toute cette journée, il a marché à la tête des grenadiers à la charge.

A la journée d'Hollabrünn, où il a été blessé d'un coup de feu à la tête, il donnait, au milieu de la mêlée, l'exemple d'une bravoure rare.

Officier depuis 15 ans, M. Demengeot a fait toutes les campagnes et a fixé plus d'une fois l'attention de ses chefs ; déjà chef d'escadron en l'an IX, il était, au passage de Mincio, un des cinq officiers qui, se précipitant dans les rangs d'une colonne de grenadiers ennemis, les mirent en désordre et décidèrent le succès de cette journée.

A ces titres, je joindrai une conduite irréprochable et un dévouement absolu au service de Votre Majesté ; je la supplierai de lui accorder un régiment, soit d'infanterie, soit de cavalerie ; ayant servi dans toutes les armes, il est propre à l'une comme à l'autre.

Je dois aussi rendre à Votre Majesté le témoignage le plus honorable de la conduite du chef d'escadron Lamotte, dans les différentes actions de la campagne ; déjà il s'était distingué à l'affaire de Wertingen.

A la journée d'Amstetten, il a été blessé le premier en entrant à la tête des grenadiers dans le village de Limbach ; il a continué son service malgré sa blessure.

A l'affaire d'Hollabrünn, il a été blessé de nouveau dans le rang des grenadiers dans un moment difficile.

Je supplie Votre Majesté de lui accorder un régiment de cavalerie légère ; comme il sort de cette arme, je crois qu'il sera propre à le commander honorablement.

Je n'ai qu'à applaudir à la manière de servir du capitaine Hutin, et je renouvelle à Votre Majesté la demande que j'ai déjà eu l'honneur de lui faire, et qu'Elle avait daigné accueillir favorablement, de la décoration de membre de la Légion d'honneur pour cet officier.

(S. l. n. d.)

Journal de la 2ᵉ division de cuirassiers.

Le 14, la division reçut l'ordre de venir rejoindre la 1ʳᵉ division de cuirassiers dans la plaine d'Enns, où elle a pris son rang de bataille, et où elle a marché sur Amstetten, la cavalerie étant placée en seconde ligne ; elle n'est rentrée qu'après que l'affaire fut décidée et elle est venue bivouaquer à gauche et dans les jardins du village d'Oed.

4ᵉ CORPS D'ARMÉE.

Le chef de bataillon Compère au général Mathieu Dumas.

Melk, le 17 brumaire an xiv.

Rapport des 14, 15, 16 et 17 brumaire (5 au 8 novembre).

Le 14 brumaire, la division de cavalerie est restée à Kronstorf, son quartier général dans ce village.

La 3ᵉ division s'est portée de Neuhofen à Kronstorf au bivouac en avant de cet endroit, et prête à favoriser l'établissement d'un pont sur l'Enns; le quartier général à Kronstorf.

La compagnie de sapeurs a été envoyée à Pühring, pour préparer des radeaux et matériaux propres à établir un pont, si le corps d'armée recevait l'ordre de passer l'Enns sur ce point.

La 2ᵉ division, de sa position en avant de Talheim, est venue en prendre une à Neuhofen, ayant son infanterie légère à Losensteinleiten, le quartier général à Gschwent.

La 1ʳᵉ division est restée à Wels.

Le quartier général du corps d'armée à Losensteinleiten.

L'artillerie des 2ᵉ et 3ᵉ divisions avait reçu l'ordre de les rejoindre, mais la difficulté des chemins ayant été augmentée par la glace, il a été impossible qu'elle vînt jusqu'à destination. Elle a parqué celle de la 3ᵉ en arrière de Weisskirchen, et celle de la 2ᵉ à Allhaming.

Le parc de réserve du corps d'armée est resté en arrière de Wels.

Salligny à Vandamme.

Wels, le 14 brumaire an XIV.

D'après de nouvelles dispositions de M. le Maréchal, vous devrez, Général, vous faire suivre par votre artillerie dans le mouvement que vous faites ce matin.

Vous voudrez bien faire porter aujourd'hui votre infanterie légère à Losensteinleiten, où sera établi le quartier général; elle en fera le service.

P.-S. — Je vous préviens que je donne l'ordre à l'artillerie de la 3ᵉ division de partir de suite pour aller la joindre. Elle devra dans tous les cas précéder la vôtre.

Soult à Berthier.

Losensteinleiten, le 14 brumaire an XIV.

J'ai l'honneur de rendre compte à Votre Excellence du mouvement que le corps d'armée a fait aujourd'hui.

La 3ᵉ division s'est portée à Kronstorf sur la rive gauche de l'Enns.

La 2ᵉ division a cantonné à Neuhofen et villages à portée.

La 1ʳᵉ division est restée à Wels, où le parc d'artillerie du corps d'armée s'est réuni aujourd'hui.

La division de cavalerie légère est depuis hier sur les bords de l'Enns.

Demain, pour rapprocher les divisions et les mettre à même d'exécuter les ordres de Sa Majesté, que Votre Excellence aura la bonté de me transmettre.

La 2ᵉ division cantonnera à Losensteinleiten, Wofskirchen et Saint-Marien.

Le parc d'artillerie restera demain à Wels, d'où je le dirigerai suivant les ordres que je recevrai.

J'ai examiné par moi-même, avec attention, le point le plus favorable pour établir un pont sur l'Enns entre Steyer et Enns ; il m'a paru qu'à Pühring, vis-à-vis le château de Dorf, on pourrait le faire avec avantage, attendu qu'une communication praticable pour les voitures part de ce château pour Salaberg ; de ce dernier endroit, une route se dirige sur Strengberg par Haag, et un autre chemin conduit par Saint-Peter à Seitenstetten, mais je n'ai pu savoir s'il y a des communications praticables de Salaberg sur Wolfsbach et Aschbach.

La rivière d'Enns a dans cette partie à peu près 100 pieds de large, elle est profonde et rapide; les officiers du génie ont pensé qu'il leur faudrait trois jours pour jeter un pont de chevalets ou de radeaux. Pour être à même de remplir les intentions de Sa Majesté, si elle juge à propos de me faire passer l'Enns dans cette partie, j'ai ordonné au commandant du génie de faire construire, pendant la nuit, le plus de bacs et de radeaux qu'il lui serait possible, afin qu'ils servent à porter des troupes sur la rive droite, s'il y a lieu, ou puissent être employés à l'établissement du pont, s'il doit se faire : je compte que demain matin j'aurai trois grands radeaux de faits, et on continuera jusqu'à ce que j'aie reçu de nouveaux ordres.

Le maréchal Soult à l'Ordonnateur du 4ᵉ corps.

14 brumaire an XIV.

Il est prévenu qu'il vient d'être mis à la disposition de la 3ᵉ division 4,974 rations de pain, 23 bœufs et 25 paires de souliers, provenant des réquisitions faites dans les bailliages de Gschwent, Weissenberg, etc.

Les voitures dont on a formé un parc à Gschwent doivent être renvoyées, si elles sont inutiles, à la suite de la 3ᵉ division.

L'ordonnateur est prévenu que le bailli de Losensteinleiten a été prévenu qu'il recevrait une réquisition de 15,000 rations complètes en pain, viande et eau-de-vie, 6,000 boisseaux d'avoine et 60 chevaux. Il est invité à la lui envoyer, avec les employés nécessaires pour la faire exécuter.

4ᵉ CORPS D'ARMÉE.

Ordre.

14 brumaire an XIV.

Sur les réquisitions en chevaux faites dans les bailliages de Gschwent, Weissenberg et Egendorf, il sera prélevé 24 chevaux pour l'artillerie légère, 24 chevaux pour l'artillerie à la 3ᵉ division et 6 chevaux pour l'ambulance de la même division.

Soult à Vandamme (à Neuhofen).

Losensteinleiten, le 14 brumaire an XIV.

ORDRE.

La division de cavalerie légère et la 3ᵉ division d'infanterie resteront demain en position.

La 2ᵉ division partira demain de Neuhofen et se rendra à Weichstetten, Neukirchen, Hofkirchen, Maria-Laals et Losensteinleiten, le général Vandamme distribuera ses cantonnements afin d'éviter du chemin à la troupe ; l'artillerie de la division sera à Losensteinleiten.

Cette division prendra, en partant de Neuhofen, tout le pain qui sera cuit et versé dans le magasin du lieu, au moment de son départ.

La 1ʳᵉ division partira demain de Wels, et se rendra à Neuhofen, Weissenberg et Saint-Marien, où elle cantonnera. Son artillerie sera à Neuhofen.

La 1ʳᵉ division prendra, en partant de Wels, tout le pain provenant de la manutention de cette ville et celui qui aura été versé des bailliages sur la rive gauche de la Traun.

L'ordonnateur fera cependant prélever sur cette quantité ce qui sera nécessaire aux troupes du parc d'artillerie, pour deux jours, et si, par l'effet de cette mesure, la 1ʳᵉ division se trouvait pourvue pour plus de trois jours en pain, l'ordonnateur ferait filer le surplus sur la 2ᵉ division, et dans ce cas, il donnerait au convoi la direction de Kremsmünster, pour venir rejoindre à Losensteinleiten la division.

Les 76 chevaux de trait provenant de la réquisition faite à Saint-Gschwent et Losensteinleiten, seront donnés par moitié aux 2ᵉ et 3ᵉ divisions, dont 30 pour l'artillerie et 8 pour les ambulances de chaque division.

Les chevaux requis à Wels et sur la rive gauche de la Traun seront donnés, 30 à l'artillerie de la 1ʳᵉ division et 8 pour son ambulance. Le restant sera remis au grand parc du corps d'armée. MM. les généraux Saint-Hilaire et Lariboisière voudront bien faire connaître l'exécution de cette disposition.

Le parc d'artillerie restera demain à Wels. Le général Lariboisière profitera de ce temps pour le faire mettre dans le meilleur état possible, et faire ferrer les chevaux à glace, mesure que M. le Maréchal en chef recommande expressément aux officiers supérieurs commandant l'artillerie des divisions.

Le quartier général du corps d'armée restera demain à Losensteinleiten.

L'ordonnateur dirigera sur Losensteinleiten, par Ebelsberg, le convoi de pain venant de Linz, qui est à la suite du corps d'armée ; il ordonnera à l'employé qui en est chargé de rendre compte de son arrivée, pour qu'il en soit disposé ou qu'une autre direction lui soit donnée.

Il sera donné 8 chevaux de trait à l'ambulance du quartier général.

Davout à Marmont.

Steyer, le 14 brumaire an xiv.

Je vous apprends avec plaisir, mon cher Général, qu'après un combat assez vif d'artillerie et de mousqueterie, je suis parvenu à me rendre maître de la partie de la ville qui est située sur la rive droite de l'Enns. Mon avant-garde y a fait 400 à 500 prisonniers.

L'on me fait espérer que le pont sera rétabli vers les 2 heures ; s'il est possible, je ferai passer de suite le restant de mon avant-garde, ainsi que les 1re et 2e divisions. Je porterai en même temps la 3e sur Sierning, de sorte que vous puissiez faire occuper Hall, ce qui vous donnera plus de latitude pour vos subsistances. Je ferai ce qui dépendra de moi pour vous procurer quelques choses.

3e CORPS D'ARMÉE.

Ordre de marche du 14 brumaire.

Au quartier général à Steyer, le 14 brumaire an xiv.

La 2e division partira de la position qu'elle occupe à la réception du présent ordre, et viendra s'établir près de la 1re, sur les hauteurs en arrière de Steyer. Le général Friant suivra le mouvement de la 1re division, lorsqu'elle passera l'Enns.

La 3e division viendra remplacer aujourd'hui la 2e dans la position qu'elle occupe à Sierninghofen près de Steyer.

Dès que le pont sera rétabli, l'avant-garde se portera sur la route de Weidhofen et prendra position à 2 lieues de Steyer et enverra des reconnaissances sur Seitenstetten.

La 1re division prendra position sur la rive droite de l'Enns et occupera les deux routes de Waidhofen et de Seitenstetten.

La 2e division prendra position sur la rive droite de l'Enns et en avant des premières maisons du faubourg de Steyer. Elle établira des postes de 300 à 400 hommes à une demi-lieue sur sa droite et sur sa gauche sur les routes d'Enns et celle qui remonte la rivière d'Enns en avant de Saint-Ulrich.

Si le pont est réparé de bonne heure, le général Gudin recevra l'ordre de continuer sa route et de prendre la position qu'occupe maintenant la 1re division.

Les 1re et 2e divisions retireront les troupes qu'elles ont détachées sur la Steyer et sur l'Enns.

La 3e division remplacera en ville les compagnies des troupes de la 1re pour le maintien de la police.

Les commandants d'artillerie des divisions profiteront des ressources de Steyer en fer et en bois pour les réparations les plus urgentes.

Ils feront également ferrer les chevaux à glace. Ces officiers s'adresseront, pour ces divers objets, à M. le colonel d'artillerie Charbonnel.

Le Maréchal,
Davout.

Pour ampliation :
Le Général chef de l'état-major général.
Daultanne. (*A. G.*)

Le général Friant au capitaine Bonnaire (1), attaché a l'état-major de la 2e division.

14 brumaire an xiv.

Il est ordonné au capitaine Bonnaire de partir de suite pour Sierning pour le pain et pour les souliers. Dans le cas où il ne trouverait pas de voitures pour amener le pain à Sierninghofen, il le fera prendre par le 48e, avant 5 heures du matin ; quant aux souliers, il les fera apporter n'importe comment et les fera déposer chez le commissaire des guerres attaché à la division.

Gautier à Gudin.

Sierninghofen, le 14 brumaire an xiv.

Mon Général,

J'ai l'honneur de vous prévenir que je reste, avec le 85e régiment, à Sierninhofen, et que le 25e est à une demi-lieue en avant.

L'officier qui vous portera cette lettre est chargé de m'apporter vos ordres pour le premier mouvement.

P.-S. — J'ouvre ma lettre pour vous dire que le 85e est allé à Sierning, sans doute d'après l'ordre que M. Cirey (2) a transmis au colonel,

---

(1) Capitaine adjoint.
(2) Capitaine adjoint du génie.

car je croyais qu'il resterait dans ce village, où j'ai trouvé plusieurs compagnies à mon retour et où je suis maintenant seul.

(A. G.)

Gautier à Gudin.

Hall, le 14 brumaire an xiv.

Mon Général,

J'ai l'honneur de vous adresser le rapport du capitaine commandant l'arrière-garde. Vous y verrez qu'il n'y a point d'horreurs auxquelles ne se portent nos traînards. Je vous prie de prendre telle mesure que vous jugerez convenable pour arrêter le désordre et me faire connaître si vous désirez que je laisse derrière la division un détachement d'officiers et de sous-officiers. Dans ce cas, je pense qu'il conviendrait de rendre cette mesure commune aux deux brigades.

(A. G.)

Davout à Berthier.

Steyer, le 14 brumaire an xiv.

J'ai l'honneur de rendre compte à Votre Excellence du passage de la rivière d'Enns à Steyer, exécuté hier par les troupes de l'avant-garde aux ordres du général Heudelet; je dois citer avec éloge cet officier à Votre Excellence, pour son intelligence et sa bravoure.

A l'arrivée des troupes de l'avant-garde, le pont sur la Steyer, très bien conservé, était gardé par un poste ennemi d'environ 200 hommes. Ce poste, chargé par un détachement du 13e régiment d'infanterie légère, a été en partie précipité dans la rivière; le reste a mis bas les armes et a été fait prisonnier.

Les deux ponts sur l'Enns étaient brûlés; l'ennemi occupait la partie de la ville qui est sur la rive droite, qu'il défendait par un feu d'artillerie et de mousqueterie soutenu et bien dirigé; il avait percé ou coulé tous les bateaux attachés à la rive droite, pour nous ôter tous moyens de passage. Dans cet état de choses, quelques nageurs intrépides sont allés en plein jour, sous une grêle de balles, s'emparer, à la rive opposée, d'un petit canot qu'ils ont ramené heureusement; à l'aide de cette frêle nacelle, qui ne pouvait contenir que six hommes, malgré le feu de l'ennemi et la violence du courant, environ 30 braves, jetés sur la rive droite, sont parvenus à faire prisonniers ou mettre en fuite tout ce qui était dans le faubourg de Steyer.

Je dois particulièrement désigner à Votre Excellence le sieur Meunier, sous-lieutenant au 13ᵉ régiment d'infanterie légère qui a passé un des premiers et a conduit la charge. Je prie Votre Excellence de s'employer auprès de Sa Majesté pour qu'il obtienne la récompense des braves.

Le sieur Guétrel, lieutenant au même corps, qui, bien que blessé, n'a quitté le combat que d'après un ordre positif.

Le sieur Hirche, adjudant-major au même corps, qui s'est très bien conduit.

Le tambour-major Druet, le sergent des sapeurs Thibaut, le tambour-maître Farine, qui a passé trois fois l'Enns à la nage, pour aller chercher des bateaux.

Le chasseur Pemeau, père de famille, blessé dangereusement. Je prie Votre Excellence de recommander à la bienveillance de Sa Majesté les enfants de ce militaire qui sont au dépôt du corps.

Le sergent Combeau blessé.

Les caporaux Combes, Chauvier et Glassant, ces deux derniers grièvement blessés.

Le voltigeur Petit et le chasseur Nollet, tous du 13ᵉ régiment d'infanterie légère.

Boiteux, grenadier au 108ᵉ régiment de ligne, blessé au moment où il traversait, pour la seconde fois, l'Enns à la nage.

Brunin et Gascard, grenadiers, et Létoile, tambour au même régiment se sont également fait remarquer par leur intrépidité.

Notre perte est d'environ 50 blessés ou tués ; du nombre de ces derniers se trouvent un officier du 13ᵉ régiment d'infanterie légère et l'un des aides de camp du général Beaumont.

Nous avons fait plus de 200 prisonniers sur la rive droite de l'Enns. Des moyens de passage ont été promptement organisés et ce matin toute l'avant-garde avait passé la rivière.

Notre artillerie, par la justesse de son tir, a fait taire celle de l'ennemi. On travaille avec la plus grande activité à la réparation du pont de l'Enns ; ce travail sera achevé sous peu d'heures ; aussitôt la communication assurée sur ce pont, l'avant-garde se portera, dès aujourd'hui, sur la route de Waidhofen, et prendra position à deux lieues en avant de Steyer, poussant des reconnaissances sur Seitenstetten.

La 1ʳᵉ division va prendre position sur la rive droite de l'Enns et occupera les deux routes de Waidhofen et de Seitenstetten.

La 2ᵉ division prend également position sur la rive droite, en avant des premières maisons du faubourg de Steyer.

La 3ᵉ division vient remplacer, dans ses positions, la 1ʳᵉ division sur les hauteurs en arrière de Steyer.

J'ai l'honneur d'adresser à Votre Excellence diverses lettres que j'ai fait intercepter à la poste de Steyer ; j'y ai joint un extrait des plus intéressantes, qui prouvent toutes le mécontentement et le découragement des officiers autrichiens.

D'après les renseignements que je me suis procurés dans le pays, j'ai acquis la certitude que la route de Steyer à Waidhofen, quoique présentant de grandes difficultés, peut être cependant praticable pour l'artillerie ; mais de ce point à Annaberg, elle est impraticable pour toute espèce de voiture.

Steyer, quoique d'une population de 7,000 à 8,000 âmes, ne nous a offert aucunes ressources ; les Autrichiens ont enlevé jusqu'aux farines des particuliers. L'on assure qu'une partie du corps du général Merfeld s'est dirigé sur Brück, pour s'y réunir à un corps qui vient d'Italie ; les reconnaissances que j'ai envoyées à 4 lieues sur cette route ont fait quelques prisonniers qui confirment les rapports que j'ai reçus à cet égard.

3º CORPS D'ARMÉE.

Journée du 14 brumaire (5 novembre 1805).

Quartier général : Steyer.

Avant-garde : Saint-Peter.

Infanterie. — À midi le pont est achevé, l'avant-garde se porte sur Saint-Peter et bivouaque dans les vergers sur la rive gauche du ruisseau en arrière du village.

On entend une vive canonnade sur la gauche du côté de Strengberg et Amstetten.

La compagnie de sapeurs reste à Steyer pour achever de consolider le pont.

Cavalerie. — Un parti se porte sur Aschbach, pour éclairer la gauche de l'avant-garde et tâcher d'apprendre le résultat de la canonnade que l'on avait entendue.

Le reste bivouaque et cantonne à Saint-Peter.

1re *division :* Steyer.

Le 61ᵉ occupe la ville. Le reste de la division passe l'Enns et va prendre position à une lieue de Steyer à cheval sur la route, dans un bois.

2ᵉ *division :* Steyer.

Occupe le bivouac qu'avait eu l'avant-garde, la gauche à la route de Linz, la droite à la ville de Steyer.

3ᵉ *division :* Sierning.

Occupe la position qu'avait occupée la 2ᵉ division à Sierninghofen.

3ᵉ *division de dragons :* Steyer.
Séjour à Steyer (1).

Notes topographiques et militaires.

Merfeld voulant sauver ses équipages et son artillerie, se porte sur Weyer, pour éviter les mauvais chemins de Saint-Peter; mais à Weyer, il fait un crochet et prenant la route de Waidhofen, il s'engage dans les mauvais chemins d'Ybbsitz et de Gaming, après après avoir fait un grand détour.

Ce n'est pas tout : une fois à Waidhofen, il paraissait démontré que ses ordres lui prescrivaient de se rapprocher de Vienne et de faire sa retraite par Dürnitz et Lilienfeld, pouvant toujours entrer dans la Hongrie par Neustadt; mais après le combat de Mariazell il s'est retiré sur Brück et Gratz, et a dû entrer en Hongrie par Fürstenfeld.

Merfeld devait penser que notre armée serait à Vienne avant lui, puisqu'il prenait le chemin des montagnes, et le seul parti qu'il avait à prendre était de suivre la route de Leoben en passant auprès de Weyer et poursuivant sa route par Altenmarkt, Reifling, Hieflau, Eisenerz, Leoben, Brück, Gratz, etc., etc.

Cette route est infiniment meilleure que l'autre; il se serait rapproché de l'archiduc Charles, et il est probable qu'il n'aurait pas perdu les trois quarts de son armée, ses canons et ses équipages.

Journal de la division Friant.

De Sierninghofen à Steyer, le 14 brumaire an XIV.

A 3 heures après-midi, la 2ᵉ division se rapproche de Steyer et prend la position que l'avant-garde avait eu la veille le matin, la droite à la route de Linz et la gauche à l'Enns à Steyer. Le général et son état-major à Steyer. L'ordre d'occuper cette position, assez indifférente par elle-même, puisque nous étions maître de l'Enns et de Steyer que nous occupions, nous priva de 15,000 à 20,000 rations de pain, dont le général avait ordonné la confection le matin, pensant que nous aurions séjour, et qui auraient été distribuées aux troupes durant la nuit. De Sierninghofen à Steyer, la route est belle, large, bien ferrée

---

(1) « Le 14, la division a séjourné à Steyer, et a reçu l'ordre de partir le 15 pour se rendre à Seitenstetten et Saint-Peter. » (Journal de la 3ᵉ division de dragons.)

et sur le premier plan du vallon de la Steyer. Ce vallon a de 1,800 à 2,000 mètres dans sa plus grande largeur ; ses revers sont boisés et peu élevés. Les hauteurs à gauche sont d'abord distantes de la route de 700 à 800 mètres et s'en rapprochent tellement que, trois quarts de lieue avant la ville et peu après le hameau de....., la route est pratiquée dans leur revers. La position de Steyer, sur la gauche de la rivière du même nom, est aussi pratiquée dans ce revers. Les deux plans ou plateaux, qui formaient le vallon, se réunissent aussi près le susdit hameau en quittant Sierninghofen, le plateau supérieur a 40 mètres, ensuite 30, ensuite 20, etc., au-dessus du plateau inférieur, et les hauteurs de gauche ont 40 à 50 mètres au-dessus de la route. La chaîne de montagnes qui sépare l'Enns et la Steyer, et qui a son extrémité près la ville, est couronnée par la belle abbaye de Garstein et boisée et peu élevée ; il y a plusieurs beaux moulins sur un fort ruisseau dit Teufels, avant d'entrer dans une espèce de faubourg qui précède la ville et qui est assez long, mais mal pavé... ; la descente est assez rapide et se continue jusqu'au pont sur la Steyer, que l'ennemi avant de se retirer avait fortement endommagé ; la rivière est barrée par un bâtardeau en amont du pont.

La partie de Steyer dont nous avons déjà parlé, sur la rive gauche, est mal bâtie, mais celle entre les deux rivières est beaucoup mieux ; il y a un grand nombre de belles auberges ; elles sont fréquentées par un grand nombre de rouliers pour le transport des fers de la Styrie. La grande place a une forme oblongue et est assez belle. Il y a plusieurs fontaines, l'Hôtel de ville est régulier, la rue qui conduit à l'abbaye est faite en degrés ou marches avec paliers de distance en distance. Le pont sur l'Enns, qui sépare la portion bien bâtie de Steyer d'un autre faubourg, bâti comme le précédent, sur le revers de hauteurs médiocres, avait été en grande partie brûlé par les Autrichiens. Les routes de Leoben, Waidhofen, Enns, Linz, Wels passent par cette ville.

Berthier à Davout.

Linz, le 14 brumaire an XIV.

L'Empereur, Monsieur le Maréchal, désire que vous partiez demain, avec votre corps d'armée, de la position que vous occupez à Waidhofen, pour vous porter sur Lilienfeld, d'où il y a une route qui va directement à Vienne.

Si l'ennemi tient dans la position de Saint-Pölten, vous vous trouveriez avoir débordé sa gauche, et vous seriez en mesure de marcher sur lui dans le temps que M. le maréchal Lannes et M. le maréchal Soult marcheraient par le grand chemin de Vienne, pour tâcher de déborder sa droite.

Vous voudrez bien, Monsieur le Maréchal, me faire connaître, d'après les renseignements que vous vous serez procurés, quand vous pourrez être arrivé à Lilienfeld, et m'envoyer l'itinéraire qui me fasse connaître où vous coucherez le soir, jusqu'au jour où vous arriverez.

Faites-moi connaître l'espèce de route que vous aurez à parcourir ; d'après les renseignements que Sa Majesté a pris à Linz, on dit cette route praticable, en partant de Waidhofen, passant par Gaming, Annaberg et Lilienfeld ; mais, comme les renseignements que nous avons ne sont pas certains, vous serez mieux instruit où vous êtes, et si le chemin que je vous indique ci-dessus n'était pas praticable pour vous rendre à Lilienfeld, vous m'en avertiriez promptement, et je vous enverrais de nouveaux ordres ; car il n'y aurait plus alors d'autre moyen que de faire suivre à tous les corps d'armée la grande route de Vienne.

J'ordonne au général Marmont de se rendre demain à Waidhofen, et au maréchal Bernadotte de se rendre à Steyer.

Instructions données par Napoléon au général Mathieu Dumas avant sa mission auprès du maréchal Davout.

Le général Dumas se rendra à Enns. S'il rencontre en route les prisonniers du général Murat, il les fera compter, les numéros des régiments, etc., etc., et tout ce qu'il pourra en apprendre.

D'Enns il se rendra à Steyer, de là à Waidhofen.

Le maréchal Davout doit suivre le chemin de Waidhofen, Saint-Gaming, Annaberg et Lilienfeld.

De là, il y a une grande chaussée qui va à Vienne, une autre va au Danube, traversant la position de Saint-Hippolyte (Saint-Pölten).

Mais le chemin de Waidhofen à Lilienfeld est douteux.

Cependant on s'est assuré que des voitures y passent.

Le but du voyage du général Dumas est de bien établir l'itinéraire, bien connaître les difficultés de cette route.

Le maréchal Davout doit même y faire travailler, s'il est nécessaire, et si un petit travail peut l'améliorer.

Arrivé à Lilienfeld, le Maréchal se trouvera avoir débordé toute la gauche de la position de Saint-Hippolyte (Saint-Pölten). Si l'ennemi y tient, il doit appuyer sur l'ennemi pour le jeter dans le Danube, lui rendre impossible la retraite par Lilienfeld, et prendre enfin conseil des circonstances et de la force numérique de l'ennemi : si la IIe armée russe l'avait joint, déborder de peu ;..... Si au contraire la IIe armée n'avait pas rejoint, se concerter avec les généraux Bernadotte et Marmont, qui doivent suivre, et pendant que le général Marmont sur la gauche de l'ennemi et le maréchal Bernadotte de front, le maréchal Davout sur les derrières, en observant de ne pas se laisser couper d'avec Marmont.

Bien entendu que pendant ce temps le prince Murat, qui ne perd pas de vue l'ennemi, et qui le poursuit, s'arrêtera et en position cherchera à manœuvrer sur sa droite.

La cavalerie du général Marmont éclairera le débouché de Brück.

L'Empereur se trouvera vraisemblablement à l'abbaye de Melk ou Mölk.

Les partis de cavalerie devront assurer et soutenir la correspondance.

Il faudrait que le maréchal Davout pût arriver à Lilienfeld vendredi.

S'il arrivait qu'il y eût une meilleure route, en s'approchant de Saint-Hippolyte, la prendre. Alors Lilienfeld resterait derrière.

Lilienfeld est très important, à cause de la chaussée de Vienne. En effet, s'il arrivait qu'il n'y eût aucune autre route praticable que la grande chaussée de Steyer à Vienne, il faudrait alors de tous les points couper la chaussée de Steyer à Vienne, le plus près possible de Saint-Hippolyte et alors revenir par Lilienfeld pour reprendre la chaussée et marcher en deux colonnes.

Le général Dumas retournera, après avoir pris ces renseignements, au quartier général du prince Murat, à travers le pays et le plus promptement possible.

Recommander aux généraux de laisser en arrière de Steyer tous les bagages, jusqu'à ce qu'on sache si l'ennemi tient à Saint-Pölten.

Écrire de Steyer si la muraille de la ville, qui est à la rive droite, pour servir de tête de pont ; la faire mettre en état et expliquer à l'officier du génie qu'il faut la nouvelle tête du pont, dont on peut avoir besoin, en 5 ou 6 jours. Il ne faut donc pas se jeter dans de grands travaux.

Enfin, s'il était impossible de passer... (1).

Berthier à Marmont.

Linz, 14 brumaire an XIV.

Il est ordonné au général Marmont de partir avec le corps à ses

---

(1) Cette dictée inachevée a été trouvée dans les papiers du duc de Clermont-Tonnerre, après la publication de la Correspondance de Napoléon.

ordres, de Steyer, demain, pour se rendre à Waidhofen, et y remplacer le corps de M. le maréchal Davout, qui marche sur Gaming.

Le maréchal Bernadotte, qui est à Lambach, reçoit l'ordre de se porter sur Steyer.

1er CORPS D'ARMÉE.

Ordre de marche pour le 14 brumaire.

Wölklabruck, le 14 brumaire an xiv.

Le général Kellermann partira de sa position à 8 heures du matin, en suivant la grande route de Wels, pour aller s'établir en avant de Lambach dans une position qu'il fera reconnaître. Il pourra se porter jusqu'a une lieue en avant de Lambach, s'il ne trouve pas de position plus près.

Le lieutenant général de Wrède suivra le mouvement du général Kellermann et viendra s'établir, à la gauche ou en arrière, dans une position qu'il fera reconnaître.

Le général Drouet se mettra en marche à 8 heures, pour aller prendre position en arrière de Lambach, à une demi-lieue ou une lieue au plus.

Le général Rivaud suivra le mouvement du général Drouet et viendra se placer, à sa droite ou en arrière, selon qu'il trouvera une position favorable.

Le grand parc d'artillerie viendra s'établir à Schwanenstadt.

Le grand quartier général sera à Lambach (1).

Songis à Éblé.

Linz, le 14 brumaire an xiv.

Les parcs d'artillerie des corps d'armée manquant souvent de chevaux et suivant très difficilement, je vous préviens, Monsieur le Général, que vous pouvez donner ordre de faire charger sur des bateaux les munitions qui, sans cela, resteraient en arrière. Elles devront suivre ainsi le Danube à hauteur de l'armée.

---

(1) « L'avant-garde marcha à Lambach. Le général comte Mezzanelli fut chargé d'une opération contre le château fort de Kufstein. » (Journal du corps bavarois.)

Eblé à Songis.

Lambach, le 14 brumaire an xiv.

Les chevaux d'artillerie du 1ᵉʳ corps de la Grande Armée dépérissent chaque jour, et il en meurt un grand nombre : le pays n'offre plus de ressource et bientôt je serai forcé de laisser des voitures en arrière, faute de moyens de les faire marcher (1).

Berthier à Bernadotte.

Linz, le 14 brumaire an xiv.

L'intention de l'Empereur, Monsieur le Maréchal, est que vous partiez de Lambach avec le corps à vos ordres, pour vous rendre à Steyer en passant par Kremsmünster.

L'Empereur pense que votre avant-garde pourra être demain à Steyer.

Le général Marmont, qui est à Steyer, en part demain pour Waidhofen.

Le colonel Vallongue au général Andréossy, chef de l'état-major général.

Au quartier général à Linz, le 14 brumaire an xiv, à midi.

Mon Général,

Le Ministre, Major général, me charge de vous faire connaître les ordres de mouvement donnés aujourd'hui à la Grande Armée.

Le 1ᵉʳ corps (maréchal Bernadotte) doit arriver aujourd'hui à Lambach, avec moitié du corps bavarois ; l'autre moitié de ce dernier corps reste à Salzburg, devant tourner Kufstein pour donner la main au maréchal Ney sur Insbrück et avoir une forte avant-garde sur le chemin de la Carinthie.

Ce mouvement est en quelque sorte subordonné à la supposition où l'ennemi n'aurait pas de grandes forces dans le Tyrol.

---

(1) Éblé écrit aussi à Songis que deux pièces de 6 hanovriennes ont été laissées à Ingolstadt en échange d'une de 8 et d'une de 4. Ces pièces ont chacune un caisson, et les chevaux manquent pour les atteler. Elles ont été envoyées à Braunau.

Le 2e corps (général Marmont) se porte sur Steyer, soutenant le maréchal Davout, et éclairant la route de Steyer à Léoben.

Le 3e corps (maréchal Davout) sur Waidhofen, éclairant la route de Lilienfeld à Vienne.

Le 4e corps (maréchal Soult) à Kronstorf, où il jette un pont sur l'Enns.

Le 5e corps (maréchal Lannes) a la division de grenadiers en avant d'Enns, soutenant l'avant-garde, la division Suchet à Enns, et la division Gazan passant à Linz sur la gauche du Danube pour éclairer le pays.

Le 6e corps (maréchal Ney) doit être sur Innsbrück.

Le 7° corps (maréchal Augereau) doit être à Kempten.

L'avant-garde, aux ordres du prince Murat, composée de deux divisions de cavalerie et de deux divisions de dragons (2e et 3e), est en avant de l'Enns à la poursuite de l'ennemi.

La 1re division de dragons (Klein), aux environs de Linz, jetant un régiment sur la rive gauche.

La 2e division (Bourcier) arrive aujourd'hui à Braunau.

La division de dragons à pied, toujours entre Passau et Donauwœrth, devant occuper Passau et y remplacer les 500 hommes laissés par la division Dupont.

Les divisions Dupont et Dumonceau ont ordre de partir de Passau sous les ordres du général Dupont, pour descendre sur la gauche du Danube, à la hauteur de Linz ; elles laissent 500 hommes dans la citadelle.

Le 1er de hussards suit le mouvement.

Les 16e et 22e régiments de chasseurs (général Milhaud) ont rejoint l'avant-garde à Enns.

Le corps de Wurtemberg a ordre de se rendre de Munich à Braunau aux ordres du général Lauriston.

Le corps de Baden le remplacera à Augsburg.

Le grand parc est en marche d'Augsburg sur Braunau.

Le grand et le petit équipage de pont se dirigent sur Linz.

Le capitaine de frégate Lostange est chargé de réunir, dans deux jours, 100 barques sur le Danube et une cinquantaine de l'Enns et de la Traun, à l'embouchure de cette dernière rivière, il prêtera des mariniers, montera chaque barque de 4 hommes d'infanterie et organisera une flottille propre à jeter rapidement un corps de troupe d'une rive à l'autre et à servir à l'établissement des ponts.

Le général Lauriston reçoit le commandement de tout l'Inn, depuis Wasserburg jusqu'à Passau et de la Salzach depuis Salzburg jusqu'à son embouchure. Il doit en faire réunir les bateaux, y embarquer les hommes isolés et les bataillons qui rejoignent l'armée jusqu'à Linz. Le général Dupont doit aussi faire descendre des troupes aux bateaux de Passau à Linz ; le général Songis doit faire embarquer des munitions à Donauwœrth.

Braunau devient chef-lieu de direction d'artillerie et de génie.

L'ordonnateur Joinville doit faire embarquer, tous les jours, 25,000 rations de pain et 50,000 rations d'eau-de-vie sur un bateau de la flottille. Ces bateaux suivront la marche de l'armée et l'approvisionnement sera à la disposition exclusive du major général ; il y aura toujours dans ces bateaux dix hommes d'infanterie et un gendarme, qui seront fournis d'après vos ordres. Quand on aura besoin d'un bateau pour le service, on s'adressera au capitaine Lostange.

M. le maréchal Bessières a ordre de se procurer aujourd'hui 15,000 rations d'eau-de-vie et 7,000 rations de pain, et de les faire embarquer sur un bateau qui sera à la Garde impériale, et sur lequel il embarquera quinze hommes fatigués. Il fera partir demain un second bateau avec même chargement. Ces deux bateaux feront partie de la flottille. Le commissaire de la Garde doit se concerter à cet effet avec l'ordonnateur provisoire Joinville.

Le Colonel du génie, aide-major près le Major général,
VALLONGUE.

Emplacements du 14 brumaire an XIV (5 novembre 1805) à midi.

DÉSIGNATION des corps.	EMPLACEMENTS.	OBSERVATIONS.
Quartier général impérial.	Linz.	
Garde impériale	Linz.	
1ᵉʳ corps (Bernadotte).	A marché sur Lambach, où il doit arriver aujourd'hui.	
Corps bavarois	Moitié avec le 1ᵉʳ corps et moitié à Salzburg, tournant Kufstein pour donner la main au maréchal Ney sous Innsbrück et éclairer la route de la Carinthie.	
2ᵉ corps (Marmont)	Se portant de Kremsmünster à Steyer en soutien du maréchal Davout.	Éclairant la route de Steyer à Lœoben et de Kirchdorf à Rottenmann.
3ᵉ corps (Davout)	Steyer, avant-garde à Waidhofen, éclairant la route de Lilienfeld à Vienne.	
4ᵉ corps (Soult)	Kronstorf sur l'Enns.	
5ᵉ corps (Lannes). Division de grenadiers.	En avant d'Enns, soutenant l'avant-garde.	
Division Suchet.	Enns.	
Division Gazan.	Passe à Linz sur la rive gauche du Danube.	Elle a passé aujourd'hui à Linz sur des bateaux.
6ᵉ corps (Ney)	Sur Innsbrück.	
7ᵉ corps (Augereau)	Sur Kempten.	
Avant-garde du prince Murat. 1ʳᵉ div. de cav. (Nansouty). 2ᵉ div. de cav. (d'Hautpoul). 2ᵉ div. de dragons (Walther). 3ᵉ div. de dragons (Beaumont).	En avant d'Enns, à la poursuite de l'ennemi.	

5 NOVEMBRE.

DÉSIGNATION des corps.	EMPLACEMENTS.	OBSERVATIONS.
1re division de dragons (Klein).	Linz, jetant un régiment sur la rive gauche du Danube.	Devant reconnaître au loin le pays sur la rive gauche.
4e division de dragons (Bourcier).	Arrivée à Braunau.	
Div. de dragons à pied (Baraguey d'Hilliers).	Entre Donauwerth et Passau, devant relever à Passau les 500 hommes laissés par la division Dupont.	
Division Dupont...... Division batave (Dumonceau).........	Ordre de partir de Passau pour descendre la rive gauche jusqu'à la hauteur de Linz.	Ordre du 13, les deux divisions sont aux ordres du général Dupont. Le 1er hussards les suit.
16e et 22e chasseurs (général Milhaud).	Ont rejoint l'avant-garde en avant d'Enns.	
Corps de Wurtemberg.	Ordre de se rendre de Munich à Braunau aux ordres du général Lauriston.	
Corps de Baden......	Doit rester à Augsburg.	
Grand parc.........	File sur Braunau.	
Équipage de pont....	Arrive sur Linz (le grand et le petit sans passer par Lambach).	

NOTA. — Il s'organise une flottille de 150 barques tirées du Danube, de l'Enns et de la Traun, qui sera renforcée par celles de l'Inn et la Salza, capable de jeter des troupes de l'une à l'autre rive en trois ponts. Le capitaine de Lostange la commande.

Le général Andréossy aux Électeurs de Wurtemberg, de Bade et de Bavière.

Linz, le 14 brumaire an XIV.

Monseigneur,

La marche rapide, les progrès et les succès des armées de Sa Majesté l'Empereur et Roi n'ont pas permis de prendre, pour la conduite et la conservation des nombreux prisonniers de guerre, pour la sûreté des routes, à cause des déserteurs de l'ennemi, enfin pour le maintien de l'ordre, en tout ce qui peut être relatif aux derrières de l'armée, des précautions suffisantes.

L'établissement de commandants sur les principaux points des routes d'étapes déterminées pour l'armée impériale et royale, les règlements nécessaires pour prévenir la désorganisation des postes aux chevaux, la formation des escortes n'ont point échappé à la prévoyance de Sa Majesté; mais le concours des ordres et des soins de Votre Altesse Sérénissime est indispensable et je suis chargé, de par Sa Majesté, de vous les demander de la manière la plus expresse.

Il est urgent, et il importe à la sûreté des propriétés et à la tranquillité de vos sujets, de faire d'abord une recherche extraordinaire, de fouiller les bois et d'établir ensuite un service régulier, pour s'assurer que les prisonniers et les déserteurs, enfin que toute espèce d'hommes sans aveu, ne puissent trouver d'asile dans les États de Votre Altesse Sérénissime, ne puissent s'empêcher d'être conduits jusqu'à leur destination et ne trouvent aucune faculté pour rétrograder vers les postes de nos communs ennemis.

Il suffit sans doute que j'aie fait apercevoir à Votre Altesse Sérénissime les conséquences fâcheuses du moindre retard sur un objet si important. Je n'ai garde d'indiquer à Sa sagesse les mesures à prendre, ni le choix des meilleurs moyens, entre ceux qui sont à sa disposition.

Je me borne à demander à Votre Altesse Sérénissime de me faire connaître ce qu'elle aura fait à cet égard, dans le plus bref délai possible, afin que je puisse en rendre compte à Sa Majesté, d'y conformer les dispositions qu'elle aurait arrêtées pour atteindre le même but (1).

Le général Lauriston à M. Ceti, commissaire des guerres de la place.

14 brumaire an XIV.

Je mets à votre disposition, Monsieur, le corps des casernes (2) du faubourg de Salzburg pour en faire un hôpital de blessés. Vous en

---

(1) Les Wurtembergeois continueront de Braunau sur Linz; les Badois d'Augsbourg sur Braunau.

Outre les généraux de Seeger et de Harrant, Andréossy avise Petiet et les commandants de place. Il envoie en outre le général Vonderweidt dans le Tyrol, à la disposition du maréchal Ney.

Enfin il ordonne au colonel Lauer de mettre à la disposition du 5ᵉ corps, à Enns, quatre brigades de gendarmerie commandées par un officier.

(2) Pouvant contenir au moins 500 malades, et pourvue de poêles et de cuisines. Avis en est donné à Petiet.

Le même jour, Lauriston réquisitionne 50.000 livres de charbon, 5.000

rendrez compte à Monsieur l'Intendant général. Vous me demanderez et vous prendrez toutes les mesures pour le mettre promptement en état de recevoir les blessés qui nous arriveront.

A mesure qu'il y aura des emplacements propres à recevoir des blessés, vous évacuerez ceux qui se trouvent à l'hôpital maintenant existant.

Vous voudrez bien aussi visiter et faire mettre en état toutes les casernes destinées à loger les troupes ; comme il y en a beaucoup qui ont besoin d'être nettoyées, vous me manderez les nombres de corvées nécessaires pour les déblayer sur-le-champ et comme elle pourraient avoir conservé quelque mauvaise odeur, vous y ferez faire des fumigations.

Lauriston aux Commissaires bavarois.

L'intention de l'Empereur étant, Messieurs, d'avoir à Braunau un certain nombre de bateaux pour pouvoir transporter les troupes par eau sur l'Inn et sur le Danube, je vous invite à en faire descendre une trentaine de ceux qui se trouvent sur l'Inn, de Braunau à Wasserburg. Je ne vous demande point encore ceux qui se trouvent sur la Salzach, parce que j'attends le retour de l'officier du génie que j'ai envoyé pour cet objet.

Je vous prie également d'ordonner que les bateaux aient les patrons et bateliers nécessaires. Du moment qu'ils seront arrivés à Braunau, je leur ferai délivrer une ration de pain par jour.

Si le passage fréquent des militaires exige un plus grand nombre de bateaux, je vous en ferai la demande à temps.

Légation française de Prusse. — Bulletin n° 12.

Berlin, le 14 brumaire an xiv.

C'est un sujet d'étonnement pour tout le monde, que l'ignorance parfaite du public de Berlin sur le progrès de la marche des Russes à travers les États prussiens.

---

de fer, 200 d'acier, 800 de clous, pour le service de l'artillerie, à Braunau.

Le chef de bataillon Lefebvre, désigné pour commander le dépôt du 4° corps, reçoit des ordres de détail. Comme il est resté plusieurs jours sans que sa destination fût connue, Lauriston fait rechercher s'il n'y a pas des officiers d'autres corps d'armée dans le même cas.

On conçoit qu'il n'y ait pas encore d'avis relativement au corps d'armée qui devait partir de Grodno. Mais le corps d'armée déjà entré au-dessous de Varsovie, et dont la direction est mentionnée dans le dernier bulletin, doit avoir déjà pénétré assez avant, et il ne parvient aucune lettre des lieux où il a passé, ni de ceux où il est attendu. On en conclut nécessairement que le Gouvernement prussien s'est prêté aux précautions que prennent les commandants russes.

Cependant, un fait certain qui ne peut être déguisé, c'est que ce corps d'armée marche avec une grande lenteur.

Voici l'extrait d'une lettre de Stockholm en date du 22 octobre : « D'après les mesures nouvellement prises ici, il paraît que le roi de Suède va prendre une part active à la guerre, et ne se contente pas du rôle d'auxiliaire. Nous avions appris, depuis quelques jours, la révolution politique opérée à Berlin, à la suite du passage d'Anspach. Hier arriva un ordre du Roi pour faire immédiatement partir 2,000 hommes de notre garnison. On apprend en même temps que plusieurs corps des environs et ceux de la Scanie ont eu les mêmes ordres. Le Roi porte à 12,000 hommes les troupes qui doivent se réunir dans le Nord de l'Allemagne à l'armée russe commandée par le général Tolstoï. Les généraux Armfeldt et Wachtmeister seront à la tête des troupe suédoises, et on prétend que le Roi a obtenu enfin de commander en chef l'armée combinée.

Ce qui est certain, c'est que Sa Majesté partira le 23 ou 24 pour Stralsund, et que l'on ne dissimule plus l'intention de marcher jusqu'en Hollande.

On mande de Stralsund que, malgré la tempête qui a fait périr le plus beau vaisseau de la marine russe, et dispersé une partie de leur dernier convoi, il y était débarqué un nouveau renfort, des chevaux, de l'artillerie et des provisions.

Mais il est positif que l'Elbe n'est pas encore passé aujourd'hui et que le corps qui y est arrivé dans les derniers jours d'octobre n'est qu'une avant-garde. On doit y attendre la réunion de toutes les divisions et même, dit-on, la réunion des Suédois, dont une petite partie seulement était entrée dans le Mecklembourg, au commencement de novembre.

En effet, le général Tolstoï est arrivé à Potsdam dans l'après-dîner du 1ᵉʳ novembre. Il a été immédiatement prendre les ordres de l'empereur Alexandre et a été ensuite présenté au Roi Il venait s'informer, dit-on, des positions que les Prussiens doivent prendre, de la route qui reste libre, et s'assurer s'il n'éprouverait pas d'obstacle dans sa marche. Il doit venir à Berlin ce soir, et partir demain matin pour rejoindre son armée.

Le 2 novembre est aussi arrivé à Berlin un officier suédois qui a

5 NOVEMBRE.

remis à l'empereur de Russie une lettre du roi de Suède, qu'on croit débarqué. C'est le comte de Löwentrjelm, fils du ministre suédois à la Haye ; il n'a pu parvenir à se faire présenter à Sa Majesté prussienne, qui a refusé de le voir, et il a dû se borner à sa mission près de l'Empereur.

Toutes les lettres du Hanovre parlent de l'attente journalière d'un corps hanovrien qui est parti d'Angleterre. On croit à Berlin que le duc de Cambridge a fait pressentir le Roi pour savoir s'il sera agréable à Sa Majesté qu'il vint la voir.

Le séjour de l'empereur Alexandre à la cour de Prusse s'est prolongé de jour en jour depuis le 3 brumaire, et il n'est parti de Potsdam que ce matin vers les 1 heure, ayant resté continuellement dans cette résidence, à un voyage près qu'il a fait à Berlin. Pour la cour, il était l'Empereur ; pour le corps diplomatique, il était le comte du Nord. Il n'y a eu pendant tout ce temps de cercle, ni chez lui, ni dans les appartements des différentes branches de la famille royale, où le corps diplomatique fut invité.

C'est le Roi qui a eu la délicatesse de faire supprimer des cérémonies où il aurait fallu introduire des exceptions. L'Empereur a envoyé chez les ministres qu'il voulait recevoir des cartes sous le nom du comte du Nord, et M. d'Alopeus a été chargé de lui présenter ceux qui l'ont demandé. Les ministres de Turquie et de Portugal ne l'avaient pas demandé, M. d'Alopeus les a invités par billet. Le chargé d'affaires d'Espagne avait écrit à ce dernier pour témoigner le désir d'être aussi présenté. Il n'a pas eu de réponse.

L'Empereur a fait, à son départ, de magnifiques présents ; voici ceux que l'on cite : le duc de Brunswick, le feld-maréchal de Möllendorf et le ministre du cabinet, baron de Hardenberg, ont reçu l'ordre de Saint-André, le premier en brillants. Le général Kökvitz, le prince Charles, frère de la reine, ont reçu l'ordre d'Alexandre Newsky. Le comte d'Haugwitz et le général Kalkreuth ont eu des tabatières de grand prix.

La grande maîtresse du palais, comtesse de Voss, a eu un superbe diadème en perles. Toutes les dames d'honneur ont reçu de très beaux pendants d'oreilles. Les généraux Le Coq et Hirscheld ont eu de riches bagues.

Le comte de Neale et les chambellans ont eu des tabatières d'une valeur considérable et il y a eu une grande distribution de bagues.

Le roi, de son côté, a donné de forts beaux présents aux personnes qui sont près de l'Empereur. On a remarqué que le général de Tolstoï, qui n'était venu qu'après coup, a eu une tabatière ornée de gros diamants et que le maréchal de la cour comte de Tolstoï, son parent, a eu le grand cordon de l'Aigle noir.

On présume que l'archiduc Antoine va partir de son côté. Il devait venir aujourd'hui à Berlin. Il paraît qu'il se mettra en route directement de Potsdam.

18ᵉ Bulletin.

Linz, le 14 brumaire an XIV.

Le prince Murat ne perd pas l'ennemi de vue. L'ennemi avait laissé dans Ebelsberg 300 ou 400 hommes pour retarder le passage de la Traun; mais les dragons du général Walther se jetèrent dans des bateaux et, sous la protection de l'artillerie, attaquèrent avec impétuosité la ville. Le lieutenant Villaudel, du 13ᵉ régiment de dragons, a passé le premier dans une petite barque.

Le général Walther, après avoir passé le pont sur la Traun, se porta sur Enns. La brigade du général Milhaud rencontra l'ennemi au village d'Asten, le culbuta, le poursuivit jusque dans Enns, et lui fit 200 prisonniers dont 50 hussards russes. 20 hussards russes ont été tués. L'arrière-garde des troupes autrichiennes, soutenue par la cavalerie russe, a été partout culbutée : ni l'une ni l'autre n'ont tenu à aucune charge. Les 22ᵉ et 16ᵉ de chasseurs et leurs colonels Latour-Maubourg et Durosnel ont montré la plus grande intrépidité. L'aide de camp du prince Murat, Flahaut, a eu une balle dans le bras.

Dans la journée du 13, nous avons passé l'Enns, et aujourd'hui, le prince Murat est à la poursuite de l'ennemi. Le maréchal Davout est arrivé le 12 à Steyer; le 13 dans la journée, il s'est emparé de la ville et a fait 200 prisonniers, l'ennemi paraissait vouloir s'y défendre. La division de dragons du général Beaumont a soutenu sa réputation. L'aide de camp du général Beaumont a été tué. L'un et l'autre des ponts sur l'Enns sont parfaitement rétablis.

Au combat de Lambach, le colonel autrichien de Graffen et le colonel russe Holofkin ont été tués.

L'empereur d'Autriche, arrivé à Linz, a reçu des plaintes de la régence sur la mauvaise conduite des Russes, qui ne se sont pas contentés de piller, mais encore ont assommé à coups de bâton les paysans, ce qui avait rendu déserts un grand nombre de villages. L'Empereur a paru très affligé de ces excès et a dit qu'il ne pouvait répondre des troupes russes comme des siennes, qu'il fallait souffrir patiemment, ce qui n'a pas consolé les habitants.

On a trouvé à Linz beaucoup de magasins et une grande quantité de draps et de capotes dans les manufactures impériales.

Le général Deroy, à la tête d'un corps de Bavarois, a rencontré à Lofer l'avant-garde d'une colonne de cinq régiments autrichiens venant d'Italie, l'a complètement battue, lui a fait 400 prisonniers et pris trois pièces de canon. Les Bavarois se sont battus avec la plus grande opiniâtreté et avec une extrême bravoure. Le général Deroy lui-même a été blessé d'un coup de pistolet.

Ces petits combats donnent lieu à un grand nombre de traits de courage de la part des officiers particuliers. Le Major général s'occupe d'une relation détaillée où chacun aura la part de gloire qu'aura méritée son courage.

L'Enns peut être considéré comme la dernière ligne qui défend les approches de Vienne. On prétend que l'ennemi veut tenir et se retrancher derrière les hauteurs de Saint-Hippolyte, à 10 lieues de Vienne. Notre avant-garde y sera demain.

CHAPITRE XIII

6 novembre.

Belliard à Nansouty.

Neumarkt, le 15 brumaire an xiv.

Vous voudrez bien partir à 5 heures du matin, avec toute votre division pour vous rendre à Neumarkt, où le Prince vous donnera de nouveaux ordres.

Belliard à d'Hautpoul.

15 brumaire an xiv.

Vous voudrez bien partir à 5 heures du matin, avec votre division, pour vous rendre à Blindenmarkt où vous vous établirez, à moins que vous ne receviez de nouveaux ordres du Prince.

Belliard au Commissaire-Ordonnateur.

15 brumaire an xiv.

Nous nous établirons à Neumarkt, mon cher Ordonnateur ; faites filer l'eau-de-vie, pour que demain on puisse la distribuer aux troupes. Si vous avez du pain, il faut en envoyer ; les chasseurs et les hussards sont en avant de Neumarkt, une brigade de dragons est à Blindenmarkt, les autres sont dans les villages en arrière, les deux divisions de cavalerie sont toujours où nous les avons laissées.

Belliard à Milhaud.

15 brumaire an XIV.

Vous vous établirez militairement et vous ordonnerez qu'on se garde avec beaucoup de précaution ; vous pousserez des reconnaissances sur Melk ; vous vous assurerez si le pont sur Erlaf a été coupé et, dans le cas où il le serait, vous ordonnerez aux paysans de le rétablir ; vous ferez de même pour le pont sur le Melk.

Vous vous éclairerez par votre droite sur Petzenkirchen et sur Steinakirchen et Ulmerfeld ; ayez soin, mon cher Général, s'il y a quelque chose de nouveau, d'en prévenir le Prince, dont le quartier général est à Neumarkt.

Belliard à Milhaud.

Neumarkt, le 15 brumaire an XIV.

Ordonnez que votre reconnaissance sur la route de Türnitz parte sur-le-champ et reconnaisse avec beaucoup de soin si la colonne du général Kienmayer arrive par ce chemin, ce que vous pourrez savoir soit en rencontrant l'ennemi, soit par les renseignements que vous pourrez prendre. Il est important que vous envoyiez de suite au Prince tout ce que vous pourrez savoir, car si le général Kienmayer n'est pas encore passé, on peut lui faire beaucoup de mal en portant un corps de troupes sur la route de Türnitz à Wieselburg.

Un détachement de 100 hommes d'infanterie va se rendre au pont. Aussitôt que les sapeurs seront arrivés, je vous les enverrai ; employez-les de la manière la plus convenable pour faire un passage à l'infanterie.

Murat à l'Empereur (1).

Amstetten, le 15 brumaire an XIV, 10 h. 30 matin.

L'ennemi a évacué dans la nuit Amstetten, comme je l'avais prévu. Nos troupes légères qui, après le combat, étaient restées en face de ses vedettes, l'ont suivi pas à pas, l'ont harcelé sans cesse et sont entrées dans la ville, comme il en sortait. Ce matin à 7 heures, toute la divi-

---

(1) Voir dans Alombert, pour cette journée, p. 22, 23, 25 et 47 ; Berthier à Soult, Mortier et Le Camus ; le colonel Rouvillois à Dupont.

sion de grenadiers du général Oudinot est venue prendre position en avant d'Amstetten. Elle est couverte par la division du général Walther et par les brigades des troupes légères des généraux Milhaud, Fauconnet et Treilhard. Les divisions de grosse cavalerie resteront pour aujourd'hui à Oed. Je présume que la division Suchet se portera aussi sur ce village.

30,000 Russes étaient encore hier ici. Leur général en chef Kutusov les commandait en personne dans le combat.

Ils ont fait leur retraite dans le plus grand désordre ; un officier blessé qui est resté notre prisonnier a dit au général Oudinot : « On voit bien que nous combattons avec les Autrichiens ; leur exemple nous perd ; nos soldats apprennent à fuir comme les leurs. » Je puis néanmoins assurer à Votre Majesté que le terrain a été disputé rarement avec autant de vigueur et d'opiniâtreté.

Un général russe dont on n'a pas pu me dire le nom a été blessé.

Je pousserai l'ennemi jusqu'au delà de l'Ybbs. Je suis informé que l'avant-garde du maréchal Davout était hier à Seitenstetten.

Le général Sébastiani, que j'avais dirigé d'Oed sur Aschbach, pour garantir ma droite, m'a annoncé, dans la nuit, que l'ennemi avait coupé le pont et s'était retiré sur Ulmerfeld. Le colonel du 1er régiment de chasseurs, que j'avais détaché sur ma droite en partant d'Enns, confirme ce rapport.

Tous les généraux russes disent hautement qu'ils ne sont pas assez forts pour tenter le sort d'une bataille, et on ne devrait pas s'étonner de les voir se déterminer à se jeter sur la rive gauche du Danube à Krems ; alors je ne vois plus ce qui pourrait arrêter une minute la marche de Votre Majesté sur Vienne. Ce ne serait certainement pas le général Kienmayer qui, suivant ce qu'on me rapporte, n'a pas plus de 12,000 hommes. Il était encore hier à midi à Oed avec Kutusov et trois autres généraux russes.

L'empereur d'Allemagne n'a pas osé rentrer à Vienne. On prétend qu'il s'est rendu directement à Pesth, pour y organiser une levée en masse. En attendant, tout ce qui tient à la cour part ou est déjà parti : on ne parle plus dans la capitale de l'Autriche que de l'arrivée prochaine de Votre Majesté.

J'ai l'honneur de vous envoyer les lettres trouvées ici à la poste, ainsi que le rapport d'un jeune homme qui est parti dimanche de Vienne.

J'ai envoyé aux avant-postes la lettre de M. le maréchal Berthier, contenant votre réponse à l'empereur d'Allemagne. Je n'ai pas cru devoir attendre l'officier parlementaire que j'avais laissé à Enns ; je n'aurais pu, sous aucun rapport, me déterminer à l'envoyer à cet officier.

En attendant que je puisse faire parvenir à Votre Majesté mon rapport sur le combat d'hier, je dois lui dire que les 9° et 10° régiments de hussards se sont conduits avec une valeur au-dessus de tout éloge.

Le général Walther a été constamment à la tête des troupes légères avec le général Milhaud. Les généraux Dupas et Ruffin ont soutenu leur réputation de bravoure. C'est aux cris de « Vive l'Empereur ! » que tous les corps ont marché à l'ennemi. J'ai beaucoup à me louer du général d'artillerie Moissel, qui, par le choix des bonnes positions qu'il a su prendre, a rendu de grands services et a fait beaucoup de mal aux Russes.

D'après les informations que j'ai prises, sur l'état des routes que vous désirez faire suivre aux maréchaux Soult et Davout, il est impossible d'y faire passer de l'artillerie.

J'aurai l'honneur d'adresser, dans la journée, à Votre Majesté les renseignements que j'aurai pu me procurer.

P.-S. — Je monte à cheval pour aller reconnaître l'ennemi sur Neumarkt, le maréchal Lannes arrive et va m'accompagner.

Berthier à Murat.

Linz, le 15 brumaire an xiv.

L'Empereur, mon Prince, a reçu votre dépêche d'hier, 8 heures du matin. Sa Majesté aurait dû, dans la journée d'hier, recevoir deux fois de vos nouvelles ; la première, au moment où vous avez rencontré l'ennemi, et l'autre pendant la journée. Votre officier n'est parti de votre champ de bataille qu'hier soir, tard : Sa Majesté est restée jusqu'à ce moment avec des idées obscures sur la position de l'ennemi, et par là, n'a pu donner aucun ordre à son armée.

Sa Majesté, mon Prince, me charge de vous bien recommander d'avoir soin de donner en masse et en force et d'employer beaucoup de canons, car les Russes craignent beaucoup la mitraille.

Le maréchal Soult n'ayant pas de pont pour passer l'Enns à Kronstorf, va le passer à Enns ; il a ordre de pousser son avant-garde, ce soir, à Strengberg, d'où il pourrait vous soutenir.

L'Empereur à Murat.

Linz, le 15 brumaire an xiv.

Vous m'avez laissé toute la journée d'hier sans nouvelles, et je n'apprends qu'à 8 heures du matin l'engagement que vous avez eu hier. Il faut m'écrire deux ou trois fois par jour. Si j'avais su que l'ennemi était là, j'aurais fait mes dispositions sur-le-champ. Serrez la division Suchet aux grenadiers, et faites que ces divisions se touchent et marchent toujours ensemble. Il n'y a point de chemin. Le maréchal Soult est obligé de venir sur la grande chaussée. Il faut donc se serrer, afin que la queue puisse venir au secours de la tête. L'officier que vous m'avez envoyé est si bête qu'il n'a pu rien m'expliquer, et votre lettre ne donne non plus aucun renseignement, de sorte qu'on ne sait pas si l'ennemi a battu en retraite, s'il a pris position, le nombre de pièces d'artillerie et la partie de la division Oudinot qui a donné.

Il paraît que les chevaux de poste sont harassés. Il faut, à chaque trois lieues, laisser un piquet de cavalerie légère de 6 hommes, lequel portera vos lettres, ce qui fera que votre correspondance passera très rapidement.

Murat à l'Empereur.

Neumarkt, le 15 brumaire an XIV, 11 heures soir.

J'ai l'honneur d'adresser à Votre Majesté les lettres qu'on a trouvées à la poste de Kemmelbach. Tout ce que j'apprends ici confirme le rapport que j'ai eu l'honneur de vous adresser d'Amstetten. Toute l'armée russe se trouvait réunie, hier, sur cette ville. Les premières troupes qui firent leur retraite défilèrent ici hier à 10 heures du soir; les dernières y ont passé aujourd'hui à 10 heures du matin. J'ai trouvé le pont brûlé dans toute son étendue; mais mon aide de camp Excelmans, que j'avais envoyé pour le reconnaître, ayant trouvé un gué quatre cents pas au-dessous, j'ai jeté sur Kemmelbach trois régiments de troupes légères. Le général Milhaud doit pousser des reconnaissances sur Erlauf et sur Wieselburg, embranchement des routes d'Ulmerfeld et de Kemmelbach sur Saint-Pölten. Je me serais même décidé à porter une brigade d'infanterie sur Wieselburg, si j'avais pu lui faire passer l'Ybbs, parce qu'il est très probable que la division du général Kienmayer, qui a couché la nuit dernière à Ulmerfeld, n'a pas encore dépassé ce point. J'aurais pu lui faire le plus grand mal, puisque ses canons et ses bagages ne peuvent passer que par cette route. Si le pont que j'ai ordonné de jeter cette nuit, au moyen de quelques chariots, est achevé demain matin et si j'apprends que l'ennemi occupe Wieselburg, je me hâterai de m'emparer de ce poste. Alors, l'ennemi, pressé d'un côté par le maréchal Davout et de l'autre arrêté par mes troupes, sera inévitablement forcé de se jeter dans des chemins de traverse et de nous abandonner son artillerie et ses bagages.

Sire, la lettre que je reçois de M. le maréchal Berthier est bien peu encourageante ; elle semble m'apporter de votre part des reproches sur la journée d'hier, au lieu des témoignages de satisfaction que j'aurais été heureux de pouvoir rendre aux troupes qui ont combattu si glorieusement. Votre Majesté passera sans doute sur le champ de bataille ; il lui sera facile de juger que cette affaire a été une des plus sérieuses qui aient eu lieu depuis l'ouverture de la campagne. Sire, je serais bien malheureux si j'avais agi contre vos intentions et si j'avais pu vous déplaire, lorsque je n'ai qu'un seul désir, celui de servir Votre Majesté.

On a fait encore 50 prisonniers russes dans le village de Kemmelbach. Les reconnaissances et les patrouilles en rencontrent partout. On en a amené une centaine dans la journée ; tous paraissent fort contents d'être pris.

Demain je pousserai les généraux Milhaud et Treilhard sur Melk, si, toutefois, je puis parvenir à faire rétablir le pont d'Erlaf que, suivant toute apparence, l'ennemi aura détruit.

P.-S. — Une reconnaissance que j'avais envoyée pour savoir si le pont sur l'Ybbs, entre Antrof et Freidegg, était rompu, me rapporte qu'il existe encore. Je viens de donner des ordres pour qu'il soit gardé. Si la route est bonne, on s'en servira pour le passage des troupes.

Journal du 5° corps d'armée.

Au quartier général à Neumarkt, le 15 brumaire an xiv.

Le 15, les grenadiers se mirent en marche à 5 heures du matin, et se rendirent à Amstetten, où ils restèrent jusqu'au soir, qu'ils en repartirent pour se porter à Neumarkt.

La division Suchet alla bivouaquer à Amstetten.

Journal de la Réserve de cavalerie.

Dans la nuit, l'ennemi a fait sa retraite.

A 6 heures du matin, le corps d'armée s'est mis en marche pour suivre l'armée russe ; à Amstetten, on a trouvé 100 et quelques blessés qui n'étaient pas transportables ; le maître de poste a dit au Prince qu'il en était parti beaucoup de voitures chargées et qu'on estimait de 800 à 900 les blessés dans le combat.

Notre avant-garde n'a pu atteindre l'ennemi ; on a ramassé sur la route 425 prisonniers, on trouve maintenant les Russes épars comme les Autrichiens.

La brigade du général Milhaud a passé l'Ybbs à gué, l'ennemi ayant brûlé les ponts, et s'est établie au village de Kemmelbach, avec ordre de pousser des reconnaissances sur la route de Melk jusqu'à l'Erlaf, pour s'assurer si le pont avait été coupé et, dans ce cas, le faire rétablir; il s'éclairait aussi par la droite sur Steinakirchen, dans la vallée de l'Erlaf.

Les 9e et 10e régiments de hussards furent envoyés à Ybbs.

La division Walther s'établit à Neumarkt et Blindenmarkt (1), les divisions de cavalerie restèrent dans les villages en arrière (2); la brigade Fauconnet occupa les villages entre Ybbs et Neumarkt. Un bataillon de grenadiers vint à Neumarkt, le reste de la division bivouaqua à Blindenmarkt, et la division Suchet qui se réunit au corps d'armée en avant d'Amstetten.

Le quartier du Prince et celui de M. le maréchal Lannes furent établis à Neumarkt. Deux compagnies de grenadiers furent envoyées avec deux compagnies de sapeurs pour réparer le pont sur l'Ybbs et protéger la cavalerie légère, s'il était nécessaire.

Sur les rapports que reçut le Prince que la colonne du général Kienmayer pouvait se trouver en arrière, sur notre droite, il ordonna une reconnaissance sur Türnitz et des troupes se tinrent prêtes à partir pour aller occuper la route de Türnitz à Wieselburg et couper le corps du général Kienmayer s'il n'était pas passé.

A Ybbs, on trouva un hôpital contenant 500 malades non combattants.

La reconnaissance sur l'Erlaf trouva le pont coupé et l'ennemi établi sur la rive droite. Celle sur Türnitz rapporta que les dernières troupes autrichiennes étaient parties le matin.

Le Prince écrivit à M. le maréchal Mortier, qui commandait un corps sur la rive gauche, pour le prévenir du mouvement des Russes et du sien et l'engager à gagner Krems avant l'armée russe pour lui prendre ses bagages et lui barrer le passage (3).

Soult à Berthier.

15 brumaire an XIV.

J'ai reçu à 2 heures après-midi l'ordre que Votre Excellence m'a

---

(1) L'avant-garde de la division prit position à Kemmelbach : la division bivouaqua en arrière. Le 1er régiment de chasseurs rejoint la division.
(2) Division d'Hautpoul à Wallsel ; les troupes étaient placées dans les villages près le Danube.
Division Nansouty à Closter-Ardagger.
(3) Le parc d'artillerie est à Alt-OEtting.

adressé et j'ai de suite fait mettre en mouvement la 3ᵉ division, ainsi que la cavalerie, pour les porter par Enns sur Strengberg, et en arrière de cet endroit ; et, demain matin, de très bonne heure, elles se mettront en marche pour se diriger sur Amstetten et au delà, s'il est nécessaire.

Les 2ᵉ et 1ʳᵒ divisions seront réunies au point du jour, d'où elles suivront la marche de la 1ʳᵉ division. L'artillerie des trois divisions ne pourra être à Enns que demain au soir ; moi-même, je serai pendant la nuit dans cette ville et à la pointe du jour à Strengberg.

Les troupes seront pourvues en pain pour la journée de demain ; mais je serai dans le cas de réclamer secours pour après-demain.

4ᵉ CORPS D'ARMÉE.

Ordre.

La 3ᵉ division partira sur-le-champ et se dirigera sur Enns. Ce soir, elle s'établira entre Enns et Strengberg, où elle recevra des ordres pour continuer le mouvement.

L'artillerie se dirigera sur Enns et joindra la division en avant de cette ville.

La division de cavalerie légère partira sur le-champ pour Enns et se portera ce soir sur Strengberg, où elle recevra de nouveaux ordres. L'artillerie légère suivra cette division.

La 2ᵉ division partira demain à 3 heures du matin pour Enns et se portera sur Strengberg. Elle s'établira à une lieue en arrière de cet endroit.

Le quartier général sera cette nuit à Enns. Le colonel du génie fera descendre sur Enns les troupes de cette arme qui étaient du côté de Sierning, afin qu'elles suivent la direction du corps d'armée.

Le colonel du génie donnera ordre à tous les équipages d'artillerie des divisions qui se trouvent sur la route de Wels de se diriger sur Enns, par la voie la meilleure et la plus courte. Il portera le même ordre au parc d'artillerie qui est en arrière de Wels.

L'ordonnateur fera distribuer à la 2ᵉ division tout le pain, la viande, l'eau-de-vie et les souliers qui existaient dans le magasin de Losensteinleiten.

Il fera distribuer à la 1ʳᵉ division tout le produit des réquisitions qui a été versé dans les magasins de Gschwent, et donnera à la 3ᵉ division, ainsi qu'à la cavalerie, le produit des bailliages de Saint-Florian et Tillisburg.

Il enverra de suite des ordres pour faire diriger sur Enns, et de cette ville dans la direction que le corps d'armée aura prise, tout le pain non distribué provenant des réquisitions faites à Wels, ainsi que le convoi venant de l'Inn qui lui est annoncé.

Enfin il mettra à la suite du corps d'armée de l'eau-de-vie, de l'avoine et de la viande pour deux jours.

Demain, tous les rapports seront adressés à Strengberg, d'où il indiquera le lieu où le quartier général sera établi.

Ordre.

Le chef de bataillon Armanet, vaguemestre général, se rendra sur-le-champ à Wels, et donnera ordre à tous les équipages qu'il rencontrera de se diriger sur Enns, pour joindre, par la voie la plus courte et la meilleure, les corps auxquels ils appartiennent.

Soult.

Soult à Vandamme.

Losensteinleiten, le 15 brumaire an xiv.

La division que vous commandez, Monsieur le Général, partira la nuit prochaine, à 3 heures du matin très précises, de ses cantonnements pour se diriger sur Enns, où elle passera la rivière de ce nom et se portera ensuite, dans la même marche, jusqu'à Strengberg sur la grande route de Vienne, où elle s'établira demain au soir, et où elle recevra de nouveaux ordres pour continuer son mouvement dans la journée du 17.

Je charge le colonel Demarçay de partir de suite pour aller au devant de toute l'artillerie du corps d'armée, et la diriger directement sur Enns, d'où celle qui vous est attachée joindra la division.

J'ai donné ordre à l'ordonnateur de faire distribuer de suite à votre division tout le pain, la viande et les souliers qui se trouvent réunis à Losensteinleiten.

Donnez des ordres pour qu'on vienne prendre de suite les denrées et pour que la distribution en soit faite dans la soirée à la troupe.

Je vous invite à envoyer à Losensteinleiten un détachement de quinze hommes, pris parmi les éclopés et les militaires de votre division qui sont sans souliers et qui ont besoin de repos, pour y former la garde d'une infirmerie que j'y laisse, et en partir dans sept ou huit jours pour rentrer au corps d'armée.

Pendant la nuit, je serai à Enns et demain, je me rendrai à Strengberg, où je désire que vous me fassiez connaître l'exécution des dispositions que cet ordre renferme.

Ordre.

15 brumaire an xiv.

M. le colonel Demarçay partira de suite pour se rendre à Wels en passant par Neuhofen ; il donnera ordre à tous les équipages d'artillerie des divisions du corps d'armée de se diriger d'où il les trouvera, en prenant la communication la plus praticable, sur Enns, où ils passeront la rivière de ce nom, et joindront en avant de cette ville, sur la grande route de Vienne, les divisions auxquelles ils sont attachés.

Il portera le même ordre au parc d'artillerie qui est en arrière de Wels, et préviendra le général Lariboisière qu'il est libre de faire partir le parc en avant de l'Enns, où va se réunir le corps d'armée, et d'où il viendra lui-même me joindre.

Le général Lariboisière fera prendre au parc, en partant de Wels, de l'avoine et du pain pour plusieurs jours, afin que les hommes ne soient pas dans le cas d'en manquer.

SOULT.

Soult à Saint-Hilaire.

15 brumaire an xiv.

La 1re division partira demain à 3 heures du matin pour Enns, où elle passera la rivière et se portera jusqu'auprès de Strengberg, en suivant la grande route de Vienne. Demain soir, vous l'établirez à une lieue en arrière de Strengberg, où elle recevra de nouveaux ordres pour le mouvement du 17.

Il est prévenu des ordres donnés au colonel Demarçay relativement à l'artillerie. Si son artillerie était arrivée à Neuhofen, elle suivrait le mouvement de la division.

Faites prendre à Neuhofen tout le pain qui est en magasin, et faites-le distribuer à la troupe.

Je désire qu'avec ces moyens, elle puisse être pourvue pour deux jours à l'avance. Pendant la nuit, je me rendrai à Enns, et demain, à Strengberg, où je désire que vous me rendiez compte de l'exécution de ces dispositions.

Soult au colonel Poidevin.

15 brumaire an xiv.

Le corps d'armée doit se réunir sur l'Enns, où il passera la rivière de ce nom ; ainsi, le projet de pont sur Plaick ou Pühring est ajourné

6 NOVEMBRE.

indéfiniment; faites descendre sur Enns les troupes du génie qui sont avec vous du côté de Pühring, que le corps d'armée va prendre; ce soir je serai à Enns (1).

Le général Salligny à M. Lequin, aide de camp du général Lariboisière.

Wels, le 15 brumaire an xiv.

La construction du pont entre Enns et Steyer est abandonnée et le corps d'armée passera sur le pont d'Enns; en conséquence, vous pourrez suivre l'idée que vous avez eue de convertir en cordages propres à l'artillerie ceux que vous auriez demandés pour le pont. Faites valoir le plus possible l'abandon des objets déjà préparés, et tâchez de décider les magistrats à vous donner des clous et des fers à cheval, qui vous seraient fort nécessaires.

Dites à M. le président du Cercle que je permettrai au bailli de Losensteinleiten de lui envoyer du froment, mais qu'il faudra qu'il se serve des voitures qui le lui apporteront pour faire conduire à Enns ce qu'il vous livrera sur la réquisition.

Vous pourrez venir nous joindre en avant d'Enns, où nous serons demain. Le général Lariboisière doit se rendre au quartier général aussitôt que le parc sera en marche.

Salligny à l'Ordonnateur en chef.

Wels, le 11 brumaire an xiv.

Je me suis souvent plaint au Directeur des postes du corps d'armée,

---

(1) Il est formé à Loisensteinleiten une infirmerie pour les chevaux malades d'officiers d'état-major du 4ᵉ corps d'armée, sous la garde d'un détachement de 15 hommes fourni par la 2ᵉ division.

L'ordonnateur assurera les subsistances des militaires, piqueurs, palefreniers et chevaux qui resteront à l'infirmerie, où y seront employés au moins pendant douze jours

75 hommes du 14ᵉ et autant du 57ᵉ pris parmi ceux qui ont servi dans le train d'artillerie sont envoyés au parc d'artillerie. Ils seront entièrement attachés au train, et par ce moyen, les soldats de ce corps et ceux d'infanterie qui avaient été tirés des divisions, ainsi que l'infanterie qui conduisait des chevaux, seront renvoyés,

La garde du parc continuera à être fournie alternativement par chaque division.

mon cher Ordonnateur, de son peu de soin à faire prendre les lettres à l'état-major avant le départ de ses courriers; mes invitations n'ont rien produit et des dépêches pour objets de service sont restées longtemps dans mes bureaux. Jamais il ne me fait remettre les dépêches officielles qui m'arrivent par ses courriers, ce qui compromet essentiellement le service.

Veuillez bien signifier à M. le Directeur des postes du corps d'armée que mes ordres sont que jamais il n'expédie aucun courrier sans m'avoir fait prévenir une heure d'avance de son départ, et que je lui aie fait dire que son courrier peut partir, et qu'il me fasse remettre au plus tard une heure après son arrivée dans la place du quartier général où il arrivera les dépêches officielles qui se trouveraient dans son courrier pour moi.

Prévenez encore M. le Directeur de la poste aux lettres que je demanderai son renvoi du corps d'armée lorsqu'il manquera à se conformer à ces dispositions.

Rapport du chef de bataillon Compère au général Mathieu Dumas sur les opérations du 4º corps.

Dans la nuit du 14 et la journée du 15, on s'était occupé à faire des radeaux, à réunir des barques et à les raccommoder; déjà il était possible de passer de l'infanterie et de la cavalerie, mais le Maréchal ayant reçu ordre de se diriger sur Enns, la division de cavalerie est venue passer l'Enns sur le pont de la ville d'Enns, et est allée s'établir à Strengberg avec son artillerie légère, son quartier général à Strengberg.

Le 3º division a suivi la cavalerie et est venue prendre position en avant d'Enns; son quartier général à Enns. L'artillerie n'a pu joindre cette division, elle est restée à Kisshelberg (?)

La 2º division a été cantonnée à Weichstetten, Neukirchen, Hofkirchen, Maria-Laah et Losensteinleiten; son quartier général à Neukirchen, son artillerie l'a jointe.

La 1º division a quitté Wels et a occupé Neuhofen, Weissenberg et Saint-Marien; son quartier général à Gschwent.

Le quartier général du corps d'armée est resté la journée à Losensteinleiten et la nuit à Enns.

Le parc de réserve a reçu ordre de se diriger sur Ebelsberg, d'y passer la Traun et de suivre, à marche forcée, le mouvement du corps d'armée, en suivant la grande route de Vienne.

3ᵉ CORPS D'ARMÉE.

Ordre de marche du 15 brumaire.

Au quartier général à Steyer, le 15 brumaire an XIV.

L'avant-garde partira aujourd'hui à la pointe du jour, se portera sur Waidhofen et s'éclairera vers sa droite et vers sa gauche.

La 1ʳᵉ division partira également à la pointe du jour et se portera sur Leitenstetten en passant par Saint-Peter et s'éclairera par sa droite vers Saint-Georgen et se liera par des partis avec les troupes de l'avant-garde.

La 2ᵉ division partira une heure et demie après la 1ʳᵉ et se portera également sur Seitenstetten. Cette division se fera éclairer par sa gauche vers Krennstetten, qu'elle fera occuper par un bataillon.

Les deux divisions aux ordres des généraux Caffarelly et Friant prendront position sur les hauteurs en arrière de Seitenstetten, à droite et à gauche de la route.

La division aux ordres du général Gudin partira à 7 heures du matin de la position qu'elle occupe et prendra position à Saint-Peter, sur la route de Seitenstetten.

Le parc de réserve viendra s'établir en arrière de Steyer.

La route que doit prendre le 3ᵉ corps d'armée étant impraticable pour les voitures de luxe, tant à raison de la voie que pour leur hauteur, il est expressément ordonné de les laisser à Steyer.

Le quartier général du corps d'armée sera installé à Seitenstetten.

Les chefs de corps enverront sur-le-champ leurs facteurs à Steyer, n° 23, pour recevoir les lettres, paquets et argent, adressés aux militaires de leurs corps.

Le Général chef d'état-major général,
DAULTANNE.

P.-S. — Le capitaine Morel, officier d'état-major général, est chargé de faire remettre à flot tous les bateaux, qui existent sur la rivière, et les faire conduire à Enns, pour être à la disposition du capitaine de frégate Lostange, commandant la flottille sur le Danube. MM. les généraux commandant les divisions feront mettre sur-le-champ 5 hommes par régiment à la disposition du capitaine Morel. Ces hommes seront pris parmi les militaires éclopés, qui peuvent encore marcher. Ils seront réunis dans une des salles de l'Hôtel de ville de Steyer.

Ordre d'exécution de la main du général Gudin (1).

La division partira de son bivouac en arrière de Steyer à 10 h. 30. La 2ᵉ division ne se mettant en marche qu'à 9 heures, on rappellera à 10 heures précises.

Un officier d'état-major sera envoyé à Steinbach pour porter l'ordre au 21ᵉ régiment.

Une ordonnance sera envoyée avec un duplicata de cet ordre sur Ternberg, par la rive gauche de l'Enns, pour le même objet. Si cette ordonnance ne trouve point le 21ᵉ à Ternberg, elle reviendra de suite sur Saint-Peter où sera établi le quartier général de la division.

Le Général,
Gudin.

P.-S. — Le parc viendra à Saint-Peter et les chasseurs seront placés un peu en avant si les localités le permettent.

La compagnie du 85ᵉ partira en tête de la division.

Les deux autres attendront que la division ait passé et feront l'arrière-garde avec ordre de faire suivre tous les traînards.

(*A. G.*)

Davout à Gudin.

Seitenstetten, le 15 brumaire an xiv.

Je vous préviens, mon cher Général, que les 1ʳᵉ et 2ᵉ divisions prennent position ce soir entre le château de Gleis et Waidhofen. Je désire que votre division se porte également ce soir en avant de Seitenstetten sur la route de Gleis, où j'aurai mon quartier général, et où vous aurez soin de m'envoyer un officier, qui vous portera mes ordres. Vous pourrez fixer votre quartier général à Seitenstetten.

P.-S. — J'ai laissé l'ordre aux moines de vous préparez 2,000 à 3,000 bouteilles de vin et 400 à 500 paires de souliers et du pain.

Saint-Peter pourra vous offrir aussi quelques ressources, sous le rapport des souliers et du pain.

---

(1) Adressé au général de division Gudin, commandant la 3ᵉ division, chez M. le curé, n° 77, à Steyer.

« Le général Gudin donnera les ordres nécessaires pour que le 21ᵉ régiment rejoigne sa division. »

Dufour, colonel du 21° régiment d'infanterie de ligne,
au général Gudin.

Steinbach, le 15 brumaire an XIV.

J'ai l'honneur de vous rendre compte, mon Général, que le détachement que j'ai envoyé sur Ternberg a trouvé le pont coupé. Le bruit des équipages et les roulements continuels, qui ont eu lieu sur la rive droite de l'Enns, annoncent évidemment que l'ennemi se retire sur Waidhofen. S'il y a possibilité de rétablir le pont, l'on s'en occupera de suite.

J'ai l'honneur de vous prévenir également qu'il est arrivé, devant Ternberg, un détachement du 17° régiment.

J'ai fait des réquisitions de pain. Je vous en enverrai le plus qu'il sera possible.

(A. G.)

Journal de la division Friant.

De Steyer à la ferme de Kronmossen, le 15 brumaire an XIV.

Les deux premières divisions du 3° corps partent avec ordre d'abord de prendre position à la hauteur de l'abbaye de Seitenstetten. La 3° division devait bivouaquer à Saint-Peter ; arrivées à cette destination, elles reçoivent toutes ordre de se porter en avant, et bivouaquèrent en colonne, la 1re division près de la rive droite de l'Ybbs, en arrière de Gleis, où M. le Maréchal avait son quartier général au château et où le 17° de ligne cantonna ; la 2° division, dont le quartier général était dans une grosse ferme dite Kronmossen, bivouaqua en colonne sur 2 régiments de front, sur la route ; un peu en arrière de ladite ferme, et laisse son artillerie à Biberbach ; la 3° division sur le revers de Seitenstetten, magnifique abbaye de Bénédictins, où le Maréchal eut son quartier général jusqu'à 4 heures du soir, et l'avant-garde occupa Waidhofen s'éclairant sur sa droite particulièrement.

Le chemin, en quittant le faubourg de Steyer, sur la droite d'Enns, est presque horizontal et suit, l'espace d'un tiers de lieue environ, le sommet du revers gauche assez escarpé et bien gazonné d'un vallon étroit dans lequel coule le ruisseau de Blindof, large de 5 à 6 mètres et profond de 1 mètre à 1^m,20.

La 1re division avait eu ordre d'éclairer sa droite vers Saint-Georgen, église bâtie sur une hauteur isolée, et la 2° division dut s'éclairer sur sa gauche sur Krennstetten, où elle envoya même un bataillon. Entre Steyer et Blindof on trouve plusieurs usines, alimentées par le susdit ruisseau; le chemin est généralement mauvais, étroit, encaissé et le pays très accidenté. A mi-distance de Blindof à Saint-Peter, on traverse deux vallons et deux ruisseaux; les descentes et montées en sont rapides et difficiles. On traverse une forêt assez longue une lieue au delà de Blindof : à la sortie de cette forêt, montée assez marécageuse en plusieurs points; montée longue mais assez douce, pour arriver sur le plateau élevé, à l'extrémité duquel est Saint-Peter.

Saint-Peter est un gros bourg avec château, église, cimetière, la principale rue est très large; on y voit plusieurs belles maisons, auberges. La descente de Saint-Peter à la petite rivière qui baigne le pied de la hauteur est assez forte. Cette rivière a 5 à 6 mètres de largeur et 1 mètre à $1^m,20$ de profondeur, elle a deux ponts en bois qui sont en assez bon état. Elle alimente plusieurs usines; forte montée pour sortir du vallon, et ensuite route assez unie, bonne, ferrée : on fait 800 mètres environ dans une forêt et l'on passe près du hameau de Neudorf à gauche et dans un fond peu considérable; nous trouvâmes plusieurs petits ruisseaux avec ponts, dont l'un est très étroit. La montée pour quitter ce fond et le plateau qui le suit sont peu de chose ; on descend par une pente douce et formant un grand coude dans le vallon, au milieu duquel est une hauteur médiocre et isolée à mi-côte de laquelle est bâtie la très belle abbaye de Seitenstetten.

Ce couvent est vaste, bâti avec goût. Il y a au centre une belle cour carrée, une fontaine ; l'architecture des bâtiments est simple et régulière. La route, toujours bonne, longe deux côtés de ce couvent. A droite, fermes et dépendances du couvent à 600 mètres de la route, qui se divise en deux branches. Celle à gauche conduit à Amstetten sur la grande route de Linz à Vienne, celle à droite que nous suivimes conduit à Waidhofen et est en assez bon état.

Le Traisling, petite rivière large de 5 à 6 mètres, profond de $0^m,45$ à $0^m,55$ et que l'on passe au gué, baigne le revers occidental de ladite montagne isolée; il y a un pont en bois pour les hommes de pied.

Le général Mathieu Dumas à l'Empereur.

Steyer, le 15 brumaire an xiv, 11 heures du soir

J'ai l'honneur de mettre sous les yeux de Votre Majesté un croquis de la position de Steyer : il suffira pour justifier l'opinion du général Marmont, qu'on ne doit point songer à construire une tête de pont au pied d'un escarpement, d'un talus développé dont la crête est à plus de 500 toises de la rive droite. Les colonels du génie Tousard et Sonnis, convaincus de cette vérité, proposent de lier, par une forte et double palissade, des maisons susceptibles d'être crénelées et dont la position forme une enceinte bien flanquée. Cette défense sera protégée par un feu de mousqueterie, qu'on ménagera en crénelant les maisons qui se trouvent sur la rive gauche et qui, s'étendant assez loin, découvrent le pied de l'escarpement et les accès du pont. Enfin le plateau qui domine la ville et toute la rive droite est un excellent emplacement pour une batterie. Il faudrait, pour faire plus et mieux, se jeter dans de grands travaux : trois jours suffisent pour fermer, de la manière ci-dessus indiquée, les accès du pont.

Le général Marmont attend les ordres de Votre Majesté pour suivre le mouvement de M. le maréchal Davout, soit par la même route qu'il a suivie pour se rendre à Waidhofen, soit par la grande route de Styrie jusqu'à Weyer et la chaussée de Weyer à Waidhofen. Dans tous les cas, il sera en marche à la pointe du jour.

De Waidhofen à Gaming : une journée.

On passe à Ybbsitz	3 lieues.
— à Brandberg	1 —
— à Aching	1 —
— à Gaming	2 —
TOTAL	7 lieues.

NOTA. — Le chemin est dur, difficile, il faut se servir d'attelages de bœufs pour passer le col d'Ybbsitz, mais le fond du chemin est ferme et praticable.

De Gaming à Annaberg : une journée.

On passe à Joachimsberg	3 lieues.
— à Annaberg	4 —
TOTAL	7 lieues.

NOTA. — Même observation. Il n'y a que 3 lieues de chemin difficile; c'est à Joachimsberg qu'on entre dans la grande route.

D'Annaberg à Lilienfeld : 9 lieues.

J'ai fait connaître à M. le général Marmont les intentions de Votre Majesté et la manière dont il doit concourir à leur exécution ; je me rends auprès de M. le maréchal Davout, qui n'a pu aller aujourd'hui plus loin que Seitenstetten, et ne pourra par conséquent déboucher sur Lilienfeld que samedi.

3ᵉ CORPS D'ARMÉE.

Journée du 15 brumaire an XIV.

Quartier général : Gleis.
Avant-garde : Waidhofen.

Infanterie. — Se porte sur Waidhofen, où l'on rencontre les uhlans de Merfeld ; on les charge sur toute la route d'Ybbsitz, mais on ne peut les atteindre ; en revenant par la route de Waidhofen, un des capitaines du génie, attaché à l'avant-garde, ayant à dix pas derrière lui un des aides de camp du général Eppler, rencontre huit de ces uhlans au détour d'une maison et leur fait poser les armes.

Cavalerie. — A Waidhofen, le 12ᵉ charge les uhlans sur la route d'Ybbsitz et ne peut les atteindre ; il bivouaque sur cette route à une lieue de Waidhofen. Le 7ᵉ régiment de hussards et le fond du 2ᵉ régiment de chasseurs, à Waidhofen, ont envoyé un parti sur la route de Weyer pour éclairer la route.

1ʳᵉ division : Kematen.

Un peu en arrière de Gleis à cheval sur la route, les deux ailes appuyées à des bois. Le 17ᵉ à Gleis.

2ᵉ division : Steinhof, Fermode, Kronmossen.

Près de Kronmossen, à demi distance de Seitenstetten à Gleis. Le 15ᵉ et le 33ᵉ, près de la route à droite dans un bois.

Le 18ᵉ et le 111ᵉ à une demi-lieue en arrière et du même côté de la route.

Dans ces montagnes, les bivouacs ne peuvent guère être qu'en colonne et extrêmement ramassés.

L'artillerie de la division à Biberbach.

3ᵉ division : Seitenstetten.

En arrière de Seitenstetten, occupant Saint-Peter et ayant sur son front le ruisseau qui passe au pied de ce village.

3ᵉ division de dragons : La division de dragons suit le mouvement de la 3ᵉ division d'infanterie.

Notes topographiques et militaires.

Merfeld devait penser que notre armée serait à Vienne avant lui, puisqu'il prenait le chemin des montagnes, et le seul parti qu'il avait à prendre était de suivre la route de Leoben, en passant auprès de Weyer et poursuivant sa route par Altenmarck, Reifling, Hieflau, Eisenertz, Leoben, Brück, Grätz, etc.

6 NOVEMBRE.

Cette route est infiniment meilleure que l'autre ; il se serait rapproché de l'archiduc Charles et il est probable qu'il n'aurait pas perdu les trois quarts de son armée, ses canons et ses équipages.

Journal de l'artillerie du 3e Corps.

Le 15, l'avant-garde se dirige sur Waidhofen, les deux premières divisions se rendent à Seitenstetten et la troisième à Saint-Peter. Le parc de réserve devait se porter de là à Steyer, mais il n'y est arrivé que le 17.

(A. A.)

Davout à Berthier.

Gleis, le 15 brumaire an xiv.

J'ai l'honneur de rendre compte à Votre Excellence que les renseignements que je me suis procurés sur la nature des chemins ne présentent que des obstacles et l'impossibilité de suivre la route indiquée par Sa Majesté ; le 3e corps d'armée se mettra en marche demain matin pour se rendre à Gaming.

3e CORPS D'ARMÉE.

Ordre de marche du 16 brumaire.

Au quartier général à Gleis, le 15 brumaire an xiv.

Demain 16, à la pointe du jour, toutes les les divisions se mettront en marche pour se porter sur Gaming, passant par Waidhofen, Ybbsitz et Gresten.

Le général Heudelet fera réunir à Waidhofen une douzaine de guides pour conduire les colonnes d'infanterie de chaque division par le chemin le plus court.

Ces colonnes d'infanterie par division seront composées de trois régiments et ne pourront être suivies par aucune espèce de voiture.

Chaque division affectera un régiment à l'escorte de son parc d'artillerie, qui passera par la route charretière.

Un officier général par division sera chargé du commandement de la colonne d'artillerie. Il aura de plus, sous ses ordres, 25 chasseurs à cheval.

Cet officier général fera désigner dans le régiment d'escorte 200 travailleurs, qui seront employés à piquer ou réparer les chemins pour faciliter le passage des voitures d'artillerie.

Il sera distribué à ces travailleurs tous les outils qui peuvent exister dans leurs régiments, et au besoin ceux appartenant à l'artillerie de la division. Ces derniers seront fidèlement rendus aux directeurs des parcs à la fin de chaque marche.

Les travailleurs seront renouvelés chaque jour. Si, pendant la marche, quelques caissons de cartouches d'infanterie étaient mis hors de service, ou venaient à encombrer le passage, il sera sur-le-champ délivré à chaque homme du régiment d'escorte un paquet de cartouches. Si cette distribution ne suffisait pas pour enlever toutes les cartouches, il en serait délivré aux chasseurs à cheval, jusqu'à concurrence de 20 livres pesant par homme. On se servira même au besoin des chevaux de cantiniers pour effectuer ce transport. Les généraux de division prendront d'ailleurs telles mesures qu'ils croiront convenables, d'après ces données. Ils ordonneront aux directeurs de parc de faire alléger les canons, caissons, prolonges et autres voitures d'artillerie surchargées d'objets inutiles et qui appesantissent la marche des parcs.

Le commissaire-ordonnateur est chargé de faire réunir à Waidhofen de l'avoine en suffisante quantité pour en faire une distribution pour deux jours à tous les chevaux d'artillerie. Cette avoine sera prise en passant à Waidhofen. On apportera à cette distribution le plus de célérité possible. On aura attention à faire rafraîchir pendant la marche, les chevaux d'artillerie, lorsqu'ils auront des passages par trop difficiles à effectuer.

L'avant-garde se portera à deux lieues en avant de Gaming, soit sur la route d'Annaberg ou sur celle de Maria-Zell, suivant les renseignements qu'on aura sur la bonté de toutes ces communications.

La 1re division, ayant en tête la compagnie de sapeurs du corps d'armée, ira prendre position sur les hauteurs en arrière de Gaming, la gauche au chemin de Gresten et la droite se prolongeant vers Lünz (1), et de Neuhaus 25 chevaux seront détachés avec le bataillon pour pousser des reconnaissances sur ces diverses communications. Elle portera également un bataillon en avant de Gaming, pour maîtriser la vallée de la Gross Erlaf.

La 2e division aura sa droite à la route de Gresten et portera un bataillon du côté de Neubrück pour observer tout ce qui pourrait venir de Purgstall et par la vallée de la Pielach. 25 chevaux seront détachés avec le bataillon.

---

(1) Cette division portera un bataillon à l'embranchement des routes de Linz.

6 NOVEMBRE.

La 3° division prendra position en avant de Gresten.

La division de dragons fera l'arrière-garde du corps d'armée et prendra position aux environs d'Ybbsitz.

Les sapeurs des régiments seront réunis dans chaque division à la tête des colonnes d'infanterie, pour faire repasser les passages difficiles et élargir les défilés, etc.

Le 3° corps d'armée est prévenu que cette marche lui occasionnera beaucoup de peine et de privations, mais le résultat sera de lui faire faire l'avant-garde de deux autres corps d'armée et de faciliter la victoire en épargnant le sang des braves et fidèles soldats de notre illustre Souverain. Si les obstacles qu'offrira cette marche nous rebutaient, nous nous trouverions en troisième ligne.

M. le Maréchal réclame et compte sur le zèle et la volonté des généraux, colonels, officiers et soldats. Il se flatte que tous emploieront cette intelligence française qui fait faire des miracles.

(A. G.)

Le Général, Chef de l'état-major général,

DAULTANNE.

1ᵉʳ CORPS D'ARMÉE.

Ordre de marche du 16 brumaire.

Lambach, le 15 brumaire an XIV.

Le général Kellermann partira de suite de sa position en avant de Lambach pour se rendre à Steyer en passant par Wels et Kremsmünster ; dans le cas où cette journée serait trop forte, il prendra position à deux ou trois lieues en arrière, et enverra des reconnaissances sur la ville.

Le lieutenant général de Wrède chargera un de ses généraux de conduire sa colonne d'infanterie, son artillerie et ses bagages sur Wels et Kremsmünster, et de prendre position à côté ou en arrière du général Kellermann. Le lieutenant général de Wrède partira, avec ses régiments de cavalerie, pour arriver ce soir à Steyer en passant le pont de Lambach sur la Traun par Kremsmünster. Il est prévenu que M. le général Marmont a quitté Steyer aujourd'hui, pour se porter à Waidhofen (1).

---

(1) Le maréchal vint à Lambach.
Le lieutenant général baron de Wrède se rendit avec sa cavalerie par Kremsmünster à Steyer. L'infanterie marcha par Wels à Kremsmünster, y fit dans la nuit une halte de quelques heures et arriva. (Journal du corps bavarois.)

Le général Drouet se mettra de suite en mouvement avec sa division pour se rendre à Kremsmünster, en passant le pont de Lambach sur la Traun, son artillerie et ses bagages par Wels pour se rendre à Kremsmünster.

Le général Rivaud suivra le mouvement du général Drouet et prendra position en arrière de Kremsmünster, son artillerie et ses bagages suivront ceux du général Drouet.

Le grand parc d'artillerie se rendra ce soir à Wels.

Le quartier général sera Kremsmünster.

1er CORPS D'ARMÉE.

Ordre de marche du 16 brumaire.

Kremsmünster, le 15 brumaire an XIV.

M. le général Kellermann partira demain à 8 heures du matin avec sa division pour se rendre à Steyer.

Le lieutenant général de Wrède, qui occupe aujourd'hui Steyer avec sa cavalerie, donnera l'ordre au général Minucci, qui commande son infanterie, de le rejoindre à Steyer; le double du présent ordre sera envoyé au général Minucci, afin qu'il puisse se mettre en marche à 7 heures du matin, et par là ne point éprouver de retard dans sa marche.

Le général Drouet partira à 7 heures du matin pour se rendre à Steyer.

Le général Rivaud partira à 8 heures du matin et suivra le mouvement du général Drouet, pour se rendre à Steyer.

Le grand parc d'artillerie viendra s'établir à Kremsmünster.

Le grand quartier général sera à Steyer.

MM. les généraux sont prévenus que l'emplacement que devront occuper leurs divisions leur sera indiqué par l'adjudant-commandant Maison. Ils voudront bien envoyer à l'avance leur chef d'état-major pour prendre connaissance de la position.

Au général Andréossy, aide-major général,
chef de l'état-major général.

Au quartier général impérial à Linz, le 15 brumaire an XIV, à midi.

Mon Général,

Le Ministre, Major général, me charge de vous faire connaître les ordres de mouvement qu'exécute aujourd'hui la Grande Armée.

6 NOVEMBRE.

Le 1er corps marche de Lambach sur Weyer par Kremsmünster, avec moitié des Bavarois, l'autre moitié restant à Salzburg, pour donner la main au maréchal Ney et éclairer la route de Leoben.

Le 2e corps marche de Steyer sur Waidhofen.

Le 3e corps marche de Waidhofen sur Lilienfeld, en passant par Gaming, Annaberg, etc....

Le 4e corps en marche de Kronstorf pour passer l'Enns à Enns, portant son avant-garde à Strengberg.

Le 5e corps, en avant de l'Enns, pour soutenir l'avant-garde ; la division Gazan passée sur la rive gauche du Danube.

Le 6e corps doit être à Insprück.

Le 7e à Kempten.

L'avant-garde à Amstetten ; sur les hauteurs en avant, l'ennemi a été rencontré.

La 1re division de dragons Klein aux environs de Linz.

La 4e (Bourcier) à Braunau.

La division de dragons à pied entre Donauwerth et Passau.

Les divisions Dupont et Dumonceau marchant par la gauche du Danube à la hauteur de Linz.

Le corps de Wurtemberg à Braunau.

Celui de Baden à Augsburg.

Le Colonel du génie, aide-major près le Major général,
VALLONGUE.

Emplacements du 15 brumaire an XIV (6 novembre 1805) à midi.

DÉSIGNATION des corps.	EMPLACEMENTS.	OBSERVATIONS.
Quartier général impérial.	Linz, prêt à partir pour Enns.	
Garde impériale	Partie en marche sur Enns. Le reste attendant à Linz le départ de l'Empereur.	
1er corps (Bernadotte).	En marche de Lambach sur Steyer par Kremsmünster.	
Corps bavarois	Moitié avec le 1er corps et l'autre moitié à Salzburg, établissant communication avec Innsbrück.	
2e corps (Marmont)	A marché de Steyer sur Waidhofen.	
3e corps (Davout)	A marché de Waidhofen sur Lilienfeld en passant par Gaming, Annaberg, etc.	Si cette route, qu'on croit praticable à Linz, ne l'était pas, l'armée entière devrait déboucher par la grande route de Vienne.
4e corps (Soult)	En marche de Kronstorf pour passer l'Enns à Enns. Doit placer son avant-garde à Strengberg.	
5e corps (Lannes)	En marche avec les deux divisions Oudinot et Suchet sur Amstetten pour soutenir l'avant-garde. La division Gazan sur la rive gauche du Danube.	
6e corps (Ney)	Doit être à Innsbrück.	
7e corps (Augereau)	Kempten.	
Avant-garde (prince Murat).	Amstetten.	Il s'est battu hier sur les hauteurs.
1re div. de dragons (Klein).	Aux environs de Linz avec un régiment sur la rive gauche.	
4e div. de dragons (Bourcier).	Braunau.	

6 NOVEMBRE.

DÉSIGNATION des CORPS.	EMPLACEMENTS.	OBSERVATIONS.
Div. de dragons à pied.	Entre Passau et Donauwerth.	
Division Dupont ...... Division batave (Dumonceau)..........	En marche de Passau sur la rive gauche vers Linz.	
Corps de Würtemberg.	En marche de Munich à Braunau.	
Corps de Baden	A Augsburg.	
Grand parc	En marche d'Augsburg sur Braunau.	
Equipage de pont.....	Se dirigeant difficilement sur Linz.	

Nota. — D'hier, ordre au capitaine de frégate de Lostange pour l'organisation de la flottille. Le 2ᵉ corps fournit 100 hommes fatigués ; le 5ᵉ, 150, et l'avant-garde 40 pour monter les barques à 4 hommes.
Il doit y en avoir de quoi former deux ou trois ponts.
Joinville doit y faire embarquer tous les jours 25,000 rations de pain et 50,000 rations d'eau-de-vie sur une barque qui sera gardée par 10 hommes et 1 gendarme fournis par le général Andréossy.
Cet approvisionnement est à la disposition exclusive du Major général.
Commandement donné au général Lauriston des pays entre l'Inn et l'Innviertel inclus.
Commandement provisoire de la Haute-Autriche confié au général Godinot, commandant à Linz.

19ᵉ Bulletin.

Linz, le 15 brumaire an XIV.

Le combat de Lofer a été très brillant pour les Bavarois. Les Autrichiens occupaient au delà de Lofer un défilé presque inaccessible, flanqué à droite et à gauche par des montagnes à pic. Le couronnement était couvert de chasseurs tyroliens qui en connaissaient tous les sentiers ; trois forts en maçonnerie, fermant les montagnes, en rendent l'accès presque impossible. Après une vive résistance, les Bavarois culbutèrent tout, firent 600 prisonniers, prirent 2 pièces de canon et s'emparèrent de tous les forts. Mais à l'attaque du dernier, le lieutenant général Deroy, commandant en chef l'armée bavaroise, fut blessé d'un coup de pistolet. Les Bavarois ont eu 12 officiers tués ou blessés, 50 soldats tués et 250 blessés. La conduite du général Deroy mérite les plus grands éloges ; c'est un vieil officier plein d'honneur, extrêmement attaché à l'Électeur, dont il est l'ami.

Tous les moments ont été tellement occupés, que l'Empereur n'a pu encore passer en revue l'armée bavaroise, ni connaître les braves qui la composent.

Le Prince, après la prise d'Enns, poursuivit de nouveau l'ennemi. L'armée russe avait pris position sur les hauteurs d'Amstetten ; le prince Murat l'a attaquée avec les grenadiers du général Oudinot ; le combat a été assez opiniâtre. Les Russes ont été dépostés de toutes leurs positions, ont laissé 400 morts sur le champ de bataille et 1,500 prisonniers. Le prince Murat se loue particulièrement du général Oudinot ; son aide de camp Lagrange a été blessé.

Le maréchal Davout, au passage de l'Enns à Steyer, se loue particulièrement de la conduite du général Heudelet, qui commande son avant-garde. Il a continué sa marche et s'est porté à Waidhofen.

Toutes les lettres interceptées portent que les meubles de la Cour sont déjà embarqués sur le Danube, et qu'on s'attend, à Vienne, à la prochaine arrivée des Français.

L'Empereur à Cambacérès.

Linz, le 15 brumaire an XIV.

Mon Cousin, j'ai reçu votre lettre du 5 brumaire et celle du Conseil d'État. Je vous prie de lui faire mes remerciements de tout ce qu'elle contient d'aimable. Nous sommes à peu de journées de Vienne. Nous n'avons encore atteint les Russes que faiblement ; quelque vite que nous marchions, ils se retirent encore plus vite. Le pays est extrêmement mécontent d'eux. Dans le fait, ils ne sont pas aimables ; ils ne se contentent pas de piller, ils brûlent et tuent (1).

L'Empereur à Talleyrand.

Linz, le 15 brumaire an XIV.

Monsieur Talleyrand, je pense qu'il faut écrire à M. Vial (2), pour qu'il tienne la main à ce que les officiers, qui seront mis à la tête des

---

(1) Correspondance de Napoléon, n° 9455.
(2) Ministre de France près la République helvétique.

cercles et des contingents des cantons, soient des hommes sages et attachés à la France, et que ceux qui seraient connus pour avoir des dispositions contraires ne soient pas employés (1).

Berthier à Lauriston.

Linz, le 15 brumaire an XIV.

D'après les dispositions arrêtées par l'Empereur, vous aurez, Général, le commandement de tous les pays situés le long de la Salzach et l'Inn, et compris entre l'Iser et l'Inn.

Vous commanderez également toute la province d'Innviertel. Les commandants de Passau et de Burghausen sont sous vos ordres.

Vous aurez l'œil à ce que l'ordre soit partout maintenu, et à ce que les routes soient sûres depuis l'Iser jusqu'à l'Inn, et depuis l'Inn jusqu'aux limites de votre commandement.

Si vous appreniez que la tranquillité publique fût troublée en quelque endroit, vous y enverriez, sur-le-champ, de petites colonnes mobiles, pour rétablir l'ordre.

Vous aurez soin que toutes les postes du pays soient bien servies.

Vous tiendrez un commandant à Ried et un autre à Schärding.

J'ordonne au commandant de Salzburg de vous envoyer un compte rendu journalier de tous les mouvements militaires et de tout ce qui viendrait à sa connaissance.

Vous devez, Général, distinguer, dans votre commandement, les pays bavarois des pays autrichiens.

Les pays bavarois ont leurs administrations, leurs chefs civils et même leur force armée; lorsque cela ne sera pas ainsi, vous pourrez écrire à Munich pour qu'on envoie des compagnies de chasseurs, ou gardes bourgeoises, et tout ce qui serait nécessaire.

Dans les pays autrichiens, au contraire, tout est désorganisé. Vous étudierez l'organisation actuelle ; vous vous ferez reconnaître de tous les baillis et vous vous mettrez en correspondance avec eux pour tout ce qui concerne le maintien du bon ordre et de la bonne police.

Vous vous mettrez en correspondance avec le commandant d'Augsbourg, auquel je donne l'ordre de profiter de tous les courriers de l'Empereur, qui passeront pour vous instruire de tout ce qui se passerait sur ses derrières.

---

(1) Correspondance de Napoléon, n° 9486.

Vous vous mettrez aussi en correspondance avec le général Baraguey d'Hilliers qui doit être à Schärding.

Enfin, vous enverrez directement à l'Empereur, par le passage de ses courriers, le compte de ce que vous apprendrez d'Augsbourg, de Salzburg, du général Baraguey d'Hilliers et de vos propres commandants.

Comme vous avez, dans le 58e régiment un grand nombre d'officiers et de sous-officiers, vous en placerez partout où il sera nécessaire.

Vous aurez soin que les ponts de Burghausen, Braunau, Schärding et Passau, soient en bon état et parfaitement réparés.

Lauriston à Berthier.

Monseigneur,

15 brumaire an xiv.

Je reçois à l'instant la lettre de Votre Excellence du 13 de ce mois, dans laquelle elle me marque que l'intention de Sa Majesté est de faire ramasser tous les bateaux sur le haut de l'Inn. Je vais envoyer sur-le-champ un officier pour exécuter cette mesure. En attendant, je vais employer tous ceux que j'ai de disponibles à Braunau, excepté une réserve en cas d'accident au pont.

Je vais envoyer un officier du génie à Passau, suivant l'ordre de Votre Excellence, et un autre à Burghausen, pour armer le château, que le général Marescot a reconnu déjà et qu'il regarde comme une forte position. Le général Marescot a visité avec moi la place de Braunau ; il a adopté nos idées et y a ajouté les siennes. La grande défense de cette place consistera dans le palissadement et Votre Excellence a dû voir, par mes lettres précédentes, que je comptais faire usage d'une grande quantité de palissades. Les travaux du génie sont en grande activité, on a commencé à palissader les ouvrages. De jour en jour, les travaux augmenteront, à cause du retour des paysans. Le service se fait dans les lunettes comme dans une place isolée. Je vais pousser une visite avec le général Marescot au dehors et voir s'il ne serait pas possible d'employer utilement le ruisseau pour inonder la gauche du pont de la place.

Après les rapports de l'officier du génie qui va partir pour Burghausen, je compte envoyer six pièces de canon pour armer le château. J'ai l'honneur de prier Votre Excellence d'y envoyer un commandant de place, au moins chef de bataillon, avec lequel je puisse correspondre depuis Salzburg, dont Sa Majesté me confie le commandement.

Je crois prévenir les intentions de Sa Majesté en employant une partie des troupes wurtembergeoises, qui arriveront sous trois jours, pour l'armement de Burghausen et autres lieux et la correspondance sur toute l'Inn.

J'espère avoir assez organisé le service, en deux ou trois jours, pour me permettre d'aller reconnaître moi-même, en remontant l'Inn jusqu'à Wasserburg; de là à Salzburg, où je descendrai la Salzach et de même côté de Passau.

Les troupes que j'embarquerai sur des bateaux auront toutes pour quatre jours de pain. Cela me conservera celui que M. Petiet a fait arriver de Munich, où il a commencé la confection du biscuit.

Nous avons organisé un hôpital de blessés, où il en contiendra 500 dans 25 chambres du même local. Nous venons de faire la découverte de 500 matelas, à une seule place, tout confectionnés. Nous avons aussi les bois de lits nécessaires. Le nombre s'en porte à 1,200 à peu près. Nous avons en outre, pour le premier moment, un hôpital pour 200 malades.

Le casernement nous offrira beaucoup de ressources, dans le cas où je me trouverais encombré de troupes.

Je placerai 400 hommes à Burghausen et ainsi des autres places que je ferai reconnaître. Je viens de faire la découverte d'un approvisionnement d'objets d'artillerie dont 400,000 cartouches d'une part. Ce dépôt est au dehors, entre deux lunettes. Tout est entré dans l'arsenal. Les inventaires se dressent. Ils se font un peu lentement, parce que l'armement va toujours et que j'ai voulu que rien ne le retardât.

M. Petiet a organisé son service. Cela me débarrasse d'autant pour simplifier nos opérations. Je lui adresse toutes les réquisitions dont j'ai besoin pour mon service, en bois, fer, etc., me réservant celle de la tenue des manœuvres et ouvriers.

Les habitants commencent à rentrer. J'ai ordonné hier les visites de toutes les maisons de la ville et des environs pour rechercher tous les objets qui ont pu appartenir aux Autrichiens. Nos magasins sont organisés, rangés par ordre et du moins nous n'aurons pas de gaspillage et nous profiterons des ressources que nous trouvons.

L'avoine ne manquera pas, mais M. Petiet se trouve embarrassé pour le foin et la paille, de sorte que l'arrivée du grand parc d'Augsbourg m'effraye beaucoup. 4,000 chevaux mangent beaucoup de foin.

J'ai pris des mesures pour faire arrêter tous les chevaux volés : cela m'en a donné quelques-uns qui m'ont servi à faire filer des équipages d'artillerie qui n'en avaient pas assez, mais tout part et ne revient plus, de manière que nos moyens vont manquer.

Sa Majesté ayant étendu mon commandement, je dois augmenter la surveillance et la correspondance entre tous les postes. Je prie Votre Excellence de lui remettre sous les yeux une demande de fonds à cet égard, ayant à faire voyager des officiers de côté et d'autre.

En me donnant le commandement depuis Salzburg, je ne crois pas que Salzburg sois conquis, de même Wasserburg. Cependant, vu les rapports du génie et de l'artillerie, j'entends que Passau y est compris. Je prie Votre Excellence d'avoir la bonté de m'éclairer à cet égard, pour que mon service soit tout à fait organisé.

Le général Andréossy au chef de bataillon Thomières.

Linz, le 15 brumaire an xiv.

Il est ordonné à M. Thomières, chef de bataillon adjoint à l'état-major général, de partir sur-le-champ pour aller à Braunau.

L'objet de sa mission est de faire filer sur Linz toutes les voitures de subsistances, biscuits, eaux-de-vie ou effets appartenant aux corps.

S'il y a des voitures de souliers, il donnera des ordres pour qu'elles ne perdent pas une minute et il invitera les commandants d'armes, sur la route, à faciliter leur marche, par tous les moyens qui seront en leur pouvoir. A son retour à Linz, il me rendra un compte détaillé de la quantité de voitures qu'il aura rencontrées, de la nature des objets qu'elles contenaient et de la destination qui leur est fixée ; il indiquera à peu près l'époque de son arrivée à Linz.

Il renouvellera, sur toute la route, les défenses portées par Sa Majesté contre les abus relatifs aux chevaux de postes ou chevaux du pays qui ne doivent être requis que légalement par les commandants de places ou les commissaires des guerres, et il invitera les commandants de places à tenir la main à l'exécution des ordres donnés à cet égard.

M. Thomières aura deux gendarmes à sa disposition. Il est autorisé à prendre la poste pour aller à Braunau et rejoindre le quartier général (1).

---

(1) Un ordre analogue est adressé à M. Crésent, capitaine adjoint à l'état-major général, pour le parcours d'Augsbourg à Braunau.

Lauriston est avisé de ces deux missions, et invité à presser surtout les convois de souliers.

Petiet est informé qu'un détachement de 1,000 hommes et 19 chevaux venant de Hollande et destiné au 2e corps, a dû arriver à Mayence vers le 28 octobre ; qu'un autre de 480 hommes et 196 chevaux venant du Hanovre a dû partir de Würzbourg le 29 pour rejoindre Bernadotte. Il doit en assurer la subsistance jusqu'à Linz, avec séjour à Braunau.

Lauriston presse l'armement de Braunau. Il a reçu de Bavière six obusiers et deux mortiers. Il veut un approvisionnement de 25 coups par pièce. Il aura dans trois jours une compagnie d'artillerie légère.

Il fait parcourir les environs de Braunau par les commissaires des guerres pour faire des réquisitions de vivres.

Renseignements obtenus des prisonniers russes.

Sans date. Au lendemain d'Amstetten.

I.

Il y a trois jours que les cinq colonnes venues de la Russie se sont trouvées réunies près de Krems.

Chaque colonne de quatre régiments, chaque régiment de 2,000 hommes, mais il ne leur reste plus que 40,000 hommes tout compris, dont 9,000 à 10,000 hommes de cavalerie.

Un régiment de hussards et un régiment de carabiniers parmi.

Ils attendent le général Michelson à chaque instant. Il vient de la Russie avec 12 régiments d'infanterie.

La cavalerie était hier cachée sur le derrière en beaucoup d'endroits.

II.

Ils étaient hier 40,000 hommes sans compter les Cosaques. La cavalerie formait 9,000 hommes. La cavalerie était en arrière cachée.

Il ne sait pas où sont les cuirassiers et les dragons qu'il avait vu il y a trois jours. On attend le général Michelson aujourd'hui ou demain et les Cosaques d'hier sont du corps de Michelson et arrivés avant-hier.

III.

Ils attendent Michelson à chaque instant. Étaient hier 12 régiments.

IV.

Hier, 12 régiments formant 24,000 hommes. On ne pouvait pas apercevoir un régiment de chasseurs à pied, qui était couché ventre à terre suivant la mode des Russes.

V.

Le V⁰ comme le I⁰ʳ et le II⁰.

Les quatre autres ont dit unanimement et questionnés séparément ainsi que les cinq premiers, que Michelson pouvait arriver à chaque minute et que les Cosaques d'hier sont détachés de son armée.

CHAPITRE XIV

7 novembre.

Belliard à Walther (1).

Neumarkt, le 16 brumaire an XIV, à minuit.

Ordre au général Walther de réunir sa division dans la plaine de Neumarkt, à 8 heures du matin.
(Même ordre au général Fauconnet.)

Belliard à Milhaud.

16 brumaire an XIV.

L'intention du Prince est, mon cher Général, que vous dirigiez le 22ᵉ chasseurs par la route de Wieselburg sur Schallaburg pour y suivre la marche du corps du général Kienmayer, qui est présumé avoir pris cette route. Vous ordonnerez au colonel de vous envoyer d'heure en heure le rapport de sa marche, que vous transmettrez très exactement à Son Altesse Sérénissime.

Belliard à Berthier.

Melk, le 16 brumaire an XIV.

Les troupes commandées par S. A. S. le prince Murat ont passé à gué, tous les ponts ayant été coupés, l'Ybbs, l'Erlaf et la Melk; l'ar-

---

(1) Voir pour cette journée, Alombert, p. 26, l'Empereur à Murat, Ber-

rière-garde de l'ennemi était sur les hauteurs de Melk, notre avant-garde lui a tiré quelques coups de pistolet; elle s'est retirée, on l'a poursuivie sur la route de Saint-Pölten.

Les troupes prennent position ce soir, savoir : la brigade du général Milhaud à Loosdorf, poussant des reconnaissances sur Prinzersdorf, pour savoir si le pont sur la Pielach est rompu.

La brigade du général Fauconnet à Schallaburg, la brigade du général Treilhard sur la route de Schallaburg, pour communiquer avec le 1ᵉʳ régiment de chasseurs et un régiment de dragons aux ordres du général Sébastiani, qui marche par Wieselburg sur Schallaburg et Melk.

La division de dragons est établie à Melk, où doit venir aussi la division de grenadiers de M. le maréchal Lannes; les deux divisions de grosse cavalerie sont à Pöchlarn et environs.

Compans à Suchet.

16 brumaire an XIV.

M. le Maréchal commandant en chef ordonne que votre division se mette de suite en marche pour aller à d'Ybbs entre Anhof et Freidegg, et regagner de suite la grande route de Neumarkt à Melk.

L'artillerie viendra par Ybbs au gué en avant de Neumarkt; le pont sur lequel passe l'infanterie n'est pas propre pour le passage des voitures.

Vous recevrez de nouveaux ordres sur la route de Neumarkt à Melk.

Compans à Oudinot.

16 brumaire an XIV.

M. le Maréchal commandant en chef vous charge de mettre votre division en mouvement pour passer la rivière Ybbs, et se diriger sur celle d'Erlaf.

La 1ʳᵉ brigade passera l'Ybbs en avant de Neumarkt, où la cavalerie l'attend pour la prendre en croupe. L'artillerie passera au gué dans le même endroit.

---

thier, p. 31, Godinot à Berthier, et p. 50 à 63 : Berthier à Mortier, Laran, Soult, Murat, Bernadotte ; l'Empereur à Murat, Soult et Berthier ; Andréossy à Léry, Songis, Castillon, Tricard et Gazan.

Les deux autres brigades d'infanterie passeront l'Ybbs entre Anhof et Freidegg et iront se réunir à la première.

Compans à Kirgener.

16 brumaire an XIV.

M. le Maréchal commandant en chef ordonne, Monsieur le Colonel, que vous vous occupiez de suite de rétablir le pont sur l'Ybbs, en avant de Neumarkt, de manière que l'artillerie puisse y passer. Il compte que vous mettrez tout votre zèle et toute votre activité à ce travail, qu'il regarde comme infiniment important.

Compans au commissaire-ordonnateur Vast.

Linz, le 16 brumaire an XIV.

M. le Maréchal commandant en chef vous charge, Monsieur l'Ordonnateur, de hâter la confection du pain par tous les moyens possibles, et de presser notamment la rentrée de la réquisition qui a été faite au capitaine du cercle sur l'autre rive du Danube; ce pain devra descendre ce fleuve demain; il importe que vous ne perdiez pas un instant pour le faire embarquer. Lorsque l'embarquement sera terminé et que les bateaux seront partis, vous vous occuperez de vous procurer du pain pour une seconde cargaison; vous pourrez l'augmenter des convois que l'adjudant-commandant Humbert a été chargé de faire partir de Schärding, et qui ne peuvent pas tarder à arriver. Quand vous jugerez que vous n'aurez plus lieu à espérer des ressources de ce pays, vous vous mettrez en marche pour rejoindre le corps d'armée, qui se rend demain à Enns.

Lannes à l'Empereur.

Melk, le 16 brumaire an XIV, 4 heures soir.

Je n'écris pas souvent à Votre Majesté, parce que je pense que le prince Murat le fait.

L'armée ennemie a bivouaqué ici la nuit passée. Toute sa cavalerie vient d'en partir dans le moment, 4 heures du soir. Nos chasseurs et nos hussards la harcèlent tant qu'ils peuvent.

Les généraux russes disent qu'ils veulent recevoir la bataille à Saint-

Pölten, je n'en crois rien. Ils abandonnent, sans tirer un coup de fusil, les plus belles positions qu'il soit possible de voir.

Il est malheureux que nos troupes soient si harassées ; sans cela nous eussions pu tomber aujourd'hui sur la queue de leur armée.

La division Oudinot passera la nuit dans les bivouacs que l'ennemi a abandonnés. Celle du général Suchet est à 2 lieues en arrière, elle sera rendue ici demain à 2 heures du matin.

C'est dans cette position que j'attendrai les ordres de Votre Majesté.

Nous saurons, dans la journée de demain, si l'ennemi veut réellement recevoir la bataille à Saint-Pölten.

Nous sommes infiniment mal pour les vivres. Les Russes pillent tout, en sorte que nous n'avons encore rien pu trouver, ni pain, ni viande.

Je prierai Votre Majesté de donner des ordres pour qu'on en fasse descendre sur Melk, par le Danube.

Nous ne faisons pas un pas sans trouver de l'infanterie russe par cinquantaine ; tout annonce qu'ils sont encore effrayés de l'affaire d'avant-hier.

Il est passé ici, sur des barques, 500 de leurs blessés.

Il paraît qu'ils ont beaucoup de monde égaré.

Murat à l'Empereur.

Melk, le 16 brumaire an XIV, 6 heures du soir.

Les troupes légères de Votre Majesté ont passé successivement à gué l'Ybbs, l'Erlaf et la Melk, ayant trouvé tous les ponts détruits. Elles sont entrées à Melk à 2 h. 30, au moment où les ennemis abandonnaient leur camp. J'ai vu moi-même toute leur cavalerie faisant sa retraite, et j'ai beaucoup regretté de n'avoir pas toute la mienne pour marcher à sa poursuite. Cependant les brigades légères des généraux Milhaud, Treilhard et Fauconnet sont sur les traces de l'ennemi et le harcèlent sans cesse. J'espère qu'elles occuperont, ce soir, le village de Loosdorf, qui sera sans doute évacué. Demain, au point du jour, on portera des reconnaissances sur Saint-Pölten. La division de dragons commandée par le général Walther bivouaquera sur les hauteurs en avant de Melk, afin de soutenir les troupes légères ; la division de grenadiers du général Oudinot occupera le bivouac que les Russes viennent de quitter, en avant de la même ville. La brigade du général Sébastiani, qui avait été détachée de Kemmelbach sur la route de Wieselburg à Saint-Pölten, avec le 1er régiment de chasseurs à cheval, doit aller prendre position ce soir à la hauteur de la Melk sur la même route, et se lier avec nous. Ce général a ordre de reconnaître, de son côté, l'ennemi sur Saint-Pölten. La division du général Suchet reste à Erlaf, les divisions de grosse cavalerie à Pöchlarn. Ces trois divisions seront demain à 10 heures du matin à Melk. Comme le pays que nous avons à parcourir d'ici à Saint-Pölten offre une plaine immense, j'établirai toute la cavalerie que j'ai l'honneur de commander dans les villages en avant de Melk, pour être à portée d'éclairer la marche de l'armée lorsque Votre Majesté ordonnera un mouvement général, si l'ennemi se décide à tenter le hasard d'une bataille, ce que je saurai certainement demain. Toute l'armée russe a passé la nuit dernière ici. La plus grande mésintelligence règne entre les Russes et les Autrichiens ; ils s'accusent mutuellement de lâcheté. Les officiers autrichiens qui ont dîné ici ce matin ont prié les moines de ne pas les faire manger avec les Russes, en leur disant : ce sont des lâches, ils nous abandonnent sans combattre. Les Russes ont dit qu'ils se retiraient parce qu'ils n'étaient pas assez forts. Je les ai trouvés réunis ici, comme ils pourront l'être à Saint-Pölten ; et je doute que cette dernière position vaille celle qu'ils viennent d'abandonner, ce qui m'autorise à croire qu'ils n'y tiendront pas. Je ne me porterai en force contre eux que sur des ordres de Votre Majesté, à moins que je ne sois bien certain qu'ils aient abandonné Saint-Pölten. Dans ce cas, j'y marcherai avec tout le corps du maréchal Lannes et le mien. En m'avançant à cette distance de Vienne, je démentirai les mensonges publiés dans les gazettes de cette capitale, qui ont osé dire que les troupes de Votre Majesté n'avaient pas encore pénétré dans les États autrichiens.

J'ai l'honneur de vous adresser la meilleure carte qui existe du théâtre actuel de la guerre ; j'y joins les lettres trouvées à la poste. Demain, j'aurai soin de faire connaître à Votre Majesté les nouvelles que j'aurai reçues de mes reconnaissances.

Sire, je ne saurais trop réclamer votre sollicitude en faveur des troupes, qui sont menacées de manquer de subsistances si Votre Majesté n'ordonne pas qu'on en fasse descendre de Linz sur le Danube. Le pays que nous avons à traverser doit offrir à la vérité plus de ressources que les défilés que nous venons de quitter, mais l'armée russe ravage et enlève tout.

L'empereur François à Napoléon.

Vienne, le 5 novembre 1805.

Monsieur mon Frère,

Les assurances que m'avaient donné le général Mack au sujet des dispositions de Votre Majesté Impériale pour le rétablissement de la paix avec moi et Sa Majesté l'Empereur de Russie, et qui ont motivé la lettre que je Lui ai adressée le 30 octobre, viennent de m'être confirmées par plusieurs de mes généraux, qui reviennent d'Ulm et y ont eu l'honneur d'être admis en Sa présence.

Je vous avoue, Monsieur mon Frère, que je suis vivement touché de ces preuves réitérées de vos bons sentiments et qu'elles m'inspirent autant de confiance que de désir d'arriver le plus promptement à une paix qui, non seulement mette fin à toute différence d'opinion actuelle, mais établisse en même temps une amitié solide pour tous les temps futurs.

C'est afin de parvenir au plus tôt à ce but que j'envoie mon lieutenant général comte Giulay à Votre Majesté, en La priant de le considérer comme une personne qui a toute ma confiance, et de vouloir me transmettre par son canal les ouvertures plus particulières qu'Elle jugera propres de Son côté à l'accélération du même but, afin que je puisse en faire l'usage le plus prompt auprès de l'empereur Alexandre, avec lequel je suis dans l'attente de m'aboucher incessamment.

La confiance que Votre Majesté Impériale, à ce que je me flatte, m'accorde réciproquement, me fait espérer qu'Elle ne se refusera pas à une mesure qui semble la plus analogue à nos dispositions mutuelles et bien propre à y donner l'effet le plus prompt et le plus salutaire. C'est une suspension des hostilités jusqu'à l'ouverture des négociations pacifiques, pour la conclusion de laquelle j'autorise le lieutenant général comte Giulay, en promettant de remplir fidèlement ce qui sera stipulé à cet égard de sa part.

Que Votre Majesté soit persuadé de la sincérité parfaite des intentions qui m'engagent à cette proposition, laquelle tend à prévenir toute effusion inutile de sang humain.

Je vous réitère, Monsieur mon Frère, les assurances de ma haute considération, etc. (1).

Murat à l'Empereur.

Melk, le 16 brumaire an xiv, 10 h. 30 soir.

Le domestique du comte de Giulay, qui a été retenu ici, a raconté ce soir, en soupant avec les miens et en buvant un peu largement, que l'empereur d'Allemagne avait voulu quitter Vienne, mais que la garde bourgeoise de cette ville s'y était opposée et le retenait comme prisonnier dans son palais, afin de le forcer à faire la paix.

---

(1) D'après A. Beer : *Zehn Jahre Oesterreichischer Politik* (1801-1810), p. 454.

Suivant lui, la consternation est à son comble et la plupart des riches seigneurs se seraient éloignés de la capitale, si on ne les avait pas empêchés de partir.

Il a ajouté n'avoir presque pas vu, sur la route de Vienne ici, d'autres troupes que celles qui fuient devant l'armée de Votre Majesté, que les bagages des Russes prennent la route de Krems et qu'il croit qu'ils se retirent en Bohême.

J'ai cru devoir faire part de ces détails à Votre Majesté; ils viennent d'un homme qui paraît avoir dit naïvement ce qu'il a vu, sans en connaître toute l'importance. Votre Majesté jugera quel degré de confiance Elle peut y attacher.

Un rapport qui m'est fait à l'instant confirme que les Russes se dirigent sur Krems. Si je puis trouver une route praticable qui conduise directement sur ce point, je vais y jeter quelques partis de troupes légères.

Journal de la Réserve de cavalerie.

Le 16, la brigade Milhaud envoya un régiment de dragons et un régiment de chasseurs, sous les ordres du général Sébastiani, pour suivre et reconnaître le corps du général Kienmayer, qu'on présumait avoir pris cette route.

Toute la cavalerie légère et la division de dragons se réunirent en avant de Kemmelbach, à 8 heures du matin, et se mirent en marche sur Melk.

Les divisions de grosse cavalerie suivirent le mouvement, ainsi que les divisions Oudinot et Suchet.

Au moment du départ, le général Giulay, lieutenant général au service de l'Autriche, arriva à Kemmelbach ; il était porteur de propositions de paix de la part de l'empereur d'Autriche pour l'empereur de France. Le Prince et le maréchal Lannes eurent une conférence avec lui et l'envoyèrent ensuite auprès de Sa Majesté. Ces propositions ne ralentirent point la marche des troupes; elles continuèrent leur marche sur Melk, passant au gué l'Erlaf et la Melk ; l'arrière-garde russe a été rencontrée sur les hauteurs de Melk à 3 h. 30. Notre avant-garde lui a tiré quelques coups de carabine ; elle s'est retirée, on l'a poursuivie sur la route de Saint-Pölten jusqu'à Loosdorf, où la brigade du général Milhaud prit position, avec ordre de pousser des reconnaissances sur Prinzersdorf et de s'emparer du pont sur la Pielach, s'il n'était pas brûlé ou rompu.

La brigade du général Fauconnet fut envoyée à Schallaburg, où il dut se réunir au général Sébastiani.

La brigade du général Treilhard occupa le pays entre Schallaburg et Melk.

La division de dragons s'établit à Melk, les divisions Nansouty et d'Hautpoul à Pöchlarn et environs (1).

La division de grenadiers bivouaqua à Melk et celle du général Suchet à Erlaf.

Le quartier général fut à l'abbaye de Melk (2).

Journal de la 2ᵉ division de dragons.

Le 16, la division, renforcée des brigades de chasseurs commandées par les généraux Fauconnet et Milhaud, et de la brigade de hussards du général Treilhard, se mit à la poursuite de l'ennemi, qui se retira dans le meilleur ordre et sans se laisser entamer; la division bivouaqua autour de Melk.

Journal du 5ᵉ corps d'armée.

Au quartier général de Melk.

Le 16, le corps d'armée passa l'Ybbs, se dirigeant sur la route de Saint-Pölten. Les grenadiers bivouaquèrent la nuit en avant de Melk, la division Suchet à Erlaf.

4ᵉ CORPS D'ARMÉE.

Ordre.

1 brumaire an XIV.

La division de cavalerie légère partira sur-le-champ de Strengberg et se rendra à Amstetten où elle s'établira; si le général Margaron trouvait cet endroit occupé par les troupes du prince Murat et du maréchal Lannes, il établirait la division à Ardagger et m'en rendrait immédiatement compte.

La 3ᵉ division se portera aujourd'hui jusqu'à hauteur de Zeillern, où elle s'établira et se tiendra prête à continuer le mouvement en avant, en suivant la grande route de Vienne.

La 2ᵉ division se portera à Oed, où elle s'établira; demain matin, elle

---

(1) Nansouty à Pöchlarn, d'Hautpoul à Blindenmarkt.
(2) Le parc arrive à Burghausen et la division de dragons à Freising.

se mettra en marche pour se porter en avant sur la grande route de Vienne. Ce général recevra, peu avant la marche, des ordres pour son établissement.

La 1re division à Strengberg ; elle continuera demain le mouvement.

Le parc du corps d'armée, arrivé à Enns, suivra la grande route de Vienne, jusqu'à ce qu'il rejoigne.

Soult à Berthier.
16 brumaire an xiv.

Pour lui rendre compte des dispositions ci-dessus.

Le parc d'artillerie est parti ce matin de Wels et se rendra à Enns ; demain il continuera son mouvement.

Demain aussi je porterai en avant les divisions, afin d'être toujours à portée de soutenir les troupes de Son Altesse le prince Murat, conformément aux dispositions que Votre Excellence m'a fait connaître.

Ce soir le quartier général du corps d'armée sera à Oed.

Soult à Murat.
16 brumaire an xiv.

Le Ministre de la guerre m'a ordonné de vous instruire du mouvement du 4e corps d'armée. J'ai, en conséquence, l'honneur de vous rendre compte qu'aujourd'hui ma tête de colonne arrivera à Amstetten et que les divisions seront établies depuis cet endroit jusqu'à Strengberg. Demain je continuerai le mouvement et me tiendrai toujours en mesure de seconder les mouvements de Votre Altesse.

Rapport du chef de bataillon Compère au général Mathieu Dumas sur les opérations du 4e corps.

Le 16, la division de cavalerie et la 3e division ont continué leur mouvement par la grande route et sont venues s'établir :

La cavalerie et l'artillerie légère à Amstetten ;

La 3e division au bivouac en arrière d'Amstetten ;

La 2e division est venue passer l'Enns sur le pont de la ville et a pris position à Oed.

La 1re division a suivi la 2e et s'est établie à Güttendhof (?) en arrière de Strengberg.

L'artillerie des 2º et 3º divisions engagées dans les montagnes n'a pu suivre, et est restée à.....

Mathieu Dumas à l'Empereur.

Seitenstetten, le 16 brumaire an XIV.

Je n'ai point trouvé ici le général Davout; il est au château de Gleis, où j'espère lui porter les ordres de Votre Majesté avant qu'il ne rejoigne son avant-garde, qui part aujourd'hui de Waidhofen pour se porter à 2 lieues en avant de Gaming. Je vois, par les ordres donnés aux généraux Gudin et Beaumont, que M. le maréchal Davout compte rassembler aujourd'hui son corps d'armée à la hauteur et aux environs de Gaming. Cette forte journée pourra le mettre en mesure de déboucher sur Lilienfeld vendredi, ce qui ne paraissait guère possible.

Aux distances près, qui sont plus fortes qu'on ne m'avait dit à Steyer, rien ne dément les renseignements qu'on m'a donnés.

Toute l'artillerie du 3º corps a filé jusqu'à Waidhofen.

L'ennemi n'a pas été rencontré sur cette route; le pont de l'Ybbs n'a pas été coupé.

Le corps ennemi qui était à Steyer s'est retiré par la grande route de la Styrie sur Weyer, couvert par un gros de cavalerie et trois pièces d'artillerie.

Davout au général Heudelet.

Waidhofen, le 16 brumaire an XIV.

D'après les renseignements que je me suis procurés, il est probable, mon cher Général, que la route de Gaming à Annaberg est praticable pour l'artillerie. Si vous pouvez à Gaming vous convaincre qu'elle l'est effectivement, c'est la route qu'il faudra prendre et non celle de Maria-Zell, qui me jetterait trop à droite et me ferait perdre une grande journée. Vous ne perdrez pas un moment pour m'instruire des renseignements que vous aurez pu avoir sur la route de Gaming à Annaberg.

Vous avez enlevé de Waidhofen toutes les ressources en pain et souliers. Si vous usez toujours de même dans votre route, loin d'être utile à l'armée, vous la priveriez de tout. Vous laisserez donc à Gaming tout ce qui pourrait s'y trouver de ces deux objets; je me propose de les faire délivrer à une des divisions.

Les plus grands désordres ont été commis à Waidhofen. Les maisons ont été enfoncées et pillées. Les habitants, qui sont tous restés et de la meilleure volonté, méritaient un autre traitement. Votre premier objet, Général, doit être de faire mettre, en arrivant, des sauvegardes partout, afin d'éviter tous ces désordres. Vous devez même laisser une garde de police, qui se retirera aussitôt que les troupes de la 1re division arriveront. Sans toutes ces précautions, les corps d'armée qui nous suivent voyageront dans des déserts.

Daultanne à Gudin.

Au quartier général à Gleis, le 16 brumaire an XIV, 2 heures du matin.

L'intention de M. le Maréchal est, mon cher Général, que vous laissiez 3,000 hommes sur la route de Waidhofen à Weyer, pour observer ce point. Ce détachement y restera jusqu'à l'arrivée des troupes du général Marmont.

Le général Gudin est prévenu que le général Beaumont doit envoyer un parti de 100 chevaux sur Weyer.

P.-S. — Il me paraît, mon cher Général, qu'il vous sera impossible d'arriver aujourd'hui à votre position, du moins la brigade qui est à Saint-Peter.

(A. G.)

Rapport au général de division Gudin.

16 brumaire an XIV.

Les troupes sont parties ce matin de leurs cantonnements de Seitenstetten pour prendre position en avant d'Ybbsitz. Elles ont reçu l'ordre d'en partir demain 17, au point du jour.

Les grenadiers de la brigade sont établis au village d'Ybbsitz.

La distribution de vin, à raison d'une demi-bouteille par homme, a été faite ce matin à Seitenstetten.

Le pain a été donné au 12e régiment, au nombre de 1,000 rations.

Il a reçu, ainsi que le 21e régiment, à titre de gratification, la viande au passage de Waidhofen.

(A. G.)

Le général de brigade,
Petit.

3° CORPS D'ARMÉE.

Journée du 16 brumaire (5 novembre 1805).

Quartier général : Gaming.

Avant-garde : à la chaussée sur la gauche de la route, à 2 lieues de Gaming.

Infanterie. — Se porte à 2 lieues en avant de Gaming sur la route de Maria-Zell. On rencontre les uhlans qui prennent la fuite, en abandonnant plusieurs voitures de bagages.

Le 108°, à gauche de la route, sur un petit amphithéâtre en arrière d'une ferme et adossé à un bois.

Le 13°, un quart de lieue plus avant, sur la même route.

Les chemins étaient extrêmement glissants et les montagnes couvertes de neige.

Cavalerie. — A 1 lieue en avant de Gaming, sur le haut de la montagne, auprès de quelques chaumières que l'on voit à droite de la route : elle bivouaque sous les bois qui bordent la route.

1re division : Gaming.

Les trois divisions marchent sur Gaming. La 1re devait appuyer sa gauche au chemin de Gresten à Gaming et étendre sa droite le long de la route de Linz, en gardant ce village par un bon poste, mais elle ne put arriver à sa destination.

Elle bivouaque à une demi-lieue en arrière de Gaming à gauche de la route étant adossée à un bois.

Le 30° est détaché pour escorter le parc de la division.

2e division : Risselsau.

Elle devait appuyer sa droite à Gaming et s'étendre le long du chemin de Neubrück et placer un bataillon à Neubrück, mais elle ne put arriver jusque-là.

Elle bivouaque en colonne à droite et à gauche de la route adossée aux bois et arrière de Risselsau.

Le 111e est détaché pour escorter le parc de la division.

3° division : Ybbsitz.

En avant d'Ybbsitz.

3e division de dragons : forme toujours l'arrière-garde et prend position près d'Ybbsitz (1).

---

(1) A bivouaqué en réalité aux environs de Waidhofen.

Notes topographiques et militaires.

L'armée du général Marmont passe à Steyer et prend la route de Leoben en suivant la rive droite de l'Enns jusqu'à Hieflau. Cette route est bonne et bien ferrée, mais les montées et les descentes sont quelquefois rapides, elles ne sont jamais longues.

La vallée de l'Enns est plus peuplée et elle offre plus de ressources pour une armée que le pays que nous avons traversé pour aller à Maria-Zell; cependant ces ressources seraient bientôt épuisées et là, comme sur la route de Gaming, il doit être facile d'arrêter une armée.

Depuis Weyer jusqu'à Hieflau, la plupart des montagnes sont inaccessibles et l'on est forcé de défiler par la route; de distance en distance, on rencontre de petites plaines, mais elles sont terminées par des contreforts escarpés qui se prolongent jusqu'à la rivière, et dans lesquels la route est taillée; chacun de ces contreforts forme une position et un défilé qui n'a que la largeur de la route. La rive gauche de l'Enns n'offre pas de communication suivie.

Journal de l'artillerie du 3ᵉ corps.

L'artillerie des divisions ayant à traverser les 16, 17 et 18 des montagnes hautes, escarpées et couvertes de neige, M. le Maréchal commandant en chef prescrit différentes mesures qui devaient faciliter la marche des pièces et caissons. Un régiment par division fut chargé de leur escorte, et un général de brigade commande la colonne d'artillerie; 200 travailleurs furent désignés dans le régiment pour réparer ou élargir les chemins. Par l'effet du bon emploi de ces moyens, l'artillerie des divisions est parvenue à franchir les montagnes de Waidhofen à Gaming, n'ayant éprouvé d'autres pertes que celle d'une forge de campagne dont l'essieu cassa et qu'on fut obligé de précipiter dans un ravin profond, afin de laisser le passage libre aux autres voitures.

(A. A.)

Journal de la division Friant.

De Kronsmoossen à Risselsau, le 16 brumaire an xiv.

Le 3ᵉ corps est prévenu par l'ordre du jour que la marche qu'il va faire dans les montagnes de la Styrie lui occasionnera beaucoup de peine et de privations, mais que le résultat de cette marche sera pour lui de faire l'avant-garde de deux autres corps d'armée au lieu d'être en 3e ligne. Le Maréchal espère que généraux, colonels, officiers et soldats déploieront cette énergie française qui fait faire des miracles. Le soldat prend du pain pour quatre jours ; mais, dans le soir du second jour, la fatigue, et surtout cette imprévoyance qui lui est comme naturelle, lui firent jeter son pain sur le chemin. L'avant-garde se porte 2 lieues en avant de Gaming sur la route de Maria-Zell. Les trois divisions suivaient le même mouvement et devaient bivouaquer ainsi qu'il suit :

La 1re devait appuyer sa gauche au chemin de Gresten à Gaming, et prolonger sa droite vers Linz sur le bord d'un gros ruisseau, établir un bataillon à l'embranchement des deux chemins de Gaming à Linz et Neuhaus, et placer un bataillon en avant de Gaming pour maîtriser la vallée de la grosse Erlaf ; la 2e division appuyait sa droite à la gauche de la 1re, et sa gauche prolongée à Neubruck, où elle devait tenir un bataillon pour observer la vallée baignée par la petite rivière dite Pielach et la vallée étroite de Purgstall, mais les chemins étaient si encaissés, les montées si roides qu'elles ne purent arriver. Notre division dut bivouaquer un peu en arrière de Risselsau (point où la vallée très étroite que nous avons suivie depuis Gleiss s'élargit un peu sur les deux côtés et forme un espèce de bassin circulaire) ; la 1re division était immédiatement devant nous, à la hauteur de Predl, la 3e à Ob-Gresten et la division de dragons comme arrière-garde dans les environs d'Ybbsitz. Le Maréchal eut son quartier général à Gaming. Chaque division dut laisser un régiment à la garde de son parc. Le 30e régiment de ligne était au parc de la 1re division, et le 111e au nôtre. Les voitures et équipages suivirent les parcs. Si un caisson de régiment venait à se briser, on devait l'abandonner, et distribuer les cartouches aux soldats. Je reçus 200 hommes, fournis par tous les régiments, pour aider nos sapeurs à réparer les ponts que l'ennemi aurait détruits, combler les coupures, élargir les chemins, briser avec des pics à roc les glaces dont les montées et les descentes sont couvertes, y répandre du foin, de la paille. Nous fîmes une lieue de traverse, dont une demie dans les bois en partant de Kronsmoossen, pour gagner la route d'Aschbach à Waidhofen par Gleis. Cette traverse est assez bonne, quoique le terrain soit très accidenté ; la route est belle, bien ferrée et large de 8 à 9 mètres ; elle est d'abord à mi-côte du revers gauche de l'Ybbs, qu'elle traverse au petit village de Kematen sur un pont en bois, et s'éloigne peu de la rive droite jusqu'à Gleis, village avec château de peu d'apparence, église et cimetière. L'Ybbs est une petite rivière non navigable, remplie de rochers, etc. En amont du pont, il y a un batardeau pour retenir les eaux, pour alimenter les moulins et usines qui s'y trouvent en assez grande quantité. Nous avons souvent trouvé de semblables batardeaux dans les rivières non navigables ; non seulement on avait eu pour but, en les construisant, d'avoir de l'eau à volonté pour alimenter les moulins, usines, etc., mais on voulait aussi diminuer les funestes effets de la trop grande vitesse des eaux, coulant dans les lits trop encaissés, et d'une pente trop rapide.

3º CORPS D'ARMÉE.

Ordre de marche du 17 brumaire an XIV.

Au quartier général à Gaming, le 16 brumaire an XIV.

L'avant-garde se mettra en marche demain à la pointe du jour pour se porter à Maria-Zell, où elle prendra une double position, en se gardant du côté d'Annaberg, occupant en force le pont d'Erlaf et ayant des avant-postes sur la route de Leoben. Le général Heudelet recommandera à ses avant-postes de se cacher dans les bois, sur les routes susdites, afin d'intercepter les courriers qui viendraient à passer, et ordonnera en outre d'interdire toute communication aux gens du pays, au delà de ses avant-postes.

La 1re division se mettra en marche à 6 heures du matin, et se portera le plus près possible de Maria-Zell.

La 2e division partira à la même heure et se portera à la même hauteur que la 1re.

La 3e division, partant également à 6 heures du matin, prendra position à une ou deux lieues en arrière des deux autres.

L'artillerie ne devra jamais retarder la marche des troupes d'infanterie. Elles passeront outre et on laissera au parc les escortes prescrites jusqu'à ce qu'il en soit autrement ordonné.

Les généraux de division feront marcher leur artillerie même de nuit, afin de gagner le plus de terrain possible. Ils préviendront leur commandant d'artillerie de faire prendre au château de Gaming 12 sacs d'avoine pour le service des chevaux du train d'artillerie. Le commandant du quartier général laissera à Gaming un préposé pour faire cette distribution, qui devra avoir lieu avant l'arrivée des parcs, afin de ne pas retarder leur marche.

Le général Beaumont, avec sa division, se mettra en marche, et la réglera de manière à rejoindre le corps d'armée à Türnitz, sur la route de Leoben à Saint-Pölten, le 18 de ce mois.

Le général Beaumont est libre, pour arriver à ce point, de prendre telle route qu'il préférera. Il est cependant prévenu que son artillerie ne peut passer que par la route d'Ybbsitz et Gaming. Il est encore prévenu que le pays offre très peu de ressources pour les hommes et les chevaux.

M. le Maréchal recommande à MM. les officiers généraux de faire des exemples sévères contre le maraudage qui, s'il continuait, mettrait en fuite tous les habitants et priverait l'armée du peu de ressources qui existent dans ce pays.

Le général Caffarelli est autorisé à se procurer des subsistances sur sa droite ; le général Friant le fera sur sa gauche, et le général Gudin le fera sur ses flancs et sur ses derrières.

M. le Maréchal rappelle à l'armée que le moment est venu, pour le 3e corps d'armée, de faire des marches forcées et d'éprouver des privations de pain, comme les trois corps d'armée qui se sont illustrés devant Ulm. Le résultat de ces marches et de ces privations peut être la destruction de l'armée russe et des débris de l'armée autrichienne.

M. le Maréchal renouvelle à MM. les généraux de division invitation de faire piquer et réparer les routes pour faciliter le passage de leur artillerie.

Pour le Général chef de l'état-major général :

Le commandant sous-chef,

(A. G.)　　　　　　　　　　　　　　　　Hervo.

Berthier à Marmont.

Linz, le 16 brumaire an xiv.

Il est ordonné au général Marmont de partir avec le corps à ses ordres de la position qu'il occupe, pour se rendre à grandes marches sur Leoben, prendre et culbuter tout ce qu'il y aura devant lui ; il aura soin de se faire précéder par une avant-garde, qui poussera des reconnaissances devant lui.

Le général Marmont aura soin de laisser depuis Steyer, de 5 lieues en 5 lieues, de petits postes de cavalerie, afin de pouvoir correspondre facilement avec le quartier général impérial ; cet article est important, afin que l'Empereur sache promptement ce qui se passera dans les vallées de l'Enns, de la Mur et en Italie.

Du moment que la Grande Armée sera arrivée à la position de Saint-Pölten, le général Marmont communiquera et placera de petits postes de cavalerie par la route de Maria-Zell.

Le général Marmont se conduira suivant les circonstances : L'Empereur ne voit pas qu'il puisse rien craindre dans l'état où se trouve l'ennemi ; cependant il mettra beaucoup de prudence dans sa marche. Je lui répète qu'il doit faire son mouvement en faisant les plus grandes marches qu'il lui sera possible ; il doit me faire connaître, par le retour de l'officier, les endroits où il compte coucher jusqu'à Leoben.

Il est très important que, de l'endroit où le général Marmont couchera chaque soir, il prenne des renseignements, pour savoir comment, de cet endroit, il pourrait rejoindre la grande armée de Saint-Pölten, s'il en recevait l'ordre.

Il sentira combien il est important que j'aie souvent de ses nouvelles.

Rapport des événements depuis le 15 brumaire sur l'artillerie du 2ᵉ corps.

Le corps d'armée est parti de Steyer le 16 brumaire; il s'est porté en Styrie par la vallée de l'Enns, le col d'Eisenhartz et la vallée de la Muhr.

Le quartier général a été établi le 16 à Losenstein, le 17 à Altenmarkt, le 18 à Eisenerz, le 19 à Leoben, le 23 à Feistritz, le 24 à Gratz.

Le corps d'armée a livré plusieurs combats, savoir : le 17 en avant d'Artzberg, le 18 vers Reifling et Eisenerz, le 19 dans la vallée de la Salza et à Leoben, le 20 à Brück, le 21 à Knittelfeld. On a pris le régiment entier de Giulay-infanterie, un bataillon de Valaques, un grand nombre de hussards de Kaiser, de uhlans de Meerfeld, et de dragons de Wurtemberg. L'artillerie n'a pas eu part à ces succès.

Dans toute la marche depuis le 16 brumaire, l'artillerie a suivi immédiatement l'armée. Elle a marché dans l'ordre suivant :

1° L'artillerie de la 1ʳᵉ division, 8 bouches à feu;
2° L'artillerie de la 2ᵉ division, 8 bouches à feu;
3° L'artillerie à cheval batave, 6 bouches à feu;
4° Le parc.

L'artillerie a, ainsi que le corps d'armée, suivi la route de poste; quoique cette route soit très bonne, on a eu de très grands obstacles à surmonter :

1° Un énorme rocher, descendu de la montagne la veille même de notre arrivée, à Losenstein, avait encombré la route à 400 toises au-dessus de ce village. Comme la vallée n'est là qu'un défilé formé par de hautes montagnes et par la rivière, il a été impossible de changer de direction. Les sapeurs ont formé des rampes très escarpées pour monter sur le rocher et pour en descendre. Les voitures d'artillerie ont passé l'obstacle, en ne laissant que deux chevaux attelés pour chacune, et au moyen des canonniers qui tiraient en retraite;

2° Le passage du bassin de l'Enns dans la vallée de la Mur a été très difficile. Immédiatement après avoir passé Eisenerz, la montagne s'élève presque perpendiculairement, pendant l'espace d'une lieue, et descend à pic sur Vordernberg. Le passage de l'artillerie s'est fait à bras d'hommes. Le 11ᵉ et le 92ᵉ régiment ont été chargés de cette opération et ils l'ont exécutée avec zèle et adresse. On avait attaché 50 hommes à chaque voiture ;

3° La route couverte partout de glace a offert à chaque pas des obstacles d'autant plus difficiles à surmonter que la vallée ayant peu d'habitants, on ne pouvait trouver ni forges ni maréchaux pour ferrer les chevaux. Il a péri, depuis le 16 brumaire, un grand nombre de chevaux d'artillerie. On a remplacé les morts par 40 chevaux obtenus par réquisition à Leoben et à Brück.

Aujourd'hui 25, l'artillerie de la 2ᵉ division est parquée en arrière de Gratz, et l'artillerie de la 1ʳᵉ à Peggau ; l'artillerie à cheval et le parc sont à Brück.

Le corps d'armée ayant en ce moment un corps de troupe à Knittelfeld et ayant à Brück la 1ʳᵉ division du 3ᵉ corps qui nous sert de réserve, est placé de manière à se porter au premier ordre en Autriche par la route de Neustadt, en Hongrie par la route de Furstenfeld, en Italie par les routes de Marburg et de Klagenfurth, dans le Tyrol par les routes de Linz et de Rottenmann.

A Gratz le 28 brumaire an XIV.

(A. A.)
Le Colonel, chef de l'état-major de l'artillerie,
X.....

Berthier à Bernadotte.

Linz, le 16 brumaire an XIV.

L'intention de l'Empereur, Monsieur le Maréchal, est que dès que tout votre corps d'armée sera réuni à Steyer, vous en partiez pour vous diriger sur Waidhofen.

Berthier à Bernadotte.

Linz, le 16 brumaire an XIV.

L'Empereur informé, Monsieur le Maréchal, combien les chemins de Waidhofen à Gaming et Annaberg sont mauvais, ordonne que vous partiez de Waidhofen pour vous rendre à Amstetten par la grande route qui part de Waidhofen, car nous n'avons plus d'ici à Vienne d'autre chemin que par la grande route.

Bernadotte à l'Empereur.

Steyer, le 16 brumaire an XIV.

J'ai l'honneur d'annoncer à Votre Majesté que je viens de recevoir l'avis officiel que les Russes et les Suédois étaient le 7 brumaire sur l'Elbe et qu'ils se dirigeaient sur Hanovre. Le général Barbou s'est retiré à Hameln le 4 de ce mois; il a des approvisionnements pour près de six mois; j'espère que l'hiver et les moyens de défense de cette place le mettront à même d'attendre des secours.

Le capitaine adjoint Bigi, que j'avais laissé à Münden pour faciliter les convois destinés à rejoindre l'armée, mande que les Prussiens sont à Hanovre même. Je ne sais quel degré de confiance on peut donner à cette nouvelle.

Mon avant-garde était arrivée hier à Steyer; mon corps d'armée n'a pu y être rendu aujourd'hui que vers les 4 heures du soir, parce que toute la route était encombrée de parcs et de voitures.

Le général Marmont était encore ici à midi.

Au général Andréossy, aide-major général, chef de l'état-major général.

Au quartier général impérial à Linz, le 16 brumaire an XIV, 2 heures soir.

Mon Général,

Son Excellence le Ministre Major général me charge de vous donner connaissance des mouvements de la Grande Armée.

L'avant-garde, aux ordres du prince Murat, qui a eu avec quelques corps ennemis un léger engagement sur les hauteurs au delà d'Amstetten, est aujourd'hui au delà de cette position, éclairant la grande route de Vienne.

La gauche de la Grande Armée, composée des divisions Dupont et Dumonceau, descendant de Passau par la rive gauche, et de la division Gazan, qui a passé le Danube avant-hier, est aux ordres du maréchal Mortier sur la gauche du fleuve; l'adjudant-commandant Lecormier, avec le 20e régiment de dragons, prend possession des deux provinces d'Unter et d'Ober-Mühl-Viertel; le général Klein passe avec la division de dragons sur la rive gauche, à la poursuite d'un corps de 3,000 à 4,000 hommes de mauvaises milices, qui s'est montré dans les environs.

Le maréchal Lannes, avec les divisions Oudinot et Suchet, marche sur la grande route de Vienne, à l'appui de l'avant-garde.

Le maréchal Soult, revenu de Kronstorf, passe l'Enns à Enns, marche sur Strengberg, même route.

Le maréchal Davout marche de Waidhofen à travers les montagnes par Gaming sur Annaberg et Lilienfeld, sur la route de Leoben à Vienne.

Le général Marmont a ordre d'aujourd'hui de partir de Steyer pour se porter à grandes journées sur Leoben, en conservant les communications avec la Grande Armée.

Le maréchal Bernadotte arrive sur Steyer et marche sur Waidhofen : il a laissé 6,000 Bavarois à Salzburg où commande le général bavarois Minucci ; ce corps doit tourner Kufstein, le masquer et se mettre en communication avec le maréchal Ney.

Le maréchal Ney s'était emparé le 12 de Mittelwald ; il devait tourner Scharnitz et tomber sur Insprück.

On n'a point encore la nouvelle de l'arrivée du maréchal Augereau à Kempten, où il a dû passer, il y a déjà quelques jours.

Les corps de Wurtemberg et de Baden n'ont pas fait de mouvement.

Le général Reille est commandant de la Haute-Autriche, à l'exception de l'Innviertel, qui dépend du gouverneur de Braunau ; il réside à Linz.

Le Colonel du génie, aide-major près le Major général,

VALLONGUES.

7 NOVEMBRE.

Emplacement du 16 brumaire an XIV (7 novembre 1805).

DÉSIGNATION des corps.	EMPLACEMENTS.	OBSERVATIONS.
Grand état-major général.	Linz.	
Garde impériale..........	»	
1er corps (maréchal Bernadotte).	»	Arrive sur Steyer et marche sur Waidhofen.
Corps bavarois..........	»	Avec le 1er corps. Le maréchal Bernadotte a laissé 6,000 Bavarois à Salzburg, où commande le général bavarois Minucci. Ce corps doit tourner Kufstein, le masquer et se mettre en communication avec le maréchal Ney
2e corps (général Marmont).	Steyer.	A ordre, d'aujourd'hui, de partir de Steyer, pour se porter à grandes journées sur Leoben en conservant ses communications avec la Grande Armée.
3e corps (maréchal Davout).	»	Marche de Waidhofen, à travers les montagnes, par Gaming sur Annaberg et Lilienfield, sur la route de Leoben à Vienne.
4e corps (maréchal Soult)...	»	Revenu de Kronstorf, passer l'Enns à Enns, marche sur Strengberg, grande route de Vienne.
5e corps (maréchal Lannes), avec les divisions Oudinot et Suchet.	»	Marche sur la grande route de Vienne, à l'appui de l'avant-garde.
6e corps (maréchal Ney)...	»	S'était emparé le 12 de Mittelwald ; il devait tourner Scharnitz et tomber sur Inspruck.
7e corps (maréchal Augereau).	»	On n'a point encore la nouvelle de son arrivée à Kempten, où il a dû passer il y a quelques jours.
Réserve de cavalerie { Avant-garde de l'armée (prince Murat).	»	A eu un léger engagement, sur les hauteurs d'Amstetten, avec quelques corps ennemis ; est aujourd'hui au delà de cette position, éclairant la route de Vienne.
1re division de dragons (Klein).	»	Passe sur la rive gauche à la poursuite d'un corps de 3,000 ou 4,000 hommes de mauvaise milice qui s'est montré dans les environs.
4e division de dragons (Bourcier).	»	
Divis. de dragons à pied (Baraguey d'Hilliers).	»	

DÉSIGNATION des corps.	EMPLACEMENTS.	OBSERVATIONS.
Divisions { Dupont. batave. Gazan. } Passées sous le commandement du maréchal Mortier.	»	La division Dupont, la division batave, toutes deux descendant de Passau, par la rive gauche, avec la division Gazan, qui a passé le Danube avant-hier, forment la gauche de la Grande Armée et sont aux ordres de M. le maréchal Mortier.
20° régiment de dragons...	»	Prend possession de deux provinces d'Unter et d'Ober-Mühlviertel.
16° et 22° régiments de chasseurs.	»	
Corps de Wurtemberg....	Braunau....	
Corps de Baden............	Augsburg....	N'ont pas fait de mouvement.
Grand parc...............	»	

Nota. — Le général Reille est commandant de la Haute-Autriche, à l'exception de l'Innviertel, qui dépend du gouverneur de Braunau. Le général Reille réside à Linz.

Historique pour la division de dragons à pied.

. . . .
. . . .

Le 2 brumaire, ordre à la 1re brigade de se rendre à Ingolstadt et Neuburg.

Les 3, 4 et 5 ont été employés à ce mouvement.

Le général Vonderweit ayant reçu une autre destination de Son Excellence le Ministre de la guerre, le général Brouard est venu le remplacer.

La 2° brigade a rejoint le 5 à Ingolstadt.

La division a ainsi occupé la rive gauche du Danube de Rain à Ingolstadt.

Les 7, 8, 9 et 10, repos.

Le 11, la division ayant reçu l'ordre de Son Excellence le Ministre de la guerre de s'étendre jusqu'à Passau et d'occuper Straubing, en même temps que de chasser un corps ennemi retranché à Waldmünchen, les trois premiers régiments ont marché le 12 à Neustadt, le 13 à Schierling et le 15 à Straubing. L'artillerie n'ayant pu suivre la colonne, à cause des mauvais chemins de traverse, a pris la grande route de Ratisbonne, Pfater, etc., sous l'escorte du 3° régiment.

Le colonel général a fait réparer le pont de Straubing, et le 16, ayant envoyé vers Furth le capitaine Delaunay, avec 150 dragons, pour inquiéter l'ennemi de ce côté, et lui faire penser que la colonne prendrait cette direction, ayant en même temps dirigé une autre colonne sur Roding, situé sur la Regen, un régiment a été porté dès le même jour à Ascha et Miterfels avec deux pièces de 4, et le deuxième en arrière du premier à Pfaffen-Munster et Steinach.

Le 17, ayant laissé tous les éclopés ou conscrits qui n'avaient point encore tiré pour garder les ponts et la ville de Straubing, les régiments avec l'artillerie se sont mis en marche et sont arrivés le même jour à Cham et environs, où l'avant-garde trouva l'arrière-garde des uhlans. Dans la nuit du 17 au 18, un bataillon sous les ordres du chef d'escadron La Clède fut dirigé à travers les montagnes par Vaffenbrunn et Gleissenberg pour se porter en arrière de Waldmünchen et couper la retraite de l'ennemi. Le reste se dirigea le 18 par la grande route de Cham sur Grafen-Kirchen pour attaquer de front les retranchements. Arrivée à Grafen-Kirchen, la colonne se divisa en trois autres sur Waldmünchen, une par Rannersdorf, une par Dofering et la 3° par Schönthal, mais l'ennemi, averti à temps de notre marche, par ses avant-postes de cavalerie légère, quitta ses positions et se retira en Bohême, ne laissant qu'une légère arrière-garde de uhlans pour observer notre mouvement. Cependant, le chef de bataillon La Clède dirigea si bien sa marche, et la fit avec tant de rapidité que le détachement de uhlans ne dut son salut qu'à la vitesse de ses chevaux. Ce bataillon les poursuivit jusqu'à perdre haleine, fit quelques prisonniers et prit plusieurs chevaux.

Le 19, le général, ayant le dessein de poursuivre l'ennemi et de se porter sur Klentsch en Bohême, est informé qu'au revers des montagnes le pays était nu et découvert et n'ayant pour toute cavalerie que 20 dragons montés, proposa à MM. les officiers qui étaient montés de se réunir en pelotons, de faire monter leurs chevaux de bagage par des dragons en les armant des sabres des officiers et faire quelque illusion à l'ennemi. Cette proposition fut reçu avec enthousiasme, et son exécution ayant produit environ 40 hommes à cheval, ils furent mis sous les ordres des chefs d'escadron La Clède, Grouvelle et Duvivier. Les pièces de 12, de 8, et les obusiers, à cause de l'impossibilité de leur faire gravir des montagnes aussi escarpées avec des attelages ordinaires, furent renvoyés à Cham. Les attelages de deux pièces de 4 et des caissons d'infanterie que l'on conserva furent doublés et la colonne traversa ainsi, sans éprouver de résistance, les épaisses forêts qui couvrent la chaîne de montagnes qui sépare la Bohême du Haut-Palatinat et arriva à Klentsch. Peu de temps après, le général Le Suire avec l'avant-garde se porta sur Teinitz. L'ennemi avait pris position en avant de ce bourg avec 150 uhlans, mais les pelotons d'officiers les ayant rencontrés et atteints, les chargèrent avec une telle impétuosité, qu'un officier, neuf uhlans et onze chevaux furent faits prisonniers : trois restèrent sur le champ de bataille ; un seul dragon fut tué de notre côté. L'ennemi fut poursuivi avec une telle vigueur qu'un bataillon s'établit dès le 19 à Stankau.

Le colonel général ayant appris que la moitié du régiment Gemmingen, avec une division de uhlans et des pièces de canon, avaient pris le chemin de Klattau, chargea le 20, son chef d'état-major l'adjudant-commandant Dembouski de poursuivre l'ennemi à la tête d'un bataillon. A l'approche de cette petite colonne, l'ennemi quitta la ville et se retira précipitamment sur Pilsen par Prestitz et Dobrzan. L'adjudant-commandant s'empara de plusieurs magasins et prit position à Klattau pour observer tout ce qui pouvait venir de Budweis. Un autre bataillon fut placé en intermédiaire à Taus et Neugedein. Le 21, la colonne, placée sur la route de Pilsen, s'avança 4 lieues plus loin, jusqu'à Staab. En étant sans cesse harcelé, l'ennemi avait réuni toutes ses forces en avant de Choteschau, et comme il avait là 700 hommes de cavalerie avec de l'infanterie et du canon, et que le pays est entièrement nu et découvert, le général ne jugea pas à propos de s'engager sérieusement avec de l'infanterie seule aussi loin des montagnes. Il y eut de vives escarmouches toute la journée qui ne produisirent aucun résultat important. Le 21 et le 22 furent employés du côté de Klattau et de Taus à évacuer ou à détruire les magasins pris.

Le 22, la colonne dirigée vers Pilsen se rapprocha aussi de Klattau.

Le 23, le général de division jugeant avoir rempli, autant que les circonstances et ses forces l'avaient permis, les instructions qui lui avaient été données, se retira en Bavière par Neumarkt et Furth à Cham.

Le 24, laissant deux bataillons de Furth à Cham, il se replia par Vilting et Stallwang, sur Straubing et Passau qu'il avait l'ordre de garder.

Les 25 et 26, à Straubing et Plattling.

Le 27, la division s'est mise en marche de Neubourg, Ingolstadt, Straubing et environs, sur Vienne, d'après les ordres de Son Excellence le Ministre de la guerre, où elle est arrivée du 11 au 16 frimaire et a été cantonnée dans cette ville et ses environs.

Les 17, 18 et 19, repos.

Le 20, l'ordre pour la dissolution de la division étant parvenu, les régiments à pied ont eu celui de rejoindre les divisions à cheval et de s'y rendre. En conséquence le 21, le 2ᵉ régiment est parti pour Brunn, les 1ᵉʳ et 4ᵉ pour Fustermund et Enzensdorf, et le 22, le 3ᵉ régiment s'est mis en marche pour Marchegg.

Baraguey d'Hilliers au général Sanson.

Venise, 15 mars 1809.

Général,

J'ai reçu hier la lettre que vous m'avez fait l'honneur de m'écrire, en date du 2 mars, pour me demander l'itinéraire de mon incursion en Bohême, dans la dernière campagne contre l'Autriche. Éloigné de mes cartes locales et de tous les papiers nécessaires pour être exact dans mon récit, il m'est impossible de satisfaire complètement le désir de Sa Majesté à cet égard. J'ai perdu les noms des villages intermédiaires et surtout les distances qui les séparent, et je ne puis que vous donner des indications bien vagues. Néanmoins je vais vous conter ce dont je me rappelle.

Je partis de Straubing sur le Danube avec trois bataillons formant environ 1,800 hommes d'infanterie.

1ʳᵉ journée. — De Stahlwang à Cham, 10 lieues.

2ᵉ journée. — A Waldmünchen, 6 lieues de Cham.

3ᵉ journée. — A Bischofteinitz, la brigade de gauche, 9 lieues de Waldmünchen; à Klentsch, la droite et la réserve, 6 lieues de Waldmünchen.

4ᵉ journée. — A Stankau, brigade de gauche, 4 lieues de Bischofteinitz; à Neugedein, brigade de droite, 3 lieues de Klentsch; à Bischofteinitz, la réserve, 3 lieues de Klentsch.

5ᵉ journée. — La brigade de gauche s'étant battue vers Stankau, revint le soir à Bischofteinitz sur la route de Pilsen, la brigade de gauche à Klattau, 4 lieues de Neugedein, sur la route de Budweis, la brigade de droite à Neugedein, la réserve à 3 lieues de Klentsch.

6ᵉ journée. — A Polin, la brigade de gauche à 5 lieues de Bischofteinitz, la droite et la réserve dans les positions de la veille.

7ᵉ journée. — A Neugedein, la brigade de gauche, 5 lieues de Polin, obligée de passer par Klattau; à Neumarkt, la brigade de droite, 4 lieues de Klattau, 2 lieues de Neugedein; à Furth sur la Kamp, la réserve, 4 lieues de Neugedein, 3 lieues de Neumarkt.

8ᵉ journée. — A Furth, les brigades de gauche et de droite; à Cham, la réserve, à 5 lieues de Furth.

Les brigades rentrèrent successivement à un jour l'une de l'autre par Cham à Straubing, les 9ᵉ, 10ᵉ et 11ᵉ journées.

La route de Straubing à Waldmünchen, quoique montueuse, est bonne et praticable pour toutes sortes de pièces d'artillerie; j'ai remarqué deux positions avantageuses sur la route ; le pays offre peu d'habitations et l'aspect de la misère. Arrivé à Waldmünchen, en passant par Grafenkirchen et Döfering, je fus obligé de renvoyer des pièces de 8 à cause de la difficulté des chemins entre Waldmünchen et Klentsch et en triplant les attelages des pièces et caissons, on parvint, quoique ces montagnes fussent couvertes de glaces, à faire passer des pièces de 4. Ce défilé est très resserré, les routes très négligées ; cependant ce passage doit être très praticable en été ; il présente, pour la défense, positions sur positions ; je n'ai observé sur cette route que quelques hameaux. Arrivé à Klentsch, le pays s'ouvre, est assez découvert et tout hérissé de collines dont les bas-fonds sont marécageux. Klentsch est un village d'environ 200 feux, très long, bâti à mi-côte, presque tout en bois, comme la majeure partie des habitations ; la route de Klentsch à Stankau est étroite et fangeuse. Le gros village de Bischofteinitz, à 4 lieues de Klentsch, peut contenir 350 feux. Celles de Klentsch à Neugedein et à Klattau par Taus sont entièrement de traverse, et à cause de la saison étaient très gâtées ; cependant l'artillerie y a passé. Klattau est une ville de 3,000 à 4,000 habitants, assez commerçante ; la route de Bischofteinitz à Klattau est une chaussée étroite, elle était très fangeuse ; celle de Klattau à Furth par Neumarkt est également de traverse, mais le sol en étant plus dur, elle était plus frayable et l'artillerie y passa aisément. De Furth, village de 300 à 400 feux, à Cham, la route est une belle chaussée qui borde le Cham. Cham est une petite ville fournie de 2,000 habitants environ, située sur les bords de la Regen que l'on y passe sur un pont de pierre.

Tel est à peu près, Général, l'itinéraire que j'ai suivi et les notions que ma mémoire me fournit, mais de la précision desquelles il m'est impossible de répondre entièrement. Tout imparfait que soit ce résumé, je désire vivement qu'il puisse remplir vos désirs.

20ᵉ Bulletin.

Linz, le 16 brumaire an xiv.

Le combat d'Amstetten a fait beaucoup d'honneur à la cavalerie, et particulièrement aux 9ᵉ et 10ᵉ régiments de hussards, et aux grenadiers de la division du général Oudinot.

Les Russes ont, depuis, accéléré leur retraite ; ils ont en vain coupé les ponts sur l'Ybbs qui ont été promptement rétablis, et le prince Murat est arrivé jusqu'auprès l'abbaye de Melk.

Une reconnaissance s'est portée sur la Bohème. Nous avons pris des magasins considérables, soit à Freistadt, soit à Mauthausen.

Le maréchal Mortier, avec un corps d'armée, manœuvre sur la rive gauche du Danube.

Une députation du Sénat vient d'arriver à Linz. L'Électeur de Bavière y est attendu dans deux heures.

Linz, 17 brumaire an xiv.

L'Électeur et le Prince électoral sont arrivés hier soir à Linz. Le lieutenant général comte de Giulay, envoyé par l'empereur d'Autriche, y est arrivé dans la nuit. Il a eu une très longue conférence avec l'Empereur. On ignore l'objet de sa mission.

On a fait au combat d'Amstetten 1,800 prisonniers dont 700 Russes.

Le prince Murat a établi son quartier général à l'abbaye de Melk. Ses avant-postes sont sur Saint-Pölten (Saint-Hippolyte).

Dans la journée du 17, le général Marmont s'est dirigé sur Leoben. Arrivé à Weyer, il a rencontré le régiment de Giulay, l'a chargé et lui a fait 400 prisonniers dont un colonel et plusieurs officiers. Il a poursuivi sa route. Toutes les colonnes de l'armée sont en grande manœuvre.

Berthier à Reille.

Linz, le 16 brumaire an xiv.

L'Empereur, Général, est mécontent des dispositions que montrent depuis deux jours les agents que l'empereur d'Allemagne a placés pour l'administration de la ville ; son intention est qu'il soit pris les mesures suivantes :

1° Que ceux qui auraient pillé des magasins, ou, sous prétexte d'achats, auraient tiré des effets des magasins, les 8 derniers jours qui ont précédé l'arrivée des Français, soient tenus de les rapporter sur-le-champ, dans les magasins militaires ;

2° Que la ville fournira, chaque jour, à point nommé, sous peine d'exécution militaire, 25,000 rations de pain ;

3° Que l'on prenne tous les cuirs et souliers qu'on peut trouver dans les magasins militaires et particuliers, ainsi que tous les draps propres à faire des capotes, en donnant des bons.

Sa Majesté désire trouver ici du cuir pour une soixantaine de milliers de paires de souliers, du drap pour autant de capotes et du drap fin pour 4,000 capotes d'officiers, qu'Elle donnerait en gratification aux officiers.

Il faut se servir de la régence, si elle veut s'y prêter, sinon, s'adresser directement aux magasins de la ville, employant des soldats de la ville, mêlés à des gendarmes, et des soldats français pour faire des visites domiciliaires.

Vous vous concerterez, pour tous ces objets, avec M. Daure, conseiller d'État qui, d'après les intentions de Sa Majesté, partage avec vous cette mission, principalement pour tout ce qui a rapport à la partie administrative.

Vous ferez partir tous les jours, pour le Danube, 20,000 rations de pain et 20,000 rations d'eau-de-vie, sur des barques de la flottille du capitaine Lostanges, qui rejoindront l'armée.

L'intention de Sa Majesté est que l'on tire de la ville tout ce qui sera possible, pour la réorganisation et le bien-être de l'armée.

On donnera des bons, sur lesquels on payera par la suite, et, avec cette formalité, on prendra dans les magasins et propriétés particulières.

L'Empereur ordonne également que l'on fasse la recherche de tous les plombs et poudres qui pourraient se trouver dans les magasins particuliers.

Vous ferez mettre de suite en activité les soldats qui font la police de la ville, et exigerez serment des chefs de ne rien faire contre le service de Sa Majesté. Il vous sera facile de trouver, parmi ces soldats, quelques espions qui vous mettront au fait des localités.

Veuillez me rendre journellement compte de l'exécution de ces mesures, auxquelles vous devez employer toute votre fermeté et toute votre activité.

État-major général. — Ordre du jour.

Linz, le 16 brumaire an XIV.

Il se commet des désordres les plus affreux, en arrière de l'armée, par des traînards qui, non contents de quitter leurs drapeaux, se déshonorent par toutes sortes d'excès, et il est temps d'y mettre un terme.

L'Empereur ordonne au général français, commandant à Stüttgart, de faire faire de fréquentes patrouilles par les troupes de l'Électeur de Wurtemberg et par celles de l'Électeur de Bade; de faire arrêter les hommes isolés qui ne seront pas munis de feuilles de route ou d'ordres; de faire mettre en prison ceux qui auraient commis des excès, et de faire traduire devant une commission militaire, ceux qui seraient coupables de crimes.

Il est ordonné au commandant d'Ulm d'avoir une douzaine de patrouilles, pour le même objet, et qui battront continuellement la campagne.

Les patrouilles de Wurtemberg comprendront tout le pays entre le Tyrol et le Danube et la Mindel qui passe à Mindelheim.

Ces patrouilles feront rejoindre tous les hommes isolés à leurs drapeaux; ils y renverront également les hommes qui sont mis en sauvegarde sans autorisation régulière.

Le général commandant à Augsburg tiendra également en campagne une quinzaine de patrouilles dans le pays compris entre le Lech, le Danube et la Mindel, et dans le pays compris entre Augsburg, Aichach et Ingolstadt.

Le général commandant à Ingolstadt fera également faire des patrouilles entre Neustadt et Pfaffenhofen.

Les baillis bavarois, les commandants des forces militaires de l'Électeur de Bavière feront aussi arrêter tous les hommes isolés, qui se comporteraient mal et les feront conduire au généraux français qui commandent soit à Passau, soit à Braunau, soit à Ingolstadt.

Le général commandant de Braunau enverra des patrouilles sur tous les rayons à 5 à 6 lieues de cette place, afin de bien battre la province et faire arrêter les hommes isolés, ainsi qu'il est dit ci-dessus ; il traduira à une commission militaire les hommes qui se seraient rendus coupables de crimes.

Il est ordonné au commandant de Spire de prescrire à tous les détachements et à tout militaire ou employé muni d'ordre ou de passeport en règle de suivre la route de l'armée, par Brüchsal, Eppingen, Weilbronn, Œhringen, Hall, Elwangen, Nordlingen, Donauwörth, Meiltingen, Augsburg, Schwabhausen, Freisingen, Landshut, Wilsbiburg, Eggenfelden, Braunau, Ried, Lambach et Linz.

Tout individu convaincu d'avoir enlevé de force des chevaux et particulièrement des chevaux de poste sera arrêté.

L'Empereur met sous la sauvegarde de l'armée française toute les postes aux chevaux des pays qu'elle occupe. Il exempte les maîtres de poste de tout logement militaire quelconque, et de toute réquisition de fourrages :

Il ordonne qu'il soit placé dans chaque poste, depuis Spire jusqu'au quartier général, un gendarme comme sauvegarde. A mesure que les corps de la Grande Armée avanceront dans le pays ennemi, MM. les généraux commandants d'avant-gardes placeront des sauvegardes dans les maisons de poste.

MM. les Maréchaux et Généraux commandant les corps d'armée ordonneront aux généraux de division de faire passer une revue des chevaux attelés aux voitures, de renvoyer les chevaux de poste qui auront pu être requis : on ne peut plus correspondre avec la France, beaucoup d'individus ayant gardé des chevaux de poste pendant plus de 30 lieues.

Il est défendu à quelque personne que ce soit de faire passer les chevaux de poste au delà de leur relai ordinaire.

Plusieurs agents des administrations suivent la marche des colonnes en voiture, tandis que d'après le règlement, ils devraient le faire à cheval, ce qui encombre les chemins.

L'Empereur a vu plusieurs femmes en voiture suivant l'armée; il ordonne de leur faire passer sur-le-champ l'Inn.

MM. les baillis des différents États qui auraient des plaintes à porter contre des individus de l'armée doivent s'adresser aux généraux français, commandant à Stuttgart, Augsburg, Ingolstadt, Munich, Braunau et à Linz pour les bailliages qui avoisinent ces commandements.

Le Major général,
Maréchal BERTHIER.

Lauriston à Berthier.

16 brumaire an XIV.

Monseigneur,

Je prie Votre Excellence de m'autoriser à former une commission militaire. Il me serait impossible d'espérer rétablir l'ordre sans les moyens. Depuis que Votre Excellence a étendu mon gouvernement, je reçois des plaintes des endroits les plus éloignés. J'ai envoyé un officier lever exactement les localités, pour placer dans chacune une sauvegarde. J'ai promis les chasseurs démontés des 2e et 12e régiments.

Je vais établir les officiers de ce détachement, comme commandants de place, dans chaque endroit assez considérable (comme Schärding, Altheim, etc.). Ces commandants seront responsables des délits qui se commettront dans leur arrondissement, et me les désigneront, pour être jugés par le conseil de guerre.

J'ai ramassé dix bateaux à Braunau, qui porteront tous les traînards que j'ai fait caserner. Mais comme la plupart se conduisent comme des brigands, j'ai profité du passage des marins de la Garde. Je les ai répartis dans les différents bateaux et tout cela partira demain.

J'ai découvert 78 barriques de poudre. Elles sont entrées dans mon magasin.

L'armement va son train. On travaille à la tête du pont ordonnée à   . Le général Marescot en a approuvé le tracé et est déterminé à aller à   établir son frère comme officier du génie et voir par lui-même les positions à y faire.

Je viens de recevoir l'ordre de Votre Excellence, au sujet des troupes wurtembergeoises.

J'ai fait délivrer depuis 3 jours quatre rations de pain à tout soldat. Un détachement partira de Braunau pour se rendre à l'armée. MM. les voyageurs se gardent bien d'y rentrer, parce que je ne les laisse pas sortir, jusqu'à ce qu'ils puissent former un détachement capable d'avoir un officier à sa tête.

Andréossy au caporal Chevalier.

15 brumaire an XIV.

En conséquence des intentions du Major général, il est ordonné au nommé Chevalier, caporal au 100° régiment, de remettre à M. Trecard, capitaine adjoint à l'état-major général, les quatre voitures de pain qu'il a fait confectionner à Linz. L'intention de Sa Majesté est que le pain soit envoyé de suite au 4° corps d'armée à Strengberg.

Les voitures et les chevaux qui les traînent et que le caporal avait à sa disposition, seront remis au commissaire des guerres Sermet à Linz. Les quatre boulangers resteront également, jusqu'à nouvel ordre, à la disposition du commissaire des guerres Sermet.

Le nommé Chevalier rejoindra son corps avec les 4 hommes qui sont avec lui (1).

Ordre.

16 brumaire an XIV.

Les détachements qui arriveront dans la place et qui sont réguliers, ayant à leur tête des officiers ou sous-officiers, ne seront pas confondus ni casernés avec les militaires isolés. S'ils restent une seule nuit, ils seront logés en ville, s'ils restent plusieurs jours, ils seront casernés à part.

Les militaires isolés seront placés dans un local indiqué par le gouvernement. Sur les piliers, on désignera chaque corps d'armée. Lorsque les militaires arriveront, ils seront placés dans la place où est le corps d'armée auquel ils appartiennent. Une garde sera placée à la porte, qui veillera à leur police. Leur cuisine se fera dans une cour intérieure, un factionnaire sera établi dans cette cour pour veiller au feu.

---

(1) Andréossy met à la disposition du général Reille, gouverneur de Linz, le capitaine aide de camp Niepce et le commissaire des guerres Sermet.

CHAPITRE XIV.

Barbou à Berthier.

Hameln, le 16 brumaire an XIV.

Monseigneur,

Votre Excellence aura sans doute reçu la lettre du 11 brumaire que j'ai eu l'honneur de lui adresser et que M. Laforêt, ministre à Berlin, aura bien voulu lui faire passer. Je l'informais de ma position au milieu de l'armée prussienne, qui, en protestant de la bonne intelligence avec laquelle elle veut vivre avec nous, n'en cherche pas moins à nous resserrer dans la forteresse d'Hameln.

Je pensais être redevable aux Prussiens de quelques rations de vivres qui me sont venues de Hanovre, mais l'illusion n'a pas existé longtemps, ayant su que le fournisseur avait été mis en prison pour cet envoi. Depuis ce moment, toutes les fournitures ont cessé par les soins des entrepreneurs hanovriens, et à dater d'hier, 15 du courant, j'ai été forcé de recourir à nos approvisionnements de siège. D'après le tableau que je me suis fait représenter de mes ressources et du nombre de consommateurs, et d'après les réductions que j'ai cru devoir commencer à effectuer de suite, nous pouvons compter sur trois mois d'existence, au complet de 4,100 hommes. Au lieu de 3,000 rations par jour, sur lesquelles avait été faite la base de l'approvisionnement de siège, il se trouve près de 4,100 rations à distribuer journellement dans la place.

Cette augmentation est due aux hommes réformés et en retraite dont la présence ici nous est des plus importunes, ne pouvant être utilisés absolument à rien.

En outre, ayant réuni ici toutes les évacuations provenant des fonds des hôpitaux de l'armée de Hanovre, cela m'occasionna un nombre considérable de malades, sur la guérison desquels on ne peut plus compter; en y joignant les femmes et les enfants, Votre Excellence doit juger de quelle surcharge doivent être ces individus, pour les consommations de la place.

Les Prussiens sont ici entassés les uns sur les autres dans leurs cantonnements, étant de 15 à 20 et souvent plus par maison ; ils ne contribuent pas peu à affamer et épuiser le pays. Ils prétendent tout payer argent comptant, en taxant les denrées et faisant passer leur argent au pair, ce qui ne multiplie pas leurs partisans. Quant à leurs projets sur Hameln, ou leurs opérations, ultérieures, tout est enveloppé du plus profond mystère, et je me trouve dans une position à avoir moins de facilité que tout autre à le pénétrer.

Depuis deux ou trois courriers, je suis privé des nouvelles de Hambourg, de Cassel et de Bremen ; sans doute qu'on cherche à intercepter toutes mes lettres. J'ignore de même ce qui se passe aux armées, n'ayant rien appris depuis l'époque du 1er brumaire.

Je fais entrer, par la voie de la force armée, le plus de denrées que je peux des villages qui sont restés à ma disposition, afin de multiplier mes ressources. J'ai ordonné pourtant, depuis longtemps, la battue des graines qui a été très retardée par les circonstances actuelles, et si les Prussiens ne nous resserrent pas davantage, je peux espérer quelque chose encore de ce qui nous entoure. Votre Excellence doit être bien convaincue que tous mes moments sont employés pour trouver les moyens de prolonger la durée de notre maintien dans la place d'Hameln. J'active aussi les travaux du génie, où telle chose que l'on fasse, il reste encore beaucoup à faire. On vient d'achever les travaux pour la tension de l'inondation. Une digue très forte qu'on a été obligé de construire, pour la retenue des eaux d'Hameln, a exigé beaucoup de travail et de temps pour être confectionnée.

J'ai l'honneur, etc....

BARBOU.

CHAPITRE XV

8 novembre.

Le général Belliard à la division Nansouty.

Melk, le 17 brumaire an XIV.

D'après les intentions du prince Murat, vous voudrez bien partir sur-le-champ pour vous rendre à Melk, où vous recevrez de nouveaux ordres.

Je ne conçois pas comment vous avez pu rester à Blindenmarkt; un adjoint est allé, à ce village même, vous porter des ordres de suivre le mouvement. Le général Nansouty est avec nous et vous vous trouvez à 6 lieues en arrière. Le Prince ordonne que vous partiez sur-le-champ pour vous rendre à Melk, où vous recevrez de nouveaux ordres.

Belliard à Walther.

17 brumaire an XIV.

Ordonnez, je vous prie, au général Treilhard de se porter de suite à Loosdorf, où il réunira sa brigade. Le général Fauconnet devra aussi se porter de suite sur ce point. Si l'ennemi a évacué le village qui se trouve en avant sur la route de Saint-Pölten, les troupes légères pousseront jusqu'à Markersdorf. La division de dragons devra être prête à partir à 7 heures; le général Sébastiani restera en position à Schallaburg jusqu'à nouvel ordre, poussant des reconnaissances sur la route de Saint-Pölten.

Belliard à Walther.

Melk, le 17 brumaire an XIV.

Ordonnez, je vous prie, au général Sébastiani de pousser des reconnaissances sur Grafendorf et sur sa droite, et de s'assurer si le pont a été coupé; si Grafendorf est évacué, le général Sébastiani le fera occuper.

Belliard à Beaumont.

Melk, le 17 brumaire an xiv.

Je reçois votre lettre que je communique à Son Altesse; le corps d'armée prit position hier à Melk après avoir battu le 13 la garde ennemie, forcé la position d'Enns et avoir livré contre l'armée russe le terrible combat d'Amstetten, qui sera mémorable par ses résultats.

L'armée russe se retire avec la plus grande précipitation; elle coupe et brûle les plus petits ponts

Belliard à Walther.

17 brumaire an xiv.

L'intention du Prince est que vous partiez de suite avec la division de dragons pour vous porter sur Loosdorf, où vous prendrez position; vous exécuterez les dispositions qui vous ont été prescrites par Son Altesse.

Murat à l'Empereur (1).

Melk, le 17 brumaire an xiv, 9 heures du matin.

Sire,

L'ennemi évacua Loosdorf hier à 10 heures du soir et le général Milhaud l'occupa immédiatement après. Les brigades Fauconnet, Treilhard et Milhaud sont en marche pour se porter sur le Pielach et au delà, si l'ennemi ne défend pas en force cette position. La division du général Walther monte à cheval et va se porter sur Markersdorf; la brigade du général Sébastiani se dirige de Schallaburg, par Haindorf, sur Grafendorf et Friedau. Les divisions de grosse cavalerie se porteront sur Loosdorf et le Pielach, si j'apprends que l'ennemi ne cherche pas à défendre la Traisen. Une reconnaissance sera poussée de Loosdorf, par un chemin de traverse, sur Krems.

---

(1) Voir pour cette journée, Alombert; p. 52, Andréossy à Reille; p. 66 à 73, Lecamus à Mortier, Andréossy à Dumonceau, Berthier à Mortier et Arcambal, Soult à Arcambal et Saint-Hilaire, et p. 82, l'Empereur à Murat.

Tout confirme que les Russes ont envoyé tous leurs bagages sur ce point, ainsi que 600 blessés qu'ils ont fait partir hier de Melk.

Le maréchal Mortier m'écrit de Mauthausen pour me faire connaître sa marche et les magasins immenses qu'il a trouvés. Il espère être ce soir à Grein.

J'aurai l'honneur de vous faire connaître, sans perdre une minute, les rapports que j'attends de mes reconnaissances.

J'écris au général Gardanne, votre aide de camp, de venir faire le quartier général de Votre Majesté à Melk. Je présume que le général Ordener le suivra.

Je reçois à l'instant un nouveau rapport, qui annonce d'une manière positive que l'ennemi ne paraît pas se disposer à défendre la Traisen, et qu'il dirige tous ses bagages et toute son artillerie sur Krems. J'écris au maréchal Mortier pour l'engager à presser sa marche sur ce point.

Le corps du général Michelson est attendu pour le 10 novembre à Krems, mais on doute fort qu'il puisse y arriver à cette époque, à cause des mauvais chemins de la Bohême. Ce corps d'armée n'est fort que de 10,000 hommes, dont 2,000 Cosaques. Ceci est presque officiel ; on a lu son ordre de marche. On fait une tête de pont à Mautern ; des paysans ont été mis en réquisition pour y travailler. On travaille aussi à force à retrancher les défilés de Ried, en avant de Vienne.

On assure que le corps d'armée du général Kienmayer marche sur la Styrie, et que l'Empereur est sur le point de quitter Vienne, et peut-être même en est déjà parti, s'il n'a pas été retenu malgré lui.

Journal de la Réserve de cavalerie.

17 brumaire an xiv.

Toutes les troupes légères se réunirent à Loosdorf et, soutenues par la division de dragons, elles se portèrent sur Prinzersdorf. Les divisions de grosse cavalerie et celles d'infanterie suivirent le mouvement. Le général Sébastiani, avec ses deux régiments, eut ordre de se diriger sur Grafendorf.

A 1 h. 30, notre avant-garde a rencontré l'armée ennemie en bataille sur les hauteurs en arrière et en avant du village de Markersdorf.

Les troupes du Prince étant encore éloignées et l'infanterie ne pouvant arriver que très tard, on n'a rien engagé; toutes les troupes légères ont passé le Pielach et se sont mises en bataille, sur les hauteurs, en présence de l'ennemi. La division de dragons était en arrière de la rivière avec une division de cavalerie. Le général Sébastiani opéra sa jonction à 3 heures; tout le reste du jour, on s'est observé de part et d'autre en tiraillant et poussant quelques charges de grand'garde.

A la nuit, le Prince a laissé ses avant-postes sur le terrain en présence de l'ennemi, qu'on voulait attaquer le lendemain, et les corps sont venus s'établir, savoir : les hussards et les chasseurs sur la rive gauche du Pielach, tenant sur la route, et à droite et à gauche, tous les villages le long de la rivière à une demi-lieue.

La division de dragons a pris position à Friedau, Ebersdorf et Saudorf (1).

La division Nansouty occupa Sirning et la division d'Hautpoul, Loosdorf (2).

Le général Sébastiani s'établit à Grafendorf avec ses deux régiments.

La division des grenadiers prit position sur les hauteurs de Psirning, avec la division Suchet.

Le quartier général fut au château de Mitterau (3).

Le 13º régiment de chasseurs fut jeté sur la route de traverse de Mitterau à Mautern.

Historique du 5º corps d'armée.

Quartier général à Markersdorf, le 17 brumaire an XIV.

Le 17, le corps d'armée se dirigea sur Saint-Pölten, mais les hauteurs en ayant été trouvées occupées par l'armée russe, les grenadiers prirent position sur les hauteurs de Mitterau ; la division Suchet se rendit à Loosdorf.

Murat à l'Empereur.

Château de Mitterau, le 17 brumaire an XIV, 10 heures du soir.

Sire,

Plusieurs rapports m'avaient annoncé que l'ennemi se retirait de Saint-Pölten sur Krems et Vienne; c'est dans cette persuasion que je me suis déterminé à marcher vers la Traisen. En arrivant sur les hauteurs en avant de Markersdorf, mes reconnaissances ont rencontré les

---

(1) Les troupes légères eurent plusieurs charges à soutenir, ce qu'elles firent avec avantage à la hauteur de Markersdorf. On resta en présence de l'ennemi et à portée de pistolet pendant toute la journée ; la division bivouaqua autour de Markersdorf. (Journal de la 2ª division de dragons.)

(2) Loosdorf et Melk au lieu de Sirning et Loosdorf, d'après les Journaux des divisions.

(3) Le parc arrive à Braunau et la 4ª division de dragons à Landshut.

8 NOVEMBRE.

avant-postes ennemis et les ont poussés jusque sur le village de Prinzersdorf, où leur armée entière avait pris position.

J'ai fait porter en avant de Markersdorf les trois brigades légères, en échelons, jusqu'à portée de canon de l'ennemi. La division de dragons était en bataille dans le même ordre, en arrière du village de Sirning.

L'ennemi avait au moins 8,000 hommes de cavalerie; ses hussards ont essayé, mais en vain, plusieurs charges. J'ai eu occasion d'admirer une poignée de hussards dont la contenance ferme et l'immobilité ont étonné quatre escadrons ennemis qui s'avançaient sur eux avec des cris effroyables. Malgré leurs manœuvres, qui toutes semblaient annoncer l'intention de m'attaquer, j'ai conservé ma position et toutes les troupes légères bivouaquent en leur présence.

La brigade du général Sébastiani occupe Grafendorf et se lie avec les dragons qui sont établis sur le Pielach. Des troupes légères flanquent ma gauche et la couvrent, sur la route de traverse de Markersdorf à Krems. La division de grenadiers occupe une position extrêmement avantageuse sur les hauteurs en arrière de Sirning. Les deux divisions de grosse cavalerie ont été renvoyées sur Loosdorf et Schallaburg. Le maréchal Soult a son avant-garde à Melk. Si l'ennemi faisait la folie de tenir la position qu'il occupe, Votre Majesté pourrait lui livrer bataille après-demain. Je suis bien éloigné de penser qu'il ait la témérité de la conserver et de vous y attendre; il lui serait presque impossible de vous empêcher de l'envelopper. On serait tenté de croire que les généraux russes se sont formés à l'école de Mack, de Würmser et de Mélas.

Environ 30,000 Russes et Autrichiens ont passé ici hier et ce matin. Les généraux Miloradovich et Kutusov ont dit hier au comte de Montecuculli, chez qui je suis logé, qu'ils se retiraient sur Krems. Trois rapports consécutifs m'avaient instruit de ce mouvement; mais, pendant que j'étais en marche, ce matin, j'ai appris, par deux émissaires arrivant successivement, que les troupes qui s'étaient dirigées sur Krems et Vienne avaient fait un mouvement rétrograde. Cette manœuvre ne peut avoir eu pour but que de sauver les bagages et l'artillerie, que l'ennemi a pu craindre de se voir enlever. Il savait bien que je n'étais pas assez fort pour combattre l'armée entière. Voyant que je le serrais de si près et voulant peut-être m'attirer dans quelque piège, il aura pris le parti de m'attendre avec toutes ses troupes réunies. Je suis persuadé qu'il fera sa retraite dans la nuit; aussitôt que j'en serai informé, je m'empresserai d'en instruire Votre Majesté.

Il est très positif que l'Empereur voulait quitter Vienne et qu'il a été retenu, malgré lui, par les habitants de cette capitale; mais l'Impératrice est partie avec toute sa famille depuis quatre jours.

J'écris au maréchal Soult pour l'engager à rassembler tous les bateaux qu'il pourra se procurer. Je suis informé que le général Gazan en a déjà un assez grand nombre. S'il est vrai que les Russes se retirent sur Krems, le maréchal Mortier peut leur faire beaucoup de mal.

Belliard à Berthier.

Mitterau, le 17 brumaire an XIV.

Le corps d'armée de S. A. S. le prince Murat a quitté ce matin, à 7 heures, ses différentes positions pour se porter sur Prinzersdorf.

L'avant-garde des hussards et chasseurs y est arrivée à 1 h. 30 et a rencontré l'armée ennemie sur les hauteurs de Markersdorf.

Les troupes du Prince étant encore éloignées, on n'a rien pu engager; on s'est observé de part et d'autre tout le reste de la journée en tiraillant et, à la nuit, on a pris position, les hussards et les chasseurs sur le Pielach, les dragons à Ebersdorf, Friedau, la brigade Roger à Saudorf, la brigade Boussard..... La division Nansouty a occupé Sirning et division d'Hautpoul, Loosdorf.

Le quartier du Prince est à Mitterau.

Le général Sébastiani, qui, par la route de Wieselbourg, s'était rendu à Schallaburg, a eu ordre de se porter sur Grafendorf, où il arriva hier soir et où il a pris position avec le 1er régiment de chasseurs et le 3^r régiment de dragons.

Compans à Oudinot.

Melk, le 17 brumaire an XIV.

M. le Maréchal commandant en chef me charge de vous écrire que vous devez vous tenir prêt à partir avec votre division au premier ordre que vous recevrez.

Rapport du chef de bataillon Compère au général Mathieu Dumas sur les opérations du 4e corps.

Le 17, le corps d'armée a continué sa marche sur la grande route et s'est établi le soir :

La division de cavalerie à Melk.
La 3^r division à Erlaf.
La 2e division à Ybbs et Kemmelbach.
La 1re division à Neumarkt.

8 NOVEMBRE.

L'artillerie de toutes les divisions s'est rendue sur la grande route et on peut la considérer comme réunie.

Le quartier général du corps d'armée à Melk.

Il y a de Wels à Losensteinleiten, 7 lieues :

— à Schleissheim.............. 1 lieue.
— à Weisskirchen.............. 1 lieue 1/2.
— à Neuhofen .... 2 lieues.
— à Losensteinleiten........... 2 lieues 1/2.

                                     TOTAL........ 7 lieues.

On passe la Traun à Wels.

La route est très montueuse, souvent encaissée et boisée et présente beaucoup de difficultés pour le passage de l'artillerie.

Cependant toute celle des trois divisions y a passé.

Il y a de Losensteinleiten à Enns, 4 lieues 1/2 :

— à Kronstorf.......... 2 lieues 1/2.
— à Enns............. 2 lieues.

                                     TOTAL........ 4 lieues 1/2.

A Kronstorf, on rejoint la grande route de Steyer à Enns.

Cette route n'est pas très bonne jusqu'à Kronstorf ; mais de là jusqu'à Enns, elle est fort bonne.

Il y a d'Enns à Amstetten, 9 lieues :

— à Kirchdorf................... 2 lieues 1/2.
— à Strengberg.................. 2 lieues 1/2.
— à Oed....................... 2 lieues.
— à Amstetten.................. 2 lieues.

                                     TOTAL........ 9 lieues.

Cette route est fort bonne.

Il y a d'Amstetten à Melk : 12 lieues.

— à Neumarkt .... 5 lieues.
— à Erlaf.................... 3 —
— à Melk................... 4 —

                                     TOTAL........ 12 lieues.

Cette route est très bonne. On passe l'Ybbs près de la ville d'Ybbs, et deux bras de l'Erlaf et l'Erlaf même.

L'ennemi ayant brûlé tous les ponts, on jeta à la hâte quelques planches pour le passage de l'infanterie.

L'artillerie et la cavalerie y passèrent à gué, quoique cela fût assez profond.

Le pays que le corps d'armée a parcouru entre Wels et Enns, offre beaucoup de ressources en bestiaux, fourrages et bois

Celui depuis Enns jusqu'à Melk est beaucoup plus ouvert et produit beaucoup de blé.

Compère.

Salligny à Vandamme.

Amstetten, le 17 brumaire an XIV.

Je vous préviens, mon cher Général, que la division de cavalerie légère doit partir sur-le-champ d'Amstetten pour se rendre à Melk, en suivant la grande route de Vienne. Le général Margaron laissera un régiment à Melk pour faire la garde du quartier général du corps d'armée. Les deux autres régiments seront établis dans les villages à portée de Melk, où restera l'artillerie légère.

La 3ᵉ division s'établira ce soir à Erlaf, en avant de Kemmelbach, sur la route de Vienne.

Le général Legrand pourra, à cet effet, disposer des villages à portée d'Erlaf, sur un rayon d'une demi-lieue.

Votre division cantonnera ce soir à Ybbs et Kemmelbach, ainsi que dans les hameaux entre ces deux endroits.

La 1ʳᵉ division occupera ce soir Neumarkt et tous les villages et hameaux à portée, dans un rayon d'une demi-lieue.

Le quartier général du corps d'armée sera ce soir à Melk.

Demain matin, à la pointe du jour, toutes les divisions se mettront en marche dans le même ordre, et se dirigeront par la grande route de Vienne sur Saint-Pölten, en passant par Melk. Elles recevront pendant leur marche des ordres sur leur destination ultérieure, qui dans tous les cas sera en avant de Melk.

Vous voudrez bien laisser un officier pour faire suivre votre artillerie et presser son mouvement, de manière que ce soir ou pendant la nuit prochaine, votre équipage ait joint votre division, et vous rendrez immédiatement compte au Maréchal commandant en chef de l'exécution de cet ordre.

L'ordonnateur en chef a ordre de faire partir un commissaire et des agents de l'administration pour Ybbs et Melk, à l'effet de prendre possession pour le service du corps d'armée des convois de pain venant sur le Danube et qui doivent y arriver, et il en ordonnera sur-le-champ la distribution aux troupes à leur passage.

Il fera diriger sur Kemmelbach le produit des réquisitions faites dans le bailliage de Merfeld, et il ordonnera que la distribution en soit faite à votre division et à la 3ᵉ. Il ordonnera que tous les convois à la suite du corps d'armée soient sur-le-champ transportés sur le Danube pour les rendre à Melk, où la distribution sera faite aux divisions.

Salligny au Commissaire-Ordonnateur.

Melk, le 17 brumaire an XIV.

J'ai l'honneur de vous prévenir, mon cher Ordonnateur, que d'après les dispositions arrêtées par M. le Maréchal, il sera distribué demain, au passage des troupes à Melk, à tous les militaires du 4ᵉ corps une bouteille de vin. Les commandants des régiments feront des bons en conséquence, et ils enverront un officier et des militaires de corvée pour les recevoir et les emporter de suite au lieu où la troupe sera rassemblée, pour lui être immédiatement distribuée.

Vous voudrez bien charger un commissaire des guerres de faire lui-même cette distribution et remettrez pour cet effet une réquisition au prieur de l'abbaye.

Les divisions seront prévenues à l'avance de cette distribution, pour qu'elles aient le temps d'envoyer les hommes de corvée, et elles s'arrêteront en avant de Melk pour se rallier et recevoir le vin qui leur est accordé.

1ᵉʳ CORPS D'ARMÉE.

Ordre de marche du 17 brumaire.

Steyer, le 17 brumaire an XIV.

M. le général Kellermann partira avec l'avant-garde à 7 heures du matin, pour aller prendre position à Biberbach.

M. le lieutenant général de Wrède suivra le mouvement du général Kellermann, pour prendre position en arrière de lui (1).

La division du général Drouet se mettra en marche à 8 heures pour aller camper en avant de Seitenstetten. Celle du général Rivaud suivra son mouvement et sera placée en arrière de Seitenstetten.

L'artillerie à pied des deux divisions d'infanterie sera réunie en parc pour marcher à la queue de la division du général Rivaud, en se par-

---

(1) Le 8, l'avant-garde passa par Saint-Peters pour occuper une position à Seitenstetten. Le Maréchal s'y établit de même (Journal de la division de Wrède.)

quant ensemble chaque soir en arrière de son camp, afin de pouvoir marcher dans le même ordre le lendemain.

Le quartier général de M. le Maréchal sera à Seitenstetten.

Le grand parc d'artillerie viendra s'établir demain à Steyer.

1ᵉʳ CORPS D'ARMÉE.

Ordre de marche du 18 brumaire.

Seitenstetten, le 17 brumaire an xiv.

M. le général Kellermann mettra ses troupes en mouvement demain à 8 heures du matin ; un de ses régiments de cavalerie passera par Waidhofen et suivra la grande chaussée qui conduit à Amstetten. Le reste de sa division et son artillerie partiront de leurs cantonnements et suivront la même route sans passer par Waidhofen, afin de ne point allonger leur route. Arrivé à la hauteur d'Ulmerfeld, il fera arrêter ses troupes et attendra de nouveaux ordres. Il reconnaîtra sur sa gauche le village de Winkling et ceux qui se trouveront dans le rayon d'une demi-lieue ou trois quarts de lieue en avant de lui.

M le général Drouet partira de son camp à 8 heures du matin, en suivant la route de Seitenstetten à Amstetten sur la grande route de Vienne. Il fera faire halte à sa division après avoir dépassé le village d'Aschbach, où il attendra de nouveaux ordres et fera reconnaître pendant ce temps les villages de Ohling et de Zeillern.

M. le général Rivaud partira avec sa division de ses cantonnements de Saint-Peters à 8 heures du matin, pour se rendre à Seitenstetten, d'où il suivra la même route que le général Drouet. Il prendra position en arrière d'Aschbach, son front vis-à-vis de ce village, qu'il devra occuper, s'il y prend poste, pour y passer la nuit ; il reconnaîtra les villages à une demi-lieue ou trois quarts de lieue en avant de lui dans cette position ; il recevra des ordres de M. le Maréchal (1).

---

(1) Éblé ordonna au parc d'aller le 9 à Enns, et le 10 à Amstetten. Ce parc n'est d'ailleurs pas à Steyer le 8. Éblé fait fabriquer dans cette ville des clous et des fers pour deux mois. Le parc laissera quelqu'un pour en prendre livraison,

Éblé reproche au colonel Navelet de n'envoyer aucun rapport sur le personnel, le service et la subsistance.

3ᵉ CORPS D'ARMÉE.

Journée du 17 brumaire an XIV.

Combat de Mariazell.

Quartier général : Mariazell.
Avant-garde : Mariazell.
Infanterie. — 1° Engagement en arrière de Neuhaus ;
2° Engagement en avant de Neuhaus ;
3° Engagement à Mariazell et sur l'amphithéâtre de Sigmund.

A 5 h. 30 du matin, on se met en marche. La brigade du général Eppler rencontre l'ennemi en arrière de Neuhaus. Deux pièces de canon étaient postées sur un petit plateau et battaient la route : des tirailleurs gardaient le sommet des montagnes à droite et à gauche, et flanquaient le gros des troupes ennemies en bataille sur le plateau, près des pièces de canon. Nos tirailleurs font perdre du terrain aux tirailleurs autrichiens, et bientôt on bat la charge. On tomba, la baïonnette au bout du fusil, sur l'ennemi qui nous attendit de pied ferme. La mêlée fut sanglante, mais elle ne dura pas longtemps. L'ennemi fut culbuté et laissa entre nos mains ses deux pièces de canon. On le poursuivit quelque temps et bientôt une nouvelle position nous arrêta. Une pièce de canon, placée entre des rochers tombant à pic à droite et à gauche de la route et sur le ruisseau, masquée par un autre rocher près duquel la route faisait un détour, et que l'on n'y pouvait passer sans être mitraillé. Des montagnes presque inaccessibles, à droite et à gauche, flanquaient cette position et étaient couvertes de tirailleurs : tels étaient les obstacles qu'il fallait vaincre.

On fit monter à gauche une compagnie de carabiniers ; à droite, une vingtaine d'hommes seulement. Les voltigeurs et tirailleurs, dans le bois à gauche, repoussèrent peu à peu les tirailleurs ennemis et, après deux heures de combat, la compagnie de carabiniers chargea sur la pièce de canon, culbuta tout ce qui se présentait devant elle et décida la déroute.

On poursuivit l'ennemi jusqu'à Mariazell ; là on le trouva occupant les bois à droite de la route, le village et le plateau de Sigmund et l'amphithéâtre de Mariazell.

On fit grimper la montagne à droite de la route aux tirailleurs ; ils parvinrent à travers le bois à approcher l'ennemi et à le repousser peu à peu.

Une compagnie longea les bois à gauche, passa le vallon et se porta à Mariazell par la route de Lilienfeld, pour couper cette retraite à l'ennemi et le reprendre à revers ensuite; des uhlans prévinrent ce mouvement et s'échappèrent par cette route.

Cette compagnie entra dans Mariazell, traversa cette petite ville et, couronnant l'amphithéâtre que l'ennemi avait abandonné, se porta dans le bois à gauche de la route de Leoben, à la hauteur de Sigmund, où l'on entendait une fusillade très vive.

L'ennemi occupait alors l'amphithéâtre de Sigmund, les hauteurs à droite et à gauche, et avait son front couvert par la petite Salza.

Il fut débusqué du village et se retira entièrement au delà du ruisseau.

La fusillade dura plus d'une heure et jusqu'à ce que nos tirailleurs de la droite, gagnant toujours du terrain, commencèrent à déborder la gauche de l'ennemi.

Le 108e, qui était dans le village et sur la hauteur à gauche, se forma alors en colonne serrée, passa le pont l'arme au bras, et dès lors la déroute fut complète; l'ennemi ne l'attendit pas

On le poursuivit jusqu'à Wegscheid, à 2 lieues au delà de Mariazell, et là, on prit tout ce qui avait combattu sur le plateau de Sigmund.

Cavalerie. — Un escadron du 7e de hussards a l'ordre de poursuivre l'ennemi jusqu'à Brück. Les chemins étaient couverts de glace et les chevaux ne pouvaient marcher qu'avec beaucoup de difficulté; on choisit les mieux ferrés.

Cependant, dans ce pays de montagnes et de défilés, dix hommes bien déterminés peuvent arrêter toute la cavalerie du monde. Mais il était impossible de faire marcher encore notre infanterie; elle était harassée : depuis 6 heures du matin jusqu'à 9 heures du soir, elle n'avait cessé de marcher et de combattre, en grimpant des rochers couverts de neige et de glace et extrêmement escarpés, sans s'arrêter une minute pour manger.

C'eût été le cas de mettre en croupe des voltigeurs, si les chemins n'avaient pas été aussi glissants et si nos chevaux étaient plus accoutumés à ce genre de service.

Cet escadron de hussards fit tout ce qu'il put faire et s'avança vers Brück avec beaucoup de courage et de résolution, et il chargea vigoureusement sur les uhlans et l'infanterie; il ramassa environ 150 prisonniers.

Le 2e escadron du 7e de hussards;
Le 12e et 2e de chasseurs à Mariazell;
Le 13e était à Sigmund;
Le 108e à Waldau.

1re *division :* Mariazell.

A une demi-lieue en arrière de Mariazell, à gauche de la grande route,

8 NOVEMBRE.

L'artillerie des divisions attend à Gaming qu'on lui donne une autre direction.

Elle était parvenue jusque là sans éprouver d'autre perte que celle d'une forge de campagne du train dont l'essieu cassa, et que l'on fut obligé de précipiter dans la rivière, pour laisser la route libre.

Cette artillerie fut dirigée par la vallée de Gros Erlaf, et par Steinbrück (ou Neubrück), Scheibbs, Purgstall et gagna la grande route de Vienne à une lieue en arrière de Pöchlarn.

L'artillerie autrichienne prise au combat de Mariazell suivit cette même route et se rendit à Saint-Pölten; ce ne fut pas sans difficulté que l'on parvint à l'arracher des précipices dans lesquels elle avait été jetée à droite et à gauche de la route afin de la laisser libre; il n'était pas même aisé de l'y découvrir.

Une compagnie entière, que l'avant-garde avait laissée derrière elle sans la voir, se rendit à M. le Maréchal marchant à la tête de la 1re division.

2e *division* : Neuhaus.

En avant de Neuhaus, dans une petite plaine de 200 mètres de largeur sur 800 à 900 mètres de longueur.

3e *division* : Gaming.

En avant de Gaming, à une lieue environ de ce village, sur le sommet du plateau, à droite et à gauche de la route.

La cavalerie légère avait occupé ce bivouac.

3e *division de dragons:* En arrière de Gaming.

Parc de réserve. — Le parc arrive à Steyer ; il a été retardé dans sa marche par celle de deux corps d'armée et de la division de dragons qui se dirigeaient sur ce point.

Notes topographiques et militaires.

A Gaming, on trouve une route praticable à l'artillerie pour aller rejoindre la grande route de Vienne : elle passe par Scheibbs, Ybbsitz et Purgstall.

Le pays est extrêmement difficile depuis Ybbsitz jusqu'au delà d'Arraberg. Les vallées sont extrêmement étroites, ou pour parler plus exactement il n'y a pas de vallée. La route passe des cols très élevés, on suit un torrent resserré par les flancs des montagnes qui pendent jusqu'au bord de ses eaux.

Les montées et les descentes sont fréquentes, même lorsque l'on suit le cours des ruisseaux. Lorsque le rocher tombe à pic sur le bord de l'eau, on conduit la route en rampe pour la faire passer sur le premier petit plateau au-dessus de ce rocher. Il eût été bien plus simple de faire sauter une masse énorme de roc, pour laisser passer la route près de la rive du ruisseau.

Le combat de Mariazell eut les résultats d'une grande victoire : deux drapeaux (d'autres furent jetés par l'ennemi dans la petite Salza et on n'a pas pu les retrouver), 18 pièces de canon et leurs caissons, 80 voitures de bagages : environ 4,000 prisonniers, parmi lesquels 2 colonels, 6 majors et un grand nombre d'officiers, restèrent entre nos mains.

L'ennemi eut environ 600 hommes tués ou blessés. Plus de 6,000 Autrichiens, la plupart grenadiers hongrois et troupes d'élite, soutenus par une artillerie nombreuse et dans des positions inexpugnables, ont été pris, dispersés ou détruits par le 13e régiment d'infanterie légère et un bataillon du 108e.

Les deux positions de Neuhaus ont été enlevées par les carabiniers et les voltigeurs du 13e seulement.

Si l'ennemi avait montré autant d'habileté que de bravoure, nous n'aurions pas couché le soir à Mariazell, mais il n'entendait nullement la guerre de montagnes et ses tirailleurs sont bien loin de valoir les nôtres.

On s'est battu avec le plus grand acharnement aux deux positions de Neuhaus; on a vu des carabiniers et des grenadiers hongrois, s'étant manqués réciproquement à la baïonnette, se prendre corps à corps et lutter en criant à la fois : *prisonnier, prisonnier!*

Le capitaine commandant l'artillerie s'est fait tuer sur sa pièce à la deuxième position de Neuhaus.

Lorsque l'ennemi eut été forcé pour la troisième fois sur le plateau de Sigmund, il se sauva dans le plus grand désordre par la route de Brück : le 108e le poursuivit la baïonnette dans les reins.

Pendant deux heures il arracha des prisonniers à la queue de la colonne, jusqu'à ce qu'il fut arrivé au gros des fuyards ; alors il se précipita au milieu et fit poser les armes aux ennemis dont il était enveloppé. Ce fut auprès de Wegscheid que l'on fit prisonnière de guerre cette grande masse où étaient les colonels et majors. Il y avait près de 2,000 hommes.

Si le général Marmont eût pu passer l'Enns le même soir que notre avant-garde, il aurait pu être à Brück le 17 au soir, et il ne se serait pas échappé un seul homme de l'armée de Merfeld, excepté le peu de uhlans qui ont pris la route de Lilienfeld.

Le maréchal Bernadotte passe à Steyer et arrive à Seitenstetten ; de là il se dirige sur Amstetten. Le capitaine du génie Prévot prit pendant cette affaire 8 uhlans, lui second.

Davout à Berthier.

Lilienfeld, le 20 brumaire an xiv.

Les détails sur la brillante affaire de l'avant-garde m'étant parvenus, je me fais un devoir de les communiquer à Votre Excellence, afin qu'elle puisse les mettre sous les yeux de Notre Souverain.

Je vous ai envoyé trois drapeaux. Je vous en adresse un quatrième. Deux autres ont été déchirés, brisés de rage par ceux qui les portaient et jetés dans la rivière. Les deux porte-drapeau sont du nombre des prisonniers.

Je vous fait connaître ci-joint, Monsieur le Maréchal, le nom de ceux qui ont contribué à cette affaire, dont le résultat est la prise de 16 pièces de canon avec leurs caissons, 6 drapeaux, 2 colonels, 5 majors, plus de 60 officiers et 4,000 prisonniers et la dispersion totale du corps du général Merfeld. Cet important succès nous a coûté environ 150 blessés et 40 tués ; parmi les derniers, le capitaine Duparc, du 13e régiment d'infanterie légère, n'a trouvé la mort qu'après avoir fait succomber un très grand nombre d'ennemis. Cet officier est vivement regretté.

Le nommé Hennin, grenadier du 108e régiment de la dernière conscription, en se portant au milieu d'une colonne autrichienne pour enlever un drapeau, ayant eu son fusil enlevé par la mitraille, a mis le sabre à la main, s'est précipité au milieu des rangs et a étendu à ses pieds sept Autrichiens, et son sabre ayant cassé, il a reçu la mort au milieu de ses sept victimes. Tout le 3e corps d'armée a vu ce tableau. Cette mort est digne d'un grenadier français. Le genre de mort des Autrichiens étendus à côté de lui ne laissait aucun doute sur cette action.

M. Comminet, capitaine au 13e régiment d'infanterie légère, a chargé et enlevé, sous le feu de la mitraille, trois pièces d'artillerie. Il a beaucoup contribué au succès de cette journée. C'est un officier très distingué sous tous les rapports, très ancien de grade et pour lequel il a été fait différentes demandes d'avancement à Votre Excellence. Je réitère cette demande en cette circonstance.

Le sous-lieutenant des carabiniers Dumont, du 2e bataillon, a chargé avec intrépidité sur les Autrichiens, s'est pris aux cheveux dans la mêlée avec l'ennemi et a particulièrement contribué à la prise d'un drapeau.

Le capitaine des carabiniers Béroud s'est montré digne émule du capitaine Comminet, et a aussi contribué à la prise de plusieurs pièces.

Le capitaine Duvivier, aide de camp du général Heudelet, qui avait été chargé par son général de diriger la charge pour enlever la dernière pièce de l'ennemi, qui incommodait le plus et qui, par sa posi-

CHAPITRE XV.

tion, mettait tout obstacle à nos succès, a parfaitement rempli ses intentions, s'est mis à la tête de cette charge et a réussi.

Le capitaine Varlet, du 13° régiment, a chargé, avec 30 hommes, 150 uhlans et les a forcés de fuir à Mariazell.

Le lieutenant Jeauffroy, du 13° régiment, a pris un officier supérieur et dirigé les tirailleurs avec intelligence.

Le sergent de carabiniers Boncœur, Dupuis et Baland, carabiniers, ont enlevé un drapeau au milieu d'un bataillon ennemi.

Pulot et Bouzon, chasseurs, ont aussi enlevé un drapeau.

Bebel et Fillot, sergents, et Macron, caporal, ont enlevé dans une charge 3 officiers et 60 grenadiers.

Proteau, carabinier, a pris un officier d'artillerie sur sa pièce et s'est emparé de la pièce, qu'il a défendue jusqu'à ce que des renforts l'aient mise entièrement en notre pouvoir.

Bourgeois, carabinier, a pris un officier supérieur.

Vieux, sergent-major, et Dizieu, caporal, ont contribué par leur bravoure et leur sang-froid, à la prise d'un drapeau.

Le tambour des carabiniers Diomet a constamment battu la charge à la tête de la colonne qui a enlevé les pièces et a contribué à la déroute de l'ennemi.

Le chef de bataillon du 13° régiment Teinieu a été dangereusement blessé.

On doit aussi citer avec éloge les lieutenants Craincourt, de la 3° compagnie du 2° bataillon, et Frugère, des voltigeurs, les nommés Arlan, sergent, Bon, Ménard, Favrier et Rappin, caporaux, Rose, Colenaud et Holot, voltigeurs.

Dans le 108° régiment :

Le brave capitaine Leroy, de la 5° compagnie du 1ᵉʳ bataillon, à la tête de cette compagnie et de la 6°, s'est avancé avec audace, l'arme au bras et, rapidement, entre deux bataillons ennemis, a fait face à droite et à gauche et a fait mettre bas les armes à 300 hommes. Il a été très bien secondé par le capitaine Grasseoreille de la 6°. Ce mouvement a été des plus beaux et des plus décisifs.

Le chef de bataillon Chevallier a gravi un escarpement à la tête d'un détachement, pour marcher sur des tirailleurs embusqués en grand nombre et dont le feu, dirigé sur la route, ne permettait pas une charge préparée pour enfoncer l'ennemi qui s'était rallié. Il a enlevé tous ces tirailleurs.

Le lieutenant Melin s'est mêlé plusieurs fois avec l'ennemi et, son arme ayant été brisée entre ses mains, il a saisi un fusil et a assommé à coups de crosse ceux qui s'opposaient à la marche de son peloton.

Le capitaine Gorin et ses lieutenants Fraye et Billy, à la tête des voltigeurs, sont descendus derrière un peloton autrichien, l'ont isolé, en ont fait un grand carnage et ont pris tous ceux qui n'ont pas voulu être tués.

L'adjudant-major Hygonnet, jeune homme d'une grande espérance, a traversé à cheval les rangs ennemis et fait rendre l'épée au colonel et au major de Colloredo.

Le sergent Chevallier a pris un drapeau que l'ennemi a essayé de lui reprendre, mais qu'il a défendu vigoureusement et qu'il a rapporté.

Le caporal Loizy, les fusiliers Dappe et Deuré ont aussi enlevé un drapeau, après avoir enfoncé le groupe qui le défendait.

M. le capitaine de grenadiers Bienvenu, les lieutenants Guéraudet et Leclerc, les capitaines Contossé et Mouret, les lieutenants Bonne et Goustenier, le sous-lieutenant Gonichon, les sergents-majors Mariez, Marchand et Guérard, les sergents Imbert, Aubry, Laporte, Chenillot, les caporaux Roussel, Ladouce, Bouquillon, et les nommés Henrion, Boiteux grenadiers, Gascard, Ney et Perrin grenadiers et fusiliers, sont cités avec éloge.

Le général Heudelet cite avec éloge les commandants des 13° légère et 108° de ligne et particulièrement celui du 108°, le colonel Hygonnet, qui a déterminé la déroute de l'ennemi, par une charge à la tête de quatre compagnies de son régiment.

Le lieutenant Zadera, officier d'état-major, officier plein de talent, de zèle et de courage, s'est aussi distingué dans cette journée, ainsi que le capitaine Liégara, aide de camp du général Heudelet.

Le général Eppler et l'adjudant-commandant Marès méritent aussi beaucoup d'éloges.

En général, tous les militaires de l'avant-garde méritent des éloges, et ceux qui sont cités particulièrement sont un choix au milieu de deux mille braves. Je prie Votre Excellence de mettre leurs noms sous les yeux de Sa Majesté, pour obtenir la récompense qu'ils ambitionnent.

Le général Heudelet a mis dans cette circonstance vigueur, talent et courage, comme dans toutes les autres, et a soutenu la bonne opinion que les militaires ont de lui.

Journal de l'artillerie du 3° corps.

Le 17, l'avant-garde partit de Gaming, à la pointe du jour, pour se porter sur Mariazell (en Styrie) et prendre une double position sur la route de Leoben, celle d'Annaberg et garder en force le pont sur l'Erlaf. Les 1re et 2° divisions partirent du bivouac de Gresten et prirent la même direction, laissant en arrière leur artillerie. L'avant-garde rencontra, à deux lieues et demie de Gaming, un fort détachement du corps du général Merfeld et, à la hauteur de Neuhaus, le corps lui-même, composé de l'élite des troupes autrichiennes, qui, après une assez vive résistance, fut obligé de battre en retraite précipitamment, laissant environ 600 hommes sur le champ de bataille; le 108ᵉ régiment d'infanterie et le 13ᵉ d'infanterie légère enlevèrent deux batteries à la baïonnette.

Le résultat de cette brillante affaire fut la perte de 4,000 Autrichiens, presque tous grenadiers, de 18 pièces de canon de campagne avec leurs caissons, d'un grand nombre de voitures dites de *bagages*, de 2 drapeaux, 3 colonels, 6 majors et de beaucoup d'officiers subalternes.

(*A. A.*)

Journal de la division Friant.

De Risselsau à Neuhaus, le 17 brumaire an XIV.

L'avant-garde part à la pointe du jour pour aller prendre position à Mariazell; elle s'éclaire fortement vers Annaberg, route de Saint-Pölten, et dans un vallon assez étroit. Sur la droite de Traisen, elle envoya des troupes légères dans la direction de Leoben pour surprendre les courriers et occupe en force le pont sur la petite Erlaf. Envoyé la veille par le général Heudelet, j'eus l'avantage d'assister à un combat très brillant que cette avant-garde soutint avec intrépidité contre un corps d'armée autrichien beaucoup plus nombreux et qui fut complètement battu, quoiqu'il eût en outre l'avantage de la position. 12 pièces de canon, 2 drapeaux, 3,500 prisonniers, furent l'heureux résultat d'une affaire qui cependant nous coûta du monde et la perte du brave général Eppler; elle eût coûté à l'ennemi la destruction totale de son corps d'armée si le désir de partager la gloire et le danger de cette journée eût suffi à la 1ʳᵉ division pour vaincre tous les obstacles, toutes les difficultés qui renaissaient à chaque instant dans des chemins étroits, hérissés de grosses pierres; l'ennemi laissa plus de 1,500 morts sur le champ de bataille; les chemins, les lisières des bois étaient remplis de chevaux abandonnés, d'armes, de voitures, caissons, gibernes, casquettes. Le 13ᵉ d'infanterie légère, le 108ᵉ de ligne, le 1ᵉʳ de chasseurs à cheval, le 7ᵉ de hussards formaient cette brave avant-garde qui, après l'affaire, marcha dans la direction de Leoben, à la poursuite de l'ennemi. La 2ᵉ division arriva très tard et dut bivouaquer dans une espèce de bassin circulaire formé par l'élargissement du vallon de la petite Erlaf qui y prend sa source, et près d'un petit hameau dit Neuhaus, où nous trouvâmes beaucoup de blessés français; à une lieue et demie en arrière de Mariazell, notre division était en quelque façon réunie tout entière sous nos yeux; les courses, les soins empressés du soldat fatigué pour se procurer du bois pour sa cuisine et passer la nuit; pour se former des abris aux dépens des forêts, cabanes, granges voisines; pour réunir de la paille, tuer, préparer les bestiaux qu'il ramassait dans la route; plumer les nombreux volatiles dont il se chargeait, souvent dans la crainte d'arriver à des stations où il ne put rien trouver; à cuire des viandes et le pain qu'il faisait lui-même, avec la farine qu'il pouvait se procurer : tout ce mouvement présentait un spectacle singulier, dont nous fûmes souvent témoins, un tableau animé de ce que l'homme pressé par le besoin peut faire pour sa conservation, qu'il voit d'ailleurs souvent exposée, compromise et en danger. La 3ᵉ division s'établit dans la même vallée que nous venions de parcourir et deux lieues derrière nous.

De Risselsau à Saint-Gaming, la route est bonne, presque plane; sa largeur varie de 5 à 6^m,50. Le vallon se retraite un peu avant Saint-Gaming et est traversé dans sa largeur par un mur peu épais haut de 10 mètres environ, percé d'une porte arquée pour le passage.

Gaming est un gros bourg avec église, cimetière, pont en pierre et moulins, sur la petite Erlaf, qui a 4 mètres de largeur et 0^m,60 de profondeur. On y voit une belle abbaye et une manufacture d'excellentes faux que l'on fabrique à la manière des damas, en réunissant et liant ensemble plusieurs lames très minces de fer de qualité différente, les chauffant fortement et les passant ensuite au laminoir pour n'en faire qu'une seule. Un quart de lieue au delà de Gaming, pont en bois sur la petite Erlaf, qui communique, à Gaming, à la grosse Erlaf par un petit canal de 150 mètres environ de longueur. Après ce dernier pont, il y a une montée longue et rapide; on descend ensuite dans un vallon assez considérable où se trouve un petit étang; le chemin s'y partage en deux branches : une en droit conduit à Linz, l'autre, que nous suivons, conduit à Neuhaus. Quoique la gelée ne permette guère de juger de la qualité des chemins, je pense cependant que ceux que nous avons parcourus, dégagés de neige, glace, seraient bons pour l'artillerie.....; les pentes sont douces et bien calculées, le chemin côtoie alternativement les deux rives de la petite Erlaf; guéable et remplie de grosses pierres en plusieurs points, elle alimente un bon nombre d'usines, forges, scieries, où nous remarquâmes que les eaux étaient distribuées et ménagées avec beaucoup d'intelligence; des canaux en forts madriers, portés sur des pilotis, sur les points trop bas, larges de 3 mètres et profonds de 1 mètre et parallèles au courant des ruisseaux ou petites rivières, portent les eaux aux moulins, usines, etc. M. le Maréchal et le général Caffarelli s'établirent à Mariazell.

Journal de la 3ᵉ division de dragons.

Le 17, à Gaming ; elle y arriva à 7 heures du soir.

La gelée étant très forte et les hautes montagnes difficiles à passer, le général Beaumont jugea qu'il ne pourrait arriver le lendemain à Mariazell, s'il couchait à Gaming ; en conséquence, il se décida à faire seulement rafraîchir la division et partit à 10 heures du soir, par un beau clair de lune ; après une peine infinie et la perte de plusieurs chevaux, on arriva le lendemain 18, à 8 heures du soir ; l'artillerie, qui ne pouvait passer, rétrograda avec celle du maréchal Davout et se dirigea sur Saint-Pölten ; elle rejoignit la division à Vienne.

Le 16ᵉ régiment avait été détaché à Waidhofen, pour se porter sur Purgstall, marchant à notre hauteur et longeant les montagnes, afin de lier le plus possible le corps d'armée avec celui du Prince et éclairer ce pays. Il a laissé Saint-Pölten à sa gauche et a rejoint la division le jour de son arrivée à Vienne.

3ᵉ CORPS D'ARMÉE.

Ordre.

Neuhaus, le 17 brumaire an XIV.

Le général Gudin fera son possible pour arriver promptement à la position de Neuhaus. Il se mettra en seconde ligne, la division du général Friant devant aussi occuper cette position.

Il partira demain à la pointe du jour pour se diriger sur Lilienfeld, en passant par Mariazell, où sera mon quartier général aujourd'hui.

Le général Gudin fera connaître à sa division que l'avant-garde a pris aujourd'hui plus de 2,000 prisonniers, 10 à 12 pièces de canon, 2 drapeaux et que demain, en forçant un peu la marche, on peut espérer de prendre le reste de ce corps, si l'avant-garde ne l'a pas totalement détruit avant la nuit.

Si la gelée continue, il est impossible de songer de faire venir notre artillerie ; alors le général Gudin enverra l'ordre à son commandant d'artillerie de réunir ses pièces et caissons à Gaming. Il enverra un demi-bataillon pour la garde de son parc, il lui ordonnera de lui organiser une réserve de 150,000 cartouches, avec les voitures du pays, et, s'il est impossible de les conduire avec des chevaux du pays qu'on n'aurait pu se procurer, on les fera traîner par les chevaux de l'artillerie.

Le Maréchal,
Davout.

P.-S. — Le général Gudin fera prendre des munitions que les Autrichiens ont laissées sur la route : 60 cartouches par homme.

Marmont à l'Empereur.

Weyer, le 17 brumaire an xiv, midi.

J'ai l'honneur de rendre compte à Votre Majesté que mes avant-postes ayant rencontré l'ennemi hier au soir et n'ayant pas pu l'enlever, parce que l'infanterie n'avait pas pu arriver, j'ai donné l'ordre à une brigade du général Boudet de suivre le mouvement de l'ennemi afin de mettre obstacle à ce qu'il ne dégrade le chemin et les ponts de communication, et d'être en mesure de l'attaquer à la pointe du jour.

400 hommes, qui formaient deux bataillons du régiment de Giulay, ont été faits prisonniers : 14 officiers, le capitaine commandant le 1ᵉʳ bataillon, le colonel commandant le régiment, 3 officiers et le major commandant le régiment de Kaiser-hussards et 12 hussards. Le brigadier Schlibschitz a été au moment d'être pris ; il s'est retiré sur Altenmarkt : nous avons eu 2 hussards tués et 3 blessés. Les Autrichiens ont eu 30 hommes tués ou blessés.

J'ai été informé qu'une partie du régiment de Colloredo, de Valachie et deux escadrons de hussards étaient entre Waidhofen et Weyer. J'ai envoyé à leur poursuite un bataillon de chasseurs et quelques chevaux. On les a vus sur les montagnes se dirigeant sans doute sur la route de Mariazell.

Je compte que ce soir la communication sera libre entre Weyer et Waidhofen. C'est par là que j'enverrai mes prisonniers.

Les Autrichiens parlent d'un succès en Italie, mais avec trop de modestie pour qu'on doive y croire. Il ne paraît pas qu'on ait annoncé de détachement de l'armée d'Italie, ni que le retour du prince Charles soit annoncé.

J'ai l'honneur d'adresser à Votre Majesté les renseignements que j'ai pu tirer des officiers autrichiens et des habitants.

Je serai ce soir, avec une partie de mes troupes, à Altenmarkt.

P.-S. — Il y a ici un magasin de plus de 2,000 sacs de blé et une grande quantité de fer.

Linz, le 17 brumaire an xiv.

En conséquence des intentions du Ministre de la guerre, il est ordonné au 21ᵉ régiment de dragons à cheval de partir demain, 18 du courant, à la pointe du jour, du cantonnement qu'il occupe près de Linz, pour se rendre en avant d'Enns.

Il cantonnera dans un village à deux lieues environ de cette ville et le colonel du régiment fera connaître de suite, au chef de l'état-major général, le nom et la position du village où il sera établi.

L'Aide-Major général,
ANDRÉOSSY.

8 NOVEMBRE.

Emplacements du 17 brumaire an XIV (8 novembre 1805) au matin.

DÉSIGNATION des CORPS.	EMPLACEMENTS.	OBSERVATIONS.
Quartier général impérial.	Linz.	
Garde impériale	Linz, avec partie de la cavalerie à Enns.	
1er corps (maréchal Bernadotte).	Seitenstetten, entre Steyer et Waidhofen.	
Corps bavarois	Avec le 1er corps. Laissant 6,000 hommes à Salzburg commandés par le général Minucci. Observant Lofer et Kufstein.	
2e corps (général Marmont).	En marche de Steyer sur Leoben.	
3e corps (maréchal Davout).	Ybbsitz et sur Gaming.	
4e corps (maréchal Soult).	Amstetten et en avant sur la route de Vienne.	
5e corps (maréchal Lannes) :		
Division Oudinot	A l'avant-garde, à Melk et Loosdorf.	Du 16, combat de Neumarkt.
Division Suchet	Arrivant sur Melk.	
6e corps (maréchal Ney).	Marchant sur Innsbrück par Scharnitz.	
7e corps (maréchal Augereau).	Sur Kempten avec des détachements sur le Tyrol par Füssen.	
Avant-garde (prince Murat).	Melk et Loosdorf.	Du 16, combat de Neumarkt.
Corps de la rive gauche du Danube (maréchal Mortier) :		
Division Dupont	A Mauthausen, ce soir.	
Division batave		
Division Gazan	Arrivant à Grim.	
Division de dragons (Klein).	A la poursuite d'un corps de milices.	
Corps de Wurtemberg.	Arrivant à Linz.	
Corps de Baden	En marche sur Braunau.	

L'Empereur à l'empereur d'Autriche.

Linz, le 17 brumaire an xiv.

Monsieur mon Frère, le lieutenant général comte Giulay m'a remis la lettre de Votre Majesté Impériale. Qu'Elle permette que je La remercie de tous les bons sentiments qu'elle contient pour moi. J'ose le dire à Votre Majesté, les ennemis des deux nations n'ont pu parvenir à rallumer le flambeau de la guerre qu'en calomniant mes intentions. C'était la seule marche que pouvait suivre l'Angleterre pour arriver à son but d'être encore longtemps l'arbitre absolu des mers et du commerce du monde. Il ne m'appartient pas de juger ce que Votre Majesté doit faire dans sa situation ; mais je vois avec quelque peine que Votre Majesté s'en rapporte à l'empereur de Russie, qui n'a point dans nos querelles le même intérêt qu'Elle et moi, puisque la sûreté et le bien-être de ses peuples ne dépendent pas des événements actuels. Cette guerre n'est pour la Russie qu'une guerre de fantaisie ; elle est pour Votre Majesté et pour moi une guerre qui absorbe tous nos moyens, tous nos sentiments, toutes nos facultés. Je ne puis que réitérer à Votre Majesté ce que j'ai dit à M. le comte Giulay en grand détail : je désire la paix, et je regarderai comme un moment fortuné celui où Votre Majesté n'écoutera que l'intérêt de sa couronne et le bien de ses peuples, et non le vœu d'une puissance qui se trouve dans une position si différente. Ce n'est pas que je veuille entacher en rien le caractère personnel de l'empereur Alexandre. Je connais trop toute l'étendue de la trame dont il est entouré depuis trois ans, pour être étonné que ses intentions, bonnes et bienfaisantes, aient cependant produit un effet tout contraire. Il voulait être le pacificateur et le bienfaiteur de l'Europe, et ses intermédiaires l'ont rendu le boute feu et le principal moteur de la discorde du continent. J'ai eu personnellement beaucoup de relations avec l'empereur Alexandre, et ces relations ont laissé, dans mon cœur, des traces de sa bonté et de ses belles qualités. Aujourd'hui, jeune, il acquerra plus d'expérience, et il réalisera tout le bien qu'il veut à l'Europe et au genre humain. J'espère qu'alors il rendra plus de justice à mes sentiments et à la franchise de l'amitié que lui ai montrée dans toutes nos communications. Mais, jusqu'à ce que cet instant soit arrivé, faut-il que les peuples d'Allemagne, de France soient livrés à toutes les incertitudes et à toutes les angoisses de la guerre ? M. le comte Giulay ne s'est pas cru autorisé à rien conclure pour une suspension d'armes. Il dira à Votre Majesté combien je suis disposé à en finir très promptement, mais aussi combien je crains les délais et les intrigues dont j'ai éprouvé toute l'amertume dans les circonstances passées. Tous les objets qui peuvent nous diviser sont si communs à nos ministres qu'ils peuvent les terminer en peu d'instants. Mais quelle que soit la tournure que les circonstances compliquées et difficiles où nous nous trouvons donneront à ces premières ouvertures, je prie Votre Majesté de ne jamais douter du plaisir que j'ai de Lui être agréable et d'être bien convaincue que mon véritable penchant, comme ma volonté la plus déterminée, est de contribuer au bonheur de ses peuples et à son bonheur particulier, en les conciliant toutefois avec ce que je dois au bien-être de mes peuples.

NAPOLÉON.

Berthier à Baraguey d'Hilliers.

Linz, le 17 brumaire an XIV.

J'ai communiqué à l'Empereur, Général, les différentes lettres que vous m'avez écrites; Sa Majesté n'est pas de votre avis sur les dépôts des corps à cheval; Elle pense qu'ils doivent être séparés de ceux des dragons à pied, parce que, jusqu'à ce qu'ils puissent être montés, il est des circonstances où 4,000 à 5,000 hommes de dragons à pied peuvent être d'une grande importance. Dans une guerre aussi active, différents petits dépôts de cavalerie sont nécessaires. Mal organisé, on est obligé de faire de ces dépôts toutes les 20 lieues; mais ils seront réunis et bien organisés aussitôt que les opérations militaires le permettront, en attendant, l'Empereur ordonne qu'une somme de 12,000 francs soit mise à la disposition des généraux Millet et Verdières. Sur ces fonds, ces généraux donneront de petits acomptes aux différents dépôts pour raccommodages de selles, etc. Chaque corps portera en compte à son conseil d'administration la somme qui lui aura été remise. Ces deux généraux enverront l'état de l'emploi des sommes par corps, afin que tout soit régularisé par des ordonnances.

Quant aux chevaux, l'intention de Sa Majesté n'est pas qu'on aille en acheter en France; mais bien qu'on en achète en Bavière, dans les pays alliés, et qu'on en lève dans les États de la maison d'Autriche.

L'Empereur attend de savoir ce que vous aurez fait au poste de Waldmünchen, pour vous donner de nouveaux ordres.

Faites sur-le-champ parvenir les ordres ci-joints aux généraux Millet et Verdières, pour se rendre avec leurs dépôts à Passau, où ils feront rejoindre les petits dépôts que les régiments de cavalerie ont eu ordre de faire depuis le passage de l'Inn.

Ces dépôts seront placés le long de la rive droite du Danube et de la rive gauche de l'Inn.

Surveillez ce qui se passe sur la Mühl.

Je vous envoie 3,000 francs de la part de l'Empereur pour dépenses secrètes.

État-major général. — Ordre du jour.

Linz, le 17 brumaire an XIV.

Le général Lauriston, gouverneur de la place de Braunau, a le commandement de tous les pays situés le long de la Salzach et de l'Inn, et compris entre l'Isar et l'Inn.

Il commande également toute la province de l'Innviertel.

Les commandants de Passau et de Burghausen seront sous ses ordres.

Il est spécialement chargé de maintenir l'ordre dans le pays, la sûreté des routes et le service de postes depuis l'Isar jusqu'aux limites de son commandement.

Il tiendra un commandant à Ried et un autre à Schärding.

Le commandant de Salzburg lui enverra un compte journalier de tous les mouvements militaires, et de tout ce qui viendra à sa connaissance concernant le service de l'armée.

Dans les pays compris dans l'arrondissement de son commandement qui sont dépendants de l'Électeur de Bavière, le général Lauriston n'aura d'autorité que sur les troupes et établissements français. Il se concertera d'ailleurs avec le gouvernement bavarois pour le maintien de la tranquillité publique.

Il se mettra en correspondance avec le général Baraguey d'Hilliers, commandant entre Passau et Donauwörth, et avec le général commandant à Augsburg, pour être toujours instruit et pouvoir rendre compte à Sa Majesté de tout ce qui intéresse l'ordre public.

D'après l'ordre de Sa Majesté, il y aura un commandant pour toute la Haute-Autriche, qui résidera à Linz : ce commandement est provisoirement confié au général Reille, commandant à Linz. Il y aura un commandant d'armes subalterne à Lambach, à Wels, à Eferding, à Enns et à Steyer. Il y aura également un commandant à Haslach et à Freystadt.

Dans le commandement de la Haute-Autriche n'est pas compris l'Innviertel, qui est sous les ordres du gouverneur de Braunau.

Sa Majesté a ordonné que M. Malemont, officier de sapeurs, soit arrêté et livré aux tribunaux pour avoir levé, à son compte, des contributions en argent, savoir :

A Schwabmünchen................................ 180 florins.
A Wellenburg................................ 70 —

A Biberbach............................ 160 florins.
A Gablingen............................ 70 —
A Göggingen........................... 370 —

Toutes les grandes administrations de l'armée sont placées jusqu'à nouvel ordre à Braunau.
Le quartier général impérial est à Linz.

Le Major généra',
BERTHIER.

Circulaire.
Le général Andréossy à tous les commandants de place, depuis Spire jusqu'à Linz.

Linz, le 17 brumaire an XIV.

Conformément aux intentions de S. Exc. le Ministre de la guerre, vous voudrez bien, Monsieur le Commandant, donner des ordres et prendre les mesures les plus convenables pour lever et organiser une garde bourgeoise à la tête de laquelle on mettra quelques Français.

Cette garde sera destinée à arrêter les malveillants, qui seront remis entre les mains des commandants d'armes ou gouverneurs les plus à proximité du lieu où ils seront arrêtés.

Vous voudrez bien m'adresser tous les huit jours un état de situation détaillé de votre garnison et des petits dépôts qui peuvent s'y trouver. Vous me ferez également un rapport journalier pour me faire connaître les troupes ou détachements qui passeront par votre place (1).

Ordre.

Place de Braunau, le 17 brumaire an XIV.

A dater de ce jour, l'ordonnance sur le service des places sera suivie exactement en la place de Braunau :

1° L'ordre du jour de la place sera adressé chaque jour aux autorités compétentes ;

---

(1) Il est envoyé des ordres de détail pour les détachements venant rejoindre l'armée : l'un arrivant à Braunau le 29 novembre, l'autre à Augsbourg le 4 décembre et à Linz le 15.
Une autre partant d'Augsbourg le 25 novembre; celle-ci comprend 700 hommes du 6° corps, et 4,000 des autres corps d'armée.

2° La garde se montera à midi;

3° La retraite sera battue à 6 heures du soir;

4° Il y aura chaque jour un officier de visite des postes qui rendra compte au commandant de la place de toutes les observations qu'il aura faites dans sa visite;

5° Les adjudants-majors faisant le service d'adjudants de place feront alternativement la ronde de nuit et s'assureront de l'exactitude du service et de la surveillance aux portes ;

6° A la retraite, les barrières seront fermées, les ponts-levis seront levés et nul n'entrera dans la place, qu'il ne soit muni d'un ordre particulier ou qu'il soit officier supérieur ou membre du Gouvernement. En conséquence, pour ne pas retarder leurs marches, les clefs, jusqu'à nouvel ordre, resteront entre les mains du commandant du poste qui fera ouvrir les portes à ceux ci-dessus mentionnés et tiendra une liste de leurs noms, qu'il enverra au commandant de la place au rapport du matin;

7° Les officiers commandant les lunettes des ouvrages avancés feront aussi battre la retraite à 6 heures, lorsqu'ils entendront celle de la place, fermeront les barrières et se renfermeront dans le blockhaus; il y aura la nuit comme le jour un factionnaire. Les officiers commandant ces postes exerceront la plus grande surveillance et empêcheront les soldats de s'écarter de leurs postes à telle heure que ce soit;

8° Les postes de l'intérieur et de l'extérieur enverront chaque jour le rapport au commandant de la place à 8 heures du matin ;

9° Dans chaque poste on fera deux appels par jour, l'un à 7 heures du matin et l'autre à 6 heures du soir; les soldats qui manqueraient aux appels seront sévèrement punis;

10° Le poste de la place veillera plus spécialement à la police et à la tranquillité de la place. En conséquence, à 8 heures du soir et à minuit, ce poste fournira une patrouille. Cette patrouille arrêtera tous les soldats qu'elle rencontrera dans les rues ou qui occasionneraient du tapage et les mènera à la salle de police, qui sera désignée par le commandant de la place. Cependant les postes de police et autres établis veilleront aussi à la tranquillité de tous les lieux voisins de ces postes et arrêteront tous perturbateurs de repos public, qu'ils conduiront à la salle de police désignée ci-dessus;

11° Les postes s'ouvriront le matin à 6 heures, les commandants des postes suivront à cet égard le règlement sur le service des places, en faisant reconnaître par une patrouille les dehors de la place. A la même heure, les chefs des postes des lunettes ouvriront les barrières;

12° Lorsqu'une troupe armée se présentera à la porte de la ville, on suivra, pour la reconnaître, le règlement sur le service des places;

13° Les distributions de pain et de viande se faisant régulièrement, les commandants des postes de chaque lunette enverront le matin prendre, par les sous-officiers et soldats nécessaires, et ce auprès du commandant de la place, les subsistances et objets qui leur reviennent. La distribution de paille se fera le premier jour de l'entrée en garnison de chaque détachement dans le blockhaus ;

14° Le commandant de la place rendra compte au gouverneur, tous les jours à 9 heures du matin, des différents rapports qui lui seront parvenus ;

15° Il y aura un poste permanent à la caserne du dépôt des sept corps d'armée et un autre poste également permanent au lieu indiqué du dépôt des prisonniers.

LAURISTON (1).

Le général Lauriston à MM. les Commissaires bavarois.

17 brumaire an XIV.

Le général gouverneur de Braunau, invite MM. les Commissaires bavarois, conjointement avec M. l'Intendant des forêts, à faire fournir, pour l'entier armement de la place de Braunau, la quantité de 40,000 palissades en sapin et de 3,000 forts liteaux en chêne et de les faire transporter, par des voitures attelées de bœufs, à Braunau, où l'on prendra les ordres du gouverneur.

Il les invite pareillement à faire confectionner ces palissades et ces liteaux le plus promptement possible, de manière que la livraison à compter du 21 brumaire, soit de 1,200 à 1,500 par jour.

Les palissades devront avoir 10 pieds d'Allemagne de longueur sur 10 pouces d'Allemagne de diamètre au milieu de la palissade.

Le gouverneur attend tout du zèle et de l'activité de MM. les Commissaires bavarois, auxquels Son Altesse a bien voulu parler pour cet objet.

Il a l'honneur de les saluer.

---

(1) 13 voitures mal attelées, 17 barils de farine, 20 sacs de farine, 400 rations de pain, sont remis au commissaire Sermet ; 4 boulangers du 100° sont à sa disposition.

Un brouillard épais, arrêtant la navigation, oblige à faire filer un détachement d'isolés par voie de terre sur Linz, escorté par un bataillon du 34°.

Lauriston demande à se concerter avec le gouverneur de Linz pour la répression du brigandage.

Les 3,000 Würtembergeois sont arrivés.

CHAPITRE XVI

9 novembre.

Belliard à Nansouty.

Mitterau, le 18 brumaire an xiv.

Mon Général, le Prince ordonne que vous partiez de suite avec votre division pour vous porter à Gerestorf par Prinzersdorf, en suivant le mouvement de la division de grenadiers.

Belliard à d'Hautpoul.

18 brumaire an xiv.

Le Prince ordonne que vous partiez de suite, avec votre division, pour vous porter à Gerestorf par Prinzersdorf, en suivant le mouvement de la division Nansouty.

Journal de la 2ᵉ division de dragons.

Le 18, de grand matin, le général Sébastiani, qui avait été porté sur la droite, arriva à Saint-Pölten, espérant y rencontrer l'ennemi ; les Russes se retirent sur le Danube à Mautern, et la cavalerie autrichienne, sous les ordres du général Kienmayer, prend le chemin de Vienne. Le général Fauconnet, avec son 21ᵉ, devant être rejoint par le 13ᵉ de chasseurs, qui avait été envoyé, dès la veille, en reconnaissance, dans la direction de Mautern, et suivi de la brigade du général Roget, poursuit les Russes sur la route de Mautern, les joint et les force à continuer la retraite ; les deux autres brigades de dragons, celles des troupes légères des généraux Treilhard et Milhaud, et le 1ᵉʳ régiment de chasseurs, continuent à marcher sur la route de Vienne, joignent la cavalerie du général Kienmayer au village de Perschling; après plusieurs charges, toutes à notre avantage, notre canon arriva, entama la cavalerie ennemie; il y eut des conférences entre les généraux de brigade et le général Kienmayer, et l'ennemi eut la facilité de se retirer pendant la suspension d'armes, qui ne dura que jusqu'à mon arrivée de chez le Prince à Saint-Pölten, où j'avais dû rester pour prendre des ordres; mais alors l'ennemi était en pleine retraite; la division bivouaqua en avant de Perschling; le 22e de dragons fut placé, suivant les ordres du Prince, sur la route de Mautern.

Journal des marches et opérations de la Réserve de cavalerie.

Les dispositions étaient faites pour attaquer l'ennemi, mais il évacua la nuit et se retira sur Mautern. Les reconnaissances envoyées de (*lacune*) et Grafendorf par le général Sébastiani arrivèrent à Saint-Pölten par la route de Lilienfeld, et ce général en prit possession à 6 heures du matin.

A 5 heures, tout le corps d'armée se mit en mouvement et marcha sur Saint-Pölten. L'armée russe ne s'y était pas arrêtée; elle se sépara du corps autrichien, qui prit la route de Vienne, et les Russes celle de Krems.

Le Prince ordonna au général Fauconnet de suivre sur la route de Krems et de s'assurer si toute l'armée russe était devant lui, de la harceler et de lui faire le plus de prisonniers possible. Il eut ordre en même temps, aussitôt son arrivée à Anzenberg, de faire éclairer la route de Walpersdorf et de communiquer sur Herzogenburg avec la brigade Milhaud, qui devait occuper Perschling; il dut aussi tâcher de communiquer par sa gauche avec le régiment de chasseurs qu'on avait dirigé de Mittereau sur Krems par la traverse. Le Prince ordonna au général Fauconnet de lui envoyer des nouvelles de deux heures en deux heures; il le fit soutenir par une brigade de dragons et par la division d'Hautpoul (1).

Le général Sébastiani fut dirigé sur Perschling, ainsi que les brigades Milhaud, Treilhard et Roget, sous les ordres du général Walther, pour poursuivre les Autrichiens; il était soutenu par la division Nansouty, qui occupait Pottenbrunn, faisant éclairer la route de Boheimkirchen.

---

(1) A Viehhoffen.

9 NOVEMBRE.

Les divisions Oudinot et Suchet prirent position en avant et en arrière de Saint-Pölten, où fut établi le quartier général.

L'avant-garde, commandée par le général Sébastiani, a rencontré l'ennemi en avant de Pottenbrunn; il y a eu plusieurs charges de part et d'autre; les Autrichiens ont été chassés jusque sur les hauteurs entre Pottenbrunn et Kapelln; là ils se sont ralliés et, commandés par le général Kienmayer, ils se sont portés en avant. Nos troupes ont marché de leur côté; l'ennemi a été enfoncé, avec perte de plusieurs hommes, et forcé de céder le terrain. Alors le général Kienmayer a envoyé un parlementaire et il est venu lui-même parler au général Sébastiani, pour demander une suspension; on la lui a accordée et il s'est retiré en arrière de Perschling, que nous voulions occuper. La marche sur les Russes a procuré 250 prisonniers et autant pour celle sur les Autrichiens.

On a trouvé à Saint-Pölten un magasin de farine et de pain.

Le Prince était impatient d'avoir des nouvelles certaines des Russes pour diriger sa marche, soit sur Krems, si l'armée russe n'avait pas passé le Danube et coupé le pont, soit sur Vienne pour anéantir ce qui restait de l'armée autrichienne, menacer la capitale, la prendre même, surprendre le pont et forcer l'empereur d'Allemagne à la paix.

Les corps d'armée de MM. les maréchaux Davout (*sic*) et Soult suivaient celui du Prince. Le Prince, en faisant une reconnaissance avec M. le maréchal Lannes autour de Saint-Pölten, rencontra un parti de Russes dans dans le village de (*lacune*), qui avaient été oubliés ou qui étaient restés pour piller. L'escorte chargea et presque tout fut fait prisonnier.

Le Prince écrivit à M. le maréchal Mortier que les Russes se retiraient sur Krems.

On annonça au Prince une députation de la ville de Vienne qui devait venir au-devant de Son Altesse Sérénissime.

Belliard à Nansouty.

D'après les ordres du Prince, vous voudrez bien aller vous établir, avec votre division, à Pottenbrunn, village à trois quarts de lieue en avant de Saint-Pölten, sur la route de Vienne; vous aurez soin, mon cher Général, de faire éclairer la route de Boheimkirchen et celle que vous pouvez avoir à votre droite. Les chasseurs et les hussards de la brigade (*sic*) de dragons sont en avant de vous, l'infanterie est à Saint-Pölten, et vous avez à votre gauche, sur la route de Krems, un régiment de chasseurs et une brigade de dragons; la division d'Hautpoul bivouaque à Viehhofen. Ordonnez, Général, qu'on se garde militairement;

veillez, je vous prie, à ce que la troupe ne commette pas de désordre, aussitôt après votre établissement.

Envoyez au quartier du Prince, à Saint-Pölten, deux sous-officiers.

Journal du 5° corps d'armée.

Quartier général de Saint-Pölten.

Le 18, l'ennemi faisant sa retraite sur Krems, les grenadiers s'avancèrent jusqu'à Saint-Pölten, et la division Suchet s'y rendit aussi.

Réserve de cavalerie. — Ordre du jour.

Saint-Pölten, le 18 brumaire an xiv.

Le prince Murat est extrêmement mécontent de la conduite des troupes; il n'est pas jusqu'à des officiers qui ont eu la lâcheté de mettre le sabre à la main pour prendre la bourse aux habitants de Saint-Pölten.

Beaucoup de réquisitions d'argent, de chevaux, de voitures et de drap ont été faites à Saint-Pölten ; le Prince cherche à connaître ceux qui ont pu les faire.

Soldats! voulez-vous vous assimiler aux nations barbares et suivre l'exemple des Russes, qui répandent partout la terreur et la désolation ? Soldats! vous étonnez l'Europe par votre bravoure, tâchez de mériter son admiration par votre bonne tenue. Soldats! ce n'est pas tout de se bien battre, il faut aussi se bien conduire. Rappelez-vous que vous êtes Français et commandés par l'Empereur.

Le Prince défend à qui que ce soit de faire aucune réquisition. Tout officier qui se permettra d'en frapper, sera connu par l'ordre, renvoyé sur les derrières et mis au conseil de guerre.

Tout sous officier ou soldat qui sera trouvé pillant, sera arrêté et fusillé sur-le champ; le Prince en donne l'ordre aux généraux de division.

Tout officier qui, sans ordre, sera trouvé sur les derrières, séparé de son régiment, sera destitué provisoirement, renvoyé, et il en sera rendu compte à l'Empereur. Tout sous-officier qui sera dans le même cas, sera cassé et mis à la queue de sa compagnie.

Le Prince espère qu'il sera suffisant d'avoir fait connaître le mal et son mécontentement. Il pense qu'à l'avenir les troupes se conduiront bien et qu'il ne sera pas forcé de faire des exemples.

Lorsqu'on marchera sur Vienne, aucun corps, détachement, reconnaissance et même aucun individu ne pourra y entrer sans un ordre par écrit du Prince.

Les généraux et chefs de corps sont personnellement responsables du présent ordre, qui sera lu demain matin, avant le départ, à la tête de chaque compagnie.

Murat à l'Empereur (1).

Saint-Pölten, le 18 brumaire an XIV, 6 h. 30 soir.

J'ai l'honneur d'envoyer à Votre Majesté les lettres trouvées à la poste de Saint-Pölten. Le capitaine du cercle, chez qui je suis logé, m'a assuré que l'Empereur était parti de Vienne. D'autres personnes de la ville disent avoir reçu la même nouvelle. Quelques-unes disent qu'il est allé à Presburg, d'autres à Olmütz, d'autres à Pesth.

P.-S. — Je joins à ma lettre l'état des effets trouvés dans les magasins de Saint-Pölten.

Vienne, 4 novembre. — On attend aujourd'hui ou demain l'empereur de Russie qui arrive de la Prusse.

6 novembre. — Tout est emballé et embarqué sur le Danube. Les équipages de la cour le sont aussi, ainsi que tous ceux de la noblesse. Toutes les voitures sont mises en réquisition.

Les Français ont été fortement attaqués près de Vérone. L'archiduc Charles les a repoussés et s'est emparé de Peschiera et de Brescia, et bloqué Mantoue.

4 novembre. — On a cessé de travailler à la Monnaie et à la Banque, on transporte l'argent en Hongrie. La maison de l'Empereur est aussi partie, l'Empereur seul excepté. Toute la noblesse s'éloigne. L'archiduc Palatin de Hongrie se met à la tête de 100,000 Hongrois. La farine et le pain commencent à manquer.

7 novembre. — Le Conseil de guerre (Ministère ou Chancellerie de la guerre) a été transporté à Olmütz, et les autres Départements en Hongrie. On ne peut plus faire travailler les ouvriers, parce qu'il n'y a plus d'argent pour les payer.

N. B. — Ce dernier article est pris d'une circulaire de la commission des remontes.

---

(1) Voir pour cette journée, Alombert, p. 76 à 86 : Klein, Dupont, Dumonceau et Soult à Mortier ; Murat et Soult à l'Empereur ; Soult à Murat.

Denrées et effets trouvés à Saint-Pölten et appartenant à l'Empereur.

Savoir :

Farine en couche	80 quintaux.
Farine en barils	3,700 —
Total	3,780
Légumes secs	100 quintaux.
Blé, environ 300 sacs	450 —
Avoine	50 sacs.

19 bœufs, à 500 livres l'un ;
Bois, 800 cordes environ ;
2 fours en ville en bon état ;
6 fours hors de la ville à réparer ;
1 magasin à foin peu considérable.

Belliard au Ministre de la guerre.

18 brumaire an xiv.

J'ai l'honneur de rendre compte à Votre Excellence que le corps d'armée de S. A. S. le prince Murat est arrivé à Saint-Pölten, dont l'avant-garde avait pris possession à 6 heures du matin.

La brigade Sébastiani, la brigade Milhaud et la brigade de dragons Boussard, à Perschling, route de Vienne.

Un régiment de chasseurs et la brigade de dragons Roget, à Walpersdorf, route de Mautern.

La division Nansouty, à Rottenbrunn, route de Vienne.

La division d'Hautpoul, la division Oudinot et la division Suchet, en avant et en arrière de *(lacune)*.

Un régiment de chasseurs est parti de Mitterau par une route de traverse pour passer sur Krems et tâcher d'inquiéter un convoi russe qui, dit-on, a pris parti pour montrer une tête de colonne.

Le quartier général de S. A. S. le prince Murat et celui de M. le maréchal Lannes sont à Saint-Pölten.

Belliard à Nansouty.

Saint-Pölten, le 18 brumaire an xiv.

D'après les ordres du Prince, vous partirez demain à 7 heures du matin pour vous rendre à Perschling. Vous attendrez de nouveaux ordres du Prince.

Belliard à Walther.

18 brumaire an XIV.

D'après les intentions du Prince, vous voudrez bien réunir demain, à 9 h. 30 du matin, toute votre division ; toutes les troupes devront être prêtes à marcher, mais aucune ne devra se mettre en mouvement avant que le Prince ait donné des ordres.

Belliard à d'Hautpoul.

18 brumaire an XIV.

Le Prince ordonne que vous partiez demain, à 6 heures du matin, avec votre division, pour revenir sur Saint-Pölten prendre la route de Vienne et marcher à la suite de la division des grenadiers, qui doit se mettre en mouvement à 7 heures du matin.

Belliard à Fauconnet.

18 brumaire an XIV.

Le Prince ordonne que vous poussiez sur Krems aussi loin qu'il sera possible. Si l'ennemi a passé le Danube, vous reviendrez joindre le corps d'armée sur la route de Vienne en avant de Perschling. Ayez soin de donner souvent de vos nouvelles au Prince, qui n'en a pas encore reçu.

Belliard à Fauconnet.

18 brumaire an XIV.

D'après les intentions du Prince, votre régiment et la brigade Roget doivent suivre l'ennemi jusque sur le Danube. S'il l'a repassé et que le pont soit brûlé, vous reviendrez par Pottenbrunn joindre le corps d'armée sur Vienne, sans faire de trop grandes journées.

Compans à Oudinot et Suchet.

Saint-Pölten, le 18 brumaire an XIV.

M. le Maréchal commandant en chef vous ordonne de partir demain à 7 heures du matin, avec votre division, pour vous diriger sur la route de Vienne. M. le Maréchal marchera avec votre division et vous donnera des ordres ultérieurs.

COMPANS.

Soult à l'Empereur.

Melk, le 18 brumaire an XIV, 3 heures du matin.

Aujourd'hui à midi, toutes les troupes du 4ᵉ corps d'armée seront réunies en avant de Melk, où je leur ferai prendre position pour attendre les ordres qu'il plaira à Votre Majesté de me donner à leur égard; j'ai écrit à S. A. le prince Murat pour le prier de faire évacuer par la grosse cavalerie les villages de Loosdorf et de Schallaburg, afin de me donner la facilité de sortir du défilé de Melk, et pour me former : demain toutes les troupes seront à même de se porter en ligne.

Aujourd'hui je ferai donner une bouteille de vin par homme : l'abbaye de Melk offre sous ce rapport de grandes ressources, mais les troupes manquent de pain; j'attends avec la plus vive impatience le convoi de 20,000 rations que Votre Majesté a bien voulu accorder au 4ᵉ corps d'armée et qui descend le Danube. J'ai en outre envoyé un commissaire des guerres près de M le maréchal Mortier, sur la rive gauche du fleuve; j'en attends quelque secours et enfin j'espère que d'autres convois, qui suivent la marche du corps d'armée depuis plusieurs jours, pourront arriver, du moment que j'aurai pu me former et sortir du défilé.

Soult à Vandamme.

Melk, le 18 brumaire an XIV.

ORDRE.

La division de cavalerie légère s'établira aujourd'hui à Prinzersdorf et dans les hameaux à portée.

La 3ᵉ division s'établiera à Sirning, Markersdorp, Haunoldstein et Haindorf.

Le général Legrand enverra une compagnie de grenadiers à Mitterau, où sera le quartier général du corps d'armée.

La 2ᵒ division s'établira à Loosdorf.

La 1ʳᵉ division s'établira à Roggendorf et Albrechtsberg.

Les généraux de division rendront compte de leur établissement et feront connaître si leur artillerie les a joints. Ils peuvent faire rappeler les voitures d'équipage qu'ils ont eu ordre de laisser sur la rive gauche de l'Inn.

L'ordonnateur en chef fera diriger sur les divisions, dans les endroits où elles doivent s'établir, les subsistances qui leur sont destinées et qu'il aura, pour cet effet, réunies à Melk.

Demain à 7 heures du matin, les divisions se mettront en marche, à moins d'ordre contraire, pour se diriger sur Saint-Pölten, en suivant la grande route de Vienne. Il leur sera donné de nouveaux ordres pour leur établissement.

Vandamme à Soult.

Loosdorf, le 18 brumaire an XIV.

Monsieur le Maréchal, j'ai l'honneur de vous rendre compte que ma division est établie à Loosdorf. J'espère que mon parc arrivera avant 10 heures du soir. Au reste, nous sommes prêts à tout événement. Nous partirons d'ici à 7 heures du matin pour Saint-Pölten, à moins d'ordres contraires (1).

Le chef de bataillon Compère, maréchal des logis du 4ᵉ corps, au général Mathieu Dumas.

Au quartier général à Saint-Pölten, le 19 brumaire an XIV.

Rapport du 18 brumaire an XIV.

Le 4ᵉ corps d'armée s'est mis en mouvement ce matin, à la pointe du jour, ainsi qu'il suit :

La division de cavalerie légère est partie de ses cantonnements et est venue occuper le village de Prinzersdorf et hameaux environnants.

La 3ᵉ division a cantonné dans les villages de Sirning, Markersdorf, Haunoldstein et Haindorf.

La 2ᵉ division s'est établie à Loosdorf.

La 1ʳᵉ division à Roggendorf-Albrechtsberg.

Le quartier général du corps d'armée est resté le jour à Melk et la nuit à Saint-Pölten.

Il y a de Melk à Saint-Pölten, 6 lieues, la route est fort bonne.

---

(1) Salligny écrit à l'ordonnateur d'envoyer un courrier à Enns et Asten pour faire rejoindre à Melk le convoi de 30,000 rations de pain destiné au 4ᵉ corps. Assurer le transport depuis Melk jusqu'aux divisions, en arrêtant à Melk les voitures qui suivent les régiments.

Ordre à tous les généraux de ramasser tous les prisonniers rencontrés sur les routes

Journal du corps bavarois.

Le 9, l'avant-garde fut établie près Ulmerfeld, tout le terrain à 1 lieue en avant fut éclairé par des patrouilles (1).

Davout à Berthier.

Mariazell, le 18 brumaire an XIV.

J'ai l'honneur de rendre compte à Votre Excellence que, hier, vers 9 heures du matin, l'avant-garde, aux ordres du général Heudelet, a rencontré en avant de Neuhaus le corps du général Merfeld, fort de 6 bataillons de grenadiers et 3 régiments d'infanterie. Le général Heudelet a attaqué avec la plus grande vigueur sans consulter le nombre des ennemis; le combat a été très vif. Les Autrichiens ont été enfoncés et mis dans la plus complète déroute; ils ont laissé 400 morts sur le champ de bataille, 600 blessés et 4,000 prisonniers, 16 pièces de canon et 3 drapeaux. Les colonels des régiments de Colloredo et Deutschmeister et 3 majors sont au nombre des prisonniers. Tout ce qui reste de ce corps eût été pris si les chemins escarpés et tout couverts de glace eussent permis à la cavalerie de donner et de gagner la tête de la colonne.

J'ai mis le général Heudelet, pour achever son ouvrage, à la poursuite de ces débris qui se sont retirés sur Lilienfeld.

Je dois prévenir Votre Excellence que malgré tous les efforts humains, il est impossible de nous faire suivre par de l'artillerie et des caissons; une grande partie est restée entre Waidhofen et Gaming. De Gaming à Mariazell, on rencontre beaucoup de montagnes très élevées et couvertes de glace qu'il est impossible de franchir, même à force de bras et de chevaux. J'emporte avec moi le plus de cartouches possible. Au surplus, dans le pays de montagnes où nous allons, l'artillerie de l'ennemi ne lui sera d'aucune utilité; il sera forcé comme nous de l'abandonner. J'agirai suivant les circonstances.

Je ne puis trop faire l'éloge de la conduite pleine de vigueur et

---

(1) Des désordres s'étant produits dans la 1re compagnie du 2e bataillon du train d'artillerie, Éblé ordonne au capitaine de faire connaître les coupables et de maintenir la discipline. Il lui envoie deux gendarmes.

Éblé envoie le chef d'escadron Lépin à la recherche du parc d'artillerie; cet officier fera connaître quand ce parc arrivera à Amstetten, qu'il ne doit pas dépasser jusqu'à nouvel ordre.

d'intelligence du général Heudelet, qui commande l'avant-garde, depuis le commencement de la campagne, avec beaucoup de distinction. Ce général se loue beaucoup du 13° régiment d'infanterie légère et du 108° de ligne; 5 compagnies de ce régiment ayant à leur tête le colonel Hygonnet ont chargé l'ennemi qui voulait se rallier à Mariazell, cette charge, faite à la baïonnette et sans tirer un coup de fusil, a produit 1,500 prisonniers; lorsque les détails de ce combat me seront parvenus, j'aurai l'honneur de les transmettre à Votre Excellence avec prière de présenter à la bienveillance de l'Empereur le nom des braves qui se sont plus particulièrement distingués. J'envoie à Votre Excellence, par l'un de mes aides de camp, les trois drapeaux pris sur l'ennemi. Il est tombé beaucoup de bagages en notre pouvoir, mais comme les voitures encombraient la route, on a été contraint de les précipiter dans les ravins.

Je saisirai cette circonstance pour prier Votre Excellence d'expédier le brevet d'aide de camp de cet officier, dont je ne saurai trop faire l'éloge; il est brave, très intelligent et d'une grande activité.

Je vous adresse un rapport fait sur les déclarations des prisonniers.

Le corps de Merfeld se rendait à Neustadt où l'ennemi réunit des troupes. Il paraît que quelques troupes russes du corps du général Michelson ont rejoint l'armée russe.

Le général Heudelet se loue beaucoup du général Eppler et de l'adjudant commandant Marès.

Friant à Gudin.

Quartier général à Mariazell, le 18 brumaire an XIV.

J'ai l'honneur de vous prévenir, mon cher Général, de la part de M. le Maréchal, que son intention est que vous occupiez Annaberg aujourd'hui. L'avant-garde sera portée tout entière sur la route de Bruck pour tenter de détruire le corps de M. de Merfeld. Vous voudrez bien laisser au bas de Mariazell un bataillon qui sera destiné à seconder le général Heudelet, dans le cas où il serait repoussé, et qui ne devra quitter sa position que lorsque le général Heudelet, sous le commandement duquel il passe, lui en aura donné l'ordre formel.

(A. G.)

3° CORPS D'ARMÉE.

Journée du 18 brumaire (9 novembre 1805).

Quartier général : Türnitz.

Avant-garde : Mariazell.

Infanterie. — L'infanterie va jusques en avant de Goldrath (route de Bruck) pour attendre et soutenir, en cas de besoin, l'escadron de hussards qui est allé à la poursuite des fuyards A 4 heures du soir on part pour aller reprendre son rang de bataille du côté de Lilienfeld ; on marche toute la nuit.

Cavalerie. — Le 12e et le fond du 2e de chasseurs en avant de Türnitz et dans ce village.

Le 7e hussards suit le mouvement de l'infanterie

1re division : Türnitz.

Près de Türnitz, un peu en arrière de ce village, à gauche de la route, étant adossée à un bois.

2e division : Gstettenhof.

En colonne sur la route, à la queue du vallon où était campée la 1re division.

On n'avait pas d'autre place pour camper, la route est resserrée d'un côté par la Traisen et de l'autre par les montagnes.

3e division : Annaberg.

En arrière d'Annaberg.

3e division de dragons : Mariazell.

Arrière à Mariazell, à 4 heures du soir.

Parc de réserve : Le parc prend la grande route de Vienne et se dirige de Steyer-sur-Enns.

Notes topographiques et militaires.

La route est généralement assez bonne depuis Gaming jusqu'à Türnitz, Lilienfeld et au delà ; la saison seule la rendait difficile. Toutes les montagnes étaient couvertes de neige et de glace, et il était impossible aux voitures de monter les pentes longues et rapides qui composent la moitié de la route. Le col d'Annaberg qu'il faut passer, a près de 3,000 mètres d'élévation au-dessus de Türnitz.

Journal de l'artillerie du 3e corps.

Le 18, les divisions se mettent en marche pour se porter sur Türnitz passant par Annaberg, pendant que l'avant-garde et la brigade de cavalerie légère, aux ordres du général Vialanne, poursuivaient l'ennemi jusque sous les murs de Leoben. Les montagnes entre Gaming et Türnitz sont très élevées ; les chemins frayés à travers ces montagnes étaient alors d'autant moins praticables qu'ils étaient couverts d'une neige gelée qui présentait une surface entièrement unie sur laquelle les chevaux avaient beaucoup de peine à marcher. L'artillerie des divisions fut, en conséquence, obligée d'attendre à Gaming qu'on lui donnât une autre direction; celle de l'avant-garde seule suivit l'armée; je dois rendre ici justice au premier lieutenant Alphand, du 7ᵉ régiment, qui la commandait; cet officier a toujours mis beaucoup de zèle et d'activité dans son service, mais particulièrement dans cette occasion, où il y avait de grandes difficultés à surmonter.

(*A. A.*)

Journal de la division Friant.

De Neuhaus à Stenhoff, le 18 brumaire an xiv.

Le corps d'armée continue sa marche pénible à travers les hautes montagnes de la Styrie...; il joint à Maria-Zell la grande route de Leoben à Vienne par Türnitz, Saint-Pölten, et la 1ʳᵉ division établit ses bivouacs dans le vallon étroit de la Traisen, en arrière et près la petite ville de Türnitz, où le Maréchal et le général Caffarelli avaient leur quartier général, et qui était couverte par l'avant-garde; la partie du vallon où était la 1ʳᵉ division était oblongue et avait un petit diamètre de 200 mètres environ. La 2ᵉ division, réduite à trois régiments d'infanterie (le 111ᵉ était à la garde du parc depuis Steyer et le 108ᵉ était à l'avant-garde), bivouaqua en colonne dans le même vallon, en arrière de la 1ʳᵉ; le Général, son état-major et un bataillon du 48ᵉ régiment logèrent au village de Gstettenhof, où se trouve une verrerie considérable, que nos sauvegardes ne purent garantir d'abord du pillage et qui fut réduite en cendres, deux jours après notre départ, par le détachement même du 21ᵉ régiment de ligne, que nous avions laissé pour protéger cette propriété, dont le directeur avait fait les plus grands sacrifices pour nous, et avec la meilleure volonté.

Combien de fois durant cette campagne, qui ne faisait que commencer, avions-nous déjà eu la douleur de voir commettre de semblables atrocités! Plusieurs fois, en voyageant isolément pour rejoindre la division, dont j'avais été détaché pour quelques reconnaissances, je fus insulté par des traîneurs contre lesquels je voulais défendre les malheureux dont ils avaient pillé les meubles, effets, incendié les granges, et qu'ils maltraitaient; la rapidité de nos marches, et surtout le manque absolu de distributions et l'impunité, avaient fait de la plupart de nos soldats autant de brigands qui ne connaissaient plus de frein. Le chemin monte, en sortant de Neuhaus, et quitte peu le revers gauche d'un vallon étroit qui débouche dans celui où nous avions passé la nuit; il descend ensuite dans un autre vallon, baigné par un ruisseau que nous passâmes sur un pont en bois et qui va se jeter dans l Erlaf-See, près duquel nous passâmes à notre gauche et que nous ne **vîmes pas** parce qu'il est dans un creux ayant la forme d'un cône tronqué **renversé. Une** lieue au delà, nous arrivâmes sur les bords d'un beau bassin arrosé par **un gros** ruisseau sur lequel était un pont en pierre assez long, et vîmes la **jolie petite** ville de Maria Zell et sa magnifique abbaye de bénédictins sur la **crête,** et le revers d'un des mamelons qui formaient le susdit bassin ; notre **surprise,** à la vue de ce beau bassin, fut d'autant plus agréable que la monotonie des gorges, vallées étroites que nous avions parcourues depuis plusieurs **jours,** était plus triste. Les revers boisés, hérissés de rochers et élevés, ne **nous** avaient encore permis de voir que le ciel et notre chemin.

L'abbaye de Maria-Zell est célèbre par son pèlerinage, et je pourrais dire aussi par la grande quantité d'excellents vins de toute espèce que les moines prévoyants y réunissent dans leurs magnifiques caves supérieurement voûtées. Le lecteur peut s'imaginer combien on en consomma et combien le gaspillage fut grand ; nous passâmes sur le susdit pont en pierre, près le petit village de Saint-Sigmund, dans le fond du ravin et arrivâmes à Maria-Zell par une pente douce, large, bien ferrée, pratiquée dans le revers de la montagne.

Maria-Zell est assez bien bâtie ; il y a plusieurs belles maisons, la façade de l'abbaye est belle et régulière, le buffet d'orgues est très beau ; **1,200** prisonniers, faits la veille, avaient couché dans l'église et étaient dirigés sur Steyer.

Pour aller de Maria-Zell à Annaberg, on passe par Zeller-Alpen, Saint-Sebastian et Josefsberg ; on traverse deux fois la grosse Erlaf sur deux ponts en bois, entre ces deux derniers villages ; Josefsberg et le suivant, Joachimsberg, sont situés aux sommets de deux montagnes très élevées ; ils sont assez considérables. De ce dernier village à Annaberg, situé au haut de la montagne, la plus haute que nous ayons vue, et qui est bien élevée de 3,000 mètres au-dessus de la Türnitz, la montée est très forte, ainsi que la descente qui la suit ; elle se prolonge jusqu'à Siedenbrunn, gros village près de 2 lieues au delà ; cette montée et cette descente, couvertes de neiges et de verglas, présentèrent tant de difficultés, causèrent tant d'embarras, particulièrement aux cavaliers (quoiqu'on eût brisé, autant que possible, les glaces avec des pics à roc, qu'on y eût répandu des branches de sapin, de la paille, du foin ; qu'elles étaient constamment remplies d'hommes, de chevaux tombants ; les chevaux, acculés sur leurs pieds de derrière, glissaient dans la descente l'espace quelquefois de plus de 100 toises, et ne pouvaient s'arrêter qu'aux coudes formés par la route ces accidents et les chutes pour les chevaux étaient d'autant plus fréquents que la plupart n'étaient point ferrés à glace, parce que les maréchaux des régiments, depuis

9 NOVEMBRE.

plusieurs jours, ne trouvaient plus de fer, de charbon et de boutiques pour s'y établir; je donnai un louis pour ferrer des quatre pieds un de mes chevaux. De Siedenbrunn à Gstettenhof, et même jusqu'à Türnitz, le chemin continue à descendre, mais sa pente est peu sensible. **Gstettenhoff** est à mi-distance de Brunn à Türnitz, éloignés **entre eux** de 3 lieues. Un peu avant ce village, le vallon est très étroit...; la rive gauche de la Traisen, sur une longueur de 400 mètres, n'est séparée du pied du revers que par le chemin, qui a environ 5 mètres de largeur. Nous vîmes encore, dans cette journée, plusieurs belles usines, particulièrement des forges. On sait que le fer de Styrie est justement renommé; la route coupe plusieurs fois la Traisen, entre autres immédiatement avant Gstettenhof; son lit est pierreux, il est rapide et peu profond, sa largeur est de 6 mètres environ.

L'adjudant-commandant Coehorn au général Gudin.

Mon Général,   Sagmühl, le 18 brumaire an xiv.

M. le Maréchal commandant en chef me charge de vous informer qu'environ 200 uhlans et 40 hommes d'infanterie se sont retirés par le chemin qui tourne sur la droite de cette maison et qui va à Saint-Gilles (en allemand Sanct-Gilgen).

M. le Maréchal vous invite en conséquence, mon Général, à faire éclairer cette gorge.

J'ai l'honneur, mon Général, de vous saluer avec un respectueux attachement.

(A. G.)   Coehorn.

Rapport sur la marche du 3ᵉ corps d'armée aux ordres du maréchal Davout, par Waidhofen et Gaming sur Lilienfeld.

Au quartier général, le 18 brumaire an xiv.

Hier vendredi 17 brumaire, l'avant garde du 3ᵉ corps a dû prendre poste à Maria-Zell. Les 1ʳᵉ et 2ᵉ divisions à deux heures en arrière de Maria-Zell; la 3ᵉ à 3 ou 4 lieues.

La communication de Gaming à Annaberg et à Joachimsberg est impraticable pour l'artillerie, et lorsqu'on suit la vallée et les sources de l'Erlaf jusqu'à Maria-Zell, on trouve un chemin moins difficile même que celui d'Ybbsitz à Gaming.

Le défilé de Gaming à Maria-Zell est au moins de 10 lieues. Les troupes, très fatiguées par trois fortes marches, ne pourront atteindre le point de Lilienfeld et s'y concentrer que dans la journée du dimanche 19.

L'artillerie de l'avant-garde et celle de la 1re division avaient seules pu dépasser hier 17, à midi, le défilé de Gaming.

L'artillerie des 2e et 3e divisions et de la division de dragons du général Beaumont auront passé le premier défilé pendant la nuit du 17 au 18.

La division du général Beaumont se trouvera à Türnitz, sur la route de Lilienfeld, demain 19.

Waidhofen a été occupé par une arrière-garde de 4 compagnies et 25 dragons.

Le colonel Clément, avec 100 dragons, a pris poste à Purgstall pour couvrir la communication entre les deux routes ; il doit se rallier à sa division à Türnitz.

L'ennemi a observé de très près le débouché de Waidhofen.

Un gros de uhlans qui escortait un convoi de 30 voitures chargées d'effets d'habillement a été atteint dans la gorge de Gaming, à Maria-Zell. Ils se sont échappés, avec les chevaux de trait, après avoir encombré le défilé ; les voitures sont tombées en notre pouvoir ; on a distribué promptement les effets et détruit les voitures.

Il y a, dans ces hautes vallées, la plus grande disette de subsistances.

Des habitants qui se disent bien informés ont assuré que M. l'archiduc Charles était en marche sur Salzburg, avec un fort détachement, par la route de Leoben.

L'avant-garde du 1er corps d'armée est arrivée hier à 6 heures du soir à Gleis, sur la grande route qui communique de Waidhofen à Amstetten.

Mathieu DUMAS.

Le colonel Clément (1) au général Mathieu Dumas.

Purgstall, le 18 brumaire an xiv, 11 heures du soir.

Mon Général,

Conformément à vos ordres, je me suis porté, avec 100 chevaux, sur Purgstall, où je me suis établi militairement ; j'ai de suite envoyé une découverte sur la route de Türnitz, en passant par Plankenstein et

---

(1) Commandant le 16e dragons.

9 NOVEMBRE.

Weissenburg, où, d'après les renseignements qui m'avaient été donnés, l'ennemi pouvait s'être retiré.

Cette découverte l'a rencontré au premier village, distant d'à peu près 5 lieues, fort d'environ 200 hommes, tant cuirassiers que dragons. Il paraît qu'ils venaient de fourrager, car l'officier en ayant fait charger une vingtaine qui se trouvaient à l'entrée du village, leur a pris 5 chevaux qu'ils menaient en main, qui, ainsi que les leurs, étaient chargés de fourrages, et qu'ils ont abandonnés pour aller plus vite; le jour étant tout à fait tombé, il n'a pu les poursuivre et s'est retiré sur Purgstall.

La découverte, qui s'est portée en avant de Purgstall, en se dirigeant un peu à gauche dans la direction de Saint-Pölten, a marché jusqu'à Ruprechtshof, village à 3 lieues et demie d'ici, et d'où 30 ou 40 dragons et cuirassiers ennemis étaient partis hier matin, prenant la route de Lebersdorf. Elle n'a pu avoir d'autres renseignements.

Celle dirigée sur Kemelbach, en passant par la grande route de Saint-Pölten, ayant rencontré à Wieselburg deux escadrons du 4ᵉ régiment de hussards et ayant appris du chef d'escadron commandant que les Français étaient depuis hier à Léonhard et Melk, s'est retirée sur Purgstall, ainsi qu'elle en avait l'ordre.

Je dirigerai demain de très grand matin deux autres partis dans la direction de Türnitz, l'un passant par Plankenstein, où l'ennemi a été rencontré ce soir, et l'autre par Scheibbs. Sitôt leur rentrée, j'aurai l'honneur d'en prévenir Son Altesse.

J'ai trouvé dans ma route, en me rendant ici ce matin, plusieurs voitures et caissons renversés, brûlés et brisés, et les traces de beaucoup de munitions jetées par l'ennemi pour alléger celles qu'il a emmenées; il paraît certain que deux régiments de cuirassiers et dragons se sont retirés, avec de l'artillerie et des bagages, par la route que j'ai tenue, qui est celle d'Ulmerfeld et Steinakirchen, mais ils n'ont pas passé par Purgstall et ont suivi la route directe de Saint-Pölten.

Je dirigerai demain, pour communiquer par ma gauche avec les troupes qui sont à Léonhard ou en avant, un parti de quelques chevaux sur cet endroit.

Marmont à l'Empereur.

Eisenerz, le 18 brumaire an xiv.

J'ai l'honneur de rendre compte à Votre Majesté de mon arrivée à Eisenerz avec mes deux divisions. Leur marche a été extrêmement pénible à cause de leur rapidité et l'absence absolue de ressources en subsistances que présente ce pays. Tous les habitants des villages se sont enfuis à notre approche.

Les glaces et la neige ont rendu les chemins de montagnes si difficiles que j'ai été forcé de laisser mon artillerie en arrière. J'ai laissé la valeur de deux bataillons pour l'escorter et la traîner dans les mauvais pas. Elle sera deux jours à arriver ici. Je laisse deux brigades pour lui faire passer le col.

J'ai ce soir une brigade à Vordernberg. Je serai demain de très bonne heure à Leoben, où sans doute je trouverai moyen d'avoir des nouvelles.

J'ai laissé, dans toute la vallée, des postes de cavalerie pour s'éclairer et surveiller les débouchés des vallées transversales. J'ai envoyé une forte reconnaissance à Palfau pour avoir des nouvelles des 600 ou 700 hommes de Peterwaradin et de Kaiser-hussards qui se sont retirés hier dans les environs de Weyer par la montagne et qui doivent passer par Gostling et Lunz. Comme cette route communique avec celle qui remonte la Salza, il serait possible que ce corps, coupé par le maréchal Davout, vînt se jeter sur ce point.

J'ai fait également éclairer les deux chemins de Rottenmann ; aussitôt que mon artillerie sera passée, je replierai ces postes et les établirai sur Maria-Zell.

J'ai fait poursuivre jusqu'à la nuit ces troupes par quatre compagnies du 18ᵉ régiment. Elles leur ont pris 1 officier et 30 hommes du régiment de Peterwaradin.

J'ai beaucoup à me louer du 18ᵉ régiment d'infanterie légère, du 6ᵉ régiment de hussards et du colonel Pajol qui le commande. C'est un officier d'une grande ardeur et de beaucoup d'intelligence.

Hier matin, les deux bataillons de Giulay ont été délogés par les seuls voltigeurs. Je crois devoir rendre compte à Votre Majesté de la conduite du capitaine Onagthen, du 6ᵉ régiment.

Il était fort important pour la rapidité de ma marche d'empêcher l'ennemi de détruire les deux ponts qui sont sur l'Enns, qu'il aurait fallu beaucoup de temps pour réparer. J'avais chargé le capitaine Onagthen de pousser l'ennemi vigoureusement et de le poursuivre sans relâche.

A Altenmarkt, il a rencontré 100 hussards de Kaiser ; il avait avec lui 40 hommes. Il les a chargés, leur en a pris 12 et en a sabré plus de 30 ; les a poursuivis ventre à terre jusqu'à Reiffing, où est le premier pont. Là un poste d'infanterie l'a fusillé pendant qu'on coupait le pont. Il a fait mettre pied à terre à ses hussards et a marché avec ses carabines contre le poste, qui s'est jeté dans le bois.

Il a poursuivi de nouveau les hussards de Kaiser, les a atteints, a passé le deuxième pont avec eux, en a pris 14, et 47 hommes d'infanterie et 2 officiers qui le défendaient.

9 NOVEMBRE.

Je serai demain de très bonne heure à Leoben. Je m'y rends avec six bataillons et quatre pièces de 4; d'après tous les renseignements, il ne paraît pas que j'aie personne à combattre. Le bruit public est ici que le prince Charles a quitté l'armée d'Italie, qu'il était attendu à Leoben hier ou aujourd'hui. S'il arrive, j'espère que mes hussards ne le laisseront pas échapper.

En comparant les renseignements pris ici avec ceux de Weyer, il est maintenant certain qu'il n'est passé ici qu'environ 1,200 hommes hier et avant-hier. Ces troupes sont : 150 hussards de Kaiser, 300 uhlans et 700 ou 800 hommes d'infanterie de plusieurs régiments, mais particulièrement des régiments de Colloredo, Giulay, Valachie ; qu'il est passé, depuis quinze jours, 12 à 15 pièces de canon.

Que le général Merfeld s'est retiré d'abord sur Maria-Zell. Il paraît que le général Merfeld a quitté Maria-Zell pour se rendre à Neustadt, près de Ebenfurt, et que l'artillerie qui a passé ici est allée l'y joindre.

On assure que l'administration militaire a fait faire trois grands fours, il y a huit jours, à Rottenmann ; enfin, l'état des communications est celui-ci :

De Reifling, il y a un chemin qui suit la Salza. Il est bon jusqu'à 2 lieues au-dessus de Palfau, pour l'artillerie ; trop étroit ensuite. Ce chemin a un embranchement qui conduit à Gostling.

De Eisenerz, il y a un chemin de montagne, mais qui n'est pas praticable pour les voitures, qui va à Maria-Zell.

De Brück à Annaberg, le chemin, quoique chaussée, est très mauvais et très difficile pendant 4 lieues.

2e CORPS D'ARMÉE.

18 brumaire an xiv.

Le service des transports des vivres se fait en majeure partie par les chevaux et voitures requises aux communes; on est souvent obligé d'avoir recours aux mêmes moyens pour les transports d'artillerie, à raison du manque de chevaux.

Le service des ambulances est assuré, ainsi que les moyens de transport qu'il nécessite.

Nota. — Depuis que la 3e division (troupes bataves) se trouve séparée du corps d'armée, elle n'a point envoyé d'état de situation, mais à l'époque du 1er brumaire, elle était forte de 5,262 hommes, officiers compris, tandis qu'au 1er vendémiaire, elle était de 5,562 hommes. Différence en moins, du 1er vendémiaire au 18 brumaire : 301 hommes, qui se composent de 113 désertés, sur lesquels 87 du régiment de Waldeck, et 188 entrés aux hôpitaux. Total : 301 hommes.

Ne sont point compris dans la force ci-dessus de la division batave : la cavalerie qui y était précédemment attachée, ni l'artillerie. Le personnel de cette arme est de 396 canonniers et de 200 soldats du train. Total : 596 hommes.

Nota. — Un escadron de 200 dragons est arrivé de Hollande à cette division depuis qu'elle est séparée du corps d'armée.

Résultat.

Le 2e corps d'armée était fort au 1er vendémiaire, en présents sous les armes, de 20,075 hommes; au 18 brumaire, sa force est de 17,740. Différence en moins : 2,335, qui se compose de 2,208 hommes qui se trouvent en moins dans les différents corps et en outre de la compagnie de mineurs et de 50 gendarmes, qui ont eu une autre destination par ordre de S. E. le Ministre de la guerre.

Quant à la cavalerie (distraction faite des chevaux laissés en arrière), leur nombre, qui sur l'état de situation est de 1,696, se trouve réduit à 1,162, et si on y ajoute 200 dragons arrivés nouvellement de Hollande à la 3e division, la force totale de la cavalerie sera de 1,362 chevaux.

Nota. — On a supposé à la 3e division la même force qu'elle avait orsqu'elle s'est séparée du corps d'armée.

Au quartier général, à Leoben, le 20 brumaire an xiv.

Le Général de division, Chef de l'état-major général,
Vignolle.

L'Empereur à Talleyrand.

Linz, le 18 brumaire an xiv.

Monsieur Talleyrand, je pense qu'il n'y a pas d'inconvénient à ce que vous veniez me trouver à l'abbaye de Melk. Vous passerez par Braunau, où vous verrez le général Lauriston, qui vous apprendra tout ce qu'il y a de nouveau. L'empereur d'Allemagne est encore à Vienne. Il m'a écrit plusieurs lettres; il voudrait s'arranger. Il m'a envoyé un général, qui est un fort brave homme, que j'ai vu à Ulm. Je présume que je le reverrai après demain à l'abbaye de Melk.

L'Empereur à Maret.

Linz, le 18 brumaire an xiv.

Monsieur Maret, envoyez aux Ministres, comme si je l'avais signée, la distribution des fonds de brumaire, et gardez en copie pour me la représenter à votre premier travail. Répondez à M. Fabre de l'Aude que le nombre de treize des membres de la députation du Tribunat ne peut que les embarrasser; que, si j'avais connu la marche de celle du Sénat, je lui aurais fait faire la même observation. Écrivez de ma part aux députés du Tribunat une lettre par laquelle vous leur direz que je les autorise à prendre les drapeaux qui sont à Munich, à en garder deux pour le Tribunat et à remettre le reste au Sénat. Je ne vois pas d'inconvénient à ce que vous veniez me joindre où je serai, pour faire votre travail. Vous trouverez ci-joint beaucoup de lettres interceptées. Faites mettre dans le *Moniteur* des extraits de celles qui peuvent peindre le plus l'horreur qu'on a des Russes et le désordre qui règne à Vienne (1).

État-major général — *Ordre du jour.*

Linz, le 18 brumaire an xiv.

La partie de l'Allemagne occupée jusqu'à ce jour par l'armée française est, sous le rapport de l'administration, divisée en trois arrondissements, chacun desquels est confié à la surveillance d'un commissaire-ordonnateur.

Le 1er arrondissement comprend les places de Bruchsal, Eppingen, Heilbronn, Œhringen, Hall, Elwangen, et généralement tout le territoire des électorats de Baden et de Wurtemberg. L'ordonnateur réside à Heilbronn : M. Julien, sous-inspecteur, en fera provisoirement les fonctions.

Le 2e arrondissement comprend les places d'Ulm, Günzburg, Augsburg, Donauwœrth, Ingolstadt, Neuburg et Nördlingen. L'ordonnateur réside à Augsburg. M. le commissaire des guerres Monthierry en fera provisoirement les fonctions.

Le 3e arrondissement concernera la partie de la Bavière non comprise dans le 2e arrondissement, et toutes celles qui seront, par la suite, occupées par l'armée française. L'ordonnateur résidera à Munich.

Ces ordonnateurs se concerteront entre eux pour assurer le service des étapes, des convois militaires, et des relais établis sur la ligne de communication de l'armée.

Ils vérifieront les réquisitions qui ont été faites et le seront par la suite pour le service, ainsi que les récépissés des gardes-magasins, et les bons des parties prenantes.

---

(1) Correspondance de Napoléon, n° 9467.

Ils seront tenus d'envoyer tous les cinq jours l'état des malades, traités dans les établissements situés dans leur arrondissement, en distinguant le nombre des blessés, des vénériens et des galeux, et les Français des prisonniers de guerre autrichiens.

M. Lambert, inspecteur aux revues, est chargé de l'établissement de la ligne de communication par relais, entre Strasbourg et Spire, par : Gambsheim, Drusenheim, Beinheim, Lauterbourg, Rheinzabern et Germersheim; et de Spire à Augsburg, en suivant la ligne de communication établie pour l'armée.

Intermédiairement aux chefs-lieux désignés dans l'article précédent, il sera établi, autant que les localités pourront le permettre, un relai de trois en trois lieues.

Ces relais sont destinés à transporter les munitions d'artillerie, les effets nécessaires pour les troupes et les approvisionnements.

Les voitures de relais ne devront point être chargées d'effets pour retourner à leur station, mais elles pourront transporter des prisonniers de guerre ou des malades : la préférence, en cas d'insuffisance, sera toujours donnée aux malades.

Il est défendu à tous militaires de l'armée de requérir ni d'employer les voitures et chevaux des relais pour aucun autre usage que celui auquel ils sont affectés par le règlement.

Les voitures et les chevaux fournis par les pays depuis Strasbourg jusqu'à Augsburg, et qui se trouvent maintenant aux différents corps de la Grande Armée, seront envoyés à leurs domiciles au fur et à mesure qu'il sera possible de pourvoir à leur remplacement.

Les relais seront fréquemment inspectés par M. le sous-inspecteur aux revues Lebarbier, adjoint à M. l'inspecteur Lambert.

Les généraux commandant les corps d'armée sont prévenus qu'il y a des bateaux sur le Danube, destinés à suivre les mouvements de l'armée, et qui peuvent porter les traîneurs et les hommes fatigués par la marche qui pourront ainsi se reposer deux ou trois jours.

Les divisions de dragons et de grosse cavalerie ont à leur suite un grand nombre de voitures qui portent des cavaliers et des selles.

Il y a également un grand nombre de voitures qui sont venues de 60 à 80 lieues, chargées d'avoine, et qu'on a enfin été obligé de laisser en route : ces voitures sont escortées, ce qui a l'inconvénient d'affaiblir les régiments, de rendre difficiles les moyens de transport et d'embarrasser la marche des colonnes.

Il a été ordonné, après le passage de l'Inn, de former un petit dépôt de tous les chevaux éclopés et qui ne pourraient pas suivre, et de l'envoyer à Braunau ; cependant l'Empereur a remarqué plusieurs chevaux boiteux qui suivent les colonnes, ce qui n'est pas le moyen de les guérir, et ce qui exige le transport des selles.

9 NOVEMBRE.

Sa Majesté ordonne que les dépôts qui étaient à Nordlingen, à Harburg, à Augsburg, à Ingolstadt se réunissent entre Braunau et Passau, sur la rive droite du Danube et la rive gauche de l'Inn, et qu'il soit formé à Enns un autre petit dépôt pour les chevaux éclopés qui ne pourraient pas suivre les colonnes.

A la réception du présent ordre, les généraux commandant les brigades de cavalerie auront soin d'envoyer au dépôt d'Enns tous les chevaux blessés de la cavalerie.

Le prince Murat nommera un chef d'escadron pour commander le dépôt d'Enns.

Le quartier général impérial est à Linz.

Le Major général,
Berthier.

Circulaire (1).

Linz, le 18 brumaire an xiv.

Je vous préviens, monsieur le Général, que le quartier général sera établi demain à Melk, par Enns et Amstetten.

Les officiers employés près de vous partiront de suite, mais vous resterez de votre personne à Linz jusqu'après le départ de l'Empereur.

Berthier à Bessières.

Linz, le 18 brumaire an xiv.

D'après les ordres de l'Empereur, monsieur le Maréchal, vous voudrez bien donner les vôtres pour que les chasseurs à pied de la Garde et leur artillerie partent sur-le-champ pour se rendre à l'abbaye de Melk, passant par Amstetten.

Le général Soulès restera le maître de régler sa marche comme il l'entendra. Faites partir les escortes de troupes à cheval nécessaires pour escorter l'Empereur depuis Enns jusqu'à Melk.

Tout le reste de la Garde se tiendra prêt à partir aussitôt après le départ de Sa Majesté de Linz, dont le moment n'est pas encore fixé.

---

(1) Aux généraux Dumas et Sanson.

*Le général Andréossy au colonel Dumas, commandant
le 21ᵉ dragons.*

Linz, le 18 brumaire an xiv.

Vous voudrez bien, monsieur le Colonel, ne point vous établir, ainsi que vous en avez reçu l'ordre, à 2 lieues en avant d'Enns.

Vous continuerez votre route jusqu'à un quart de lieue d'Amstetten. Vous vous cantonnerez dans un village près de cette ville. Vous ne pourrez placer personne dans Amstetten.

Je donne à la compagnie qui était attachée au quartier général l'ordre de rejoindre le régiment.

Je garde seulement 4 dragons et 1 brigadier.

Andréossy à Reille.

Enns, le 18 brumaire an xiv, 9 heures du soir.

Pour remplir les intentions de S. E. le Ministre de la guerre, Major général, je vous prie de donner, au reçu de la présente, l'ordre à M. le capitaine Niepce de partir de suite, avec un détachement de 25 Bataves, pour se rendre à Enns, où il remplira momentanément les fonctions de commandant de place. Il sera particulièrement chargé de surveiller la fabrication du pain.

Et il veillera qu'aucun traîneur ne puisse rester à Enns. Il les fera tous filer sur Melk.

Ordre.

Place de Braunau, le 18 brumaire an xiv.

Dorénavant, il ne sera pas fait de distribution de paille dans les casernes sans un ordre signé de moi. L'on fera retirer la paille qui se trouve dans les blockhaus, excepté dans la caserne du 58ᵉ régiment des sapeurs et des canonniers.

Il y aura dans chaque caserne un officier de police; il sera responsable de tous les événements qui s'y passeront. Lorsque les poêles seront allumés, il n'y aura jamais plus de deux bûches; lorsque dans la visite il s'en trouvera davantage, l'officier de police et les sous-officiers de garde dans les casernes seront sévèrement punis.

Dans aucun cas, il n'y aura de chandelle allumée, et l'on ne permettra pas de fumer dans l'intérieur de la caserne. Celui qui contreviendra à cet ordre sera sévèrement puni et conduit au cachot pour y être jugé comme incendiaire. Il y aura pour chaque caserne des lanternes fermantes, suivant la grandeur de la caserne. Lorsque des militaires arriveront après 5 heures du soir, ils ne seront pas envoyés dans les casernes, mais il leur sera donné des logements en ville pour une nuit; l'état de ces logements sera conservé et ces hommes seront casernés le lendemain matin.

Le chef d'état-major, le commandant de la place, le commissaire des guerres et les chefs des différents corps tiendront la main à l'exécution des prescriptions du présent ordre, toutes signées par le gouverneur. Elles seront affichées à toutes les portes des casernes, dans leur intérieur et dans tous les postes et corps de garde de la place.

Le Gouverneur de Braunau,
Lauriston.

Le général Lauriston au Commandant de la place de Ried.

18 brumaire an xiv.

J'ai reçu, monsieur le Commandant, votre lettre du 17. Je gémis, comme vous, des excès auxquels se portent les militaires isolés. J'ai pris le parti d'envoyer à Altheim un détachement de 25 chasseurs, dont 3 à cheval, commandés par 1 officier. Je lui ai ordonné de fouiller les bois, les hameaux et les villages hors de la route. Entendez-vous avec lui pour que les troupes que vous devez avoir et les siennes puissent cerner et s'emparer des brigands dont vous me parlez dans votre lettre

La brume continue toujours et contrarie les mesures que j'ai prises pour l'embarcation des troupes. Si le temps venait à se lever, je ferai filer par eau, sur Passau, tous les militaires isolés, de même le détachement. Vous seriez alors bien soulagé et plus à même d'exécuter les mesures de répression contre les pillards.

J'ai envoyé aussi au commandant de place à Burghausen et à Schärding. Ils ont les mêmes ordres que celui d'Altheim. De mon côté, je ferai faire des patrouilles qui correspondront avec celles de ces commandants. De cette manière, j'espère obtenir par la suite un heureux résultat.

J'organise une commission militaire. Si vous n'en avez pas de plus rapprochée de vous, envoyez-moi les hommes coupables de délits graves, avec les pièces à l'appui.

Ils seront jugés sur-le-champ.

J'ai l'honneur de vous saluer.

Lauriston au Commandant d'Altheim.

18 brumaire an XIV.

Je vous préviens, monsieur le Commandant, que d'après une lettre que je viens de recevoir du commandant de la place de Ried, il s'organise dans les bois voisins d'Altheim, entre Altheim et Ried, une bande de traînards de différents corps d'armée et surtout d'infanterie légère; que ces brigands cherchent à enrôler les militaires qui rejoignent, qu'ils pillent les campagnes et se proposent même d'attaquer les voyageurs. On les dit au nombre de 15 à 18. Fouillez ces bois en force, arrêtez tout ce que vous trouverez, conduisez-les à Altheim, où vous les déposerez en prison dans un lieu sûr. Rendez-m'en compte aussitôt et je les ferai venir à Braunau pour être jugés par une commission militaire.

Exercez donc la plus grande surveillance et mettez-moi à même de rendre à S. E. le Major général un compte avantageux de votre zèle et de votre amour pour l'ordre et la tranquillité.

Je vous salue.

P.-S. — Comme vous êtes dans un pays autrichien, vous ne ferez pas afficher l'ordre du jour que je vous ai envoyé (1), les paysans ne devant, en aucun cas, s'armer pour arrêter les militaires français.

Le général Lauriston à MM. les Magistrats de Braunau.

18 brumaire an XIV.

Je m'aperçois, Messieurs, que vous mettez une très grande négligence à exécuter les demandes que je vous fais pour le service de l'armée. Il est temps que cela finisse. Ne me forcez pas à recourir à des moyens qui répugnent à mon caractère, mais que l'exécution des ordres pour le service de mon Souverain me force à employer.

Il y a déjà quatre jours que je vous ai demandé 36 bateaux avec les patrons et bateliers nécessaires. Il n'y en a que 5 de rendus, dont 3 seulement ont des bateliers. Ces 5 bateaux étaient déjà au quai de la ville lorsque je vous ai fait la demande des 36.

Vous n'avez donc fait aucune démarche pour vous procurer les

---

(1) Cet ordre du jour est envoyé aux commissaires bavarois, qui le font traduire et afficher dans tous les villages.

36 bateaux ni les bateliers nécessaires. Je ne souffrirai pas plus longtemps une pareille désobéissance. En conséquence, je vous déclare que je veux avoir lundi les bateaux et les bateliers pour les conduire, sous peine d'exécution militaire.

Dorénavant, je vous invite à être plus exacts à exécuter les demandes que je vous fais pour le service de l'armée.

Le Gouverneur de Braunau,
Lauriston.

Extrait des Mémoires de Ségur.

Ici je retrouve dans mes notes qu'un autre soin de Napoléon, pendant son séjour à Linz, celui de rétablir l'ordre dans son armée, l'occupe sérieusement. Il était trop vrai que la rapidité des marches et des contre-marches de la campagne d'Ulm, et le défoncement des chemins par les pluies en retenant chariots et caissons, avaient rendu les distributions régulières impossibles. C'est un fait certain que, si nos soldats n'eussent point arraché aux paysans leurs provisions et leurs bestiaux pour s'en nourrir; que, s'il leur eût fallu attendre leurs vivres de nos chariots qui traînaient au loin derrière leurs colonnes, le principal but de l'entreprise eût été manqué. La nécessité excusait alors; mais ce mal, commencé en Franconie, chez les Prussiens mêmes, et en Souabe, avait continué en Bavière ; il se renouvelait sur l'Inn, et cette maraude détruisait la discipline.

Vers Lembach, l'Empereur put s'en apercevoir. Il y avait rejoint le corps du maréchal Soult. Là, devant les rangs à haute voix, il l'avait interpellé sur la régularité des distributions; et, soit que le Maréchal crût cette demande faite pour la forme seulement, ou que pour satisfaire il voulût paraître satisfait, jactance parfois utile devant les troupes, et d'ailleurs toujours agréable au chef, il avait répliqué que rien ne manquait à ses soldats; mais sur-le-champ, et fort rudement, vingt voix s'étaient élevées des rangs pour le contredire.

Le lendemain cet avertissement se reproduisit et d'une façon plus rude encore : Napoléon sortait à cheval de son quartier, lorsqu'il rencontra Macon, dont la vue lui plaisait depuis Marengo, et qu'il avait attaché à sa personne. Ce général commandait le quartier impérial. Tout échauffé encore d'une scène de pillage qu'il n'avait pu empêcher, il venait de donner sa propre bourse au malheureux paysan victime de ce désordre. Macon était un ancien soldat de l'armée d'Italie. Son entrée à la Cour n'avait point altéré sa franchise républicaine. « Eh bien ! « Macon, s'écria gaiement l'Empereur en l'apercevant, que me diras-tu

« aujourd'hui ? — Ma foi, Sire, répondit celui-ci, je dirai que vous êtes
« suivi d'un ramas de pillards qui déshonoreront votre armée, et vous-
« même, si vous n'y mettez promptement bon ordre ! » Et Macon ne
s'en tenait pas à ce début, quand Napoléon, détournant la tête et pressant le pas, coupa court à cette incartade.

Le reproche néanmoins n'était que trop mérité. Pourtant, fait trop publiquement, il avait déplu. Mais des rapports plus discrets, et entre autres celui d'un maître d'hôtel de Napoléon, l'ayant renouvelé, l'Empereur répondit d'abord : « Que cette sale file d'éclopés, de traî-
« neurs et de pillards était un mal inévitable, un résultat des marches
« forcées et subites, au moyen desquelles l'ennemi, partout prévenu et
« déconcerté, se trouvait à demi vaincu avant de combattre : qu'ainsi
« les jambes épargnaient les têtes ! »

On voyait bien aussi, sans qu'il l'avouât, que s'il tolérait momentanément ce désordre, c'est que cela consolait le soldat de ses fatigues : il se servait ainsi de tous les mobiles. Pourtant, lorsqu'enfin à Linz on lui fit voir que ce mal si contagieux, dégénérant en pillage infâme, devenait intolérable, et que nos rangs s'éclaircissaient, rentrant dans son caractère, il y mit un terme. Un ordre sévère fut publié le 7 novembre. On fit traquer, rallier et pousser en avant ces malheureux. Dans Braunau seulement, forteresse qu'il leur fallait traverser, on en rassembla, nous dit-on, plus de dix mille ! Puis, le mot ayant été donné, ils subirent, en rentrant dans leurs compagnies, l'affront d'une visite où chacun d'eux, dépouillé de son butin, fut livré aux joyeuses et rudes fustigations de leurs camarades.

(T. II, p. 425.)

CHAPITRE XVII

10 novembre.

Sébastiani à Murat (1).

Monseigneur,
19 brumaire an XIV.

Je vous envoie le colonel de Szekler ; les députés de Vienne qui viennent auprès de Votre Altesse et le lieutenant général Bourgeois sont à Sieghardskirchen, à 3 lieues. L'ennemi se retire ; à 5 h. 30, je marcherai sur lui.

De toute manière, j'aurai demain des partis à Vienne.

Murat à l'Empereur.

Saint-Pölten, le 19 brumaire an XIV, 1 heure du matin.

Je m'empresse d'adresser à Votre Majesté le billet que je reçois à l'instant même du général Sébastiani. Les députés de Vienne, qu'il m'annonce, arriveront sans doute dans peu d'heures ; je les enverrai de suite à votre quartier général. Je n'en continuerai pas moins ma marche, avec le corps d'armée de M. le maréchal Lannes et le mien, jusqu'au delà du défilé de Ried.

Je donne au général Sébastiani l'ordre de suspendre tout mouvement jusqu'à mon arrivée, et je renouvelle la défense d'entrer à Vienne. Je pense que Votre Majesté doit y entrer la première à la tête de son

---

(1) Voir pour cette journée, Alombert, p. 91 à 97 : Reille et Godinot à Dupont ; Dupont et Berthier à Mortier ; Berthier à Klein ; Soult à Berthier ; Murat à l'Empereur ; ordre de mouvement du 4º corps.

armée ; j'espère qu'avant demain, vous aurez bien voulu me faire connaître vos intentions.

P.-S. — L'officier porteur de ce billet me dit que le colonel de Szekler, qu'il précède, arrivera dans une heure.

Journal de la Réserve de cavalerie.

19 brumaire an XIV.

Dans la nuit, les rapports des espions du général Fauconnet et du colonel commandant le régiment de chasseurs, parti de Mitterau, annoncèrent que les Russes avaient passé le Danube à Mautern et brûlé le pont. Le général Fauconnet, dans son rapport, annonçait n'avoir rencontré que des traînards. Alors le Prince se décida à marcher sur Vienne et à réunir, en cas que le pont fût coupé, des moyens de passage sur différents points.

Le général Fauconnet eut l'ordre de pousser jusqu'à Mautern pour observer l'ennemi. La brigade de dragons du général Roget suivit le général Fauconnet jusqu'à Merthing et dut revenir joindre le corps d'armée par la route de Herzogenburg sur Perschling. Le Prince retira sur la route de Krems la division d'Hautpoul et elle suivit le corps d'armée, qui se mit en marche à 6 heures du matin pour Sieghardskirchen.

Un régiment de hussards formait l'arrière-garde autrichienne. Lorsque notre avant-garde se présente à Salzdorf, il monte à cheval; le général Kienmayer vint aux avant-postes désirant parler au Prince, on le conduit, il demande à Son Altesse Sérénissime de suspendre sa marche sur Vienne et de cesser les hostilités jusqu'à ce qu'il y ait eu des arrangements pris par les gouvernements. Le Prince répondit au général Kienmayer qu'il continuait sa marche, que l'armée autrichienne n'avait qu'à se retirer et qu'alors il promettait de suspendre les hostilités. Il indiqua au général Kienmayer la position que devaient occuper ses troupes ainsi que les troupes autrichiennes. M. le général Kienmayer s'y rendit et le corps d'armée du Prince s'établit, savoir :

La brigade de hussards, à Gablitz et Mauerbach ;
La brigage Sébastiani, à Ried, Weinzierl et Elsbach ;
La brigade du général Bonnard, à Gerersdorf et Rappoltenkirchen ;
Le 16⁰ régiment de chasseurs fut envoyé à Neulengbach ;
Le général Milhaud eut ordre de se porter, avec le 22⁰ régiment de chasseurs, à Tulln sur le Danube, de prendre des renseignements sur les ennemis qui pouvaient tenir la rive gauche et de réunir toutes les barques et bateaux qu'il pourrait se procurer pour jeter un pont;

La division Nansouty occupa Amstetten, Judenau et Baumgarten ;
La division d'Hautpoul, Plankenberg, Siegersdorf et hameaux voisins ;
La division Oudinot campa sur les hauteurs d'Amstetten ;
La division Suchet, à Streithofen, et le quartier général à Sieghardskirchen, avec un bataillon de grenadiers et l'artillerie.

Le lieutenant général Giulay revint avec les conditions de l'empereur Napoléon pour l'empereur François, il eut une conférence avec le Prince et partit de suite pour se rendre auprès de son Souverain.

Les rapports de Mautern confirmèrent la rupture du pont de Krems et annoncèrent que l'ennemi tenait la rive gauche avec beaucoup d'artillerie

Le corps d'armée de M. le maréchal Soult arriva à Saint-Pölten.

Belliard à Berthier.

19 brumaire an xiv.

Monseigneur,

J'ai l'honneur de rendre compte à Votre Excellence que S. A. I. le prince Murat ayant indiqué à M. le Général autrichien le pays qu'il voulait occuper, l'armée ennemie a évacué et le corps d'armée du Prince est venue s'établir, savoir :

La brigade du général Treilhard, à Gablitz et à Mauerbach ;
La brigade du général Sébastiani, à Ried, Weinzierl et à Elsbacch.
La brigade du général Boussard (1), à Gerersdorf et à Rappoltenkirchen ;
16ᵉ régiment de chasseurs, à Neulengbach ;
22ᵉ régiment de chasseurs, à Tulln ;
La division de Nansouty (2), à Amstetten, Saukerteim (?) et à Judenau ;
La division d'Hautpoul (3), à Plankerberg, Diesendorf et hameaux voisins ;
Quartier général du Prince, l'artillerie, un bataillon, à Sieghardskirchen ;
La division Oudinot, sur les hauteurs d'Absteten ;
La division Suchet, sur les hauteurs de Dietersdorf ;
Le général Fauconnet avec un régiment de chasseurs et la brigade Roget sont toujours sur la route de Krems, doivent suivre l'ennemi

---

(1) La division Walther à Kalksburg et Laab. (Journal de la division.)
(2) Gollarn. (État d'emplacements.)
(3) OEtting (?). (État d'emplacements et Journal de la division.)

jusque sur le Danube et, si le pont est brûlé, ont ordre de revenir sur Pottenbrunn joindre le corps d'armée.

Historique du 5ᵉ corps.

Au quartier général à Amstetten, le 19 brumaire an xiv.

Le 19, le corps d'armée se remit en marche et se dirigea sur Vienne. Les grenadiers bivouaquèrent sur la hauteur qui règne à la gauche d'Amstetten. La division Suchet, à Streithofen.

RÉSERVE D'ARTILLERIE.

Ordre.

Au quartier général à Sieghardskirchen, le 19 brumaire an xiv.

Le général Walther sera rendu demain à 8 heures du matin, avec toute la cavalerie, en avant et en arrière de Gablitz. Il dirigera le général Milhaud de Tulln sur Klosterneuburg, le 16ᵉ régiment de chasseurs sur Neudorf pour intercepter les communications de Vienne sur la route d'Italie. Les autres régiments de troupes légères seront dirigés, à Purkersdorf, sur toutes les autres routes qui aboutissent à Vienne. Les généraux d'Hautpoul et Nansouty partiront à 5 heures précises de leurs cantonnements et iront réunir leurs divisions sur les hauteurs en avant de Ried, où ils recevront de nouveaux ordres.

M. le maréchal Lannes se mettra en mouvement à 7 heures. Toutes les troupes seront en grande tenue.

Les commandants d'avant-postes ne laisseront passer personne sans un ordre signé de moi; tous les chevaux de main, ainsi que tous les équipages, resteront jusqu'à nouvel ordre au village de Purkersdorf.

Soult à Vandamme.

ORDRE.

Saint-Pölten, le 19 brumaire an xiv.

La 2ᵉ division s'établira à Kapelln, Wasserburg et Pottenbrunn, sur la route de Vienne. Elle se tiendra prête à faire encore ce soir un mouvement.

10 NOVEMBRE.

Le général Vandamme enverra de suite au commissaire-ordonnateur, à Saint-Pölten, douze boulangers militaires, pour être employés à la manutention jusqu'à nouvel ordre.

Le quartier général du corps d'armée sera à Saint-Pölten.

4° CORPS D'ARMÉE.

Saint-Pölten, le 19 brumaire an XIV.

La division de cavalerie légère partira demain de Göttweig et se dirigera par Traismauer sur Saladorf ou Mitterndorf, où elle ira rejoindre la grande route de Vienne et recevra des ordres pour son établissement. Le général Margaron enverra un officier à l'avance pour les prendre, et il lui fera suivre cette direction. Il laissera un détachement de 15 hommes commandé par un officier à Mautern pour garder ce poste, surveiller tout ce qui passera sur le Danube et en rendre immédiatement compte.

La 3e division partira à 7 heures très précises du matin d'Herzogenburg et se dirigera par Kapelln et Perschling sur Sieghardskirchen (en suivant la grande route de Vienne), où elle recevra de nouveaux ordres.

La 2e division se réunira demain à 8 h. 30 très précises à Kapelln et se dirigera ensuite sur Sieghardskirchen, en passant par Perschling; elle recevra de nouveaux ordres pendant sa marche.

La 1re division partira à 7 heures précises du matin de Saint-Pölten et, suivant également la grande route de Vienne, se dirigera sur Sieghardskirchen, d'où il lui sera expédié de nouveaux ordres. Le quartier général du corps d'armée sera indiqué demain dans l'ordre de placement.

La compagnie d'artillerie légère partira à 7 heures et, suivant la grande route de Vienne, se dirigera sur Sieghardskirchen; elle prendra pendant la marche la tête de la 3e division, afin d'être à portée de joindre celle de cavalerie légère.

Journal du corps bavarois.

Le 10, le Maréchal vint à Ulmerfeld et le soir à Wolfpassing. L'avant-garde prit la route de Steinakirchen vers Wieselbourg pour se rendre dans la position entre Steinakirchen et Weinzierl, près de Sirning.

Le grand quartier général et le Maréchal sont à Melk.

Ordre de marche des 19 et 20 brumaire.

Ulmerfeld, le 19 brumaire an XIV.

Le général Kellermann partira au reçu du présent ordre avec les troupes de sa division, pour se rendre à Mitterndorf près la rivière d'Erlaf; il suivra la route de Steinakirchen à Wieselburg.

Le général de Wrède partira de suite avec toutes ses troupes, suivra la route de Steinakirchen à Wieselburg, et établira son camp entre Weinzierl et Steinakirchen.

Demain matin, à 8 heures au plus tard, les troupes des généraux Kellermann et de Wrède se mettront en marche, passeront l'Erlaf; après avoir joint la grande route de Vienne, elles se dirigeront en passant par Melk sur Saint-Pölten, où elles prendront position en arrière de la ville. Les généraux Kellermann et de Wrède sont autorisés, en supposant que leurs troupes fussent trop fatiguées, à les établir sur la rive gauche de la Pielach et le plus près possible de la route à droite et à gauche de Markersdorff.

Le général Drouet partira au reçu du présent ordre pour se rendre à Neumarkt en passant par Amstetten et suivant la grande route de Vienne. Il se mettra en route demain matin à 8 heures, pour se rendre entre Sirning et Markersdorff.

Le général Rivaud partira au reçu du présent ordre et se dirigera, avec toutes ses troupes, sur Amstetten et Leitsmansdorf. Demain à 8 heures, le général Rivaud partira, suivra la route de Vienne et ira s'établir à Matzleinsdorf, entre Melk et Erlaf.

Le quartier général sera ce soir à Wolffpassing, sur la route de Steinakirchen à Wieselburg; demain il sera à Saint-Pölten.

Le grand parc partira demain d'Amstetten pour se rendre à Wolfering.

3º CORPS D'ARMÉE.

Journée du 19 brumaire an XIV.

Quartier général : Lilienfeld.

Avant-garde : Lilienfeld.

Infanterie. — L'infanterie marche toute la journée et arrive près de Türnitz; elle établit son bivouac en arrière de ce village, sur l'amphithéâtre où était campée la veille la 1re division.

Cavalerie — Le 7º de hussards à Türnitz.

10 NOVEMBRE.

Le 2ᵉ et 12ᵉ de chasseurs à Lilienfeld et en avant sur la route de Saint-Pölten par Wilhelmsburg.

Une reconnaissance sur Saint-Pölten.

1ʳᵉ division : Lilienfeld.

Se dirige sur Lilienfeld et va établir son bivouac à 2 lieues en avant de ce village, à gauche de la route, ou plutôt entre la route et la rivière (1).

2ᵉ division : Traisen.

Le 15ᵉ à droite de la route de Vienne par Altenmarckt, à 600 mètres de cette route, à 1 lieue et demie de Lilienfeld.

Le 33ᵉ entre la route et la rivière.

Le 48ᵉ sur la route de Saint-Pölten près Wilhelmsburg.

Le 111ᵉ était encore à la garde du parc.

3ᵉ division : Lilienfeld.

En arrière de Lilienfeld et sur les deux flancs du village, à droite et à gauche de la route.

3ᵉ division de dragons (grosse cavalerie) : En arrière de Türnitz.

Notes topographiques et militaires.

Il y a une route qui va par Frankenfels et Kirchberg à Wilhelmsburg, d'où elle va par une grande route à Altmarkt; à 2 lieues de Gaming on trouve la montagne de Saint-Antoine qui est très raide, mais dans laquelle le chemin est bon quand il n'est pas couvert de neige comme à cette époque. De Frankenfels à Kirchberg, il y a encore une forte montagne à monter et à descendre et de très longs défilés, mais le chemin est bon et plus doux que dans la précédente.

De Kirchberg il n'y a plus de montagne.

Journal de l'artillerie du 3ᵉ Corps.

Le 19, le corps d'armée arriva à la hauteur de Lilienfeld. Là, M. le Maréchal donna ordre au colonel Charbonnel de se rendre à Mariazell, Neuhaus, Gaming, de réunir dans cette dernière ville des pièces prises à l'ennemi au combat de Neuhaus et d'amener à Saint-Pölten, par la route de Scheibbs, Zehnbach, Purgstall, l'artillerie des divisions restée à Gaming; ce qui fut exécuté, non sans difficulté, pour ce qui con-

---

(1) Ce renseignement est contraire à celui que donne le Journal de la division Friant, dont l'exposé minutieux paraît digne de confiance.

cernait la première partie de l'ordre, les bouches à feu autrichiennes prises ayant été en grande partie précipitées dans les ravins le jour de l'affaire, afin de laisser sur la route le passage libre aux colonnes d'infanterie.

Journal de la division Friant.

De Stenhoff à Traisen, le 19 brumaire an XIV.

La 2ᵉ division part avec ordre de prendre position en avant de la petite ville de Traisen, à cheval sur la route de Saint-Pölten, en prolongeant toutefois sa droite vers Rainfeld et se couvrant ainsi d'un gros ruisseau ou petite rivière qui se jette dans la Traisen près le petit village de Saint-Jean et en face de celui de Traisen où notre quartier général s'établit, et qui se trouve à trois quarts de lieue en avant de la petite ville du même nom. Un bataillon du 48ᵉ régiment reste au quartier général et l'autre se porte à la hauteur de Wilhelmsburg sur la route de Saint-Pölten ; le 33ᵉ régiment occupa Saint-Jean et Wiesenfeld, séparés par un gros ruisseau sur lequel est un pont en bois; et le 15ᵉ d'infanterie légère occupa Rainfeld près l'embouchure dans le Golsen d'un gros ruisseau qui couvrait son flanc droit; ladite petite rivière de Golsen, qui était sur notre front, avait un pont en bois assez grand, sur le centre à peu près de la ligne des 33ᵉ et 15ᵉ régiments.

La neige, la pluie et la gelée rendirent cette journée bien fatigante ; la 1ʳᵉ division, dont le quartier général est à Lilienfeld, avec celui de M. le Maréchal et de la 3ᵉ division, alla s'établir à Zell, sa gauche à notre droite et ayant sur son front le même gros ruisseau qui couvre le flanc droit du 15ᵉ d'infanterie légère; la 3ᵉ division bivouaque près de Faschinsgraben. De Gstettenhof à Türnitz, le chemin a peu de montées; il est très étroit et presque toujours borné par la rive gauche de la Traisen, et le pied du revers boisé et hérissé de rochers du vallon. Il est élevé de 4 à 5 mètres au-dessus du lit de ladite rivière. A 1,500 mètres au delà de Gstettenhof, nous traversâmes un autre village dont j'ai oublié le nom; avant d'arriver à Türnitz, le vallon jusqu'alors très étroit s'élargit, nous traversâmes les bivouacs de la 1ʳᵉ division ; les hauteurs sont moindres que précédemment et plus dégarnies de bois. Chacun de nous se croit avec plaisir au moment de reparaître à la surface de la terre, dans les antres de laquelle nous étions comme engloutis depuis plusieurs jours. Vain espoir! Un peu au delà de Türnitz, gros bourg sur la rive gauche du Traisen, le sommet des montagnes semble de nouveau se perdre dans les nues. Trois quarts de lieue au delà de Türnitz, nous repassons sur la rive droite, que nous avions quittée une demi-lieue avant d'entrer dans ce gros bourg, où

10 NOVEMBRE. 677

il y a un relais de poste. De Türnitz à Lilienfeld, la route est bonne, large, presque toujours plane, et côtoie alternativement les deux rives de la Traisen ; à mi-distance, elle traverse le petit village de Schinsgraben ; nous passâmes près de Lilienfeld.

Cette petite ville, assez bien bâtie, est située sur un petit mamelon isolé au milieu du vallon devenu plus large et plus riant. On y voit une célèbre et riche abbaye de bénédictins et plusieurs belles maisons. La 1re division se dirigea sur Zell par la route de Vienne par Altenmarkt, et quitta ainsi la route de Saint-Pölten que nous suivîmes encore jusqu'au village de Traisen Une demi-lieue au delà de Lilienfeld, nous passâmes à Sterling, gros bourg, riche et bien bâti, près la Traisen, célèbre par sa belle manufacture d'armes blanches et de fusils; on y voit aussi plusieurs autres usines. Nous repassâmes sur la rive gauche au moyen d'un pont en pierre et traversâmes le petit village de Marktel, un peu avant d'arriver à Traisen, notre quartier général; le 30e de ligne qui était au parc depuis Mariazell, rejoignit la 1re division. On distribue aux troupes beaucoup de vin.

Marmont à l'Empereur.

Leoben, le 19 brumaire an XIV.

J'ai l'honneur de rendre compte à Votre Majesté que je suis à Leoben avec 6 bataillons. J'en ai laissé 6 à Eisenerz pour mettre mon artillerie à l'abri de toute entreprise de la part de l'ennemi qui pourrait venir de Rottenmann, et pour servir à lui faire passer les montagnes. J'ai établi des postes par échelons de manière que mes troupes puissent être réunies promptement, soit sur ce revers-ci de la montagne, soit sur l'autre.

J'occupe la vallée de la Mur, de manière à être à l'abri de toute surprise et à être libre dans mes mouvements.

J'ai besoin de deux jours pour y rassembler mon artillerie. J'espère qu'elle sera réunie après-demain soir, et alors je serai en mesure d'exécuter tous les mouvements qu'il conviendra à Votre Majesté de m'ordonner.

En attendant, j'ai envoyé sur toutes les communications des partis pour avoir des nouvelles. J'ai fait occuper Brück. Toute l'artillerie et les équipages qui ont passé ici se rendaient à Gratz. (Ce convoi avait 20 heures d'avance sur nous, je l'ai fait poursuivre, mais infructueusement.) Une partie venait de Rottenmann, où une colonne de 1,500 chevaux et de 800 fantassins s'était réunie après s'être retirée des bords de la Traun en passant par Kirchdorf. Le bruit court ici que le prince Charles arrive le 15 novembre à Judenburg avec un corps de 15,000 à 20,000 hommes, qui ont été remplacés en Italie par les Russes. Je ne sais si nous devons ajouter foi à cette nouvelle ; j'enverrai demain une forte reconnaissance jusqu'à Judenburg pour savoir à quoi m'en tenir. Ce serait une grande fortune pour nous que d'être destinés à le combattre et à l'arrêter. Cette espérance a rempli de joie mon corps d'armée.

Hier au soir, le capitaine Onachten, avec 50 hussards du 6e, s'est porté à une lieue de Leoben et à pris 11 hussards du régiment de Kaiser. Il a été blessé de six coups de sabre. Ce matin, le chef d'escadron Houssin s'est rendu à Brück avec 60 chevaux du même régiment. Il a chargé 200 uhlans et en a pris 20. Un poste de 6 hussards a chargé 30 uhlans, les a battus et en a pris un.

J'ai eu l'honneur de rendre compte à Votre Majesté que j'avais envoyé le capitaine Ferry, mon aide de camp, avec 50 chasseurs, pour éclairer les bords de la Salza et poursuivre les troupes qui se sont portées dans la montagne en partant de Weyer.

Le capitaine Ferry a pris les 20 meilleurs chevaux de son détachement, et a poussé avec vigueur dans la montagne. Le résultat de son expédition a été 300 prisonniers, 1 lieutenant-colonel, 2 capitaines et 5 officiers du 1er régiment de Valachie. Il m'a envoyé le reçu de ces officiers et soldats, qu'il a remis à un poste de correspondance.

Le colonel Baleydier, commandant le 18e régiment d'infanterie légère, a été trouvé tué d'un coup de feu à quelque distance de la route. Ce régiment vacant est urgent à donner. Le plus ancien chef de bataillon n'est pas capable de le commander. Je demanderai à Votre Majesté la permission de lui rappeler en cette occasion le désir qu'éprouve le colonel Foy de commander un régiment d'infanterie.

P.-S. — J'ai l'honneur d'adresser à Votre Majesté deux gazettes de Grätz dont l'une contient la proclamation de l'empereur d'Autriche à ses États héréditaires.

Le général Harrant, commandant les troupes badoises, au maréchal Berthier.

Donauwerth, le 10 novembre 1805.

Monsieur,

J'ai l'honneur de vous accuser la réception de votre lettre, Monsieur, contenant l'ordre de me rendre à Braunau le 10 novembre, à Donauwerth, n'ayant obtenu aucun ordre, depuis mon arrivée ici, de me rendre à Augsburg.

Je pars, en conséquence, pour me rendre à ma nouvelle destination.

HARRANT.

21ᵉ Bulletin.

Melk, le 19 brumaire an xiv.

Le 16 brumaire, le corps d'armée du maréchal Davout se dirigea de Steyer sur Waidhofen, Mariazell et Lilienfeld. Par ce mouvement, il débordait entièrement la gauche de l'armée ennemie, qu'on supposait devoir tenir sur les hauteurs de Saint-Hippolyte et de Lilienfeld ; il se dirigeait sur Vienne par un grand chemin de roulage qui y conduit directement.

Le 17, l'avant-garde de ce Maréchal, étant encore à plusieurs lieues de Mariazell, rencontra le corps du général Merfeld, qui marchait pour se porter sur Neustadt et couvrir Vienne de ce côté. Le général de brigade Heudelet, commandant l'avant-garde du maréchal Davout, attaqua l'ennemi avec la plus grande vigueur, le mit en déroute et le poursuivit l'espace de 5 lieues.

Le résultat de ce combat de Mariazell a été la prise de 3 drapeaux, de 16 pièces de canon et de 4,000 prisonniers, parmi lesquels se trouvent les colonels des régiments Joseph, de Colloredo et de Deutschmeister et 5 majors.

Le 13ᵉ régiment d'infanterie légère et le 108ᵉ régiment de ligne se sont parfaitement comportés.

Le 18 au matin, le prince Murat est arrivé à Saint-Hippolyte. Il a dirigé le général de brigade de dragons Sébastiani sur Vienne. Toute la cour et les grands sont partis de cette capitale. On avait déjà annoncé, aux avant-postes, que l'Empereur se préparait à quitter Vienne.

L'armée russe a effectué sa retraite à Krems en repassant le Danube, craignant sans doute de voir ses communications avec la Moravie coupées par le mouvement qu'à fait le maréchal Mortier sur la rive gauche du Danube.

Le général Marmont doit avoir dépassé Leoben.

L'abbaye de Melk, où est logé l'Empereur, est une des plus belles de l'Europe. Il n'y a en France ni en Italie aucun couvent ni abbaye qu'on puisse lui comparer. Elle est dans une position forte et domine le Danube. C'était un des principaux postes des Romains, qui s'appelait la maison de fer, bâtie par l'empereur Commode.

Les caves et les celliers de l'abbaye sont remplis de très bon vin de Hongrie, ce qui a été d'un très grand secours à l'armée, qui depuis longtemps en manquait; mais nous voilà dans le pays du vin, il y en a beaucoup dans les environs de Vienne.

L'Empereur a ordonné qu'on mît une sauvegarde particulière au château de Lustschloss, petite maison de campagne de l'empereur d'Autriche, qui se trouve sur la rive gauche du Danube.

Les avenues de Vienne, de ce côté, ne ressemblent pas aux avenues des grandes capitales. De Linz à Vienne, il n'y a qu'une seule chaussée ; un grand nombre de rivières, telles que l'Ibbs, l'Erlaf, la Melk, la Traisen, etc., n'ont que de mauvais ponts en bois. Le pays est couvert de forêts de sapins ; à chaque pas des positions inexpugnables, où l'ennemi a en vain essayé de tenir. Il a toujours eu à craindre de se voir débordé et tourné par les colonnes qui manœuvraient au delà de ses flancs.

Depuis l'Inn jusqu'ici, le Danube est superbe ; ses points de vue sont pittoresques ; sa navigation en descendant, rapide et facile.

Toutes les lettres interceptées ne parlent que de l'effroyable chaos dont Vienne offre le spectacle. La guerre a été entreprise par le Cabinet autrichien contre l'avis de tous les princes de la famille impériale. Mais Colloredo, mené par sa femme qui, Française, porte à sa patrie la haine la plus envenimée ; Cobentzel accoutumé à trembler au seul nom d'un Russe, dans la persuasion que tout doit fléchir devant eux, et chez qui d'ailleurs il est possible que les agents de l'Angleterre aient trouvé moyen de s'introduire ; et enfin ce misérable Mack qui avait déjà joué un si grand rôle pour le renouvellement de la seconde coalition : voilà les influences qui ont été plus fortes que celles de tous les hommes sages et de tous les membres de la famille impériale.

Il n'est pas jusqu'au dernier bourgeois, au dernier officier subalterne qui ne sente que cette guerre n'est avantageuse que pour les Anglais ; que l'on ne s'est battu que pour eux ; qu'ils sont les artisans du malheur de l'Europe, comme par leur monopole ils sont les auteurs de la cherté excessive des denrées.

Le général Lauriston au général Godinot, commandant la place de Linz.

19 brumaire an xiv.

Général,

Les troupes vurtembergeoises, qui avaient ordre primitivement de tenir garnison dans Braunau, ont eu celui de se rendre à Linz. Elles partiront en conséquence demain de Braunau pour Ried, Lambach et Linz où, pour jusqu'à nouvel ordre, elles tiendront garnison.

Le temps m'a permis aujourd'hui de faire partir par eau un détachement de 400 hommes de militaires isolés. Ils iront coucher à Passau et se rendront demain à Linz.

L'intention de l'Empereur est que, dorénavant, les troupes isolées soient conduites par eau jusqu'à Linz. Cette mesure n'est exécutable que lorsque la brume n'est pas assez forte pour empêcher la navigation, ce qui arrivera souvent dans cette saison.

J'ai écrit au commandant de Passau de me renvoyer, s'il lui est possible, les bateaux partis de Braunau, et de les remplacer par ceux de Passau qui conduiraient les troupes à Linz, et vous écrire pour lui renvoyer les siens. De cette manière, le service par eau ne sera pas interrompu, au lieu que si les bateaux descendent toujours et ne sont pas renvoyés au bout de 8 jours, il ne sera pas possible d'exécuter cette mesure et par conséquent de remplir les intentions de Sa Majesté.

Veuillez donc, Général, adopter cette mesure de votre côté. Si nous pouvons, pendant quelques jours de suite, faire voyager par eau tous les militaires isolés, nous viendrons à bout de faire rejoindre les traînards en ordre et sans compromettre la tranquillité du pays. Je vais même prendre des moyens pour établir cette mesure à Mühldorf et à Burghausen.

Je vous préviens que j'ai envoyé à Altheim un détachement de 25 chasseurs dont 3 à cheval, commandés par un officier ; il y remplit les fonctions de commandant de place, et a l'ordre de fouiller les bois, les hameaux et les villages pour ramasser tous les militaires qu'il y trouvera, faire mettre en prison ceux qui se seraient rendus coupables de délits, et me les envoyer pour être jugés par la commission militaire. J'en ai envoyé un pareil nombre à Burghausen, Schärding et Markt. De mon côté, je fais faire des patrouilles qui correspondent avec celles de ces places.

Le général Lauriston au Commandant de la place de Passau.

Monsieur le Commandant,   19 brumaire an XIV.

J'ai l'honneur de vous prévenir que je fais partir par l'eau un détachement de militaires isolés. Ils ont ordre de se rendre à Linz, mais ils s'arrêteront naturellement à Passau ; ils ont reçu le pain pour trois jours et la viande pour un.

Un officier de marine de la Garde impériale part avec le détachement ; il est chargé de me rendre compte de la navigation de l'Inn.

L'intention de l'Empereur était d'envoyer par eau tous les militaires isolés et même les bataillons entiers, lorsque la brume n'empêchera pas la navigation ; il serait bon de nous concerter pour entretenir la correspondance de cette manière, car si tout descend et que rien ne remonte, au bout de quelques jours, nous n'aurons ni bateaux ni bateliers. Je vous propose donc d'organiser, chacun de notre côté, un certain nombre de bateaux armés de leurs bateliers, les miens descendront jusqu'à Passau, les troupes passeront sur les vôtres et descendront jusqu'à Linz, d'où le commandant doit vous les renvoyer de même ; sans cette mesure, comme je vous l'ai dit plus haut, la mesure qu'a prise Sa Majesté deviendrait de nul effet ; pour remonter les bateaux, il faut peu de chevaux de réquisition.

Je vous invite à communiquer ma lettre au commandant de place à Linz.

Sa Majesté m'ayant donné le commandement de la navigation de l'Inn depuis Wasserburg jusqu'à Passau, je vous serai obligé, pour me mettre à même de l'assurer, de me mander quelles ressources vous avez en bateaux et bateliers et quelle garnison vous avez. J'ai envoyé un officier du génie pour l'armement du fort.

L'ordre du jour du 16 pour la répression du brigandage vous est sans doute parvenu. J'avais pris déjà toutes les mesures pour assurer la tranquillité de cette partie. En conséquence, j'ai envoyé à Schärding un officier de chasseurs comme commandant de place, avec un détachement de 22 chasseurs à pied et 3 à cheval. Ils ont ordre de faire des patrouilles et d'arrêter tous ceux qui s'écarteraient de la route pour piller. Je vous invite, Monsieur le Commandant, à correspondre avec lui et à vouloir bien me mander aussi quelles mesures vous prenez à cet égard, pour que les miennes y correspondent (1).

---

(1) Lauriston fait envoyer quelques fonds au commandant du génie de Passau, sur ceux de Braunau, en attendant l'arrivée de ceux qu'il a demandés. Il a aussi demandé de l'artillerie.

CHAPITRE XVIII

11 novembre.

Rapport du chef de bataillon Saint-Loup, commandant l'artillerie de la division Gazan, sur l'affaire de Dürnstein.

20 brumaire an xiv.

A Monsieur le général Pernety, chef de l'état-major général de l'artillerie de l'armée.

Mon Général,

J'ai l'honneur de vous rendre compte que le 20 brumaire, d'après les dispositions du général de division, je donne ordre à M. Favier, lieutenant de la 5ᵉ compagnie du 1ᵉʳ régiment d'artillerie à pied, commandant trois bouches à feu attachées à la brigade du général Graindorge, de partir de Spitz pour se rendre à Dürnstein. Les chemins étant impraticables pour l'artillerie, qui était embarquée depuis plusieurs jours, ce mouvement se fit par eau. Arrivé à 8 heures à la hauteur du lieu indiqué, cet officier, entendant tirer quelques coups de fusil, se hâta de faire débarquer son artillerie en avant de Dürnstein mais le terrain n'offrant que des difficultés pour son emplacement, M. le maréchal Mortier dit à cet officier : « Portez-vous en avant et tâchez de tirer parti du terrain le plus avantageusement possible. » Le général Gazan ajouta : « Vous allez trouver un bataillon du 4ᵉ d'infanterie légère; vous vous réunirez à lui et le protégerez. » Après avoir parcouru environ 300 toises, il rencontra ce bataillon entièrement répandu en tirailleurs et fortement aux prises avec l'ennemi; il a aperçu en même temps un bataillon du 100ᵉ sur sa gauche qui de même se battait à une distance de 100 pas de l'ennemi. Se trouvant dans l'impossibilité, par la nature du terrain, de mettre une seule pièce en batterie, il se porta à 50 pas d'un bataillon russe qui faisait un feu terrible, fit tirer à mitraille; l'ennemi alors détacha une partie de son bataillon pour charger les pièces, il fut attendu à portée de pistolet et reçu par une décharge à mitraille qui, réunie au feu de l'infanterie, le fit rétrograder et rentrer dans le village d'Imbach (1), d'où il voulut déboucher à différentes reprises ; l'artillerie contribua encore à culbuter tout ce qui se présentait. Suivant les mouvements de l'infanterie, il parvint à établir ses pièces sur le plateau d'où l'ennemi avait été chassé et resta dans cette position jusqu'à 4 heures après midi, heure à laquelle l'ennemi, par de nouvelles attaques faites avec des troupes fraîches, revint pour s'emparer des positions ; il s'y défendit jusqu'au moment où il reçut l'ordre d'abandonner ses pièces, ce qu'il ne fit qu'après les avoir enclouées, précaution d'autant plus nécessaire que l'ennemi eut pu s'en servir pour tirer sur les troupes, qui se faisaient chemin, à la baïonnette et à la faveur de la nuit, sur le point où avaient été dirigées les bouches à feu et qui était le seul que l'on put entreprendre de percer.

Cet officier a été légèrement blessé d'une balle au genou gauche, il mérite les plus grands éloges sur son intelligence, sa conduite, sa bravoure et son sang-froid ; les sous-officiers et canonniers ont aussi montré beaucoup de bravoure.

Le lieutenant Favier donne des éloges aux sous-officiers et soldats du train du 5e bataillon bis, attachés à sa batterie ; plusieurs d'entre eux ont eu des chevaux tués sous eux. Je puis assurer que ces éloges sont mérités.

J'ai l'honneur de vous saluer très respectueusement.

GRAINDORGE (2).

Journal de la division Dupont.

(Il existe, aux Archives de la Guerre, deux exemplaires du Journal de marche de la division Dupont. L'un d'eux provient directement du général Dupont, et a été versé aux Archives après sa mort, le 13 avril 1840 ; c'est celui qui a été reproduit dans l'ouvrage de M. Alombert sur Dürrenstein. L'autre exemplaire, provenant du général Marchand, est presque entièrement identique au premier. Il présente cependant, pour la partie de Dürrenstein, quelques passages

---

(1) Erreur ; il s'agit de Leoben.
(2) Voir dans Alombert, pour cette journée, les pages 99 à 150 ; relations du combat de Dürrenstein ; lettres de Soult à Berthier, de Murat à l'Empereur, de Berthier à Soult et Murat, de l'Empereur à Murat, de Thiard à l'Empereur. Ordres du 4e corps d'armée.

qui manquent dans l'exemptaire du général Dupont, et que nous croyons devoir reproduire ici.)

Journée du 11 novembre.

..... Le maréchal Mortier est dégagé. Il arrive par Dürrenstein avec la division Gazan. Les soldats de cette division se précipitent dans les bras des soldats de la division Dupont, en criant : « Ah! mes amis! Vous nous sauvez! » Nos braves recueillent dans cet embrassement le plus doux fruit de leur victoire. Quel spectacle intéressant et sublime sur un champ de bataille jonché de cadavres!

La cavalerie ne pouvait agir dans les défilés où on se battait.....

Le château de Dürrenstein, où fut enfermé Richard Cœur-de-Lion à son retour de la Terre sainte, couronne les hauteurs du défilé où s'est livré le combat.

Cette affaire mérite particulièrement d'être remarquée, par le courage qu'y ont déployé nos régiments contre un ennemi robuste, à demi barbare, et redoutable à l'arme blanche ; elle obtient aux yeux des militaires un nouveau degré d'importance s'ils considèrent combien la perte de la division Gazan aurait influé sur la suite des opérations de la Grande Armée. Or, elle se trouvait dans une crise dont toute la bravoure n'aurait pu la faire sortir, si elle n'eût eu un prompt secours.

Journée du 12 novembre.

Pendant la nuit, le maréchal Mortier ordonna à tout son corps d'armée de passer sur la rive droite du Danube; on se met en marche à 3 heures après minuit pour se rendre à Spitz, où doit s'effectuer le passage; il commence à 4 heures du matin et ne finit qu'à minuit (1).....

Milhaud à Walther.

Rapport du 19 au 20 brumaire.

Nous avons fait à Tulln 450 prisonniers russes qui descendaient le Danube pour se rendre à Stockerau..... Une partie de ces prisonniers a été laissée à l'hôpital à Tulln, pour cause de maladies ou blessures, et nous envoyons à Sieghardskirchen 330 hommes bien portants.

Parmi les prisonniers, il se trouve 1 lieutenant russe, 6 cadets et

---

(1) Cf. Alombert, p. 129 et 153.

1 employé supérieur dans les subsistances militaires d'Autriche, qui suit le convoi des prisonniers jusqu'à nouvel ordre.

On a pris un drapeau qui sera envoyé au prince Murat.

Les armes des prisonniers ont été jetées dans le fleuve au nombre de 1,200 ou 1,300 fusils et autant de sabres d'infanterie..... Nous avons délivré 17 prisonniers français de toutes armes qui étaient amenés par les Russes.

Douze voitures d'équipages ont été prises sur la rive droite du Danube dans une petite île couverte de bois, elles étaient escortées par 10 hommes et sont devenues le butin du soldat; ces voitures étaient attelées de 28 mauvais chevaux.

Trois petits détachements, composés de douze chasseurs du 22e régiment de chasseurs à cheval et 6 fantassins, du nombre des délivrés, se sont embarqués sur trois bateaux et sous les ordres du capitaine Galles et du sous-lieutenant Maurille, ils ont traversé un grand bras du Danube, et ont abordé, malgré 300 Russes, dans une île dont ils ont ramené trois grandes barques, après avoir tué ou blessé plusieurs Russes.

Le 22e régiment de chasseurs à cheval devant partir aujourd'hui de Tulln, il serait urgent que l'on envoyât de suite un bataillon d'infanterie pour garder ce poste, où je n'ai ordre de laisser qu'un faible détachement; ce bataillon pourrait, s'il avait une seule pièce d'artillerie, arrêter toutes les embarcations qui viennent de Krems, chargées de troupes et de bagages.

Le capitaine Galles aura l'honneur de vous remettre mon rapport; je vous prie, mon Général, de présenter au prince Murat ce brave officier qui mérite, ainsi que le sous-lieutenant Maurville, des marques de distinction.

P.-S. — Nous avons observé, sur la rive gauche du Danube, plusieurs piquets de cavalerie et d'infanterie se dirigeant sur Stockerau.

Belliard à Walther.

Hütteldorf, le 20 brumaire an xiv.

Vous ordonnerez au 16° régiment de se rendre à Klosterneuburg, où il s'établira et rentrera sous les ordres du général Milhaud; si Klosterneuburg n'était pas assez grand pour tenir la brigade du général Milhaud, elle pourra s'étendre par sa gauche sur Mautern et Samjoist (?).

La brigade Sébastiani devra aller s'établir à Tulln et dans les villages voisins, la brigade Treilhard occupera Maur et Ingelburg.

11 NOVEMBRE.

Journal de la Réserve de cavalerie.

20 brumaire an XIV.

Le 20, le corps d'armée partit à 7 heures du matin et se porta sur Vienne. Un régiment de cavalerie autrichienne, qu'on avait laissé pour fermer la marche de l'armée autrichienne, formait pour ainsi dire notre avant-garde.

A Ried, deux députés de la ville de Vienne se présentèrent au Prince et lui annoncèrent qu'une députation des États de l'Autriche l'attendait à Purgersdorf pour prendre ses ordres. Son Altesse Sérénissime, après avoir conféré avec les deux députés, les renvoya à la députation générale et le corps d'armée continua son mouvement.

A Purgersdorf, le Prince reçut les députés des États, conféra longtemps avec eux, leur donna ses ordres et les renvoya à Vienne. A 3 heures, tout le corps d'armée était réuni sous les murs de Vienne. Les habitants, qui croyaient que nous allions en prendre possession, étaient accourus en foule à l'extrémité du faubourg Schönbrunn pour voir l'armée française.

Le Prince, n'ayant point encore d'ordre de Sa Majesté pour l'occupation de la capitale de l'Autriche, fit prendre position à son corps d'armée.

Quoique les troupes ne fussent pas dans la place, nous n'en étions pas moins les maîtres et le Prince ordonna que toutes les troupes autrichiennes l'évacuassent et que le service fût fait par la garde bourgeoise.

Son Altesse Sérénissime envoya le général Sébastiani avec sa brigade à Klosterneuburg, avec ordre de s'étendre par sa gauche le long du Danube jusqu'à Höflein, de communiquer avec le régiment qu'on avait laissé à Tulln, de réunir le plus de barques possible et d'arrêter toutes celles qui descendraient ou remonteraient le fleuve.

Le 16° régiment de chasseurs fut dirigé sur Ebersdorf pour couper la communication avec la Hongrie, arrêter tous les bâtiments qui se trouveraient sur la rive droite ou qui descendraient ou remonteraient le fleuve, ainsi que tous les courriers.

La brigade de hussards fut établie à Inzersdorf, interceptant les communications sur la route de Neustadt et Laxemburg et se liant par la droite avec le régiment qui occupait Ebersdorf.

La division du général Walther prit position à Altmannsdorf, Erlaf, Linz et Saint-Veit.

La division Nansouty occupa Ketzelsdorf, Hadersdorf, Dornbach et les hameaux voisins.

La division d'Hautpoul s'établit à Weidlingau, Mariabrunn et Purgersdorf (1).

La division de grenadiers campa sur les hauteurs en avant de Hütteldorf, à gauche de la grande route, et la division Suchet sur les hauteurs en arrière de Saint-Veit sur la rive droite de la Vienne.

Le quartier général s'établit à Hadersdorf.

Le régiment qu'on avait envoyé à Tulln fit 450 prisonniers russes, qui descendaient le Danube pour se rendre à Stockerau, dont 330 bien portants qui furent envoyés à Sieghardskirchen, les autres restèrent à l'hôpital de Tulln.

On prit aussi un drapeau, 1,200 fusils, autant de sabres; 17 prisonniers français furent délivrés ; 3 détachements de 12 chasseurs du 22º et 6 hommes d'infanterie des délivrés, conduits par le capitaine Galles et le sous-lieutenant Maurville, traversent un grand bras du Danube, arrivent sur la rive gauche, chassent 300 Russes qui défendaient l'abordage, en tuent plusieurs, s'emparent de 3 grandes barques qu'ils ramènent sur la rive droite; ces mêmes détachements prirent dans une île 12 voitures chargées d'équipages.

Le Prince prit des renseignements sur les ponts de Vienne, qu'on dit n'être pas détruits.

D'après les rapports que reçut le Prince, on évacuait des magasins de Vienne de l'artillerie et d'autres objets. Le Prince aurait pu en empêcher en envoyant des troupes à l'extrémité du faubourg, mais son projet étant de surprendre le pont, il aima mieux perdre quelques pièces d'artillerie et ne pas donner l'éveil. Il défendit même aux troupes de Klosterneuburg ainsi qu'à celles de Dornbach de faire aucune démonstration qui pût faire craindre le passage, et les ordres les plus sévères furent donnés pour empêcher à qui que ce fût d'entrer en ville.

Journal de la 2º division de dragons.

Le 20, la division arrive devant Vienne, reste en bataille dans la plaine jusqu'au soir et vient ensuite cantonner en partie dans les environs de Saint-Veit ; les généraux Roget et Fauconnet avaient le matin rejoint la division; le général Sébastiani est envoyé avec sa brigade, à laquelle le 1ᵉʳ régiment de chasseurs est toujours attaché, à Klosterneuburg et Nussdorf; le général Treilhard et le 10º de hussards sont

---

(1) Les tableaux d'emplacements et le Journal de cette division la placent à Ried.

11 NOVEMBRE.

envoyés à Léopolsdorf, tandis que le 9⁰ vient à Ebersdorf, Albern, etc., au dessous de Vienne, avec ordre d'intercepter toute communication; pareil ordre est adressé au général Milhaud qui de Tulln doit se porter avec le 22⁰ régiment de chasseurs à Kahlenbergerdorf et envoyer le 16⁰ sur Nussdorf; tous ces régiments arrêtent sur le Danube des bateaux chargés d'effets militaires et gardés par des Autrichiens et des Russes; les chasseurs du général Fauconnet occupent Atzgersdorf.

Journal du 5⁰ corps d'armée.

Quartier général à Baumgarten.

Le 20, le corps d'armée continua sa route sur Vienne. Les grenadiers se rendirent à Baumgarten. La division Suchet s'y rendit aussi. Les grenadiers bivouaquèrent à la gauche de ce village dans les vignes, et la division Suchet à droite et un peu en arrière dans la forêt.

Bulletin.

Schönbrünn, le 19 novembre 1805.

Tous les plans de défense de Vienne ont manqué. Ni le corps de chasseurs, ni le corps des volontaires de Vienne n'ont réussi; au contraire, il y a un mécontentement et une haine générale à Vienne contre l'empereur d'Autriche et son gouvernement, parce que tout le monde a été contre cette guerre et on dit généralement que ce ne sont que les prêtres et les nobles qui en sont la cause; même ils ont toujours prêché contre les Français, et ils ont effectué l'émigration présente à Vienne, particulièrement du sexe. Ces gens-là sont tous encore à Presburg et avec un parlementaire et la promesse d'une garantie, on pourrait bien les faire retourner. L'Empereur est encore aussi à Presburg et n'a plus de troupes que 10,000 hommes en tout. Même les Hongrois sont mécontents de lui et l'insurrection de la noblesse promise n'a pas encore commencé et ne réussirait plus, non plus. L'Empereur veut aller à Ulmitz où est son Conseil de guerre.

L'empereur de Russie doit être à Znaym, où il veut réunir tous ses corps pour les commander en chef.

A Vienne, il y a déjà une espèce de disette et il faut bien des précautions pour ne pas être affamé, parce que Vienne est coupé de la Hongrie d'où il a toujours pris ses ressources.

Par les chemins de traverse à Eisenstadt on pourrait bien facilement entrer en Hongrie et ouvrir tout ce pays. Hier on a encore crié à Vienne que les Français sont plus loin que Linz; parce que depuis quelques jours on a défendu toutes les gazettes et défendu de parler de nouvelles de guerre et on a caché au peuple la situation malheureuse.

Dans ce moment les habitants de Vienne recevront avec contentement les Français, espérant un changement dans les affaires. Ils sont en rage contre le gouvernement actuel, qui fait manquer de l'argent et du pain et qui montre si peu de reconnaissance.

Le général Giulay au prince Murat (1).

Monseigneur,

J'ai reçu la lettre que Votre Altesse Sérénissime m'a fait l'honneur de m'envoyer par M. de Flahaut. S. M. l'Empereur mon maître ayant bien voulu me remettre des lettres à S. M. l'empereur Napoléon, contenant les conditions d'après lesquelles elle désire contracter; j'aurai demain l'honneur d'en communiquer le contenu à Votre Altesse Sérénissime, à mon passage pour me rendre chez S. M. l'Empereur des Français. Jusque-là je supplie Votre Altesse Sérénissime de ne pas porter ses troupes plus en avant et de vouloir bien se persuader que je ferai toute diligence pour arriver une couple d'heures après l'aide de camp de Votre Altesse Sérénissime.

Salligny à Vandamme.

Sieghardskirchen, le 20 brumaire an XIV.

Vous voudrez bien, Monsieur le Général, établir votre division aujourd'hui à Abstetten, Judenau et Baumgarten. Vous vous garderez militairement sur votre gauche.

Je vous préviens que la 3ᵉ division s'établira à Ried, Ollern, Weinzierl et Sieghardskirchen.

La 1ʳᵉ division sera à Plankenberg, Streithofen et villages à portée

---

(1) Sans date. La mention « Poisdorf, 19 brumaire » a été ajoutée postérieurement, et est fausse. Le 10 au soir, Giulay traversa le quartier général de Murat, retournant à Poisdorf; c'est le 11 que Murat lui envoie son aide de camp, ainsi qu'en fait foi la lettre de Murat à l'Empereur. (Alombert, p. 147.)

C'est le 12 au matin que Giulay repasse au quartier général de Murat, se rendant auprès de Napoléon.

11 NOVEMBRE.

sur la gauche, mais sans s'écarter de plus d'un quart de lieue de la route.
La division de cavalerie légère occupera Michelhausen et Rust.
Le quartier général s'établira à Sieghardskirchen.
Demain toutes les divisions ne se mettront en marche que sur de nouveaux ordres.

Circulaire.

Melk, le 20 brumaire an xiv.

Je vous préviens, Monsieur le Général, que le quartier général impérial sera établi aujourd'hui à Saint-Pölten.
Les officiers employés près de vous partiront de suite, mais vous resterez de votre personne à Melk, jusqu'après le départ de l'Empereur.

ANDRÉOSSY.

Andréossy au Colonel du 21e dragons.

Ordre au 21e régiment de dragons à cheval de partir de suite pour aller se cantonner à un quart de lieue de Saint-Pölten et d'envoyer à Melk 1 officier et 15 hommes.

Garde impériale. — Ordre du jour.

Quartier général à Saint-Pölten, le 21 brumaire an xiv.

Plusieurs plaintes sont parvenues à M. le maréchal Bessières contre plusieurs soldats de la Garde. Au mépris de tous les sentiments d'honneur, quelques-uns ont voulu voler chez leurs hôtes, d'autres ont voulu en faire contribuer, d'autres se sont enivrés, d'autres ont manqué à leurs officiers.
Le sieur Foucaut, canonnier, a désobéi à un officier d'artillerie. Il sera démonté, et à la première faute il sera renvoyé de la Garde.
Gagneur, brigadier de canonniers, s'est enivré au point de ne pouvoir plus suivre son corps. Il sera cassé à la tête de sa compagnie.
Le sieur Sebille, brigadier de chasseurs à cheval, a tiré des coups de carabine aux pigeons dans son logement. Il sera suspendu de ses fonctions pendant un mois.
Les sieurs Pianell, Coiffier et Coq, chasseurs à cheval, se sont enivrés à Linz. Ils seront sérieusement punis.

Conse, chasseur à cheval, a manqué à un officier à Braunau. Il sera surveillé et renvoyé de la Garde à la première occasion.

Dry Jourdy et John Ouassabis, mameluks, ont manqué à la subordination à Linz. Ces deux individus seront soigneusement surveillés et traduits devant un conseil de guerre à la première faute qu'ils feront.

Delarue, grenadier à cheval de la 6e compagnie, a voulu faire contribuer le curé d'Amstetten. M. le Maréchal demandera qu'il soit privé des prérogatives qui sont accordées aux militaires de la Garde par le décret impérial du 2e complémentaire an XIII jusqu'à nouvel ordre.

Ce qu'il y a de plus révoltant, c'est que ce grenadier est décoré de la croix de la Légion d'honneur ; à la première faute le Grand Conseil en sera instruit.

Arnoux, brigadier de grenadiers à cheval, qui était présent, sera suspendu de ses fonctions pendant un mois, pour ne l'avoir pas empêché et ne l'avoir pas fait arrêter.

D. B. et B., vélites et grenadiers à pied, ont voulu prendre des effets dans une maison où ils étaient logés. M. le Maréchal demandera qu'ils soient tous les trois privés des prérogatives accordées aux soldats de la Garde par le décret du 2e complémentaire an XIII, et à la première faute, ils seront chassés de la Garde ou jugés militairement, selon la gravité du cas.......

Un gendarme à cheval de la légion d'élite a manqué très grossièrement au colonel Digeon à Ettlingen. Il se sauva quand le colonel allait chercher la garde, mais on le trouva. Il sera puni d'une manière exemplaire.

Les fautes contre la discipline seront sévèrement punies ; lorsqu'un soldat de la Garde se mettra dans le cas de l'être, MM. les généraux et chefs de corps en instruiront sur-le-champ M. le Maréchal.

Le présent ordre sera lu trois fois de suite à chaque compagnie par le capitaine commandant la compagnie.

L'ordre donné à Linz sera lu également trois fois de suite par MM. les capitaines.

MM. les généraux et colonels commandants s'assureront que personne n'en ignore.

BESSIÈRES.

Le maréchal Bessières au général Hullin.

Melk, le 20 brumaire an XIV.

Il est ordonné au général Hullin de partir sur-le-champ pour se rendre aux avant-postes du prince Murat, où il attendra de nouveaux ordres.

11 NOVEMBRE.

Le général Hullin laissera le commandement des grenadiers à pied au Major Dorsenne.

Le général Hullin laissera l ordre ci-joint au prince Murat, venant du major général.

1ᵉʳ CORPS D'ARMÉE.

Emplacements des troupes le 20 brumaire.

Quartier général : Melk.
Avant-garde et général de Wrède : Sur la rive gauche de la Pielach, près Melk.
2ᵉ division : Entre Sirning et Markessdorf.
1ʳᵉ division : A Matzleinsdorf.

1ᵉʳ CORPS D'ARMÉE.

Ordre de marche pour le 21 brumaire.

Wolfpassing, le 20 brumaire an xiv.

Le général Drouet partira de ses positions demain 21, à 7 heures du matin, pour se diriger avec toutes ses troupes sur Vienne en suivant la grande route ; arrivé à Saint-Pölten, il recevra de nouveaux ordres.

Le général Rivaud partira aussi demain, à 7 heures du matin, avec toutes ses troupes. Il continuera sa route sur Vienne. Arrivé à Saint-Pölten, il recevra de nouveaux ordres.

Le grand parc d'artillerie et les administrations iront coucher demain à Melk (1).

3ᵉ CORPS D'ARMÉE.

Journée du 20 brumaire an XIV.

Quartier général : Lilienfeld.
Avant-garde : Kaumberg.
Infanterie. — Partie de Türnitz, traverse les bivouacs des divisions et va prendre position près de Kaumberg.
Le 13ᵉ, un peu en arrière de ce village sur la hauteur qui le domine.

---

(1) Éblé, craignant qu'un premier ordre adressé à Navelet ne soit pas

Le 108e, près d'Arnaberg; demi-lieue en arrière.

Cavalerie. — La cavalerie légère va prendre position à Dornau, 1 lieue en avant de Kaumberg. Elle se garde devant elle, et la majeure partie cantonne à Dornau et hameaux voisins. On envoie une reconnaissance sur Altenmarkt, que l'on occupe (1).

1re *division :* Lilienfeld.
Séjour.
Le 30e rejoint la division.
2e *division :* Néant.
3e *division :* Néant.

Journal de la division Friant.

20 brumaire an XIV.

Nous vîmes passer l'avant-garde qui avait poursuivi l'ennemi, le 17, dans la direction de Leoben, et qui alla prendre position en avant de la 1re division. Le général donne tous ses soins comme à l'ordinaire pour la cuisson du pain pour la division; 20,000 rations devaient être prêtes

parvenu, le lui réitère dans l'après-midi, en l'invitant à se tenir prêt à continuer sa route sur Vienne.

Le lendemain, 21 brumaire, il modifie cet ordre par le suivant :

Melk, le 21 brumaire an XIV.

Au lieu de vous rendre à Melk, comme le porte l'ordre que je vous ai adressé, hier, Monsieur, vous établirez le parc dans le lieu le plus convenable à une demie ou trois quarts de lieue de la ville et vous pourrez faire occuper par les chevaux les villages de Matzleinsdorf, Freiningau, Mayerhoffen, Bergern et même Ornding.

L'intention de M. le Maréchal est que vous fassiez sortir et rejoindre leurs corps respectifs tous les militaires ou autres qui pourraient s'être arrêtés dans ces villages.

P.-S. — Envoyez-moi, par le retour de l'ordonnance, le nom du village que vous occuperez de votre personne.

ÉBLÉ.

Éblé ordonne en même temps à tous ses subordonnés de faire visiter les coffrets d'affût pour réparer les munitions qui pourraient avoir été mouillées au passage de l'Erlaf.

(1) Un parti de 50 chevaux est envoyé sur Saint-Pölten pour communiquer avec Soult et lui faire connaître les positions du 3e corps. (Journal des opérations de l'artillerie du 3e corps.)

11 NOVEMBRE. 695

pour le lendemain, 9 heures du matin ; mais notre départ, à 6 heures du matin, ne nous permit pas d'en faire la distribution.

Berthier à Davout.

Abbaye de Melk, le 20 brumaire an XIV.

L'intention de l'Empereur, Monsieur le Maréchal, est que vous dirigiez votre marche sur Vienne, vos premiers postes cependant s'arrêteront à Mödling.

Sa Majesté vous recommande de faire respecter les palais de Laxenburg et de Schönbrünn et d'y faire mettre des sauvegardes.

Le général Marmont partant de Leoben, il est possible qu'on puisse couper quelque chose de Leoben à Vienne en marchant par Neustadt.

Mettez-vous en communication avec le général Marmont et envoyez des troupes pour prendre tout ce qui serait entre vous deux. Éclairez Neustadt et envoyez aussi une forte reconnaissance sur le Danube du côté de Schwechat.

Davout à Berthier.

Mödling, le 20 brumaire an XIV.

J'ai l'honneur de rendre compte à Votre Excellence que j'ai reçu ses ordres ; demain matin, de très bonne heure, le corps d'armée se mettra en mouvement.

L'avant-garde, aux ordres du général Heudelet, ira prendre position entre Mödling et Stift-Heiligenkreutz.

Un parti de 100 chevaux poussera une reconnaissance sur Neustadt.

La 1re division prendra position à Reisenmarkt.

La 2e division occupera une position en arrière de la 1re.

La 3e division s'établira en arrière, à Altenmarkt, qu'elle fera occuper.

La division de dragons du général Beaumont se portera sur Fahrafeld, route de Pottenstein.

3e CORPS D'ARMÉE.

Ordre de marche du 21 brumaire.

Lilienfeld, le 20 brumaire an XIV.

L'avant-garde partira demain à 7 heures du matin, et prendra position entre Mödling et Stift-Heiligenkreutz et elle aura ses avant-postes à Mödling.

Il sera envoyé, par le général Heudelet, une reconnaissance de 100 chevaux sur Neustadt. Le général Heudelet donnera ordre au commandant de cette reconnaissance de revenir sur Mödling par la route de Neustadt à Vienne, dans le cas où cette reconnaissance rencontrerait des forces très supérieures, elle ferait sa retraite sur Altenmarkt.

La 1re division partira à 6 heures du matin, viendra prendre position à Reisenmarkt.

La 2e division partira à la même heure et prendra position à trois quarts de lieue en arrière de la 1re.

La 3e division partira à 7 heures du matin et prendra position en arrière d'Altenmarkt. Le général Gudin fera couvrir Altenmarkt par un bataillon qui observera la route de Pottenstein.

La division de dragons, passant par Altenmarkt, se portera sur Fahrafeld, route d'Altenmarkt à Pottenstein.

Les divisions marcheront à une demi-lieue les unes des autres et tous les chevaux de main, ainsi que les vivandiers et vivandières, marcheront à la suite de leurs divisions respectives.

Les divisions tireront des subsistances ainsi que des souliers des villages qui se trouvent à leur droite et à leur gauche.

Le quartier général du corps d'armée sera établi à Altenmarkt.

Le Général chef de l'état-major,
DAULTANNE (1).

Berthier à Bourcier.

Saint-Pölten, le 20 brumaire an XIV.

Il est ordonné au général Bourcier de partir, aussitôt la réception de cette lettre, pour se rendre au quartier général par la grande route de Vienne.

Le général Bourcier me fera connaître l'itinéraire de sa marche, et le jour où il arrivera à Vienne, ainsi que le nom du lieu où il couchera chaque soir.

---

(1) *Note de la main du général Gudin :* « Le bataillon du 12e, détaché à Klein-Zell, se rendra directement à Altenmarkt. »

(A. G.)

Andréossy à Bourcier.

Saint-Pölten, le 20 brumaire an xiv.

La licence des traîneurs sur les derrières de l'armée est à son comble, Monsieur le Général ; (vous avez un) grand service à rendre en employant d'une manière convenable les moyens qui sont à votre disposition. Faites faire des battues sur la route et à 1 lieue environ à droite et à gauche, pour réprimer les désordres ; faites arrêter et marcher devant vous les soldats vagabonds, l'effroi des campagnes, le déshonneur du nom français. S. E. le Ministre de la guerre, Major général, m'a chargé de vous dire que Sa Majesté vous confie l'honneur de faire l'arrière-garde de l'armée, sûr de vos principes et de la vigueur de votre caractère ; vous devez être flatté, en remplissant cette tâche honorable, de répondre à la confiance de Sa Majesté.

Rendez compte fréquemment à Son Excellence du progrès de vos opérations et du résultat de vos soins.

Andréossy à Reille.

S. E. le Ministre de la guerre, Major général, désire, Monsieur le Général, que vous envoyiez de suite un officier batave, avec un détachement de 12 ou 15 hommes, pour se rendre à Wels, y tenir garnison, réprimer les désordres, faire respecter la maison de poste et faire rejoindre les traînards. Ce malheureux endroit est livré à toutes les horreurs de la licence.

Je vous ai engagé à envoyer M. Niepce, avec un détachement, à Enns. Son Excellence tient essentiellement à cette disposition.

Le général Andréossy à M. Tricard.

Melk, le 20 brumaire an xiv.

Il est ordonné à M. Tricard, capitaine adjoint, de rester à Melk pour y remplir les fonctions de commandant de place. Il aura à ses ordres M. Peletier, lieutenant au 21° régiment de dragons et 15 hommes. Il établira un poste à l'abbaye pour y maintenir le bon ordre et faire sortir tout individu qui n'aurait pas le droit d'y rester. Il fera également faire de fréquentes patrouilles et fera filer sur Saint-Pölten tous les soldats traînards.

Le général Andréossy à M. Thévenin.

Melk, le 20 brumaire an XIV.

Il est ordonné à M. Thévenin, officier au 100° régiment, de partir avec le détachement qui a escorté les bateaux venant de Linz, pour rejoindre son corps, aussitôt qu'il aura été relevé par un détachement envoyé par le chef d'état-major général du 1er corps d'armée.

Le général Lauriston au lieutenant Dubourg, du 2° régiment de chasseurs à cheval, commandant la place d'Altheim.

20 brumaire an XIV.

J'ai reçu, Monsieur le Commandant, votre lettre de ce jour. Je vois avec beaucoup de satisfaction votre activité. Faites de fréquentes patrouilles. Hier et aujourd'hui, j'ai fait partir par l'eau, jusqu'à Linz, tous les traînards. Ainsi, tous ceux que vous rencontrerez seront des vagabonds.

Les hommes sortant de l'hôpital de Braunau ne vont plus isolément, et, comme vous le dites, cela était contre mes ordres.

Continuez à me rendre compte comme vous le faites.

Le général Lauriston à M. André, adjoint à l'Intendant général.

20 brumaire an XIV.

Les fréquents passages de la place, les garnisons considérables, les dépôts présents et futurs, demandent une quantité considérable de rations de toute espèce. Vous m'avez promis que les vivres-pain étaient assurés. Mais la force présumée de la garnison et du dépôt étant de 5,000 hommes, il faudra 220 bœufs par mois, et pour les chevaux de parc et autres, il faudra à peu près 40,000 quintaux de foin, 150,000 boisseaux d'avoine et 4,000 quintaux de paille, non compris l'approvisionnement de la place. Je vous prie, Monsieur, de frapper les réquisitions nécessaires à cet objet et de prendre les mesures pour que le service soit assuré. Vous devez compter le nombre des rations à 5,000 par jour.

11 NOVEMBRE.

Le général Lauriston au Commissaire des guerres chargé des subsistances.

20 brumaire an XIV.

Je vous préviens, Monsieur, que la division de dragons aux ordres du général Bourcier, forte de 2,400 hommes et 2,400 chevaux, arrive aujourd'hui. Vous voudrez bien prendre vos mesures pour assurer leur subsistance.

Demain il arrive 1,600 prisonniers.

Bientôt le parc d'artillerie, fort de 4,000 chevaux, arrivera aussi : pourvoyez-vous d'avance.

Le général Lauriston au Commissaire des guerres chargé des subsistances.

20 brumaire an XIV.

Lorsque, Monsieur, vous vous êtes rendu chez moi, ce matin, pour me rendre compte des moyens d'assurer la subsistance des troupes et des chevaux, il a été calculé que la distribution pouvait se faire pendant quelque temps sans éprouver d'inconvénients.

Je trouve donc fort extraordinaire que vous vous soyez refusé à donner l'avoine à 3 des 6 régiments arrivés aujourd'hui.

Je vous avais dit pareillement de vous tenir toujours en mesure pour que les distributions de pain aux manœuvres se fassent régulièrement. Ce n'est que de cette manière que nous pourrons continuer nos travaux.

Cependant, encore aujourd'hui la distribution n'a pas été entièrement faite. Ces sortes de négligences nuisent au bien du service. Il me serait fort désagréable d'avoir à m'en plaindre.

Je vous prie donc d'être désormais plus exact à assurer les distributions et surtout que celles des militaires isolés se fassent tous les jours à 6 heures du matin.

Je vous préviens qu'à 7 heures environ, 450 hommes seront embarqués et devront prendre pour un jour de viande et trois jours de pain.

Le général Lauriston au Chef d'escadron commandant la place, à Ried.

20 brumaire an XIV.

J'ai reçu, Monsieur le Commandant, votre lettre. L'ordre donné pour ne pas laisser rentrer dans la ville par la porte de Salzburg l'a été à tort, mais n'a duré qu'une heure pendant que le détachement des traînards partait.

Beaucoup de militaires se sont servis de ce prétexte. Il existe au contraire depuis huit jours un poste au dehors pour forcer les traînards à entrer en ville.

Comme l'Empereur vient de me confier le gouvernement de la province, je vous invite à correspondre souvent avec moi pour tout ce qui se passe autour de vous. Les dragons arrivent, je vais vous envoyer un détachement de chasseurs à pied et deux à cheval. Vous les emploierez à faire des patrouilles. Le commandant d'Altheim en fait de son côté. J'ai organisé mes commissions militaires. Vous y enverrez tous les militaires coupables de délit. Mandez-moi qui commande à Lambach, et dans quelle situation est cet endroit.

J'ai fait partir hier par eau 480 traînards, aujourd'hui 350. Si le brouillard me laisse encore six ou sept jours, nous viendrons à bout du pays. Mes patrouilles ont déjà arrêté une cinquantaine d'hommes.

Ordre du 20 brumaire.

En vertu de l'ordre du jour de la Grande Armée, en date du 16 brumaire, il sera organisé une commission militaire dans la place de Braunau. Elle sera composée de :

MM. Sénarmont, *président*, colonel d'artillerie ;
 Lusignan, chef de bureau au 58ᵉ régiment ;
 Decouy, capitaine au 2ᵉ régiment de chasseurs ;
 Tyrel, capitaine au 58ᵉ régiment ;
 Carré, lieutenant au 58ᵉ régiment ;
 Couturier, sous-lieutenant au 58ᵉ régiment ;
 Mainville, sous-lieutenant au 12ᵉ régiment de chasseurs.

M. le capitaine Tyrel, membre de la commission, remplira les fonctions de rapporteur.

M. Latouche, fourrier de la 3ᵉ compagnie du 12ᵉ régiment de chasseurs, fera les fonctions de greffier.

La commission militaire jugera, suivant les délits et peines, les militaires qui y seront traduits et qui se seraient rendus coupables de crimes.

Les décisions et jugements seront portés au gouverneur de la Haute-Autriche.

Le commandant de la place de Braunau donnera un local convenable pour les séances de la commission et tiendra la main à l'exécution du présent ordre.

LAURISTON.

Le général Lauriston au Bailli de Braunau.

20 brumaire an xiv.

Vous voudrez bien, Monsieur le Bailli, faire publier et afficher, dans toutes les communes, tant de votre bailliage, que de celles de toute la province, l'ordre que je vous envoie que vous ferez traduire en allemand.

Cet ordre a déjà été publié, mais sans aucun effet. Je le réitère et je vous préviens que je prendrai les mesures les plus sévères contre ceux qui ne feraient pas les déclarations que je demande.

Prévenez-les donc, afin de leur éviter tout désagrément à cet égard.

Emplacements du 20 brumaire an XIV (11 novembre 1805) au matin.

DÉSIGNATION des CORPS.	EMPLACEMENT.	OBSERVATIONS.
Quartr général impérial.	Melk.................	Arrivé hier, parti avant-hier de Linz.
Garde impériale......	Melk. Partie en avant sur Saint-Pölten.	
1er corps (maréchal Bernadotte).	Marchant d'Amstetten sur Melk.	
Corps bavarois......	Suit le mouvement du 1er corps, excepté les 6,000 hommes restés à Salzburg.	
2e corps (Marmont)...	A Leoben partant pour Neustadt.	
3e corps (Davout).....	A Lilienfeld. Après le combat de Gaming, dirigeant sa marche sur Vienne et ne devant se porter qu'à Mödling, éclairant Neustadt et poussant de fortes reconnaissances sur Schwechat.	
4e corps (Soult).....	A Saint-Pölten. Devant agir selon les mouvements des Russes qui ont passé sur la gauche du Danube; secourir le maréchal Mortier s'il est attaqué, ou marcher sur Vienne si les Russes gagnent la Bohême et la Moravie.	
5e corps (Lannes)...	Avec l'avant-garde sur Purkersdorf.	
6e corps (Ney).......	Sur Innsprück.....	
7e corps (Augereau)...	Sur Kempten	
Avant-garde (prince Murat).	A Purkersdorf, où il doit rester jusqu'à demain 10 h. du matin.	
Corps de la gauche du Danube (maréchal Mortier).	A la hauteur de Melk, réunissant les deux divisions Dupont et Dumonceau, marchant sur Krems.	

Bulletin.

Berlin, le 20 brumaire an xiv.

Les gazettes de Berlin des 5 et 6 novembre contenaient le très curieux paragraphe suivant :

« Lundi, 4 novembre, jour fixé pour le départ de l'empereur Alexandre, il y eut un grand dîner à la Cour, où Sa Majesté Impériale témoigna le désir de voir encore après le souper le tombeau de Frédéric II. Le soir, au lever de table, vers les 11 heures, l'Empereur, le Roi et la Reine passèrent dans leurs appartements.

« A minuit 30, Sa Majesté Impériale et Leurs Majestés avec toute la famille royale se rendirent au tombeau dans l'église de la garnison, qu'on avait illuminée en toute hâte avec des cierges. Une grande émotion s'empara de toute l'assemblée, et l'empereur Alexandre, entraîné par le sentiment, baisa le cercueil qui renferme les restes du Grand Monarque. Ici, l'illustre voyageur, au milieu des plus vifs embrassements, prit congé de toute la famille royale qui l'entourait et partit immédiatement pour Weimar. »

Ce paragraphe a été publié pour rectifier une version répandue dans Berlin, d'après laquelle l'empereur Alexandre, poussant la momerie au dernier degré, aurait, sur le tombeau du Grand Frédéric, juré et fait jurer au Roi de rester toujours frères, alliés et unis de mesures. Dans la vérité, il n'y a que la froideur naturelle du Roi qui l'ait défendu des arts employés pour le lier.

Une lettre de Stralsund en date du 1er novembre porte que le roi de Suède était arrivé à 2 h. 30 de l'après-midi de l'île d'Ars, où il a débarqué à Barth, et devait faire son entrée à Stralsund le lendemain.

On sait actuellement que ce prince était encore en Scanie quand il a expédié M. de Lowenlsjelm avec une lettre pour l'empereur de Russie. Il ignorait qu'Alexandre fût à Berlin. Mais M. de Lowenlsjelm avait aussi une lettre pour le roi de Prusse et ordre de la lui remettre avant de se rendre à Pulawy. Le roi de Suède y proteste contre l'entrée des Prussiens dans le Hanovre en qualité de garant de la paix de Westphalie. Copie de cette lettre a été communiquée, par M. de Lowenlsjelm, au Cabinet et c'est après avoir eu, de cette manière, connaissance de son contenu, que le Roi a non seulement refusé de la recevoir, mais de se laisser présenter le porteur. M. de Lowenlsjelm a même eu l'intimation de ne point se montrer à la parade, attendu qu'aucun officier ne doit y être sans en avoir obtenu la permission. Le Roi a montré, à l'empereur Alexandre, copie de la lettre que son frère de Suède avait eu intention de lui faire remettre et on assure que le tout s'est terminé par des rires.

CHAPITRE XVIII.

L'archiduc Antoine, qui avait paru renoncer à venir de Potsdam à Berlin, y a définitivement passé deux jours, logé chez le comte de Metternich, ministre d'Autriche, et dans une sorte d'incognito. Il est parti dans la nuit du 7 au 8.

Le général de Tolstoï est parti en même temps, après avoir soupé avec l'archiduc. Il se rend à Schwerin qui a été en quelque sorte jusqu'ici le quartier général.

On écrivait de Brême, le 2 novembre :

« L'armée suédo-russe fait des préparatifs, quoique assez lentement, « pour le passage de l'Elbe par la 1re colonne de troupes russes. Mais il « n'y a pas encore de détachements jetés sur la rive gauche. »

L'opinion qui prévaut aujourd'hui à Berlin est que le général de Tolstoï a ordre de s'arrêter sur la rive droite. On assure que le roi de Prusse ne voulant pas que le roi de Suède vienne commander l'armée combinée, en laissant toujours subsister des doutes sur les positions que prendront les troupes prussiennes, et disputant sur la largeur du terrain qu'il ne comprendra pas dans sa ligne de neutralité, tend à retarder, autant que possible, l'entrée des Russes et Suédois dans le Hanovre.

Un voyageur qui, à la première nouvelle de la permission de passage accordée aux Russes par les États prussiens, s'est rendu de Hultschin, ville frontière entre la Silésie prussienne et la Silésie autrichienne, où il était en observation, à Walborz près de Petrikau, mande ce qui suit :

« J'ai été arrêté à Walborz par le cordon prussien sans pouvoir obtenir la permission de passer outre. Mais j'y ai trouvé des commissaires de qui j'ai appris qu'à Opoczno et Hadoszya dans la Gallicie, à Petrikau, Widowa, Lasky et Wielen dans la Prusse méridionale, à Pitschen, Kreutzburg, Brieg-sur-l'Oder et Nimptsels dans la Silésie jusqu'à Trotnau en Bohême, on établissait des magasins pour le corps d'armée de Pulawy qui prendra cette route. J'ai rebroussé chemin et passé par les points ci-dessus indiqués où j'ai vérifié qu'en effet on rassemblait des vivres et des fourrages. Les Russes disent que ce corps d'armée est de 50,000 hommes mais comme dans toutes les places désignées j'ai trouvé qu'on ne cuisait du pain que pour 40,000 hommes et qu'on ne préparait des rations de fourrages que pour 18,000 chevaux, on ne peut se méprendre sur le nombre des bouches. Quand j'ai quitté Walborz au surplus, cette armée russe n'était pas en état de marcher promptement. Il lui manquait beaucoup de chevaux d'attelages et un grand nombre de chevaux de cavalerie. Ceux qu'on attendait de jour en jour n'étaient pas dressés. Cette armée enfin n'était guère en meilleur état que celle de Kutusov : l'hiver, qui s'est déclaré de bonne heure, et le mauvais état des chemins sont un autre obstacle à la marche d'une armée surchargée d'autant de bagages; d'autant que de Petrikau à Wilna le terrain est de terre glaise, coupé par nombre de ruisseaux extrêmement enflés par les neiges qui tombent et fondent. »

Mais ni sur ce corps d'armée, ni sur celui qui doit partir de Grodno, on ne laisse parvenir d'avis particuliers à Berlin.

Une lettre de Munster écrite par un des principaux officiers prussiens à un de ses amis, en date du 23 octobre, porte « que le général commandant avait ordre de laisser passer librement les Français qui, du Hanovre se rendraient en Hollande; mais de s'opposer désormais au passage des renforts qui pourraient marcher de la Batavie sur Hanovre ».

Des lettres du 2 novembre disent que le pays de Bentheim est déjà occupé par les troupes prussiennes.

Depuis l'état joint au bulletin n° 8, différents changements ont été faits dans la composition des armées que la Prusse a mises sur pied. Voici un nouvel état très exact, où est ajoutée la composition de la réserve mise aux ordres du général Ruchel. On y joint un état des troupes qui restent en définitif sur le pied de paix et occupent ou occuperont les forteresses et villes prussiennes après le départ de leurs garnisons habituelles.

Un avis qui parvient dans ce moment nonobstant tous les soins pris pour cacher les mouvements des troupes russes à travers les États prussiens, contribue à expliquer la stagnation de l'armée combinée sur la rive droite de l'Elbe. Cette armée manque de cavalerie; or on apprend que plusieurs régiments de cavalerie russe, détachés des corps qui sont encore en Lithuanie, ont traversé déjà la Prusse orientale, la Prusse occidentale et une partie de la Poméranie prussienne, et doivent à cette heure être arrivés à Schwedt sur l'Oder, se dirigeant sur le Mecklemburg.

Louis Dembouski, adjudant-commandant, chef d'état-major de la division de dragons à pied, à Sa Majesté l'Empereur et Roi.

Au camp de Klattau, en Bohême, le 20 brumaire an XIV.

Sire,

Gradé, marié et établi en France, devenue ma patrie, comblé par Votre Majesté des marques de sa bienveillance, j'ose me permettre de lui présenter le projet ci-joint, dicté par le dévouement qui est connu de tous les généraux sous lesquels j'ai servi.

Je me permettrai seulement quelques observations qui peuvent lever toutes les difficultés :

1° Dans toute la Bohême, il n'y a pas 4,000 hommes de troupes réglées, dont une partie est à Pilsen, une autre à Egra. J'ai eu des renseignements très positifs à Klattau en Bohême pendant la dernière expédition que la division de dragons à pied vient de faire ;

2° Il y a quelques rivières ou ruisseaux à passer, mais tout est guéable et surtout si on les passe près de leur source.

Tous les convois brûlés, le retard dans le transport, la consternation dans le pays, les contributions au retour dans toute la Bohême, tels seront les résultats énormes de cette expédition, qui n'a besoin que de 700 à 800 chevaux, dont les trois quarts soient susceptibles de mettre pied à terre et de combattre comme l'infanterie.

L'expérience que j'ai acquise dans la guerre, surtout dans celle de partisans, la connaissance des localités, tout me fait prier Votre Majesté (si le projet peut avoir lieu) de vouloir bien m'employer à cette expédition.

PROJET

d'enlever tous les convois qui viennent de la Galicie, de la Moravie et qui se dirigent sur Brunn, peut-être aussi cette même ville, par des ruses de guerre; mais, dans ce cas-là, il faudra diriger sa marche du Gros-Meseritz à Brietenbach.

Composition de la colonne. — La composition de la colonne doit être de deux régiments de dragons à cheval avec des fusils et des baïonnettes et d'un de cavalerie légère. Chaque homme devrait avoir 60 cartouches. On emporterait sur des chevaux haut-le-pied pour six jours de biscuit ; la colonne aurait deux chemins qu'elle pourrait également suivre. Le premier, par Passau, Budweis, Neuhaus, Stanhau, Schwarzkirchen, Lipuvka, Prosnitz.

Le deuxième, par Klattau, Pisek, Koschig, Iglau, Gros-Meseritz, Brietenbach.

Précautions générales à prendre. — On éviterait dans la marche toutes les villes, on prendrait partout des chemins de traverse. Le jour comme la nuit, on se garderait militairement et on couperait les communications avec le point de direction. On enverrait seulement de petites patrouilles habillées comme les Autrichiens sur les grandes routes pour intercepter les courriers, après avoir pris des informations pour connaître l'heure de leur départ. Il faut fournir au moins 50 uniformes d'Autrichiens qu'on donnera à ceux qui parlent allemand et qui seront de l'avant et de l'arrière-garde. En un mot, le commandant doit prendre toutes les précautions pour cacher sa marche et je suppose que l'expédition peut réussir malgré sa témérité.

Retour de la colonne. — Celui qui connaît le pays peut revenir par tel chemin qu'il voudra, soit par Czaslau, Bistritz, Tabor, Vesli, Martimberg, Lubarck, à Melk ou à Lintz; soit par le petit chemin de traverse à Bistritz, Grunberg, Stanhau, Kleintsch, Valdmunchen ou de Stanhau à Nengedein et de là par Neumarkt à Furth.

Nota. — Le pays, pour aller et venir, est assez riche pour fournir le fourrage nécessaire.

Je suppose que, pour aller à Olmütz ou à Brünn, six à sept jours de marche suffiront et, pour revenir, une quinzaine.

SITUATIONS

Grande Armée à l'époque du 6 brumaire an XIV.

SA MAJESTÉ L'EMPEREUR ET ROI, commandant en personne.
Le Ministre de la guerre, major général, expédiant les ordres de Sa Majesté.
S. A. S. le prince MURAT, lieutenant de l'Empereur, commandant en l'absence de Sa Majesté, commande en chef la réserve des carabiniers, cuirassiers et dragons quand Sa Majesté est à l'armée.

ÉTAT-MAJOR GÉNÉRAL.

Major général....... Le maréchal BERTHIER.

Aides de camp......
- GIRARDIN, capitaine ;
- PÉRIGORD (Louis), sous-lieutenant ;
- COLBERT, capitaine ;
- LEJEUNE, capitaine du génie ;
- PÉRIGORD (Edmond), sous-lieutenant ;
- LAGRANGE, lieutenant.

Généraux de brigade .
- PANNETIER ;
- REILLE, non encore arrivé au 6 brumaire ;
- RÉNÉ, commandant à Augsbourg.

Aides de camp......
- FROMENT, capitaine ;
- REILLE, lieutenant ;
- MENOU, lieutenant ;
- SAUVETERRE, lieutenant.

Adjudants commandants...........
- DALTON ;
- LE CAMUS.

Adjoints..........
- MONTHOLON, capitaine ;
- LEVAILLANT, capitaine ;
- TRICARD, capitaine, non arrivé ;
- DEPIRÉ, capitaine ;
- SIMONIN, capitaine, non arrivé ;
- MAHON, capitaine, non arrivé ;
- PARAIRE, lieutenant ;
- RAVERAC, adjudant sous-officier.

Employés près le Major général de la Grande Armée ....

Officiers polonais.
- AXAMITOWSKI, colonel ;
- JUNGES, chef de bataillon ;
- ROUSKY, chef de bataillon ;
- MAHALOWSKI, chef de bataillon ;
- FALKOWSKY, capitaine.

Officiers wurtembergeois.
- GEISMAR, général ;
- SPITZEMBERG, lieutenant de dragons.

Employés près le Major général de la Grande Armée.... (Suite.)

Officier de Baden.
GROLMANN, aide de camp de S. A. le Prince Électoral.

Officiers bavarois.
POCCI, major;
DAUBERT, major.

Le sous-inspecteur aux revues DUFRESNE, faisant les fonctions d'inspecteur aux revues et de commissaire des guerres près le Major général.

Le colonel du génie VALLONGUE, aide-major employé par M. le Maréchal major général.

Chefs de bataillon ...
{ BLEIN;
PARIGOT;
LE JEUNE.

Chefs d'escadron.....
{ MERGÈS;
DALVIMAR, non encore arrivé;
BAILLY MONTHION.

Capitaine de frégate.. DELOSTANGES.

Officiers généraux disponibles ....
{ ZAYONSCHECK, général de division;
BROUARD, général de brigade.

Administration militaire près le Major général.

Commissaire ordonnateur en chef, JOINVILLE, avec 1 brigadier et 6 gendarmes.

Commissaires des guerres ....
{ JACQUEMINOT, chargé du service des subsistances;
JACQUINET, chargé du service des fourrages;
BONNEFOI, chargé du service des hôpitaux;
SERMET (provisoire), chargé du service des prisonniers de guerre;
FROGIER (provisoire);
N....

Services administratifs près le Major général.

Vivres-pain.........
{ LE PAYEN, chef de service;
DOVIGNY, garde-magasin, 1 aide et trois brigades de boulangers.

Vivres-viande.......
{ MAMIGNARD, chef de service;
PIESTRE, préposé à la comptabilité, 2 employés, une brigade de boulangers et 3 bouchers.

Fourrages ....
{ GIGUET, chef de service;
NOEL, garde-magasin et 1 aide.

Hôpitaux..........
{ POUSSIELGUE, chirurgien principal, 2 chirurgiens de 2ᵉ classe;
LE GENDRE, directeur général, et 2 caissons d'ambulance.

Équipages militaires.. SOULET, chef de service, avec 3 conducteurs et 4 caissons non chargés.

SITUATIONS. 713

Le colonel WOLFF, vaguemestre général.
PHILIPPE, aide-vaguemestre.
CHAPPE, directeur de télégraphe.
Ordonnances près le Major général, 22° régiment de chasseurs.

Gendarmerie......... { Le colonel LAUER, commandant la gendarmerie ; Gendarmes montés.

Aide-major général, chef de l'état-major général.

Le général ANDRÉOSSY.

Aides de camp...... { VALMABELLE, capitaine ; ROSELY, lieutenant ; BAGNE, lieutenant.

Adjudants – commandants........... { HASTREL ; LOMET ; PASSINGES ; PETIET.

Officiers supérieurs... { BOUCHARD, chef de bataillon ; THOMIÈRES, chef de bataillon.

Capitaines adjoints... { SALLEY ; DELORME ; MARTEVILLE ; DIENY ; VERDUN ; CHATELIN ; DUCOUDRAS ; HUGUET-CHATEAU.

Officiers polonais..... { STANOVSKY, chef de bataillon ; BOLESTA, capitaine.

L'adjudant-commandant BOERNER, chargé de la conduite des prisonniers.
CRESCENT, capitaine adjoint.

Aide-major général, maréchal des logis.

Le général MATHIEU DUMAS.

Aides de camp...... { LAROQUE, chef de bataillon ; DAMPIERRE, lieutenant ; CLERMONT-TONNERRE, lieutenant.

Adjudants – commandants........... { LAUBARDIÈRE ; ROMEUF.

Adjoints .... { LEBRUN, capitaine ; VAUQUELIN, capitaine ; THOMAS, capitaine.

Aide-major général, directeur du service topographique.

Le général de brigade SANSON.

Adjoints .... { MARTINET, chef de bataillon ; GUILLEMINOT, chef de bataillon.

Ingénieurs géographes.
- Lapie ;
- Schneider ;
- de Castres ;
- Gauthier ;
- Parent ;
- Didier Georges ;
- Berlier ;
- Holtz.

ARTILLERIE.

Le général Songis, 1ᵉʳ inspecteur général de l'artillerie.

Aides de camp
- Doguereau, chef de bataillon ;
- Berges, capitaine ;
- Durelles, capitaine.

Le général de brigade Pernetti, chef de l'état-major.

Aides de camp
- Marion, capitaine ;
- Doulcet, lieutenant.

Le colonel Senarmont, sous-chef de l'état-major.

Capitaines adjoints de l'état-major de l'artillerie
- Hulot ;
- Morazin ;
- Fourcy ;
- Colin ;
- Henrion ;
- Degenne ;
- Bernard ;
- Michon.

GÉNIE.

Le général Marescot, 1ᵉʳ inspecteur du génie.

Aides de camp
- Malivoire, chef d'escadron ;
- Perrin, chef d'escadron ;
- Deschallard, capitaine.

Le colonel Flayelle, chef de l'état-major provisoire.

Capitaines adjoints
- Berthois ;
- Dufour ;
- Huard ;
- Bernard ;
- Boischevaler.

Officiers réformés mis à la suite de l'état-major pour être employés comme commandants d'armes.

MM.   MM.

ADMINISTRATION GÉNÉRALE.

M. le Conseiller d'État Petiet, intendant général de la Grande Armée.

Commissaires des guerres ....
- Monthierry ;
- Mazeaux ;
- Laneuville ;
- Barthomeuf ;
- Drouin, adjoint.

Inspecteurs aux revues.
- Villemanzy, inspecteur en chef ;
- Fririon, inspecteur ;
- Marignier, sous-inspecteur ;
- Delamarre, adjoint.

SERVICES ADMINISTRATIFS.

Payeur général...... Roguin.
Médecin en chef..... Coste.
Chirurgien en chef... Percy.
Pharmacien en chef .. Parmentier.
Vivres-pain......... { Deniot, régisseur ; Bagieux, régisseur.
Vivres-viande....... { Vallette, régisseur ; Delannoy, entrepreneur.
Fourrages .... { Lonnoy, régisseur ; Mayers, entrepreneur.
Chauffage .... André, régisseur.
Campement......... Riccé, inspecteur général.
Hôpitaux........... Mouron, régisseur.
Équipages de transport............ { Thévenin, directeur général ; Breidt, entrepreneur.
Imprimerie .... Levraux, directeur.
Poste aux lettres..... Juliac, directeur général.

1ᵉʳ corps d'armée.

Commandant en chef. Le maréchal Bernadotte.

Aides de camp ......
- Gerard, adjudant-commandant ;
- Chaloppin, chef d'escadron ;
- Gault, chef d'escadron ;
- Villatte, lieutenant ;
- Lebrun, lieutenant.

Officiers employés près le maréchal Bernadotte.

Général de division... L. Berthier.

Aides de camp	Pernet, capitaine ; d'Haugeranville, capitaine.
Adjudant-commandant	Maison.
Capitaines adjoints	Gault ; Fossac-Latour ; Figuier ; Clary ; Deferez ; Zimmer.
Officiers polonais	Darinski, capitaine ; Pomorowski, lieutenant.
État-major de l'artillerie	Éblé, général de division, commandant l'artillerie. Colin, capitaine ; Pécheur, lieutenant ; Forno, colonel, chef de l'état-major ; Laurent, chef d'escadron ; Alpi, capitaine-adjudant.
État-major du génie	Morio, colonel commandant le génie ; Le Pot (1re division), capitaine adjoint ; Guirand (1re division), capitaine adjoint ; Treussard (2e division), capitaine adjoint ; Harmois (cavalerie), capitaine adjoint ; Couché ; Vallazé.
Inspecteurs aux revues	Lalance, inspecteur ; Labbé-Briancourt, sous-inspecteur ; Michaux, ordonnateur.
Commissaires des guerres	Fourcade ; Bergues ; Crouzet ; Denniée.
Gendarmerie	Vaillant, capitaine commandant (73 hommes, 78 chevaux).

Gardes de M. le maréchal Bernadotte (63 hommes, 65 chevaux).

1re division du 1er corps.

Général de division	Drouet.
Aides de camp	Guichard, chef de bataillon ; Desjardins, capitaine ; Bonnaire, lieutenant.
Généraux de brigade	Frère ; Albert, capitaine, aide de camp ; Sevret, sous-lieutenant, aide de camp ; Werlé ; Lépine, lieutenant, aide de camp.
Adjudant-commandant	Luthier.
Capitaines adjoints	Bigy ; Lebreton.

SITUATIONS. 717

Commandant de l'artillerie.......... Raulot, chef de bataillon.
Commandants du génie. { Lepot;
Guiraud, capitaine adjoint.
Sous-inspecteur aux revues.......... Gaspard.
Commissaires des guerres.......... { Fourcade;
Petitot, adjoint.
Troupes.......... { 27° légère;
94° de ligne;
95° de ligne.

2ᵉ division du 1ᵉʳ corps.

Général de division... Rivaud.
Aides de camp...... { Lageon, capitaine;
Favre, chef de bataillon.
Généraux de brigade.. { Dumoulin;
Cahouet, capitaine, aide de camp;
Pacthod;
Duverger, lieutenant, aide de camp.
Adjudant-commandant Chaudron-Rousseau.
Capitaines adjoints... { Wiriot;
Villemain.
Commandant de l'artillerie.......... Legendre, chef de bataillon.
Commandant du génie. Treussard, capitaine.
Inspecteur aux revues. Piet-Chambelle.
Commissaire des guerres.......... Mony.
Troupes.......... { 8° de ligne;
45° de ligne;
54° de ligne.

Division de cavalerie du 1ᵉʳ corps.

Général de division... Kellermann.
Aides de camp...... { Chouard, chef de bataillon;
Herdebout, capitaine;
Tancarville, lieutenant.
Généraux de brigade . { Picard;
Gandalle, capitaine, aide de camp;
Cussy, lieutenant, aide de camp;
Van Marizy;
Bella, capitaine, aide de camp.
Adjudants-commandants.......... { Noizet;
Steick, capitaine adjoint.

Commandants de l'artillerie........	NAVELET, colonel ; LEPIN, chef d'escadron.
Commandant du génie.	HARMOIS.
Inspecteur aux revues.	VILLAIN.
Commissaire des guerres	CELIN.
Troupes............	2ᵉ hussards ; 4ᵉ hussards ; 5ᵉ hussards ; 5ᵉ chasseurs.

Artillerie et génie du 1ᵉʳ corps.

Directeur du parc....	N....
Commandants de l'artillerie..........	HUMBERT, colonel, directeur du parc ; JUVIGNY, chef de bataillon.
Adjoints	BRAS D'OR, capitaine ; VIEVILLE, capitaine ; CHARVET, capitaine.
Artillerie à pied.....	8ᵉ régiment : 1ʳᵉ, 2ᵉ, 5ᵉ, 6ᵉ, 18ᵉ et 20ᵉ compagnies.
Artillerie à cheval ...	3ᵉ régiment : 2ᵉ, 3ᵉ et 4ᵉ compagnies.
Train d'artillerie	2ᵉ bataillon principal : 6ᵉ compagnie.
Ouvriers	8ᵉ compagnie : une demi-compagnie.
Pontonniers.........	1ᵉʳ bataillon : 1ʳᵉ compagnie et auxiliaires.
Sapeurs............	2ᵉ bataillon : 8ᵉ compagnie.
Total..............	16 compagnies 1/2.

2ᵉ corps d'armée.

Commandant en chef.	MARMONT, général de division.
Aides de camp	DESVAUX, colonel ; RICHEMONT, chef d'escadron ; GAYET, capitaine ; FÉRY, capitaine ; LECLERC, capitaine ; CHATRY-LAFOSSE, lieutenant.

Officiers employés près le général Marmont.

Général de division...	VIGNOLLE, chef d'état-major.
Aides de camp	MEYNADIER, capitaine ; BOISSAC, capitaine.
Adjudants - commandants...........	DELORT ; PORSON.

SITUATIONS. 719

Chefs d'escadron atta- (Delosme ;
chés à l'état-major. { Ferrières ;
) Prezbendowski ;
(Gibori.

Capitaines adjoints... (Charoy ;
{ Jardet ;
) Ruthie ;
) Lemière ;
) Motte ;
(Berh (Batave).

Officiers polonais..... { Zimmirski, capitaine ;
) Wroblenski, capitaine.

État-major de l'artillerie .... (Tirlet, général de brigade commandant l'artillerie ;
Coustailloux, lieutenant, aide de camp ;
Foy, colonel, chef de l'état-major ;
Bournique, capitaine adjoint ;
Renaudot, capitaine adjoint ;
Poinsot, capitaine adjoint.

État-major du génie.. (Lery, général de division, commandant le génie ;
Le Gardeur, capitaine, aide de camp ;
Waters, lieutenant, aide de camp ;
Somis, colonel, chef d'état-major ;
Rouziers, chef de bataillon, sous-chef ;
Truillier, capitaine adjoint ;
Lamy, capitaine adjoint ;
Destours, capitaine adjoint ;
Riolay, capitaine adjoint.

Inspecteur aux revues. Aubernon, faisant fonctions d'ordonnateur.

Commissaires des (Guyon ;
guerres .... { Siauve ;
) Burel ;
(Stanislas Hue.

Adjoints .... { Aubernon fils ;
(Dubouchet.

Gendarmerie....... { Combes, chef d'escadron, commandant (51 hommes,
(44 chevaux).

1re division du 2e corps.

Général de division... Boudet.

Aides de camp ...... (Duchairon, chef de bataillon ;
{ Lespiant, capitaine ;
(Kerboux, lieutenant.

Généraux de brigade.. (Cassagne, reste sur les derrières ;
Bureau, capitaine, aide de camp ;
Choisy, lieutenant, aide de camp ;
Soyez ;
Goldemberg, lieutenant, aide de camp ;
Niepce, lieutenant, aide de camp ;
Desmaix ;
N...., aide de camp.

Adjudant-commandant	PLAUSONNE.
Capitaines adjoints...	ENÉE; SAINT-JAL; JOLY.
Commandants de l'artillerie..........	BRAUN, major; LALOMBARDIÈRE, capitaine, adjoint.
Commandant du génie.	BOUTIN, capitaine.
Sous-inspecteur aux revues...........	CHENIER, capitaine.
Commissaire des guerres..........	GODARD, capitaine.
Troupes............	18e légère (2 bataillons); 11e de ligne (3 bataillons); 35e de ligne (2 bataillons).

2e division du 2e corps.

Général de division...	GROUCHY.
Aides de camp......	DUPUY, chef de bataillon; GRIMALDI, lieutenant; FONTENILLE, sous-lieutenant.
Généraux de brigade..	DELZONS; MIQUEL, capitaine, aide de camp; BESSE, lieutenant, aide de camp; LACROIX; MIRONDONNAY, capitaine, aide de camp; DAUBENTON, capitaine, aide de camp.
Adjudant-commandant	MASSABEAU.
Capitaines adjoints...	CHALVIN; RAUWEZ; DE LA CHASSE.
Commandants de l'artillerie..........	MONTGENET, chef de bataillon; MICHEL, capitaine.
Commandant du génie.	BOUCERET, capitaine.
Sous-inspecteur aux revues...........	DUPEREUX.
Commissaire des guerres..........	DESCHAMPS.
Troupes............	84e de ligne (3 bataillons); 92e de ligne (3 bataillons); 8e batave (2 bataillons).

Division batave du 2e corps.

Général de division...	DUMONCEAU.
Aides de camp......	BOUGET, lieutenant-colonel; SEDDEN, capitaine.

SITUATIONS. 721

Généraux de brigade..
- Wan Heldring ;
- N...., aide de camp ;
- N...., aide de camp ;
- Wan Hadel ;
- Schindler, lieutenant, aide de camp ;
- Niwenheim, aide de camp ;
- Nuaita ;
- Troxel, lieutenant-colonel, aide de camp ;
- Keyser, capitaine, aide de camp.

Adjudant-commandant Vichery.

Adjoints..........
- Villers ;
- Freund ;
- Pfaffenrath ;
- Beckmann ;
- Vanlohausen ;
- Schneier ;
- Van Heilmann ;
- Racotemus ;
- Weitzel.

Commandant de l'artillerie.......... Marturchewitz, colonel.

Commissaire des guerres.......... Van Ardembrug.

Troupes............
- 1re batave légère : 1 bataillon ;
- 2e batave légère : 2 bataillons ;
- 1er de ligne : 2 bataillons ;
- 2e de ligne : 2 bataillons ;
- Waldeck : 2 bataillons ;
- 6e régiment : 2 bataillons ;
- Total : 10 bataillons.

Division de cavalerie légère du 2e corps.

Général de division... Lacoste.

Général de brigade...
- Guérin d'Esquigny ;
- Chauveton, chef d'escadron, aide de camp ;
- Ricard, lieutenant, aide de camp.

Adjudant-commandant
- Dugommier ;
- Bigex, capitaine adjoint.

Commandant de l'artillerie.......... Gayot, capitaine.

Commandant du génie. Philibert, capitaine.

Commissaire des guerres.......... Hue.

Troupes ....
- 6e hussards : 4 escadrons ;
- 8e chasseurs : 4 escadrons ;
- 1er dragons bataves : 2 escadrons ;
- 1er hussards : 2 escadrons ;
- Total : 12 escadrons.

Artillerie et génie du 2ᵉ corps.

Colonel directeur.....	ABBOVILLE.
Capitaines adjoints...	{ GARNIER ; SCHOULLER ; GOSSET.
Artillerie française...	{ 8ᵉ d'artillerie à pied : 3ᵉ, 4ᵉ, 7ᵉ, 9ᵉ compagnies ; Ouvriers d'artillerie : 8ᵉ compagnie ; 7ᵉ bataillon *bis* du train : 1ʳᵉ, 2ᵉ, 3ᵉ, 4ᵉ, 5ᵉ, 6ᵉ compagnies ; Ouvriers du train : une escouade ; 2ᵉ bataillon de sapeurs : 1ʳᵉ compagnie ; 4ᵉ bataillon de sapeurs : 7ᵉ compagnie ; Mineurs : 4ᵉ compagnie.
Artillerie batave.....	{ 5 compagnies d'artillerie à pied ; 1 compagnie d'artillerie à cheval ; 4 compagnies du train ; 1 détachement de 30 pontonniers.

3ᵉ corps d'armée.

Commandant en chef.	Le maréchal DAVOUT.
Aides de camp......	{ BOURCK, adjudant-commandant ; DAVOUT, colonel ; FALCON, capitaine ; PERRIN, capitaine ; LEBRUN, capitaine ; TROBRIANT, lieutenant.
Général de brigade...	DAULTANNE, chef d'état-major.
Aides de camp.....	{ LEFEBVRE, chef d'escadron ; BESANÇON, capitaine.
Adjudants-commandants........	{ BEAUPRÉ ; MARÈS.
Chefs de bataillon....	{ LARCILLY ; BIÉTRY ; LIÉVRARD.
Capitaines adjoints...	{ GAUTHEROT ; COUBART ; LABARBÉE ; LE GENTIL ; MAUREL ; GAILLARDIN.
Officiers polonais.....	{ JAZINSKI, capitaine ; ZADERA (Michel), lieutenant.

État-major de l'artillerie	SORBIER, général de division, commandant l'artillerie ; GUÉRIN, capitaine, aide de camp ; SAUTEREAU, capitaine, aide de camp, LABOULAYE, lieutenant, aide de camp ; CARBONNEL, colonel, chef d'état-major ; BEAUVISAGE, capitaine adjoint.
État-major du génie..	ANDRÉOSSY, général de brigade commandant le génie ; ANDRÉOSSY, capitaine, aide de camp ; TOUZARD, colonel, commandant en second ; CIRÈRE, capitaine adjoint ; TRUILLIERS, capitaine adjoint ; DESCOURS, capitaine adjoint ; GUIMET, capitaine adjoint ; BIZOT DU COUDRAY, major, chef d'état-major.
Inspecteurs aux revues.	LAIGLE, inspecteur ; DELECOURT, sous-inspecteur.
Commissaires-ordonnateurs	CHAMBON ; VAUCHELLES, commissaire adjoint.
Gendarmerie	PAULNIER, capitaine-commandant (46 gendarmes, 46 chevaux).

1re division du 3e corps.

Général de division...	BISSON.
Aides de camp	UNI, chef de bataillon ; LEROY, lieutenant ; BISSON, lieutenant.
Généraux de brigade..	DEMONT ; SCHMITZ, capitaine, aide de camp : LAFITTE, lieutenant, aide de camp ; BILLY ; CHRISTOPHE, capitaine, aide de camp ; BEAUDINET, lieutenant, aide de camp ; EPPLER ; VALLET, capitaine, aide de camp ; BERTHION, sous-lieutenant, aide de camp.
Adjudant commandant	COEHORN.
Adjoints	SALLÉ, capitaine ; RASPAIL, capitaine.
Commandants de l'artillerie	VASSERVAS, chef de bataillon ; CASTILLE, capitaine adjoint.
Commandants du génie	GOLL, capitaine ; PRÉVOST, capitaine adjoint.
Sous-inspecteur aux revues	CAIRE.
Commissaires des guerres	LEVASSEUR ; CHANTEAU.

Troupes............
- 13e légère (2 bataillons) ;
- 17e de ligne (2 bataillons) ;
- 30e de ligne (2 bataillons) ;
- 51e de ligne (2 bataillons) ;
- 61e de ligne (2 bataillons).

2e division du 3e corps.

Général de division... FRIANT.

Aides de camp.......
- PETIT, chef de bataillon ;
- BINOT, capitaine ;
- HOLTZ, capitaine.

Généraux de brigade...
- HEUDELET ;
  - LIÉGEARD, capitaine, aide de camp ;
  - DUVIVIER, lieutenant, aide de camp ;
- LOCHET ;
  - JAEGER, capitaine, aide de camp ;
  - GALICHOT, capitaine, aide de camp ;
- GRANDEAU ;
  - DELAHAYE, capitaine, aide de camp ;
  - ESPARON, lieutenant, aide de camp.

Adjudant-commandant LECLERC.

Capitaines adjoints...
- BONNAIRE ;
- DESPERAMONT.

Commandants de l'artillerie..........
- OURIÉ, chef de bataillon ;
- ROGIER, capitaine adjoint.

Commandants du génie.
- BODJEN, capitaine ;
- HENRATZ, capitaine adjoint.

Sous-inspecteur aux revues........... BRUNCK.

Commissaires des guerres...........
- DÉSIRAT ;
- EMMERY, adjoint.

Troupes............
- 33e de ligne (2 bataillons)
- 48e de ligne (2 bataillons) ;
- 108e de ligne (2 bataillons) ;
- 111e de ligne (2 bataillons) ;
- 15e légère (2 bataillons).

3e division du 3e corps.

Général de division... GUDIN.

Aides de camp.....
- CABROL, chef d'escadron ;
- GUDIN, chef d'escadron ;
- KREUTZER, lieutenant.

Généraux de brigade...
- PETIT ;
  - GUÉREL, capitaine, aide de camp ;
  - GUYOT, lieutenant, aide de camp ;
- GAUTHIER ;
  - LAGOUBLAYE, capitaine, aide de camp ;
- KISTER ;
  - MOREAU, capitaine, aide de camp.

SITUATIONS. 725

Adjudant-commandant DELOTZ.
Capitaines adjoints... { MASSOL : / DUPIN.
Commandants de l'ar- { ROSÉ, chef de bataillon ;
tillerie............ / LARUE, capitaine adjoint.
Commandants du génie. { MENISSIER, capitaine ; / DESPREZ, capitaine.
Sous-inspecteur aux revues............ MONNET.
Commissaire des guerres.......... THOMAS.
Troupes............ { 12° de ligne (2 bataillons) ; / 21° de ligne (2 bataillons) ; / 25° de ligne (2 bataillons) ; / 85° de ligne (2 bataillons).

Division de cavalerie légère du 3ᵉ corps

Général de brigade... VIALANNES.
Aides de camp...... { SEBIRE, capitaine ; / MONTBRUN, capitaine.
Adjudant-commandant HERVO.
Capitaine adjoint.... FERRARIS.
Commandant de l'artillerie........... GERMAIN, capitaine.
Commandant du génie. BONTEMS, capitaine.
Commissaires des { RICHOUX ;
guerres.......... / DESFONTAINES, adjoint.
Troupes............ { 1ᵉʳ chasseurs (4 escadrons) ; / 7° hussards (4 escadrons) ; / 2° chasseurs (4 escadrons) ; / 12° chasseurs (4 escadrons).

Artillerie et génie du 3ᵉ corps.

Colonel directeur..... JOUFFROY.
Chef de bataillon.... PICOTEAU.
Capitaines adjoints... { FETRE ; / LECHAT ; / JACQUOT ; / BIGARRE.
Artillerie à pied..... 1ʳᵉ, 2ᵉ, 3°, 14° et 15° compagnies du 7° régiment.
Artillerie à cheval... 1ʳᵉ compagnie du 5° régiment.
Ouvriers d'artillerie.. Moitié de la 7° compagnie.
Armuriers.......... Une escouade.
Pontonniers........ Moitié de la 7° compagnie du 1ᵉʳ bataillon.

SITUATIONS.

Train d'artillerie.....	1ᵉʳ bataillon principal, 1ʳᵉ, 2ᵉ, 3ᵉ et 5ᵉ compagnies ; 2ᵉ bataillon *bis*, 5ᵉ compagnie.
Sapeurs............	2ᵉ bataillon, 6ᵉ compagnie ; 5ᵉ bataillon, 8ᵉ compagnie, restée à l'armée des Côtes.
Mineurs............	8ᵉ compagnie, restée à l'armée des Côtes.
Matériel............	Deux pièces de 12, six pièces de 8, deux obusiers de 6 pouces, attachés à chacune des 1ʳᵉ, 2ᵉ et 3ᵉ divisions.

4ᵉ corps d'armée.

Commandant en chef .	Maréchal SOULT.
Aides de camp	RICARD, adjudant-commandant ; FRANCESCHI, colonel ; LACHAU, chef de bataillon ; HULOT, capitaine ; LAMETH, lieutenant ; SAINT-CHAMANS, lieutenant ; PETIET, lieutenant.
Général de division ..	SALLIGNY, chef d'état-major.
Aides de camp	COMPÈRE, chef de bataillon ; SCHMITT, capitaine ; CHERVILLE, lieutenant.
Adjudants - commandants............	LEMAROIS ; DUBOIS.
Chefs de bataillon....	ARMANT ; GUILLAUME.
Capitaines adjoints...	LAURAIN ; LAFOREST ; BAGNIOL ; LATEYRIE ; WEIJOLTZ ; DUCLOS ; REY ; BAUDIN.
Officiers polonais.....	BILLEVITZ, sous-lieutenant ; VILEZINSKI, sous-lieutenant.
État-major d'artillerie.	PERNETTI, général de brigade, commandant l'artillerie ; DEMARÇAY, colonel, chef d'état-major.
Capitaines adjoints...	IMBERT ; PION.

SITUATIONS. 727

État-major du génie..
- POITEVIN, colonel, commandant le génie ;
- DUCLOS-GUYOT, colonel, commandant en second, resté à Boulogne ;
- GARBÉ, chef de bataillon ;
- GERBET, chef de bataillon.

Capitaines adjoints...
- BOURGOIN, resté à Boulogne :
- VIRVAUX ;
- PLEGNIOL.

Inspecteur aux revues. LAMBERT.
Sous-inspecteur aux revues.......... LEBARBIER.
Commissaire-ordonnateur............ ARCAMBAL.
Commissaires des guerres.........
- LENOBLE ;
- PERCEVAL, adjoint.

Commandant de la gendarmerie........
- DUBIGNON, chef d'escadron, 49 gendarmes, 50 chevaux.

Vaguemestre général .. DUBOIS.

1re division du 4e corps.

Général de division .. SAINT-HILAIRE.

Aide de camp.......
- CATHELOT, capitaine ;
- LAFONTAINE, lieutenant ;
- ROEDERER, lieutenant.

Généraux de brigade..
- THIÉBAULT ;
- RICHEBOURG, aide de camp ;
- MORAND ;
- LAGARDE, chef de bataillon, aide de camp :
- MORAND jeune, capitaine, aide de camp :
- WARÉ ;
- CURNION, aide de camp.

Adjudant-commandant BINOT.

Adjoints ....
- BAILLOD, chef de bataillon ;
- LAFORTELLE, capitaine.

Commandants de l'artillerie..........
- FONTENAY, chef de bataillon ;
- BAILLY, capitaine adjoint.

Commandants du génie.
- GUARDIA, capitaine ;
- CALMET, capitaine adjoint.

Inspecteur aux revues. PETIET.

Commissaires des guerres..........
- MIOT ;
- TOULGOET, adjoint.

Troupes..........
- 10e légère (2 bataillons) ;
- 14e de ligne (2 bataillons) ;
- 36e de ligne (2 bataillons) ;
- 43e de ligne (2 bataillons) ;
- 55e de ligne (2 bataillons).

2ᵉ division du 4ᵉ corps.

Général de division... VANDAMME.

Aides de camp.......
- SÉRON aîné, chef d'escadron ;
- DESSOY, capitaine ;
- SÉRON jeune, capitaine.

Généraux de brigade..
- SCHINER ;
- HUOT, capitaine, aide de camp ;
- CHAPSAL, capitaine, aide de camp ;
- FERREY ;
- VINCENT, capitaine, aide de camp ;
- PIERRON, lieutenant, aide de camp ;
- CANDRAS ;
- CHENAUD, capitaine, aide de camp ;
- BLANC, lieutenant, aide de camp.

Adjudant-commandant MERIAGE.

Adjoints...........
- REVEST, chef de bataillon ;
- COUTURE, capitaine ;
- ROSSINJAUD, capitaine.

Commandants de l'artillerie..........
- CABEAU ;
- GANACHAU, capitaine adjoint.

Commandants du génie
- FIRMIN-MARIE ;
- FABIEN, capitaine adjoint, resté à Boulogne.

Sous-inspecteur aux revues.......... BONNET.

Commissaire des guerres.......... GÉANT.

Troupes...........
- 24ᵉ légère (2 bataillons) ;
- 4ᵉ de ligne (2 bataillons) ;
- 28ᵉ de ligne (2 bataillons) ;
- 46ᵉ de ligne (2 bataillons) ;
- 57ᵉ de ligne (2 bataillons).

3ᵉ division du 4ᵉ corps.

Général de division... LEGRAND.

Aides de camp......
- LEGRAND, capitaine ;
- LAVAL, lieutenant ;
- SIMONIN, lieutenant.

Généraux de brigade..
- LEVASSEUR ;
- LEVASSEUR (Isidore), capitaine, aide de camp ;
- MERLE ;
- DESIREZ, aide de camp ;
- BROUARD.

Adjudant-commandant COSSON.

Adjoints ....
- LEFEBVRE, chef de bataillon ;
- TRITZ, capitaine ;
- MORAT, capitaine.

SITUATIONS.   729

Commandant de l'artillerie.......... Cany, chef de bataillon.
Commandants du génie { Valois, resté à Boulogne ;
                       Vincent, capitaine adjoint.
Sous-inspecteur aux
  revues........... Malraison.
Commissaire des
  guerres.......... Collet, adjoint.
Troupes............ { Tirailleurs corses (1 bataillon) ;
                      3ᵉ de ligne (3 bataillons) ;
                      75ᵉ de ligne (2 bataillons) ;
                      18ᵉ de ligne (2 bataillons) ;
                      Tirailleurs du Pô (1 bataillon) ;
                      26ᵉ légère (2 bataillons).

Division de cavalerie légère du 4ᵉ corps.

Général de brigade... Margaron.
Aides de camp ...... { Girod-Novillard, capitaine ;
                       Fréval, lieutenant.
Adjudants-commandants........ { Cambacérès ;
                                Humbert ;
                                Asselin, capitaine.
Commandant du génie. Tholozé.
Commissaire des
  guerres.......... Laneuville.
Troupes............ { 8ᵉ hussards (4 escadrons) ;
                      11ᵉ chasseurs (4 escadrons) ;
                      16ᵉ chasseurs (4 escadrons) ;
                      26ᵉ chasseurs (4 escadrons).

Artillerie et génie du 4ᵉ corps.

Commandants de l'artillerie.......... { Maçon-Duchesnois, colonel, directeur ;
                                        Guérin, chef de bataillon, sous-directeur.
Capitaines adjoints... { Boulanger ;
                         Georges ;
                         Pano.
Artillerie à pied..... { 5ᵉ régiment : 1ʳᵉ, 12ᵉ, 13ᵉ, 14ᵉ, 15ᵉ, 16ᵉ, 17ᵉ et
                         18ᵉ compagnies.
Artillerie à cheval ... 5ᵉ régiment : 4ᵉ compagnie.
Pontonniers......... Moitié de la 3ᵉ compagnie.
Ouvriers d'artillerie .. Moitié de la 4ᵉ compagnie.
Armuriers.......... Une escouade.
Train d'artillerie .... { 1ᵉʳ bataillon bis : 1ʳᵉ, 2ᵉ, 3ᵉ, 4ᵉ et 5ᵉ compagnies ;
                          2ᵉ bataillon bis : 2ᵉ, 3ᵉ et 4ᵉ compagnies.

Sapeurs	2ᵉ bataillon : 9ᵉ compagnie, restée à Boulogne. 5ᵉ bataillon : 1ʳᵉ et 2ᵉ compagnies; 3ᵉ et 4ᵉ compagnies, restées à Boulogne.
Mineurs	6ᵉ compagnie, restée à Boulogne.

5ᵉ corps d'armée.

Commandant en chef.	Maréchal LANNES.
Aides de camp	SUBERVIE, chef de bataillon; QUIOT, chef de bataillon; BUSSIÈRES, capitaine; SAINT-MARC, lieutenant.
Chef de l'état-major	COMPANS, général de brigade.
Aides de camp	LAVIGNE, lieutenant; MARTIN, lieutenant.
Adjudant-commandant	DECOUZ.
Officiers supérieurs	BORELLI, chef d'escadron; PÉGAULT, chef de bataillon.
Adjoints	MAREMPOIX, capitaine; DANGER, capitaine; CAMPI, capitaine; HUDRY, capitaine; TERRIER, capitaine.
Officiers polonais	BIZAROWSKI, capitaine; SRIMANSKI, sous-lieutenant.
Artillerie	FOUCHER, général de brigade, commandant de l'artillerie; GOURGAUD, lieutenant, aide de camp; PELLEGRIN, chef d'escadron, chef de l'état-major; MARILLAC, capitaine adjoint.
Génie	KIRGENER, colonel, commandant le génie; DUBOIS-FRESNAIS, chef de bataillon, chef de l'état-major.
Adjoints	GILLOT, capitaine; MIGNERON, capitaine; BARRIN, capitaine.
Administration militaire	BUHOT, inspecteur aux revues; CHOPIN, sous-inspecteur; WAST, commissaire des guerres, faisant fonctions d'ordonnateur.

1ʳᵉ division du 5ᵉ corps.

Général de division	OUDINOT.
Aides de camp	DEMANGEOT, chef d'escadron; LAMOTTE, chef d'escadron; HUTIN, capitaine.

SITUATIONS. 731

Généraux de brigade..
- Laplanche Mortières ;
- Lagrave, capitaine, aide de camp;
- Faraguet, lieutenant, aide de camp;
- Dupas ;
- Barral, capitaine, aide de camp;
- Bochaton, capitaine aide de camp;
- Ruffin ;
- Grives, capitaine, aide de camp;
- Michel, lieutenant, aide de camp.

Adjudant-commandant Jarry.

Capitaines adjoints...
- Fitremann ;
- Vanberchem.

Commandants de l'artillerie..........
- Baltus, chef d'escadron;
- Mercier, capitaine adjoint.

Commandants du génie
- Baraillon jeune, capitaine ;
- Migneron, capitaine adjoint.

Sous-inspecteur aux revues.......... Savary.

Commissaires des guerres..........
- Dagiouz ;
- Boissy d'Anglas, adjoint.

Payeur............. Poulain.

Troupes.....
- 2ᵉ bataillon de sapeurs ;
- 1ᵉʳ régiment de ligne : 13ᵉ et 58ᵉ bataillons;
- 2ᵉ régiment de ligne : 9ᵉ et 81ᵉ bataillons ;
- 3ᵉ régiment d'infanterie légère : 2ᵉ et 3ᵉ bataillons;
- 4ᵉ régiment d'infanterie légère : 28ᵉ et 31ᵉ bataillons;
- 5ᵉ régiment d'infanterie légère : 12ᵉ et 15ᵉ bataillons.

2ᵉ division du 5ᵉ corps.

Général de division... Gazan.

Aides de camp ......
- Tripoul, chef d'escadron ;
- Monnet, capitaine ;
- Maingabnaud, capitaine.

Généraux de brigade .
- Graindorge ;
- Mignot, lieutenant, aide de camp ;
- Campana ;
- Campana, capitaine, aide de camp.
- Rheinwald.

Adjudant-commandant Fornier d'Albe.

Capitaines adjoints...
- Montelgier ;
- Faure.

Commandants de l'artillerie..........
- Lasseront, chef de bataillon ;
- Saunier, capitaine adjoint.

Commandants du génie
- Gazin, capitaine ;
- Paporel, capitaine adjoint.

Sous-inspecteur aux revues .... Laran.

Commissaire des guerres .... Ferrand.

Troupes .... { 4ᵉ d'infanterie légère;
100ᵉ de ligne;
103ᵉ de ligne;
58ᵉ de ligne.

3ᵉ division du 5ᵉ corps.

Général de division... Suchet.

Aides de camp ...... { Gudin, chef d'escadron;
Saint-Cyr, capitaine;
Meyer, lieutenant.

Généraux de brigade.. { Becker;
Guermat, capitaine, aide de camp;
Roger-Walhubert;
Mue, lieutenant, aide de camp;
Desporides, lieutenant, aide de camp;
Claparède.

Adjudant-commandant Beurmann.

Adjoints .... { Esnard, chef de bataillon;
Mesclop, capitaine;
Gombaud, capitaine.

Commandants de l'artillerie .... { Fauchard, chef de bataillon;
Roussot, capitaine adjoint.

Commandants du génie { Pierrard, capitaine;
Constantin, capitaine adjoint.

Sous-inspecteur aux revues .... Lehoreau.

Commissaires des guerres .... { Bondurand.
Odier, adjoint.

Troupes .... { 17ᵉ légère;
34ᵉ de ligne;
40ᵉ de ligne;
64ᵉ de ligne;
88ᵉ de ligne.

Division de cavalerie légère du 5ᵉ corps.

Généraux de brigade.. { Fauconnet, commandant la division;
Treillard;
Rabelleau, capitaine, aide de camp.

Adjudant-commandant Delaage.

Capitaines adjoints... { Delesse;
Dugua.

SITUATIONS. 733

Commandant de l'artillerie.......... X..., chef de bataillon.
Commandants du génie { DE PONTON, capitaine.
LE DUC, lieutenant adjoint.
Sous-inspecteur aux revues.......... CHOPIN.
Commissaire des guerres.......... X...
Troupes.......... { 9ᵉ hussards ;
10ᵉ hussards ;
13ᵉ chasseurs ;
21ᵉ chasseurs.

Artillerie et génie du 5ᵉ corps.

Commandants de l'artillerie.......... { PICOTEAU, chef de bataillon, directeur ;
ZARTON, capitaine adjoint ;
SIMONIN, capitaine adjoint.

Troupes d'artillerie et génie.

Artillerie à pied..... 1ᵉʳ régiment : 1ʳᵉ, 2ᵉ et 5ᵉ compagnies.
Artillerie à cheval... 6ᵉ régiment : 4ᵉ compagnie.
Ouvriers d'artillerie.. 1ʳᵉ compagnie : une demi-compagnie.
Pontonniers......... 5ᵉ compagnie : une demi-compagnie.
Train d'artillerie.... 5ᵉ bataillon *bis* : 1ʳᵉ, 2ᵉ, 3ᵉ, 4ᵉ et 5ᵉ compagnies.
Sapeurs............ 2ᵉ bataillon : 2ᵉ et 5ᵉ compagnies.
Mineurs............ 5ᵉ compagnie.

6ᵉ corps d'armée.

Commandant en chef. Maréchal NEY.
Aides de camp...... { CRABÉ, chef d'escadron ;
BECLUT, chef d'escadron ;
GRANDEMANGE, capitaine ;
LAMOUR, capitaine ;
VOGT, sous-lieutenant.
Chef d'état-major.... DUTAILLIS, général de brigade.
Aides de camp..... { TALBOT, lieutenant ;
DUHAMEL, lieutenant.

Officiers employés près du maréchal Ney.

Adjudants-commandants.......... { MALLEROT ;
STADENRATH ;
LIGERBELAIR.

Officiers d'état-major . . {
  RIPPERT, chef d'escadron ;
  LEGRAND, chef d'escadron ;
  ARNAUD, chef de bataillon ;
  SICRE, chef de bataillon ;
  LIEUTAND, chef de bataillon ;
  CABOCHE, capitaine ;
  LABAUME, capitaine ;
  VELIAC, capitaine ;
  BARBUT, capitaine ;
  SAINT-LÉGER, capitaine ;
  VANNOT, capitaine.
}

Officiers polonais . . . . . {
  GRABENSKI, capitaine ;
  ZADERA (Joseph), lieutenant.
}

État-major de l'artillerie . . . . {
  SEROUX, général de brigade, commandant de l'artillerie ;
  REGNARD, capitaine, aide de camp ;
  BRUNEL, sous-lieutenant, aide de camp ;
  BIQUELLEY, colonel, chef d'état-major ;
  MARTIN, capitaine adjoint ;
  VARENNES, capitaine adjoint ;
}

État-major du génie. . {
  CAZALS, colonel, commandant le génie ;
  BOUVIER, chef de bataillon, commandant en second ;
  BOUDHORT, capitaine adjoint, resté à Boulogne ;
  LAFARELLE, capitaine adjoint.
}

Administration militaire . . . . {
  MONARD, inspecteur aux revues ;
  DROLENVAUX, sous-inspecteur ;
  MARCHAND, ordonnateur ;
  ROBERT, commissaire des guerres ;
  CAYROL jeune, adjoint.
}

Gendarmerie . . . . { FONTENIER, chef d'escadron (51 hommes, 50 chevaux).

1re division du 6e corps.

Général de division. . . DUPONT.

Aides de camp . . . . . . {
  DECONCHI, chef de bataillon ;
  MORIN, chef d'escadron ;
  DUPIN, lieutenant.
}

Généraux de brigade. . {
  ROUYER ;
  DEBAINE, capitaine, aide de camp ;
  HENRION, capitaine, aide de camp ;
  MARCHAND ;
  MARCHAND, capitaine, aide de camp ;
  CAILLEMER, capitaine aide de camp.
}

Adjudant-commandant DUHAMEL.

Adjoints . . . . { FAVERY ;
VANOT.

Commandants de l'artillerie . . . . { VILLENEUVE, chef de bataillon ;
SIMON, capitaine adjoint.

SITUATIONS. 735

Commandants du génie { DESCLOP, capitaine;
                       LEMAITRE, capitaine adjoint.
Sous-inspecteur aux
  revues .... BARTH.
Commissaire des
  guerres .... CAYROL aîné.
Troupes .... { 9ᵉ légère;
                       32ᵉ de ligne;
                       96ᵉ de ligne.

2ᵉ division du 6ᵉ corps.

Général de division... LOISON.
Aides de camp ...... { MICHAUD, chef de bataillon;
                       COISEL, capitaine;
                       LAGÉ, lieutenant;
Généraux de brigade . { VILLATTE;
                        HANTZ, capitaine, aide de camp;
                        CHALLIER, lieutenant, aide de camp;
                        ROGUET;
                        DUCROS, lieutenant, aide de camp;
                        MEL, lieutenant, aide de camp.
Adjudant-commandant HAMELINAYE.
Capitaines adjoints... { BUCHET;
                         JOURDAIN.
Commandants de l'ar- { MORIAL, chef de bataillon;
  tillerie .... { BERNARD, capitaine, adjoint.
Commandants du génie { ERRARD;
                       PATRIS, lieutenant, adjoint.
Inspecteur aux revues. DAUTEL, 1ʳᵉ division.
Commissaire des
  guerres .... DAUDY, adjoint.
Troupes. .... { 6ᵉ légère;
                       39ᵉ de ligne;
                       69ᵉ de ligne;
                       76ᵉ de ligne.

3ᵉ division du 6ᵉ corps.

Général de division... MALHER.
Aides de camp ...... { COCHET, chef de bataillon;
                       MORION, capitaine;
                       DEBOULLARD, lieutenant.
Généraux de brigade.. { MARCOGNET;
                        DELONE, capitaine, aide de camp;
                        JORRY, lieutenant, aide de camp;
                        LABASSÉE;
                        POUDRE, lieutenant, aide de camp;
                        DUVAL, lieutenant, aide de camp.

Adjudant-commandant   LEFOL.
Capitaines adjoints...   { BRUNE.
                          LAJUMETIÈRE.
Commandants de l'ar- { CARRON ;
  tillerie..........   EUMONT, capitaine adjoint.
Commandants du génie { VARENGHEN ;
                        PALLARD–DUTERTRE, lieutenant, adjoint.
Inspecteur aux revues.   MALUS.
Commissaires des   { MENET ;
  guerres..........   LOMBARD, adjoint.
Troupes............   { 25ᵉ légère ;
                        27ᵉ de ligne ;
                        50ᵉ de ligne ;
                        59ᵉ de ligne.

Division de cavalerie légère du 6ᵉ corps

Général de division...   TILLY.
Aides de camp......   { RUELLE-LAMOTTE, chef d'escadron ;
                        DHENNEZELLE, sous-lieutenant.
Général de brigade...   DUPRÉ.
Aide de camp.......   LECLERC, lieutenant.
Adjudant-commandant   LACROIX.
Capitaines adjoints...   { LANUSSE ;
                          FONTEINE.
Commissaire des
  guerres..........   JOINVILLE, adjoint.
Troupes............   { 1ᵉʳ hussards ;
                        3ᵉ hussards ;
                        22ᵉ chasseurs ;
                        10ᵉ chasseurs.

Artillerie et génie du 6ᵉ corps.

Commandants de l'ar- { RUTY, colonel, directeur ;
  tillerie..........   X..., chef de bataillon, sous-directeur.
Capitaines adjoints...   { CHAIFFRE ;
                          BONNAFOUX ;
                          THIEULLE.
Inspecteur du train...   ROMANGIN.
Artillerie à pied.....   1ᵉʳ régiment : 6ᵉ, 9ᵉ, 10ᵉ, 11ᵉ et 12ᵉ compagnies.
Artillerie à cheval....   2ᵉ régiment : 1ʳᵉ compagnie.
Ouvriers d'artillerie..   Une demie de la 1ʳᵉ compagnie.
Pontonniers.........   Une demie de la 2ᵉ compagnie.
Armuriers..........   Détachement.

SITUATIONS.   737

Train............	5ᵉ bataillon principal : 1ʳᵉ, 2ᵉ, 3ᵉ, 4ᵉ et 5ᵉ compagnies ; 2ᵉ bataillon *bis* : 1ʳᵉ compagnie.
Sapeurs...........	5ᵉ bataillon : 5ᵉ, 6ᵉ et 7ᵉ compagnies, restées à Boulogne ; 2ᵉ bataillon : 4ᵉ compagnie, restée à Boulogne.
Mineurs..........	9ᵉ compagnie, resté à Boulogne.

7ᵉ corps d'armée.

Commandant en chef.	Maréchal Augereau.
Aides de camp......	Albert, adjudant-commandant ; Sicard, colonel ; Brame, chef de bataillon ; Massy, chef d'escadron ; Chewetel, capitaine ; Menville, lieutenant ; Marbot, lieutenant.
Chef d'état-major....	Donzelot, général de brigade.
Aides de camp......	Joly, capitaine ; Bardoux, lieutenant.
Adjudants-commandants............	Rouyer ; Plausonne.
Chefs de bataillon...	Gressot ; Fouques ; Blackwel ; Perrard ; Martin.
Chefs d'escadron.....	Piquet ; Donadieu.
Capitaines adjoints...	Garnier ; Maréchal ; Blanck ; Simmer ; Longchamps ; Puget ; Maussent.
Officiers polonais.....	Dalhen, capitaine ; Kornatowski, lieutenant.
État-major de l'artillerie............	Dorsner, général de division, commandant l'artillerie ; Monistrol, chef de bataillon, aide de camp ; Duprès, capitaine, aide de camp ; Prevost, sous-lieutenant, aide de camp ; Le Haut, chef de bataillon, chef de l'état-major ; Perdriot, capitaine adjoint, aide de camp.

Génie............	LA GASTYNE, colonel, commandant du génie.
Capitaines adjoints...	JOFFRENOT ; ROGNIAT ; LESECQ ; EMPEREUR.
Sous-inspecteur aux revues...........	GARREAU, faisant fonctions d'inspecteur ; GONDOT, sous-inspecteur.
Commissaire ordonnateur............	NOURRY.
Commissaires des guerres	BANNAL ; DUMESNIL.
Gendarmerie........	MAURIN, lieutenant, commandant.
Vaguemestre général..	DENOUAL.

1re division du 7e corps.

Général de division...	DESJARDINS.
Aides de camp	GASSARD, chef de bataillon ; GAUTHIER, capitaine ; BERTHELOT, lieutenant.
Généraux de brigade..	LAPISSE ; LEBONDIDIER, chef d'escadron, aide de camp ; DEYNIÉ, capitaine, aide de camp ; LAMARQUE ; BRIGÈS, capitaine, aide de camp ; PEYRISSE, lieutenant, aide de camp ; AUGEREAU ; NICOLAS, capitaine, aide de camp ; BROC, lieutenant, aide de camp.
Adjudant commandant	MACSHEESY.
Capitaines adjoints...	SIX ; FOUSCHARD.
Commandants de l'artillerie...........	DUBOIS, chef de bataillon ; HENRY, capitaine adjoint.
Sous-inspecteur aux revues...........	CLARAC.
Commissaires des guerres	VERNET ; CLARAC, adjoint.
Troupes...........	16e légère (4 bataillons) ; 44e de ligne (2 bataillons) ; 105e de ligne (3 bataillons) ; 7e chasseurs (4 escadrons).

2e division du 7e corps.

Général de division...	MATHIEU (Maurice).
Aides de camp.......	MATHELET, chef d'escadron COURTIER, capitaine.

SITUATIONS.

Généraux de brigade..
- SARUT ;
- DHUICQ, capitaine, aide de camp ;
- VANROFFEN, capitaine, aide de camp ;
- SARAZIN ;
- LALOBE, lieutenant, aide de camp ;
- MÉNARD ;
- TAUERT, capitaine, aide de camp ;
- BERC, lieutenant, aide de camp.

Adjudant-commandant TRINQUALYE.

Capitaines adjoints...
- RAPIN ;
- LIGNAC.

Commandants de l'artillerie
- DARDENNES, chef de bataillon :
- PAJOT, capitaine adjoint.

Commandant du génie. LESEC, capitaine.

Sous-inspecteur aux revues.......... BERNARD.

Commissaire des guerres.......... SALVERTE, adjoint.

Troupes..........
- 7º légère (3 bataillons) ;
- 24º de ligne (4 bataillons) ;
- 63º de ligne (2 bataillons).

Parc d'artillerie.

Directeur.......... D'HERVILLE, colonel.
Sous-directeur....... Le capitaine de la compagnie d'ouvriers.

Capitaines adjoints...
- JUREY ;
- BRAQUÈS.

Artillerie à pied..... 3º régiment : 2º, 3º, 4º et 5º compagnies.
Artillerie à cheval.... 6º régiment : 5º compagnie.
Ouvriers d'artillerie.. Moitié de la 6º compagnie.
Train d'artillerie..... 8º bataillon principal : 1ʳᵉ, 2º, 3º, 4º, 5º et 6º compagnies.
Mineurs.......... 7º compagnie.
Sapeurs.......... 4º bataillon : 2º et 4º compagnies.

Deux pièces de 2, six pièces de 8, deux obusiers de 6 pouces, attachés à chacune des 1ʳᵉ et 2º divisions.

Réserve de cavalerie.

Commandant en chef. S. A. S. le prince MURAT, lieutenant de Sa Majesté.

Aides de camp......
- EXELMANS, chef d'escadron ;
- LANUSSE, chef d'escadron ;
- D'HERY, capitaine ;
- BRUNET, lieutenant ;
- PIETON, lieutenant ;
- LAGRANGE, lieutenant.

État-major de S. A. S. le prince Murat.

Général de brigade... Belliard.
Aides de camp ...... { Stuhault, lieutenant ; Galbaud-Dufort, sous-lieutenant.
Adjudants - commandants............ { Girard ; Darsonval.
Capitaines adjoints... { Rensonnet ; Regnier ; Bédat ; Moreau ; Galdemar ; Augiac ; Vatier ; Guiardelle ; Forgeot ; Bartholet.
Officiers polonais..... { Milkiewicz, capitaine ; Paskouzki.

État-major de l'artillerie.

Commandants de l'artillerie........... { Hanique, général de brigade ; Mossel, adjoint.
Capitaines adjoints... { Raguemay ; Metzinger ; Perreau ; Fargeon.

État-major du génie.

Commandant du génie. Flayelle, colonel.
Chef de l'état-major.. Geoffroy, chef de bataillon.
Adjoints........... { Baudran, capitaine ; Remond, capitaine.

Administration militaire.

Inspecteur aux revues. Boissard.
Sous-inspecteur aux revues............ Sicard.
Commissaire-ordonnateur............. X...
Commissaires des guerres........... { Favier (Math.) ; X.... adjoint.

1re division de grosse cavalerie.

Général de division... Nansouty.

SITUATIONS. 741

Aide de camp....... THIERY, capitaine.

Généraux de brigade . { PISTON ;
CURIAL, lieutenant, aide de camp ;
LAHOUSSAYE ;
LABARTHE, lieutenant, aide de camp ;
BLANCHART, lieutenant, aide de camp;
SAINT-GERMAIN.

Adjudants - comman -
dants............ { ALLAIN ;
PELISSARD.

Capitaines adjoints... { BOSC ;
THIÉBAULT.

Officier polonais..... WOICIKIEWSKI, sous-lieutenant.

Commandants de l'ar-
tillerie.......... { NOURY ;
PUISSOT, capitaine adjoint.

Commandant du génie. FLEURY-ROHAULT.

Sous - inspecteur aux
revues.......... FAJAC.

Troupes............ { 1er et 2e carabiniers ;
2e, 9e, 3e et 12e cuirassiers.

2e division de grosse cavalerie.

Général de division .. D'HAUTPOUL.

Aides de camp...... { SAYVÉ, chef d'escadron ;
PETIT, lieutenant ;
BERTHOMY, sous-lieutenant.

Généraux de brigade.. { SAINT-SULPICE ;
DESARGUES, capitaine, aide de camp ;
NOIROT, capitaine, aide de camp ;
FAUCONNET ;
POTHIER, capitaine, aide de camp ;
QUEUVAL, capitaine, aide de camp.

Officier polonais...... ROUZISKI, lieutenant.

Adjudant-commandant FONTAINE.

Capitaines adjoints... { GENTIL ;
DESCHAMPS.

Commandant de l'ar-
tillerie........... X...

Commandant du génie. LARCHER-CHAMONT.

Sous - inspecteur aux
revues........... SABATIER.

Commissaire des
guerres.......... X...

Troupes............ 1er, 5e, 10e et 11e cuirassiers.

1re division de dragons à cheval.

Général de division... KLEIN.

Aides de camp	Mathon, capitaine ; Duvernois, lieutenant.
Généraux de brigade..	Fénérols ; Limbourg, capitaine, aide de camp ; Prevot, lieutenant, aide de camp ; Lasalle ; Trevout, capitaine, aide de camp ; Millet, commande à Nordlingen ; Servant, capitaine, aide de camp ; Combes, lieutenant, aide de camp.
Adjudant-commandant	Bertrand ;
Capitaines adjoints...	Chatou ; Bachelet.
Officier polonais	Romainski.
Commandants de l'artillerie	Pelgrin, chef d'escadron ; Mathieu, capitaine adjoint.
Commandant du génie.	Tremioles, lieutenant.
Sous-inspecteur aux revues	Simon.
Commissaire des guerres	X...
Troupes	1er, 2e, 20e, 4e, 14e et 26e dragons.

2e division de dragons à cheval.

Général de division...	Walther.
Aides de camp	Maucomble, chef d'escadron ; Morin, capitaine ; Juncker, sous-lieutenant.
Généraux de brigade..	Sébastiani ; Lagrange, lieutenant, aide de camp ; Curniens, lieutenant, aide de camp ; Roget ; Javanière, capitaine, aide de camp ; Roget, lieutenant, aide de camp ; Boussard ; Chaillot, capitaine, aide de camp ; Vidal, lieutenant, aide de camp.
Officier polonais	Jamrinski, lieutenant.
Commandant de l'artillerie	X...
Commandant du génie.	Javin.
Inspecteur aux revues.	Maréchal Daru.
Commissaire des guerres	Ducros.
Troupes	10e, 13e, 22e, 3e, 6e et 11e dragons.

3ᵉ division de dragons à cheval.

Général de division...	BEAUMONT.
Aides de camp	{ LHERMINÉ, capitaine; BERGER, capitaine; SOUCY, sous-lieutenant.
Généraux de brigade..	{ BOYER (Ch.); SCALFORT; GIROD, capitaine, aide de camp; MILHAUD.
Adjudant-commandant	DEVAUX.
Adjoints	{ CABANIS; PAPILLAUD.
Commandant de l'artillerie	X...
Commandant du génie.	LAFAILLE.
Inspecteur aux revues.	JULIEN.
Commissaire des guerres	DROUHIN, adjoint.
Troupes	5ᵉ, 8ᵉ, 12ᵉ, 9ᵉ, 16ᵉ et 21ᵉ dragons.

4ᵉ division de dragons à cheval.

Général de division...	BOURCIER.
Aides de camp	{ LEMOINE, chef d'escadron; GIRARD, capitaine; DEYNE, capitaine.
Généraux de brigade..	{ LAPLANCHE; FROMENT, lieutenant, aide de camp; GUILLOT, lieutenant, aide de camp; SAHUC; GRUCHET, capitaine, aide de camp; VERDIÈRE; GAILLARD, capitaine, aide de camp; HOLBEC, capitaine, aide de camp.
Adjudant-commandant	DROUHOT.
Adjoints	{ WADELEUX; PERRIER.
Officier polonais	SENDROWSKI, sous-lieutenant.
Commandant de l'artillerie	X...
Commandant du génie.	COSSIGNÉ.
Sous-inspecteur aux revues	CHAALONS.
Commissaire des guerres	PANICHOT.
Troupes	15ᵉ, 17ᵉ, 27ᵉ, 18ᵉ, 19ᵉ, 25ᵉ dragons.

Division de dragons à pied.

Général de division...	BARAGUEY D'HILLIERS.
Aides de camp	{ COUSSEAU, capitaine ; GUIBOURG, lieutenant ; MEULAN, lieutenant.
Généraux de brigade..	{ VONDERWEIDT ; CHAUDRON, capitaine, aide de camp ; BARTHÈS, lieutenant, aide de camp ; LE SUIRE ; COURTIN, capitaine, aide de camp.
Adjudant-commandant	DAMBOUSKI.
Adjoints ....,	{ PINTHON ; BEDORS.
Officiers polonais	{ KIERSKOWSKI, lieutenant ; DZIMBIRKI, sous-lieutenant.
Commandants de l'artillerie..........	{ DEVAUX, chef de bataillon ; PERRAULT, capitaine adjoint.
Commandants du génie.	{ MANSUIT ; CURELLE, capitaine adjoint.
Inspecteur aux revues.	COUTELLE.
Commissaire des guerres	FROMENT.
Troupes...........	1er, 2e, 3e et 4e.

Artillerie et génie.

Artillerie des quatre divisions de dragons à cheval.

Artillerie à cheval ...	Du 2e et du 6e régiment.
Train d'artillerie	8e bis.
Sapeurs...........	2e bataillon : 7e compagnie.
Artillerie à pied.....	Du 6e régiment de la division de dragons.

Division de la Garde impériale.

Commandant en chef .	Maréchal BESSIÈRES.
Chef d'état-major....	ROUSSEL (Xavier), général de brigade.
Commandant de l'artillerie..........	Maréchal MORTIER.
Chef d'état-major....	GODINOT, général de brigade.

SITUATIONS. 745

Troupes...........
- Grenadiers à pied;
- Chasseurs à pied;
- Garde royale;
- Grenadiers à cheval;
- Chasseurs à cheval;
- Mamelucks;
- Gendarmes d'élite;
- Artillerie;
- Train d'artillerie;
- Ambulance.

État-major des parcs et réserve d'artillerie et du génie de la Grande Armée.

DIRECTION GÉNÉRALE D'ARTILLERIE.

Général de division .. FAULTRIER, directeur général.
Aides de camp ......
- ROCAGEL, capitaine;
- FAULTRIER, capitaine;
- MAILLARD, lieutenant.

Général de brigade... SAINT-LAURENT.
Aides de camp ......
- CASTILLE, capitaine;
- CHAVIGNOT, capitaine.

Major du train....... VALLÉE.

Adjoints ....
- BRUNET, capitaine;
- HAVARD, lieutenant du train;
- BOULEAU, lieutenant du train;
- BOILEAU, lieutenant du train;
- GUILLON, garde général;
- MARTEL, conducteur général;
- ROCHE, artiste vétérinaire.

PARC GÉNÉRAL D'ARTILLERIE.

Parc de campagne....
- Le colonel VERMOT, directeur;
- Le colonel BOUCHU;
- L'inspecteur du train, LAMBERT

Capitaines adjoints...
- VEXÈDRE;
- MARÉCHAL;
- VASSAL;
- CHAMBERLAND;
- BROUET;
- ZARTOR;
- PETITDIDIER;
- MERCIER.

Parc de siège........
- Le colonel FAULTRIER, directeur;
- Le chef de bataillon NAIGUE.

Capitaines adjoints...
- Nanot ;
- Richet :
- Saulnier ;
- Larue ;
- Leclerc.

PARC DU GÉNIE.

Directeur des parcs.. Decaux.

Troupes des parcs et réserve d'artillerie.

Artillerie à pied.....
- 5° régiment : 19° et 20° compagnies;
- 6° régiment : 4°, 5°, 7°, 8°, 11° et 14° compagnies;
- 7° régiment : 6°, 16°, 17° et 18° compagnies.

Artillerie à cheval...
- 2° régiment : 2° compagnie;
- 5° régiment : 3° compagnie;
- 6° régiment : 4° compagnie.

Ouvriers d'artillerie..
- 4° compagnie : 1/2 compagnie;
- 7° compagnie : 1/2 compagnie;
- 11° compagnie.

Pontonniers.........
- 1er bataillon : 1/2 de la 2° compagnie; 1/2 de la 3° compagnie; 4° compagnie; 1/2 de la 5° compagnie; 1/2 de la 7° compagnie.

Armuriers..........
- 1 compagnie;
- 1er principal : 6° compagnie;
- 1er bis : 6° compagnie;
- 2° bis : 6° compagnie;
- 3° principal : les six compagnies;
- 3° bis : les six compagnies;
- 5° principal : 6° compagnie;
- 5° bis : 5° et 6° compagnies;
- 7° principal : les six compagnies;
- 1 compagnie.

SITUATIONS PARTICULIÈRES

Situation sommaire du 1er corps de la Grande Armée à l'époque du 9 brumaire an XIV (31 octobre 1805).

DÉSIGNATION	NOM DE L'OFFICIER général commandant en chef et emplacement du quartier général.	DÉSIGNATION des divisions.	PRÉSENTS PRÊTS A COMBATTRE.				EMPLACEMENT.	DÉTACHÉS OU LAISSÉS en arrière.		ABSENTS.			TOTAL DE L'EFFECTIF.		OBSERVATIONS sur les détachements des dépôts ou en marche et sur les pertes éprouvées depuis la dernière situation, ainsi que sur les mutations et mouvements.
			Officiers.	Soldats.	Total.			Hommes.	Chevaux.	Aux hôpitaux.	Prisonniers de guerre.	Officiers sous-officiers et soldats.	Hommes du train.	Chevaux de cavalerie.	
					Hommes.	Chevaux de troupe.									
1er corps de la Grande Armée.	Le maréchal Bernadotte. Quartier général à Salzbourg.	État-major....	72	»	72	»	Salzbourg...	»	»	»	»	»	»	»	Les hommes détachés sont au dépôt du corps de Hanovre. Dans ce nombre sont compris 2 officiers, 90 hommes et 80 chevaux qui sont en route pour rejoindre l'armée. Les 581 hommes détachés sont aux dépôts de Hanovre. Dans ce nombre sont compris 36 officiers et 260 hommes en marche pour rejoindre l'armée. Les hommes détachés sont également aux dépôts de Hanovre. Sont compris dans ce nombre 3 officiers, 192 hommes et 113 chevaux en route pour rejoindre l'armée.
		Avant-garde....	131	2,786	2,917	810	Hallein.....	580	168	110	»	3,587	810	»	
		1re division.....	224	5,359	5,583	»	Salzbourg...	581	»	225	»	6,389	»	»	
		2e division.....	184	4,703	4,887	740	Salzbourg...	804	217	307	»	6,078	740	»	
		Avant-garde des troupes bavaroises........	230	7,005	7,235	320	Strass, sur la route d'Autriche....	»	»	»	»	7,235	320	»	
		Réserve des troupes bavaroises........	258	6,811	7,069	617	Oedorf, près de Freysing.....	»	»	»	»	7,069	617	»	
		Artillerie et génie.........	31	564	595	308	Salzbourg...	»	»	»	»	595	308	1,270	Ne sont pas compris dans les hommes prêts à combattre 597 hommes du 7e bataillon de train.
		TOTAUX...........	1,130	27,228	28,358	2,795		1,945	385	642	»	30,953	2,795	1,270	Dont 118 de réquisition.

Certifié véritable :
Le Général de division, chef d'état-major,
Général BERTHIER.

Division de cavalerie du 2e corps de la Grande Armée. — Quartier général à Leoben.

ÉTAT-MAJOR DE LA DIVISION

GRADES.	NOMS.	RÉGIMENTS.	COLONELS.	PRÉSENTS sous les armes.	
				Officiers.	Troupes.
Général de division	LACOSTE.	État-major	»	6	»
Aide de camp, capitaine.	DESGODINS.	Chasseurs à cheval, 8e régiment, 4 escadrons	CURTO	26	424
Adjudant-commandant, chef de l'état-major.	DUGOMMIER				
Adjoints.		Hussards, 6e régiment, 4 escadrons	PAJOL	29	397

CAVALERIE BATAVE.

Général-major commandant la cavalerie batave	QUAITA.	Dragons, 2 escadrons	»	17	210
Aides de camp. { Capitaine .. { Lieutenant.	KEYSER. WEITZEL.	Hussards, 2 escadrons	»	11	112
		TOTAL		91	1,143

NOTA.

Les corps de cavalerie étaient forts de :
- Au 1er vendémiaire, officiers compris .... 1,680 hommes.
- Venus des dépôts .... 52 —
- Total .... 1,732 hommes.
- Au 18 brumaire, ils sont de .... 1,228 —
- Différence en moins .... 504 hommes.

Cette différence se compose de :
- 7 désertés,
- 1 conseil-dé,
- 72 entrés aux hôpitaux,
- 474 restés en arrière.

TOTAL de la perte ... 504 hommes.

Les corps de cavalerie avaient :
- Au 1er vendémiaire .... 1,634 chevaux.
- Au 18 brumaire, ils sont de .... 1,696 —
- Différence en plus .... 62 chevaux.

Cette augmentation provient des chevaux que les colonels ont fait acheter.

SITUATION DES TROUPES.

		ABSENTS AVEC SOLDE.		ABSENTS SANS SOLDE.				TOTAL.	
		Détachés.		Aux hôpitaux.		Prisonniers de guerre.			
	Officiers.	Troupes.	Officiers.	Troupes.	Officiers.	Troupes.	Officiers.	Troupes.	Hommes.	Chevaux.
	»	136	»	6	»	»	»	594	464
	»	77	»	12	»	»	»	515	447
BATAVE.										
	»	182	»	13	»	2	»	424	401
	»	241	»	10	»	»	»	374	384
	»	636	»	41	»	2	»	1,913	1,696

OBSERVATIONS.

Sur les 136 chasseurs du 8e régiment, portés à la colonne des détachés, 71 sont partis de Mayence pour rejoindre leur corps, les autres ont été laissés en arrière et une partie envoyée en remonte.

Dans les 464 chevaux du 8e régiment sont compris ceux des officiers, à raison d'un cheval par officier; sont également compris dans ce nombre 73 chevaux laissés en arrière comme étant éclopés.

Les 77 hussards du 6e régiment, portés à la colonne des détachés, sont restés en arrière; 51 pour soigner les chevaux éclopés.

Dans les 447 chevaux du 6e régiment de hussards sont compris ceux des officiers, à raison d'un cheval par officier; sont également compris dans ce nombre 51 chevaux qui ont été laissés en arrière comme étant malades.

Les 182 dragons bataves, portés à la colonne des détachés, ont été laissés en arrière; 178 pour soigner les chevaux malades.

Dans le nombre de 401 chevaux de dragons bataves sont compris ceux des officiers, à raison d'un cheval par officier et 176 chevaux laissés en arrière comme éclopés.

Les 241 hussards bataves, portés à la colonne des détachés, sont restés en arrière pour soigner les chevaux malades, sont compris ceux des officiers, à raison d'un cheval par officier et 284 chevaux malades ou blessés.

Division batave du 2e corps de la Grande Armée, quartier général à Landshut, à l'époque du 6 brumaire an XIV (28 octobre 1805).

ÉTAT-MAJOR DE LA DIVISION.

	GRADES.	NOMS.	EMPLACEMENT.
	Général inspect' génér^{al}.	Dumonceau....	
	Adjudant-commandant.	Vichery.......	
	Chef de l'état-major...		
	Lieut.-colonel.	Rouget.......	
		V. Pfaffenroth..	
Adju-	Majors...	Villers.......	
dants.		Suden........	
	Capitaines ...	Beckmann....	Landshut.
		V. Lohausen...	
		V. Heilman....	
	Lieutenants ..	Freund.......	
		Placotomus...	
		Dumonceau...	
	Général-major........	V. Heidring ...	
1re Adju-	Lieut.-colonel.	V. Troxel.....	
dants. Lieutenants ..		Schindler.....	
		Schneiter.....	
	Général-major........	V. Hadel......	
2e Adju-	Lieutenants ..	V. Nyvenheim..	Altdorf.
dants.		Schnuter......	
Cavalerie	Général-major........	Qualta........	Détaché avec la cavalerie de la 3e division.
	Adju- Capitaine	Keyser,.......	
	dants. Lieutenants ..	Weitzel	
		Thonhaüser...	
	Commiss^{re} des guerres adjoint.........	V. Aardenburg.	
	Corps du génie :		
	Capitaines	V. Ingen	Landshut.
		Everts	
	Lieutenants	Rauwenhof ...	
		La Rochette...	

SITUATION DES TROUPES.

	DÉSIGNATION des régiments.	NOMS des colonels.	EMPLACEMENT.	PRÉSENTS sous les armes.		ABSENTS avec solde, détachés.		ABSENTS sans solde, aux hôpitaux.		TOTAL ou	
				Officiers.	Troupe.	Officiers.	Troupe.	Officiers.	Troupe.	hommes.	chevaux.
1re	1er rég., 1er bat. d'inf. légère.....	Chassé......	Landshut.......	26	409	»	»	1	149	665	»
	2e rég., 2e bat. d'inf. légère.....	Id........	Id............	23	415	»	»	2	182	622	»
	1er rég. d'inf. de ligne : 1er bataillon.......	Pitcairn.....	Aux env. de Landshut	25	526	1	8	1	81	614	»
	2e —			22	490	1	5	2	91	611	»
	2e rég. d'inf. de ligne : 1er bataillon.......	Von Hasselt .	Id............	22	392	2	93	3	110	627	»
	2e —			20	429	»	57	5	127	638	»
2^e	6e rég. d'inf. de ligne : 1er bataillon.......	Carteret.....	Id............	21	182	»	2	»	90	608	»
	2e —		Id............	24	412	»	2	1	103	572	»
	Rég. de Waldeck : 1er bataillon........	Lieut.-colonel Muelich.	Id............	27	401	»	»	»	71	500	»
	2e —		Id............	27	400	»	»	»	91	572	»
	8e rég. d'inf. de ligne : 1er bataillon.......	Pitcairn.....	Détaché à la 2e divis.	»	»	»	»	»	»	»	»
	2e —			»	»	»	»	»	»	»	»
	Artillerie : Compagnie à pied.. Pontonniers, détach^t.	Martaschvits. Lieut. Howen.	Aux env. de Landshut Détaché hors la divis. Au parc de réserve..	5	97	»	»	»	22	125	106
	Cavalerie : 1er rég. de dragons, détachement.......	Colon. Beaux.	Landshut.......	3	35	»	»	»	»	38	40
	2e rég. de dragons, 1 cavadron........	Colon. Frip..	Id............	8	186	»	»	»	7	201	208
	Rég. de hussards, 2 escadrons	Lieut.-colonel V. Itinuber.	Détaché à la 1re divis	»	»	»	»	»	»	»	»
	TOTAUX			257	1,781	4	373	18	1,130	»	»

Matériel de l'artillerie : 1 canon à 41., 3 de 81., 1 obusier de 21 l., 2 caissons de 81., 2 de 24 l., 2 de 41., 5 caissons à cartouches d'infanterie.

Conforme aux états des brigades et corps :
Le *Colonel adjudant général, chef de l'état-major de la division*,
VICHERY.

Situation des divisions composant le 5ᵉ corps de la Grande Armée à l'époque du 4 brumaire an XIV (26 octobre 1805).

DÉSIGNATION DES RÉGIMENTS.	PRÉSENTS. OFFICIERS.	PRÉSENTS. TROUPES.	TOTAL, officiers compris.	CHEVAUX présents.
Division de cavalerie légère.				
9ᵉ régiment de hussards..........	»	»	»	»
10ᵉ —	19	272	291	301
13ᵉ rég. de chasseurs à cheval.....	19	229	248	281
21ᵉ —	22	197	219	227
Totaux.....	60	698	758	809
Division de grenadiers.				
6ᵇ régiment d'artillerie à cheval....	6	31	33	36
1ᵉʳ — à pied......	2	137	141	10
5ᵉ bataillon *bis* du train..........	4	185	191	303
2ᵉ comp. du 2ᵉ bataillon de sapeurs.	3	77	80	»
Bat. d'élite du 9ᵉ rég. de ligne.....	20	648	668	»
— du 13ᵉ —	19	661	680	»
— du 58ᵉ —	22	720	742	»
— du 81ᵉ —	19	697	716	»
— du 2ᵉ rég. d'inf. légère.	19	640	659	»
— du 3ᵉ —	23	670	693	»
— du 12ᵉ —	21	660	681	»
— du 15ᵉ —	22	680	702	»
— du 28ᵉ —	23	630	653	»
— du 31ᵉ —	20	670	690	»
Totaux.....	223	7,106	7,329	349
2ᵉ division aux ordres du général Gazan.				
Artillerie et train...............	7	327	334	276
4ᵉ rég. d'infanterie légère.......	78	1,523	1,601	21
58ᵉ rég. d'infanterie de ligne......	48	941	989	10
100ᵉ —	77	1,913	1,990	»
103ᵉ —	78	1,990	2,068	21
Totaux.....	288	6,694	6,982	328

DÉSIGNATION DES RÉGIMENTS.	PRÉSENTS.		TOTAL, officiers compris.	CHEVAUX présents.
	OFFICIERS.	TROUPES.		

3e division aux ordres du général Suchet.

Détachement du 5e d'artillerie à pied.	1	124	128	»
Train	2	101	103	151
17e rég. d'inf. légère	55	1,583	1,638	13
31e rég. d'inf. de ligne (1)	59	1,429	1,488	14
40e —	62	1,478	1,510	11
64e — (2)	40	1,149	1,189	7
88e —	64	1,759	1,820	9
TOTAUX	283	7,623	7,906	205

(1) Le 3e bataillon détaché à Donauwerth.
(2) 4 compagnies détachées au grand parc d'artillerie.

Certifié conforme aux états remis par les chefs d'état-major des divisions.

A Landshut, le 1 brumaire, an XIV.

Le Général de brigade,
chef de l'état-major du 5e corps de la Grande Armée,

Dominique COMPANS.

SITUATIONS. 757

RÉSERVE DE CAVALERIE.

Situation sommaire des régiments ci-après désignés à l'époque du 22 brumaire an XIV (13 novembre 1805).

DÉSIGNATION des RÉGIMENTS.	PRÉSENTS SOUS LES ARMES officiers compris.		CHEVAUX PRÉSENTS.		OBSERVATIONS.
9° rég. de hussards..	»		»		Ces deux régiments n'ont point encore envoyé de situations.
10° — ...	»		»		
1ᵉʳ rég. de chasseurs..	82		204		Sans comprendre un escadr. au corps de M. le maréchal Davout.
13° — ...	»	1,027	»	1,106	N'a point envoyé de situation.
16° — ...	338		335		
21° — ...	235		265		
22° — ...	272		302		
3° rég. de dragons...	258		290		
11° — ...	347		439		
10° — ...	225	1,534	271	1,744	
6° — ...	284		299		
13° — ...	268		286		
22° — ...	152		159		
1ʳᵉ div. de cavalerie :					
1ᵉʳ rég. de carabiniers.	232		236		
2° — ...	239		246		
1ᵉʳ rég. de cuirassiers.	350	1,752	310	1,750	
2° — ...	305		282		
3° — ...	291		310		
5° — ...	335		336		
2° div. de cavalerie :					
9° rég. de cuirassiers.	318		328		
10° — ...	260	1,209	273	1,292	
11° — ...	333		362		
12° — ...	298		329		
1ᵉʳ rég. artill. à pied..	138		»		2 canons sur affûts, 1 obusier sur affût, 1 chariot de munitions.
2° rég. artill. à cheval.	125		110		
6° rég. artill. à cheval.	33		»		
2° bat., 4° comp. train.	51	451	92	314	
2° bat., 5° comp. train.	16		57		
2° bat., 2° comp. train.	55		85		
2° bat., 2° comp. sapʳˢ.	52	52	»	»	
TOTAL......		6,025		6,236	

GRANDE ARMÉE.

ÉTAT de situation à l'époque du 10 brumaire an XIV.

1re DIVISION DE DRAGONS MONTÉS.

ÉTAT-MAJOR.				ESCADRONS MONTÉS.								DÉPÔT.								BALANCE et OBSERVATIONS.
GRADES.	NOMS.	NUMÉROS DES BRIGADES.	NUMÉROS DES CORPS.	NOMS des colonels.	PRÉSENTS sous les armes.		ABSENTS avec solde, détachés.		ABSENTS sans solde.			CHEVAUX de remonte.	TOTAL en			EFFECTIF RÉGLÉ.	DISPONIBLES ou			
					Officiers.	Troupes.	Officiers.	Troupes.	Aux hôpitaux.	Prisonniers de guerre.	Officiers. Troupes.		Officiers. Troupes.	hommes.	chevaux.	LIEU où il est situé.	hommes. chevaux. chevaux.				
Général de division. Aide de camp, capitaine. Aide de camp, lieutenant. Général de brigade. Aide de camp, lieutenant. Général de brigade. Aides de camp, lieutenants. Adjoints à l'état-major, capitaines. Lieutenant du génie. Inspecteur aux revues. Sous-inspecteur aux revues. Commissaire des guerres. Aide de camp, command. chef de l'ét.-major.	KLEIN. MATHON. KLEIN. FÉNÉROLE. LAREY. LASALLE. THÉRON. CALISQUET. BACHELET. CHANON. TRÉMILLE. BONIEAU. JULLIEN. DESPONTAI-NES. BRITRAND.	1er 2e	1 2 20 1 14 26 2e cie 2e bat. de train	AUBIGHI. PRIVÉ. RAYNAUD. WATIER. LAFONDDELA-MIAC. DELORME.	14 23 21 23 17 22 1 1	307 230 262 296 240 338 48 36	1 3 1 4 6 1	98 161 133 87 83 78 6 9	2 10 4 3 0 8	34 7	1	32 50 49 38 29 37 2 2 2	279 150 233 281 235 333 24 52	468 425 419 432 355 451 48 43	398 349 400 449 321 467 26 51	Versailles Cambrai Amiens Beauvais Maëstricht	84 22 54 8 123 22 30 7 5 659 64 9 10 40 528 10 60		L'effectif de la division est de...154 2,487 279 2,188 Dont: Détachés au petit dépôt Aux hôpitaux Prisonn.rs de guerre Restés en arrière Désertés Morts Chevaux éclopés à la suite des corps TOTAUX...32 732 40 598 Restent disponibles 122 1,755 239 1,587 *Subsistances et solde.* Le service des subsistances se fait au jour le jour par les habitants. La solde est au courant pour les corps; celle de l'état-major est seule en retard. *Rapport des reconnaissances de la position, de la force des ennemis.* Néant.
TOTAUX			122	1,755	»	30	659	2	64	»		239	1,587	2,641	2,164		207 44 54 8				

SITUATION SOMMAIRE *de la 1re division de dragons montés à l'époque du 20 brumaire an XIV (11 novembre 1805).*

DÉSIGNATION des RÉGIMENTS QUI LA COMPOSENT.	PRÉSENTS, PRÊTS A COMBATTRE.			EMPLACEMENT.	DÉTACHÉS OU LAISSÉS EN ARRIÈRE.		ABSENTS.		TOTAL DE L'EFFECTIF.	
	Officiers.	Sous-officiers et soldats.	TOTAL. Hommes. / Chevaux.		Hommes. / Chevaux.		Aux hôpitaux.	Prisonniers de guerre.	Officiers, sous-officiers et soldats.	Chevaux.
État-major général de la division	12	»	12 / 50	Zwettl	4	»	»	»	16	50
1er régiment de dragons	14	307	321 / 311	Arbesbach	110	87	36	1	468	398
2e id. (1)	20	214	234 / 208	Marbach	179	89	11	»	424	»
20e id. (1)	»	»	» / »	»	»	»	»	»	»	297
4e id. (1)	20	252	272 / 302	En avant de Zwettl	171	137	3	7	453	439
14e id.	22	254	276 / 276	Zwettl	118	65	11	»	405	341
26e id.	23	338	361 / 366	Arbesbach	78	91	8	1	448	460
Artillerie	1	41	42 / 23	Id	1	3	4	»	47	26
Train	1	40	41 / 82		2	8	»	»	43	90
TOTAUX	113	1,446	1,559 / 1,536		663	475	73	9	2,304	2,101

(1) Détaché avec le général Mortier le 14 brumaire.

Force des troupes du 1er corps de la Grande Armée en présents sous les armes, prêts à combattre, commandée par S. E. le maréchal Bernadotte.

4 brumaire (26 octobre).

DIVISIONS.	RÉGIMENTS.	PRÊTS A COMBATTRE. Officiers.	PRÊTS A COMBATTRE. Troupes.	CHEVAUX. d'officiers.	CHEVAUX. de troupes.
Division d'avant-garde, général KELLERMANN..	27e rég. d'infant. légère.	79	1,987	»	»
	4e rég. de hussards....	34	456	63	456
	5e rég. de chasseurs...	25	447	61	447
	Une comp. d'artill. légère.	»	»	»	»
1re division, commandée par le génal PACTHOD.	8e rég. d'infant de ligne.	75	1,847	»	»
	45e rég. d'inf. de ligne (1).	67	1,641	»	»
	Une comp. d'artillerie (2).	»	»	»	»
2e division, général DROUET..	94e rég. d'infant. de ligne.	64	1,749	»	»
	95e rég. d'infant. de ligne.	73	2,075	»	»
	2e rég. de hussards....	24	403	61	403
	5e rég. de hussards....	23	315	54	315
	Une comp. d'artillerie...	»	»	»	»
Troupes bavaroises formant l'avant-garde commandée par le général DE WRÈDE.......	5e rég. d'inf. (duc Charles).	37	1,314	»	»
	7e rég. d'inf. (duc Charles).	38	1,311	»	»
	1er bat. léger (de Vicenti).	19	655	»	»
	1er rég. de chevau-légers (prince Electoral)...	20	150	45	150
	Une demi-compagnie d'artillerie............	»	»	»	»
	8e comp. d'artillerie (duc Pius)............	38	1,237	»	»
	12e comp. d'artillerie (de Löwenstein).......	34	1,241	»	»
	4e bataillon léger......	19	571	»	»
	3e rég. de chevau-légers (comte de Linauge) .	20	176	51	176
	1er rég. de dragons (de Minucci)...........	14	120	31	120
	Une demi-compagnie d'artillerie............	»	»	»	»
Corps de troupes bavaroises devant Munich, commandé par le lieut. général DEROY.......	4e rég. d'infant. de ligne (de Salern)........	38	1,290	»	»
	5e rég. d'infant. de ligne (de Freysing)......	34	1,305	»	»
	3e bat. d'infanterie légère (de Freysing)......	21	615	»	»
	3e rég. de chevau-légers (de l'Electeur)......	20	200	51	200
	Une comp. d'artillerie...	»	»	»	»
	FORCE des troupes en ligne.........	809	21,165	417	2,297

(1) Le 54e régiment qui fait partie de la 1re division est à Ingolstadt.
(2) A reçu l'ordre de se diriger sur Munich, ainsi que le général Rivaud; sa force est de 75 officiers et 1,815 hommes.

SITUATIONS.

DIVISIONS.	RÉGIMENTS.	PRÊTS A COMBATTRE.		CHEVAUX	
		Officiers.	Troupes.	d'officiers.	de troupes.
Personnel de l'artillerie française....	8ᵉ rég. d'artillerie à pied (3 compagnies)......	8	216	»	»
	3ᵉ rég. d'artillerie à cheval (4 compagnies)...	11	297	46	307
	2ᵉ bataillon du train....	9	532	21	1,270(1)
	Ouvriers et pontonniers.	7	116	»	»
Artillerie bavaroise........	2ᵉ rég. d'artillerie......	12	318	»	»
	Artillerie attachée à l'avant-garde.........	4	156	»	»
	TOTAL du personnel.	51	1,635	67	1,577
	FORCE GÉNÉRALE (2).	860	22,800	481	2,604
Troupes badoises détachées à Tölz........	1ᵉʳ rég. d'infanterie (des Gardes)............	42	1,312	»	»
	2ᵉ rég. d'infanterie (de l'Electeur)	36	1,254	»	»
	2ᵉ rég. de dragons.....	27	246	52	246
	TOTAL des détachés.	105	2,812	52	246

Résumé des forces.

	Infanterie et cavalerie.		Chevaux	
	Officiers.	Troupes.	d'officiers.	de troupes.
Troupes françaises...........	533	12,765	239	1,661
Troupes bavaroises..........	460	13,027	230	892

(1) Dont 176 de réquisition.
(2) Les 1,270 chevaux de trait ne sont pas compris.

Certifié véritable :

Le Général de division chef d'état-major,

Général BERTHIER.

SITUATION des troupes composant le 5ᵉ corps de la Grande Armée, à l'époque du 15 brumaire an XIV.

État-major général. — Quartier général à Neumarkt.

GRADES.	FONCTIONS.	NOMS.	AIDES DE CAMP.	
			NOMS.	GRADES.
Maréchal d'Empire commandant en chef.	»	LANNES....	SUBERVIE...	Chef d'escadron.
			QUIOT.....	Id.
			BUSSIÈRES.	Capitaine.
			SAINT-MARS	Lieutenant.
Général de brigade.......	Chef de l'état-major général.	COMPANS...	MARTIN....	Id.
			LAVIGNE...	Id.
Adjudant commandant.....	Sous-chef de l'état-major....	DECOUZ....	MAREMPOIX.	Capitaine adjoint à l'état-major.
Id........	Id........	HUMBERT..	HUDRY....	Id.
Chef de bataillon	Officiers à la suite de l'état-major...	PÉGOT.....	»	»
Chef d'escadron.		BORELLY..	»	»
Général de brigade.......	Command. l'artillerie......	FOUCHER..	GOURGAUD..	Lieutenant.
Chef d'escadron.	Chef de l'état-major......	PELLEGRIN.	MARILLAC..	Capitaine adjoint à l'état-major.
Colonel.......	Commandant le génie.......	KIRGENER..	»	»
Inspecteur.....	Aux revues....	BUHOT....	»	»
Commissaire des guerres.....	Faisant fonctions d'ordonnateur.	VAST......	»	»

SITUATIONS.

Division aux ordres de M. le général Suchet.

GRADES.	NOMS.	NUMÉROS des brigades.	DÉSIGNATION des BATAILLONS.	PRÉSENTS prêts à combattre.		DÉTACHÉS sur les derrières.		AUX HÔPITAUX.		PRISONNIERS de guerre.		PERTES depuis le 1er vendémiaire dernier (1).	CHEVAUX DU TRAIN et d'artillerie.
				Officiers.	Troupes.	Officiers.	Troupes.	Officiers.	Troupes.	Officiers.	Troupes.		
Général de division...	SUCHET.											»	»
Aides) Chef d'escadron.	GUDIN.											»	»
de camp.) Capitaine......	SAINT-CYR.											»	»
) Lieutenant.....	MEYER.											»	»
Adjudant commandant chef de l'état-major........	VICTOR ALLAIN.											»	»
Chef de bataillon à la suite de l'état-major.......	ESNARD.	Aux ordres du Gal CLAPARÈDE.	17e rég. d'inf. légère....	55	1,402	»	78	»	319	»	»	»	»
Adjoints. (Capitaine.....	MESCLOP.											»	»
(Id.........	HOCHET-LATERRIE.											»	»
(Id.........	WEIGOLD.											»	»
Général de brigade.....	BECKER.	1re.	31e de ligne.	59	1,211	»	175	»	196	»	»	»	»
Aides) Capitaine......	GUERMAT.		40e de ligne.	62	1,332	»	145	»	185	»	»	»	»
de camp.) Lieutenant....	LIGNEVILLE.											»	»
Général de brigade.....	VALHUBERT.	2e.	61e de ligne.	37	979	»	571	»	224	»	»	»	»
Aides) Lieutenant....	MUE.		88e de ligne.	60	1,542	»	188	»	150	»	»	»	»
de camp.) Id.........													
Chef d'escad. comm. l'artill.	DESDORIDES.	»	5e d'artillerie à pied.....	6	119	»	2	»	5	»	»	»	»
Capitaine adjoint du génie.	FRUCHARD.											»	»
Id.........	ROUSSEAU.	»	3e bat. princip. du train d'artillerie....	»	113	»	7	»	»	»	»	»	234
Id.........	PIERRARD.											»	»
Sous-inspecteur aux revues.	VERVAUX.											»	»
Commissaire adjoint......	LEHOREAU.											»	»
Commissaire adjoint......	BONDURAND.											»	»
Général de brigade......	CLAPARÈDE.											»	»
Capitaine aide de camp...	PÉRARD.											»	»
			TOTAUX...	279	6,698	»	1,166	»	1,079	»	»	»	234

(1) Malgré les demandes les plus réitérées, on n'a pu obtenir des colonels de cette division l'état des pertes depuis le 1er vendémiaire.

2ᵉ division aux ordres de M. le général de division Gazan (1).

GRADES.	NOMS.	NUMÉROS des brigades.	DÉSIGNATION des BATAILLONS.	PRÉSENTS prêts à combattre. Officiers.	Troupes.	DÉTACHÉS sur les derrières. Officiers.	Troupes.	AUX HÔPITAUX. Officiers.	Troupes.	PRISONNIERS de guerre. Officiers.	Troupes.	PERTES depuis le 1ᵉʳ vendémiaire dernier.	CHEVAUX DU TRAIN et d'artillerie.
Général de division........	Gazan.												
Aides ⎰ Chef d'escadron.	Tripoul.												
de camp. ⎱ Id............	Monnet.												
⎱ Capitaine......	Mangarnot.												
Adjudant commandant chef de l'état-major...........	Fornier-d'Albe.												
Adjoints ⎰ Capitaine.....	Montelgier.	Général Graindorge.	1ʳᵉ { 1ᵉ rég. d'inf. légère......	75	1,443	»	»	2	142	»	»	38	»
à l'état- ⎱ Id............	Faure.		100ᵉ de ligne.	67	1,906	4	15	11	71	»	8	5	»
major. ⎱ Id............	X...	Général Campana.	2ᵉ { 103ᵉ de ligne.	76	1,962	6	17	8	116	1	»	»	»
Général de brigade........	Graindorge.	»	Artillerie.....	8	»	»	»	»	»	»	»	»	37
Aides ⎰ Capitaine.......	X...												
de camp. ⎱ Lieutenant.....	Mignot.	»	Train d'artillerie.......	1	115	»	»	»	»	»	»	5	278
Général de brigade........	Campana.												
Aides ⎰ Capitaine.......	Campana.												
de camp. ⎱ Id............	X...												
Chef d'escadron commandant l'artillerie...............	Saint-Loup.		Totaux...	227	5,588	10	62	21	329	1	8	48	315
Capitaine du génie........	Paporel.												
Id............	Barrins.												
Sous-inspecteur aux revues.	Laran.												
Commissaire des guerres....	Feraud.												
Commissaire adjoint.......	X...												

(1) Cette division se trouvant détachée, on a dressé la situation sur un état du 10 brumaire.

Division de grenadiers aux ordres de M. le général de division Oudinot.

GRADES.	NOMS.	NUMÉROS des brigades.	DÉSIGNATION des BATAILLONS.	PRÉSENTS prêts à combattre.		DÉTACHÉS sur les derrières.		AUX HÔPITAUX.		PERTES depuis le 1er trimestre dernier.	CHEVAUX DU TRAIN et d'artillerie.
				Officiers.	Troupes.	Officiers.	Troupes.	Officiers.	Troupes.		
Général de division	Oudinot.		13e de ligne.	22	574	»	87	»	80	1	»
Aides ⎰ Chef d'escadron...	Demangeot.	Général ⎱ 1re	58e de ligne.	22	630	»	85	»	48	»	»
de camp. ⎱ Id.	Lamothe.	Mortières. ⎰	9e de ligne.	22	517	»	87	»	66	»	»
⎱ Capitaine.	Hutin.		81e de ligne.	21	663	»	35	»	50	6	»
Adjudant commandant chef de l'état-major	Jarry.		2e rég. d'inf. légère	21	474	»	112	»	158	16	»
⎰ Capitaine	Fitremann.	Général ⎱ 2e	3e de ligne.	19	498	»	132	»	134	8	»
Adjoints. ⎰ Id.	Dauger.	Dupas. ⎰	28e de ligne.	18	129	»	196	»	80	34	»
⎱ Id.	Campiet.		31e de ligne.	22	370	»	136	»	116	140	»
⎱ Id.	Van Bercbem.		12e de ligne.	23	469	»	116	»	125	45	»
Général de brigade	Mortières.		15e de ligne.	21	169	»	109	»	105	72	»
Aides ⎰ Capitaine.	Lagrave.	Général ⎱ 3e	Train d'artillerie, 5e bataillon bis.	»	189	»	»	»	»	»	303
de camp. ⎱ Lieutenant	Faraguay.	Ruffin. ⎰									
Général de brigade	Dupas.										
⎰ Capitaine.	Barral.										
Aides ⎰ Id.	Bochaton										
de camp. ⎱ Id.	X...										
⎱ Id.	X...										
Chef d'escadron commandant l'artillerie	Baltus.		2e comp. du 2e bataillon de sapeurs.	2	70	»	4	»	5	»	»
Capitaine du génie	Baraillon.		Artillerie	9	162	»	5	»	9	»	36
Id.	Migneron.	»									
Sous-inspecteur aux revues...	Savary.										
Commissaire des guerres	Dagiout.										
Commissaire adjoint	Boissy-d'Anglas.		TOTAUX	227	5,544	»	1,104	»	972	332	339
Le général de brigade	Ruffin.										

Division de cavalerie légère aux ordres de M. le général de brigade Fauconnet.

GRADES.	NOMS.	N°s DES BRIGADES.	DÉSIGNATION des BATAILLONS.	PRÉSENTS prêts à combattre.		DÉTACHÉS sur les derrières.		AUX HÔPITAUX.		PRISONNIERS de guerre.		TOTAL DE L'EFFECTIF.	PERTES depuis le 1er vendémiaire dernier.	CHEVAUX					TOTAL des chevaux.
														présents		détachés ou laissés en arrière			
				Officiers.	Troupes.	Officiers.	Troupes.	Officiers.	Troupes.	Officiers.	Troupes.			d'officiers.	de troupes.	d'officiers.	de troupes.		
Général de brigade.......	FAUCONNET.																		
Aides Chef d'escadron.	X...	1re	9e rég. de hussards.	19	212	2	60	»	36	1	9	339	»	45	212	»	40	297	
de camp. Id........	X...		10e rég. de hussards.	17	211	»	29	»	29	»	3	322	»	45	223	»	30	307	
Capitaine......	X...																		
Adjudant commandant chef de l'état-major........	DELAAGE.	2e	21e rég. de chasseurs à cheval.	20	236	2	63	»	17	»	3	311	»	40	236	3	86	365	
Capitaine......	DELESSE.																		
Adjoints. Id........	X...		13e rég. de chasseurs à cheval.	19	240	2	40	»	25	»	»	326	»	40	240	»	45	925	
Id........	X...																		
Id........	X...																		
Général de brigade........	TREILLARD.																		
Aides Capitaine.......	RABELLEAU.																		
de camp. Id........	X...																		
Général de brigade........	FAUCONNET.		Totaux...	75	932	6	192	»	107	1	15	1,328	»	170	911	3	210	1894	
Aides Capitaine......	PORTER.																		
de camp. Id........	QUEVAL.																		
Chef d'escad. comm. l'artill.	X...																		
Capitaine du génie........	COSSIGNY.																		
Id..............	FLEURY.																		
Sous-inspecteur aux revues.	CHOPIN.																		
Commissaire des guerres...	PANICHOT.																		
Commissaire adjoint.......	X...																		

OBSERVATIONS. — Les laissés en arrière du 9e hussards se composent de 26 hommes au petit dépôt, de 6 démontés et de 21 en arrière susceptibles de rentrer.

Le 10e hussards et le 21e chasseurs à cheval ne connaissent pas le nouveau modèle d'état de situation de quinzaine et n'ont point fait connaître leurs pertes depuis le 1er vendémiaire.

Il n'a pas été possible d'obtenir la situation du 13e chasseurs.

Certifié conforme aux états de situation qui m'ont été remis par le chef de l'état-major de division.

Neumarkt, le 15 brumaire an XIV.

Le Général de brigade, chef de l'état-major général du 5e corps de la Grande Armée,
Dominique COMPANS.

État des présents sous les armes au 6ᵉ corps d'armée le 4 brumaire.

DIVISIONS.	DÉSIGNATION des CORPS.	OFFICIERS.	SOUS-OFFICIERS et soldats.	TOTAL.	OBSERVATIONS.
1ʳᵉ division..	9ᵉ régiment d'infanterie légère............	»	»	»	La 1ʳᵉ division détachée avec le prince Murat.
	32ᵉ de ligne.........	»	»	»	
	96ᵉ de ligne.........	»	»	»	
2ᵉ division..	6ᵉ régiment d'infanterie légère............	»	»	»	Ces deux régiments détachés pour conduire les prisonniers.
	39ᵉ de ligne.........	»	»	»	
	69ᵉ de ligne.........	47	1,501	1,548	
	76ᵉ de ligne........	62	1,683	1,745	
3ᵉ division..	25ᵉ régiment d'infanterie légère.........	68	1,462	1,530	
	27ᵉ de ligne.........	54	1,293	1,347	
	50ᵉ de ligne.........	61	1,486	1,547	
	59ᵉ de ligne.........	55	1,566	1,621	
Cavalerie.	1ᵉʳ régiment de hussards	»	25	25	Ce régiment détaché à la 1ʳᵉ division.
	3ᵉ régiment de hussards.	16	204	220	
	10ᵉ chasseurs........	29	317	346	
Artillerie.	Artillerie à pied......	14	317	331	
	Artillerie à cheval....	2	44	46	
	Ouvriers d'artillerie...	1	18	19	
	Train d'artillerie.....	8	281	289	Il y a en outre 226 charretiers d'artillerie pris dans les différents corps de l'armée.
Génie....	Officiers du génie.....	6	»	6	
	Gendarmerie.........	3	47	50	
	TOTAUX.......	426	10,244	10,670	

Au quartier général, à Ulm, le 4 brumaire an XIV.

Le Général chef de l'état-major général,

DU TAILLIS.

Situation approximative des troupes composant le 7ᵉ corps de la Grande Armée, à l'époque du 4 brumaire an XIV (26 octobre 1805).

DIVISIONS	CORPS.	PRÉSENTS.			ABSENTS.						TOTAL de la force des corps.	OBSERVATIONS.
		Officiers.	Troupes.	Total.	Aux hôpitaux.	En congé.	Détachés.	Embarqués.	Déserteurs par jugement.	Prisonniers de guerre.	Total.		
1ʳᵉ division commandée par le général DES-JARDIN	16ᵉ régiment d'infanterie légère	87	1,969	2,056	229	»	»	11	»	240	2,296	La situation de ces corps n'est qu'approximative, attendu qu'ayant été constamment en mouvement jusqu'à ce jour, les divisions n'ont pu faire parvenir leurs situations particulières. — La situation générale du 7ᵉ corps sera adressée incessamment.
	4ᵉ régiment de ligne	55	1,144	1,199	16	1	»	71	»	164	282	1,481	
	105ᵉ régiment de ligne	62	1,533	1,595	62	22	»	»	»	»	84	1,679	
2ᵉ division commandée par le général MA-THIEU	7ᵉ régiment d'infanterie légère	91	2,090	2,181	111	»	»	11	»	111	2,292	
	24ᵉ régiment de ligne	93	2,007	2,100	154	»	»	»	»	»	154	2,254	
	63ᵉ régiment de ligne	61	1,303	1,364	188	»	»	118	»	»	317	1,681	
Cavalerie	7ᵉ régiment de chasseurs à cheval	37	547	584	94	»	54	»	»	»	148	732	
Artillerie	3ᵉ régiment à pied (2ᵉ, 3ᵉ, 4ᵉ et 5ᵉ cⁱᵉˢ)	»	»	»	»	»	»	»	»	»	»	»	L'artillerie est encore en marche. Le parc n'arrivera à Neuf-Brisach, avec deux compagnies d'artillerie à pied et le bataillon du train, que le 7 brumaire. Quant aux deux autres compagnies d'artillerie à pied, à la 6ᵉ d'artillerie à cheval, à la compagnie d'ouvriers et à celle des mineurs, elles n'y arriveront que le 21, attendu que les ordres ministériels ne leur sont parvenus que tard à Brest.
	6ᵉ rég. à cheval (5ᵉ cⁱᵉ)	»	»	»	»	»	»	»	»	»	»	»	
	Détachement de la 6ᵉ compagnie d'ouvriers	»	»	»	»	»	»	»	»	»	»	»	
	8ᵉ bataillon du train	»	»	»	»	»	»	»	»	»	»	»	
Génie	4ᵉ bataillon de sapeurs (2ᵉ et 4ᵉ cⁱᵉˢ)	5	160	165	21	»	2	»	»	26	191		
	7ᵉ cⁱᵉ de mineurs	»	»	»	»	»	»	»	»	»	»	»	
	TOTAUX	491	10,753	11,244	908	23	56	189	22	164	1,362	12,606	

Au quartier général, à Fribourg, le 4 brumaire an XIV.

Le Général de brigade, chef de l'état-major général,

DONZELOT.

TABLE DES MATIÈRES

		Pages.
Préface		1
Introduction		3
Chapitre Ier.	25 octobre	175
— II.	26 octobre	199
— III.	27 octobre	223
— IV.	28 octobre	253
— V.	29 octobre	277
— VI.	30 octobre	307
— VII.	31 octobre	339
— VIII.	1er novembre	379
— IX.	2 novembre	413
— X.	3 novembre	449
— XI.	4 novembre	476
— XII.	5 novembre	505
— XIII.	6 novembre	545
— XIV.	7 novembre	577
— XV.	8 novembre	611
— XVI.	9 novembre	641
— XVII.	10 novembre	669
— XVIII.	11 novembre	683
Situations		709

TABLE DES CARTES

1. Emplacements des troupes du 25 octobre au 3 novembre inclus (10 calques).
2. Région de Braunau à Amstetten.
3. Combat de Ried.
4. Carte de la Haute-Autriche.
5. Combat de Lambach.
6. Fragment de la carte de la Haute-Autriche, de Muller (1787).
7. Emplacements des troupes du 4 au 9 novembre inclus (6 calques).
8. Carte de la Basse-Autriche.
9. Combat d'Amstetten.
10. Région de Krems et Mariazell.
11. Combat de Mariazell.
12. Emplacements des troupes les 10 et 11 novembre (2 calques).
13. Environs de Dürnstein.
14. Combat de Dürnstein. Emplacement des troupes françaises.
15. Environs de Vienne. Fragment de la carte de Mollo (1803).

Paris. — Imprimerie R. Chapelot et Cie, 2, rue Christine.

CARTE DE LA BASSE-AUTRICHE

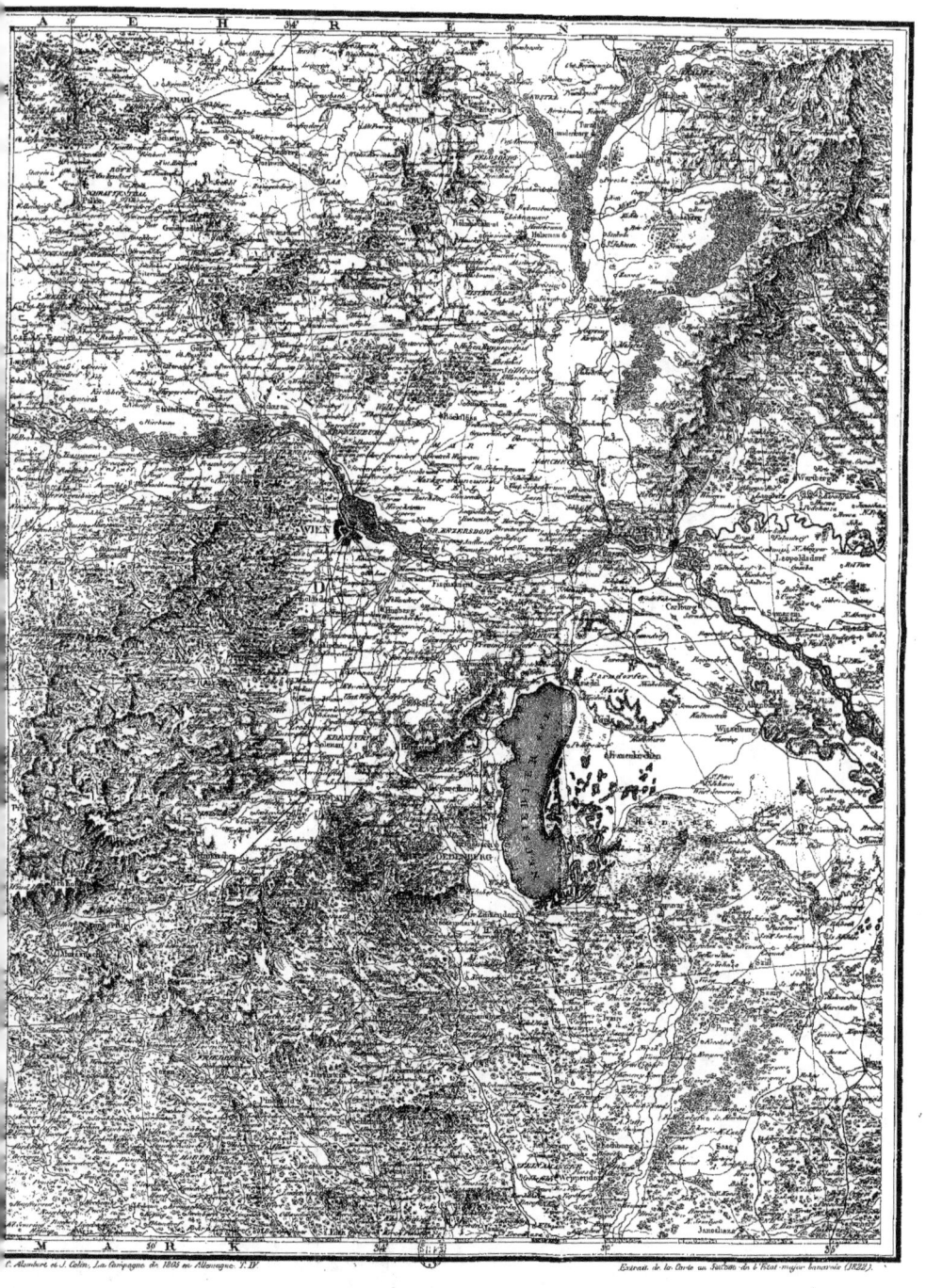

KREMS ET MARIAZELL

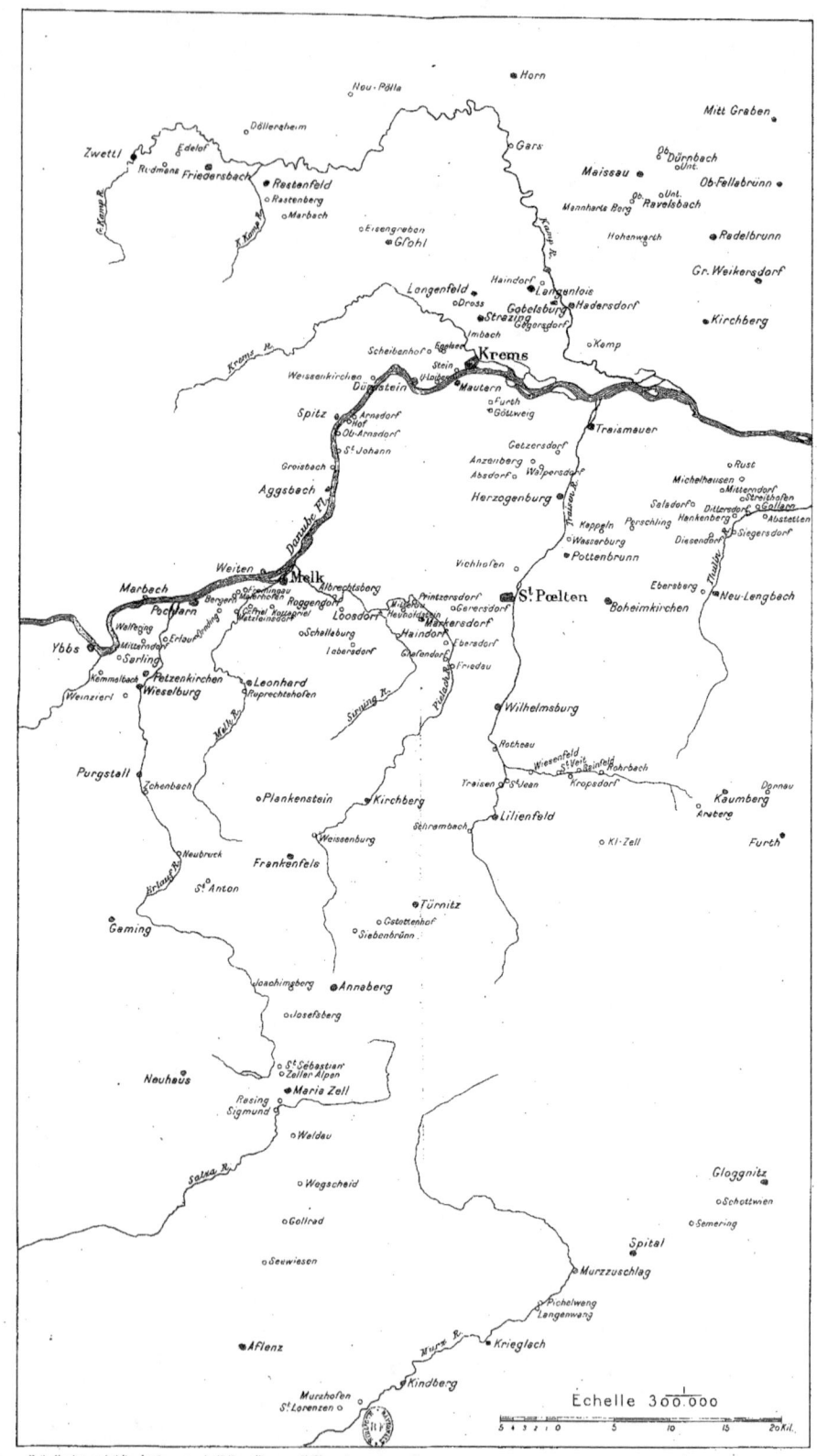

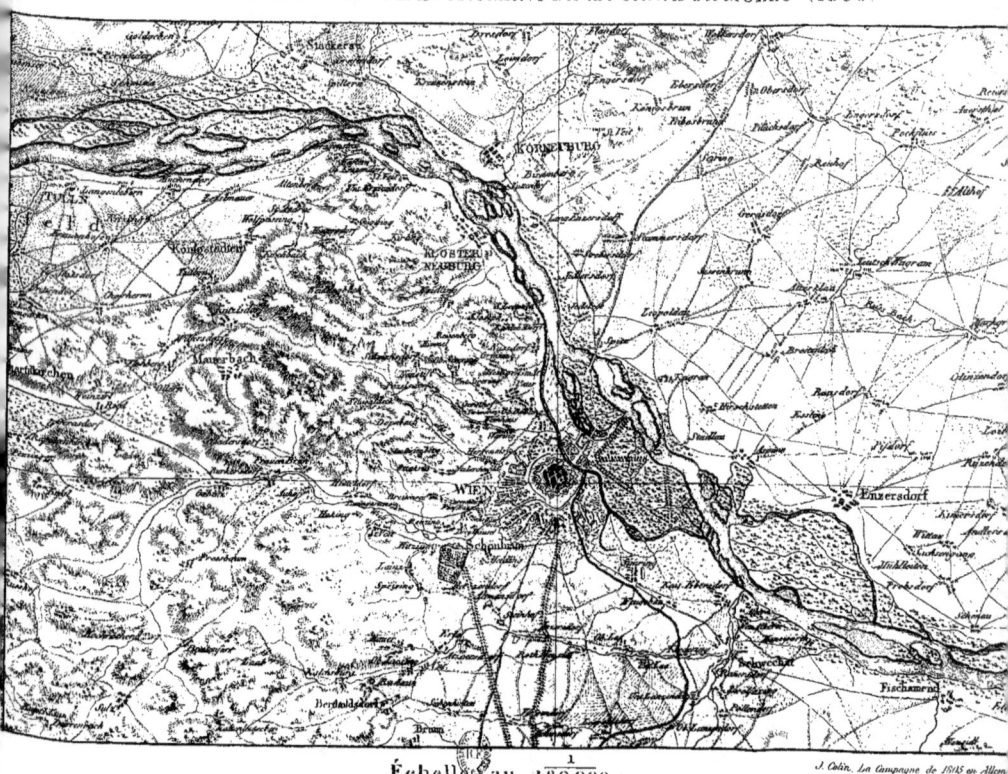

ENVIRONS DE VIENNE — FRAGMENT DE LA CARTE DE MOLLO (1803)

Échelle au $\frac{1}{120.000}$

COMBAT DE RIED

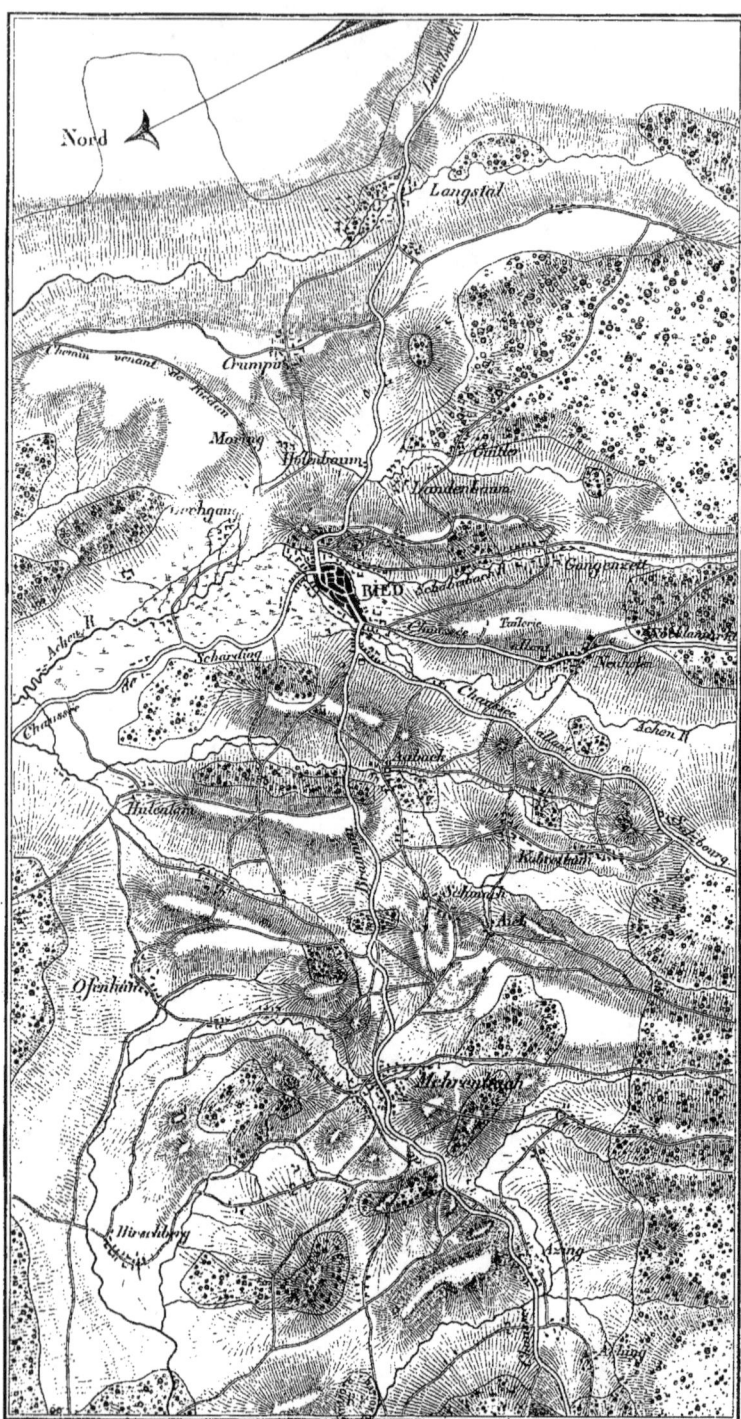

D'après un croquis de l'ingénieur géographe Brousseaud. J. Colin, La Campagne de 1805 en Allemagne.

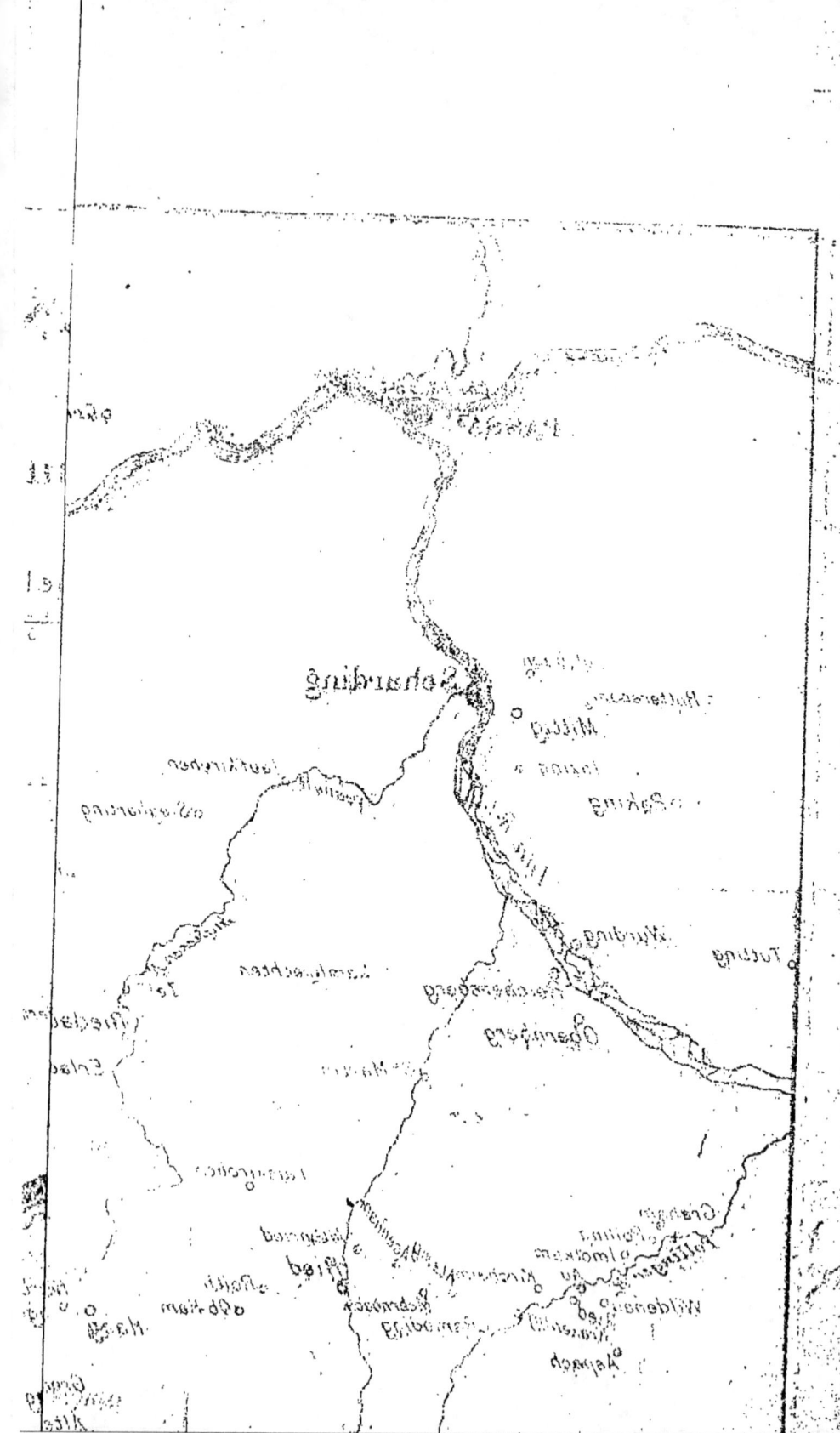

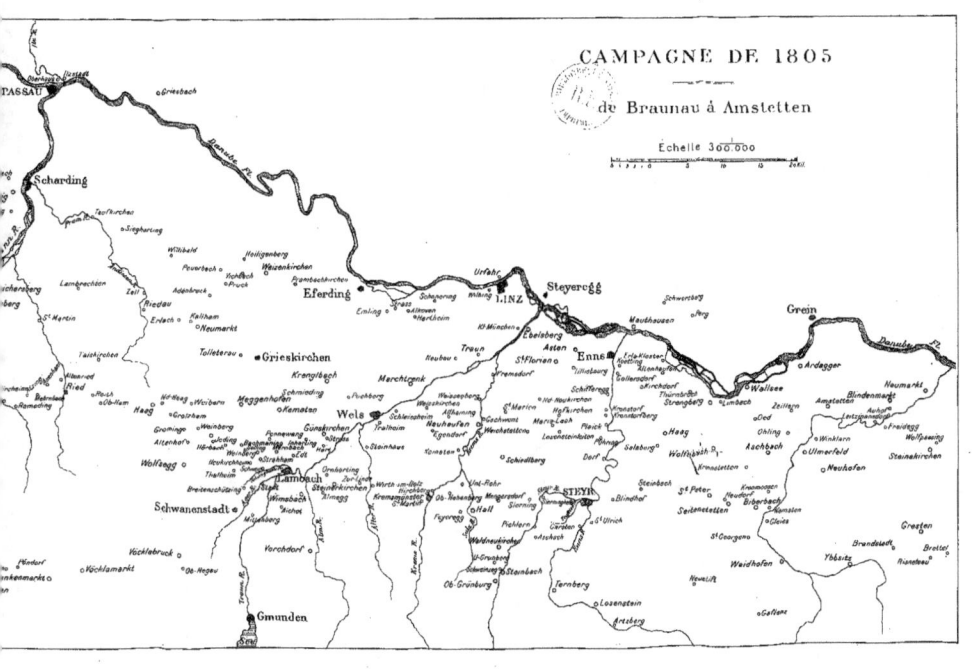

DE LAMBACH

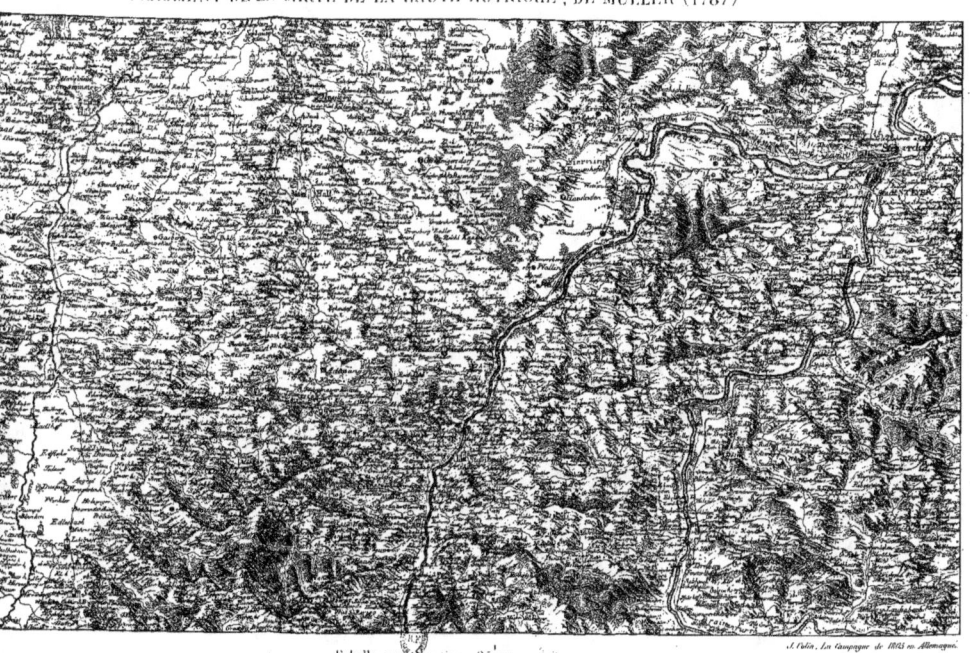

FRAGMENT DE LA CARTE DE LA HAUTE-AUTRICHE, DE MÜLLER (1787)

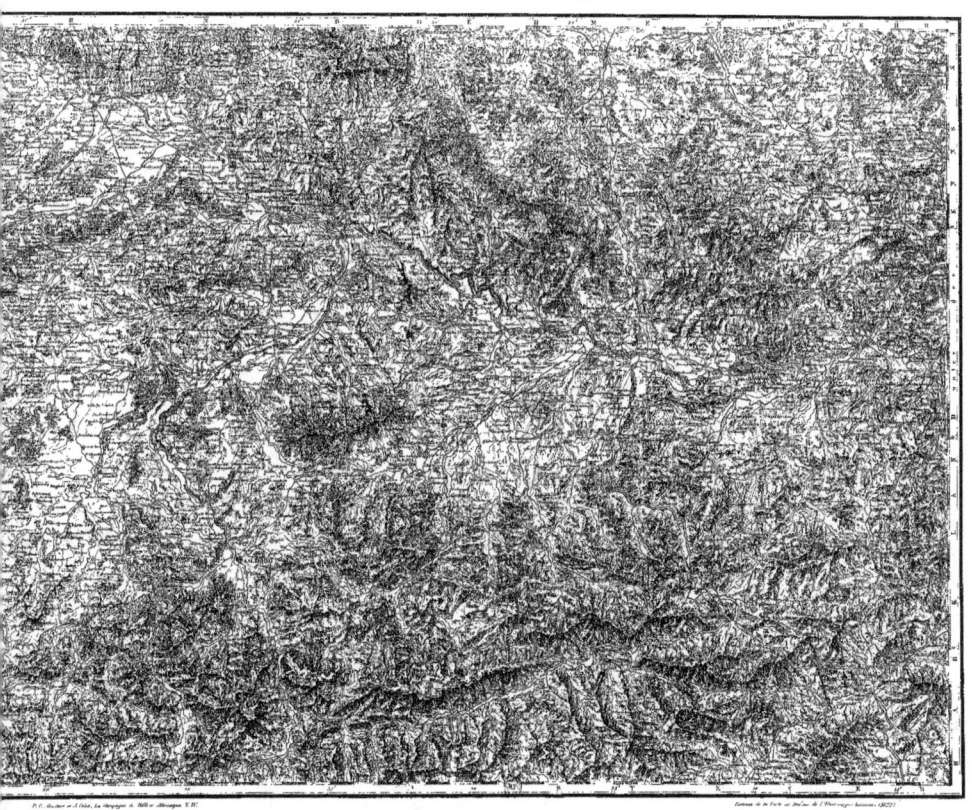

CARTE DE LA HAUTE-AUTRICHE

4 novem

Passau
Dm Du

G
D₁ ★ Linz
Ebelsberg C₁ M
5 St Florian Enns
D₂
Wels 4 Kronsdorf

Lambach
Wimsbach Kremsmünster Steyer
Schwanenstadt Hall Sierning
Vocklabrück D₃
Steinbach

Salzburg

5 novembre

6 nov

// Hofkirchen
D_u

G
Linz
D_1 ★

Enns /
4

C_1 Ardacker   Ips
C_2 Wallsee   5   Kemelbach
D Strengberg Neumarkt M
         5   Blindenmarkt
         Amstädten D_2

Neuhofen

1
// Kremsmünster / 2 Steyer   // St. Peter / Alhartsberg
                                 D_3   3

                            Waidhofen

7 novembre

Ottenheim
★ Linz
                    D₁
    Mauthausen G
                    Strengberg   C₂   Melk
                    Oed 4 Amstädten Blindenmarkt   Pechlarn 5   D₂ Losdorf
                         Zeillern   C₁   M

        Steyer
          1

Ternberg   Waidhofen D₃   Ipsitz   3   Gaming
        2   Lusenstein
                                          Lunz

Supplément au n° 71
de la *Revue d'Histoire*.

8 nove

D_m
★ Linz

D_u
Mauthausen   Grein D_1 G
                    Sarmingstein

Melk   S.t Polten
Lo^{m}dorf 5 Markersdorf
C_2 C_1 ^nM
              D_2 Grafendorf

Ips   4
  Neumarkt

Seitenstädten
1

Gaming
D_3

3
Neuhaus —— Mariazell

2

Altenmarkt

9 novembre

Königswiesen
D₁

D₂ Perschling
C₂ Poltenbrunn
St Pölten C₁

rtberg D_u Grein   G Marbach   Melk   4   Markersdorf
D_m   Losdorf   5
Baumgartenberg

◀ Strengberg

Afsbach ┤├ Ulmerfeld
        1

            3 ⟋ Durrnitz
              ⟍ Annaberg

D₃ Mariazell

2 Eisenärz
  Vordernberg

Supplément au n° 71
de la *Revue d'Histoire*.

COMBAT D'AMSTETTEN

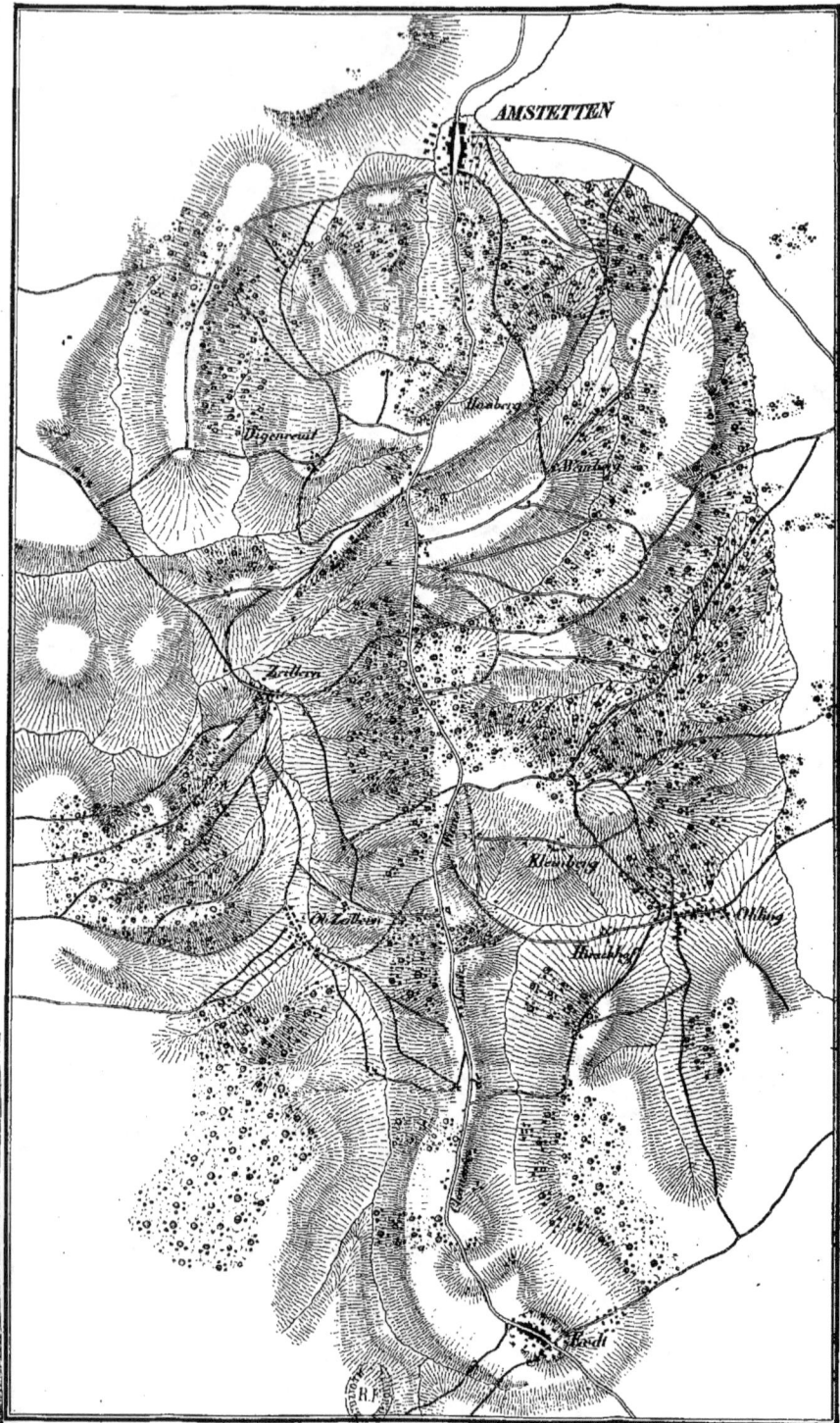

D'après un croquis de l'Ingénieur-Géographe Broussaud. J. Colin, La Campagne de 1805 en Allemagne.

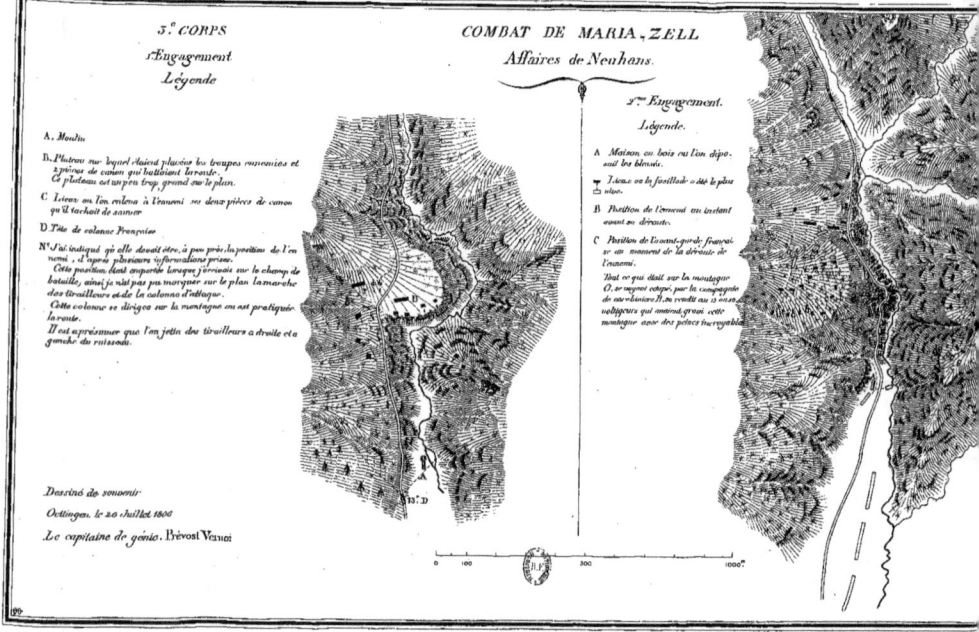

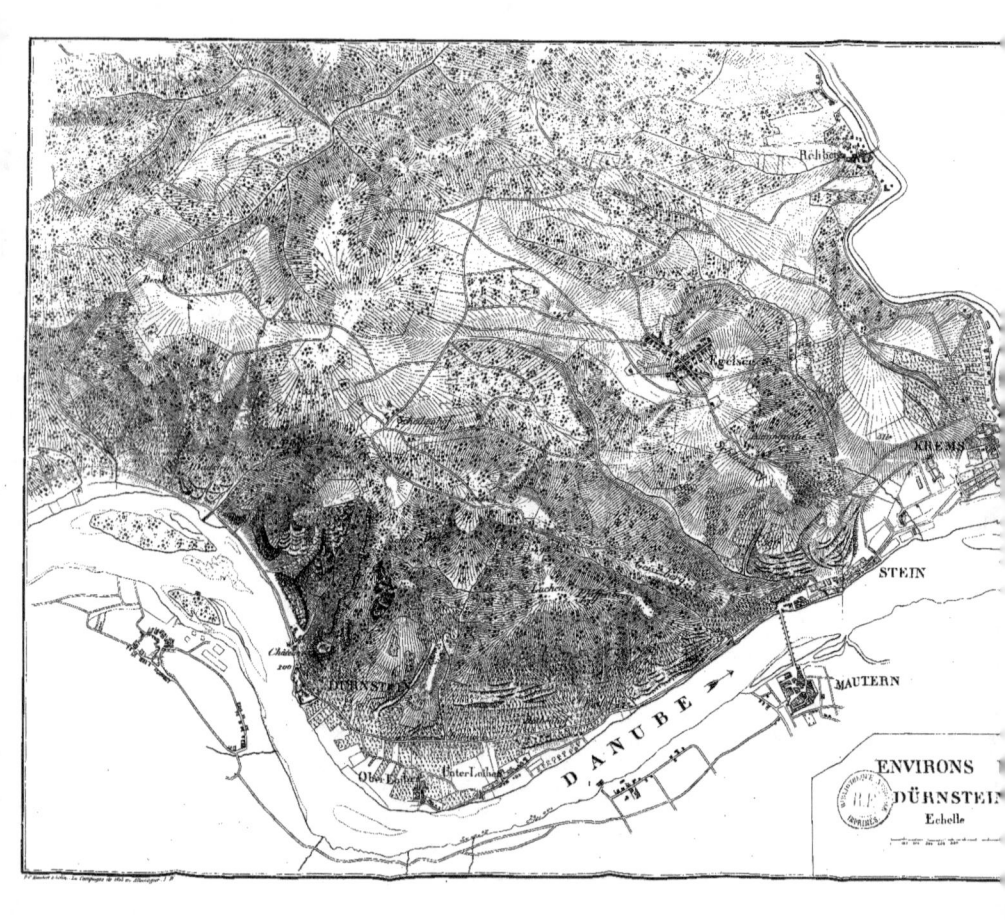

D, ⊙Zwettel   10 no

⊙Arbesbach
                                   Dürrenstein 6
⊙Königswiesen   ⊙ ⊙Mautern
                                          ()   ⊙Tuln
                                                              5
                                              Herzogenburg   C₁ Sighardskirchen
                                           4 ∥Pottenbrunn   ⊙⊙ ⊙Ried
                    D_u   ★ Melk   ∥St.Polten   C₂ D₂   ▫Radersdorf
                 D_m ⊕Marbach
                    ⊕Parsenbeug   ⊙Neuenlengbach
           1   Kalksburg
        ∥Neumarkt   ⋯Wieselburg
         ▫Amstädten   ⋅Wilhelmburg

                                              ∣   ∣Hainfelden
                                         Lilienfeld ∥ ∥
                                                    3
                                            ⋅Dürrnitz

      ⋰Eisenärz
                 2
                     ⋅Brück
                   ⋅Leoben

11 novembre

⊙ Zwettel
D₁
rbach

Dᵤ
Weifsenkirchens ⊙ Durrenstein
Wosendorf G ⊕ Mautern
 Dₘ ⸗Spitz ⸗Göttweig

⊙ Tuln
M   Klosterneuburg

4
Sighardskirchen C₁
              Wien
Melk   C₂   ⊙ Ebersdorf
Markersdorf ★ St Polten D₂

D₃ 1 3 Hainfelden Caumburg
   Lilienfeld   Altenmarkt

2
 ▲ Bruck
▲ Leoben

Supplément au n° 72
de la *Revue d'Histoire*.

25 oct

Du
Abensberg
Dp Dm   Neustadt
Ingolstadt M   D1
Neuburg
Rain
Geisenfeld
C1   Mainburg
5

Mosburg

3 5
Freising

Augsburg
1 2
Dachau
C2
Erding

Germering München D3
Inning   D2   Anzing
Landsberg   Parsdorf
4

Supplément au
de la Revue d'h

26 octobre

● Neustadt

●─ Ingolstadt ── D_m

$\underset{Mainburg}{\overset{M}{\rule{0pt}{0pt}}} D_u$ ◖ Pfeffenhausen
D_1

C_1 ◐ ◐ Landshut
5
Geisenhausen ● Vilsbiburg

° Ob. Taufkirchen   ● Mühldorf

3
München ★ C_2 D_2 Anzing D_3 Hohenlinden Haag
  D_2 Parsdorf
  2 4   1
          Ebersberg ● Wasserburg

● Rosenheim

27 octobre

Pfeffenhausen

D₁
M
Landshut
Dᵤ

Geisenhausen Vilsbiburg
         C₁   5   Ganghofen
                I.

                  Neumarkt

                    D₃
                    3   Mühldorf   Neu Oetting
                  D₂
                      Kraiburg

        Anzing
München ★   Hohenlinden   C₂
          4

              2   Ebersberg 1   Wasserburg

                  Rosenheim

28 octobre

D₁

Landshut

M
Ganghofen   Pfarrkirchen
C₁   Eggenfelden
    5
        Wurmansquick

        D₂
        C₂ Neu Oelling   Braunau
        D₃ 3
            Burghausen

4

Haag

Wasserburg
2   Trostberg
        1   Altenmarkt

Supplément au n° 70
de la *Revue d'Histoire*.

29 octobre

D₁
Dₘ
Landshut

Pfarrkirchen M

Wurmansquick
C₁

4   5   Braunau
Mühldorf   C₂
                          D₃

3 Burghausen

            D₂   Mattighofen

2 Altenmarkt

   Waging
   Petting
Traunstein Teisendorf

30 octobre

Dingolfing
D₁

Vilsbiburg   Ganghofen   Scharding
Dₘ   Dᵤ   M

                                    Rotthalmunster
                              5
              Marktl   C₁   ★Braunau Altheim
                                         3   Ried
                                              D₂ C₂ D₃
                    4
                    Burghausen
                G

              Dittmoning
              2

                        Salzburg
                     1

31 oct

D_1
Landau

M Scharding
5

Eggenfelden
D_m D_u
Rotthalmunster
C_1
Obernberg
★ Braunau Altheim
4

Haag 3   Kematen
D_2 C_2 D_3 Lambach
Schwanenstadt
Vocklabruck

Laufen
2

1 Salzburg

Supplément au
de la *Revue d*

Vilshofen
D₁

1ᵉʳ novembre

Dₘ Dᵤ   C₁   Scharding
                 D   5

Obernberg   Riedau   Waitzenkirchen   Efferding
                           B   M
                    4

        Ried
         G   Haag   Wels
                       3   D₂
                      C₂
                     Lambach

2   Strafswalchen
    Neumarkt

Salzburg

Supplément au n° 70
de la *Revue d'Histoire*

2 nov

⊪ Passau
D_m D_u
D_r
⦿ Scharding

C
⦿ ⫽ Baierbach   5
⫽ ⦿ Efferding   ⫽ Linz
                   M
\ 4 ⫽ ⦿ Neumarkt   D_z ⫽ ⦿ Ebelsberg

★ Haag   ⦿ Wels

      / 3
     ⫽ ⦿ Lambach
  \

  ⫽ 2 Vocklabrück

1 ⦿ Salzburg

Supplémen
de la *Revu*

3 novembre

Passau
D_m D_u

Baierbach
D_1 Waitzenkirchen
      C_1 Efferding 5 Linz
                  Ebelsberg M
                  C_2 D_2 Enns
                                Kronsdorf
        4
        Wels
      Lambach 3
Schwanenstadt   Sierning
            2 Kremsmünster   Steyer
               D_3
                        Steinbach
      Frankenmarkt
    1
   Neumarkt

Salzburg

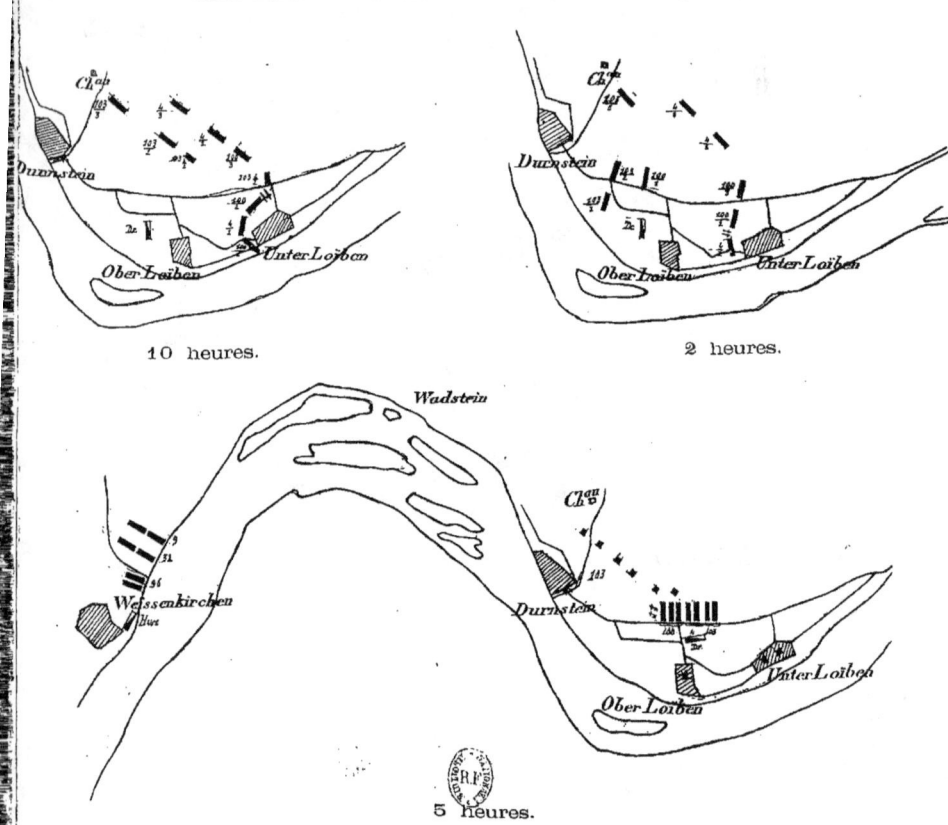

www.ingramcontent.com/pod-product-compliance
Lightning Source LLC
Chambersburg PA
CBHW061722300426
44115CB00009B/1074